U0838105

民法典理解与适用丛书

中华人民共和国
民法典婚姻家庭编继承编
理解与适用

最高人民法院民法典贯彻实施工作领导小组 主编

人民法院出版社
PEOPLE'S COURT PRESS

图书在版编目（CIP）数据

中华人民共和国民法典婚姻家庭编继承编理解与适用 / 最高人民法院民法典贯彻实施工作领导小组主编. -- 北京：人民法院出版社，2020.7
（民法典理解与适用丛书）
ISBN 978-7-5109-2895-6

Ⅰ. ①中… Ⅱ. ①最… Ⅲ. ①婚姻法-法律解释-中国②继承法-法律解释-中国 Ⅳ. ①D923.905 ②D923.55

中国版本图书馆CIP数据核字(2020)第118851号

中华人民共和国民法典婚姻家庭编继承编理解与适用

最高人民法院民法典贯彻实施工作领导小组　主编

责任编辑　李安尼　张　怡　邓　灿　周利航　刘晓宁　巩　雪　赵芳慧
执行编辑　卢乐宁　张　艺
出版发行　人民法院出版社
地　　址　北京市东城区东交民巷27号（100745）
电　　话　（010）67550691（责任编辑）　67550558（发行部查询）
　　　　　　65223677（读者服务部）
客 服 QQ　2092078039
网　　址　http://www. courtbook. com. cn
E－mail　courtpress@ sohu. com
印　　刷　三河市国英印务有限公司
经　　销　新华书店

开　　本　787毫米×1092毫米　1/16
字　　数　647千字
印　　张　46.5
版　　次　2020年7月第1版　2024年12月第11次印刷
书　　号　ISBN 978-7-5109-2895-6
定　　价　158.00元

版权所有　侵权必究

最高人民法院

民法典贯彻实施工作领导小组

组　　长　周　强

常务副组长　贺　荣

副 组 长　陶凯元　杨万明　杨临萍　贺小荣　刘贵祥

成　　员　（按机构排序）

郭竞坤　董文濮　钱晓晨　林文学　林广海

王淑梅　刘竹梅　于厚森　韩维中　孔　玲

何东宁　郭　锋　赵晋山　李广宇　胡仕浩

祝二军　马　岩　陈宜芳　郝银钟　高晓力

郃中林　孙晓勇

办 公 室

主　　任　杨万明　刘贵祥

副 主 任　郭　锋　杨永清

成　　员　丁广宇　周伦军　陈龙业

婚姻家庭编继承编执行编委、编审

执行编委　于厚森　董文濮　郃中林　郝银钟

编　　审　刘　敏　吴晓芳　王　丹　张　娜

张　音　李安尼

以习近平新时代中国特色社会主义思想为指导 充分发挥审判职能作用　确保民法典正确贯彻实施*

最高人民法院党组书记、院长　周　强

在以习近平同志为核心的党中央坚强领导下，《中华人民共和国民法典》经十三届全国人大三次会议审议通过并颁布实施。民法典是新中国成立以来第一部以“法典”命名的法律，是新时代我国社会主义法治建设的重大成果，具有里程碑意义。法律的生命在于实施。审判机关要以对党负责、对人民负责、对法律负责的态度，在贯彻实施民法典的过程中担当作为。

一、深入学习贯彻习近平总书记重要讲话精神，充分认识贯彻好实施好民法典的重大意义

2020年5月29日，中央政治局就“切实实施民法典”举行集体学习，习近平总书记发表重要讲话，为我们全面认识民法典颁布实施的重大意义，准确理解和掌握民法典的精神要义、基本原则、条文规范，确保民法典在司法活动中统一正确实施，维护广大人民群众合法权益，提供了强大的理论武装、思想指引、行动纲领。习近平总书记在讲话中，对人民法院贯彻实施民法典工作提出明确要求、指明了前进方向。各级人民法院要坚持以习近平新时代中国

---

*　原载《求是》2020年第12期。

特色社会主义思想为指导，切实把思想和行动统一到习近平总书记重要讲话精神上来，深刻理解和准确把握民法典颁布实施的重大意义，充分认识贯彻实施民法典的职责使命，以高度的政治自觉、饱满的工作热情，坚定不移做好民法典的学习和贯彻实施工作，努力推动中国特色社会主义法治建设。

第一，通过正确贯彻实施民法典，深入贯彻落实习近平总书记全面依法治国新理念新思想新战略。习近平总书记指出，实施好民法典，是坚持以人民为中心、保障人民权益实现和发展的必然要求，是发展社会主义市场经济、巩固社会主义基本经济制度的必然要求，是提高我们党治国理政水平的必然要求。民法典是党领导全国人民在我国革命、建设、改革各个历史时期，依法治国各方面工作长期积淀的智慧结晶，是党的意志、人民意志的立法表达。人民法院必须深入贯彻习近平总书记全面依法治国新理念新思想新战略，把增强“四个意识”、坚定“四个自信”、做到“两个维护”体现到民法典学习宣传贯彻全过程，忠实履行宪法法律赋予的职责，坚定不移走中国特色社会主义法治道路，确保党中央决策部署在人民法院得到不折不扣贯彻落实。

第二，通过正确贯彻实施民法典，主动服务新时代党和国家事业发展。习近平总书记指出，民法典是一部固根本、稳预期、利长远的基础性法律。人民法院在学习贯彻民法典的过程中，要聚焦党和国家工作大局履行审判职责，不断提高运用民法典服务大局的能力水平。要将学习贯彻工作与常态化疫情防控结合起来，充分运用民法典关于疫情防控的立法成果，准确适用现行法律和司法解释关于不可抗力、情势变更、时效中止等方面的规定，妥善处理涉疫情相关纠纷案件，助力复工复产，扎实做好“六稳”工作，全面落实“六保”任务。要将学习贯彻民法典与优化营商环境结合起来，坚决贯彻民法典规定的平等原则，加大产权保护力度，不论国企民企、内资外资、大中小微企业，一视同仁，依法保护，积极营造稳定公平透明、可预期的法治化营商环境。要将学习贯彻民法典与打好三大攻坚战结合起来，依法公正高效审理民间借贷、融资担保等金融领域纠纷案件，土地承包经营、农产品买卖等涉农纠纷案件以及环境资源领域的纠纷案件，为经济社会发展提供有力司法服务和保障。

第三，通过正确贯彻实施民法典，更好践行司法为民宗旨。习近平总书记强调，民法典实施水平和效果，是衡量各级党和国家机关履行为人民服务宗旨的重要尺度。贯彻实施好民法典，必须吃透民法典精神，正确理解民法典的核心要义和重要制度，正确适用民法典的规定，保障人民权益。民法典立足中国国情，在实现好、维护好、发展好人民权益方面有许多创新。其中，人格权独立成编，全面加强对包括自然人隐私权和个人信息在内的人格权保护，彰显了民法典的人民立场和人文关怀；物权编创设了居住权制度；合同编新增了保理合同、物业服务合同、合伙合同等典型合同；婚姻家庭编确立了夫妻共债共签原则，限缩了无效婚姻范围，对协议离婚规定了一个月的冷静期；继承编增加了打印遗嘱、录像遗嘱等新形式遗嘱类型，并取消了公证遗嘱的优先效力，等等。这些新的内容反映着新时代人民权益的特点，体现着新时代社会生活的实践和发展。要引导广大法官深入学习领会民法典的创新之处，将民法典新理念、新原则、新概念、新条款贯彻到审判执行工作的各个环节，提高运用民法典维护人民权益、化解矛盾纠纷、促进社会和谐稳定的能力和水平。

第四，通过正确贯彻实施民法典，加快推进人民法院审判体系和审判能力现代化。习近平总书记明确要求，各级司法机关要秉持公正司法，提高民事案件审判水平和效率。民法典的实施将进一步推动国家治理的制度化、规范化、程序化，是国家治理现代化的重要标志。民法典关于信息科技、生命科技发展背景下人格权保护的许多开创性规定，体现了对现代生活实际问题和时代需求的积极回应，为人民法院不断满足各类市场主体多元司法需求，提供了强有力的制度依据和规则支撑。人民法院要深入研判民法典实施对审判执行工作和自身建设带来的深远影响，将贯彻实施民法典与深化司法体制改革、加快推进智慧法院建设深度融合，在新的实践基础上推进审判体系和审判能力现代化。

第五，通过正确贯彻实施民法典，推动完善中国特色社会主义法治理论体系。习近平总书记指出，要加强对民事法律制度的理论研究，尽快构建体现我国社会主义性质，具有鲜明中国特色、实践特色、时代特色的民法理论体系和话语体系，为有效实施民法典、发展我国民事法律制度提供理论支撑。理论来源于实践。人民法院几十年来审理、裁判的大量民事案件，发布的大量司法解释、司法政策，是理论研究的丰富宝藏。全国法院广大法官要充分利用这一优势条件，加强民事司法理论研究，为构建新时代民事司法理论体系和话语体系贡献力量。要立足审判职能，在实施民法典的过程中及时制定完善司法政策，多做精品判决，多出精品案例，加强司法建议，为创新和繁荣民事司法理论研究提供新素材新经验。

二、始终坚持以人民为中心，不断提高民事审判质量和司法公信力

民法典是一部体现对生命健康、财产安全、交易便利、生活幸福、人格尊严等各方面权利平等保护的法典。实施好民法典，是坚持以人民为中心、保障人民权益实现和发展的必然要求。近年来，人民法院每年审结的一审民事案件约占全部一审案件的90%，民事审判在人民法院工作全局中居于重要地位。贯彻实施民法典，不仅要贯彻条文，更要贯彻立法精神，秉持公正司法，依法妥善审理各类民事案件，提高审判质量效率和司法公信力。

一是要依法加强权利保护，促进人的全面发展。随着经济社会发展，人民群众在公平、正义、安全、环境等方面的要求日益增

长，希望对权利的保护更加充分、更加有效。民法典以保护民事权利为出发点和落脚点，切实回应人民的法治需求。人民法院要紧密结合民法典的基本精神和内容，把增进人民福祉、促进人的全面发展摆在更加突出的位置，贯穿到审判执行工作的全过程，努力让人民群众在每一个司法案件中感受到公平正义。要更加注重对妇女儿童、老年人、残疾人和消费者权益的保护，及时充分救济受侵害的民事权益，有力维护最广大人民群众根本利益，切实增强人民群众获得感、幸福感、安全感。

二是要践行和弘扬社会主义核心价值观，维护社会公平正义。民法典将弘扬社会主义核心价值观作为立法宗旨，从基本原则到制度规范、具体规则，通篇都体现着社会主义核心价值观的要求。人民法院要坚持依法治国与以德治国相结合，用社会主义核心价值观指导司法活动，严格依照民法典条文的精神内涵，定分止争、惩恶扬善，强化规则意识，倡导契约精神，保护公民合法权益，维护社会公序良俗，用法治的力量引导人民群众向上向善。要主动回应人民关切，对社会高度关注、公众存在模糊认识的案件，加强裁判说理，厘清争点，亮明观点，明确提倡什么、反对什么、禁止什么，让庭审成为正确贯彻实施民法典、弘扬社会主义核心价值观的法治公开课。

三是要加强审判监督管理和调研，提升民事司法水平。习近平总书记强调，要加强对涉及财产权保护、人格权保护、知识产权保护、生态环境保护等重点领域的民事审判工作和监督指导工作。人民法院要进一步加大权利保护力度，继续加强民营企业产权司法保护，坚持平等、依法、全面保护原则，抓紧制定出台刑民交叉司法解释，完善程序规则，坚决防止以刑事案件名义插手民事纠纷、经济纠纷；继续推动完善知识产权侵权惩罚性赔偿制度，完善诉讼证据规则、证据披露以及证据妨碍排除规则，进一步提升我国知识产权审判水平和国际影响力；加强涉人格权案件、环境资源案件的审判指导，及时发布指导案例、典型案例或司法解释；研究制定提高民事案件审判水平和效率，提高办案质量和司法公信力的政策文件。要坚持问题导向，及时总结民事审判经验，研究解决制约民事审判工作发展的深层次问题和贯彻实施中的新情况新问题，为健全完善司法解释和司法政策提供实践依据。要进一步开展案件评查，对案件办理全过程进行体检，确保程序公正与实体公正相统一；注重发挥法官会议、审判委员会在统一裁判尺度方面的作用，确保相关法律适用统一。

四是要加强一站式多元解纷和诉讼服务体系建设，发挥多元化纠纷解决机制的作用。习近平总书记强调，要发挥多元化纠纷解决机制的作用，多方面推进民法典实施工作。人民法院要结合贯彻实施民法典，坚持和发展新时代“枫桥经验”，把非诉讼纠纷解决机制挺在前面，健全社会矛盾纠纷预防调处化解综合机制，加强一站式多元解纷和诉讼服务体系建设，深化“分调裁审”机制改革，增强人民法院多元解纷能力，促进矛盾纠纷源头预防。要加强与行政机关特别是司法行政部门的协作配合，加强法律援助和司法救助，通过社会力量和基层组织及时妥善化解矛盾纠纷，多方面推进民法典贯彻实施。要加强对诉前联调工作的培训和指导工作，以选派法官授课、邀请参加内部培训等方式，促进提高人民调解组织、行政机关调解员、人民调解员等适用民法典的能力水平，更好帮助群众实现和维护自身合法权益。

三、狠抓责任落实，全力做好民法典的贯彻实施工作

学习好、贯彻好、实施好民法典是人民法院的重要职责，也是一项涉及面广、任务量大的系统工程。各级法院在做好审判执行工作的同时，要迅速调整工作重心，切实把思想和行动统一到习近平总书记重要讲话精神上来，确保不折不扣完成人民法院在民法典贯彻实施工作中承担的职责使命。

一是要抓紧进行司法解释、非司法解释类规范性文件清理工作。2021年1月1日民法典施行之日起，婚姻法、继承法、民法通则、收养法、担保法、合同法、物权法、侵权责任法、民法总则等九部法律将被替代，以这九部法律为依据制定的大量民事司法解释需要清理，与民法典规定冲突的需要废止。同时，对刑事、行政、国家赔偿等领域的相关司法解释、司法政策也要纳入清理范围。为此，最高人民法院将在2020年年底前，完成对新中国成立以来所有现行有效的上述司法解释的全面清理工作。凡是违反社会主义核心价值观的，与民法典精神、原则、条文相冲突的，均坚决废止，确保民法典统一正确实施。同时，将最高人民法院发布的139件指导性案例也纳入清理范围。各高级人民法院要对本辖区施行的审判指导意见、会议纪要等司法政策文件进行系统清理，确保与民法典的新精神、新规定保持一致。

二是要及时制定新的司法解释。最高人民法院将坚持问题导向，按照“统一规划、分批制定，急用先行、重点推进，先易后难、确保质量”的原则，在民法典正式实施前发布有关司法解释，解决新旧法衔接适用、现有司法解释效力等问题，在民法典实施后迅速出台物权、合同、人格权、婚姻家庭、继承、侵权领域的相关司法解释，统一法律适用。在工作方式上，将司法解释起草与清理工作结合起来，加强调研论证，通过编纂、修改、新立等方式，用足用好批复、决定、解释和规定等司法解释制定的四种形式，确保司法解释起草的质量和实效。

三是要迅速在全国法院兴起学习贯彻民法典的热潮，切实提高民事司法裁判能力和水平。人民法院是贯彻实施民法典的重要部门，应当把学习贯彻民法典作为践行司法为民宗旨、提升公正司法水平的一项重要举措。最高人民法院将在做好院机关全员培训的基础上，坚持分类分级、线上线下、点面结合，指导各高级法院结合本地情况开展培训，确保2020年年底前实现全国法院干警全员轮训。要高度关注原有条款的变化和创新内容，保证培训到位、学习到位，实现见微知著、融会贯通、学以致用。要充分借助智慧法院建设成果，将信息化学习培训手段与传统学习培训手段融合互补，采取法院领导干部、审判业务专家授课与邀请专家学者授课相结合的方式，综合采用课堂、视频、网络培训相结合的形式开展培训，扩大培训覆盖面，确保培训取得实效。

四是要加大普法宣传力度，推动营造尊法学法守法用法的良好环境。习近平总书记强调，要广泛开展民法典普法工作，引导群众认识到民法典既是保护自身权益的法典，也是全体社会成员都必须遵循的规范，养成自觉守法的意识，形成遇事找法的习惯，培养解决问题靠法的意识和能力。人民法院要积极通过庭审公开、在线直播、裁判文书释法说理、发布典型案例、编写通俗读物、参与法治进校园进社区活动等群众喜闻乐见的方式，充分利用各类传统媒体和新兴媒体，加大对民法典的宣传力度，为民法典实施营造良好环境，让民法典所蕴含的契约精神、自愿原则、诚信原则等深深根植于群众内心，成为推进我国社会主义法治建设的内生力量。

凡　例

1. 本书中法律、行政法规名称中的“中华人民共和国”省略，其余一般不省略，例如《中华人民共和国民法典》简称《民法典》。

2. 本书中下列司法解释及司法指导性文件使用简称：

文件名称	发文日期	发文字号	简称
《最高人民法院关于贯彻执行〈中华人民共和国继承法〉若干问题的意见》	1985年9月11日	法（民）发〔1985〕22号	《继承法意见》
《最高人民法院关于贯彻执行〈中华人民共和国民法通则〉若干问题的意见（试行）》	1988年4月2日	法（办）发〔1988〕6号	《民法通则意见》
《最高人民法院关于适用〈中华人民共和国婚姻法〉若干问题的解释（一）》	2001年12月25日	法释〔2001〕30号	《婚姻法司法解释（一）》
《最高人民法院关于适用〈中华人民共和国婚姻法〉若干问题的解释（三）》	2011年8月9日	法释〔2011〕18号	《婚姻法司法解释（三）》
《最高人民法院关于适用〈中华人民共和国民事诉讼法〉的解释》	2015年1月30日	法释〔2015〕5号	《民事诉讼法司法解释》
《最高人民法院关于适用〈中华人民共和国婚姻法〉若干问题的解释（二）》	2017年2月28日	法释〔2017〕6号	《婚姻法司法解释（二）》
《最高人民法院关于民事诉讼证据的若干规定》	2019年12月25日	法释〔2019〕19号	《民事诉讼证据规定》
《最高人民法院关于人民法院审理离婚案件如何认定夫妻感情确已破裂的若干具体意见》	1989年12月13日	法［民］法〔1989〕38号	《认定夫妻感情破裂的意见》

续表

文件名称	发文日期	发文字号	简称
《最高人民法院关于人民法院审理离婚案件处理子女抚养问题的若干具体意见》	1993年11月3日	法发〔1993〕30号	《离婚案件子女抚养意见》
《最高人民法院关于人民法院审理离婚案件处理财产分割问题的若干具体意见》	1993年11月3日	法发〔1993〕32号	《离婚案件财产分割意见》

3. 特别说明:《民法典》自2021年1月1日起施行,《婚姻法》《继承法》《民法通则》《收养法》《担保法》《合同法》《物权法》《侵权责任法》《民法总则》同时废止。

总目录

CONTENTS

目 录

CONTENTS

第二章　结　婚

继承编

第一章　一般规定

第二章 法定继承

第三章　遗嘱继承和遗赠

绪论：《民法典》编纂概述

一、《民法典》编纂背景与历程

《民法典》在我国法律体系中，属于仅次于宪法的重要基本法，是社会生活的百科全书，是时代精神、民族精神的立法表达。《民法典》在全面总结我国民事立法和司法实践经验的基础上，对现行有关民事单行法律进行系统编纂，形成我国民商事领域的基本行为规范和裁判规则，为民商事活动提供基本遵循，为人民法院审理和执行民商事案件提供实体法依据，为新时代坚持和完善中国特色社会主义制度、实现“两个一百年”奋斗目标、实现中华民族伟大复兴中国梦提供完备的民事法治保障。

编纂《民法典》是党的十八届四中全会确定的一项重大政治任务和立法任务，是以习近平同志为核心的党中央作出的重大法治建设部署。编纂《民法典》，是通过对我国现行的、制定于不同时期的《婚姻法》《继承法》《民法通则》《收养法》《担保法》《合同法》《物权法》《侵权责任法》《民法总则》和人格权方面的民事法律制度规范，进行系统整合、编订纂修，形成一部适应新时代中国特色社会主义发展要求，符合我国国情和实际，体例科学、结构严谨、规范合理、内容完整并协调一致的法典。

以习近平同志为核心的党中央高度重视《民法典》编纂工作，将编纂《民法典》列入党中央重要工作议程，并对编纂《民法典》工作任务作出总体部署、提出明确要求。2016年6月、2018年8月、2019年12月，习近平总书记三次主持中央政治局常委会会议，听取并原则同意全国人大常委会党组就《民法典》编纂工作所作的请示汇报，对《民法典》编纂工作作出重要指示，为《民法典》编纂工作提供了重要指导和基本遵循。

编纂《民法典》是一项系统的、重大的立法工程，不是制定全新的民事法律，也不是简单的法律汇编，而是对现行的民事法律规范进行编订纂修，对已经不适应现实情况的规定进行修改完善，对经济社会生活中出现的新情况、新问题作出有针对性的新规定。编纂《民法典》采取“两步走”的工作思路进行：第一步，制定《民法总则》，作为《民法典》的总则编。2015 年 3 月，全国人大常委会法制工作委员会启动《民法典》编纂工作，着手《民法总则》制定，以 1986 年制定的《民法通则》为基础，系统梳理总结有关民事法律的实践经验，提炼民事法律制度中具有普遍适用性和引领性的规则，形成《民法总则（草案）》，2017 年 3 月由第十二届全国人民代表大会第五次会议审议通过。第二步，编纂《民法典》各分编。以现行《物权法》《合同法》《担保法》《婚姻法》《收养法》《继承法》《侵权责任法》等为基础，结合我国经济社会发展对民事法律提出的新需求，形成了包括物权、合同、人格权、婚姻家庭、继承、侵权责任等 6 个分编在内的《民法典》各分编草案。三年多来，全国人大常委会对全部 6 个分编草案进行了二审，对各方面比较关注的人格权、婚姻家庭、侵权责任 3 个分编草案进行了三审。在此基础上，将《民法总则》与经过审议和修改完善的《民法典》各分编草案合并，形成《民法典（草案）》，提请 2019 年 12 月召开的第十三届全国人大常委会第十五次会议审议。经审议，全国人大常委会作出决定，将《民法典（草案）》提请第十三届全国人民代表大会第三次会议审议。2020 年 5 月 28 日，审议通过《民法典》，共 7 编 1260 条，包括总则、物权、合同、人格权、婚姻家庭、继承、侵权责任，以及附则。

《民法典》编纂工作汇集了各方面力量，人民法院是重要参加单位。根据党中央的工作部署，编纂《民法典》的工作由全国人大常委会法制工作委员会牵头，最高人民法院、最高人民检察院、司法部、中国社会科学院、中国法学会为参加单位，成立了《民法典》编纂工作协调小组，并成立了《民法典》编纂工作专班。最高人民法院作为《民法典》编纂工作重要参加单位，全程参与立法机关主持的《民法典》编纂工作，各级地方法院积极为《民法典》编纂提供支持和协助，配合立法调研工作。最高人民法院成立民法典编纂工作研究小组，在研究室设立办公室，积极配合《民法典》编纂，组织全国法院结合审判实践及时提供意见建议。在编纂过程中，立法机关高度重视将人民法院在司法审判活动中积累的裁判规则、最高人民法院制定的司法解释有关内容予以吸收，上升为国家立法。法院系统提出的关于人格权单独成编，增加保理合同，确立绿色原则、征收补偿原则、自甘风险原则，处理民事纠纷可以适用习惯，建立政府兜底的监护制度，赋予农村集体组织以法人地位，确认数据和网络虚拟财产权、居住权、强制性规定法律效力，保护英烈人身权，延长诉讼时效，降低业主大会门槛，明确高空抛物的致害责任，鼓励救助等上百项重要制度，数百条修改建议，大多数获得采纳。《民法典》婚姻家庭编、继承编增加或修改完善了最有利于未成年子女原则、夫妻日常家事代理权、离婚冷静期、夫妻共债共签、亲子关系确定、隔代探望权、收养条件、口头遗嘱等内容，均是对司法实践规则的总结，直接回应了人民群众普遍关切的现实问题。

二、《民法典》既传承我国优秀法律文化，又借鉴人类法治文明成果

编纂一部真正属于中国人民的民法典，是新中国几代人的夙愿。党和国家曾于 1954 年、1962 年、1979 年和 2001 年先后四次启动民法制定工作，但由于条件所限没有完成。党的十八大以来，以习近平同志为核心的党中央把全面依法治国摆在突出位置，推动党和国家事业发生历史性变革、取得历史性成就，中国特色社会主义已经进入新时代。在坚持和完善中国特色社会主义制度、推进国家治理体系和治理能力现代化的新征程中，编纂《民法典》具有重大而深远的意义。

在人类法治文明进程中，先后出现三次民法编纂运动。第一次是 6 世纪的罗马法编纂，产生了《罗马法大全》。第二次是 19 世纪欧

洲大陆民法典编纂，产生了《法国民法典》《德国民法典》《瑞士民法典》等。第三次肇端于20世纪80年代，产生了1986年中国《民法通则》、1992年《新荷兰民法典》、1994年《俄罗斯联邦民法典》《蒙古国民法典》、1996年《越南民法典》《吉尔吉斯斯坦民法典》、1998年《土库曼斯坦民法典》等。据不完全统计，目前世界上至少有110个国家或地区有民法典。即使实行判例法的美国、加拿大，也有个别州制定了民法典，如《加利福尼亚民法典》《魁北克民法典》。一部成功的民法典，往往是一个国家商品经济、民主政治、产权保护、法律文化、哲学伦理高度发展的产物。

《民法典》是新中国第一部以“法典”形式命名的立法，开创了我国法典编纂立法先河。《民法典》在借鉴大陆法系、英美法系民商事法律制度和立法经验的同时，吸收了中国优秀法律文化成果。《民法典》充分体现了中国共产党带领全国人民为实现“两个一百年”奋斗目标、为实现中华民族伟大复兴中国梦而不懈努力的时代特征，特别是体现了中国改革开放40多年来所取得的伟大成就。如果说19世纪初《法国民法典》、19世纪末《德国民法典》的诞生是世界法治史上的划时代成果，那么21世纪初中国《民法典》的颁行就是人类现代法治进程中具有标志性意义的里程碑。《民法典》是新时代我国社会主义法治建设的重大成果，在中国特色社会主义法律体系中具有重要地位，是一部固根本、稳预期、利长远的基础性法律，对推进全面依法治国、加快建设社会主义法治国家，对发展社会主义市场经济、巩固社会主义基本经济制度，对坚持以人民为中心的发展思想、依法维护人民权益、推动我国人权事业发展，对推进国家治理体系和治理能力现代化，具有重大的历史意义和实践价值。

三、《民法典》编纂和颁布实施的重大意义

习近平总书记在中央政治局2020年5月29日就“切实实施民法典”举行第二十次集体学习时发表的重要讲话，为我们全面认识《民法典》颁布实施的重大意义，准确理解和掌握《民法典》的精神要义、基

本原则、条文规范，确保《民法典》在司法活动中统一正确实施，维护广大人民群众合法权益，提供了强大的理论武装、思想指引、行动纲领。

第一，《民法典》是中国特色社会主义制度建设、法治建设的重大标志性成果，具有重大时代意义。新中国成立70多年特别是改革开放40多年来，我国民事法律制度伴随着新时期改革开放和社会主义现代化建设的历史进程逐步形成并不断发展完善。《民法典》是我国现有民事法律制度规范的集大成者，是我国法律体系日臻完善的重要标志，是中国特色社会主义制度更加成熟、更加完善的重要体现，充分展现了制度建设成果和制度自信，也为人类法治文明的发展进步贡献了中国智慧和中国方案。

第二，《民法典》是推进全面依法治国、推进国家治理体系和治理能力现代化的重要法律制度。党的十八届四中全会指出，依法治国是实现国家治理体系和治理能力现代化的必然要求。党的十九届四中全会对坚持和完善中国特色社会主义制度、推进国家治理体系和治理能力现代化作出系统全面部署。建立健全完备的法律规范体系，以良法保障善治，是全面依法治国的前提和基础。民法是中国特色社会主义法律体系的重要组成部分，涉及社会和经济生活方方面面，是保证国家制度和国家治理体系正常有效运行的重要基础性法律。《民法典》的颁布实施，进一步健全和完善了中国特色社会主义法律体系，为推进国家治理体系和治理能力现代化提供了强大动力，有利于更好发挥法治固根本、稳预期、利长远的保障作用，将制度优势转化为国家治理效能。

第三，《民法典》是坚持和完善社会主义基本经济制度、推动经济高质量发展的重要法律保障。习近平总书记强调，“社会主义市场经济本质上是法治经济”“法治是最好的营商环境”。《民法典》是促进和保障我国社会主义市场经济持续健康发展的重要基石。《民法典》的颁布实施，进一步健全了我国民商事领域基本制度规则，有利于明晰产权规则、保障合法权益、稳定市场预期、维护交易安全，为民商事活动提供基本遵循，促进营造稳定、公平、透明、可预期的法治化营商环境，保障各种所有制主体依法平等使用资源要素、公开公平公正参与竞争、同等受到法律保护，推动经济高质量发展。《民法典》把我国多年来社会主义市场经济体制改革的一系列重要制度成果用法典形式确定下来，比如物权编一般规定中有关社会主义基本经济制度的规定就吸纳了党的十九届四中全会的最新部署，这为发挥市场在资源配置中的决定性作用提供了充分的民法基本制度保障，对巩固全面深化改革成果、促进更高水平对外开放具有重大意义。

第四，《民法典》是坚持以人民为中心发展思想、实现人民对美好生活向往的重大立法举措。习近平总书记强调，“实施好民法典是坚持以人民为中心、保障人民权益实现和发展的必然要求”。《民法典》以法典形式巩固了从身份到契约、从单位人到平等的市场主体的深刻转变，体现了对生命健康、财产安全、交易便利、生活幸福、人格尊严等各方面权利的平等保护。经历改革开放40多年的深刻变革，实现了每个人在市场上都是平等主体的目标，这是一种深刻而伟大的变革，极大解放了生产力。《民法典》以民事权利体系为基本构架，通过一系列制度创新，健全和充实了民事权利种类，完善和细化了权利保护和救济规则，为人民群众提供全方位权益保障，是一部民事权利的宣言书，是人民权利的保障书，具有中国特色、体现时代精神、反映人民意愿。《民法典》也是人民群众社会生活的百科全书，涉及经济社会生活方方面面，明确告诉人们可以做什么、不能做什么、从事法律行为会有什么样的法律后果。《民法典》的颁布实施，有利于更好地维护人民权益，不断增强人民群众获得感、幸福感和安全感，促进人的全面发展。

第五，《民法典》是加快推进人民法院审判体系和审判能力现代化的重要制度支撑。审判体系和审判能力现代化，是司法公正高效权威的重要保障。《民法典》在我国法律体系中，属于仅次于宪法的重要基本法，是司法裁判的重要依据。《民法典》的颁布实施，将庞大的民事法律规范按照完整逻辑体系予以整合，实现了民法体系的统一，为人民法院统一裁判尺度、公正高效审理民事案件提供了全面、有力、体系化的规则依据，这对于深化民事司法领域制度机制改革，加快实现审判体系和审判能力现代化具有重要意义。

四、婚姻家庭编的主要修改和创新内容

婚姻家庭制度是规范夫妻关系和家庭关系的基本准则。党的十八大以来，以习近平同志为核心的党中央高度重视家庭文明建设，习近平总书记深刻指出："家庭和睦则社会安定，家庭幸福则社会祥和，家庭文明则社会文明。"《民法典》婚姻家庭编以维护平等、和睦、文明的婚姻家庭关系为价值目标，在《婚姻法》《收养法》基础上，在坚持婚姻自由、一夫一妻等基本原则的前提下，结合社会发展需要，修改完善了部分规定，并增加了新的规定。婚姻家庭编共5章79条，包括一般规定、结婚、家庭关系、离婚和收养五部分。主要内容及修改情况如下：

（一）关于一般规定

第一章重申了婚姻自由、一夫一妻、男女平等等婚姻家庭领域的基本原则和规则，并在《婚姻法》基础上作了进一步完善：一是为贯彻落实习近平总书记有关加强家庭文明建设的重要讲话精神，更好地弘扬家庭美德，规定了家庭应当树立优良家风，弘扬家庭美德，重视家庭文明建设。二是为更好地维护被收养的未成年人的合法权益，将联合国《儿童权利公约》关于儿童利益最大化的原则具体落实到收养工作中，明确收养应当遵循最有利于被收养人的原则。三是在立法上首次明确了亲属、近亲属和家庭成员的范围。

（二）关于结婚

第二章规定了婚龄、结婚登记、婚姻效力等基本结婚制度，并在《婚姻法》的基础上，对有关规定作了进一步完善：一是贯彻婚姻自由原则，不再将"患有医学上认为不应当结婚的疾病"作为禁止结婚情形，并相应增加规定一方隐瞒重大疾病的，另一方可以向人民法院请求撤销婚姻。二是将受胁迫一方请求撤销婚姻的期间起算点由"自结婚登记之日起"修改为"自胁迫行为终止之日起"，最大限度保护受胁迫一方合法权益。三是对无效婚姻和可撤销婚姻，增加规定无过

错方有权请求损害赔偿，以保障无效婚姻和可撤销婚姻中无过错方的合法权益。

（三）关于家庭关系

第三章分两节规定夫妻关系、父母子女关系和其他近亲属关系，并根据社会发展需要，在《婚姻法》基础上作了进一步完善：一是回应社会关切，明确夫妻共同债务的范围，平等保护债权人利益和夫妻双方利益，兼顾维护交易安全与婚姻家庭稳定。二是规范亲子关系确认和否认之诉，保障未成年人合法权益。

（四）关于离婚

第四章规定了协议离婚和诉讼离婚条件、财产分割、子女抚养、离婚损害赔偿等基本离婚制度，并在《婚姻法》基础上作了进一步完善：一是针对轻率离婚现象增加的现实情况，增设离婚冷静期制度，努力维护婚姻家庭的稳定。二是增加规定，经人民法院判决不准离婚后，双方又分居满一年，一方再次提起离婚诉讼的，应当准予离婚。以进一步保障当事人的离婚自由。三是关于离婚后子女的抚养，借鉴了相关司法解释的规定，将《婚姻法》规定的“哺乳期内的子女，以随哺乳的母亲抚养为原则”修改为“不满两周岁的子女，以由母亲直接抚养为原则”，增强了可操作性。四是将离婚经济补偿从原来的约定财产制扩大到法定共同财产制，以加强对家庭负担较多义务一方权益的保护。五是为克服原离婚损害赔偿规定僵化的问题，增加“有其他重大过错”的适用情形，以进一步保障无过错方的合法权益。

（五）关于收养

第五章规定了收养关系的成立、效力、解除等基本收养制度，并在《收养法》的基础上，进一步完善了有关制度：一是扩大被收养人范围，将被收养人年龄上限由 14 周岁统一提高到所有未成年人，保障 14 周岁以上未成年人的利益。二是与国家计划生育政策的调整相协调，将收养人须无子女的要求修改为收养人无子女或者只有一名子女。三是为进一步强化对被收养人利益的保护，在收养人的条件中增加规定“无不利于被收养人健康成长的违法犯罪记录”，并增加规定民政部门应当依法进行收养评估。

家庭是社会的细胞，“家和万事兴”。人民法院对《民法典》婚姻家庭编的贯彻实施，将进一步维护婚姻家庭和谐稳定，保障未成年人、妇女和老年人的合法权益，培育和践行社会主义核心价值观，不断满足人民日益增长的美好生活需要和对家事审判工作的新需求新期待。

五、继承编的主要修改和创新内容

继承制度是关于自然人死亡后财富传承的基本制度。随着人民群众生活水平的不断提高，个人和家庭拥有的财产数量持续增加、财产形式日益多样，因继承引发的纠纷也越来越多。根据我国社会家庭结构、继承观念等方面的发展变化，《民法典》继承编在《继承法》的基础上，修改完善了继承制度，以满足人民群众处理遗产的现实需要。继承编共 4 章 45 条，包括一般规定、法定继承、遗嘱继承和遗赠以及遗产的处理五部分。主要内容及修改情况如下：

（一）关于一般规定

第一章开宗明义国家保护自然人的继承权，规定继承开始的时间、遗产范围、放弃和丧失继承权等继承制度的基本规则，并在《继承法》的基础上，作了进一步完善：一是吸收继承法司法解释的有关规定，增加相互有继承关系的数人在同一事件中死亡，且难以确定死亡时间的继承规则。二是增加了“隐匿遗嘱，情节严重”和“以欺诈、胁迫手段迫使或者妨碍被继承人设立、变更或者撤回遗嘱，情节严重”两种丧失继承权情形，保障被继承人按照自己的自由意志处分财产。三是尊重被继承人的意思自治，增加规定对继承人的宽恕制度，对继承权法定丧失制度予以完善。

（二）关于法定继承

第二章重申了继承权男女平等原则，规定了法定继承人的顺序和范围，以及遗产分配的基本制度。同时，在《继承法》的基础上，完善代位继承制度，增加规定被继承人的兄弟姐妹先于被继承人死亡的，由被继承人的兄弟姐妹的子女代位继承，从而扩大了法定继承人的范围。

（三）关于遗嘱继承和遗赠

第三章规定了遗嘱的形式、效力、必留份制度等，在《继承法》的基础上，进一步修改完善了遗嘱继承制度：一是增加了打印、录像等新的遗嘱形式，适应了社会生活的新发展，扩大了遗嘱人的可选择范围。二是修改了遗嘱效力规则，删除了《继承法》关于公证遗嘱效力优先的规定，切实尊重遗嘱人的真实意愿。

（四）关于遗产的处理

第四章规定了遗产处理的程序和规则，并在《继承法》的基础上，进一步完善了有关遗产处理的制度：一是为确保遗产得到妥善管理、顺利分割，更好地维护继承人、债权人利益，增加遗产管理人制度，明确遗产管理人的产生方式、职责和权利等内容。二是吸收继承法司法解释的有关规定，明确转继承规则，以充分保障继承人的合法权益。三是完善遗赠扶养协议制度，适当扩大扶养人的范围，明确继承人以外的组织或者个人均可以成为扶养人，以满足养老形式多样化需求。四是完善无人继承遗产的归属制度，明确归国家所有的无人继承遗产应当用于公益事业。

《民法典》继承编既具有鲜明的民族特色，又与时俱进地体现时代精神，与市场经济和社会发展相匹配，为相关民事主体提供了更加细致完备的继承法律保障。人民法院对《民法典》继承编的贯彻实施，将更加充分保护自然人的财产处分权和继承权，不断满足人民群众日益增长的处理遗产的现实需要，促进家庭和睦，培育和践行社会主义核心价值观，进一步推进老龄事业的健康发展。

婚姻家庭编

第一章 一般规定

第一千零四十条 本编调整因婚姻家庭产生的民事关系。

【条文主旨】

本条是关于婚姻家庭编调整对象的规定。

【条文理解】

婚姻家庭编调整夫妻之间、家庭成员之间及其他近亲属之间的人身关系和财产关系，是调整婚姻家庭关系的基本法律规范。亲属人身关系，因结婚、出生、收养等法律事实而发生，因离婚、死亡、解除收养关系等法律事实而消灭，存在于具有特定亲属身份的主体之间；亲属财产关系以主体间存在特定亲属人身关系为前提，不体现直接的经济目的，而是凸显亲属共同生活的要求，与身份密不可分，不同于其他财产关系。民法中的一般财产关系以等价有偿、公平自愿为原则，反映市场经济条件下民事主体间商品交换的需要。婚姻家庭编所设定的财产权利义务关系具有非对价性，反映了家庭的经济职能和亲属共同生活的需求，以服务于家庭共同生活、实现养老育幼的家庭职能为目的，具有强烈的伦理性。例如，夫妻之间的共同财产制度并不考虑等价有偿的公平原则，无论共同财产的积累由哪一方完成，无论贡献大小，只要双方具有配偶关系，即可视为夫妻共同财产。又如，父母对子女所支出的抚养费与子女对父母所支出的赡养费，在数额上不具有对价性，这是由亲子关系的伦理属性及其双方共同生活的特点所决定的。[1]

从我国《婚姻法》的历史沿革来看，1950年《婚姻法》是新中国制定的首部法律，是调整婚姻家庭关系的基本法、部门法、实体法，与每个公民的利益息息相关。1980年，在总结30年来《婚姻法》的实施经验和问题基础上，第五届全国人民代表大会第三次会议通过了新的《婚姻法》。1950年和1980年两部《婚姻法》的贯彻实施，给我国人民的婚姻家庭生活带来了深刻变革，自主婚姻和男女平等、民主和睦的家庭关系成为社会生活的主导。随着经济发展的日新月异，婚姻家庭领域也出现了很多亟待解决的问题，第九届全国人民代表大会常务委员会将《婚姻法》的修改列入立法规划，这次修改采用修正的方式修改1980年《婚姻法》，而不是废止它。婚姻法的完善可分两步走，第一步是对1980年《婚姻法》作适当修改，第二步是将《婚姻法》《收养法》《民法通则》的监护、《继承法》的亲属关系等编纂为民法典中的亲属编或者婚姻家庭编。[2]2001年4月28日颁布的《婚姻法》正是婚姻法完善的第一步，现在的《民法典》婚姻家庭编是其完善的第二步。婚姻家庭编的编纂体现了大民法的理念，婚姻家庭编是《民法典》的重要组成部分，既具有民法的共性，又具有婚姻家庭法的个性。按照大民法的理念要求，婚姻家庭编的内容要在民法基本原则的基础上尊重个性，彰显身份法特点，充分考虑人法的特殊属性，不能以财产法原理遮蔽婚姻家庭属性，更不能将商品经济的财产法规则直接适用于婚姻家庭领域。

婚姻家庭关系是一种最为广泛、普遍的民事关系，不是每个人都会开公司、做贸易、建工程，但自然人一经出生便产生父母子女的身份关系，任何人，无论性别、年龄、婚否、有无子女，都是婚姻家庭法律关系的主体，都必然受到婚姻家庭法的规范。婚姻家庭担当着繁衍和延续人类社会的重要功能，自然人是婚姻家庭关系的主体，对自

---

① 夏吟兰主编：《中华人民共和国婚姻法评注》，厦门大学出版社2016年版，第38页。
② 胡康生主编：《中华人民共和国婚姻法释义》，法律出版社2001年版，第8页。

然人的婚姻家庭关系进行法律调整，其终极目标是实现自然人在这个领域内的人权和家庭和谐。[①]按照当代中国社会主流的婚姻观，婚姻关系应当在男女两性之间依法缔结。婚姻从来不是简单的男女两性的结合，从来不是简单的民事契约，以它为基础构建出来的是一个完整的家庭伦理大厦。

婚姻家庭法上的身份行为不同于一般的民事法律行为，不能人为地附加条件和期限。例如，是否结婚、与谁结婚，全凭男女当事人的自愿，但双方一旦决定结婚，就必须符合法定的结婚实质要件和形式要件。当婚姻有效成立后，夫妻的权利义务便基于法律规定而产生，任何一方不得拒绝履行义务，也不得对另一方的权利加以限制；与其他民事法律行为不同，涉及婚姻家庭身份的法律行为都是要式的，必须符合法定形式才具有法律效力。各国婚姻家庭法都明确规定，有关结婚、离婚、收养等身份关系的法律行为必须具备登记、注册或公证等公开的形式要件才能产生法律效力。

值得注意的是，婚姻家庭法的调整对象是婚姻家庭关系，但并非所有的婚姻家庭关系均由婚姻家庭法调整。在当今社会，法律当然是调整婚姻家庭关系具有强制效力的重要手段，但婚姻家庭关系涉及伦理亲情、民俗习惯，方方面面错综复杂，法律不可能解决婚姻家庭的所有问题，法律也不应当介入所有的婚姻家庭问题。正所谓：法律是神圣的，但不是万能的。

【审判实践中应注意的问题】

一、关于同性婚姻的问题

一直以来，有人呼吁给同性伴侣合法的婚姻地位，认为同性恋者和异性恋者一样，必须纳入统一的婚姻制度中加以保障。目前全球

① 龙翼飞：《编纂民法典婚姻家庭编的法理思考与立法建议》，载《法制与社会发展》2020年第2期。

范围内包括荷兰、比利时、加拿大、西班牙、瑞典、法国、英国、德国、美国、澳大利亚等已实现同性婚姻合法化。虽然同性婚姻合法化并不代表社会的进步，但也能从侧面表示社会的多元化发展。有意见认为，同性婚姻合法化应该写入《民法典》婚姻家庭编。但由于争议过大，涉及公序良俗和大众的接受能力等深层次问题，这次并没有在婚姻家庭编中予以规定。前些年曾有长沙两名男同性恋者申请结婚登记被拒而状告民政局的案例，被称“全国同性恋婚姻登记第一案”。原告孙某某、胡某某称，中国法律没有禁止同性婚姻的明确规定，某区民政局拒绝为二人办理结婚登记的行为侵犯了他们的合法权利，怠于履行行政机关应尽的职责，故请求法院判令某区民政局为二人办理结婚登记手续。法院认为，根据《婚姻法》及相关法律规定，结婚的主体是指符合法定结婚条件的男女双方，孙、胡二人均系男性，申请结婚登记显然不符合中国婚姻法律、法规的规定，故依法驳回孙某某和同性恋人胡某某的诉讼请求。这场诉讼原告的败诉在很多人看来是“意料之中”，包括原告孙某某本人。

二、同性之间因同居而产生的财产纠纷、子女监护纠纷，法院应当依法受理

日前，浙江省某区法院受理了一起女同性恋伴侣的子女监护权、抚养权纠纷，这对伴侣在美国洛杉矶进行结婚登记，双方在美国接受胚胎移植，分别分娩一子一女（美国国籍），但两个胚胎的卵子均为其中一方提供。2019 年双方感情破裂，结束了长期生活在一起的状态。一方声称女儿被另一方抢走，以另一方为被告向法院提起诉讼，争取对两个孩子的监护权和抚养权，同时请求“判令被告每月支付抚养费一万元，至子女年满十八周岁止”。

由于子女系美国国籍，本案属于涉外因素的案件。根据《涉外民事关系法律适用法》第 25 条规定：“父母子女人身、财产关系，适用共同经常居所地法律；没有共同经常居所地的，适用一方当事人经常居所地法律或者国籍国法律中有利于保护弱者权益的法律。”第 30

条规定："监护，适用一方当事人经常居所地法律或者国籍国法律中有利于保护被监护人权益的法律。"处理此类纠纷，应当遵循联合国《儿童权利公约》确立的儿童最大利益原则，最大限度地保护未成年子女的合法权益。

第一千零四十一条　婚姻家庭受国家保护。

实行婚姻自由、一夫一妻、男女平等的婚姻制度。

保护妇女、未成年人、老年人、残疾人的合法权益。

【条文主旨】

本条是关于我国婚姻家庭的基本原则的规定。

【条文理解】

婚姻家庭编的四项原则系沿用《婚姻法》的规定，因为《婚姻法》规定的这些基本原则，经过长期的实践证明是正确和必要的，也是基本可行的。考虑到婚姻家庭编主要规范夫妻作为平等民事主体的权利义务关系，生育与婚姻之间不是必然的关系，计划生育问题超出了私法的调整范围，应由《人口与计划生育法》专门规定，故《民法典》婚姻家庭编删去了“实行计划生育”的内容。

全国人民代表大会审议民法典草案时，有的代表提出，草案物权编、合同编、人格权编、继承编都在“一般规定”一章规定了物权、合同、人格权、继承权受国家或者法律保护的内容，建议在婚姻家庭编中也增加类似规定，既有利于体现国家对婚姻家庭的重视和保护，也有利于各编体例的统一。全国人民代表大会宪法和法律委员会经研究采纳了这一意见。

一、婚姻自由原则

婚姻自由是欧洲文艺复兴时期提出的一种思想和口号，认为是一种天赋的人权。1791 年的《法国宪法》宣告婚姻为民事契约，确立了婚姻的世俗化和自由化，使婚姻自由成为一项法律原则。在1804年的《法国民法典》中，婚姻自由原则体现在婚姻的缔结和婚姻的解除两个方面。现今各国立法例均将婚姻自由规定为一项基本原则，成为衡量一国婚姻家庭立法进步性的重要标志。①

婚姻自由包括结婚自由和离婚自由，是指男女双方有权依照法律规定，自主自愿地决定自己的婚姻问题，不受任何人的强制与干涉。结婚自由和离婚自由是统一的，两者缺一不可，共同构成婚姻自由原则的完整内容。结婚自由是建立婚姻关系的自由，离婚自由是解除婚姻关系的自由，结婚自由是实现婚姻自由的先决条件，离婚自由是结婚自由的必要补充。这里需要指出的是，任何自由都是相对的，没有绝对的自由。实行婚姻自由，并不意味着一个人在自己的婚姻问题上可以随心所欲，想结就结，想离就离，而是必须依照法律的规定处理婚姻大事，在法律规定的范围内行使婚姻自由的权利。即便在承认“婚姻是一种契约”的西方国家，也对婚姻自由附加了诸多限制，比如要求婚姻具备一定的形式要件，不允许当事人仅凭个人的意志解除婚姻关系等。“过度的自由实际上就是欲望的放纵”“特别是自由不受限制被滥用的时候，会带来灾难性的后果”。②

二、一夫一妻制原则

一夫一妻制，是指一男一女结为夫妻的婚姻制度，任何人无论性别、财富和社会地位如何，都不得同时拥有两个或两个以上配偶。已婚者在配偶死亡、离婚前，不得再行结婚。在现代社会，一夫一妻对任何人都具有同等的约束力，不允许有超越法律的特权存在。任何人都只能有一个配偶，否则要受到法律的相应制裁。

① 梁慧星主编：《中国民法典草案建议稿附理由：亲属编》，法律出版社2006年版，第5页。

② [法]孟德斯鸠：《论法的精神》，申林译，北京出版社2007年版，第42页。

三、男女平等原则

男女平等是现代法治的重要基石之一，它所强调的任何公民不得因性别而受到差别待遇，不应只是人类社会的理想图景，而应是人类社会的现实状态。联合国《消除对妇女一切形式歧视公约》的颁布与实施，体现了男女平等已经取得了长足的进步。1982 年 12 月 4 日，我国现行《宪法》正式生效，男女平等是一项宪法原则，根据《宪法》第 48 条第 1 款规定，妇女在政治的、经济的、文化的、社会的和家庭生活等各方面享有同男子平等的权利。《民法典》婚姻家庭编所规定的男女平等原则，是《宪法》男女平等原则的具体化。男女在婚姻关系、家庭生活中享有平等的权利，承担平等的义务。家庭成员在享有民事权利时，不应受到任何基于性别的差别对待。

四、保护妇女、未成年人、老年人、残疾人的合法权益

家庭是妇女、未成年人、老年人、残疾人生活的基本社会单位，对妇女、未成年人、老年人、残疾人婚姻家庭权益的特别保护，是我国婚姻家庭法律制度的一贯原则。

其一，《民法典》婚姻家庭编中特殊保护妇女权益的内容十分广泛，比如《民法典》第 1082 条规定："女方在怀孕期间、分娩后一年内或者终止妊娠后六个月内，男方不得提出离婚；但是，女方提出离婚或者人民法院认为确有必要受理男方离婚请求的除外。"第 1087 条第 1 款规定："离婚时，夫妻的共同财产由双方协议处理；协议不成的，由人民法院根据财产的具体情况，按照照顾子女、女方和无过错方权益的原则判决。"第 1088 条规定："夫妻一方因抚育子女、照料老年人、协助另一方工作等负担较多义务的，离婚时有权向另一方请求补偿，另一方应当给予补偿。具体办法由双方协议；协议不成的，由人民法院判决。"也就是说，婚姻家庭编对女方怀孕、离婚财产分割、离婚补偿等的规定，体现了对妇女权益的特别保护。

其二，考虑到未成年人利益最大化已经是国际社会的共识，《民

法典》婚姻家庭编特别强调了对未成年人利益的保护。比如《民法典》第1084条第3款规定："离婚后，不满两周岁的子女，以由母亲直接抚养为原则。已满两周岁的子女，父母双方对抚养问题协议不成的，由人民法院根据双方的具体情况，按照最有利于未成年子女的原则判决。子女已满八周岁的，应当尊重其真实意愿。"

根据《民法典》总则编中第196条的规定，请求支付抚养费、赡养费或者扶养费的，不适用诉讼时效的规定。父母对子女的抚养义务从子女出生时起至子女成年时止，在此期间，子女被父母抚养的权利是一种持续性权利，亦是父母的法定义务而非普通的金钱之债，故不适用诉讼时效的规定。该条规定非常有利于保护未成年人的健康成长，切实保障了未成年人受抚养的权利。

其三，人口老龄化的通行标准为：当一个国家60岁以上的人口达到或超过总人口的10%时，就进入人口老龄化社会。自2000年以来，我国已经步入老龄化社会，2014年全国总人口136782万人，60岁及以上21242万人，占总人口的15.5%。[①]我国人口老龄化呈现出发展速度快、人口基数大、社会保障层次低和力度差的特点，数千年我国的人文观念使家庭的代际关系形成了特殊的双向型平衡模式，即上一代抚养下一代，下一代赡养上一代，抚养和赡养基本处于平衡状态。费孝通先生将中西家庭模式总结为西方的"接力模式"和中国的"反哺模式"。在接力模式下，上一代有抚育下一代的责任，下一代却无赡养上一代的义务，一代代都只向下承担责任，就像接力跑步一样。而在反哺模式下，每一代在抚育下一代的同时，都承担赡养上一代的义务。但是，由于近年来新的经济态势和思维模式的变化，代际关系发生了改变。一个令人担忧的趋势就是父辈对子孙的抚养责任在强化，而子孙对父辈的赡养义务在弱化，很多家庭出现"敬老不足，爱幼有余"的倾向，个别家庭甚至"爱幼不敬老"，由此导致侵犯老年人合法权益的事件频频发生。如何更好地保护老年人的权益，是我

① 统计数字来源于国家统计局发布的《2014年国民经济和社会发展统计公报》。

们必须面对的问题。受社会生产力发展水平的限制，对老年人的赡养和照顾还主要依赖于家庭。当父母年老多病、丧失劳动能力或生活困难时，成年子女就要承担起赡养的义务，赡养人应当履行对老年人经济上供养、生活上照料和精神上慰藉的义务。

其四，家庭是残疾人生活的主要载体，甚至是他们赖以生存的唯一依靠。但他们在婚姻家庭生活中却遇到了许多健康人难以想象的问题和困难，主要有：结婚自由权的实现相对困难，婚检、孕检率低，监护规定不到位，养老问题没有得到真正解决，离婚时法律没有规定特殊的保障措施，等等。[①] 为了更好地保障残疾人在家庭生活方面的权益，《民法典》婚姻家庭编在基本原则中专门新增了保护残疾人合法权益的内容。对于残疾人这个弱势群体来说，这无疑是个利好消息，有基本原则规定的"尚方宝剑"，人民法院在处理涉及残疾人的婚姻家庭纠纷案件时，就可以在裁判时尽量最大限度地保护残疾人的权益。比如处理离婚纠纷，如果残疾人生活困难，有条件的另一方应当给予残疾人一方适当的经济帮助。

【审判实践中应注意的问题】

一、父母与子女约定免除子女的赡养义务或者以子女放弃继承而免除赡养义务，事后又主张子女履行赡养义务，应当如何处理

我们认为，成年子女对父母有赡养扶助的法定义务，父母与子女约定免除赡养义务的，无论出于何种理由，如果事后父母缺乏劳动能力或者生活困难需要赡养时，子女应当不折不扣地履行法定赡养义务。赡养义务是一种具有长期性、持续性的义务，不同于一般民事债权债务的一次性义务。如果赡养权利人与义务人协议免除义务人的赡

① 夏吟兰：《我国残疾人婚姻家庭权益保障问题研究》，载《法商研究》2006 年第 6 期。

养义务，并不妨碍赡养权利人在需要时重新要求义务人尽赡养义务。

二、父母未履行抚养子女的义务，子女能否主张免除赡养义务

我们认为，如果父母确因经济能力或者其他客观原因（比如因犯罪被监禁）未能履行抚养义务，子女成年后主张免除赡养义务的，法院不予支持，子女不能将父母是否尽了抚养教育的义务作为自己履行赡养父母义务的基础和前提。在审判实践中，对此应予从严掌握。因为子女赡养父母的义务是法定的和无附加条件的，在目前社会保障机制尚不完善、家庭主要承担养老育幼职责的现状下，不能轻易免除子女对父母的赡养义务。鉴于子女与父母之间特殊的身份关系，也不能简单地用等价有偿、公平合理的一般民法理念加以衡量。

如果父母具有抚养能力而拒不履行抚养义务或者对子女实施虐待、遗弃、故意杀害等行为，情节严重的，可以免除子女的赡养义务。从《民法典》继承编的规定来看，故意杀害被继承人、遗弃被继承人或者虐待被继承人情节严重的，丧失继承权。同样道理，犯有杀害、遗弃、虐待子女罪的父母原则上不再享有子女赡养的权利。因为让身心受到严重摧残的受害者再去赡养加害人，无论于法、于情、于理均说不过去。如果子女不计前嫌自愿赡养伤害过自己的父母，法律则不予干涉。

三、孙辈赡养祖辈后能否免除其对自己父母的赡养义务

根据《民法典》婚姻家庭编的相关规定，有负担能力的孙子女、外孙子女在两种情况发生时对祖父母、外祖父母有赡养义务，一种情况是子女已经死亡，另一种情况是子女没有赡养能力，即有前提条件的法定赡养义务。当孙辈赡养了祖辈后能否免除其对自己父母的赡养义务？答案应该是否定的。因为法律在规定孙辈对祖辈有前提条件承担法定赡养义务的同时，并没有规定孙辈对父辈的法定赡养义务可以免除。“子女已经死亡”的情况意味着孙辈对父辈的赡养义务不可能

发生，但“子女无力赡养”的情况意味着父辈也需要自己的子女尽赡养义务，故此时孙辈应承担双重的赡养义务。

四、对父母已经死亡或父母无力抚养的未成年人，如果祖父母、外祖父母和兄、姐均有负担能力，应由谁抚养该未成年人

倾向性意见认为，祖父母、外祖父母及兄、姐均有抚养义务。其一，从立法体例来看，规定相关义务的《民法典》婚姻家庭编中的第1074条和第1075条是并列条款，既不互相排斥，也不是一条对另一条的例外。其二，从《民法典》婚姻家庭编的基本原则来看，保护妇女、未成年人和老年人的合法权益是其中的一项基本原则，《民法典》婚姻家庭编中的第1074条和第1075条是对基本原则的具体化。其三，祖父母、外祖父母对孙子女、外孙子女及兄、姐对弟、妹承担扶养义务的条件是基本一致的，而且都是对父母抚养子女义务的补充，故只要承担义务的条件符合，祖父母、外祖父母以及兄、姐均应承担抚养或扶养义务。

五、双方离婚时约定一方直接抚养子女，另一方给付抚养费，同时约定了不按时支付抚养费的违约金，如果另一方未按协议支付抚养费，应否按协议约定承担违约金

这个问题争议比较大，有两种完全不同的观点。第一种观点认为，双方离婚时签订抚养费给付协议，目的只是督促不直接抚养子女的一方履行抚养义务，该协议属于有关身份关系的协议。《合同法》第2条第2款规定：“婚姻、收养、监护等有关身份关系的协议，适用其他法律的规定。”也就是说，合同法领域中的个人自治空间可以得到极度的张扬，身份法领域个人的意思自治显然应当受到适当的抑制。因此双方达成的抚养费给付协议，不应适用合同法律规定。一方未按协议给付抚养费，实际上是没有履行法定的抚养义务，一方有能力抚养而拒绝给付抚养费，情节恶劣的，将被追究刑事责任。但并不存在违约问题，当然也不应承担违约责任。第二种观点认为，抚养未

成年子女是父母的法定义务，父母双方在自觉自愿基础上签订的抚养费给付协议，约定的违约金条款旨在更好地保护未成年人的健康成长，法院支持违约金主张对未成年人一方并无不利。根据《合同法》第2条第2款规定，婚姻、收养、监护等有关身份关系的协议不适用合同法相关规定，主要是指单纯身份关系的有关婚姻、收养、监护的协议，对于涉及身份关系的财产协议，并不完全排斥合同法律的适用，其属于合同法律的调整范围，不过应当优先适用婚姻法律有关规定，这些法律没有规定时才可适用合同相关规定。①尤其值得注意的是《民法典》合同编中的第464条第2款规定："婚姻、收养、监护等有关身份关系的协议，适用有关该身份关系的法律规定；没有规定的，可以根据其性质参照适用本编规定。"进一步印证了该观点。

我们比较倾向于第二种观点。

六、父母能否主张子女履行定期探望等精神赡养义务

我们认为，赡养包括经济上的供养、生活上的照料和精神上的慰藉，不仅仅是"给钱了事"的问题。对老年人的赡养，是否付给老年人生活所必需的金钱不是衡量的唯一标准，还包括对老年人精神的慰藉和情感的陪伴。自2013年7月1日起实施的《老年人权益保障法》中，将"常回家看看"写入了法律，即"家庭成员应当关心老年人的精神需求，不得忽视、冷落老年人。与老年人分开居住的家庭成员，应当经常看望或者问候老年人"，这意味着自2013年7月1日起，"常回家看看"可以作为单独的诉讼请求了。当然，对精神赡养的判决和执行，确实比物质赡养的判决和执行要复杂得多。即便法院进行了实体裁决，也主要依靠当事人的自觉履行。

七、有关民政部门申请撤销监护人资格案件的处理问题

2015年，全国首例由民政部门申请撤销监护人资格案在江苏省徐

① 王利明：《合同法研究》（第1卷），中国人民大学出版社2002年版，第58页。

州市判决，因生父性侵女童、生母不加干预，女童父母的监护权被撤销，当地民政机关承担监护职责。此案中，检察机关及时发现问题并向民政机关提出检察建议，民政机关接受建议并积极作为，向人民法院申请撤销生父母的监护资格，进而经人民法院判决承担起替代性的监护责任，不同国家机关各司其职、衔接有序，充分体现出其作为抽象“国家”之共同代表履行国家监护职责的能力和担当。

自2017年10月1日起《民法总则》实施，意味着“以家庭监护为基础、社会监护为补充、国家监护为兜底”的未成年人监护体系在我国正式确立，国家监护的落地意味着民政部门等机构在未成年人监护问题上承担着更大的责任，民政部门将作为国家的代表机关和职能机构更加主动地履行国家监护职责，替代不适格主体担任未成年人的监护人。

八、父母以其未成年子女房产设定抵押行为的效力问题

《民法典》总则编中的第35条第1款规定：“监护人应当按照最有利于被监护人的原则履行监护职责。监护人除为维护被监护人利益外，不得处分被监护人的财产。”上述条款的规定旨在避免未成年人之父母，借由管理未成年子女财产之便，不当处分其财产，以致对未成年子女造成不利益。其方式则为限制父母作为法定监护人的法定代理权，监护人行使法定代理权必须在为被监护人利益这一边界范围内进行，逾越此边界，非为被监护人利益处分其财产，则构成无权代理。[①] 鉴于房产的重大价值和抵押行为的高风险性，父母抵押其未成年子女名下房产的行为，原则上应认定为非为其未成年子女利益，除非相对人有相反证据足以证明该抵押行为确系为子女利益而实施。比如父母以房产设定抵押办理银行贷款为子女就医筹措医疗费用或出国留学费用，此种抵押行为直接对子女有利。父母代替未成年子女签章让其承担抵押风险的行为不属于接受奖励、赠与、报酬等纯利益的行

① 夏昊晗：《父母以其未成年子女房产设定抵押行为的效力》，载《法学评论》2018年第5期。

为，应属无权代理，该代理行为无效。我国台湾地区学者史尚宽先生认为，父母为不利于子女之处分，除可认为表见代理外，其明显的不利于子女之行为，应认为无权代理，子女成年后得追认之。此为我国台湾地区司法实务中的通说。也有观点认为，认定抵押无效不利于保护交易安全，但我们认为，在无法兼顾交易安全与未成年人利益的情形下，应优先保护未成年人的利益。

九、男女双方没有办理结婚登记手续，在女方怀孕期间，法院能否受理男方有关同居期间财产纠纷的起诉

我们认为，只有符合结婚的法定条件，才具有夫妻身份，才享有法定的权利和义务，这是婚姻的法律层面的要求。《民法典》婚姻家庭编中对妇女的特殊保护条款，“女方在怀孕期间、分娩后一年内或者终止妊娠后六个月内，男方不得提出离婚；但是，女方提出离婚或者人民法院认为确有必要受理男方离婚请求的除外”，针对的是合法婚姻而非同居关系。法律保护的是合法婚姻关系，保护的是妇女的合法权益。当双方选择同居而非登记结婚时，就意味着选择了一种不受法律保护、不享有夫妻间权利和义务的同居关系，同居的男女双方不具有配偶身份，同居关系的形成不需要履行特定手续，是一种既定的事实状态。有鉴于此，当事人仅起诉请求解除同居关系的纠纷，法院不予受理；当事人因同居期间财产分割或者子女抚养提起诉讼的，法院应当受理。因此，在女方怀孕期间，法院仍然可以受理男方有关同居期间财产纠纷的起诉。

第一千零四十二条 禁止包办、买卖婚姻和其他干涉婚姻自由的行为。禁止借婚姻索取财物。

禁止重婚。禁止有配偶者与他人同居。

禁止家庭暴力。禁止家庭成员间的虐待和遗弃。

【条文主旨】

本条是关于婚姻家庭编所禁止行为的规定。

【条文理解】

禁止性规定是《民法典》婚姻家庭编强制性的体现，是基本原则得到贯彻实施的必要保障。任何人违反禁止性规定，就是触碰了法律的红线，必须承担相应的法律后果。

一、禁止包办、买卖婚姻和其他干涉婚姻自由的行为，禁止借婚姻索取财物

包办婚姻、买卖婚姻是干涉婚姻自由的常见形式，其他干涉婚姻自由的行为，是指除包办、买卖婚姻之外的一切干涉男女结婚自由、离婚自由的违法行为。如在经济落后的农村地区，转亲、换亲现象较多，城市中子女干涉父母再婚的现象有所增多。借婚姻索取财物，是指以索取对方财物为结婚条件的违法行为，其表现形式多种多样，最常见的就是给索要彩礼的现象。结婚时男方向女方给付彩礼在我国由来已久，近年来彩礼给付还有愈演愈烈之势。男女比例失调，成为彩礼金额日益高涨的一大诱因。尤其在农村，为给儿子娶妻成家，使许多家庭背上了沉重的经济负担。

本条从反面对一些常见的违反婚姻自由的行为直接作出明确的禁止性规定，向大众清晰准确地表明了法律对这些行为的否定性评价，这样可以有效地指引和规范人们的行为，也为受害人的维权提供了有力的法律武器，对非法侵害他人婚姻自由的行为也能起到很好的震慑作用。

二、禁止重婚

实行一夫一妻制就必须禁止重婚，我国《刑法》第258条明确规定："有配偶而重婚的，或者明知他人有配偶而与之结婚的，处二年以下有期徒刑或者拘役。"重婚包括双方均有配偶的重婚和一方无配偶与已有配偶者的重婚。有配偶而重婚，或者明知他人有配偶而与之结婚的，应追究其刑事责任，不知对方已有配偶而与之结婚的，不是重婚的犯罪主体。但是，从婚姻家庭的角度来讲，无论无配偶的一方是善意还是恶意，都破坏了一夫一妻的婚姻制度，对其婚姻无效的认定没有任何影响。

三、禁止有配偶者与他人同居

有配偶者与他人同居系指有配偶者与第三人未以夫妻名义共同生活，如俗称的"包二奶""包二爷"等。《婚姻法司法解释（一）》第2条对此有明确解释："'有配偶者与他人同居'的情形，是指有配偶者与婚外异性，不以夫妻名义，持续、稳定地共同居住。"也就是说，其不包括通奸行为、卖淫嫖娼行为、偶尔的"一夜情"等。

四、禁止家庭暴力、禁止虐待和遗弃

家庭暴力的社会危害性毋庸置疑，从世界各国的经验来看，司法介入可有效预防和制止家庭暴力。我国自2016年3月1日起施行的《反家庭暴力法》第2条明确规定："本法所称家庭暴力，是指家庭成员之间以殴打、捆绑、残害、限制人身自由以及经常性谩骂、恐吓等方式实施的身体、精神等侵害行为。"为更好地贯彻执行《反家庭暴

力法》,《最高人民法院关于人身安全保护令案件相关程序问题的批复》于2016年7月13日起开始实施。根据该批复规定，向人民法院申请人身安全保护令，不收取任何诉讼费用；请求人民法院作出人身安全保护令的，申请人不需要提供担保；人身安全保护令案件可以比照特别程序进行审理，是否需要就发出人身安全保护令问题听取被申请人的意见，则由承办法官视案件的具体情况决定。该批复对人民法院审理人身安全保护令案件相关程序问题进行了明确，为指导各级法院正确审理涉及人身安全保护令案件提供了具体的操作规程。

涉及家庭暴力的案件主要集中于离婚纠纷案件，而其中的子女抚养问题与此密切相关。有研究表明，家庭暴力是会代际传承的，即儿童时期目睹或经历家庭暴力，对成年后施暴或受虐有一定影响。儿童生活在家暴环境中，在心理方面会产生许多负面效应，从小遭受或目睹家暴的儿童容易错误地认为，暴力是合理的，是解决问题的方法，长大后可能会延续这种暴力行为。为了给儿童创造非暴力生活环境，不支持施暴方直接抚养子女是基本的裁判规则，最高人民法院在2015年底《第八次全国法院民事商事审判工作会议（民事部分）纪要》中明确了这一原则。上述会议纪要第1条规定："在审理婚姻家庭案件中，应注重对未成年人权益的保护，特别是涉及家庭暴力的离婚案件，从未成年子女利益最大化的原则出发，对于实施家庭暴力的父母一方，一般不宜判决其直接抚养未成年子女。"

家庭成员间的虐待，是指用打骂、冻饿、有病不给治疗等方法摧残、折磨家庭成员，使他们在肉体上、精神上遭受痛苦的行为；家庭成员间的遗弃，是指对于年老、年幼、患病或其他没有独立生活能力的人，负有赡养、抚养或扶养义务的人不履行其义务的行为。一方有虐待、遗弃家庭成员的行为而导致离婚的，无过错一方可以请求离婚损害赔偿；虐待、遗弃家庭成员情节恶劣的，构成虐待罪、遗弃罪，要受到《刑法》的制裁。如南京发生的母亲虐待遗弃子女致死案，乐某是两个女儿的母亲，孩子的父亲因吸毒被判刑入狱，乐某也有吸毒史，两个女儿平时由乐某本人抚养。乐某明知两个幼小的女儿没有任何生活自理能力，却为了满足自己的吸毒欲望，长期外出不在家照顾孩子，最终导致两个女儿饥渴而死。乐某的行为不仅违反了《民法典》关于父母有抚养教育未成年子女义务的规定，而且情节严重，构成了遗弃罪、虐待罪。由于虐待、遗弃后果非常严重，在明知其遗弃行为将会导致两个幼女死亡的情况下，不照管孩子、不准备食物、长期将两个幼女遗弃在家中，放任死亡结果的发生，构成故意杀人罪，法院判处乐某无期徒刑，剥夺政治权利终身。

【审判实践中应注意的问题】

一、法律上的重婚、事实上的重婚、有配偶者与他人同居的区别

有配偶者又与他人登记结婚的，是法律上的重婚。虽未登记但确与他人以夫妻名义同居生活的，为事实上的重婚。要特别注意事实上的重婚和有配偶者与他人婚外同居的区别，判断的标准即是否以夫妻名义同居生活，如果双方以夫妻名义同居生活，则构成事实上的重婚；如果双方没有以夫妻名义同居生活，则不属于《刑法》予以处罚的范围，而属于《民法典》婚姻家庭编禁止的行为。有配偶者与他人婚外同居，主要是指有配偶者在与他人同居时，既不办理结婚登记，对外也不以夫妻名义相称的行为，其直接构成离婚的法定理由，同时无过错的配偶一方有权提起离婚损害赔偿请求。

二、如何处理有配偶者与他人婚外同居发生的赠与纠纷

首先，有配偶者与他人同居，是法律禁止的行为，这种同居关系属于违法关系。其次，如何掌握“夫妻对共同财产，有平等的处理权”的问题，《婚姻法司法解释（一）》第17条规定：“（一）夫或妻在处理夫妻共同财产上的权利是平等的。因日常生活需要而处理夫妻共同财产的，任何一方均有权决定。（二）夫或妻非因日常生活需要

对夫妻共同财产做重要处理决定，夫妻双方应当平等协商，取得一致意见。他人有理由相信其为夫妻双方共同意思表示的，另一方不得以不同意或不知道为由对抗善意第三人。”夫妻对共同财产形成共同共有，而非按份共有。根据共同共有的一般原理，在婚姻关系存续期间，夫妻共同财产应作为一个不可分割的整体，夫妻对全部共同财产不分份额地共同享有所有权，夫妻双方无法对共同财产划分个人份额，在没有重大理由时也无权于共有期间请求分割共同财产。夫妻对共同财产享有平等的处理权，并不意味着夫妻各自对共同财产享有一半的处分权。只有在共同共有关系终止时，才可对共同财产进行分割，确定各自份额。因此，有配偶者擅自将夫妻共同财产赠与婚外同居者，显然超出了日常生活需要的范围，侵犯了另一方的财产权利，该赠与行为无效，且赠与行为全部无效，而非部分无效。

三、《婚姻法司法解释（二）》中关于彩礼问题的规定，其第 10 条第 1 款第 1 项“双方未办理结婚登记手续”，并非针对双方已共同生活的情形

考虑到在我国农村地区，人们习惯将举行结婚仪式并共同生活视为男女结婚的标志，双方一旦举行了婚礼，就进入了实质的婚姻阶段，给付彩礼的目的已经实现，这种情况下是否应返还彩礼不能一概而论。对于双方未办理结婚登记手续，但实际已经同居共同生活的，人民法院可以根据双方共同生活时间的长短、有无生育子女、财产使用情况、彩礼数额并结合当地的风俗习惯等因素，确定是否返还及返还的具体数额。

四、在处理有关彩礼纠纷时应注意的问题

1. 在实际生活中，彩礼的给付人和接受人并非仅限于男女双方，还可能包括男女双方的父母和亲属，这些人均可成为返还彩礼诉讼的当事人。在中国的传统习俗中，儿女的婚姻被认为是终身大事，一般由父母一手操办，送彩礼也大都由父母代送，且多为家庭共有财产。

而在诉讼中大多数也是由当事人本人或父母起诉，因此应诉方以起诉人不适格作为抗辩时，法院不应予以采信，以期最大限度地保护公民的财产权利。对于被告的确定问题也是如此，诉讼方通常把对方当事人的父母列为共同被告，要求他们承担连带责任，一般习俗是父母送彩礼，也是父母代收彩礼，故将当事人父母列为共同被告并无不妥。

2. 应注意把握彩礼返还的范围，要根据已给付彩礼的实际使用情况，考虑到双方在共同生活中是否发生了必要的消耗，是否为筹办婚事支付了必要的费用等，在此基础上予以适当返还。在实际生活中，给付的彩礼可能已经用于购置双方共同生活的物品，事实上已经转化为双方的共同财产，或者已在双方的共同生活中消耗。故在处理方式上应当灵活把握，真正体现公平原则。

五、涉及家庭暴力的案件中，在施暴者矢口否认的情形下如何认定家庭暴力

家庭暴力认定难是国内外家庭暴力诉讼中面临的共同难题，据有关统计，各地人民法院所审理的婚姻家庭案件中，当事人主张存在家庭暴力的，只有不到 30% 的当事人能提供包括伤照、病历、报警记录、子女证言、施暴人保证书等相关证据。由于家庭暴力具有一定的隐蔽性，其他人很难知晓，举证比较困难，关键是要证明施暴行为与损害结果之间的因果关系。家庭暴力问题能否认定与施暴者是否承认没有必然的联系。发生家庭暴力行为后，并非施暴者矢口否认人民法院就无法认定，只要其他相关证据可以形成证据链条，同样可以根据《民事诉讼法》及民事诉讼证据的有关规定对违法事实予以认定。此外，由于家庭暴力往往在家庭内部发生，未成年子女的证言有时会成为关键证据，不必过于苛求未成年子女的年龄，未成年子女提供的涉及家庭暴力的与其年龄、智力及精神状况相当的证言，可以作为认定家庭暴力的证据。

第一千零四十三条 家庭应当树立优良家风，弘扬家庭美德，重视家庭文明建设。

夫妻应当互相忠实，互相尊重，互相关爱；家庭成员应当敬老爱幼，互相帮助，维护平等、和睦、文明的婚姻家庭关系。

【条文主旨】

本条是关于婚姻家庭中道德规范的规定，属于倡导性的规定。

【条文理解】

调整婚姻家庭关系涉及法治和德治，两者相辅相成、缺一不可。婚姻家庭制度是规范夫妻关系和家庭关系的基本准则，关系到家家户户的利益，因此，民法典草案婚姻家庭编在几度审议的过程中，始终备受社会大众的关注。维护平等、和谐、文明的婚姻家庭关系，需要法律的强力支撑。融入社会主义核心价值观，解决婚姻家庭领域出现的新情况、新问题，进一步保障每一位家庭成员的合法权益，是《民法典》婚姻家庭编肩负的使命。

家庭是社会的基本细胞，是人生的第一所学校。习近平总书记强调，不论时代发生多大变化，不论生活格局发生多大变化，我们都要重视家庭建设，注重家庭、注重家教、注重家风，紧密结合培育和弘扬社会主义核心价值观，发扬光大中华民族传统家庭美德，促进家庭和睦。[①] 有专家学者提出，为了更好地弘扬家庭美德，体现社会主义

① 《习近平：在2015年春节团拜会上的讲话》，载新华网2015年2月17日，http：//www.xinhuanet.com/politics/2015-02/17/c_1114401712.htm。

核心价值观，贯彻落实习近平总书记关于加强家庭文明建设的讲话精神，建议增加有关树立优良家风，弘扬家庭美德，重视家庭文明建设的规定。有鉴于此，本条在《婚姻法》原有内容的基础上，增加规定了“家庭应当树立优良家风，弘扬家庭美德，重视家庭文明建设”，这一修改在全国人大常委会会议审议时得到与会人员的普遍“点赞”。上述倡导性规定是我国婚姻家庭法伦理性的体现，是婚姻家庭法的伦理价值与目标。家庭应当是最不希望等价交换、最充满人类亲情的地方，需要体现保障与福利属性，体现保护弱者和利他的价值取向。

需要注意的是，家庭成员间的扶养义务并不相同，父母对未成年子女的抚养以及成年子女对缺乏劳动能力或者生活困难父母的赡养是无条件的，应当尽其所有，是哪怕降低自己的生活水准也必须履行的义务；但祖孙之间、兄弟姐妹之间的抚养或扶养却是有条件的，只有出现了法定情形后，如孙子女、外孙子女或弟妹未成年且父母已经死亡或父母无力抚养，祖父母、外祖父母或兄姐具有抚养或扶养能力，当双方条件均满足时，祖父母、外祖父母及兄姐的抚养或扶养责任才发生。同样道理，有负担能力的孙子女、外孙子女，对于子女已经死亡或者子女无力赡养的祖父母、外祖父母，也有赡养的义务。由兄、姐扶养长大的有负担能力的弟、妹，对于缺乏劳动能力又缺乏生活来源的兄、姐，有扶养的义务。

现实生活中夫妻间的忠实可以从广义上理解，既包括夫妻之间性生活的专一，也包含夫妻间的情感交流和彼此尊重，以及夫妻不得恶意遗弃对方，不得为第三人利益牺牲、损害配偶一方的利益。有专家学者提出，夫妻之间除应互相忠实、互相尊重外，还应当互相关爱。《民法典》婚姻家庭编最终采纳了上述意见，增加了夫妻之间应当互相关爱的规定。

违背夫妻忠实要求的行为呈现多样性，主要表现为通奸、与他人同居、卖淫嫖娼、重婚等行为，这些行为打碎了夫妻互相尊重的基石，严重伤害了夫妻之间的感情，损害了一夫一妻制的法律尊严。一旦有人违反，就需要承担相应的法律责任，立法在民事法律责任、行政法律责任和刑事法律责任各个层面相互配合，设计了对夫妻和睦关系侵害人的法律责任以及被侵害人权利救济的途径。

【审判实践中应注意的问题】

一、本条属于倡导性、宣誓性条款，体现了法治和德治结合并举的精神

本条规定是婚姻家庭道德规范的法律化，将道德准则融入法律规范，即以立法的形式明确告诉人们，国家提倡什么样的婚姻家庭关系。《婚姻法司法解释（一）》第3条明确规定："当事人仅以婚姻法第四条为依据提起诉讼的，人民法院不予受理；已经受理的，裁定驳回起诉。"

二、如何处理有关忠诚协议问题

曾某与贾某某是再婚夫妻，2000年6月，夫妻俩经过"友好协商"，签署了一份"忠诚协议书"。协议约定："双方应互敬互爱，对家庭、配偶、子女要有道德感和责任感。若一方在婚姻期间由于道德品质的问题，出现了背叛另一方的不道德行为（婚外情），要赔偿对方名誉损失及精神损失费30万元。"签署"忠诚协议书"一年后，贾某某发现曾某有出轨行为。2002年5月，曾某向法院提起离婚诉讼，贾某某以曾某违反"忠诚协议书"为由，要求法院判令曾某支付赔偿金30万元。

一审法院经审理认为，曾某与贾某某在自愿基础上订立的"忠诚协议书"有效，且贾某某提供的证据证实了曾某与其他女性的一些行为，可以认定已经违背了夫妻间关于彼此忠实的约定。对于夫妻间的"忠诚协议书"，由于没有违反法律的规定，应予以认可。故法院判决曾某支付贾某某30万元赔偿金，其他夫妻共同财产按照法律规定予以分割。

曾某不服一审判决提起上诉，二审双方达成和解，曾某赔偿贾某某 25 万元，并且当场一次性付清。

上述夫妻不忠赔偿案引起了社会各界人士的广泛关注，同时也引发了很大的争论。

一种观点认为，这个案件本身说明我们公民的权益意识在增强，不仅关注社会上的权益，对自己在婚姻家庭领域中的权益也密切关注，这是社会进步的表现。夫妻“忠诚协议书”并不违法，因为夫妻忠实本来就是法律规定的内容，属于法律明确的要求，协议双方等于把法定的义务变成了约定的义务，法院应当予以认可。[①]

夫妻相互忠实是婚姻关系的本质要求，忠诚协议符合《婚姻法》的基本精神，是对《婚姻法》中“夫妻应当互相忠实”规定的具体化。也正是由于夫妻签订了具体的协议，使得《婚姻法》上原则性的夫妻忠实义务具有了可诉性。《婚姻法》第 4 条明文规定，“夫妻应当互相忠实，互相尊重”；第 46 条又规定，因重婚、有配偶者与他人同居等而导致离婚的，无过错方有权请求赔偿。《婚姻法》规定可以请求离婚损害赔偿的范围只限定在重婚和有配偶者与他人同居等四种情形，而一般的通奸行为不在此列，即必须达到重婚或同居的严重程度。而上述当事人之间的约定则比《婚姻法》规定的范围宽泛，既包括重婚、与他人同居的行为，也包括与他人的通奸行为。虽然违反夫妻“忠实”规定尚未达到“重婚”“与他人同居”等严重程度的一方应如何承担相应责任，现行法律未作具体规定，但法律也未明文禁止当事人自行进行约定。“忠诚协议书”的约定与《婚姻法》的基本精神相吻合，给付的 25 万元具有违约赔偿性质，这种协议应当受到法律保护。

另一种观点认为，婚姻本身即契约，一方在背叛对方之前，就得考虑违约所要付出的成本。只是在没有具体协议约束的情况下，双方承担的是道德义务，而道德成本对于个人来说是隐性的，是不确定

---

① 李明舜：《妇女权益法律保障研究》，国家行政学院出版社 2003 年版，第 399 页。

的。一旦签订了协议，就将隐性化的道德成本显性化了，当事人很可能就会三思而行。从这个意义上说，忠诚协议对于维系婚姻稳定将起到积极作用。

也有观点认为，《婚姻法》规定“夫妻应当相互忠实”而非“必须忠实”，“应当”意在提倡，只有“必须”才是法定义务。法律允许夫妻对财产关系进行约定，但不允许通过协议来设定人身关系。人身权是法定的，不能通过合同来调整。①

还有一种观点认为，夫妻之间签订的“忠诚协议书”，虽不违法无效，但这种协议应由当事人本着诚信原则自觉履行，法院不能赋予“忠诚协议书”强制执行力。因为“忠诚协议书”要获得法院赋予的强制执行效力，必须经过一系列的查证举证程序，法院审理这类“忠诚协议书”案件，必然会面临尴尬而危险的举证困境和一系列社会负面影响，应当考虑赋予“忠诚协议书”强制执行效力的巨大社会成本。“忠诚协议书”更多可能是情绪化的产物，不具有合同法上的效力。若使其具有强制执行力，则可能会因为其在婚姻存续期间的单独可诉性而沦为情感游戏的裁判或“私房钱”的索取工具。②对配偶一方的忠诚涉及个人情感世界中私密的选择，不应该也不可能通过外在强制的手段加以解决。

上海市高级人民法院在相关指导性意见中规定：对夫妻双方签有忠实协议，现一方仅以对方违反忠实协议为由，起诉要求对方履行协议或支付违约金及赔偿损失的，人民法院不予受理；除《婚姻法》第46条规定的情形外，夫妻一方在离婚案件中以对方违反忠实协议或违背忠实义务为由，要求对方支付违约金或损害赔偿的，审理该案的人民法院不予处理。

江苏省高级人民法院2019年7月18日印发的《家事纠纷案件

---

① 徐寿松：《法律能干预婚外情吗？——一起“夫妻不忠赔偿案”引发的思考》，载《中国青年报》2002年12月31日，综合新闻版。

② 陈甦：《婚内情感协议得否拥有强制执行力》，载《人民法院报》2007年1月11日，第5版。

审理指南（婚姻家庭部分）》中指出："夫妻忠诚协议是夫妻双方在结婚前后，为保证双方在婚姻关系存续期间不违反夫妻忠诚义务而以书面形式约定违约金或者赔偿金责任的协议。夫妻是否忠诚属于情感道德领域的范畴，夫妻双方订立的忠诚协议应当自觉履行。夫妻一方起诉主张确认忠诚协议的效力或者以夫妻另一方违反忠诚协议为由主张其承担责任的，裁定不予受理，已经受理的，裁定驳回起诉。"

从上海高院和江苏高院的上述规定来看，对有关忠诚协议问题均倾向于法院不予受理，已经受理的裁定驳回起诉。我们认为，夫妻之间签订忠诚协议，应由当事人本着诚信原则自觉自愿履行，法律并不禁止夫妻之间签订此类协议，但也不赋予此类协议强制执行力。如果法院受理此类忠诚协议纠纷，主张按忠诚协议赔偿的一方当事人，既要证明协议内容是真实的，没有欺诈、胁迫的情形，又要证明对方具有违反忠诚协议的行为，可能导致为了举证而去捉奸，为获取证据窃听电话、私拆信件，甚至对个人隐私权更为恶劣的侵犯情形都可能发生，夫妻之间的感情纠葛可能演变为刑事犯罪案件，其负面效应不可低估。因此，从整体社会效果考虑，法院对夫妻之间的忠诚协议纠纷以不受理为宜。另外，赋予忠诚协议法律强制力的后果之一，就是鼓励当事人在婚前签订一个可以"拴住"对方的忠诚协议，这不仅会加大婚姻成本，而且也会使建立在双方情感和信任基础上的婚姻关系变质。从法律不保护婚约的情况看，当事人双方如果约定，一旦订婚必须结婚，否则违约方要支付若干违约金等，对如此这般主张，法院一般不会予以支持。同样道理，忠诚协议实质上属于情感、道德范畴，当事人自觉自愿履行当然极好，如违反忠诚协议一方心甘情愿净身出户或赔偿若干金钱，为自己的出轨行为付出经济上的代价。但是如果一方不愿履行，不应强迫其履行忠诚协议，就如同超过诉讼时效的债权债务，是否履行全凭债务人的自愿。

从国外对夫妻之间忠诚协议的态度来看，通过对法国、德国、英国、美国的有关法律实践进行比较，“无论英美法系还是大陆法系国家，对夫妻忠诚协议或忠诚条款的效力均持否定态度”。[①] 因此，司法不可过深介入婚姻关系内部，“清官难断家务事”之说还是很有道理的。

---

① 王芳：《婚姻案件律师实务焦点问题解析》，人民法院出版社 2012 年版，第 79 页。

第一千零四十四条　收养应当遵循最有利于被收养人的原则，保障被收养人和收养人的合法权益。

禁止借收养名义买卖未成年人。

【条文主旨】

本条是关于收养基本原则的规定。本条阐明了《民法典》关于收养制度应该遵循的基本原则，首先是应当本着最有利于被收养人的原则；其次是依法保障被收养人和收养人双方合法权益的原则；最后是禁止假借收养买卖未成年人的原则。

【条文理解】

对本条的理解，应把握以下几个方面：

收养制度是婚姻家庭制度不可或缺的重要组成部分，收养制度是一项社会与法律制度，有其悠久历史及发展渊源。收养制度在不同的历史阶段其法律地位在立法上的体现也各不相同。在现代社会，收养制度强调以保护儿童最大利益为最高指导原则，故此国家监督倾向越来越明显，我国也不例外，要最大限度地保护儿童利益。我国收养法律制度，在相当长的一段历史时期里，收养人与被收养人在收养行为过程中的各种利益很难得到有效的平衡与保护。20世纪60年代以后，随着国家观念和儿童权利观念的进一步发展，儿童利益问题受到社会的普遍关注和重视。在收养制度方面，表现为将“儿童最大利益原则”作为指导思想，通过加强收养方面的国家监督和完善相应的收养制度，更好地保护被收养人的利益。结合中国国情，并通过借鉴现代收养立法的精粹与经验，吸取收养法理论研究的最新成果，使我国收养制度的内在机制得到滋养与优化。

我国改革开放前，收养法学研究处于萌芽阶段，研究成果较少。1978 年至 1987 年为起步阶段的前期，从法律视角研究收养法的论著相对较少。1988 年至 1991 年年底为起步阶段的后期，该时期的探讨与研究以收养法律制度构建为中心，直接推进我国收养立法的进程。从理论与实务高度关注了收养法律制度的构建，当时收养制度建立的重要标志是 1992 年 4 月 1 日《收养法》的正式施行。收养制度研究的发展阶段以 1991 年 12 月《收养法》的通过、1992 年《收养法》的施行为标志，至 1998 年 11 月《全国人大常委会关于修改〈中华人民共和国收养法〉的决定》通过为止。1996 年，民政部门在进行社会服务的研究归类方面有了突破性的发展，这是收养登记规范化的标志。收养行为被深深嵌入了传统经济、文化与伦理背景，呈现鲜明的地缘、血缘和时代特色，尊重收养人与被收养人的权益、尽快完善相应的法律制度具有必要性与紧迫性。我国 1998 年修正的《收养法》出台至今，具有明显的创新性、突破性与多学科交融性。这说明中国的改革开放极大地促进了收养立法研究的发展，亦反映收养法律制度在整个法律体系中的地位得到不断地加强与巩固。1998 年修正的《收养法》通过后，在重构收养制度方面形成了共同的认识。民政部 2003 年《家庭寄养管理暂行办法》① 及 2014 年《家庭寄养管理办法》的发布，促进了家庭寄养规范的健康发展。

收养，指收养人依照法律规定领养他人子女，在收养人与被收养人之间形成法律拟制父母子女关系。收养人为养父母，被收养人为养子女，该拟制父母子女关系在法律上视同为生父母与生子女之间的父母子女关系。收养关系的成立，由此形成相关人员（关系人）之间的人身关系和财产关系及相应的权利和义务关系，因此收养关系需经合法成立，履行相应的法律手续才具有法律效力，合法有效的收养关系依法受到保护。《民法典》第 1113 条规定："有本法第一编关于民事

① 该办法已于 2014 年被《家庭寄养管理办法》（民政部令第 54 号）废止。

法律行为无效规定情形或者违反本编规定的收养行为无效。无效的收养行为自始没有法律约束力。”《民法典》已经对收养行为予以明确规定，违法的收养行为是无效的，且自该行为开始即不具有法律上的效力。收养制度中涉及最为重要的两方当事人为收养人和被收养人，另外还存在送养人。之所以说收养人和被收养人是最为重要的两方当事人，是因为在收养关系中收养人和被收养人是不可或缺的两方当事人，缺少其中之一方就不可能有收养行为的存在，就不可能形成收养关系。关于被收养人，《民法典》第1093条规定：“下列未成年人，可以被收养：（一）丧失父母的孤儿；（二）查找不到生父母的未成年人；（三）生父母有特殊困难无力抚养的子女。”由此看出，只有未成年人才能被收养，也就是被收养人只能是未成年人。因此，《民法典》把被收养人界定在未成年人这一特定自然人范围，是收养制度在法律意义上的特定要求和有其特殊性的。本条规定是《民法典》有关收养章节所涉内容高度概括的总结性规范要求，是收养基本原则的规定，民法典关于收养问题的规定需要围绕收养基本原则对收养制度和收养关系在法律规制上进行具体细化，本条是收养所涉问题之总纲，具体体现为以下三个基本原则：

一、应当遵循最有利于被收养人的基本原则

从《民法典》“下列未成年人，可以被收养”的规定可以看出，被收养人是未成年人。未成年人在民法法律意义中是无民事行为能力人及限制民事行为能力人，是自然人中最弱小群体的重要组成部分，体现在行为上、智力上、生存能力上，不能或者很难自己独立生存。收养制度的建立，正是考虑到未成年人当中的一部分特殊未成年人群体的存在。因此在立法上有必要向被收养人的利益倾斜，《民法典》关于收养制度的立法宗旨突出对被收养人合法权益的保护。就保护弱小群体而言，收养基本原则以特殊标准确定被收养人的地位及利益分配，就是源于被收养人的弱者身份。以特殊身份来决定利益分配，使这种分配结果有利于保护被收养人即弱者的合法权益。在收养领域

中，我们看到被收养人是未成年人，并将其归为弱势群体的范围，保护弱者有其必要性与紧迫性。

从收养的内容上看，立法的倾斜保护集中体现在对被收养的未成年人的保护。例如，《民法典》规定，如果收养的未成年人年满 8 周岁以上，要征得被收养人同意。收养人在被收养人成年以前，不得解除收养关系，但是收养人、送养人双方协议解除的除外。养子女 8 周岁以上的，应当征得本人同意。如此规定的目的主要是最大限度地保障被收养人的合法权益。

建立收养制度的目的之一是有效贯彻与落实保护儿童合法权益的原则，保护未成年人的健康成长。《民法典》规定被收养的未成年人应当是丧失父母的孤儿；查找不到生父母的未成年人；生父母有特殊困难无力抚养的子女。以上这些未成年人中的特殊群体，是最需要创建法律制度予以保护的弱小群体，《民法典》的规定对被收养人范围进行了明确，充分体现出应当最有利于被收养人原则。同时《民法典》第 1098 条规定："收养人应当同时具备下列条件：（一）无子女或者只有一名子女；（二）有抚养、教育和保护被收养人的能力；（三）未患有在医学上认为不应当收养子女的疾病；（四）无不利于被收养人健康成长的违法犯罪记录；（五）年满三十周岁。"要求收养人必须具有抚养教育被收养人的能力等规定体现有利于被收养的未成年人抚养、成长的精神，是我国收养制度的基础性原则。

二、保障被收养人和收养人合法权益的基本原则

为保障收养人与被收养人的合法权益，保障收养关系的健康发展，本项基本原则是我国收养制度的实质性原则，其重点在于在收养关系成立后，应当注意对收养关系中各方权益的有效保护，使收养的基本原则得以扩充，内涵更加全面。只单方强调保护未成年的被收养人的利益，很容易导致收养关系中收养人利益被轻视，甚至被否定。任何具体的收养关系均会涉及收养人和被收养人双方的权益，因此，收养关系是相对的法律关系。收养关系一经建立，收养人和被收养人

之间就形成了拟制父母子女关系，具有法律上的权利和义务。因此，收养各方均应依照法律规定，正确地行使权利、履行义务。应当注意的是，收养人的收养行为，除具有道义上的价值外，同时也蕴含一定的感情和生活方面的正当、合理的需求；收养人在履行了对被收养人的抚养教育义务后，有权得到正常的回馈。收养人利益应受到关注，只有高度且同步重视收养人和被收养人的合法权益，才能有利于建立和发展健康、有益的收养关系。尊老爱幼是中华民族的传统美德，幼有所爱，老有所养是人们崇尚的美德，也是基本伦理道德观。兼顾收养人与被收养人利益原则，被认为是当今世界上大多数国家收养制度的价值取向。在以“育幼”为主成为共识的前提下，随着收养制度的不断改革与完善，迎来为未成年子女利益的收养与为收养人利益的收养并存的新的历史发展阶段，并以此推动收养制度养老育幼功能的健康发展。兼顾收养人与被收养人利益是当今世界各国收养立法的基本原则。立法价值取向与收养制度的功能发挥有直接关联，强调并落实这一原则是现代收养制度的客观要求，对我国收养制度融入国际收养化的潮流及促进跨国收养制度的健康发展具有重要意义。

三、严禁买卖未成年人的基本原则

将该原则作为《民法典》有关收养制度的一项基本原则，是对保障被收养的未成年人利益原则的深化，更加明确的规定有助于防止收养领域中的违法犯罪行为，进一步完善收养制度。从犯罪学的角度对收养行为所涉的送养行为进行禁止性规范，禁止借收养名义买卖未成年人，不仅从源头强调对被收养人保障原则的有效实施，而且在防止买卖未成年子女行为，改变传统的男尊女卑、多子多福观念等方面均具有重要的现实意义。从刑事的视角关注在收养中侵犯儿童权益的问题，将有助于进一步强化收养行为的规范性与合法性。严禁买卖儿童或者借收养名义买卖未成年人，《民法典》对此进一步更加清晰地明确规定，肯定并坚持这一基本原则，目的是打击“人贩子”，借收养名义拐卖、买卖儿童的，包括出卖亲生子女的，依法追究民事责任，构成犯罪的，依法追究刑事责任。

【审判实践中应注意的问题】

审判实践中如何把握“最有利于被收养人”的原则，需要根据实际情况进行综合判断。比如2015年发生的“南京虐童案”，养母李某某因涉嫌故意伤害罪被判处有期徒刑六个月。可是其出狱后，孩子在亲生母亲和养母李某某之间，还是选择了养母。其亲生母亲在接受记者采访时说，她觉得孩子已经习惯城市生活，再难适应农村生活的艰辛。她认为养母对孩子疼爱有加、无微不至，即使教育方法不当，一时伤了孩子，但绝对不是故意的。孩子则表示自己不恨养母，称养母“都是为我好”。在这种情况下，如何判断“最有利于被收养人”？解除收养关系、让孩子回到亲生父母身边就一定符合“最有利于被收养人”的原则吗？被收养人年满8周岁后，其对自己的生活状态有能力作出大致判断，我们应当尊重被收养人自己的选择，而不是自以为是地认为孩子选择亲生父母就是符合其最佳利益。

第一千零四十五条　亲属包括配偶、血亲和姻亲。

配偶、父母、子女、兄弟姐妹、祖父母、外祖父母、孙子女、外孙子女为近亲属。

配偶、父母、子女和其他共同生活的近亲属为家庭成员。

【条文主旨】

本条是关于亲属和近亲属及家庭成员范围问题的规定。

【条文理解】

《民法典》首次对亲属范围作出明确规定，亲属的范围包括配偶、血亲和姻亲，在自然人的社会关系中配偶或者有血缘关系的或者有姻亲关系的人均为亲属。在亲属当中配偶、父母、子女、兄弟姐妹、祖父母、外祖父母、孙子女、外孙子女这八种关系人为近亲属；上述近亲属中在一起共同生活的人组成家庭成员。《民法典》对亲属、近亲属、家庭成员各自的内涵和外延进行了清晰的界定。

我国的亲属立法始于 1950 年 5 月 1 日颁行的《婚姻法》，此后通过 1953 年全国范围的贯彻婚姻法运动，使旧的婚姻家庭制度彻底崩溃，新婚姻家庭制度迅速建立起来，自主婚姻显著增加，民主和睦的家庭大量涌现，婚姻自由、男女平等观念深入人心。1980 年 9 月 10 日修改的《婚姻法》，使我国的亲属法制建设进入了一个新阶段。修改的目的，是将《婚姻法》调整的重点由改革婚姻家庭制度转移到稳定婚姻家庭关系、保障和发展婚姻家庭建设上来。2001 年仅对《婚姻法》进行了小范围的修改，在有限的程度上进行了修改和补充，增加了保证婚姻法基本原则实施的措施，增加了禁止有配偶者与他人同居、禁止家庭暴力的规定，增设了无效婚姻制度和可撤销婚姻制度，明确规定夫妻共同财产的范围，确认婚前财产归个人所有，明确规定夫妻感情破裂的法定条件，增加规定了违反法律的救助措施和法律责任。《民法典》颁布之前的行政法规和司法解释与婚姻立法一起，发挥了调整社会主义婚姻家庭关系，促进社会发展的重大作用。

《民法典》颁布之前，我国婚姻法及其他亲属法规范存在缺陷和不足。表现在以下几个方面：（1）《婚姻法》无法概括亲属法律的全部内容。调整亲属关系的法律的名称局限于调整婚姻关系，使本来属于亲属法律内容的收养问题，由于《婚姻法》命名的不适当，在立法时又使用了《收养法》的名称，本应是《婚姻法》下属的一个法律与婚姻法成了相并列的法律，损害了法律体系的内在逻辑性。（2）将亲属法律独立于民法之外。在《婚姻法》立法之初，就否认了婚姻法的私法性质，将《婚姻法》独立于民法之外，使之成为国家立法中一个独立的基本法。亲属法律与人格权法、合同法、物权法、继承法和侵权责任法等同属于私法的范畴，使用同样的概念和共同的法理，是一个完整的民法系统。将《婚姻法》与民法相分离，《婚姻法》成为一个独立的法律部门，割裂了民法的有机构成，破坏了民法的整体性和完整性。（3）将结婚离婚作为亲属法律的基本内容。婚姻制度确实是亲属法律的一项基本制度，但它不是亲属法律的全部。从历次《婚姻法》修改的具体内容分析，尽管不同程度地规定了一些亲属法律规范内容，但始终是将内容主要限定在结婚、离婚上，规定的主要内容几乎都是结婚、离婚的条件和程序，使亲属法律几乎变成了结婚离婚法。（4）缺乏亲属法律的详细规则，最主要的表现是，虽然也规定了一些亲属关系的规则，但很多重要的亲属制度诸如亲属的概念、亲属的范围等都没有规定，使亲属法律的基本规则没有表现出来；对于亲属之间的身份权，如亲权、配偶权、亲属权等，只有若干简单的规定，缺乏具体内容，以至于在理论上和实践中都不认可身份权；对一些重要的亲属制度，如婚生子女推定、婚生子女否认、非婚生子女认领等都没有作出规定。我国《婚姻法》没有明文规定亲属的种类，在条文中所体现的亲属种类中，只规定血亲和配偶为亲属，没有规定姻亲为亲属。

本次编纂的《民法典》将亲属范围确定为配偶、血亲和姻亲三个种类。《民法典》在本条明确规定了配偶是亲属范畴的一部分，配偶是亲属，而且是关系最为密切的亲属。配偶是因男女双方结婚而形成的亲属，是姻亲的基础。配偶的亲属身份始于结婚，止于离婚或者配偶一方死亡。在婚姻关系存续期间，夫妻双方均发生配偶的法定亲属权利和义务，称为配偶权。

《民法典》在本条规定了血亲是亲属范畴。血亲是有血缘联系的亲属，是亲属中的主要部分。血亲的内容应当是：（1）血亲包括自然血亲和拟制血亲。自然血亲是出于同一祖先有血缘联系的亲属，如父母与子女、祖父母与孙子女、外祖父母与外孙子女、兄弟姐妹等。拟制血亲是本无血缘联系或者没有直接的血缘联系，但法律上确认为与自然血亲有同等权利义务的亲属。拟制血亲一般因收养而产生，在养父母与养子女之间产生父母子女关系的权利义务。（2）血亲包括直系血亲和旁系血亲。（3）血亲包括尊亲属、卑亲属和平辈亲属。

《民法典》在本条规定了姻亲是亲属范畴。姻亲是以婚姻为中介而产生的亲属，与配偶方的血亲之间为姻亲关系。我国姻亲的种类分为三类：（1）血亲的配偶，是己身的血亲包括直系血亲和旁系血亲的配偶。（2）配偶的血亲，是配偶的直系血亲和旁系血亲。就夫方来说，配偶的血亲是指岳父母、妻的兄弟姐妹及其子女等；就妻方来说，配偶的血亲是指公婆、丈夫的兄弟姐妹及其子女等。（3）配偶的血亲的配偶。配偶的血亲的配偶，是指自己配偶的血亲的夫或者妻。上述这些均为亲属的常识性内容，不需深刻论述即可明白。

关于近亲属。《民法典》将近亲属的范围明确予以界定，即配偶、父母、子女、兄弟姐妹、祖父母、外祖父母、孙子女、外孙子女为近亲属。上述八种关系人相互之间为近亲属。

本次编纂的《民法典》对家庭成员进行了明确界定，即配偶、父母、子女和其他共同生活的近亲属为家庭成员。我国古代提倡几代同堂的大家庭，家庭成员往往由血缘关系较为密切的近亲属以及其配偶组成。我国现代家庭成员一般由配偶及父母子女等血缘关系极为密切的近亲属组成。随着社会发展，家庭规模日益缩小，由父母和未成年子女构成的核心家庭日趋增多。可见，近亲属与家庭成员的区别是，家庭成员仅是近亲属中的一部分，因此，家庭成员一定是近亲属，而近亲属不一定是家庭成员。

【审判实践中应注意的问题】

关于“家庭成员”如何认定的问题。

第一，按照《民法典》婚姻家庭编的规定，第一层意思，配偶、父母、子女是家庭成员，其并不以共同生活为前提，比如现在很多成年子女结婚成家后并不与父母共同生活，但父母仍然属于家庭成员；第二层意思，其他共同生活的近亲属也是家庭成员，也就是说，在一起共同生活的兄弟姐妹、祖父母、外祖父母、孙子女、外孙子女属于家庭成员。

第二，《反家庭暴力法》第 2 条规定：“本法所称家庭暴力，是指家庭成员之间以殴打、捆绑、残害、限制人身自由以及经常性谩骂、恐吓等方式实施的身体、精神等侵害行为。”有观点认为，反家庭暴力法规定的家庭成员，并不需要以共同生活为必要条件，只要其具有法律确认的亲属关系，就可以认定为家庭成员。① 我们认为，现在《民法典》婚姻家庭编已经明确规定了家庭成员的范围，在处理具体案件时应当以《民法典》的规定为准。

第三，有观点认为，在“家庭成员”范围界定上应当以“同居同财”作为根本的判断依据，家庭成员应限于将经济收入作为家庭共同财产的共同生活并具近亲属关系的人。我们认为，从目前《民法典》婚姻家庭编的规定来看，仅仅强调的是“共同生活”，并没有将收入作为家庭共同财产的要求。

---

① 阚珂、谭琳主编：《中华人民共和国反家庭暴力法释义》，中国民主法制出版社 2016 年版，第 17 页。

第二章 结 婚

第一千零四十六条 结婚应当男女双方完全自愿，禁止任何一方对另一方加以强迫，禁止任何组织或者个人加以干涉。

【条文主旨】

本条是关于结婚积极要件的规定。首先结婚的主体必须是男女两性，其次是双方完全自愿，这是婚姻自由原则的要求。在决定是否结婚时，禁止结婚一方强迫另一方，也同样禁止婚姻双方之外的其他组织、家庭成员以及任何人对婚姻当事人是否缔结婚姻进行干涉。

【条文理解】

根据《宪法》第 49 条第 4 款中规定，“禁止破坏婚姻自由”。婚姻自由是我国《宪法》规定的一项公民基本权利，也是我国《婚姻法》规定的基本婚姻制度，具体而言体现为婚姻自主权这一人格权利，即自然人有权在法律规定的范围内，充分享有自主自愿决定本人的婚姻的权利，不受其他任何人强迫与干涉。婚姻自由包括结婚自由和离婚自由，二者共同构成婚姻自由原则的完整含义，结婚自由是实现婚姻自由的先决条件，离婚自由是结婚自由的必要补充。本条主要规定的是结婚自由。

婚姻法律关系属于民法领域内最主要的人身法律关系。承袭民法私法自治基本原则，婚姻当事人在决定是否缔结婚姻关系时，应当具有完全充分的自由，对涉及其私人生活中的婚姻法律权利义务关系，按照自己的自由意志作出安排。自愿是实现婚姻自由的前提，但自愿必须不违背法律规定的条件和程序，结婚自由并不意味着任何人均可随意缔结婚姻法律关系，不受限制。

一、结婚的主体应为男女两性

根据本条的规定，结婚的双方首先必须是异性，即缔结婚姻关系的双方应是一男一女。因此，两位男性或者两位女性之间的同性结合，即使双方完全自愿缔结婚姻关系，亦不属于法律认可的婚姻。异性之间的婚姻是以男女两性的生理差别为基础的自然规律，符合婚姻所承担的延续人类的基本生理功能。但随着婚姻家庭观念的变化，同性婚姻合法化相继在许多国家和地区得到确认，[①] 是否允许同性婚姻合法化也成为近来国内婚姻家庭领域受到普遍关注的问题。支持同性婚姻合法化的观点主要认为，同性恋者享有同等的缔结婚姻的自由，婚姻自由是基本人权，同性婚姻合法化是顺应国际社会人权保护的潮流和国家文明进步的体现，还可以减少艾滋病传播等问题。在民法典的编纂中，也有观点认为应当在婚姻家庭的立法中承认同性婚姻或者同性伴侣关系。虽然当今社会对同性之间成立家庭的态度已较之前有所改观，[②] 但是，考虑到我国异性婚姻的传统和家庭伦理观念，对同性婚姻在立法上予以合法化属于婚姻制度的重大调整，宜在进行充分的调查研究和科学的分析评估后再定，故此次《民法典》暂未规定同性婚

---

① 如阿根廷、澳大利亚、巴西、美国、加拿大、英国、丹麦、荷兰、比利时、挪威、瑞典、意大利、法国、德国、奥地利、匈牙利、西班牙、葡萄牙等多个国家以及我国台湾地区均不同程度承认同性婚姻合法。

同性婚姻的立法保护主要有三种模式：一是婚姻保护模式，即赋予与异性婚姻相同的效力、相同的保护范围；二是民事结合或者登记伴侣模式，即在婚姻之外对同性伴侣予以注册登记，在保护范围和程度上较异性婚姻稍有缩小；三是同居保护模式，此种保护将同居视为一种契约关系，主要是对财产问题的保护。有的国家同时采取三种模式，并由当事人选择组成何种类型的关系，如瑞典。

② 夏吟兰：《民法分则婚姻家庭编立法研究》，载《中国法学》2017 年第 3 期。

姻的问题，因此，现阶段我国法律认可的婚姻仍仅限于异性婚姻。但《民法典》作为一部具有开放性和时代性的法典，在将来同性婚姻合法化的社会条件成熟时，仍有纳入立法的可能性。

二、结婚仅有两方，限于一男一女

我国的婚姻制度自中华人民共和国成立后采取一夫一妻制，即结婚应当是男女双方，即一男一女的结合，不能是一夫多妻或者一妻多夫，本条规定的男女双方自愿即指一男一女对结婚的自愿。一夫一妻制是人类发展到现在的一个基本婚姻制度，是为大多数文明社会所认可的婚姻形式。[①] 在我国古代，有一夫一妻多妾制的传统，这是我国古代父权社会和男尊女卑的体现。而《民法典》规定的一夫一妻制将婚姻限于一男一女之间，不允许纳妾，体现了男女平等的基本原则。从婚姻的本质来讲，爱情具有排他性和专一性，第三人的介入往往会带来家庭内部的纷争，破坏家庭的团结，而一夫一妻制的安排符合婚姻道德的要求，也有利于未成年子女的健康成长。[②]

三、结婚需要拟缔结婚姻关系的当事人完全自愿

结婚必须建立在男女双方完全自愿的基础上，自愿是结婚自由应有之义，是办理结婚登记的基本原则，亦是婚姻关系成立的基础。这也是婚姻自由原则在结婚上的具体体现。既不允许结婚一方强迫另一方，同样也不允许任何组织、个人对他人婚姻进行干涉。对于实践中男女双方是否自愿的判断标准，除通过谈话询问方式排除婚姻当事人是否受到强迫或者干涉等外力因素影响意思自治外，还应审查申请结婚登记的男女双方是否具有完全民事行为能力，即是否完全理解结婚登记行为的性质、后果和意义亦是是否自愿结婚的重要判断标准。如果婚姻当事人在办理结婚登记时为限制民事行为能力人，即不能完全

---

① 王利明主编：《中国民法典学者建议稿及立法理由——人格权编·婚姻家庭编·继承编》，法律出版社 2005 年版，第 201 页。

② 陈苇主编：《婚姻家庭继承法学》（第 3 版），群众出版社 2017 年版，第 43 页。

理解结婚登记行为的性质、后果和意义，不能充分保护自己的合法权利及承担相应的民事义务，则不能确认已成立的婚姻关系出于当事人自愿。

虽然自1980年《婚姻法》、2001年《婚姻法》实施后，包办、买卖婚姻已经锐减，但在我国部分贫穷落后地区仍然存在。包办、买卖婚姻本质上违背婚姻当事人的自由意志，严重违反婚姻自由的原则，都属于强迫他人结婚之典型。但是，包办、买卖婚姻情形下的财物流转和借婚姻索取财物二者之间系不同法律关系。虽然两种行为都有借婚姻索取财物的特点，但是包办、买卖婚姻是违背当事人自由意志，违反婚姻自由原则，属于法律禁止的一种婚姻类型。而借婚姻索取财物的情形下缔结的婚姻关系，婚姻当事人对于是否结婚则是出于自愿，只是以缔结婚姻关系作为索取对方财物之前提条件。

根据《婚姻登记条例》第5条的规定，内地居民办理结婚登记的应当出示本人的户口簿。因此，任何人以拒绝提供当事人的户口簿的方式阻碍当事人进行结婚登记的，同样属于干涉当事人婚姻自由、侵犯婚姻自主权的行为。

【审判实践中应注意的问题】

一、父母为未成年子女订立"娃娃亲"的效力问题

违反当事人的自由意志干涉婚姻的，一种比较典型的情形为父母为未成年子女订立"娃娃亲"，在双方子女成年并达适婚年龄时，则要求双方子女结婚。此种"娃娃亲"实际上属于婚约的一种，《民法典》对婚约并没有进行规定。当事人双方自愿订立婚约的，不对双方产生法律上的拘束力，仅具备道德上的约束力，一方当事人要求履行婚约的，人民法院不应受理。父母为未成年子女订立"娃娃亲"的婚约效力亦同。根据《未成年人保护法》第15条规定，父母或者其他监护人不得允许或者迫使未成年人结婚，不得为未成年人订立婚

约。因此，尽管父母是未成年子女的法定监护人，但并不享有为其订立婚约的权利。这里需要注意的是，并非只要当事人基于订立的“娃娃亲”而结婚的，双方所缔结的婚姻关系即为法律禁止。虽然“娃娃亲”因违反法律规定而不具有法律效力，但是，只要双方成年后仍是基于自由意志缔结婚姻关系，则尽管先前存在订立“娃娃亲”的事实，但是，现存婚姻关系未违背双方当事人的意愿，则“娃娃亲”的存在并不影响婚姻的效力。

另一种需要注意的情形是，当事人以订立“娃娃亲”作为合同条件的合同条款是否有效的问题。如在黄某与熊某婚姻纠纷一案中，[①]9岁的熊某与6岁的黄某在玩飞镖时，熊某不慎将黄某一只眼睛射瞎。双方父母遂为双方订立“娃娃亲”，待黄某与熊某长大后就结婚，否则熊某就应当每月负担一定的费用供养黄某。多年后，熊某不愿与黄某结婚并与他人结婚。在本案中，双方父母为其各自未成年子女所订立的婚约，因违背子女的真实意愿及违反《民法典》对于婚姻自由的规定，该“娃娃亲”条款自然无效，当事人无权要求履行该条款。但熊某侵犯黄某的人身权益，理应赔偿由此给黄某造成的损失，黄某有权请求熊某承担侵权损害赔偿责任。

二、子女干预老年人婚姻自由的问题

根据宪法，无论任何年龄段的公民均享有婚姻自由权。只要达到法定结婚年龄，满足结婚的实质性要件，即可以申请办理结婚登记，成立婚姻关系。随着社会生活的发展，人们思想观念不断进步，丧偶老人再婚的情形已为平常，但实践中仍存在部分子女不能理解或者无法接受丧偶的父母另娶或者另嫁，并以各种行为阻挠自己的父母再婚的情形，有的子女甚至以不支付赡养费的方式干涉父母婚姻自由。[②]

---

① 胡风滨主编:《中国指导案例、参考案例判旨总提炼：婚姻家庭、继承纠纷》，法律出版社2012年版，第14页。

② 参见云南省龙陵县人民法院（2019）云0523民初90号婚姻自主权纠纷案；江苏省沛县人民法院（2016）苏0322民初570号赡养费纠纷案。

婚姻自主权是每一个民事主体均享有的权利，老年人在配偶去世、原婚姻关系当然解除后，依法享有与他人再次缔结婚姻关系的权利。无论是老年人的子女、近亲属抑或其他组织，都不得干涉老年人的婚姻自由。对于侵害婚姻自主权的行为，当事人有权请求停止侵害。尊老爱幼是中华民族的传统美德，尊重父母的婚姻和生活，亦是子女应尽的义务。赡养父母是子女的法定义务，不因父母的婚姻状态的变化而消失。子女应当尊重父母的婚姻选择，不能以不给付赡养费的方式变相干涉老年人的婚姻自由。

三、基于完成父母心愿或报恩等动机缔结的婚姻关系是否违背婚姻自由的问题

人民法院在审理具体案件中，应当正确认定足以影响当事人结婚意思表示的因素。在当事人能够通过自己的行为排除这种因素对其婚姻决定的影响时，则该因素不属于干涉婚姻自由的情形。实践中，有的婚姻当事人以其结婚时是为了完成已患重病的父母或者长辈的心愿或者是为了报答婚姻另一方当事人或其家人的恩情，并非出于其自由意志为由，主张该婚姻违背了婚姻自由，不应具有法律效力。婚姻自由原则所强调的是他人对拟缔结婚姻关系的当事人施加物质上或精神上的控制行为，致使当事人无法按照自己真实意图进行选择，则所缔结的婚姻关系无效。因此，他人的行为能否构成干涉婚姻自由，应当结合具体的行为进行分析。在婚姻的一方当事人为完成自己或者另一方当事人的父母抑或亲属的心愿或者遗愿而结婚的场合，婚姻一方当事人作出结婚的决定是其自愿的，他人的心愿或者遗愿或许对其决定是否结婚有一定的影响，但通常是一方当事人自己考虑和斟酌的因素，在他人并未以强制其身体或者控制其精神等方式强迫当事人结婚的情形下，该婚姻关系并未违背当事人的自由意志。同理，在基于报恩而结婚的情况下，是否结婚是当事人能够自由决定的事项，当事人可通过各种方式表达自己的感恩之情，若其决定以结婚等方式报恩，则是当事人的自由选择，不存在他人对其婚姻的干预，亦不成立干涉

婚姻自由。

四、公民实施变性手术后办理婚姻登记的效力问题

《民法典》虽未对同性婚姻予以规定，但如果公民在实施变性手术后，再与异性结婚的，并不属于立法予以禁止的情形。由于当事人生理性别已经发生变化，在符合婚姻实质条件的情况下，可以与异性进行结婚登记。根据《公安部治安管理局关于公民实施变性手术后变更户口登记性别项目有关问题的批复》（公治〔2002〕131 号）的规定，对于申请变更户口登记性别项目的公民，只要其出具国家指定医院为其成功实施变性手术的证明，经县市公安机关审核后，公安派出所应予办理性别项目变更手续。性别项目变更后，应重新编制居民身份证号码。我国进行婚姻登记时对性别的识别主要是根据户口簿以及身份证的记载，故公民实施变形手术后，若户口簿与身份证上的性别信息已经依法完成变更，其以变性后的性别与异性结婚的，可以办理婚姻登记。

五、注意合理区分借婚姻索取财物和正常的民间彩礼

人民法院在审理具体案件时，还要注意合理区分借婚姻索取财物和正常的民间彩礼。借婚姻索取财物是《民法典》明确禁止的，而正常的民间彩礼给付并不为《民法典》所禁止。但是，如果某一方当事人索取高额彩礼的行为已严重影响了当事人婚后的生活，实际上是把婚姻作为谋取财物的手段或工具，则应当认定为借婚姻索取财物。实践中，缔结婚姻关系过程中给付彩礼有可能和包办、买卖婚姻以及借婚姻索取财物交织在一起，因此，彩礼的给付可能只是一个条件或者表现形式，[①] 人民法院在审理此类案件时应当查明当事人的真实意思，正确识别此种婚姻的实质，认定此种情形下彩礼的给付实为包办、买卖婚姻以及借婚姻索取财物，构成违法行为，依法应予禁止。

---

① 最高人民法院民事审判第一庭编著：《最高人民法院婚姻法司法解释（二）的理解与适用》，人民法院出版社 2015 年版，第 143 页。

第一千零四十七条 结婚年龄，男不得早于二十二周岁，女不得早于二十周岁。

【条文主旨】

本条是关于法定结婚年龄的具体规定。男性结婚最低年龄为22周岁，女性结婚最低年龄为20周岁。未满法定婚龄结婚的，属于非法婚姻，婚姻无效。

【条文理解】

公民享有婚姻自由权，法律亦赋予每一个公民结婚的权利能力，但基于婚姻的自然属性和社会属性要求，结婚除应当符合双方自愿的条件外，还应当达到一定的年龄。只有达到法律规定的结婚年龄的人，才享有结婚的权利。

法定婚龄的确定，涉及人口政策、优生优育、社会伦理道德等多方面，既要考虑自然因素，如人的身体发育和智力成熟情况，亦要考虑社会因素，如政治、经济及人口发展情况。《民法典》对于法定婚龄的规定，一方面，是基于自然因素上的考虑，婚姻承担了繁衍人类后代的功能，在法律上规定最低结婚年龄能够保障男女双方生理和心理上足够成熟，身体的充分发育使得男女双方能够履行夫妻义务，提高生育质量；心智的成熟使婚姻当事人能够独立决定婚姻大事，承担起婚姻家庭的责任，履行好抚养子女的义务。另一方面，是基于社会因素的考虑，各个国家和地区对于法定婚龄的规定都有所不同，[①]都是基于不同国家和地区不同的文化背景、经济发展水平、政策等因素。

我国封建社会时期有早婚的习俗，如唐朝男 15 岁、女 13 岁听婚嫁，宋明时期男 16 岁、女 14 岁可以嫁娶，封建时期的整体结婚年龄普遍偏低。中华人民共和国成立后，为革除旧弊，改革早婚的习俗，促进生育健康和提高人民生活水平，1950 年《婚姻法》规定法定结婚年龄为男 20 周岁、女 18 周岁。该规定有特定的历史条件和社会基础，与当时的政治、经济、文化发展水平，与人民群众的觉悟和接受能力是相适应的。1980 年《婚姻法》修改时则将法定结婚年龄规定为男 22 周岁、女 20 周岁。这是顺应时代的发展和社会的进步而作出的修改。法定婚龄的提高有利于青年人的学习和工作，同时，基于时代的要求，国家实行计划生育政策，并提倡晚婚晚育，故法定婚龄的修改有国家政策考量的因素。2001 年《婚姻法》修改时，有观点建议将男女法定婚龄统一为一个标准，或均为 22 周岁，或均为 20 周岁。考虑到 1980 年确定的法定婚龄执行情况基本是可行的，2001 年《婚姻法》并未对法定婚龄进行调整。本次《民法典》编纂过程中，有观点认为，与世界各国相比，我国的法定婚龄设置属于高位婚龄，现代社会青年人生理和心理成熟都较以前年代更早，且结合我国人口老龄化趋势和全面二孩政策的实施，为提高生育率和优化人口结构，建议适当降低法定婚龄，但也有的意见认为应当维持现行规定。民法典对此

---

① 各国和各地区对于法定婚龄的规定各有不同，如：英国法定婚龄为 16 岁；瑞士规定男女均满 18 岁始得结婚；澳大利亚的适婚年龄男女都为 18 岁，但规定未满 18 岁的婚姻仍然有效的情形；《法国民法典》规定，男女缔结婚姻必须年满 18 岁，重大原因可由地方检察官免除年龄限制；德国、意大利、俄罗斯等国家则以成年年龄 18 岁为法定婚龄，并规定了不同的年满 16 岁可结婚的特殊事由；日本法定婚龄与成年年龄相同，均为 18 岁；韩国法定婚龄为 18 岁，成年年龄则为 20 岁；美国各州对法定的婚龄有不同的规定，大致为 16 岁、18 岁、21 岁，一般以 18 岁作为法定婚龄的州，在父母同意的情况下大多允许已满 16 周岁的结婚。我国台湾地区，香港、澳门特别行政区对法定婚龄也有不同的规定：香港、澳门特别行政区男女结婚需 16 岁以上，但香港特别行政区成年年龄为 21 岁，已满 16 岁未满 21 岁结婚的，须得到相关人士（如父母、法院或者其他监护人）的同意书；澳门特别行政区成年年龄为 18 岁，已满 16 岁未满 18 岁的未成年人结婚的须获得父母同意或者法院许可；我国台湾地区结婚年龄，男不得早于 18 岁，女不得早于 16 岁，成年年龄则为 20 岁，未成年人结婚的，应征得法定代理人之同意。

未作改动。鉴于现行法定婚龄的规定已为广大社会公众所熟知和认可，如果进行修改，属于对婚姻制度的重大调整，宜在进行充分的调查研究和科学的分析评估后再定。

根据《民法典》规定，18周岁以上的自然人为成年人。在我国，成年年龄与法定婚龄是不同的，[①] 已满18周岁的成年人为完全民事行为能力人，可以独立实施民事行为，并对自己的行为承担相应的法律后果。但已满18周岁，未达法定婚龄的成年人尚不可结婚，这主要是考虑到：首先，结婚的当事人应当具备完全的民事行为能力，能够对自己的行为作出合理的判断，故能够结婚的应当是成年人。其次，结婚不同于一般的民事法律行为，结婚对当事人而言属于重大的人生规划，是否结婚需要更加成熟的心智以作出合理的判断，结婚后双方当事人将组成家庭，可能会生育子女，婚姻双方需要承担起抚养子女和家庭的义务和责任，这都需要当事人拥有能够维持婚姻家庭生活的现实条件。随着教育的普及和教育水平的提高，大部分青年人高中毕业时成年，而大学教育越来越普遍，大学毕业生的年龄大多在22岁左右，现行的法定婚龄规定尚属合理。

法定婚龄是能够结婚的最低年龄，并不是必须结婚的年龄，也不是结婚的最佳年龄，有结婚意愿的双方当事人在达到最低法定婚龄之后，可以自由选择何时结婚。根据本条规定，达到法定婚龄是结婚的实质性要件之一，未达法定婚龄，到婚姻登记机关进行结婚登记的，应不予登记；若未达法定婚龄取得了婚姻登记的，为无效婚姻，当事人有权请求人民法院确认该婚姻无效。当事人以一方未达法定婚龄为由申请宣告婚姻无效，若在申请时，已达法定婚龄，则婚姻无效的事由已消灭，此时请求宣告婚姻无效的，人民法院不予支持。

本条规定虽未对2001年《婚姻法》关于法定婚龄的规定进行修改，但删除了原条文中“晚婚晚育应予鼓励”的规定，这也是基于最新的政策以及社会需求。由于我国人口基数大，基于人口政策的考

---

① 有的国家以成年年龄作为法定婚龄，如德国、意大利、俄罗斯、日本等。

虑，国家实行计划生育政策并自1980年以来推行城镇人口独生子女政策。而随着社会的发展和人口结构的变化，我国出现人口老龄化的问题，人口红利消失，人口政策需进行相应的调整，人口政策的调整必然涉及生育政策的调整。2015年，中国共产党第十八届中央委员会第五次全体会议审议通过了《中共中央关于制定国民经济和社会发展第十三个五年规划的建议》，会议提出坚持计划生育的基本国策，完善人口发展战略，“全面实施一对夫妇可生育两个孩子政策”。2015年修改后的《人口与计划生育法》第18条第1款明确规定：“国家提倡一对夫妻生育两个子女。”由此，我国实行全面二孩政策，基于此，本次《民法典》编纂适应我国人口政策变化，删除了特定历史条件下关于晚婚晚育的规定。另外，当代青年人学习年限的增加使得实际结婚、生育年龄已经往后推，而生育年龄过大不利于母婴身体健康，因此，国家亦不再提倡晚婚晚育，但公民自愿晚婚晚育的，则属于公民的婚姻自由。

【审判实践中应注意的问题】

一、民族自治地方对法定婚龄的变通规定

我国幅员辽阔，为多民族组成的国家，部分少数民族地方有其特定的风俗习惯，故对于法定婚龄，我国一些民族自治地方的立法机关作了变通规定。如2004年修正的《西藏自治区施行〈中华人民共和国婚姻法〉的变通条例》第1条规定，结婚年龄，男不得早于20周岁，女不得早于18周岁。《内蒙古自治区执行〈中华人民共和国婚姻法〉的补充规定》第3条第1款规定，结婚年龄，男不得早于20周岁，女不得早于18周岁。《伊犁哈萨克自治州施行〈中华人民共和国婚姻法〉的补充规定》第5条规定，少数民族公民的结婚年龄，男不得早于20周岁，女不得早于18周岁。云南省耿马、西蒙佤族自治县等一些自治州、自治县均以男20周岁，女18周岁作为最低婚龄。应

当注意的是，这些变通规定仅适用于该地区内的少数民族居民，并不适用于生活在该地区的汉族居民。[①]如蒙古族男与汉族女结婚的，蒙古族男年满20周岁即可，但汉族女必须年满20周岁，不适用上述关于女年满18周岁的变通规定。

二、法定婚龄的判断标准

我国古代常以虚岁计算年龄，即人刚出生时为1岁，此后按经历的年份次序递增。但本条对于法定婚龄的规定采取的是周岁，故对法定婚龄的判断标准，应以周岁计算而非虚岁或者一年的具体天数进行判断，即以出生时是零岁为基数，按照公历的年月日计算。此处应当注意的是，《最高人民法院关于审理未成年人刑事案件具体应用法律若干问题的解释》第2条规定："刑法第十七条规定的'周岁'，按照公历的年、月、日计算，从周岁生日的第二天起算。"在刑法领域，未成年人的年龄涉及刑事责任的承担与否，出于对未成年人的特殊保护，对成年年龄规定在周岁生日的第二天起算。而实践中婚姻登记机关在办理婚姻登记时，往往以身份证或户口簿上记载的生日为准，即使当事人自身以阴历出生日期庆祝生日，也不影响此处婚姻登记机关的判断。同时，结婚登记并不涉及刑罚的承担和特别的利益保障问题，故当事人在生日当天满法定结婚年龄的，可以办理结婚登记。如张某（女）的出生日期为1996年3月2日，则其在2016年3月2日当天即可到婚姻登记机关办理结婚登记。

① 胡康生主编：《中华人民共和国婚姻法释义》，法律出版社2001年版，第20页。

第一千零四十八条 直系血亲或者三代以内的旁系血亲禁止结婚。

【条文主旨】

本条是关于结婚的禁止性条件的规定。具有直系血亲关系和三代以内的旁系血亲关系的人禁止结婚。

【条文理解】

血亲主要是指源于同一祖先、具有血缘关系的亲属，又称自然血亲。自然血亲基于出生而发生。从己身开始计算，父母、祖父母、外祖父母、曾祖父母、子女、孙子女、外孙子女等都属于直系血亲，均属于禁止结婚的范围。血亲还包括法律拟制的血亲。拟制血亲是指虽然没有血缘关系，但因为其符合一定的条件，法律给予其与自然血亲同等权利义务的亲属，如养父母与养子女、继父母与受其抚养教育的继子女之间就是拟制血亲。① 拟制血亲也是直系血亲，亦属于禁止结婚的范畴。三代以内的旁系血亲则包括：一是同源于父母的兄弟姐妹，包括同胞的兄弟姐妹及同父异母或同母异父的兄弟姐妹；二是不同辈的伯、叔与侄女、姑与侄子、舅与外甥女、姨与外甥之间；三是同源于祖父母、外祖父母的辈份相同的堂兄弟姐妹、姑表兄弟姐妹、舅表兄弟姐妹、姨表兄弟姐妹。

我国古代早已限制近亲结婚，如《左传》指出，“男女同姓，其生不蕃”，认为同姓通婚将影响种族的繁衍和后代的素质。我国自西

① 继父母与受其抚养的继子女之间的权利义务关系、养父母与养子女之间的权利义务关系，适用《民法典》关于父母子女关系的规定。

周以来即实行“同姓不婚”原则，但同姓不婚多有不禁，直至唐代遁古制，对同姓婚予以禁止，依唐律，同姓为婚者徒二年，同姓又同宗者以奸罪论。明、清律则规定：凡同姓为婚者各杖六十、离异。但上古时期的姓和后世不同，上古时代，同姓必同宗，后世则同姓不一定有血统关系，故清末《大清现行刑律》删除该规定，将禁止同姓结婚改为禁止同宗结婚。世界许多国家亦都限制具有一定范围内亲属关系的自然人结婚。如《日本民法》禁止三亲等以内的旁系血亲结婚。《瑞士民法典》禁止直系尊血亲与直系卑血亲之间，全血缘或半血缘的兄弟姐妹之间，以及伯、叔、舅、姨父、姑父与侄女、外甥女之间，伯母、叔母、舅母、姑、姨与侄子、外甥之间结婚。

禁止血亲结婚主要基于两个方面的考虑，一是基于优生优育上的考虑，二是基于传统伦理道德的和亲属秩序的维护。一方面，从遗传学上来讲，父母亲通常会将遗传物质传给下一代，血缘过近的亲属间结婚所生的子女遗传病发生率远远高于非近亲结婚所生的子女，容易将父母双方的生理上、精神上的疾病和缺陷遗传给子女后代。禁止一定范围内的血亲结婚，有利于防止所生育子女罹患遗传病、出现畸形等，减轻了婚姻家庭的负担并提高婚姻家庭的幸福感。另一方面，从维护传统伦理道德和亲属秩序的角度出发，近亲结婚通常不为民间习俗和伦理秩序所接受。在极度重视长幼有序，主张尊亲序列传统的中华民族，直系血亲之间结婚严重违反人伦，无法为社会大众所接受；拟制直系血亲之间通婚会引起亲属关系的混乱，亦难以为社会大众所接受。

当代世界一般通过“亲等”计算方法来计算亲属亲疏远近。亲等是计算亲属亲疏远近的单位。即一世代为一亲等，亲等数越多，关系越远，亲等数越少，关系越近。国际上通用的亲等计算方法主要有罗马法和寺院法。[①] 本条规定的血亲计算方法类似罗马法的计算法，但

---

① 吴高盛主编：《中华人民共和国婚姻法释义及实用指南》，中国民主法制出版社 2014 年版，第 31 页。

二者并不完全相同，不能简单换算。[①] 考虑到我国的血亲计算方法已为普通大众所熟悉，采用其他亲等计算方法反而容易引起混乱，因此，本次民法典编纂沿袭婚姻法关于以“代”为计算亲属亲疏远近的单位的规定，没有采用“亲等”的计算方法。本条规定中的直系血亲具体计算方法为：本人算一代，往上父母即为二代，再往上祖父母、外祖父母即为三代；本人为一代，往下子女为二代，再往下孙子、孙女则为三代。旁系血亲的具体计算方法为：从两个旁系亲属分别往上数至双方同源血亲，其本身为一代，如果两边数目相等，则任何一边的数目即为他们的代数；如果两边数目不相等，则以大的数目为其代数。如自己的亲兄弟姐妹和自己同源于父母亲，则以父母亲为一代，自己与兄弟姐妹为二代以内的旁系血亲，而自己与姐姐或者妹妹的孩子，即自己的侄子或者侄女之间，为三代以内的旁系血亲。

本次民法典编纂承袭2001年《婚姻法》关于禁婚亲属的规定，但删除了“患有医学上认为不应当结婚的疾病”的规定，主要基于以下几个方面的考虑：一是法律规定的可操作性。我国最早将患有不应结婚之疾病规定为禁止结婚的条件始于1950年《婚姻法》。当时《婚姻法》第5条规定“有生理缺陷不能发生性行为者”与“患花柳病或精神失常未经治愈，患麻风或其他在医学上认为不应结婚之疾病者”禁止结婚。1980年《婚姻法》则修改为“患麻风病未经治愈或患其他在医学上认为不应当结婚的疾病”禁止结婚。由于2001年《婚姻法》修改时，我国麻风病基本已经绝迹；且在立法过程中，大部分人认为随着科学技术的发展，当时医学上认为不应结婚的疾病已经有治愈方法，同时又会发现许多新的不宜结婚的病种，因此婚姻法不要明确具体哪种疾病不宜结婚，故2001年《婚姻法》仅规定了患有医学上不应当结婚的疾病禁止结婚，但并未就哪些疾病属于禁止范围作出明确的规定。二是基于婚姻自由，保护当事人的婚姻自主权，尊重当事人的自由意志。虽然某些遗传性疾病容易遗传给下一代，但每个人

① 我国的“代”是连己身都算在内，但罗马法计算亲等时是不算己身的，而是从己身往上数或往下数，每经一代为一等亲。

的身体情况不同，遗传的概率也会不同；并且，试管婴儿技术越来越成熟便捷，因生育而后代出现父辈遗传病的概率越来越小，因此，不能实行“一刀切”的政策，直接以患病为由限制公民的婚姻自由。况且，现代社会中越来越多的夫妻并不生育小孩，在这种情况下禁止患有遗传病的一方结婚更没有群众基础。三是适应现代科学技术的发展与医疗卫生水平提高的变化，许多疾病已经能够治愈或有效抑制，只要做好适当的隔离或者预防措施，就能够避免传染的扩大或者疾病的恶化。传统的婚姻虽然负担了繁衍人类后代的社会职能，但现代婚姻家庭并不只有生育后代这一唯一的价值，婚姻也可以是双方当事人相依相伴、互相扶持，共同走完这一生的一种生活方式。因此，若婚姻双方对疾病明知并且自愿结婚共同生活的，仅因患有某类疾病即禁止其结婚，限制公民的婚姻自主权，并无合理充分的说服力。

【审判实践中应注意的问题】

一、姑表亲婚姻的效力问题

我国传统文化上存在表兄弟姐妹结婚、亲上加亲的说法，因此，尽管我国历史上曾有禁止同姓结婚（如堂兄弟姐妹），但异姓结婚，如表兄弟姐妹结婚是比较常见的。1950 年《婚姻法》并未明确禁止表兄弟姐妹之间通婚，而是规定了其他五代内的旁系血亲间禁止结婚，从习惯。因此，当时社会上仍存在表兄弟姐妹结婚的现象。1980 年《婚姻法》对该条进行了修改，将三代以内的旁系血亲明确规定为禁止结婚的范围，2001 年《婚姻法》亦沿袭这一规定。至今该规定已适用四十余年，在民众中亦得到广泛认可，表兄弟姐妹结婚的情形已少见。因表兄弟姐妹之间为三代以内的旁系血亲，属于《民法典》规定的禁止结婚的亲属关系范畴，违反该规定结婚的，婚姻无效。但是，人民法院在审理具体案件时，对于 1981 年 1 月 1 日之前结婚的当事人之间存在表兄弟姐妹关系的，由于 1981 年以前我国婚姻法规定五代内的旁系血亲之间禁止结婚的问题从习惯，若当事人能够证明当时在其地方表兄弟姐妹之间结婚属于民间习惯，则根据“法不溯及既往”的原则，人民法院不得以此为由认定其婚姻无效。

二、拟制直系血亲之间的婚姻效力问题

拟制直系血亲也是直系血亲，继父母与继子女之间、养父母与养子女之间同样属于本条规定禁止结婚的范围。根据《民法典》规定，养子女与生父母及其他近亲属间的权利义务关系，因养父母与养子女之间收养关系成立而当然消灭。但是，应当注意，此处消除的是养子女与其亲生父母及其他近亲属间的权利义务关系，但养子女与亲生父母及其他近亲属之间因出生而形成的直系血亲关系并不会因此发生变化。因直系血亲之间结婚容易引起疾病、生理缺陷的遗传，养子女与其亲生父母以及其他直系血亲在生物学上的血缘关系并不会因收养关系的成立而切断，遗传率和发病率也不会因此降低。故在收养关系成立后，养子女与其基于血缘关系而形成的直系血亲、三代以内的旁系血亲之间，仍属于禁止结婚的范畴。根据《民法典》规定，收养关系解除后，养子女与养父母及其他近亲属间的权利义务关系即行消除，与生父母及其他近亲属间的权利义务关系自行恢复。但是，拟制血亲关系终止后，法律并未对养子女和原养父母及其他近亲属之间是否处于禁婚范围作出明确规定，但基于养子女与原养父母及其他近亲属之间并无血缘关系，在收养关系解除后法律上的关系亦消除，若其结婚不会带来生育学上的问题，亦不会导致亲属关系的混乱，且根据私法上“法无明文禁止即允许”的原则，法律并未规定收养关系解除后仍不得结婚，故在收养关系终止之后，养子女与原养父母及其他近亲属之间不属于禁止结婚的范围。

三、拟制旁系血亲之间的婚姻效力问题

拟制旁系血亲是否属于禁婚范围，立法并未明确规定。从优生学上来看，拟制旁系血亲没有血缘关系，不会增加疾病或者生理缺陷

的遗传概率。从社会伦理道德上来看，拟制旁系血亲关系建立在收养关系成立的基础上，在收养关系成立前并无任何关系；收养关系成立后，虽然成为拟制旁系血亲，但如与继父母带来的无血缘关系的兄弟姐妹结婚并不违背传统的家庭伦理关系，为普通大众所接受，亦可保障公民的婚姻自由。[①] 如熊某与任某婚姻无效纠纷一案，[②] 被告系其父母于 1984 年收养，被告之母与原告之父是同胞姐弟，原被告系表兄妹关系。原告以原、被告系三代以内的旁系血亲，属于法律禁止结婚的情形为由，主张确认原告与被告之间婚姻无效。法院经审理后认为，原被告之间不存在血缘关系，婚姻不属于婚姻法规定的无效婚姻情形，理由是：（1）对于拟制旁系血亲之间能否结婚，我国婚姻法没有明确规定，依照民法原理“法无禁止即许可”，拟制旁系血亲，不在禁止通婚之列。（2）立法之所以禁止三代以内旁系血亲结婚，一是基于近亲血缘的基因遗传，避免近亲血缘造成的遗传疾病，二是基于人类特殊的伦理道德。本案原被告不具有血缘关系，不存在基因遗传等问题，同时原被告系表兄妹关系，彼此通婚也不与社会公序良俗相悖。

四、其他亲属关系间婚姻的效力问题

直系姻亲之间，如岳母与女婿、公公与媳妇，旁系姻亲之间，如男方丧偶或离婚后与小姨子、女方丧偶或离婚后与小叔子，是否属于禁止结婚的范围。对于以上情形，法律并未予以规定。根据私法上“法无明文禁止即允许”的原则，直系姻亲之间、旁系姻亲之间不属于禁婚范畴，双方当事人满足结婚要件的，可以结婚。已经结婚的，

---

① 梁慧星主编：《中国民法典草案建议稿附理由：亲属编》，法律出版社 2013 年版，第 45 页；陈苇主编：《当代中国内地与港澳台婚姻家庭法比较研究》，群众出版社 2012 年版，第 178 页。当然也有不同观点认为，《民法典》规定禁止结婚的“直系血亲”和“旁系血亲”包括拟制直系血亲和拟制旁系血亲，这样有利于保护养子女的利益，也符合建立父母子女收养关系之收养目的。王利明主编：《中国民法典学者建议稿及立法理由——人格权编 · 婚姻家庭编 · 继承编》，法律出版社 2005 年版，第 222 页。

② 参见四川省平昌县人民法院（2019）川 1923 民初 2497 号民事判决书。

人民法院不应否认其婚姻效力。但从中华民族的传统道德和伦理上来讲，直系姻亲之间结婚易引起亲属关系的混乱，在伦理秩序上往往难以为民众所接受，[①] 故并不倡导具有此类关系的公民结婚。相对来说，旁系姻亲之间的婚姻，稍易于为民众所接受，虽不提倡，但从尊重当事人的结婚自主权出发，不宜过多干涉。

---

① 陈苇主编:《当代中国内地与港澳台婚姻家庭法比较研究》，群众出版社2012年版，第178页。

第一千零四十九条 要求结婚的男女双方应当亲自到婚姻登记机关申请结婚登记。符合本法规定的，予以登记，发给结婚证。完成结婚登记，即确立婚姻关系。未办理结婚登记的，应当补办登记。

【条文主旨】

本条是关于结婚的形式要件的规定。我国采取法律婚主义，以国家公权力监督婚姻的成立，并保障婚姻的效力。结婚的男女双方必须到婚姻登记机关办理登记手续，符合条件的，则予以登记并发给结婚证。完成结婚登记即确立婚姻关系，只有经过婚姻登记，才是具有法律效力的婚姻。男女双方共同生活，举行婚礼仪式或者办结婚酒席但并未办理结婚登记的，不成立法律上的婚姻关系，应当到婚姻登记机关补办登记，完成登记手续才能确立合法的婚姻关系。

【条文理解】

根据本条规定，男女双方结婚，除符合结婚的实质性要件外，还应当履行法定的程序，到婚姻登记机关办理结婚登记手续。结婚登记既是结婚的必经程序，亦是婚姻成立的形式要件。

婚姻不仅是结婚双方当事人的私事，其还具有重要的社会意义。国家出于公共管理的需要，规定了结婚应当办理结婚登记。只有办理了结婚登记，所成立的婚姻关系才受到国家和法律的保护。结婚登记是婚姻登记机关依照法律法规的具体规定，为符合结婚条件的当事人办理结婚登记的法定程序，这是国家的一项重要的基础性的民事登记工作，是政府对公民婚姻关系的建立进行监督和管理的制度。不同国家对婚姻成立的形式要件有不同的规定，大致分为三种：登记制、仪式制、登记与仪式结合制。[①]我国历史上结婚多采取仪式制，当事人通常按照民间习俗举行结婚仪式，根据不同的地方习俗，有的仪式是办酒席，有的仪式则采取宗教方式。还有的是通过村里德高望重的主婚人或者证婚人见证的方式。自中华人民共和国成立以来，我国历次婚姻法的修改都明确规定结婚应当办理结婚登记，即登记制。婚姻涉及重大社会利益，要求结婚双方办理登记一方面可以通过婚姻登记机关的审查及时发现当事人是否符合结婚的实质性要件，避免近亲结婚或未到法定婚龄结婚等无效婚姻的出现，也有利于保护婚姻当事人的身体健康、提高生育质量；另一方面可以产生向社会和亲友公示的效果，有利于维护家庭和谐，保证一夫一妻制，减少重婚的发生概率。虽然传统的结婚仪式也有一定的公示功能，但在高速发展的现代社会，城市化不断推进，结婚仪式在“熟人社会”的乡村可能还有一定的公示功能，而在人口流动性大、陌生人社会的城市，其公示性已被大大削弱。[②]此外，结婚登记作为婚姻关系成立的必备要件，也是国家作为公共事务的管理机关对于加强人口与户籍管理的需要。同时，结婚登记制还是对婚姻问题进行法治宣传的重要环节，有利于破除历史上遗留的落后的旧传统、旧思想。

一、婚姻登记机关

根据2003年《婚姻登记条例》第2条规定：“内地居民办理婚姻登记的机关是县级人民政府民政部门或者乡（镇）人民政府，省、自治区、直辖市人民政府可以按照便民原则确定农村居民办理婚姻登记的具体机关。中国公民同外国人，内地居民同香港特别行政区居民（以下简称香港居民）、澳门特别行政区居民（以下简称澳门居民）、

---

① 韩文强：《婚姻家庭法学》，北京工业大学出版社2014年版，第100页。

② 陈苇主编：《当代中国内地与港澳台婚姻家庭法比较研究》，群众出版社2012年版，第181页。

台湾地区居民（以下简称台湾居民）、华侨办理婚姻登记的机关是省、自治区、直辖市人民政府民政部门或者省、自治区、直辖市人民政府民政部门确定的机关。”

办理结婚登记的，男女双方应当由本人亲自共同到一方当事人常住户口所在地的婚姻登记机关进行申请，[①]提交法律规定的证件和证明材料。婚姻登记机关应当对当事人的申请进行审查，查明双方的结婚申请是否符合结婚条件。符合结婚条件的，应当即时予以登记发给结婚证；对中国公民与外国人登记申请，则应自收到申请后一个月内办理登记手续，发给结婚证。若申请结婚登记的申请人受单位或者他人干涉，不能获得办理结婚登记所需证明时，婚姻登记机关查明确实符合结婚条件的，应当予以登记。如果婚姻登记机关对申请人的婚姻登记申请不予登记的，应当以书面形式说明理由。当事人认为符合婚姻登记条件而婚姻登记机关不予登记的，可以依照行政复议法的规定申请复议，对复议不服的，可以按照行政诉讼法的规定提起行政诉讼。

只有办理了结婚登记手续的婚姻才是受法律保护的婚姻。但是，本次民法典编纂未采纳 2001 年《婚姻法》关于“取得结婚证，即确立夫妻关系”的规定，修改为“完成结婚登记，即确立婚姻关系”。基于此，婚姻关系的成立与否取决于是否完成结婚登记。因此，尽管当事人结婚证遗失或者损毁的，其婚姻效力不受影响。

二、事实婚姻

我国实行婚姻登记注册制。现实中未办理结婚登记而以夫妻名义共同生活的同居关系，一般称为事实婚姻。事实婚姻分为两种，广义的事实婚姻包括两种情形，一是具备结婚的实质性要件，但缺乏形式性要件的婚姻；二是既不符合结婚的实质性要件，又缺乏形式性要件的婚姻。狭义的事实婚姻仅指符合结婚实质要件的男女、未办理结婚

---

① 办理结婚登记手续不得委托他人代理进行。

登记即以夫妻名义同居生活，群众也认为是夫妻关系的两性结合。[①] 事实婚姻的效力问题一直是我国婚姻制度和修法过程中讨论的重点，我国立法对事实婚姻的态度经历了从承认、相对承认、不承认到有条件的承认的转变。[②] 在1989年《最高人民法院关于人民法院审理未办结婚登记而以夫妻名义同居生活案件的若干意见》实施之前，承认符合实质要件的事实婚姻的法律效力。1994年2月1日颁布的《婚姻登记管理条例》[③] 第24条规定："未到法定结婚年龄的公民以夫妻名义同居的，或者符合结婚条件的当事人未经结婚登记以夫妻名义同居的，其婚姻关系无效，不受法律保护。"此后，《最高人民法院关于适用新的〈婚姻登记管理条例〉的通知》再次确认事实婚姻无效。[④]2001年《婚姻法》修改过程中，有观点认为，既然此前的法律规定已经明确事实婚姻无效，已经在人民群众中形成了普遍的认知，现在又修改为承认事实婚姻的效力，是立法的倒退，引起不必要的混乱。且自1950年《婚姻法》以来，都规定了结婚必须办理结婚登记，这个规则已经实行了几十年，在法律明确规定的情况下，当事人虽形成事实婚姻但仍不去办理结婚登记的，则应当自己承担不登记带来的法律后果。也有观点认为，尽管结婚登记制度已实施多年，但实践中男女双方形成事实婚姻但并未进行结婚登记的情况仍大量存在，形成原因各有不同且复杂，在男女双方的事实婚姻具备结婚的实质性要件时，若仅因为缺乏登记这个形式要件就一概认定为无效，将对当事人双方、子女、家庭及社会产生一系列影响，不利于保护妇女儿童的利益，应当区分

---

① 最高人民法院民事审判第一庭编著：《最高人民法院婚姻法司法解释（二）的理解与适用》，人民法院出版社2015年版，第70页。

② 陈苇主编：《当代中国内地与港澳台婚姻家庭法比较研究》，群众出版社2012年版，第134页。

③ 该条例已于2003年被《婚姻登记条例》废止。

④ 《最高人民法院关于适用新的〈婚姻登记管理条例〉的通知》规定："自1994年2月1日起，没有配偶的男女，未经结婚登记即以夫妻名义同居生活的，其婚姻关系无效，不受法律保护。对于起诉到人民法院的，应按非法同居关系处理。"该通知已于2013年1月8日被《最高人民法院关于废止1980年1月1日至1997年6月30日期间发布的部分司法解释和司法解释性质文件（第九批）的决定》废止。

处理。[1]因此，2001年《婚姻法》未对事实婚姻的效力作出明确认定，但规定了未办理结婚登记的，应当补办结婚登记，再次强调了结婚登记是结婚的必经程序，符合结婚实质要件的男女应当及时补办登记，否则其婚姻将不受法律保护。此后出台的婚姻法司法解释又对补办结婚登记的程序问题进行了细化解释。本次《民法典》编纂并未对2001年《婚姻法》关于补办婚姻登记的规定予以修改，因此，现阶段我国对事实婚姻仍采取有条件地在一定时期、一定范围内承认的态度。根据《婚姻法司法解释（一）》第5条规定，未按规定办理结婚登记而以夫妻名义共同生活的男女，起诉到人民法院要求离婚的，应当区别对待：（1）1994年2月1日民政部《婚姻登记管理条例》公布实施以前，男女双方已经符合结婚实质要件的，按事实婚姻处理；（2）1994年2月1日《婚姻登记管理条例》公布实施以后，男女双方符合结婚实质要件的，人民法院应当告知其在案件受理前补办结婚登记；未补办结婚登记的，按解除同居关系处理。根据该规定，1994年2月1日前的事实婚姻，人民法院对其合法性予以认可，即便是未补办结婚登记的，仍是合法有效的婚姻关系；但1994年2月1日之后的事实婚姻，若不补办结婚登记，一律将按照同居关系处理。因此，1994年2月1日之后的事实婚姻，当事人未到婚姻登记机构补办结婚登记，其婚姻关系不受法律保护。对于补办登记的效力问题，有观点认为，男女双方已形成事实婚姻但未办理结婚登记的，根据之前的法律规定为无效婚姻，在补办结婚登记之前，不具备有效婚姻的要件，补办登记不具有溯及效力，当事人双方的婚姻应当自补办登记之时起为合法有效婚姻。亦有观点认为，既然允许当事人补办结婚登记，那就表明补办登记后，对补办前男女双方依夫妻名义共同生活的关系予以认可，补办登记的效力溯及至双方具备事实婚姻时，补办之前为合法的婚姻关系，受法律保护。为明确补办结婚登记的效力问题，考虑到规定补办结婚登记制度只是出于我国实践中存在大量符合结婚的实质要件的

① 最高人民法院民事审判第一庭：《婚姻法司法解释的理解与适用》，中国法制出版社2002年版，第24页。

男女双方未办理结婚登记的一种补救规定，并不代表立法对于事实婚姻的认可，我国自1950年《婚姻法》以来，历次婚姻法修改都规定了办理结婚登记是结婚的形式要件，补办结婚登记的规定并不能推翻结婚登记制度。故《婚姻法司法解释（一）》第4条规定，男女双方补办结婚登记的，婚姻关系的效力从双方均符合婚姻法所规定的结婚的实质要件时起算。该条采取了补办结婚登记具有溯及力的观点，补办结婚登记的，在补办之前的婚姻效力亦为法律所认可。但也进行了必要的限制，即只能溯及至双方均符合结婚的实质要件时起算。

【审判实践中应注意的问题】

一、结婚登记存在程序瑕疵的救济途径

男女双方结婚，应当亲自到婚姻登记机关申请结婚登记，并提交相关材料以供婚姻登记机构审查。但是，在婚姻登记实践中，经常出现婚姻登记瑕疵的问题，比如：一方当事人使用虚假身份证件、借用他人身份证件、冒用他人身份与另一方结婚登记；或者一方当事人本人未亲自到婚姻登记机关，而是委托他人代理进行结婚登记；或者婚姻登记机关发放的结婚证记载的姓名、年龄与实际共同生活者不符；或者婚姻登记机关越权管辖发放结婚证等情形。婚姻登记在性质上属于一种民事登记，与户籍登记或者收养登记的性质相类似，其目的在于确认当事人的婚姻状态。在婚姻登记中，行政机关的职责仅是对当事人行使婚姻自由权的合法性及其结果进行审查确认，因此，婚姻登记虽不属于行政许可范畴，但仍属于行政确认行为，系一种具体行政行为。故程序具有瑕疵的结婚登记理应先由婚姻登记机关通过具体行政行为予以更正。因民事审判司法权不同于行政审判司法权，在民事审判中审查认定结婚证的效力问题超越了民事审判的职权范围。因此，如果当事人认为结婚登记程序存在瑕疵，主张更正或撤销结婚登记的，可以请求婚姻登记机关予以更正或撤销婚姻登记，在婚姻登记

机关不予更正或不予撤销的情况下，可以提起行政诉讼要求婚姻登记机关履行法定职责。当然，当事人亦可以选择直接提起行政诉讼。撤销婚姻登记的后果等同于没有登记，双方当事人之间不存在受到法律保护的夫妻关系。

婚姻登记瑕疵与婚姻无效是两个完全不同的概念。婚姻无效制度是法律设立的一种对形式上已成立的婚姻关系，由当事人或者利害关系人针对该婚姻关系是否有效成立提出异议的一种救济制度。[①]婚姻无效本质上是欠缺结婚实质要件的婚姻在民事法律关系上的法律后果。《民法典》已对无效婚姻的事由采取穷尽式列举，排除了任何否定婚姻关系的其他事由。因此，当事人不能仅以结婚登记时的程序存在瑕疵为由来主张婚姻无效。程序具有瑕疵的结婚登记当然存在不合法性，如果经该结婚登记的婚姻同时欠缺了结婚的实质要件，在法律规定的情形内，人民法院有权经当事人的申请宣告该婚姻无效。但是，法律并未就仅有程序瑕疵的结婚登记法律效力作出明确规定，故结婚登记程序瑕疵并不必然导致婚姻关系无效。如果当事人以结婚登记程序瑕疵为由请求否定其婚姻效力，人民法院不得直接宣告婚姻无效。将符合结婚实质要件但结婚登记程序上存在瑕疵的婚姻不予区分一概宣告无效，不仅随意扩大了无效婚姻的适用范围，影响婚姻家庭关系的稳定，亦不利于社会的和谐发展。如果当事人仅以结婚登记程序瑕疵为由请求否定其婚姻效力，人民法院经审查后发现讼争婚姻法律关系不属于无效婚姻的三种情形，应以判决形式驳回当事人申请宣告婚姻无效的请求。当事人可以依法申请行政复议或提起行政诉讼。

二、结婚登记存在程序瑕疵的纠纷处理

结婚登记程序固然是为保护婚姻当事人的利益而设定，但法律更重视结婚登记的实质，甚至为达到实质目的而迁就结婚登记程序。结婚登记被撤销的法律后果与婚姻被宣告无效或被撤销的法律后果相

① 最高人民法院民事审判第一庭：《婚姻法司法解释的理解与适用》，中国法制出版社2002年版，第44页。

同，其登记自始无效，婚姻当事人自始不存在婚姻权利义务法律关系，男女双方因婚姻关系而取得的各种人身权益将随之消灭。故对于有程序瑕疵的结婚登记行政行为，要综合考虑程序违法的程度和对关系人的信赖保护，应先尽量补正瑕疵。如果无法补正的，人民法院应当根据案件的具体情况和当事人的诉讼请求，确认婚姻登记机关的登记行为违法或者撤销婚姻登记机关作出的婚姻登记。《最高人民法院行政审判庭关于婚姻登记行政案件原告资格及判决方式有关问题的答复》（法〔2005〕行他字第13号）第2条规定：根据2001年《婚姻法》第8条规定，婚姻关系双方或一方当事人未亲自到婚姻登记机关进行婚姻登记，且不能证明婚姻登记系男女双方的真实意思表示，当事人对该婚姻登记不服提起诉讼的，人民法院应当依法予以撤销。如贺某某与南宁市青秀区民政局婚姻登记案，[①] 上诉人以婚姻一方当事人贺某（上诉人之父）没有到场登记、结婚登记材料不齐以及婚姻登记机关没有在结婚登记申请书上载明审查意见等结婚登记程序问题为由主张撤销被诉婚姻登记。人民法院经审查后认为，贺某所在单位出具了贺某与某某玲申请结婚登记的婚姻状况证明、某某玲长期与贺某一起生活并将其户口转入贺某名下，贺某所留书信材料多次向子女介绍某某玲生活身体状况并委托妻子某某玲管理事务、明确某某玲共有财产情况等。以上证据足以证实贺某确有与某某玲结婚的真实意思表示并实际以夫妻名义长期生活。现上诉人以婚姻登记程序存在问题为由，主张撤销其父贺某与某某玲的结婚登记，不符合婚姻当事人的真实意愿，不予支持。

① 参见广西壮族自治区南宁市中级人民法院（2015）南市行一终字第70号行政判决书。

第一千零五十条 登记结婚后，按照男女双方约定，女方可以成为男方家庭的成员，男方可以成为女方家庭的成员。

【条文主旨】

本条是关于男女结婚后家庭组成的规定。根据男女平等原则，男女双方登记结婚后，如何安排家庭生活的居所、成员结构应由当事人自由决定，既可以是女方成为男方的家庭成员，同样，男方也可以成为女方的家庭成员。

【条文理解】

本条虽是赋予男女双方结婚后如何组成家庭的自由选择权的规定，但在性别价值导向上具有重大意义，是男女平等原则在婚姻家庭领域适用的具体体现。我国传统伦理文化推崇君权、父权和夫权，讲究男尊女卑，男女双方结婚后女方通常会搬至男方住所，加入男方家庭，成为男方的家庭成员，与男方其他直系血亲共同生活生产。并且，在封建社会时期，女方结婚后不仅所生子女随男方姓氏，自己的名字还不可以使用，只能以男方姓氏冠用，如男方姓吴，其妻子则称为吴氏。因此，在我国民间自古便有“嫁出去的女儿，泼出去的水”的说法，这亦是对当时生活现象的真实写照。同理，若男女结婚后，男方到女方家庭生活，改姓女方姓氏，所生子女随女方姓氏，则会遭到周围邻居、宗族成员的嘲笑和鄙视，并将与女方家庭一起生活的男性贬称为“倒插门女婿”，即入赘。这些社会生活现象本质上是封建时期对女性的一种歧视，是男女社会地位不平等在家庭生活关系中的集中体现。中华人民共和国成立后，国家颁布多部法律革除旧弊、消灭恶习，保障妇女权益，提升妇女地位，努力使妇女在政治、经济、文化等各个方面享有与男性平等的权利。1980年《婚姻法》第8条规定："登记结婚后，根据男女双方约定，女方可以成为男方家庭的成员，男方也可以成为女方家庭的成员。"自此，我国从法律层面尊重并肯定婚姻双方当事人的自由选择权，可以确定其家庭组成。另外，从法律上特别增加规定"男方也可以成为女方家庭的成员"实质是为实现男女平等所作出的努力。当然，该条规定男方"也"可以成为女方家庭的成员，这一"也"字暴露了在当时社会背景下，我国普通大众仍把结婚后女方成为男方的家庭成员视为一种常态，而男方成为女方家庭人员的情形为例外。因此，2001年《婚姻法》对该条规定进行修改，将"也"字去掉，规定"登记结婚后，根据男女双方约定，女方可以成为男方家庭的成员，男方可以成为女方家庭的成员"。一字之差，但却体现了婚姻家庭领域对男女平等原则的进一步落实，具有非常积极的指向意义。本次民法典编纂依然坚持男女平等原则，延续2001年《婚姻法》规定，未对本条作出修改。

【审判实践中应注意的问题】

实践中，与该条规定相关的纠纷多集中于侵害集体组织成员权益纠纷。我国实行户口双轨制，城市户口与农村户口分别管理。近年来由于城镇化的加速发展，征用农村土地进行开发建设越发常见，位于拆迁征用范围内的农村村民可能因拆迁将获得巨额财富。目前，村集体经济组织分配征地补偿款的依据一般为具有该村户籍身份的村民，但由于传统文化的影响，女方与男方结婚后，尽管其户籍并未迁入男方所在村集体经济组织，保留原户籍，但常视为女方已丧失原村集体组织经济成员资格，不予分配征地补偿款。人民法院在审理该类纠纷时，应严格以当事人是否具有集体经济组织成员资格为依据予以评判。如钱某、陈某某诉衡阳市珠晖区茶山坳镇某某组侵害集体经济组织成员权益纠纷案，人民法院经审理后认为：根据2001年《婚姻法》

关于“登记结婚后，根据男女双方约定，女方可以成为男方家庭的成员，男方可以成为女方家庭的成员”的规定，我国法律并未规定妇女结婚后必须将户籍迁入男方所在地，成为男方家庭成员。钱某未在其丈夫户籍所在地取得承包地，也未纳入城镇社会保障体系，从其在衡阳市珠晖区茶山坳镇某某组参加农村合作医疗来看，钱某的相关社会保障仍需依赖于衡阳市珠晖区茶山坳镇某某组集体土地，钱某并不因结婚丧失衡阳市珠晖区茶山坳镇某某组集体经济组织成员资格。衡阳市珠晖区茶山坳镇某某组作为农村集体经济组织，在向其他集体经济组织成员每人分配土地征收补偿款33600元时，未向钱某和陈某某进行分配，其行为侵害了钱某和陈某某的合法权益。

另外，在我国某些省份的部分农村，男方尽管成为女方家庭的成员，并办理了入户手续，取得女方所在村落的户籍，但仍不被视为女方所在村落的村民，不具有女方所在集体组织经济成员资格，不予分配征地补偿款。人民法院在审理该类纠纷时，同样应严格以当事人是否具有集体经济组织成员资格为依据予以评判，不得以认为“倒插门女婿”不属于本村村民的当地习惯或社会风俗为依据进行裁判。如洪某成、曾某英、洪某艳、董某江、洪某素与攸县江桥街道办事处龙湖社区某村民小组侵害集体经济组织成员权益纠纷案中，董某江为洪某艳的丈夫，系洪某成按照农村习俗招为上门女婿。人民法院经审理后认为：董某江系农业人口，其于2006年与洪某艳结婚，并将户籍迁入攸县江桥街道办事处龙湖社区某村民小组的组民洪某成家，成为洪某成的家庭成员，是基于婚姻关系依法落户于攸县江桥街道办事处龙湖社区某村民小组，已经通过加入取得方式获取了该小组的集体经济组织成员资格，其要求在2009年和2013年所征收的土地补偿款分配中与其他组民享有同等份额的诉讼请求，符合法律规定。

第一千零五十一条 有下列情形之一的，婚姻无效：

（一）重婚；

（二）有禁止结婚的亲属关系；

（三）未到法定婚龄。

【条文主旨】

本条是关于婚姻无效情形的规定。第一种无效情形是重婚。我国基本婚姻制度系一夫一妻制，重婚违反一夫一妻制，属于无效婚姻。第二种无效情形是有禁止结婚的亲属关系。这既是为了婚姻双方当事人及其后代的健康考虑，也是为了符合基本的伦理道德和维护亲属秩序。第三种无效情形是未达到法定婚龄结婚。除本条规定之外的其他有瑕疵的婚姻关系，不属于无效婚姻。

【条文理解】

一、立法背景

无效婚姻，亦称婚姻无效，是指不具备法定结婚实质要件或形式要件的两性结合，在法律上不具有婚姻效力，应当被宣告为无效的婚姻。无效婚姻并非婚姻一个种类，其实质上只是一种同居关系。1986年《婚姻登记办法》与1994年《婚姻登记管理条例》对婚姻无效的原因及处理进行了规定，2001年《婚姻法》前的婚姻法亦对结婚的积极性要件和消极性要件进行了规定，但并没有对违反这些规定的婚姻效力进行规定。2001年《婚姻法》修改时最终增设了无效婚姻制度，在法律层面上建立起一整套系统的婚姻无效制度。

一般来讲，婚姻成立要件可分为公益要件和私益要件。通常情形下，违背公益要件的婚姻关系被认为对社会危害性较大，应为无效婚姻；而违背私益要件的婚姻关系则被认为对社会危害性较小，为可撤销婚姻。从域外婚姻无效制度的立法趋势看，无效婚姻与可撤销婚姻的区别正逐步缩小，且总的趋势是无效婚姻的种类逐渐减少，相应扩大可撤销婚姻的范围。域外婚姻无效制度的立法发展趋势对我国进一步完善无效婚姻制度具有一定的参考意义。

二、婚姻无效的情形

本次《民法典》编纂保留2001年《婚姻法》关于“重婚的、有禁止结婚的亲属关系的、未到法定婚龄的”婚姻无效的事由，删除了“婚前患有医学上认为不应当结婚的疾病，婚后尚未治愈的”婚姻无效的规定。因此，根据本条规定，婚姻无效的事由仅为：重婚、有禁止结婚的亲属关系、未达法定婚龄。

（一）重婚

重婚，是指有配偶的人又与他人登记结婚的违法行为，或者明知他人有配偶而与他人登记结婚的违法行为。我国实行一夫一妻制，禁止一人同时拥有一名以上妻子或者丈夫。一夫一妻制是我国婚姻家庭制度的基本原则，重婚行为不仅严重违背公序良俗，更不利于婚姻家庭和谐与社会稳定，法律上必须对其进行否定性的评价。除否定重婚的婚姻效力外，我国刑法还将重婚定为刑事犯罪：（1）有配偶者又与他人登记结婚的；（2）有配偶者与他人没有进行结婚登记但以夫妻关系同居生活的；（3）明知对方有配偶又与对方登记结婚或者以夫妻关系同居生活的。这里需要注意的是，本条所指的重婚仅限于法律重婚，即已与他人办理结婚登记后又再次与第三方办理结婚登记的。如果与他人办理结婚登记后仅与第三方以夫妻关系同居生活但未与第三方办理结婚登记，这一情形因未办理结婚登记，属于同居法律关系，不构成《民法典》的重婚，但可能构成刑法意义的重婚。因重婚行为不仅破坏婚姻家庭生活，还导致财产法律关系混乱，世界大部分国家和地区都明令禁止重婚，将其作为婚姻无效的事由之一。

（二）有禁止结婚的亲属关系

《民法典》延续2001年《婚姻法》关于一定范围内的亲属禁止结婚的规定，是基于维护婚姻当事人及其后代身体健康，维护亲属秩序，促进优生优育，提高人口质量等多方面的考虑。有禁止结婚的亲属关系包括直系血亲和三代以内的旁系血亲，直系血亲还应包括拟制直系血亲。世界上大部分国家和地区也将近亲结婚作为禁止结婚的情形，只是禁止结婚的亲属关系范围大小不一以及对亲等的计算各有不同。因当事人之间的亲属关系并不因其中一方死亡而消灭，因此，属于本条规定的近亲结婚的，即使一方当事人死亡，其此前已缔结的婚姻仍属无效婚姻。

（三）未达法定婚龄

《民法典》沿用2001年《婚姻法》，规定法定婚龄为男22周岁，女20周岁，未达法定婚龄的，婚姻登记机构不予办理结婚登记；已经取得登记的，属于无效婚姻。

本次《民法典》编纂将2001年《婚姻法》规定的"婚前患有医学上认为不应当结婚的疾病，婚后尚未治愈的"婚姻无效情形予以删除，不再作为婚姻无效的事由之一。在民法典编纂过程中，从一审稿开始直到三审稿，对于婚姻无效的原因均包括"以伪造、变造、冒用证件等方式骗取结婚登记的"的规定，但最终审议稿并未采纳。当事人以伪造、变造、冒用证件等方式骗取结婚登记的实为登记瑕疵的问题，婚姻登记是婚姻登记机关的行政行为，婚姻登记存在瑕疵的，不属于民事纠纷，当事人可以通过依法申请行政复议或者提起行政诉讼的方式，撤销该错误的婚姻登记。

这里需要注意的是，未达法定婚龄婚姻无效，但其所生子女权利仍受保护，非婚生子女享有与婚生子女同等的权利，任何人不得加以危害和歧视。

三、宣告婚姻无效的请求权主体范围及行权期限

婚姻效力问题不仅事关婚姻双方当事人的重大利益，也关系到其近亲属以及整个社会的公共利益，因此，请求宣告婚姻无效的主体应与婚姻效力具有利害关系。根据《婚姻法司法解释（一）》第7条的规定，申请宣告婚姻无效的主体为婚姻当事人及利害关系人，对利害关系人的范围，又根据不同的事由作出了不同的规定。具体为：（1）以重婚为由申请宣告婚姻无效的，为当事人的近亲属及基层组织。由于重婚行为不仅严重违反一夫一妻制，损害婚姻当事人的利益，还损害了社会公共利益。因此，婚姻当事人、当事人的近亲属以及基层组织均可以重婚为由申请宣告婚姻无效。根据《民法典》规定，近亲属包括配偶、父母、子女、兄弟姐妹、祖父母、外祖父母、孙子女、外孙子女；基层组织包括当事人所在单位、住所地居民委员会、村民委员会、派出所、民政部门及妇联、工会等有关组织机构。（2）以未达法定婚龄为由申请宣告婚姻无效的，由于未达法定婚龄的婚姻，主要涉及当事人及其近亲属，一般对社会公众并无大的损害，故申请宣告婚姻无效的主体限于婚姻当事人及未达法定婚龄者的近亲属。（3）以有禁止结婚的亲属关系为由申请宣告婚姻无效的，利害关系人为当事人的近亲属。是否存在禁止结婚的亲属关系，一般不为外人所知，故规定能够申请宣告婚姻无效的，也限于当事人自己及其近亲属。

当事人或者利害关系人向人民法院申请宣告婚姻无效的，应当在一定期限内行使权利。根据《婚姻法司法解释（一）》第8条规定，当事人向人民法院申请宣告婚姻无效的，在提出申请之时，若法定的婚姻无效的情形已经消失，人民法院不予支持。《婚姻法司法解释（二）》第5条规定："在夫妻一方或者双方死亡后一年内，生存一方或者利害关系人依据婚姻法第十条的规定申请宣告婚姻无效的，人民法院应当受理。"虽然婚姻关系因一方当事人死亡而终止，另一方可再婚，但由于婚姻效力问题会影响到生存一方当事人及其子女在人身

和财产上的重大权利，也涉及其他利害关系人在继承等方面的权益，婚姻一方或者双方当事人死亡，其之前的婚姻是否有效仍存在法律意义。故在夫妻一方或者双方死亡的情况下，生存一方或者利害关系人仍可根据法律的规定申请宣告婚姻无效。为尽快确定婚姻效力状态，规定该种情形下行使权利的期间为夫妻一方或者双方死亡后一年内。此期间属于除斥期间，不适用中止、中断和延长。生存一方或者利害关系人在该一年届满而未向人民法院提出请求的，请求宣告婚姻无效的权利消灭。

四、宣告婚姻无效的机关

婚姻当事人或者利害关系人申请宣告婚姻无效的，应当向人民法院提起，婚姻无效只能由人民法院宣告。在我国，宣告婚姻无效的机关经历了由婚姻登记机关与人民法院向仅为人民法院的转变。历部《婚姻法》均未对宣告婚姻无效的机关作出明确规定，根据1994年《婚姻登记管理条例》第25条规定，婚姻登记机关发现申请婚姻登记的当事人弄虚作假、骗取婚姻登记的，应当撤销婚姻登记，对结婚、复婚的当事人宣布其婚姻无效并收回结婚证，赋予婚姻登记机关撤销婚姻登记和宣告婚姻无效的权力。2003年《婚姻登记条例》删除了婚姻登记机关宣告婚姻无效的规定，只规定了在受胁迫结婚的情况下，婚姻登记机关应当撤销该婚姻登记。因此，2003年后，婚姻登记机关并无宣告婚姻无效的职权。根据《婚姻法司法解释（一）》第9条规定，婚姻无效只能由人民法院宣告。另外，虽然婚姻关系主要是婚姻双方当事人的私人事务，但无效婚姻不仅涉及婚姻当事人的利益，还涉及其他利害关系人的权益以及社会公共利益，因此，婚姻是否无效应当由人民法院作出认定，婚姻当事人没有自由处分的权利。且有关婚姻效力的判决一经作出即发生法律效力，当事人不得提起上诉。如《婚姻法司法解释（一）》第9条第1款规定："人民法院审理宣告婚姻无效案件，对婚姻效力的审理不适用调解，应当依法作出判决；有关婚姻效力的判决一经作出，即发生法律效力。"《婚姻法司法解释

（二）》第2条规定："人民法院受理申请宣告婚姻无效案件后，经审查确属无效婚姻的，应当依法作出宣告婚姻无效的判决。原告申请撤诉的，不予准许。"

【审判实践中应注意的问题】

一、无效婚姻认定的阻却事由问题

根据《婚姻法司法解释（一）》第8条规定，当事人向人民法院申请宣告婚姻无效的，申请时，法定的无效婚姻情形已经消失的，人民法院不予支持。因此，当事人或利害关系人向人民法院申请宣告婚姻无效的，对于无效婚姻的判断标准应以起诉时该婚姻状况是否仍具备法定无效情形为准。即本条规定的无效婚姻三种情形必须是在婚姻一方当事人向人民法院申请宣告婚姻无效时仍客观存在。[①] 换言之，无论缔结婚姻时或起诉前的婚姻双方当事人的情况如何，如果婚后出现阻却事由，讼争婚姻法律关系已具备法律规定的结婚实质要件，则无效婚姻的状态即灭失，演变成为合法有效的婚姻，人民法院就不应再作出宣告婚姻无效的判决。比如，男女双方结婚时女方18周岁，未达法定婚龄。男方以办理结婚登记时女方未满20周岁、未到法定婚龄为由向人民法院请求宣告婚姻无效的，如果男方起诉时女方已达法定婚龄，则此时法定婚姻无效的情形已经消失，若无其他法定婚姻无效的事由，则为有效婚姻，人民法院不得依据该条宣告婚姻无效。

二、如何列明利害关系人的诉讼地位

根据《婚姻法司法解释（二）》第6条规定，利害关系人向人民法院申请宣告婚姻无效的，利害关系人为申请人，婚姻关系当事人双方为被申请人；夫妻一方死亡的，生存一方为被申请人；夫妻双方均

---

① 最高人民法院民事审判第一庭编著：《最高人民法院婚姻法司法解释（二）的理解与适用》，人民法院出版社2015年版，第82页。

已死亡的，不列被申请人。该条规定只适用于利害关系人提起申请宣告婚姻无效的情形。

三、婚姻无效制度的溯及力问题

人民法院审理关于婚姻效力的案件时，应当注意区分适用婚姻无效原因。2001年《婚姻法》颁布之前，我国《婚姻法》并未对婚姻无效的事由作出规定，有的当事人可能存在如禁止结婚的亲属关系等，但如今已共同生活几十年，并生儿育女，若此时宣告其婚姻无效，反而会使已形成多年的稳定的人身关系和财产关系发生巨大的变动，对当事人及其家庭都会造成不利影响，甚至会引起不良的社会效应。故宜根据法不溯及既往的原则，在2001年之前结婚的，若存在《民法典》规定婚姻无效的情形的，应当以当时的法律对其婚姻效力进行认定，不受2001年《婚姻法》及《民法典》关于婚姻无效的约束。

四、请求宣告婚姻无效纠纷案件中不适用撤诉

人民法院受理申请宣告婚姻无效案件后，经审查确属无效婚姻的，应当依法作出宣告婚姻无效的判决，原告申请撤诉的，不予准许。但民事诉讼法上的撤诉包括两种情形，一种是当事人出于对自己权利的处分，主动向人民法院申请撤诉；另一种则是由于原告未按期交纳诉讼费用、经传票传唤，无正当理由拒不到庭的，或者未经法庭许可中途退庭的，依法按撤诉处理。当事人申请宣告婚姻无效的纠纷被人民法院受理后，不按规定交纳诉讼费或者发生以上几种按撤诉处理的情形时，若人民法院经审查发现该婚姻确属无效的，根据举重以明轻的原则，在当事人发生按撤诉处理的情况时，因无效婚姻是违反法律禁止性规定的违法婚姻，人民法院有权宣告其无效并据此作出宣告婚姻无效的判决，不得按撤诉处理。同理，当事人向人民法院提起离婚之诉，人民法院经审查发现该婚姻属无效婚姻的，若当事人在人民法院告知其婚姻无效后提出撤诉申请，人民法院应当不予准许，并在向当事人进行释明后作出宣告婚姻无效的判决。

五、宣告死亡判决被撤销的，不影响宣告婚姻无效判决的效力

在夫妻一方或者双方死亡的情况下，生存一方或者利害关系人仍可在一年内申请宣告婚姻无效，人民法院在审理此类案件的过程中要注意区分当事人自然死亡与宣告死亡的情形。根据《民法典》规定，宣告死亡会产生婚姻关系终止、继承开始等法律效果，此时夫妻中存活的一方或者利害关系人仍可向人民法院申请宣告婚姻无效。但由于宣告死亡只是一种法律上的推定，被宣告死亡的人有可能还存活于世。若死亡宣告被撤销，其配偶无再婚或未向婚姻登记机关书面声明不愿意恢复的，婚姻关系自撤销死亡宣告之日起自行恢复。而无效婚姻因违反法律禁止性规定无效，不受法律的保护与认可，其效力并不会因为宣告死亡的判决被撤销而受影响，即使被宣告死亡的人重新出现，其与另一方当事人的婚姻，因存在法定无效事由而属于无效婚姻，如果该婚姻已被人民法院宣告无效，则即使死亡宣告判决被撤销，宣告婚姻无效的判决也将继续有效。

六、同一婚姻关系纠纷中，请求宣告婚姻无效的纠纷案件应先于请求离婚纠纷案件进行审理

根据《婚姻法司法解释（二）》第7条规定，人民法院就同一婚姻关系分别受理了离婚和申请宣告婚姻无效案件的，对于离婚案件的审理，应当待申请宣告婚姻无效案件作出判决后进行，若婚姻关系被宣告无效后，涉及财产分割和子女抚养的，应当继续审理。实践中，有的婚姻一方当事人向人民法院提起离婚之诉，而另一方当事人或者利害关系人又向同一人民法院或者其他人民法院就该婚姻关系请求宣告婚姻无效，在这种情况下，人民法院应当中止对离婚案件的审理，先就宣告婚姻无效的案件进行判决。经审查后，若该婚姻有效，人民法院应当确认婚姻有效，然后对离婚案件继续审理；若该婚姻属于无效婚姻，则人民法院应判决宣告该婚姻无效，且不能再对离婚案件进

行审理，应当驳回当事人的起诉。若当事人除了请求宣告婚姻无效，还对子女抚养以及财产分割事项提出请求的，人民法院依法作出宣告婚姻无效的判决，对于子女抚养以及财产分割的问题则继续审理。

七、离婚案件中，人民法院有权主动宣告婚姻无效

无效婚姻是违法婚姻，人民法院在审理案件过程中，若发现当事人的婚姻属于无效婚姻的，有权依法作出宣告婚姻无效的判决。《婚姻法司法解释（二）》第3条规定：“人民法院受理离婚案件后，经审查确属无效婚姻的，应当将婚姻无效的情形告知当事人，并依法作出宣告婚姻无效的判决。”因此，对于当事人起诉离婚的案件，若人民法院审理后发现其婚姻属于无效婚姻，则人民法院首先应当向当事人释明，将婚姻无效的情形告知当事人。此时，当事人可以变更其诉讼请求为宣告婚姻无效，人民法院依法作出宣告婚姻无效的判决。但若当事人在法院释明之后不愿意变更诉讼请求，坚持请求作出离婚判决的，人民法院应当依职权作出宣告婚姻无效的判决。因当事人之间的婚姻本属无效，而离婚诉讼属于形成之诉，是为了解除婚姻当事人既存的婚姻关系，但在婚姻无效的情形下，当事人之间本就不存在有效的婚姻关系。

八、婚姻无效纠纷中的相关程序的处理

当事人向人民法院申请宣告婚姻无效时往往一并对宣告婚姻无效之后的财产分割及子女抚养等问题提起诉讼。根据《婚姻法司法解释（一）》第9条第2款、《婚姻法司法解释（二）》第4条的规定，人民法院应当对婚姻效力的认定和其他纠纷的处理分别制作裁判文书。对于婚姻效力认定的判决，实行一审终审，一经作出即发生法律效力；涉及财产分割和子女抚养的，可以调解，达成调解协议的，另行制作调解书；如果以判决方式作出的，则当事人对此部分有权上诉。

第一千零五十二条 因胁迫结婚的，受胁迫的一方可以向人民法院请求撤销婚姻。

请求撤销婚姻的，应当自胁迫行为终止之日起一年内提出。

被非法限制人身自由的当事人请求撤销婚姻的，应当自恢复人身自由之日起一年内提出。

【条文主旨】

本条是关于可撤销婚姻的规定。行使撤销权的主体为受胁迫的一方当事人，撤销婚姻的请求应当向人民法院提出。撤销权的行使期间为一年，自胁迫行为终止之日起计算，该期间为除斥期间，不适用诉讼时效中止、中断和延长的规定；若当事人被非法限制人身自由的，则该一年期间自受限制一方当事人恢复人身自由之日起计算。

【条文理解】

一、可撤销婚姻的含义

可撤销婚姻，是指因违背当事人的真实意思而成立的婚姻，或者已成立的婚姻缺乏结婚的某个要件，有撤销权的当事人可行使撤销权，使已经发生效力的婚姻归于无效。根据《民法典》规定，当事人享有婚姻自由，结婚必须男女双方完全自愿，禁止任何一方对另一方加以强迫或者任何组织、个人加以干涉。因胁迫而缔结的婚姻关系，严重违背当事人的自由意志，不符合结婚的法定要件，受胁迫的一方当事人有权请求撤销违背其真实意思的婚姻。

根据《婚姻法司法解释（一）》第10条第1款规定，婚姻法律中的胁迫，是指行为人以给另一方当事人或者其近亲属的生命、身体健康、名誉、财产等方面造成损害为要挟，迫使另一方当事人违背真实意愿结婚的行为。首先，实施胁迫行为的人并不局限于婚姻的一方当事人，还包括第三人，实践中常见的为受胁迫方或者婚姻另一方当事人的父母、近亲属等。这与《民法典》总则编对受胁迫的民事行为的规定一致。其次，受胁迫的人除了婚姻的一方当事人，还包括婚姻当事人的近亲属。胁迫的内容包括对婚姻当事人及其近亲属的生命、身体健康、名誉、财产等方面造成损害为要挟，不论是身体上的强制抑或精神上的控制，只要是能够对受胁迫者的自由意志产生影响，使其违背自由意志而结婚的，都构成胁迫。在本次民法典编纂过程中，有观点认为，为了贯彻婚姻自由原则，体现婚姻当事人的自由意志，对于所有一方当事人意思表示不真实、不自由而缔结的婚姻，如因欺诈、重大误解而缔结的婚姻，都应该比照《民法典》总则编对于民事法律行为效力的规定，赋予意思表示不真实、不自由的一方当事人撤销权，撤销该种婚姻。但是，由于婚姻不同于一般的民事法律行为，更多涉及当事人人身利益，当事人在决定是否缔结婚姻关系的自由意志中可能掺杂多种因素，比一般的民事法律行为更为特殊和复杂。受欺诈和重大误解的一方当事人往往在缔结婚姻本身上是自愿的，[①]只是对于某些事项受到欺骗或者认识不准确。更为重要的是，欺诈和重大误解在婚姻领域实际上难以判别和认定，在婚姻关系中，具体对哪些事项隐瞒能够构成法律上的欺诈，对哪些事项认识错误构成法律上的重大误解，实际上是难以统一和准确把握的。不同的当事人对婚姻的期许不同，决定其与另一方当事人结婚的主要因素亦不同，如有的婚姻一方当事人谎称自己家境殷实，隐瞒背负巨额债务的事实，谎称自己高学历、名牌院校毕业等，对另一方当事人作出婚后将为其买房买车等虚假承诺，或者向对方当事人隐瞒自己曾有过数段恋爱史或者曾

① 最高人民法院民事审判第一庭：《婚姻法司法解释的理解与适用》，中国法制出版社2002年版，第44页。

经历过几段婚姻等，法官亦无法衡量相同事项对于不同当事人在决定结婚时的重要程度。同时，对于如此个性化的事项，法律不能也不应规定整齐划一的标准，因此，本次《民法典》编纂仅规定了受胁迫或婚前未如实告知患有重大疾病的婚姻属于可撤销婚姻。实践中，如果有的当事人未达法定婚龄但欺骗另一方当事人其已符合法定婚龄，或者隐瞒自己已经与他人登记结婚的事实等导致婚姻无效的，则应当按照婚姻无效进行处理。

在我国婚姻法的形成与修改过程中，对于不符合结婚法定条件的婚姻是采取婚姻无效还是兼采婚姻无效与可撤销婚姻制度，曾有过争议。一种观点认为，我国实行结婚登记制，法律既然规定了结婚的实质要件与形式要件，当事人就应当遵守法律的规定，对于欠缺法定要件的婚姻，其效力如何，应当由国家进行认定，故不符合法定条件的婚姻应一律认定为无效婚姻，才能实现国家公权力对婚姻效力的有效干预。另一种观点则认为，可撤销婚姻与无效婚姻不同，两种婚姻所涉及的利益和社会影响也不同，婚姻关系本质上还是属于当事人双方私人领域的事情，应当主要考量当事人的自由意志，国家公权力不宜过多干涉婚姻当事人的私人事务。对于欠缺某些法定结婚要件的婚姻，若涉及当事人的重大利益和具有严重的社会影响的，应当认定为无效婚姻，对于社会影响较小，主要涉及当事人自身的利益，则可以认定为可撤销婚姻，由当事人自己决定婚姻的效力。实践中，某些当事人结婚时虽然并不是出于自己的真实意思，而是被胁迫的，但与对方当事人建立婚姻关系后，生儿育女，并培养出感情，被胁迫的一方当事人愿意与另一方继续共同生活，为尊重当事人的婚姻自由，法律不宜在这种情况下直接强制规定受胁迫而予以缔结婚姻关系一律为无效婚姻。因此，我国立法最终采纳无效婚姻和可撤销婚姻的双轨制，将具有重婚、有禁止结婚的亲属关系、未达法定婚龄情形的婚姻规定为无效婚姻；将受胁迫的婚姻规定为可撤销婚姻，由受胁迫一方当事人自主决定是否承认受胁迫婚姻的效力。

二、可撤销婚姻的请求权主体范围和行权期间

《民法典》沿用2001年《婚姻法》的规定，并未对有权请求撤销婚姻的主体范围及行权期间作出修改。2001年《婚姻法》实施过程中，对于如何理解“受胁迫的一方”有过疑义。有观点认为，由于胁迫的对象可以是婚姻一方当事人，也可以是一方当事人的近亲属，因此可行使撤销权的“受胁迫的一方”不仅包括受胁迫的婚姻当事人，还包括受胁迫一方当事人的近亲属。但是，由于婚姻主要是婚姻当事人自己的事务，不论是对婚姻一方当事人本身的胁迫，还是以一方当事人的近亲属的生命、健康等事项相要挟，最终都是违背婚姻当事人的自由意志，迫使婚姻当事人结婚，故《婚姻法司法解释（一）》第10条第2款明确规定：“因受胁迫而请求撤销婚姻的，只能是受胁迫一方的婚姻关系当事人本人。”至于胁迫婚姻的另一方当事人，其在缔结婚姻关系时系明确知道自己将与被胁迫方结婚，且愿意与之结婚，结婚行为并未违背其真实意思表示，故胁迫婚姻的这方当事人在婚姻关系成立后没有提出撤销婚姻的请求权。

撤销权属于形成权，行使撤销权会引起民事法律关系的变动。在可撤销婚姻纠纷中，撤销权人单方行使撤销权的行为将使已经成立的婚姻关系被撤销，涉及婚姻另一方当事人的权益。故为了避免法律关系长期处于不确定的状态以及对婚姻另一方当事人权益的保护，法律规定撤销权人行使撤销权有一定的期限限制。撤销权人请求撤销婚姻的，应当自胁迫行为终止之日起一年内提出，若当事人被非法限制人身自由的，则应当自恢复人身自由之日起一年内提出。超过这个期限不行使撤销权的，受胁迫一方当事人不得再以受胁迫为由，请求撤销其婚姻。2001年《婚姻法》规定的撤销权行使期间为自结婚登记之日起一年内，但在因胁迫而结婚的情况下，有的当事人受胁迫的情形有可能一直持续，甚至在结婚登记之日起一年后仍然存在，此时，受胁迫的一方当事人无法在法律规定的一年期限内提起撤销婚姻的诉讼；在胁迫情形结束后想要撤销婚姻的，又因为撤销权的行使期间已届

满，无法再向婚姻登记机关或者人民法院提出。在这种情况下，当事人因胁迫而结婚，严重违背其自由意志，但又不能行使撤销权撤销该婚姻，其合法权益未能得到全面的保护。故撤销权的行使期间限制，应当以受胁迫一方当事人能够自由行使撤销权为前提。因此，本次《民法典》编纂对2001年《婚姻法》的规定进行了修改，不以结婚登记之日为起算点，而是规定受胁迫一方当事人自胁迫行为终止之日或者恢复人身自由之日起一年内可提出撤销婚姻的请求。本条规定的撤销权行使期间为一年，该期间为除斥期间，不适用诉讼时效中止、中断或者延长的规定。受胁迫的一方当事人在撤销权的除斥期间届满后，不得再向人民法院申请撤销婚姻。

三、可撤销婚姻的机关及程序

本次《民法典》编纂对2001年《婚姻法》的相关规定进行了修改。根据《民法典》规定，因胁迫结婚的，受胁迫的一方只能向人民法院提起，请求人民法院撤销婚姻，不能再向婚姻登记机关申请撤销婚姻。1994年《婚姻登记管理条例》曾规定婚姻登记机关有宣告婚姻无效和撤销婚姻的权力，但2003年《婚姻登记条例》删除了婚姻登记机关宣告婚姻无效的规定。根据2003年《婚姻登记条例》第9条规定，在因胁迫而结婚的情形下，受胁迫的当事人向婚姻登记机关请求撤销婚姻的，应当提供证明材料：（1）本人的身份证、结婚证；（2）能够证明受胁迫结婚的证明材料。婚姻登记机关在审查后，若不涉及子女抚养、财产及债务问题的，应当撤销该婚姻。这是由于子女抚养、财产分割以及债务等问题不属于可撤销婚姻的效力问题，而是当事人因婚姻关系产生的其他相关民事争议，只有人民法院有权对该类争议进行审理。婚姻登记机关作为对婚姻事项监督和管理的行政机关，无权对其他争议作出处理决定。

【审判实践中应注意的问题】

一、婚姻纠纷案件中，人民法院不得主动撤销婚姻

可撤销婚姻以当事人申请撤销为前提，人民法院在审理案件过程中应当严格遵循“不告不理”原则，尊重当事人的婚姻自由，如发现一方当事人是因胁迫而结婚的，在当事人未提出撤销婚姻的诉讼请求时，不得依职权撤销婚姻。

二、可撤销婚姻与无效婚姻的差异

人民法院审理婚姻纠纷案件中，应当注意区分无效婚姻和可撤销婚姻。无效婚姻与可撤销婚姻存在以下不同：（1）请求权主体不同。申请宣告婚姻无效的主体可以是婚姻当事人，也可以是利害关系人，具体包括当事人的近亲属及基层组织。可撤销婚姻中只有受胁迫一方的婚姻关系当事人本人有权提出。（2）所损害的利益范围不同。无效婚姻违反法律禁止性规定，违背社会公德，不仅涉及婚姻当事人自身的利益，还涉及社会公共利益。而可撤销婚姻主要是违背婚姻一方当事人的自由意志。（3）行使请求权的期限不同。婚姻无效的，只要无效事由存在，权利主体就可以申请宣告婚姻无效。即使在夫妻一方或者双方死亡后的一年内，生存一方或者利害关系人仍可提出申请。对于可撤销婚姻，撤销权人应当自胁迫行为终止之日起一年内提出，若被非法限制人身自由的情形，则自恢复人身自由之日起一年内提出。

三、可撤销婚姻的诉讼程序

根据《婚姻法司法解释（一）》第11条规定，人民法院审理当事人因受胁迫而请求撤销婚姻的案件，应当适用简易程序或者普通程序。因可撤销婚姻不同于无效婚姻，对无效婚姻的宣告，实际上是对当事人双方之间是否存在合法有效的婚姻关系进行确认，故参照特别程序进行。但可撤销婚姻中，当事人行使撤销权，是对既存的婚姻关

系进行变更，不适用于特别程序。

四、可撤销婚姻与撤销婚姻登记的差别

可撤销婚姻与撤销婚姻登记行政行为是不同的法律概念。可撤销婚姻是法律所规定的婚姻的一种效力状态，符合法律规定的情形，当事人可以向人民法院请求行使撤销权，撤销该婚姻。而撤销婚姻登记机关违法的婚姻登记是负责办理婚姻登记的行政机关对违法婚姻登记予以撤销的行政行为，主要是因为行政程序违法或者据以作出行政行为的事实不清、有误等引起的行政行为违法。如在梁平县民政局与唐某某、刘某某行政纠纷案[①]中，人民法院经审理后认为："依据前述规定，唐某某与刘某某办理婚姻登记属内地居民同香港特别行政区居民办理婚姻登记，应由省级人民政府民政部门重庆市民政局办理。梁平区新盛镇人民政府办理的渝梁新府结字第（2010）20号结婚登记属于超越职权范围所作的行政行为，是违法行政行为，属可撤销行政行为……唐某某请求区民政局撤销渝梁新府结字第（2010）20号结婚登记，并非请求区民政局确认其婚姻属于可撤销婚姻，而是请求民政局将梁平区新盛镇人民政府超越职权范围违法办理的渝梁新府结字第（2010）20号结婚登记予以撤销。区民政局作为现负责办理梁平区行政区域内的婚姻登记民事注册工作的行政机关，对于梁平区新盛镇人民政府超越职权范围办理的渝梁新府结字第（2010）20号结婚登记这一违法行政行为，具有依法撤销的职责。"

---

① 参见重庆市第二中级人民法院（2017）渝02行终133号行政判决书。

第一千零五十三条 一方患有重大疾病的，应当在结婚登记前如实告知另一方；不如实告知的，另一方可以向人民法院请求撤销婚姻。

请求撤销婚姻的，应当自知道或者应当知道撤销事由之日起一年内提出。

【条文主旨】

本条是关于夫妻一方患有重大疾病的婚前告知义务的规定。一方患有重大疾病的，应当在结婚登记前如实告知另一方，若未告知的，为可撤销婚姻，另一方可以向人民法院请求撤销。撤销权的行使期间为一年，自撤销权人知道或应当知道撤销事由之日起一年内提出，该期间为除斥期间，不适用诉讼时效中止、中断和延长的规定。

【条文理解】

一、立法背景

本条为新增条文，2001年《婚姻法》只规定因胁迫而结婚的为可撤销婚姻。本次《民法典》编纂对此进行修改，增加了可撤销婚姻的类型。可撤销婚姻的事由有二：一是因胁迫而结婚的；二是一方婚前患有重大疾病未如实告知的。本条虽为新增条款，但实质上是由2001年《婚姻法》对婚姻无效事由的规定演化而来。2001年《婚姻法》第10条将“婚前患有医学上认为不应当结婚的疾病，婚后未治愈的”规定为婚姻无效的事由，本次《民法典》编纂删除该项规定，患有医学上认为不应当结婚的不再是婚姻无效的事由，但考虑到如果一方当事人婚前已患有重大疾病的情况对于另一方当事人是否愿意结婚有重大影响，故本条增加规定夫妻一方负有重大疾病婚前告知义务，未如实告知的，另一方当事人有权以此事由请求撤销婚姻。

婚姻自由是我国婚姻制度的基本原则，在不违背社会公共道德和国家利益的前提下，应当尽可能地保障公民婚姻自主权。因此，2001年《婚姻法》将一方患有法律规定禁止结婚的疾病的情形作为无效婚姻处理已不符合当前社会形势。虽然2001年《婚姻法》规定禁止结婚的疾病主要是出于保护另一方配偶及其家庭成员的健康和实现优生优育，但随着科学技术的进步和现代医疗的发展，不宜结婚的疾病范围已经逐渐缩小，许多疾病都能够通过有效的手段预防甚至治愈。对于某些传染类疾病，若做好相应的防护工作和治疗，亦不会影响家庭成员的身体健康。并且，遗传类的疾病虽然通过婚姻的方式确实无法避免可能遗传给子孙后代，影响后代的生活，但现代社会婚姻生活的方式呈现出多元化现象，婚姻不一定与生育挂钩，夫妻双方选择共同组建家庭相互扶持，并同意不生育的现象已属平常。结婚会增加疾病遗传是建立在婚姻必然会生育的基础上，然而生育并不是婚姻的义务，是当事人的自由选择。同时，从技术层面来看，患有遗传类疾病的婚姻当事人亦可以通过避孕措施、施行结扎手术等方式防止怀孕，从而避免将疾病遗传给下一代。因此，以一方当事人患有医学上不适宜结婚的疾病来限制公民的婚姻自由权已不具备充足合理的理由，法律亦不宜再强制对患有重大疾病的当事人自愿缔结婚姻的效力给予否定性评价，故本次《民法典》编纂删除了关于患有特定疾病禁止结婚的规定。

但是，婚姻自由的本质是当事人作出是否缔结婚姻关系的意思表示应是无瑕的，是建立在双方彼此相互了解信任的基础上，故一方患有重大疾病的，对于另一方当事人来说，可能将会影响到其作出结婚的意思表示是否真实完整。一方面，对于某些重大疾病，如传染病等，确实会存在危害配偶及家庭成员的身体健康的风险，即使可以通过一定的防护措施和治疗手段，对于另一方当事人来说，也会造成生活上的不便。另一方面，对于某些遗传类疾病，若患病的一方未告知另一方当事人，未作必要的避孕措施，生育出同样患病的子女，既不利于后代的身体健康，也给家庭生活带来沉重的经济负担，可能破坏家庭和谐。有的重大疾病还可能需要长期进行治疗，或者最终导致患病一方当事人丧失自理能力，需要另一方当事人贴身照顾，从而加重婚姻双方的经济负担以及精神压力，长此以往，容易造成家庭不和谐甚至导致婚姻破裂。因此，一方当事人患有重大疾病的，对于另一方当事人而言，该信息属于足以影响另一方当事人是否愿意缔结婚姻关系而应当知情的基本信息。《民法典》规定了夫妻一方重大疾病婚前告知义务，这既是保障另一方当事人知情权，保护当事人婚姻自由，亦可抑制骗婚等道德风险的存在。

在《民法典》编纂过程中，有意见指出，规定婚姻一方当事人婚前重大疾病告知义务是否会侵犯当事人的隐私权，以及另一方当事人的知情权与患病一方的隐私权应当如何平衡的问题。因夫妻在共同空间内长久生活，两性关系具有高度亲密性，经济上互相扶持，精神上相互抚慰，故患病的一方当事人如果决定结婚的，应当将其真实情况告知另一方当事人。患者的病史固然属于患者的隐私，在一般场合下，其隐私权应当得到尊重和保护。但是涉及结婚时，因婚姻不是单纯的个人事务，涉及婚姻双方当事人，故一方患有重大疾病的，对另一方当事人是否愿意结婚有重大影响，另一方当事人对其结婚对象是否患有重大疾病当然享有知情权，此时，患者的隐私权则应当让位于另一方当事人的知情权。

二、适用本条应予注意的问题

（一）哪些疾病属于应当告知的范围

一般来讲，重大疾病通常是指医治花费巨大且在较长一段时间内严重影响患者的正常工作和生活的疾病。考虑到重大疾病的范围可能随着医疗技术的进步以及新型疾病的出现而发生变化，为保障《民法典》的适用性与延续性，对于重大疾病的具体范围，《民法典》未作明确规定。根据《母婴保健法》的规定，婚前医学检查包括下列疾病的检查：（1）严重遗传性疾病；（2）指定传染病；（3）有关精神病。《母婴保健法》进一步规定，经婚前医学检查，对患指定传染病在传染期内或者有关精神病在发病期内的，医师应当提出医学意见，准备结婚的男女应当暂缓结婚；患医学上认为不宜生育的严重遗传性疾病的，医师应当向男女双方说明情况，提出医学意见。严重遗传性疾病是指由于遗传因素先天形成，患者全部或者部分丧失自主生活能力，后代再现风险高，医学上认为不宜生育的遗传性疾病。指定传染病具体是指《传染病防治法》中规定的艾滋病、淋病、梅毒、麻风病以及医学上认为影响结婚和生育的其他传染病。有关精神病，则是指精神分裂症、躁狂抑郁型精神病以及其他重型精神病。由此可知，婚前已患有上述疾病的公民暂时不适宜结婚，故根据举重以明轻的原则，婚姻一方在办理结婚登记前若知晓自身患有上述疾病，无论上述传染病、遗传性疾病以及精神病的发病程度是否严重，均视为符合本条规定的重大疾病，患病一方均应将患病信息告知另一方。至于其他重大疾病的认定，则由个案具体分析而定。

（二）重大疾病发病时间应早于办理结婚登记时

本条所规定的“患有重大疾病”的患病时间应限于结婚前，即患病一方在办理结婚登记手续前所患疾病应有医学诊断或进行过诊疗救治。若一方在婚后才患有重大疾病但未如实告知另一方的，因何时患病、是否患病难以预见，且婚后患病并不能溯及影响到另一方是否决定结婚的真实意思，故婚后一方患有重大疾病且未告知另一方的，不符合本条规定，另一方不享有撤销权。本条规定指向的是患有重大疾病的一方知情且未在结婚登记前如实告知另一方的行为。因此，若一方虽患有重大疾病但并不知晓已患病事实，故其虽然符合在结婚登记前已患病且未在结婚登记前如实告知另一方，但鉴于其并无隐瞒的故意，其缔结婚姻的行为并不违反本条规定的婚前如实告知义务，不构成可撤销婚姻，另一方当事人不得以此为由请求撤销婚姻。

（三）一方履行婚前告知义务，则撤销权消灭

如果患病一方已经在结婚登记前将自己患病的事实如实告知另一方当事人，另一方当事人仍自愿与其结婚的，则另一方当事人在婚姻关系存续期间不得再以一方患有重大疾病但婚前未告知为由行使撤销权，请求撤销婚姻。但是，若患病一方虽告知患病事实，但隐瞒或未如实告知所患疾病发展程度，则仍应视为未履行婚前如实告知义务，另一方当事人有权行使本条规定的撤销权。

（四）享有撤销权的主体范围

《民法典》规定的有权请求人民法院撤销婚姻的主体应仅限于未被如实告知的另一方当事人本人。明知患有重大疾病却未如实告知的本质上属于欺诈，因此，只有被隐瞒的另一方当事人才享有撤销权，实施隐瞒行为的一方当事人不能行使撤销权。同时，因一方当事人隐瞒自己患有重大疾病的事实主要侵害的是婚姻另一方当事人的知情权，是否撤销婚姻，取决于另一方当事人，故只有享有撤销权的婚姻另一方当事人本人可行使撤销权，其近亲属不能以本条规定的事由请求撤销当事人的婚姻。

（五）撤销权行使期限

被隐瞒的一方当事人依据本条请求人民法院撤销婚姻的，应自知道或者应当知道撤销事由之日起一年内向人民法院提出。为了促使当事人及时行使权利和尽早结束法律关系不稳定的状态，《民法典》对一方当事人行使撤销权的时限进行了限制。需要注意的是，该期间属于除斥期间，不适用诉讼时效中止、中断和延长的规定。被隐瞒的一方当事人应当自知道或者应当知道撤销事由之日起一年内提请撤销婚姻之诉，超过一年的，人民法院不予支持。实践中，在一方当事人不主动告知并刻意隐瞒的情况下，另一方当事人是比较难以知悉相关情况的，处于不知情的状态中，直到患病一方当事人进行检查或者病症十分明显时其才获悉相关情况，则被隐瞒的一方当事人应自其知道另一方当事人患病事实之日起一年内，可请求撤销婚姻。另外，有的患病当事人在婚后可能已经有明显的症状，如果一般人能够据此得知其

可能患有重大疾病的，则另一方当事人将被推定为应当知道。

（六）以该事由撤销婚姻的，只能向人民法院提出

一方当事人以另一方当事人患有重大疾病但婚前未告知为由请求撤销婚姻的，应当向人民法院提出。本条并未赋予婚姻登记机关在此种情形下有权接受当事人的申请或依职权撤销婚姻，因此，婚姻登记机关不得依职权或依申请对违反重大疾病婚前告知义务的婚姻进行撤销。

【审判实践中应注意的问题】

人民法院在审理请求撤销婚姻的案件中，除一方患有“医学上认为不应当结婚的疾病”的情况外，非患病一方以患病一方所患疾病构成重大疾病且未告知为由请求撤销婚姻的，人民法院应当审慎认定符合《民法典》规定的“重大疾病”。本条立法目的在于通过保障婚姻双方的知情权而最终维护婚姻自由自愿原则。因此，婚姻一方当事人办理结婚登记前已患有的疾病是否构成《民法典》规定的“重大疾病”范畴，人民法院在审查被隐瞒一方提请的撤销婚姻请求是否应予支持时，应按照该“重大疾病”是否能够足以影响另一方当事人决定结婚的自由意志或者是否对双方婚后生活造成重大影响的标准严格把握。审理相关案件时不仅要审查未如实告知该“重大疾病”是否会给未患病的婚姻当事人的家庭生活造成损害以致影响到未患病一方当事人结婚的真实意思表示，还要审查双方当事人缔结婚姻关系后的家庭生活实际情况、是否生育小孩、婚后生活紧密度等。在一些特殊案件中，比如老年人提请的撤销婚姻，更要慎重甄别“重大疾病”的范围。实践中，由于老年人身体健康情况无法预计，不少老年人或多或少都患有一些该年龄阶段常见的疾病，因此，对于一方当事人依据本条请求撤销婚姻的，人民法院要结合案件的具体情况，重点审查一方患有的“重大疾病”是否足以影响另一方当事人缔结婚姻关系的真实意思表示。

第一千零五十四条 无效的或者被撤销的婚姻自始没有法律约束力，当事人不具有夫妻的权利和义务。同居期间所得的财产，由当事人协议处理；协议不成的，由人民法院根据照顾无过错方的原则判决。对重婚导致的无效婚姻的财产处理，不得侵害合法婚姻当事人的财产权益。当事人所生的子女，适用本法关于父母子女的规定。

婚姻无效或者被撤销的，无过错方有权请求损害赔偿。

【条文主旨】

本条是关于婚姻无效或者被撤销后的法律后果的规定。《民法典》新增规定了无过错方在婚姻无效或者被撤销时享有损害赔偿请求权。婚姻无效或者被撤销的，自始没有法律拘束力，当事人之间不存在有效的婚姻关系，因此也不具有夫妻的权利义务。由于当事人之间的婚姻自始没有法律效力，双方共同生活期间的关系定性为同居关系。同居期间所得财产的处置，首先尊重当事人的自由，由双方协议处理；不能达成协议的，人民法院在判决时，应当按照照顾无过错方的原则进行。对因重婚导致婚姻无效的，不能损害重婚一方第一个合法婚姻的配偶一方当事人的财产权益。当事人之间虽无合法有效的婚姻关系，但并不影响父母子女的关系。婚姻无效或者被撤销的，对于婚姻无效或者被撤销没有过错的一方，有权请求过错方赔偿损失。

【条文理解】

一、婚姻被宣告无效或被撤销应履行法定程序

婚姻无效与婚姻被撤销的法律效力是相同的，即自始没有法律拘束力。《民法典》沿用2001年《婚姻法》的规定，但将其第12条中规定的“自始无效”修改为“自始没有法律拘束力”，表述上更加准确。第一，无效婚姻和被撤销的婚姻都是违反法律规定的婚姻，从办理结婚登记一开始就不具有合法有效的法律效力，因此，在婚姻被宣告无效和被依法撤销后，该婚姻溯及至一开始即不具有法律拘束力，而非自人民法院宣告婚姻无效或者撤销婚姻后才不发生法律效力。第二，无效婚姻与被撤销婚姻虽然自始没有法律拘束力，但对于无效婚姻的效力认定问题，有两种观点：一种观点认为，无效婚姻，只要存在法定无效情形的，该婚姻从一开始就当然无效，无须任何有权机关宣告或者确认。另一种观点则认为无效婚姻应当为宣告无效。尽管无效婚姻存在法定无效原因，但只有经过有权机关宣告或者确认程序后，发生无效的后果，并溯及至婚姻一开始。若未经宣告或确认程序的，则该婚姻仍视为有效婚姻。考虑到违法婚姻作为一种既存的社会关系，总是以婚姻的形式向社会辐射、扩散，并以此为基础形成各种社会关系，产生多种社会影响。[①]若采取当然无效，则无效婚姻无须人民法院进行宣告便自始无效，不利于当事人合法权益的保护，也不利于对合法婚姻和违法婚姻的区分，并可能危害婚姻秩序。《婚姻法司法解释（一）》第13条规定：“婚姻法第十二条所规定的自始无效，是指无效或者可撤销婚姻在依法被宣告无效或被撤销时，才确定该婚姻自始不受法律保护。”因此，婚姻无效虽然为绝对无效，但我国立法对婚姻无效采取的是宣告无效主义，须经人民法院宣告确认，该无效婚姻才正式不受法律保护，在未经人民法院宣告之前，该婚姻即使

① 最高人民法院民事审判第一庭：《婚姻法司法解释的理解与适用》，中国法制出版社2002年版，第51页。

存在无效事由，仍具有婚姻的法律效力。可撤销婚姻实为相对无效，当事人若在法定期间内不行使撤销权，该婚姻则为有效婚姻并受法律保护；当事人在法定期间内行使撤销权的，只有当人民法院撤销该婚姻时，该婚姻才自始不具备法律拘束力，在未经婚姻登记机关撤销或者人民法院作出撤销判决前，该婚姻仍为有效婚姻。

二、婚姻被宣告无效或者被撤销后的人身法律关系

婚姻被宣告无效或者被撤销的，双方当事人之间不具有夫妻之间的人身关系，既不承担相互扶养的义务，也不享有配偶继承权，双方共同生活期间为同居期间，相关权利义务比照同居法律关系予以处理。若婚姻被宣告无效或者被撤销之前，在同居期间一方当事人已死亡的，另一方当事人不能以配偶的身份继承对方的遗产。若符合《民法典》规定的，即"继承人以外的对被继承人扶养较多的"，可以分给适当的遗产。

三、婚姻被宣告无效或者被撤销的财产法律关系

婚姻无效或者被撤销的，双方当事人之间的财产关系不适用夫妻财产制的规定。夫妻财产制以夫妻身份为基础，但婚姻无效或者被撤销的双方当事人自始不存在合法有效的夫妻关系，不适用夫妻财产制的规定。对于同居期间所得的财产，首先应当尊重当事人对自己财产的处分权，若当事人对同居期间的财产归属有约定，则按约定处理，若没有约定，也应当由双方当事人协商确定。当事人无法达成协议的，则由人民法院按照照顾无过错方的原则进行处理。此处"照顾无过错方的原则"主要是考虑到有的婚姻无效或者被撤销，另一方当事人可能并不知情，其以为是合法有效的婚姻并对该段婚姻付出，对婚姻无效和婚姻被撤销并无过错，故人民法院在对财产进行处理时，应当适当照顾无过错方，对无过错的一方可多分财产。《婚姻法司法解释（一）》第15条规定："被宣告无效或被撤销的婚姻，当事人同居期间所得的财产，按共同共有处理。但有证据证明为当事人一方所有

的除外。”因此，人民法院在对当事人同居期间的财产进行处理时，除当事人能够证明为一方所有的财产外，同居期间所得的财产均应按双方共同共有予以处理。如果一方当事人主张是其个人财产的，应当负举证责任。

另外，本条对因重婚导致的婚姻无效后双方的财产处理进行了特别规定，即不得侵害合法婚姻当事人的财产权益。在因重婚而导致婚姻无效的情形下，重婚的双方当事人对同居期间的财产的处理很可能损害重婚一方第一个合法婚姻的配偶一方当事人的财产权益。比如，甲与乙之间存在合法有效的婚姻关系，在婚姻关系存续期间，甲隐瞒已婚状态，又与丙另行登记结婚，并用其工资为丙购买房屋一套。后经人民法院宣告确认，甲与丙的婚姻因重婚而自始无效。在处理分配甲丙同居期间的财产时，甲自愿放弃该套房屋。因甲的工资实为甲乙双方夫妻共同财产，其放弃用工资为丙购买的房屋，实则侵害了乙的财产权益。因此，为保护合法婚姻中重婚一方的第一个配偶当事人的合法财产权益，本条特别强调在处理因重婚导致的婚姻无效的财产处理时不得侵害合法婚姻当事人的财产权益。《婚姻法司法解释（一）》第 16 条规定：“人民法院审理重婚导致的无效婚姻案件时，涉及财产处理的，应当准许合法婚姻当事人作为有独立请求权的第三人参加诉讼。”因此，法律赋予合法婚姻的当事人作为有独立请求权的第三人参加因重婚引发的无效婚姻诉讼，不仅有利于人民法院查明重婚的当事人在同居期间所得财产的真实情况，亦有利于保护合法婚姻的一方当事人的财产权益。

四、婚姻被宣告无效或者被撤销的亲子法律关系

婚姻无效或者被撤销的，双方当事人虽不具有夫妻的权利义务关系，但当事人所生的子女与父母的关系并不因此而受影响。父母子女间的关系主要是来自相互间存在的血缘关系，法律上虽对不符合法定条件的婚姻规定为无效或者可撤销，但父母与子女间的血缘关系是客观存在的，不因夫妻婚姻关系的无效、被撤销而消灭。因此，虽然婚姻无效

或者被撤销，但是当事人所生的子女仍适用《民法典》关于父母子女的规定。一方面，当事人双方仍应当对所生子女负抚养、教育义务，若由一方抚养子女的，另一方依法享有探望权；另一方面，子女在父母年老时，亦应当尽赡养扶助义务，父母死亡的，子女亦享有继承权。

五、婚姻被宣告无效或者被撤销的，无过错方享有损害赔偿请求权

本条比照2001年《婚姻法》第46条关于离婚纠纷中无过错方有权请求损害赔偿的规定，特别增加规定无过错方损害赔偿请求权。即婚姻无效或者被撤销的，无过错方有权请求损害赔偿。本条规定反映了不仅要从根本上否定违法婚姻的法律效力，还要通过法律责任的方式使用经济手段惩罚过错行为人以达到最终保护无过错方利益的立法趋势。[①]2001年《婚姻法》对于无过错方损害赔偿请求权的规定限于合法有效的婚姻中解除婚姻关系时无过错方的离婚损害赔偿。在本次《民法典》婚姻家庭编编纂过程中，二审稿时规定了婚姻无效或者被撤销的法律后果，但未对无过错方损害赔偿请求权作出规定，三审稿中新增加了本款内容。婚姻虽然具有无效和被撤销的事由，但对于无过错的一方当事人而言，在婚姻未被人民法院宣告无效或确认撤销之前，其已为该婚姻投入了精力和金钱，该婚姻因另一方当事人的过错而无效或者被撤销的，无过错一方无论在精神上还是经济上都会遭受损害，依据公平原则，当然应赋予无过错一方当事人向过错一方当事人请求损害赔偿的权利。

一方当事人主张无过错方损害赔偿请求权，应当举证证明其因该无效婚姻或可撤销婚姻受有损害，且自己对婚姻无效或被撤销以及该损害的发生并无过错。这里需要注意的是，《民法典》规定的无过错方损害赔偿请求权的权利主体仅限于无过错方，对婚姻无效或被撤销

---

① 李亚兰：《婚姻被撤销能否索赔？离婚后老人探望孙辈行不行？婚前病史要不要“坦白”？——聚焦民法典婚姻家庭编草案三审》，载新华网2019年10月21日，http：//www.xinhuanet.com/2019-10/21/c_1125133523.htm。

有过错的，不享有损害赔偿请求权；若双方均有过错的，则双方均不享有该权利。若一方当事人在同居期间对另一方有侵权行为的，则适用《民法典》侵权责任编的规定，受害人享有的侵权损害赔偿请求权不属于本条规定的无过错方损害赔偿请求权。一般来讲，重婚情形下，无过错方通常为未重婚一方，但是，若其结婚时亦已知悉对方已婚状态的，则其无权依据本条请求损害赔偿。存在禁止结婚的亲属关系的无效婚姻的情形，是否具备禁止结婚的亲属关系，双方当事人自身都比较清楚，很难说哪一方具有过错，另一方是否完全不知情属于无过错，需要个案具体判断。未达法定婚龄的无效婚姻的情形，符合法定婚龄的一方通常为无过错方，但符合法定婚龄的婚姻一方在婚前已明知对方未达法定婚龄，但仍与之结婚的，不应视为无过错方。在被撤销婚姻的情形下，胁迫或患有重大疾病婚前未告知对方的一方当事人明显存在过错，被胁迫或未被告知真实情况的另一方当事人不存在过错，可依本条行使损害赔偿请求权。

【审判实践中应注意的问题】

一、无过错方损害赔偿请求权是否与请求宣告婚姻无效或请求撤销婚姻诉讼同时提出

根据《民法典》规定，婚姻无效的事由包括重婚、有禁止结婚的亲属关系、未达法定婚龄。可撤销婚姻的事由为受胁迫结婚、一方患有重大疾病婚前未告知。因此，一方当事人根据本条规定主张无过错方损害赔偿请求权，应当是在讼争婚姻已经被人民法院宣告无效或被撤销之后。婚姻虽然具备无效事由或者可撤销事由，但是无过错方并未请求人民法院宣告婚姻无效或者撤销婚姻，而是单独提请损害赔偿的，人民法院不予受理。如果无过错方在请求人民法院宣告婚姻无效或者请求撤销婚姻时没有一并提请损害赔偿请求权的，可以自人民法院作出宣告婚姻无效或者撤销婚姻判决之日起三年内另行向人民法院

起诉，要求过错方承担损害赔偿责任。

二、无过错方损害赔偿请求权的损害赔偿范围

本条规定的损害赔偿责任范围，既包括物质损害赔偿，亦包括精神损害赔偿。人民法院在审理此类案件时，涉及精神损害赔偿的，应适用《最高人民法院关于确定民事侵权精神损害赔偿责任若干问题的解释》。①

三、无过错方损害赔偿请求权的损害赔偿责任主体

根据本条规定，婚姻被宣告无效或被撤销的，无过错方享有损害赔偿请求权。一般来讲，承担本条规定的损害赔偿责任主体为无过错方的配偶，并无疑义。但是，因受胁迫而请求撤销婚姻的情形下，若实施胁迫行为的当事人并不仅限于婚姻当事人，如婚姻当事人的近亲属。此时，胁迫当事人的近亲属是否可以成为本条规定的过错赔偿义务主体，对此存在两种不同的观点：

第一种观点认为，虽然婚姻一方当事人的近亲属在讼争婚姻法律关系缔结过程中存在胁迫行为，该行为无疑构成侵权行为，且严重违背被胁迫一方的婚姻自由选择权。但是，请求宣告婚姻无效或者请求撤销婚姻的案件矛盾本身就很激烈，婚姻案件中再加入其他家庭成员更易激化矛盾；并且，相较于胁迫婚姻中的当事人所实施的胁迫行为，其近亲属的胁迫行为的从属性和协助性更强，本质上系附属于婚姻当事人一方实施的胁迫行为，第三人的胁迫行为亦非导致讼争婚姻法律关系处于可撤销的事由，故被胁迫当事人因此遭受损失的，可以按照《民法典》总则编或者侵权责任编的有关规定另外寻求救济途径解决。因此，在法无明文规定之前，对于请求撤销婚姻诉讼当事人一并请求共同实施胁迫行为的第三人损害赔偿的，宜作出驳回起诉的

① 最高人民法院民事审判第一庭编：《婚姻法司法解释及相关法律规范》，人民法院出版社2001年版，第31页。根据《婚姻法司法解释（一）》第28条规定，离婚纠纷中无过错方损害赔偿请求权的损害赔偿范围同样包括物质损害赔偿和精神损害赔偿。

处理。

第二种观点认为，因胁迫结婚的受胁迫一方，请求损害赔偿的责任主体不应仅仅限于另一方当事人。比如男方的父母和男方一起胁迫女方结婚并限制女方的人身自由，女方因此遭受极大的身体和精神上的痛苦，女方恢复人身自由后请求撤销该婚姻并主张损害赔偿，但男方没有经济收入，为了及时全面得到赔偿，女方将男方及其父母同时列为被告，这种情况下支持女方的赔偿请求，对保护无过错方显然是有利的，法律也没有规定承担损害赔偿的主体只能是胁迫婚姻的过错方。

我们倾向于第二种观点。

第三章 家庭关系

第一节 夫妻关系

第一千零五十五条 夫妻在婚姻家庭中地位平等。

【条文主旨】

本条是关于夫妻在婚姻和家庭关系中法律地位平等原则的规定。夫妻作为婚姻家庭关系的核心，在婚姻家庭中地位平等，是男女平等婚姻制度的必然要求。

【条文理解】

本条是确定夫妻权利义务的基础，是处理夫妻间所有家庭事项的指导原则。当夫妻在婚姻生活和家庭生活中发生争执时，应以夫妻法律地位平等原则作为解决争议的基准。

本条源于《婚姻法》第13条，仅就文字作了个别调整，将原“家庭”改为“婚姻家庭”，以在表述上与“婚姻家庭编”更为契合。从《民法典》婚姻家庭编第三章的体例结构看，家庭关系包括了夫妻关系、父母子女关系和其他近亲属关系。因此，广义上讲，家庭关系实际上能够涵盖婚姻关系，但此种表述能够更加突出夫妻婚姻关系在家庭中的核心地位。

法律上的男女平等原则是针对历史上长期存在的男尊女卑和性别

歧视而言的，是近代民主法治的一项基本法律原则。人类社会由男女两性共同组成，女性在社会中的解放程度或者说男女平等的实现程度是社会文明与进步的标志。在我国，男女平等首先是一项宪法原则。根据《宪法》第 48 条第 1 款规定，妇女在政治的、经济的、文化的、社会的和家庭的生活等各方面享有同男子平等的权利。婚姻法律中的男女平等原则是上述宪法原则的具体化。1950 年制定的《婚姻法》第 1 条即明确废除“男尊女卑”的封建主义婚姻制度，确立了“男女权利平等”的婚姻法基本原则。其中第 7 条规定：“夫妻为共同生活的伴侣，在家庭中地位平等。”1980 年的《婚姻法》第 9 条进一步简化规定为：“夫妻在家庭中地位平等。”2001 年修改《婚姻法》时延续了该规定。《妇女权益保障法》第 43 条规定：“国家保障妇女享有与男子平等的婚姻家庭权利。”近现代亲属立法一般均采“夫妻别体主义”，规定夫妻在婚姻关系和家庭生活中相互平等、人格独立，夫妻之间不存在任何人身依附关系。比如，《法国民法典》第 216 条规定，夫妻各方均有完全的权利能力，但其权利与权力受夫妻财产制之效力以及本章之规定的限制。《意大利民法典》第 134 条第 1 款规定，依据婚姻的效力，丈夫和妻子相互取得同等的权利和义务。半个多世纪以来，男女平等原则为推动男女在各个领域内实质上的平等，发挥了制度上的保障作用，但实现男女两性在社会生活、家庭生活等各个方面的实质平等是一个渐进的、不断争取的过程。当今中国，无论是在社会生活中，还是在家庭生活中，男女两性相互尊重、人格独立、平等参与、公平竞争的两性实质平等尚未完全实现，还存在与男女平等原则相悖的现象。本条规定，即以贯彻两性实质平等为目标。

夫妻在婚姻家庭中地位平等也是民事主体平等原则的具体体现。《民法典》总则编中的第 4 条明确规定：“民事主体在民事活动中的法律地位一律平等。”作为民事法律关系的重要组成部分，夫妻之间在有关身份关系和财产关系中法律地位也应当是平等的。夫妻双方在婚姻家庭中地位平等，体现在各个方面，比较重要的如：（1）婚姻居所决定权。婚姻居所是夫妻婚后共同居住和生活的场所，是夫妻共同生活，维持婚姻关系的基本条件。婚姻居所的确定，对于保持夫妻生活的独立性、实现婚姻的特定功能，具有重要意义。古代社会实行夫妻一体主义立法，“妻从夫居”被视为天经地义的准则。资本主义早期立法仍将婚姻居所的决定权单方赋予夫方，规定已婚妇女应服从丈夫的“居所指定权”。20世纪中期女权运动和民主运动的高涨，促成许多国家修改亲属法，相继废止丈夫单方决定婚姻居所的制度，改采由夫妻双方协商决定婚姻居所的原则。《婚姻法》和《民法典》婚姻家庭编中虽没有明确规定夫妻双方共同决定婚姻居所，但此应为夫妻在婚姻家庭关系中地位平等原则的应有之义。（2）家庭事务管理权。为了家庭的共同生活的需要，夫妻双方需要对家庭事务进行管理，大到投资理财、买卖房产，小到购买日常消费品、订立子女教育合同等，夫妻均有平等的决定权利。对于日常家事，《民法典》第1060条明确了日常家事代理的法律后果，但是对于超出日常家庭生活需要范畴的，需要夫妻双方共同决定，未经夫妻一方同意的，不对该方发生法律效力。此外，还应注意的是，夫妻地位平等，不仅指夫妻在婚姻家庭关系中享有平等的权利，也要求双方承担平等的义务。

【审判实践中应注意的问题】

一、注重保护妇女的合法权益

审判实践中，平等保护夫妻双方合法权益要注重实质平等，而不仅仅是形式上的平等，尤其是在双方的权利发生冲突时。这也是《民法典》婚姻家庭编一般规定中的第1041条的应有之义，即在实行男女平等的婚姻制度基础上，也要特别保护妇女、未成年人和老年人的合法权益。比如，虽然夫妻双方均平等地享有生育权，但在夫妻之间因生育利益发生冲突时，判断哪一方享有生育决定权时，需要特别考虑保护妇女合法权益。男女双方虽基于自身人格独立和完整都享有生育权，但其生育权在实现上存在明显区别。生育行为需要具备一定的生理、健康条件，并存在生育风险。基于生理结构和分工的不同，妻子为妊娠、分娩在人身自由、身心健康等方面较丈夫承担了更多生理风险及心理压力，其为抚育子女成长通常也会付出较丈夫更大的牺牲。因此，生育对女性利益的影响大于男性。为此，《妇女权益保障法》第51条第1款规定："妇女有按照国家有关规定生育子女的权利，也有不生育的自由。"为了维护妇女权益，法律将生育权内涵扩张至不生育的自由。与生育自由相比，不生育自由更应具有绝对性。所以，当夫妻生育权发生冲突时，尤其是丈夫有生育意愿而妻子无生育意愿的情况下，侧重于妇女权益的特殊保护，既符合立法本意，也是司法公正的要求。为此，《婚姻法司法解释（三）》第9条规定，夫以妻擅自中止妊娠侵犯其生育权为由请求损害赔偿的，人民法院不予支持。该规定的基础即在于妇女享有生育决定权，妇女受孕后，胎儿构成妇女人身的组成部分。丈夫的生育权的实现不得侵害妇女的人身自由权。因此，在未经丈夫同意，妻子擅自中止妊娠，并不构成对丈夫生育权的侵权。生育权具有人格权的属性，且在现阶段受到夫妻必须协力才能完成生育行为的人的生物属性制约，所以，此种情况下，妻子擅自中止妊娠的行为本质上不是侵权而只是双方生育权发生冲突。由于女性是生育活动的主要承担者，如果女性不能支配自己的身体，不能拥有拒绝生育的权利，就必然成为生育的工具，就必然没有尊严和人权可言。因此，双方在是否生育问题上发生争议时，赋予女性生育决定权，不违背该条立法目的，也更符合《民法典》婚姻家庭编一般规定中的婚姻家庭基本原则。当然，生育是个人生命延续，人类自身繁衍，社会持续发展的基本活动，也是婚姻的一个重要职能，婚姻中的任何一方生育孩子的愿望都是合理的。在现代社会，生育权的本质和特性决定了不能强制公民生育。夫妻生育权，是夫妻共同享有的权利，须双方共同行使。夫妻双方在行使这一权利时，应当平等协商、相互尊重、相互体贴，充分尊重对方的生育意愿，不得将自己的意思强加给对方。当夫妻一方因生育问题提起诉讼，主张生育的丈夫对于擅自中止妊娠的妻子提起损害赔偿之诉，无论是基于违约还是基于侵权，人民法院均应驳回其诉讼请求。确实无法消除分歧的，当事人可通过离婚等途径寻求生育权救济。[①]

二、关于婚内侵权问题

现实生活中，发生家庭暴力等婚内侵权的情形并不少见，而不少夫妻基于各种复杂的因素，在反复权衡利弊后并不想选择解除婚姻关系，那么在婚内也应有一定的救济途径。处在婚姻关系的夫妻之间，并不因配偶的身份关系享有侵权赔偿的豁免权。作为具有独立人格的民事主体，夫妻一方的行为侵害了另一方的身体权、健康权、名誉权等民事权利时，另一方完全有权利得到司法上的保护。不能仅仅因为是夫妻关系，一方就可以任意侵害另一方的合法权益。当然，由于我国目前大多数家庭实行的是法定共同财产制度，在此情形下，不存在对夫妻之间发生的损害进行赔偿的前提条件和物质基础。受损害方的治疗等费用，一般也是从夫妻共同财产中支出，判决夫妻一方对另一方的婚内赔偿，即相当于用自己的钱赔偿自己的损失，并无实际意义。但是，人民法院完全可以根据实际情况判决侵权的夫妻一方承担停止侵害、恢复名誉、消除影响、赔礼道歉等民事责任。在夫妻实行分别财产制的情况下，还可以要求侵权的夫妻一方进行婚内经济赔偿。

三、婚内分割夫妻共同财产

夫妻双方对夫妻共同财产享有平等的处分权，但并不意味着双方的意见总是一致的，尤其是在一方恶意转移财产损害另一方利益或者一方需要负担负有法定抚养义务的人的巨额费用时。在夫妻双方并不想解除婚姻关系时，此时原则上不能分割夫妻共同财产。但为平等保护夫妻双方权益，《婚姻法司法解释（三）》第 4 条规定："婚姻关系存续期间，夫妻一方请求分割共同财产的，人民法院不予支持，但有

---

① 最高人民法院民事审判第一庭编著：《最高人民法院婚姻法司法解释（三）理解与适用》，人民法院出版社 2015 年版，第 155~157 页。

下列重大理由且不损害债权人利益的除外：（一）一方有隐藏、转移、变卖、毁损、挥霍夫妻共同财产或者伪造夫妻共同债务等严重损害夫妻共同财产利益行为的；（二）一方负有法定扶养义务的人患重大疾病需要医治，另一方不同意支付相关医疗费用的。”《民法典》婚姻家庭编在立法过程中也完全吸纳了上述司法解释的规定，在第 1066 条进行了相应规定。夫妻共同财产即为婚姻家庭生活得以正常运转的物质保障，权利义务得以实现和履行的物质基础。此种在特别情况下使双方分割财产，能够更好地保障夫妻另一方财产的安全，真正实现夫妻权利平等，也使得家庭的保障功能不致因一方的问题而受到影响。该种在夫妻法定共同财产制度下增设的重大理由分割财产情形符合婚姻家庭法律的基本原则，也与《民法典》物权编关于共同共有的规定是一致的。根据《民法典》物权编中的第 303 条规定，没有约定或者约定不明确的，共同共有人在共有的基础丧失或者有重大理由需要分割时可以请求分割。《婚姻法司法解释（三）》第 4 条规定的两种情形实际上就是对“重大理由”在夫妻共同财产制度情形下的具体化。如此，既可以保持婚姻家庭关系的稳定，同时又能保护夫妻双方对共有财产的平等处分权利。当然，婚内分割夫妻共同财产毕竟为例外情形，因此，在适用中需要严格掌握，不能任意扩大解释。

第一千零五十六条　夫妻双方都有各自使用自己姓名的权利。

【条文主旨】

本条是关于夫妻姓名权平等原则的规定。夫妻双方都有各自使用自己姓名的权利，不因婚姻关系而改变姓氏。

【条文理解】

本条源于《婚姻法》第14条，仅就文字作了个别调整，将原“各用”改为“各自使用”，文义未变。

本条也是男女平等原则的具体化形式。近现代亲属立法以“夫妻别体主义”为原则，夫妻之间不存在任何人身依附关系。而各自使用自己姓名是摆脱人身依附关系的重要特征。在古代，无论是中国还是西方，一般都要求妇女从夫姓，这显然是夫权婚姻的产物。现代立法，多数规定妻可从夫姓、夫可从妻姓，还可以有其他选择。比如，《德国民法典》第1355条规定，夫妻双方应当确定一个共同的家族姓氏（婚姻姓氏）。夫妻双方使用其确定的婚姻姓氏。夫妻双方不确定婚姻姓氏的，即使在婚姻缔结之后，仍然使用其在婚姻缔结时使用的姓氏。所谓“应当确定一个共同的家族姓氏”，实际是指妻从夫姓，如果决定妻不从夫姓，是不需要进行确定的。《瑞士民法典》第160条规定，（1）丈夫的姓氏为夫妻共同姓氏。（2）新娘有权当面向公民身份登记官员提出要求，将自己原有的姓氏置于夫姓之前。《日本民法典》第750条规定，夫妻可以在结婚时就夫妻姓氏进行协商，可以约定以丈夫的姓氏作为夫妻姓氏，也可以约定以妻子的姓氏作为夫妻姓氏。虽然规定可以称妻或夫的姓氏，但一般还是要称“夫的姓氏”。《意大利民法典》规定，婚后妻子的姓氏前要加上丈夫的姓氏。即使丈夫死亡，妻子在孀居期间仍须保留该姓氏直到其再婚时为止。将丈夫的姓氏强加给妻子，反映出妻子的弱势地位，是普通法的婚姻观。始于20世纪70年代的妇女运动，促使这种情况发生转变。现在，女性可以在结婚和离婚时，自己选择姓氏。在现代文化中，女性保持个人的出生姓氏以及拥有独立的银行账户和信用卡账户等情况，都彰显出女性的独立性。[①] 中华人民共和国成立前，妇女地位低下，没有独立的人格，男娶女嫁，也遵从“妻从夫姓”，将丈夫的姓放在自己的姓之前。有些妇女往往只有自己的小名，有些甚至没有自己的名，如“张王氏”谓王姓女子嫁给张姓男子为妻。这是夫权婚姻中妻子对丈夫依附关系的表现。中华人民共和国成立后，一个重要的方面就是妇女解放。1950年的《婚姻法》第1条开宗明义，废除包办强迫、男尊女卑、漠视子女利益的封建主义婚姻制度，其中“妻从夫姓”即是男尊女卑的典型表现形式。该法第11条明确规定：“夫妻有各用自己姓名的权利。”废除在姓名问题上歧视妇女的旧法，代之以夫妻在姓名权上完全平等的规定。1980年的《婚姻法》延续该精神，更进一步明确“夫妻双方都有各用自己姓名的权利”。这个规定的实际含义就是指妇女在结婚后有权使用自己的姓名，主要是保护已婚妇女的姓名权。当然，也不排除结婚后男方到女方家生活后，对男方姓名权的保护，但这毕竟属于少数情况。2001年修改《婚姻法》时对该条未作改动，继续沿用此规定。由于1950年《婚姻法》的实施以及中华人民共和国成立后妇女解放运动的持续推进，妇女结婚后仍然使用自己姓名已成为婚姻家庭生活的当然内容，本条继续规定夫妻双方都有各自使用自己姓名的权利，对于巩固夫妻在婚姻家庭中的平等地位，仍具有一定的意义。

姓名权是自然人依法享有的决定、变更和使用自己姓名并排除他

---

① 周强总主编：《中华人民共和国婚姻法案典》，人民法院出版社2014年版，第87页。

人干涉和非法使用的权利。姓名权是人格权的重要内容，主要包括姓名决定权、使用权和变更权。自主决定、使用、变更自己姓名是人格尊严和人格平等的重要体现。本条实际上也是《民法典》总则编和人格权编关于姓名权问题在婚姻家庭领域的具体化。从体系协调的角度看,《民法典》在总则编中“民事权利”一章第 110 条规定：“自然人享有生命权、身体权、健康权、姓名权、肖像权、名誉权、荣誉权、隐私权、婚姻自主权等权利。法人、非法人组织享有名称权、名誉权、荣誉权等权利。”在人格权编中的第 990 条第 1 款规定：“人格权是民事主体享有的生命权、身体权、健康权、姓名权、名称权、肖像权、名誉权、荣誉权、隐私权等权利。”同时在第 995 条规定，人格权受到侵害的，受害人有权依照《民法典》和其他法律的规定请求行为人承担民事责任。本条即是婚姻家庭这一特殊领域中对自然人姓名权的特别规定。

在当代法律制度下，夫妻在法律上的地位已经平等，除个别国家外，有关夫妻姓名权的问题已越来越变成一个文化传统问题，与配偶的独立人格似乎已无必然关系。

【审判实践中应注意的问题】

目前，在我国婚姻家庭关系中，已经基本实现了丈夫和妻子各自使用自己姓名的立法目的。应该说，这一方面比现在许多西方国家的改革还要彻底。《民法典》继续巩固原有立法成果，沿用《婚姻法》的规定。在实践中，该种纠纷几乎已经不存在。

第一千零五十七条　夫妻双方都有参加生产、工作、学习和社会活动的自由，一方不得对另一方加以限制或者干涉。

【条文主旨】

本条是关于夫妻各自享有人身自由的规定。夫妻双方均有选择职业、接受教育和参加社会活动的自由，一方不得对另一方限制或干涉。

【条文理解】

本条源于《婚姻法》第15条，仅就文字作了个别调整，将原“他方”改为“另一方”。因在夫妻关系中，只存在双方，用“一方”对应“另一方”的表述，更为精准。

所谓自由，是指自然人依法享有的自主支配其人身和行为不受任何组织和个人非法限制或侵害的权利。自由属于最重要的人权，不仅受民法保护，也受宪法和其他法律保护。《宪法》第35条规定：“中华人民共和国公民有言论、出版、集会、结社、游行、示威的自由。”第37条第1款规定：“中华人民共和国公民的人身自由不受侵犯。”第42条第1款规定：“中华人民共和国公民有劳动的权利和义务。”第46条第1款规定：“中华人民共和国公民有受教育的权利和义务。”第48条第1款规定：“中华人民共和国妇女在政治的、经济的、文化的、社会的和家庭的生活等各方面享有同男子平等的权利。”本条即是对宪法所保护的上述自由在婚姻家庭领域的具体化，尤其注重保护妇女在生产、工作、学习和社会活动方面的自由决定权。按照本条规定，夫妻双方具有自主决定选择职业、接受教育和参加社会活动的自由。但从两性关系的历史发展看，主要是确认和保护妻子的工作权、受教育权和参加各种社会交往、文化活动的自由，强调妻子有权自己决定从事生产、工作、学习及社会交往，并且禁止丈夫及其他人的限制和干涉。

在古代社会，已婚妇女处于夫权支配之下，不具有独立的法律地位，无自由可言。尤其中国封建社会，妇女终身受男性支配，即所谓"在家从父、出嫁从夫、夫死从子"，妇女只能生活在家庭内部，婚后需专事家务，伺候丈夫与公婆，照料、抚育子女，丧失人身自由。近现代各国和各地区，先后赋予已婚妇女若干参加社会活动的权利，主要是从事和选择职业的自由。20世纪中期以来，世界各地立法贯彻男女平等原则，保障妇女在社会生活和家庭生活中享有与男性同样的地位和权利。如《法国民法典》第223条规定，夫妻各方得自由从事职业，获得收益与工资，并且在分担婚姻所生负担后，得自由处分之。《德国民法典》第1356条规定：（1）夫妻双方在处理家务时，应当取得相互一致。如果家务由夫妻一方承担，则由其自主负责主持家务。（2）夫妻双方均有权从业。我国澳门特别行政区民法典第1542条规定，夫妻各自得从事任何职业或活动，无须对方同意。

经济独立是人格独立的物质基础，古代妇女地位低下的一个重要原因是经济上依附丈夫，而经济独立的前提很大程度上取决于个人教育水平的提高。我国古代奉行"女子无才便是德"，限制女性教育，导致女性自立能力缺乏。因此，要真正贯彻男女平等原则，根本上应当增强女性自立、自强的本领。中华人民共和国成立后，为巩固妇女解放的革命胜利成果，1950年的《婚姻法》第1条开宗明义，废除包办强迫、男尊女卑、漠视子女利益的封建主义婚姻制度。其中，第9条规定："夫妻双方均有选择职业、参加工作和参加社会活动的自由。"该条虽规定为"夫妻双方"，但实际上是为了保障女性的生产、工作和参加社会活动自由所作出的规定。女子有权参加生产、工作和社会活动是破除男尊女卑的重要途径和手段。1980年的《婚姻法》延续该精神，并增加了"学习"的自由。其中第11条规定："夫妻双方都有参加生产、工作、学习和社会活动的自由，一方不得对他方加以限制或干涉。”2001 年修改《婚姻法》时对此条未作改动。

夫妻享有平等的人身自由是夫妻法律地位平等的应有之义，但对此的理解不能绝对化、片面化，不能因过于强调夫妻一方的人格独立和人身自由而忽视家庭特有的伦理性特征，不应无视夫妻共同家庭生活利益而片面强调一方的自由。婚姻既承载着双方情感利益，同时也是养老育幼的最基本的社会单元，为了家庭的共同利益，夫妻双方必然存在适当的分工，同时，男女性别的差异也导致各自在家庭中的角色存在不同，如果一味地强调个人的工作和学习自由，而不考虑未成年人的抚养、老年人的赡养等家庭整体利益，会严重影响家庭的和谐稳定。唯在有利于夫妻共同生活利益范围内，维护夫妻各方的工作、学习、社交自由，才能增进夫妻婚姻生活的和谐、美满和幸福。当然，此种为婚姻共同生活目的的考量应当在夫妻双方共同协商、自觉自愿地共同负担基础上，不能成为一方对另一方的道德绑架，此为婚姻家庭关系伦理性的应有之义。实践中，一方以侵害其工作自由为由提起诉讼的，应当综合考量夫妻另一方和家庭利益等各项因素作出判断。对此，从比较法的角度，一些域外立法例可资借鉴，如《瑞士民法典》第 167 条规定，在选择和从事其职业或事业中，配偶中任何一方均应充分顾及配偶他方以及婚姻共同生活之幸福。《德国民法典》第 1356 条规定，夫妻双方均有权从业。在选择和从事职业时，应当适当考虑夫妻另一方和家庭的利益。

【审判实践中应注意的问题】

一方限制对方工作的，可作为“导致夫妻感情破裂”的情形，准予离婚。

例如周某诉史某离婚纠纷案。[①] 史某与周某于 2000 年结婚。婚

① 周强总主编：《中华人民共和国婚姻法案典》，人民法院出版社 2014 年版，第 88 页。

后史某在某外资公司上班，周某在家料理家务。时间一长，周某对在家当全职太太产生厌倦情绪，遂与史某商量出去工作，但是史某坚决反对，认为自己挣的钱足够花了，周某不用出去工作，双方为此多次发生争执。后来周某明白了史某不让其外出工作的真实原因，是担心周某在社会上认识其他男人，背叛自己。周某感到自尊心受到极大伤害，认为史某对自己缺乏起码的信任，夫妻感情因此恶化。2002年6月，周某未征求史某的意见，独自在外找了一份工作，史某知道后，到周某的工作单位大闹并威胁单位辞退了周某。周某先后又找了两份工作，均被史某以同样方式破坏。2002年10月，周某向法院起诉要求离婚，后经法院调解，史某表示悔改，周某撤诉。但事后史某依然如故，继续阻止周某出去工作，并让自己的亲属监视周某。周某感到彻底绝望，于2003年5月再次提起离婚诉讼。法院经审理认为，根据《婚姻法》的规定，夫妻双方都有参加生产、工作、学习和社会活动的自由，一方不得对他方加以限制和干涉。史某的做法，侵犯了法律赋予周某的工作自由权利，是违法行为。史某的出发点是自私地将妻子当成了自己的私有财产，情节是恶劣的，造成了不良的社会影响，严重破坏了夫妻感情。鉴于双方感情确已破裂，应当判决准予离婚。

本案的焦点是夫妻一方以对方侵犯自己的工作权为由提起离婚应否得到法院支持的问题。有观点认为，史某、周某虽然因工作问题导致夫妻感情出现裂痕，但史某阻止周某出去工作是基于对周某的爱，只是表达的方式不正确，这说明两个人的婚姻是有一定的感情基础的。对史某干涉周某工作自由的做法，应当予以批评教育，令其改正。双方的夫妻感情并未达到完全破裂的程度，应驳回周某主张离婚的诉讼请求。我们认为，夫妻之间的生产、工作权利是平等的，不存在谁优先于谁的问题。虽然受长期存在的“男主外女主内”传统文化思想影响，现实中，大多数女性在照顾家庭、养育子女等方面比男性倾注了更多的时间和精力，但此种家庭经营的分工应以互相尊重、平等协商为前提，而不能违背一方意愿进行限制、干涉。夫妻双方的工作权利是平等的，而在一方以侵害对方人格尊严和人身自由的方式使得对方的相应权利无法正常行使时，说明婚姻家庭的感情基础已经动摇，离婚应当作为解决此类争议的合理途径。本案中，史某限制周某外出工作的种种行为表明，其将妻子当作自己的私有财产，缺乏对妻子的起码信任，严重损害了夫妻感情。在周某第一次起诉离婚后，经法院调解，史某表示悔改，但事后依旧干涉周某参加工作的自由权利，甚至让自己的亲属监视周某，令周某感到彻底绝望。周某再次提起离婚诉讼，说明二人的婚姻关系确实无法再维系下去，应当依法予以解除，否则将无法保护周某的合法权益。不能因为史某所谓的占有欲极强的“爱”，而任其干涉妻子出去工作的自由。本案属于因丈夫限制妻子外出工作的权利，而导致夫妻感情破裂的情形，符合《民法典》第 1079 条第 3 款第 5 项“其他导致夫妻感情破裂的情形”，应当判决史某与周某解除婚姻关系。

第一千零五十八条 夫妻双方平等享有对未成年子女抚养、教育和保护的权利，共同承担对未成年子女抚养、教育和保护的义务。

【条文主旨】

本条是关于夫妻平等享有和承担对未成年子女抚养、教育和保护的权利与义务的原则性规定。为《民法典》新增条文。从婚姻一般效力所衍生的夫妻权利义务的角度，强调抚养、教育和保护未成年子女是夫妻双方的共同责任。

【条文理解】

关于父母子女关系问题，统一规定在《民法典》婚姻家庭编第三章第二节。其中，第1067条第1款规定："父母不履行抚养义务的，未成年子女或者不能独立生活的成年子女，有要求父母给付抚养费的权利。"第1068条规定："父母有教育、保护未成年子女的权利和义务。未成年子女造成他人损害的，父母应当依法承担民事责任。"本条是从夫妻关系的角度，着重规定对未成年子女的抚养、教育和保护的权利义务由夫妻双方平等享有和承担，强调夫妻共同承担未成年子女健康成长的义务和责任。夫妻任何一方不得擅自剥夺对方的该项权利；一方不履行该项权利所包含的义务时，另一方可以作为未成年子女的法定代理人请求其履行。

《婚姻法》第21条规定，父母对子女有抚养教育的义务。第23条规定，父母有保护和教育未成年子女的权利和义务。该两条虽然是从父母子女关系的角度对父母权利义务进行规定，但实际上也隐含着父和母均有上述权利义务之意。本条为《民法典》新增加的条文，是在综合上述关于父母权利义务内容的基础上，从夫妻关系角度进行的规定，强调的是夫和妻对未成年子女的抚养、教育和保护的权利义务是平等的，不存在孰优孰劣和高下之分。

父母的抚养、教育和保护虽然也表述为权利，但从未成年人利益最大化角度出发，更多地体现为义务。具体分述如下：

一、关于抚养权利和义务

对未成年子女的抚养，是指父母应当保障未成年子女基本生活和教育所需。父母对未成年子女的抚养是无条件的，该义务始于子女出生，终于子女成年或能独立生活。父和母在抚养未成年子女上的权利义务是平等的。一方不履行抚养义务时，未成年子女享有请求支付抚养费的权利。从体系解释的角度考察，《民法典》第 1067 条就父母对子女抚养费用的承担作出了规定。该条第 1 款规定："父母不履行抚养义务的，未成年子女或者不能独立生活的成年子女，有要求父母给付抚养费的权利。"从文字表述看，该条并未就父母是否在婚姻关系存续期间作出区分，但从立法目的角度考察，自应当包括婚姻关系存续期间。只是实践中，因父母在婚姻关系存续期间，一般与子女共同生活，而我国为法定婚后共同财产制，从共同财产的本质特征看，夫妻在婚姻关系存续期间，虽然可能在形式上一方经济收入高，另一方经济收入低或主要从事家务劳动无经济收入，但婚姻关系存续期间，一方的经济收入在所有权归属上应为夫妻共同财产。因此，一般认为是夫妻共同承担了子女抚养费用，子女也没有理由起诉另一方支付抚养费，而不是简单地以经济收入的多少来确定父母是否平等地履行了抚养义务。实践中，在不解除婚姻关系的情况下，因为夫妻双方分居、一方常年外出打工等原因，一方单独抚养子女，另一方不履行抚养义务的情形存在上升趋势，且这一情形从夫妻双方分居状态扩散到夫妻双方未分居状态。夫妻双方在未分居期间的财产收入实际上已经相对独立，双方各自控制和支配使用自己占用的那部分财产。在此情况下，不与该未成年子女共同生活的一方因为各种原因不支付抚养费，未成年子女应当享有抚养费请求权。该权利来源于父母与子女的身份关系，由法律直接规定，与父母是否离婚，是否分割夫妻共同财产没有必然联系。从夫妻之间关系看，婚姻关系存续期间，夫妻共有财产没有分割前，如果一方不支付子女抚养费，另一方单独承担抚养费用在经济上产生困难，子女抚养费用不足，影响子女健康成长的，此时，子女抚养费请求权的行使，是夫妻共同承担子女抚养义务的一种方式，该种方式不以财产所有权的转移为标志，即一方支付子女的抚养费用，并非将抚养费的所有权转移给另一方，而是一方将夫妻共同财产的使用权交由另一方，用于支付子女抚养费用。[①] 为此，《婚姻法司法解释（三）》第3条规定，婚姻关系存续期间，父母双方或者一方拒不履行抚养子女义务，未成年或不能独立生活的子女请求支付抚养费的，人民法院应予支持。对于父母离异后抚养费的确定和支付，《民法典》婚姻家庭编则作出了更明确的规定，在"离婚"一章的第1085条规定，离婚后，子女由一方直接抚养的，另一方应当负担部分或者全部抚养费，负担费用的多少和期限的长短，由双方协议；协议不成的，由人民法院判决。前款规定的协议或者判决，不妨碍子女在必要时向父母任何一方提出超过协议或者判决原定数额的合理要求。可见，父母离异后，仍然平等地享有抚养的权利和义务。

二、关于教育权利和义务

父母的家庭教育是国民教育的重要支柱，是未成年人接受学校教育、社会教育的基础。父母对未成年子女的教育，主要体现在直接教育和间接教育两个方面。所谓直接教育，是指父母对子女身心健康的培养与教育。直接教育为亲权的当然之意，被普遍认可。从内容上看，直接教育往往更注重子女的身心健康，无固定的内容和模式，更受传统、风俗、父母能力、家庭环境等的影响，外界也很难对直接教

① 最高人民法院民事审判第一庭编著：《最高人民法院婚姻法司法解释（三）理解与适用》，人民法院出版社2015年版，第64页。

育的效果进行评价。但是，从未成年子女利益最大化原则出发，如果父或母使用的教育子女方式明显有害于未成年子女身心健康，另一方应当有权作为未成年子女的法定代理人提出异议。所谓间接教育，是指父母应当配合国家的义务教育政策，不得使未成年子女辍学。我国《义务教育法》第5条第2款规定："适龄儿童、少年的父母或者其他法定监护人应当依法保证其按时入学接受并完成义务教育。"从《义务教育法》的立法本意看，国家使用纳税人的钱财用于青少年义务教育，乃公共利益之所在，即保证所有未成年人能通过九年学校教育获得将来融入社会经济生活最基本的能力，而这些未成年人恰恰是国家的未来希望之所在。因此，父母不能作出不让未成年子女进行义务教育的有悖于子女利益和社会公共利益的决定。[①] 要注意的是，夫妻双方对未成年子女的教育享有平等的权利，但因该权利的行使对象为同一未成年人子女，而因为个人生活经验、素养、理念、方式等的不同，双方在教育未成年子女上经常存在矛盾，为此，应当从保护未成年人的角度出发，通过协商方式统一教育理念。在一方因外出务工或其他原因无法与未成年子女共同生活的，另一方也应当尊重对方的权利，充分听取其对子女教育的意见；而无法与未成年子女共同生活一方亦应当通过与未成年子女就读学校定期联系交流，了解未成年子女的生活、学习和身心状况，或者通过电话、视频与未成年子女直接保持日常沟通联系等适当方式履行其教育义务，而不应放任不管。夫妻一方无正当理由不得限制另一方对该项权利的行使。在父母离异的情况下，因其中一方未与子女共同生活，教育权利和义务的行使受到限制，其一般是通过探望权的行使来实现。未直接与未成年子女共同生活的一方通过行使探望权，可以满足父母对子女关心、爱护的情感需要，并及时、充分了解子女的学习、生活情况，更好地对子女进行抚养、教育，是实现父母亲权即身心照顾的方式之一。父母双方虽然解除婚姻关系，但不因此否认未与子女共同生活一方的教育和保护权。

① 夏吟兰、薛宁兰主编:《民法典之婚姻家庭编立法研究》，北京大学出版社2016年版，第250~251页。

实践中，关于探望权的争议，最为常见的是与未成年子女共同生活的一方不予配合协助甚至阻碍探望，对此，法院的判决多在不损害子女的情况下，支持未与未成年子女共同生活一方关于行使探望权的诉讼请求，以平等保护未与子女共同生活的父亲或母亲所享有的教育、保护权利和义务的履行。

三、关于保护权利和义务

父母对子女保护的权利和义务主要包括人身保护和财产保护。人身保护包括居所决定权、法定代理权、交往权等；财产保护主要是子女财产及收益管理。

理解本条时要注意以下三点：（1）夫妻的协力性。基于婚姻家庭的伦理性、私密性等特征，夫妻对未成年子女的抚养、教育、保护的权利义务的平等性更多地是宏观、抽象意义上的。而具体家庭生活中，因为各自经济能力、经验、观念、分工等的不同，家庭关系更多地是利他、奉献、协作，夫妻双方应当共同营造和谐稳定的家庭氛围，行使抚养、教育、保护的权利义务，而不宜去量化，不能机械地要求绝对的形式上的平等。（2）经济因素并非唯一考量因素。对未成年子女的抚养、教育和保护，虽然需要以一定的经济条件为基础，但经济条件并非首要或唯一条件，其中心理的、情感的、劳务的付出亦应当作为重要考量因素。（3）以未成年人利益最大化为原则。夫和妻抚养、教育和保护权利义务行使的共同对象不是物，而是具有独立人格利益的未成年人。为了保障未成年人利益不受侵犯，保护其健康成长，在平等保护夫和妻的权利以及平等确定双方义务时，尤其要将未成年人利益最大化作为原则。如《离婚案件子女抚养意见》确定离婚时未成年人子女抚养权归属的基本原则为“从有利于子女身心健康，保障子女的合法权益出发，结合父母双方的抚养能力和抚养条件等具体情况妥善解决”，以及2周岁以下子女，一般随母方生活。以上规定均是以未成年人利益最大化原则为出发点，而不是简单机械地追求夫和妻在抚养、教育和保护未成年子女权利义务形式上的平等。

【审判实践中应注意的问题】

一、子女交还请求权属于父或母享有的保护权范畴

董某诉陈某等监护权纠纷案。该案中，被告陈某系孔某的祖母，被告徐某系孔某的姑姑，在未与原告孔某母亲董某协商好的情况下，陈某、徐某将孔某带到北京上学。董某诉至法院，请求交还孔某。法院认为，不论何种原因，陈某、徐某的行为均侵害了原告董某对孔某的监护权，被告应当停止侵权行为，将孔某送还给原告。

二、离婚后夫妻对未成年人子女的权利、义务应当具体分析

《民法典》婚姻家庭编承袭《婚姻法》精神，规定父母与子女间的关系不因父母离婚而消除。离婚后，子女无论由父或母直接抚养，仍是父母双方的子女。通说认为，离婚后未共同生活的父或母一方的监护职责并未消灭。但离婚后，不与子女共同生活的一方除了支付抚养费和行使探望权外，其他具体权利义务如何实现，仍是实践中需要解决的问题。比较常见的如，未成年子女侵权的情况，共同生活的父或母一方与非共同生活一方的权利、义务如何界定。对此，《民法通则意见》第158条规定："夫妻离婚后，未成年子女侵害他人权益的，同该子女共同生活的一方应当承担民事责任；如果独立承担民事责任确有困难的，可以责令未与该子女共同生活的一方共同承担民事责任。"根据此项规定，离婚后父母双方不再是平行的监护责任，非共同生活方承担的是后位的补充责任。[①] 但是，2009年制定的《侵权责任法》第32条规定："无民事行为能力人、限制民事行为能力人造成他人损害的，由监护人承担侵权责任。监护人尽到监护责任的，可以减轻其侵权责任。有财产的无民事行为能力人、限制民事行为能力人造成他人损害的，从本人财产中支付赔偿费用。不足部分，由监护

---

① 夏吟兰、薛宁兰主编：《民法典之婚姻家庭编立法研究》，北京大学出版社2016年版，第258页。

人赔偿。"《民法典》第 1188 条基本沿用了上述规定。根据新法优于旧法、上位法优于下位法的法律适用基本原则，对于未成年人子女侵权的，应当按照《民法典》侵权责任编确定的原则处理。根据上述规定，结合《民法典》婚姻家庭编关于父母离婚后不影响监护权的制度设计，可以得出如下结论：在对外关系上，作为法定监护人，不管父母是否离婚，均应当共同承担侵权责任。当然，不管父或母哪一方能够证明尽到了监护责任的，在对外责任范围上都可以作为整体的减责事由。但在对内关系上，则仍有区分的必要，需要综合双方的过错、履行监护职责的情况等因素，公平确定双方的责任大小。

第一千零五十九条　夫妻有相互扶养的义务。

需要扶养的一方，在另一方不履行扶养义务时，有要求其给付扶养费的权利。

【条文主旨】

本条是关于夫妻有相互扶养义务的规定。夫妻之间的扶养义务是配偶身份权包含的重要内容，也是配偶身份关系和婚姻共同体的物化表现。夫妻基于配偶身份在物质上和生活上应当相互帮助、相互供养，当然也包括在精神上相互支持、相互慰藉，遭遇危难时相互支援和相互救助。基于夫妻之间此项法定的扶养义务，在另一方不履行扶养义务时，需要扶养的一方即享有要求其给付扶养费的权利。

【条文理解】

本条源于《婚姻法》第20条，只是文字上作了微调。《婚姻法》第20条规定："夫妻有互相扶养的义务。一方不履行扶养义务时，需要扶养的一方，有要求对方付给扶养费的权利。"其中，将第1款的"互相"改成"相互"，将第2款的"付给"改成"给付"，以使文字表述更加精准。同时，将第2款的"需要扶养的一方"提前，以进一步突出本款适用的前提是夫妻有一方存在需要扶养的情况。

现代民法上的扶养义务，基于扶养主体间亲属关系的亲疏远近而决定扶养的程度和标准有所不同：一是生活保持义务；二是一般生活扶助义务。夫妻间的扶养义务和父母对未成年子女的抚养义务，都属于"生活保持义务"。该种义务是无条件的、必须履行的，无论义务人生活是否富裕，都必须尽其所能甚至降低自己的生活水平，以履行扶养对方的义务，使受扶养人的生活水平达到与扶养人相当或接近的标准。而其他亲属间的扶养义务，属于一般生活扶助义务，是有条件的扶养：须一方无独立生活能力，并且他方有扶养能力时，才发生扶养义务。扶养义务人仅在不降低自己生活水平的限度内，给予受扶养人经济上的供养。①

男女双方缔结婚姻关系后，就形成了一系列的人身和财产关系。其中，夫妻之间相互扶养的义务是直接根据配偶身份发生的。夫妻之间的相互扶养既是双方当事人从缔结婚姻开始就共生的义务，也是婚姻或家庭共同体得以维系和存在的基本保障，同时也是婚姻所负载的基本功能。无论婚姻的实际情形如何，也不论当事人双方的感情状况如何，夫妻之间的相互扶养在婚姻关系有效持续的整个过程中一直存在且具有法律约束力。夫妻之间的扶养包括经济上的供养、精神上的慰藉以及生活上的照顾。既有物质的内容，又有非物质的内容。依照本条规定，夫妻相互承担扶养义务，此项义务属于法定义务，必须无条件自觉履行。

实践中，由于精神上的慰藉和生活上的照顾更多地交织着伦理和情感因素，而且由于婚姻家庭生活的私密性，相关内容受道德调整较多，很多情况下无法诉诸法律强制执行。而实践中，如果一方可以自食其力，只是双方缺乏精神上的慰藉和生活上的照顾，可能作为感情破裂的因素，通过离婚的途径解决。但如果一方因身体等原因，无法自食其力，需要照顾的，而另一方不履行相应的抚养义务，则在不解除婚姻关系的情况下，可以通过要求对方给付扶养费的方式解决。因此，本条第2款规定：在另一方不履行此项义务时，需要扶养的一方有权请求其给付扶养费。当然，如果义务方拒不履行义务，可能构成刑法上的遗弃罪，自不待言。实践中，夫妻扶养纠纷主要表现为，一方因某种原因失业或者谋生能力暂时或较长时间丧失，而另一方不履

① 梁慧星：《中国民法典草案建议稿附理由：亲属编》，法律出版社2013年版，第98页。

行法定扶养义务。夫妻之间的扶养主要是为了满足生活困难一方的基本生活需要和其他必要开支，如支付医疗费等。一般情况下，人民法院应根据扶养权利人一方的实际需要、支付扶养费一方的经济能力以及当地居民的平均生活水平确定夫妻间扶养费的给付标准。

因婚姻关系的成立，夫妻应以配偶身份共同生活，这是婚姻本质上的当然效果。在夫妻共同生活过程中，相互之间共同为家庭贡献力量，相互扶助、相互照顾、精神慰藉，则是婚姻生活的当然之义。因此，夫妻之间的相互扶养也表现为夫妻双方为家庭生活共同承担家庭的负担。各国法律普遍都规定了夫妻之间共同生活、扶养的义务。《意大利民法典》规定，夫妻间有相互给予精神和物质扶助的义务。夫妻一方在不能维持自己的生活开支并且在非常需要的情况下，才能提出扶养费给付请求。扶养费的数额以请求人的必要生活费为限，但应当与请求人的社会地位相适应。《法国民法典》规定，夫妻双方应相互忠诚、相互帮助与救助。《德国民法典》规定，婚姻双方相互之间负有义务，以其劳务或财产为家庭提供适当的生活费。如果婚姻一方承担家务，则其以劳务为家庭提供生活费之义务在通常情况下即通过从事家务而得到履行。《瑞士民法典》规定，结婚使配偶双方结合以共度婚姻共同生活；配偶双方互负诚实及扶助的义务。

【审判实践中应注意的问题】

一、夫妻扶养义务履行的前提和条件

夫妻扶养义务的履行以婚姻存在为前提，以一方需要扶养为条件。符合上述要求时，夫妻之间的扶养义务即产生，而不以是否共同生活以及结婚时间的长短为条件。

例如刘某某诉王某某夫妻扶养纠纷案。刘某某与王某某于2000年7月登记结婚，婚后刘某某与王某某在北京租房生活，双方准备在当年10月回女方刘某某广东老家探亲，并在家中办理结婚仪式。回

老家途中，刘某某突然昏倒，头部颈部严重受伤，经医生诊断为脑震荡。由于刘某某突然生病，婚礼未能如期举行，王某某对妻子实行了抢救并安排住院治疗后，就独自回到北京。刘某某由于病情严重，一直卧床休息，期间王某某从未探望过。2001年3月，在刘某某家人的催促下，王某某才将刘某某接回北京。三个月后，王某某又以给妻子办理赴美国定金手续为由，将刘某某送回广东，并从刘某某处借走4万元。2002年，刘某某拖着病体自己来到北京找王某某，发现房屋已退租，王某某对刘某某置之不理，既不扶养也不安置，更不见面，甚至连电话也不接。刘某某经了解得知王某某在外又与他人同居，刘某某自己在京租房继续居住，前后共支付医疗费、交通费、护理费10万元。刘某某因没有任何生活来源，遂起诉至法院，要求王某某履行夫妻扶养义务。王某某辩称，自己与刘某某虽系夫妻关系，但在一起生活时间太短，刘某某昏倒后自己尽了做丈夫的义务，且自己还有父母需要照顾，每月还要支付与前妻所生孩子的抚养费，所以不同意刘某某要求支付扶养费的诉讼请求。法院经审理认为，夫妻有相互扶养的义务，王某某与刘某某结为夫妻就应互相扶助，尽夫妻之义务。刘某某因疾病复发造成健康状况下降，无法正常生活获取生活之必需，王某某应履行夫妻职责，对刘某某给予关心照顾及支付相应的生活费用。现刘某某起诉要求丈夫王某某给付扶养费，理由正当，应予支持。王某某以夫妻共同生活短暂为由不履行扶养义务，无法律依据。

实践中，负有扶养义务的一方经常以对方有一定数量的夫妻共同存款为由，拒绝给付扶养费，从保护生活困难一方的生存利益考虑，一般情况下，只要能够确认生活困难一方对夫妻共同存款去向的解释存在合理性，就应当支持其诉讼请求，而将双方有关夫妻共同财产的争议留待之后离婚诉讼中一并解决。因为，在不解除婚姻关系的情况下，如此处理，既可以加强对弱者的保护，也不会对另一方造成实质性利益损失。

二、夫妻约定实行分别财产制的，并不影响夫妻之间扶养义务的履行

如前所述，夫妻之间的扶养义务是基于双方的配偶身份关系，是婚姻共同体的本质要求。而夫妻财产制仅是夫妻之间对于婚后财产归属的约定，不能因为夫妻双方约定实行分别财产制，就认定双方不负担基于特定身份关系的扶养义务。因此，在夫妻约定实行分别财产制的情况下，当夫妻一方的个人财产难以维持正常生活时，仍然有权要求对方给付生活费。因为互相扶养是夫妻之间的法定义务，这种义务随着婚姻关系的缔结而产生，随着婚姻关系的结束而终结，法律并没有规定实行分别财产制的夫妻可免除相互扶养的义务。

第一千零六十条 夫妻一方因家庭日常生活需要而实施的民事法律行为，对夫妻双方发生效力，但是夫妻一方与相对人另有约定的除外。

夫妻之间对一方可以实施的民事法律行为范围的限制，不得对抗善意相对人。

【条文主旨】

本条是关于夫妻之间日常家事代理制度的规定。对于夫妻一方因家庭日常生活需要而实施的民事法律行为，除非实施法律行为一方与相对人另有约定，否则对夫妻双方发生法律效力，另一方不能以未授权、不知道为由予以否认。此为日常家事代理权产生的当然法律效果。

在夫妻内部关系中，双方可以约定一方实施的涉及家庭日常生活民事法律行为的范围，该约定对夫妻双方具有法律约束力；但在外部关系中，如果该民事法律行为的相对人不知道或不应当知道该约定的，不受其约束。该民事法律行为仍对夫妻双方发生法律效力。

【条文理解】

《婚姻法》对日常家事代理问题没有规定，本条为《民法典》新增加的条文，与第1064条第1款后半段构成了完整的日常家事代理制度。本条是关于日常家事代理的范围、限制和法律效果的规定，而行使该项权利所生债务的性质规定在第1064条第1款后半段。

日常家事代理是夫妻基于配偶身份依法产生的相互代理。在大陆法系国家民法典中，它是亲属编（婚姻家庭编）的一项重要制度。其基本内涵是：夫妻在日常家庭事务范围内，与第三人发生民事交往时依法享有相互代理的权利；夫妻一方在日常家事范围内与第三人为法律行为时，不必明示其代理权，可直接以自己名义、双方名义或以对方名义为之；夫妻一方实施此类行为的后果，由夫妻双方共同承担，由此产生的债务是夫妻共同债务，由夫妻双方承担连带清偿责任。日常家事代理权虽是基于夫妻身份关系产生的法定代理权，但其行使的效果主要表现为财产上的效益。《法国民法典》第 220 条第 1 款规定，夫妻各方均有权单独订立以维持家庭日常生活与教育子女为目的的合同。夫妻一方依此缔结的债务对另一方具有连带拘束力。但是，依据家庭生活状况，所进行的活动是否有益以及缔结合同的第三人是善意还是恶意，对明显过分的开支，不发生此种连带责任。《德国民法典》第 1357 条规定，婚姻的任何一方均有权处理使家庭的生活需求得到适当满足并且其效力也及于婚姻对方的事务。婚姻双方皆通过此种事务而享有权利和承担义务，但是如果根据情况得出另外的结论则除外。《瑞士民法典》第 166 条第 1 款规定，配偶双方中任何一方，于共同生活期间，代表婚姻共同生活处理家庭日常事务。

我国《婚姻法》第 17 条规定，夫妻对共同所有的财产，有平等的处理权。也即，对于家庭共同事务的处理，应当按照夫妻双方的共同意愿。但夫妻双方在婚姻家庭的共同生活中，需要处理的日常事务繁多。这些事务由夫妻双方共同处理固然能够充分体现双方的共同意愿，但如事事均由双方共同为之，必然加大婚姻生活成本，造成生活上的种种不便。为婚姻共同生活的便利和夫妻处理日常事务的需要，规定日常家事代理制度确有必要。第一，日常家事代理制度，扩张了夫妻双方的意思自治，使得夫妻双方在日常家务的处理中无须事必躬亲，从而突破了夫妻各自在时间、精力上的局限性，满足了夫妻双方处理日趋复杂化、多样化的社会事务和家庭事务的需求。从日常家事代理权制度的起源上看，日常家事代理权正是产生于丈夫在处理日常家务中的力不从心。随着我国经济、社会生活的发展，社会和家庭事务日趋繁杂，人们的生活节奏也逐渐加快，夫妻双方对于家庭事务的处理越来越追求快捷、便利和安全。《婚姻法》仅规定了夫妻对共有财产的平等处理权，但具体如何实现平等处理，是否凡事均需要夫妻双方共同完成，没有具体规定，难以满足社会生活的实际需要。日常家事代理权制度确立了夫妻双方在处理日常家庭事务中互享代理权的准则，使夫妻双方在日常家事的范围内，可以单独实施某种民事法律行为，从而便利了夫妻双方，提高了夫妻双方处理家庭事务的效率，符合我国社会的发展趋势。第二，日常家事代理制度保护第三人利益，维护交易安全，满足了我国市场经济发展的需要。夫妻关系是人与人之间最紧密的联系，婚姻家庭中的财产关系，由于和夫妻之间的人身关系密不可分，因而具有很大的隐秘性和模糊性。正是由于这种隐秘性和模糊性，在夫妻双方与第三方进行交易时，对于该第三人利益的保护成为保护交易安全的关键。日常家事代理权制度确定了在日常家事范围内夫妻的法定代理权和连带责任，也就为交易中第三方利益的保护提供了切实的法律依据。对于日常家事代理的问题，《婚姻法司法解释（一）》第17条规定："婚姻法第十七条关于'夫或妻对夫妻共同所有的财产，有平等的处理权'的规定，应当理解为：（一）夫或妻在处理夫妻共同财产上的权利是平等的。因日常生活需要而处理夫妻共同财产的，任何一方均有权决定。（二）夫或妻非因日常生活需要对夫妻共同财产做重要处理决定，夫妻双方应当平等协商，取得一致意见。他人有理由相信其为夫妻双方共同意思表示的，另一方不得以不同意或不知道为由对抗善意第三人。"该司法解释是基于法律规定，从夫妻对共同财产平等处理权的角度引入日常家事代理的概念，"任何一方均有权决定"也就意味着，如果因日常生活需要处理夫妻共同财产，不需要另一方明示同意，即可对夫妻双方发生法律效力。该司法解释的精神与本条规定精神是一致的。但是婚姻生活中，不仅仅是处理夫妻共同财产，还有很多基于家庭日常生活需要由夫妻一方实施民事法律行为。本条从立法角度，明确所有因家庭日常生活需要实施的行为对夫妻双方发生效力，比上述司法解释规定保护的范围更为宽泛。因为日常家事代理制度的一个重要作用是保护与夫妻一方交易的第三人的合理信赖利益，因此，只要是在家庭日常生活范围内的民事法律行为，不需要第三人举证证明夫妻中的一方已经过另一方的授权。但法律亦遵循意思自治原则，如果该第三人与夫妻一方约定仅为双方个人行为，对夫妻另一方不发生法律效力，该约定当然对第三人具有法律约束力。

家事代理权基于夫妻关系产生，不以夫妻一方明示为必要，具有法定代理权的性质，但与一般的法定代理权也存在一定区别：（1）设置的目的不同。家事代理权为夫妻双方对等享有，法律设立这一权利的目的在于满足夫妻共同生活需要，保护善意第三人利益和交易安全；一般的法定代理权是法律为无民事行为能力人和限制民事行为能力人所设，意在保护上述人的合法权益。（2）权利范围不同。夫妻家事代理权的范围限于"日常家事"，行为的性质为法律行为；一般法定代理权的范围较广，法定代理人以被代理人的名义，为被代理人的利益在法律允许的范围内从事法律行为和诉讼行为，不受家事范围的限制。（3）权利的行使方式不同。夫妻一方在日常家事范围内与第三人为法律行为时，不必明示其代理权，可直接以对方名义、自己名义或双方名义为之；一般法定代理的代理人必须以被代理人的名义从事活动。（4）权利消灭的原因不同。夫妻家事代理权消灭的原因包括夫妻无正当理由分居、婚姻被依法撤销、双方离婚、配偶一方死亡等；一般法定代理权，因被代理人成为完全民事行为能力人或一方当事人死亡而归于消灭。[①]

依照本条规定，夫妻一方因家庭日常生活需要而实施的民事法律行为，夫妻双方互为代理人，无须对方授权，该民事法律行为的后果及于夫妻双方，所产生的债务当然为夫妻双方共同债务。所谓"家庭日常生活需要"应当指夫妻共同生活及家庭共同生活中，必须发生的各种事项。其包括一般家庭日常所发生的事项，如购置食物、衣服、

---

① 梁慧星：《中国民法典草案建议稿附理由：亲属编》，法律出版社 2013 年版，第 93~94 页。

家具等生活用品，娱乐、保健、医疗以及子女教育、老人赡养、雇佣家务服务人员、对亲友的馈赠等事项。判断某一事项是否属于家庭日常生活需要，应当从夫妻共同生活的状态（如夫妻双方的职业、身份、资产、收入、兴趣、家庭人数等）和当地一般社会生活习惯予以认定。

由于夫妻之间代理权的限制很难为外人知晓，故本条第2款规定，双方之间内部关于限制代理权的约定，不得对抗善意第三人，以保护善意第三人的利益。我国台湾地区“民法”第1003条规定：夫妻于日常家务，互为代理人。夫妻之一方滥用前项代理权时，他方得限制之。但不得对抗善意第三人。这是在认可日常家事法定代理的情况下，区分内外部关系，在夫妻内部关系中尊重双方之间的约定，但对外要保护善意第三人的利益。要特别强调的是，此种情况下保护的善意第三人是夫妻一方因家庭日常生活需要与之实施民事法律行为的相对人，如果是非因家庭日常生活需要实施的民事法律行为，则一般类推适用表见代理规则，第三人需要证明其有理由相信为夫妻双方共同意思表示，否则，不能对未直接实施民事法律行为的夫妻另一方发生法律效力。

【审判实践中应注意的问题】

夫妻一方非因日常生活需要实施的法律行为对另一方是否具有约束力。

基于个人主义和意思自治原则，夫妻双方虽因婚姻存在共同利益，但不能完全否认各自人格的独立性，因此，夫妻一方非因日常生活需要实施的法律行为，不能当然对另一方具有法律约束力。对于家庭重大事项或者重大财产的处分等，夫妻双方应当取得一致意见。此时如果与之交易的第三人主张对夫妻双方均具有约束力，应当按照民法的一般原理，证明对方已经明确表示同意或者构成表见代理，即其有理由相信为夫妻双方的共同意思表示。

李某某与程某某系夫妻关系，程某某与冯某某于2004年11月开始婚外同居，当月程某某给冯某某20万元现金购买轿车，冯某某用该款购买轿车一辆，并登记在自己名下。2004年6月，程某某购买住房一套，向开发商支付购房款53万元。2005年4月，程某某以合同更名的方式将该套房屋赠与冯某某，房屋产权登记在冯某某名下。2005年10月至2006年，冯某某以办公司需要资金为由，共向程某某索要资金304万元。2006年7月，李某某诉至一审法院，请求判令：确认程某某赠与冯某某财产的行为无效，要求冯某某返还306万元以及案涉房屋和车辆。法院经审理认为，冯某某与程某某年龄相差悬殊，明知其有配偶而以情人身份与之同居生活，其向程某某索要汽车、房产和钱款的行为违反了社会公德，主观上并非出于善意。程某某未经李某某同意，将夫妻共有巨额财产赠与冯某某，侵害了李某某的合法财产权益，其擅自处分夫妻共同财产的赠与行为无效。法院判决：冯某某向李某某返还轿车、房屋以及304万元款项。

对于婚姻关系存续期间夫妻一方擅自将共同财产赠与他人的效力问题，存在两种不同的观点。第一种观点认为：（1）程某某和冯某某婚外同居有违公序良俗，但该行为无效不能等同于赠与无效，对程某某向冯某某的赠与行为应依照合同法的规定单独判断。而依照合同法的相关规定，因赠与的财产所有权已经转移，该赠与行为不应撤销。（2）程某某的赠与行为不必然侵害李某某的夫妻共有财产权。虽然婚姻关系存续期间所得的财产一般属于夫妻共同共有，但程某某作为夫妻一方应享有部分财产的独立处分权。程某某与李某某的夫妻共同财产总额较大，程某某在本案中单独处分的部分财产较之于夫妻共同财产比例较小，故该赠与行为并不必然损害李某某的夫妻共有财产权。而且，即使程某某侵犯了李某某的夫妻共有财产权，也应由程某某对李某某承担责任，而不应由冯某某承担责任。（3）程某某的社会地位和经济地位均高于冯某某，其与冯某某婚外同居，双方均有过错。如果判令冯某某将程某某赠与的财产完全返还，不能体现对于程某某作为主要过错方的惩罚。第二种观点认为：（1）程某某赠与冯某某的购车款和房产均系程某某与李某某的夫妻共同财产，程某某未经得李某某的同意将上述财产赠与冯某某，侵犯了李某某的财产权。（2）程某某基于与冯某某之间存在的不正当婚外同居关系将诉争房屋和车辆赠与冯某某，该行为违反了公序良俗的法律原则，依法无效。（3）冯某某取得诉争房屋和车辆并非善意、有偿取得，而是程某某非因日常生活需要，在未与其妻李某某协商一致的情况下，擅自处分共有财产，应认定无效。（4）民事行为应遵循公序良俗原则，仅依照合同法单独判断赠与行为的效力，显属不当。我们同意第二种观点，首先，婚姻法规定，禁止有配偶者与他人同居。程某某与冯某某的婚外同居行为属于违法行为。其次，夫妻对共同所有的财产，有平等的处理权，并不意味着夫妻各自对共同财产享有一半的处分权。只有在共同共有关系终止时，才可对共同财产进行分割，确定各自份额。最后，程某某赠与冯某某大额财产，显然不是因家庭日常生活需要而处理夫妻共同财产的行为，其未经妻子李某某同意赠与冯某某车辆、房屋及钱款，侵犯了李某某的财产权益，该赠与行为应认定无效。

第一千零六十一条　夫妻有相互继承遗产的权利。

【条文主旨】

本条是关于夫妻相互之间享有遗产继承权的规定。配偶基于其特殊的身份关系，与基于血亲的父母、子女同作为第一顺位的法定继承人，可以相互继承对方的遗产。

【条文理解】

夫妻一方继承对方遗产的权利是夫妻之间基于配偶身份关系享有的财产利益，是婚姻效力即夫妻权利义务中不可缺少的内容。

当代立法例大多承认配偶双方具有平等的继承地位，相互享有继承权。但在继承方式上，大体分为两种：（1）将配偶作为独立的法定继承人，且多为第一顺序。例如，英国法律将配偶列在法定继承顺序的首位；至于配偶应得遗产的份额，则根据被继承人有无子女、父母等血亲而有所不同。（2）不将配偶作为独立顺序法定继承人，而作为随从顺序继承人，有权与任何顺序的法定继承人共同参与继承，按法定比例分配遗产。例如，《德国民法典》第1931条规定，当配偶与第一顺序血亲亲属共同继承时，继承遗产的1/4；与第二顺序亲属或祖父母共同继承时，继承遗产的1/2；无第一、第二顺序亲属或祖父母时，继承遗产的全部。再如，《瑞士民法典》第462条规定，配偶与直系卑亲属共同继承时，继承遗产的1/2；与父母系继承人共同继承时，继承遗产的3/4；父母系亦无继承人时，继承全部遗产。我国古代社会，妇女地位低下，实行以男系亲为本位的宗祧继承，基本特征为：父传子继、嫡长先占、妇女无权。丧偶妇女只在“夫亡”“无子”“守志”三个条件具备时，才“合承夫份”，但对该财产也仅仅是代为管理而已。1930年的《中华民国民法》亲属编第1144条明确规定，配偶，有相互继承遗产之权。中华人民共和国成立后，1950年的《婚姻法》以废除男尊女卑的封建主义婚姻制度为己任，明确了妇女的继承权。其中，第12条规定：夫妻有互相继承遗产的权利。1980年《婚姻法》承继了该规定精神，其中第18条第1款规定：夫妻有相互继承遗产的权利。2001年修改《婚姻法》时，该款内容未作变动。本条亦承袭了《婚姻法》的规定，未作修改。《妇女权益保障法》进一步明确了妇女的平等继承权。《妇女权益保障法》第34条规定：“妇女享有的与男子平等的财产继承权受法律保护。在同一顺序法定继承人中，不得歧视妇女。丧偶妇女有权处分继承的财产，任何人不得干涉。”而且，根据《民法典》继承编中的第1157条规定，夫妻一方死亡后，另一方再婚的，有权处分所继承的财产，任何组织或者个人不得干涉。即夫妻之间的遗产继承权不因是否再婚受到影响。

夫妻相互继承遗产的权利也是继承制度的重要组成部分，可以说，本条规定是《民法典》第1127条关于配偶为第一顺序法定继承人的依据。之所以将夫妻相互享有继承权规定在婚姻效力中，而不是明确规定在继承法律规范中，有其历史原因：《婚姻法》（1950年、1980年）制定在先，而《继承法》（1985年）制定在后。夫妻相互继承权是以配偶身份关系为基础的权利，在制定《继承法》之前，在《婚姻法》中设立规定是必然的。1985年的《继承法》，即根据《婚姻法》关于夫妻相互继承权的规定，将配偶列为第一顺序法定继承人。考虑到夫妻相互遗产继承权，是配偶身份关系在民事财产法效力中仅次于夫妻共同财产权的重要内容，因此，虽将婚姻法和继承法统一编入《民法典》，但从各自制度体系相对独立完整的角度考虑，沿用该条仍有其必要。

【审判实践中应注意的问题】

一、夫妻相互遗产继承权应当源于合法的婚姻关系

夫妻相互遗产继承权是基于配偶身份关系，因此，该权利的主体是合法婚姻关系的配偶。只有婚约的男女之间、姘居的以及非婚同居的男女之间、已经离婚的男女之间不享有该项权利，但如果正在进行离婚诉讼期间，一方死亡的，由于尚未有生效判决解除双方之间的婚姻关系，故另一方仍享有配偶遗产的继承权。

二、具体遗产分割比例和顺序

夫妻相互遗产继承权的客体是夫妻一方的个人遗产，因此，夫妻相互继承遗产时，应先对夫妻共同财产进行分割，确定死亡配偶遗产的范围，再确定配偶一方应当继承的遗产份额。对此，《民法典》继承编中的第 1153 条第 1 款规定，夫妻共同所有的财产，除有约定的外，遗产分割时，应当先将共同所有的财产的一半分出为配偶所有，其余的为被继承人的遗产。

三、夫妻一方因意外事故死亡获得的死亡赔偿金是否为遗产

根据《民法典》侵权责任编中的第 1179 条和第 1181 条的规定，被侵权人死亡的，其近亲属有权要求赔偿丧葬费和死亡赔偿金。可见，死亡赔偿金是基于死者死亡而对死者近亲属所支付的赔偿，而并非死者死亡时即已经存在并遗留的合法财产。获得死亡赔偿金的权利人是死者近亲属，而非死者本人。对于近亲属的范围，《民法典》婚姻家庭编中的第 1045 条明确规定，包括配偶、父母、子女、兄弟姐妹、祖父母、外祖父母、孙子女、外孙子女。基于死亡赔偿金的性质，死亡人的配偶、父母、子女可以作为第一顺位的请求权人请求侵权人予以赔偿。夫妻一方为死亡赔偿金的合法权利人之一，但并非基于继承死亡配偶的遗产所取得，而是基于法律的直接规定。

四、夫妻共同居住的公租房在一方死亡后，可否继承

公房承租是指公房所有人或管理人将国家所有或集体、企业、事业单位所有房屋交给承租人使用，承租人向出租人支付租金的法律行为。公房承租是在特定历史条件下出现的一种产物，是我国传统福利住房分配制度的体现。对于公有住房，承租人只有租赁权，不能作为遗产继承。例如，《北京市公有住宅租赁合同》中规定：租赁期限内，承租方外迁或死亡，承租方同一户籍共同居住两年以上又无其他住房的家庭成员愿意继续履行原合同，可以办理更名手续。因此，作为与其共同居住的配偶一方，符合条件的可以继续承租使用，但不能主张作为遗产继承。

五、家庭承包方式的土地承包经营权是否可以继承

根据《农村土地承包法》的规定，农村土地承包分为家庭承包和其他方式的承包两类。家庭承包针对的是耕地、林地和草地，承包方是本集体经济组织的农户。其他方式承包针对的是不宜采取家庭承包方式的荒山、荒沟、荒丘、荒滩等“四荒”土地。家庭承包中，土地承包经营权的权利主体为“农户”，其他方式的承包中，土地承包经营权的权利主体，即承包方既可以是本集体经济组织成员，也可以是本集体经济组织以外的单位和个人。《民法典》总则编中的自然人一章明确“农村承包经营户”为一类民事主体。《民法典》总则编中的第55条规定：“农村集体经济组织的成员，依法取得农村土地承包经营权，从事家庭承包经营的，为农村承包经营户。”可见，在家庭承包方式中，承包经营权的权利主体是农户，并不与农户内的家庭成员个人发生直接联系。而农户内的具体成员则因生、老、病、死存在变动。但按照“增人不增地、减人不减地”的政策，农户内的夫妻一方死亡的，不影响另一方和其他家庭成员享有的土地承包经营权，无发生继承的必要。当承包经营农户内的家庭成员全部死亡，该土地承包经营权因权利主体不存在而归于消灭。该块承包地应由农村集体经济

组织收回后另行分配，不能由该农户家庭成员外的其他继承人继续承包经营。之所以作此理解，是由家庭承包方式“耕者有其田”的基本社会保障功能所决定的。因此，当夫或妻一方死亡时，配偶能够继续承包经营，是由家庭承包方式下土地承包经营权的性质决定的，并不是基于夫妻双方之间的遗产继承权所获得。《民法典》婚姻家庭编中的第1087条第2款规定，对夫或者妻在家庭土地承包经营中享有的权益等，应当依法予以保护。此种权益，应当包括一方继续承包经营的权利。当然，基于家庭承包经营已经获得的收益，属于夫妻共同财产范畴，可以作为遗产相互继承。

而对“四荒”土地采取的其他方式承包，则是以效率优先、兼顾公平为处理原则。《农村土地承包法》第54条规定：土地承包经营权通过招标、拍卖、公开协商等方式取得的，该承包人死亡，其应得的承包收益，依照继承法的规定继承；在承包期内，其继承人可以继续承包。对此，应作如下理解：首先，其他方式承包的，土地承包经营权的主体并非是农户，而是本集体经济组织成员或本集体经济组织以外的单位或个人，权利主体是确定的；其次，由于“四荒”土地开发周期长，短期内很难获得收益，因此，在很多情况下，承包人死亡时可能并未产生具体的收益。但承包人在死亡之前所做的投入是有财产利益的，其对应的承包收益应属于遗产范畴，作为夫妻的另一方，有权继承。同时，考虑到此种长期继续性合同的特点甚至其中包含的情感利益，在承包期内，夫妻另一方也可以继续承包，以实现承包收益。

第一千零六十二条 夫妻在婚姻关系存续期间所得的下列财产，为夫妻的共同财产，归夫妻共同所有：

（一）工资、奖金、劳务报酬；

（二）生产、经营、投资的收益；

（三）知识产权的收益；

（四）继承或者受赠的财产，但是本法第一千零六十三条第三项规定的除外；

（五）其他应当归共同所有的财产。

夫妻对共同财产，有平等的处理权。

【条文主旨】

本条是关于夫妻共同财产范围以及夫妻对共同财产平等处理权的规定。

【条文理解】

本条是在《婚姻法》第 17 条的基础上修改而成，仍采用列举式和概括式相结合的方式，第 1 款前 4 项明确列举了四种财产属于夫妻共同财产，第 5 项是抽象概括式的兜底规定。关于夫妻共同财产的范围，1950 年的《婚姻法》没有具体规定，1980 年的《婚姻法》第 13 条第 1 款规定："夫妻在婚姻关系存续期间所得的财产，归夫妻共同所有，双方另有约定的除外。"该条仅是原则上规定了夫妻婚后所得共同制，并未具体列举夫妻共同财产的范围。2001 年修改的《婚姻法》，不仅明确列举了共同财产的范围，还同时列举了个人财产的范围。本条基本沿用上述立法模式，仅作了部分微调。主要修改的内容为:(1)明确了“夫妻共同财产”的概念。(2)在《婚姻法》第17条第1项“工资、奖金”的基础上，增加了“劳务报酬”，以使该项规定的包容性更强。近年来，随着市场经济的发展，多种经济形态并存。实践中，除了工资、奖金之外，还有很多人通过非固定工作获得报酬，如咨询费、讲课费、稿费等，此类财产属劳务报酬范围，不能被工资、奖金所涵盖，在双方无特别约定的情况下，均应为夫妻共同财产。本项在征求意见稿中的表述为“工资、奖金和其他劳务报酬”。考虑到此种表述会引起“工资、奖金”属于劳务报酬范围的误解，后改为与“工资”“奖金”并列的表述。(3)在《婚姻法》第17条第2项“生产、经营的收益”基础上，增加规定了“投资收益”。近年来，家庭财产投资形式日趋多元化，股票、证券、期货等投资产生的收益不能完全囊括在“生产、经营的收益”范围内。增加规定“投资收益”，能够更有针对性地回应现实社会生活。

正确理解“所得”的具体含义。(1)这里的“所得”是夫妻所得，包括夫妻共同所得、夫或妻一方所得，如根据《民法通则意见》第43条规定，在夫妻关系存续期间，一方从事个体经营或者承包经营的，其收入为夫妻共有财产，债务亦应以夫妻共有财产偿还。该条司法解释明确了在婚姻关系存续期间，虽然不是双方共同从事个体经营或者承包经营，但所得收入仍应认定为夫妻共有财产。该解释符合夫妻法定婚后所得共同制的本意。因此，在夫妻关系存续期间，一方从事个体经营或者承包经营的收入，应当认定为本条第2项“生产、经营、投资的收益”，在双方无特别约定的情况下，为夫妻共同财产。(2)“所得”针对的是财产权利，而不是强调实际对财产取得占有。如夫或妻中奖所得的财产，离婚时可能权利人并未实际占有，但这些未实际控制、占有的财产仍应认定为婚姻关系存续期间所得。同样道理，如果一方的父母在婚前死亡，但是在双方婚姻关系存续期间才分割遗产，由于继承是从被继承人死亡时开始，故这笔遗产应属于该方的婚前个人财产，而不应是夫妻共同财产。

关于“其他应当归共同所有的财产”。由于我国夫妻财产采用法定婚后所得共同制，而婚姻生活期间，所得财产无法穷尽，故第5项采用兜底条款，以最大限度适应社会生活的变化和发展。对此，《婚姻法司法解释（二）》总结归纳出了几种归夫妻共同财产的类型，包括：一方在婚姻关系存续期间以个人财产投资取得的收益；男女双方在婚姻关系存续期间实际取得或者应当取得的住房补贴、住房公积金；男女双方在婚姻关系存续期间实际取得或者应当取得的养老保险金、破产安置补偿费以及军人复员费和自主择业费，今后在司法实践中仍需坚持。

关于“继承或受赠的财产”。本项的除外情形为“遗嘱或者赠与合同中确定只归一方的财产”，对于继承的财产，结合《民法典》继承编的有关规定，一方通过法定继承所取得的财产应当为夫妻共同财产；基于遗嘱继承或受遗赠的财产，只有在遗嘱或遗赠中未明确归夫妻一方所有的，才属于夫妻共同财产。对于继承或者受赠的财产属于夫妻共同财产还是个人财产为宜，在《民法典》编纂过程中存在争议。最高人民法院对此提出的修改意见为，除遗嘱或赠与合同中明确归双方的外，一方继承或者受赠所得的财产应归一方所有。主要理由是：随着经济社会的发展，人们生活理念和方式也发生了巨大变化，财产范围和体量都有很大增加，夫妻之间经济也更加独立。此种社会生活方式的变革应当在立法中有所体现。现实中，因房价高涨，父母往往倾其所有为子女结婚买房，甚至透支了养老积蓄，但目前离婚率日益增长也是不争的事实。为了避免自己用血汗钱购买的房屋被子女的配偶在离婚时分走一半，审判实践中出现了很多出资买房一方父母起诉子女还款的纠纷，将实际上赠与子女的出资坚称为借贷关系，其目的就是离婚时不让子女的配偶一方获利。2001年《婚姻法》修改时，并没有预料到如今房价暴涨的局面，从尊重赠与人真实意思表示以及保护老年人合法权益的角度考虑，建议进行上述修改，以便对当今的现实问题作出回应，从立法上理顺父母子女之间赠与关系的界定问题。从比较法的角度看，世界上大多数国家法律，不论是大陆法系、英美法系还是苏联等国家的法律，都规定夫妻一方继承或者受赠与的财产属于个人特有财产。从体系协调性角度看，该条也存在着与《民法典》继承编相关规定协调适用的问题。根据《民法典》第1127条和第1129条规定，儿媳和女婿并未列入法定继承人的范围，只有对公婆、岳父母尽了主要赡养义务的丧偶儿媳和丧偶女婿才可以作为第一顺序继承人。本条规定实质上扩大了法定继承人的范围。但最终立法机关基于维持法律稳定性的考虑，未对本条进行修改。因此，实践中，仍应当按照《民法典》的相关规定，确定夫妻共同财产的范围。此外，还要特别强调两点：（1）只要继承的事实发生在婚姻关系存续期间，即使当时没有对遗产进行分割，在离婚后，遗产分割的，配偶一方仍可以主张相关权益。（2）配偶一方基于特定身份关系享有的继承权，对方不能共有，双方分享的只是继承得来的财产，因此，如果作为继承人的配偶一方放弃继承，另一方以损害其权益为由提起诉讼的，原则上也不应予以支持。

根据本条第2款规定，夫妻双方对共同所有的财产，享有平等的占有、使用、收益和处分的权利，自不待言，除了日常家事范围内的事务以及构成表见代理的情形外，一方擅自处分共同财产的，对另一方不发生法律效力。

【审判实践中应注意的问题】

一、知识产权收益的界定

知识产权的收益是指作品在出版、上演或播映后而取得的报酬，或允许他人使用而获得的报酬，专利权人转让专利权或许可他人使用其专利所取得的报酬，商标所有人转让商标权或许可他人使用其注册商标所取得的报酬等。《婚姻法司法解释（二）》第12条规定："婚姻法第十七条第三项规定的'知识产权的收益'，是指婚姻关系存续期间，实际取得或者已经明确可以取得的财产性收益。"审判实践中，如果知识产权财产性收益明确的时间系在婚姻关系存续期间，无论收益的实际取得是在婚姻关系存续期间还是在离婚后，该收益均为夫妻共同财产。对于离婚时一方尚未取得经济利益的知识产权，则不宜作为夫妻共同财产分割。比如，写好的书稿还没有联系到出版单位，已完成的绘画作品还没有卖出。享有知识产权的一方可能以后将自己的作品出售，也可能自己收藏品味，还可能赠送给朋友，因此，无法确定是否存在财产收益。而知识产权是一种智力成果权，具有很强的人身依附性，与人身密不可分，作者的配偶无权在作者的著作中署名，也无权决定作品是否发表。如果作者的手稿、字画、设计稿等在离婚时还没有出版或未被采用，那它就仅仅属于夫妻一方的精神财富，离婚时应归一方所有。但是，考虑到创作的过程是在婚姻关系存续期间，而一方从事创作，另一方会承担更多家庭开支或家务劳动，其知识产权的获得离不开配偶一方的支持和帮助，应当根据公平原则兼顾双方的利益进行处理。根据《离婚案件财产分割意见》第 15 条规定，离婚时一方尚未取得经济利益的知识产权，归一方所有。在分割夫妻共同财产时，可根据具体情况，对另一方予以适当的照顾。

二、婚前个人积蓄婚后变化部分的归属

一方使用婚前个人积蓄在婚后购买的房屋、车辆等有形财产，如果能够明确认定是来源于其婚前的个人积蓄，则不属于生产、经营收益范畴，只是原有财产价值存在形态发生了变化，其价值取得始于婚前，所谓“万变不离其宗”，应当认定为一方的个人财产。

对于一方婚前财产在婚后产生的收益，如何认定，实践中存在争议。为此，《婚姻法司法解释（三）》第 5 条规定：“夫妻一方个人财产在婚后产生的收益，除孳息和自然增值外，应认定为夫妻共同财产。”该司法解释采用了一般原则加例外规定的模式，确定了夫妻一方财产在婚后产生的收益原则上为夫妻共同财产。该结论主要考虑了以下因素：（1）夫妻财产制的立法理念及婚姻的伦理性。基于我国现有的国情、历史文化传统等因素，目前法定婚后所得共同制仍然是夫妻共同财产制的基本形态。（2）侧重保护女性利益之观念。随着经济

社会发展和妇女解放意识的增强，女性的社会经济地位日益提高，但整体而言，女性在就业机会、经济收入等方面与男性仍有差距。同时，在家庭里女性还要承担生育、照顾家庭等职责，因此，认定夫妻一方财产在婚后产生的收益原则上为夫妻共同财产有利于保护女性利益。（3）尊重家务劳动价值。夫妻双方在家庭中所扮演的角色和分工是不同的，现实社会中，一般男性的社会参与度高一些，而女性照顾家庭更多一些，家务劳动价值往往很难有一个具体量化标准，但它对维系家庭正常生活乃至社会生活的有序进行至关重要，如果认定男方用自己的婚前个人财产在外投资经营所得收益全部为其个人财产，则可能忽略女方的家务劳动价值。（4）保持身份法与财产法的平衡。婚姻家庭中的财产关系是以人身关系为前提，直接体现出一定的经济内容或者以一定的财产为媒介所形成的社会关系。这种财产关系不能脱离婚姻家庭方面的人身关系而独立存在，它是依附、从属于亲属人身关系的。但是在设计规则时，也应努力减少法律规定上的冲突，在不违背公平合理的基础上尽量与财产法领域的物权法相关规定协调，以利法律之统一。[①]夫妻一方用其个人财产在婚后投资的，必然花费一定的时间和精力，其投资经营行为是夫妻婚姻生活的一部分，因此，一方在婚后投资产生的收益，不管初始资金是婚前个人财产还是婚后的夫妻共同财产，投资产生的收益部分原则上应当为夫妻共同财产。例外的两项主要有孳息和自然增值。此处的孳息是在狭义范围内使用，包括天然孳息和法定孳息。天然孳息是依照物的自然性质而产生的收益物，如果树所结出的果实，动物之产物如鸡蛋、羊毛。法定孳息是依照法律规定产生的收益物如银行存款利息等。自然增值是因通货膨胀或市场行情的变化所致，与夫妻一方或双方是否为该财产投入物资、劳动、努力、管理等无关，比如房屋价格的上涨。应否将婚前财产在婚后的孳息归入夫妻共同财产，理论界存在分歧。现今立法例，如意大利、瑞士等国民法，均明确规定个人婚前财产在婚后的孳

① 最高人民法院民事审判第一庭编著：《最高人民法院婚姻法司法解释（三）理解与适用》，人民法院出版社 2015 年版，第 99~100 页。

息属于夫妻共同所有。法国民法稍有不同，对婚前财产的孳息加以区分，仅规定其中的天然孳息归夫妻共有，法定孳息仍归个人所有。有学者提出，亲属法既然采取婚后所得共同制，则婚前财产在婚后的孳息，就应当归属于夫妻共有财产，此属于民法关于孳息归属原物所有权人的一般原理在亲属法上的例外。[①]我们认为，孳息归属于原物所有权人为民法的一般原理，在婚姻家庭领域，基于夫妻别体主义原则，亦无特别例外规定的必要。孳息和自然增值与夫妻一方或双方对该财产所付出的劳务、扶持无关，认定为个人财产符合民法一般原理，亦符合公平原则。

一方用婚前财产炒股、买基金的，由于炒股、买基金属于一种投资行为，既可以获利，也可能具有相当的风险，而且在婚姻关系存续期间炒股、买基金，必然占用该方时间、精力，应当属于夫妻生活的一部分。如果炒股、买基金赚了钱，双方在没有另行约定该笔财产的归属问题时，应当属于夫妻共同财产。

① 梁慧星:《中国民法典草案建议稿附理由：亲属编》，法律出版社2013年版，第114~115页。

第一千零六十三条 下列财产为夫妻一方的个人财产：

（一）一方的婚前财产；

（二）一方因受到人身损害获得的赔偿或者补偿；

（三）遗嘱或者赠与合同中确定只归一方的财产；

（四）一方专用的生活用品；

（五）其他应当归一方的财产。

【条文主旨】

本条是关于夫妻个人财产范围的规定。主要分为四类：第一类是夫妻各自的婚前财产，以完成结婚登记、确立婚姻关系为界；第二类是一方因受到人身损害获得的赔偿或者补偿，因其明确的人身专属性而归一方所有；第三类是遗嘱或者赠与合同中明确只归一方的财产，尊重遗嘱人或赠与人的自由意志；第四类是一方专用的生活用品。通过明确列举式规定夫妻个人财产的范围，以与夫妻共同财产相区分。

【条文理解】

亲属法上所谓的“特有财产”，指法律规定专属夫妻一方所有的财产。特有财产，在夫妻共同财产关系中，属部分的分别财产，效力适用分别财产制的规定。我国的夫妻特有财产是在共同财产制前提下的，是对夫妻共同财产制的限制与补充，目的在于保持和方便夫妻一方个人生活的连续性和完整性，为夫妻双方提供灵活处理财产关系的空间，保障夫妻各自合法的个人财产。关于夫妻个人财产具体应当包括哪些内容，1950 年《婚姻法》和 1980 年《婚姻法》均未作出明确规定，2001 年修改《婚姻法》时增设了夫妻个人财产的规定。本条在《婚姻法》第 18 条的基础上对文字进行了精练，其他未有大的改动。主要修改内容是第 2 项，《婚姻法》第 18 条第 2 项的规定为“一方因身体受到伤害获得的医疗费、残疾人生活补助费等费用”，本条第 2 项改为“一方因受到人身损害获得的赔偿或者补偿”。将“身体受到的伤害”改成“人身损害”，以保持体系的一致性，与《民法典》侵权责任编中的人身损害赔偿表述相一致。根据《民法典》第 1179 条规定，侵害他人造成人身损害的，应当赔偿医疗费、护理费、交通费、营养费、住院伙食补助费等为治疗和康复支出的合理费用，以及因误工减少的收入。造成残疾的，还应当赔偿辅助器具费和残疾赔偿金；造成死亡的，还应当赔偿丧葬费和死亡赔偿金。基于此，《婚姻法》第 18 条表述的“医疗费、残疾人生活补助费等费用”涵盖并不全面，故此，将其改为“获得的赔偿或者补偿”。当然，根据《民法典》侵权责任编的规定，从人身损害赔偿各项费用的具体性质看，不能将所有费用笼统地认定为个人财产，比如因误工减少的收入，该收入对应的时间如果是婚姻存续期间，应当认定为夫妻共同财产。

根据《婚姻法司法解释（一）》第 19 条规定，《婚姻法》第 18 条规定为夫妻一方所有的财产，不因婚姻关系的延续而转化为夫妻共同财产。但当事人另有约定的除外。也即确定为夫妻一方所有的财产的，不管婚姻关系持续多久，该财产仍为夫妻一方所有的财产，不能自动转化为夫妻共同财产。当然，如果该财产在婚姻关系存续期间已经由夫妻双方或一方消费或者已经自然损耗的，所有权人亦不得要求对方给予补偿。对此，《离婚案件财产分割意见》第 16 条规定：“婚前个人财产在婚后共同生活中自然毁损、消耗、灭失，离婚时一方要求以夫妻共同财产抵偿的，不予支持。”我们认为，该条规定在《民法典》实施后，仍有适用的空间。

关于“其他应当归一方的财产”如何确定。我们认为，在对该项兜底条款进行解释时，应当与《民法典》确定的婚后所得共同制联系起来进行体系解释。有学者提出，《民法典》第 1062 条与本条在分别对夫妻共同财产与个人财产的范围进行列举后，均设置了一个兜底的概括性条款“其他应当……”，即共同财产和个人财产都存在可扩容进来的财产，这一规定与法定婚后所得共同制相冲突。在逻辑结构上，对无法确定区分共同所有或个人所有的财产，应当推定为共同财产，才能体现共同制的价值。[①]我们认为，该观点不无道理，但考虑到现实生活的复杂多样，为使得法律更有包容性，在共同财产和个人财产的列举性规定后，增加一个兜底的概括性条款，能更有效地应对复杂的社会现实生活，避免由于闭合性规定导致法官在审理案件中产生适用法律的困境，甚至由于无法可依作出违背民众感情的处理结果。要特别强调的是，虽然两者均为兜底性概括条款，但在适用上要有主次先后之分。由于我国是法定的婚后财产共同制，因此，对于第5项的解释要坚持从严原则，只有在前4项之外的明确具有人身专属性的财产，才能认定为一方的个人财产；而在无法确定是共同财产还是个人财产时，应以确定共同财产为原则。主要理由是：我国为法定婚后所得共同制，而该制度的法理基础是承认夫妻之间存在的协力关系。夫妻之间的“协力”贯穿整个婚姻生活。只要婚姻关系存在，便可认定夫妻之间存在着“协力”关系，而不考虑双方情感状况、家务劳动分配以及各自对家庭贡献大小等因素。共同财产制认可夫妻之间的“协力”，目的在于维护婚姻的稳定，引导婚姻当事人以家庭整体利益为重，鼓励配偶之间互相支持与扶助。因此，在解释第5项时应当不超越上述法律的基本原则和立法目的。

---

① 夏吟兰、薛宁兰主编：《民法典之婚姻家庭编立法研究》，北京大学出版社2016年版，第200页；梁慧星：《中国民法典草案建议稿附理由：亲属编》，法律出版社2013年版，第116页。

【审判实践中应注意的问题】

一、一方将个人所有的房产赠与另一方，但未办理过户登记的权属认定

对于夫妻一方所有的财产，其个人享有完全的所有权，可以自行为处分行为，当然可以赠与另一方。但在夫妻之间赠与房产的情况下，存在婚姻法与物权法、合同法之间的衔接问题。我国目前对不动产物权变动原则上采登记生效主义。同时，在合同法语境下，赠与合同中，除特定情况的赠与外，赠与人在赠与财产权利转移之前，享有任意撤销权。因此，对于实践中一方婚前或婚姻存续期间将自己个人房产赠与另一方，但未办理过户登记，离婚时，赠与房产的一方主张撤销赠与，另一方主张继续履行合同的情况，是按照物权法和合同法的规则处理，还是基于婚姻家庭关系的特殊性处理，实践中存在很大争议。为此，《婚姻法司法解释（三）》第6条规定，此种情况应当适用合同法关于赠与合同的相关规则处理。主要考虑是：虽然《合同法》规定，婚姻、收养、监护等有关身份关系的协议适用其他法律的规定，但并没有绝对排除合同法的适用；而且，婚姻家庭虽以身份关系为前提和基础，但其中亦涉及财产关系内容，应有合同法的适用余地。我们认为，《民法典》实行后，婚姻法回归民法体系，更应注重婚姻家庭编与物权编、合同编的协调统一，仅以身份关系为由，完全排斥物权法和合同法对婚姻家庭领域财产关系的调整，需要特别慎重。而且，为贯彻不动产物权登记的公示公信原则，要求夫妻双方对于房产的权属明确地通过登记体现出来，也能够最大限度保护不特定的第三人利益，维护交易安全。

二、婚后父母出资为子女购买不动产的情况

近年来，全国房价不断攀升，年轻人结婚后短期内靠夫妻双方自身经济收入越来越难以负担较高的房价。且大多数年轻人是独生子

女，父母基于对子女的爱护，将大部分积蓄用于资助子女购买房屋的情况日益增多。基于中国特有的传统家庭文化影响，父母在出资时，一般未明确或不愿意明确出资性质和出资对象，导致在子女离婚时出现纠纷。子女结婚后，父母为子女购房本是抱着美好的愿望，希望子女婚姻幸福稳定，不愿意设想子女将来离婚的可能，并使得另一方产生不必要的误会。因此，实践中，大多数情况下，父母通常无法提供明确表示赠与子女一方的证据。在目前“闪婚闪离”现象越来越多的情况下，直接认定父母为子女买房出资为对夫妻双方的赠与，缺乏社会认同。父母在子女婚后为其出资买房虽然表面上不排除为子女配偶提供居住条件的考虑，但血亲与姻亲的差异决定了为己方子女提供婚后居住条件这一本意才是促使父母出资的根本原因。但是，一旦子女离婚，其中关于房产的争议就会凸显。为此，《婚姻法司法解释（二）》第22条规定：当事人结婚后，父母为双方购置房屋出资的，该出资应当认定为对夫妻双方的赠与，但父母明确表示赠与一方的除外。该规定与《婚姻法》第17条关于夫妻共同财产范围的规定是一致的。但何谓“父母明确表示赠与一方”仍存在解释的空间。除了明确的赠与合同外，是否还可通过其他证据体现父母赠与子女一方的意思表示。我们认为，可以通过出资过程中相关的外观行为加以判断。在父母出资为子女购买不动产的情况下，根据不动产登记情况来判断父母是赠与自己子女一方还是赠与其夫妻双方是比较客观的，实践中也易于掌握，与不动产物权变动登记生效主义原则也是一致的。即在父母出资意思表示不明时，如果房产登记在自己子女一方名下，应当认定为是对自己子女一方的赠与；如果登记在自己子女及其配偶双方名下，应当认定为是对夫妻双方的赠与。当然，也可能存在登记在子女配偶一方名下的情况，但基于血亲关系的特殊性，此种情况宜认定为是对夫妻双方的赠与。为此，《婚姻法司法解释（三）》在制定时即确定了“明确表示赠与一方”与“产权登记主体”两者相结合的思路。此种处理既与物权相关规定相衔接，贯彻不动产物权登记公示公信原则，又将父母一方的意思表示确定了一个客观的判断标准，即婚后由一方父母出资为子女购买不动产，产权登记在出资方子女名下，等于已经向社会公开了不动产的所有者只是自己的子女，申请登记的内容也是意思表示的一种，这种情况下视为只对自己子女的赠与。这不仅有利于均衡保护婚姻双方及其父母的权益，也便于司法认定和统一裁量尺度。当然，该种情况是父母出全资的情况。对于婚后一方父母部分出资为子女购置房产，夫妻双方支付剩余款项，所有权登记在出资方子女名下，基于该不动产属于婚后所得且夫妻另一方参与支付剩余款项，除当事人另有约定外，该不动产应当认定为夫妻共同财产。对于父母出资的部分，可以按照本条第3项规定的精神，视为只对自己子女一方的赠与。如果双方对房屋的产权归属没有特别约定，所购房屋的产权及增值收益部分应当归夫妻双方共同共有。

三、其他具有特定人身属性物品的认定

刘某某与郑某某系夫妻关系，刘某某为残疾人。在婚姻关系存续期间，刘某某曾在全国残疾人运动会上夺取3枚金牌。后刘某某以夫妻感情确已破裂为由，诉请离婚。郑某某主张刘某某获得的17块奖牌其应分得一半，奖金29万，应分得19万。法院认为：奖牌虽在婚姻关系存续期间所得，但奖牌系刘某某作为残疾人运动员的一种荣誉象征，有特定的人身性，不作为夫妻共同财产分割；奖金已用于家庭消费，无剩余，不应再予以分割。[①]

在解除婚姻关系时，对于双方约定不明或者法律没有明确规定为夫妻共同财产或个人财产的，审判实践中一般本着具有特定人身权性质的财产认定为一方的个人财产，其他则认定为夫妻共同财产的原则确定。在体育比赛中所获得的各种奖牌，是社会对取得优异成绩运动员个人的一种肯定。对于获奖运动员来讲，奖牌代表着荣誉，而荣誉权属于人身权范畴，与特定的人身密不可分。人身权只能由特定的个人独立享有，不能与他人分享。正是人身权的这种属性，决定了运动

---

① 周强总主编：《中华人民共和国婚姻法案典》，人民法院出版社2014年版，第116~117页。

员所获得的奖牌，在离婚时应当认定为个人所有。但是，所获得的奖金虽基于其自身努力在赛场上获得，是对其个人努力的肯定和奖励，但奖金并非荣誉权本身，它是财产权的客体，与一般人基于工作、讲课等获得的工资、讲课费并无本质区别。因此，其所获得的奖金应当作为夫妻共同财产。但离婚时，是对现存的夫妻共同财产进行分割，因该部分奖金已经用于家庭日常消费，故无法分割。

第一千零六十四条 夫妻双方共同签名或者夫妻一方事后追认等共同意思表示所负的债务，以及夫妻一方在婚姻关系存续期间以个人名义为家庭日常生活需要所负的债务，属于夫妻共同债务。

夫妻一方在婚姻关系存续期间以个人名义超出家庭日常生活需要所负的债务，不属于夫妻共同债务；但是，债权人能够证明该债务用于夫妻共同生活、共同生产经营或者基于夫妻双方共同意思表示的除外。

【条文主旨】

本条是关于夫妻共同债务的规定。明确了“共债共签”的基本原则，同时，与第 1060 条相对应，明确为家庭日常生活需要所负债务为夫妻共同债务。此外，对于婚姻关系存续期间夫妻一方以个人名义所负其他债务，除非债权人能够证明已经用于夫妻共同生活、共同生产经营或者基于双方共同的意思表示，否则不属于夫妻共同债务。

【条文理解】

本条是为回应社会关切新增加的条文，也是《民法典》婚姻家庭编最大的亮点，为解决实践中争议较大的夫妻债务问题提供了明确的法律依据。夫妻债务制度是夫妻财产制度的一部分，因此，在婚姻家庭编的体例结构安排上，本条规定在了夫妻财产制度之后。从条文设计看，本条体现了平等保护债权人利益和夫妻双方利益，兼顾维护交易安全与婚姻家庭稳定的理念。

一、关于夫妻债务制度的演进

1950年的《婚姻法》以“废旧立新”为己任，关于夫妻债务制度，其第24条规定：“离婚时，原为夫妻共同生活所负担的债务，以共同生活时所得财产偿还；如无共同生活时所得财产或共同生活时所得财产不足清偿时，由男方清偿。男女一方单独所负债务，由本人偿还。”从而界定了夫妻共同债务的认定标准，确定了夫妻共同债务和一方个人债务的清偿原则，尤其确立了共同生活所得财产不足清偿夫妻共同债务时，由男方负责清偿的特殊规则。这主要是考虑当时女性一般较男性经济地位弱的现实。1980年《婚姻法》第32条规定：“离婚时，原为夫妻共同生活所负的债务，以共同财产偿还。如该项财产不足清偿时，由双方协议清偿；协议不成时，由人民法院判决。男女一方单独所负债务，由本人偿还。”在夫妻共同债务的认定标准上，前后两部《婚姻法》一致，仍将“为夫妻共同生活所负”作为唯一标准。只是在夫妻共同财产不足清偿共同债务时，1980年的《婚姻法》将“由男方清偿”改为“由双方协议清偿；协议不成时，由人民法院判决”。之所以如此规定，盖因中华人民共和国成立30年后，妇女全体社会经济地位大幅提升，为体现对夫妻双方的平等保护，作此规定。《民法通则意见》对婚姻关系存续期间一方经营所负债务问题进行了规范，其第43条规定：“在夫妻关系存续期间，一方从事个体经营或者承包经营的，其收入为夫妻共有财产，债务亦应以夫妻共有财产清偿。”从该条条文表述看，一方从事个人经营或者承包经营的，产生的债务并没有明确为夫妻共同债务，但明确了夫妻共同财产为该债务的责任财产。该条基于法定婚后所得共同制为基础，符合权利义务一致原则。《离婚案件财产分割意见》第17条第1款规定：“夫妻为共同生活或为履行抚养、赡养义务等所负债务，应认定为夫妻共同债务，离婚时应当以夫妻共同财产清偿。”这更进一步明确了夫妻共同债务的认定标准。同时该条第2款还从反向角度排除了几类夫妻共同债务，具体为：（1）夫妻双方约定由个人负担的债务，但以逃避债务为目的的除外。（2）一方未经对方同意，擅自资助与其没有抚养义务的亲朋所负的债务。（3）一方未经对方同意，独自筹资从事经营活动，其收入确未用于共同生活所负的债务。（4）其他应由个人承担的债务。2001年《婚姻法》修改时并未对夫妻共同债务制度作出大的改动，其中第41条规定“离婚时，原为夫妻共同生活所负的债务，应当共同偿还。共同财产不足清偿的，或财产归各自所有的，由双方协议清偿；协议不成时，由人民法院判决”。该条将原来的“以共同财产偿还”改为“应当共同偿还”，也即，为夫妻共同生活所负的债务为夫妻共同债务。按照债的一般原理，在对外关系上，夫妻双方均有以自己全部财产承担清偿义务的责任，即“共同偿还”。当然，在夫妻双方的内部关系中，可以区分各自应承担的份额。为此，《婚姻法司法解释（二）》第25条规定：“当事人的离婚协议或者人民法院的判决书、裁定书、调解书已经对夫妻财产分割问题作出处理的，债权人仍有权就夫妻共同债务向男女双方主张权利。一方就共同债务承担连带清偿责任后，基于离婚协议或者人民法院的法律文书向另一方主张追偿的，人民法院应当支持。”第26条规定：“夫或妻一方死亡的，生存一方应当对婚姻关系存续期间的共同债务承担连带清偿责任。”此外，《婚姻法》第41条还规定了分别财产制情况下，夫妻共同债务的清偿原则。同时，删除了“男女一方单独所负债务，由本人偿还”的表述。由于《婚姻法》第41条对何谓共同生活所负的债务，并未明确，而且为共同生活之外所负的债务，是夫妻共同债务还是个人债务，清偿的规则是什么，均未涉及，导致实践中存在模糊认识。专家学者、法官和社会有关方面对《婚姻法》第17条、第19条第3款与第41条之间的关系认识不一致。《婚姻法》第19条第3款规定了第三人知道夫妻约定分别财产制的情形下，夫妻一方以个人名义对外所负债务的清偿责任，而没有规定第三人不知道夫妻约定分别财产制的情形下，夫妻一方以个人名义对外所负债务如何清偿，以及夫妻实行婚后所得共同制的情形下，夫妻一方以个人名义对外所负债务如何清偿；第41条规定的“原为夫妻共同生活所负的债务，应当共同偿还”，但未明确是否包括为取得第17条第1款第2项中规定的“生产、经营的收益”而由夫妻一方为生产、经营以个人名义对外举债产生的债务；此外，对于夫妻在婚姻关系存续期间对外举债是否需要以及在何种情形下需要共同签字等基于合意的意思表示等，也未予明确。

随着社会经济生活的发展，婚姻期间夫妻一方与第三人发生债权债务关系的情形日益普遍。为防止夫妻双方通过离婚恶意转移财产、逃避债务，侵害债权人利益，《婚姻法司法解释（二）》第24条规定，婚姻关系存续期间夫妻一方以个人名义所负债务，应当按照夫妻共同债务处理。但夫妻一方能够证明债权人与债务人明确约定为个人债务，或者能够证明第三人知道夫妻双方属于约定分别财产制的除外。该条有效遏制了当时存在的一些夫妻恶意逃债损害债权人利益的现象，较好地维护了市场交易安全。近年来，由于我国城乡居民家庭财产结构、类型、数量、状态以及理财模式等都发生了巨大变化，特别是近年来因民间借贷案件高发，有关夫妻债务的认定也出现了一系列新情况新问题。为此，最高人民法院于2017年2月针对上述司法解释所涉问题作出了《关于适用〈中华人民共和国婚姻法〉若干问题的解释（二）的补充规定》，并向全国法院下发《最高人民法院关于依法妥善审理涉及夫妻债务案件有关问题的通知》，明确规定未经审判程序不得要求未举债的夫妻一方承担民事责任。同时要求注意把握不同阶段夫妻债务的认定标准，在司法实践中起到了积极作用。2018年1月，最高人民法院作出了《关于审理涉及夫妻债务纠纷案件适用法律有关问题的解释》，主要明确了在合同类纠纷中，夫妻共同债务的认定标准和规则。本条即是吸收了该司法解释的内容所作的规定。该司法解释施行后，总体上得到了社会各界的一致肯定。当然也有不同的声音，反对的意见主张该司法解释过度保护了未举债夫妻一方的利益，导致对债权人利益保护不够充分。

二、夫妻共同债务认定的三个层次

夫妻债务性质的认定是夫妻债务制度的核心内容。本条充分吸收了上述关于夫妻共同债务司法解释的规定，明确了夫妻共同债务的认定标准，主要分为三个层次：

一是基于夫妻共同意思表示所负的债务。其表现形式可以是事前的共同签字，也可以是事后一方的追认。此即所谓“共债共签”制度，这符合民法意思自治原则和合同相对性原理。主要考虑是，在债务形成之时，债权人往往处于优势地位，课以其一定的风险控制义务，并不明显加重其负担；同时，能够在家庭重大财产利益的处分上保护夫妻另一方的利益，尊重其知情权和同意权；亦能够最大限度减少事后纠纷的发生概率。当然，事后追认的方式，不限于书面形式，实践中可以通过电话录音、短信、微信、邮件等方式进行判断。

二是为日常家庭生活需要所负的债务。日常家事代理是认定夫妻因日常家庭生活所生债务性质的根据。此类债务主要是日常家事代理范畴所负的债务，为夫妻共同生活过程中产生，以婚姻关系为基础，一般包括正常的吃穿用度、子女抚养教育经费、老人赡养费、家庭成员的医疗费等，是最典型的夫妻共同债务，夫妻双方应当共同承担连带责任。对此问题，很多国家和地区均有规定，此处不再赘述。要特别说明的是，从域外立法例看，对于家事日常生活所负债务问题，也有一些限制性规定，如《法国民法典》第220条第2款、第3款对日常家事代理所生债务的连带责任有两项除外性规定：（1）视家庭生活状况，所进行的活动是否有益以及缔结合同的第三人是善意还是恶意，对明显过分的开支，不发生此种连带责任。（2）一方以分期付款方式进行的购买以及借贷，如未经夫妻双方同意，亦不发生连带责任；但如果此种购买与借贷数量较少，属于家庭日常生活之必要，不在此限。这表明，在法国法中，超出日常家事范围的“明显过分开支”和“以分期付款方式进行的购买以及借贷”都不属于日常家事代理所生之债。它们是举债配偶一方的个人债务，而不是夫妻共同债务。这在实践中确定日常家事代理范围时有一定的借鉴意义。要特别说明的是，家事代理责任承担的前提并不是夫妻共同财产制度，家事代理制度解决的是夫妻一方因日常事务代理与第三人对外发生法律关系后的责任承担，与夫妻财产制无必然联系。

三是超出家庭日常生活需要所负的债务且债权人不能证明该债务用于夫妻共同生活、共同生产经营或者基于夫妻双方共同意思表示。婚姻是夫妻生活的共同体，具有长期性和连续性。婚姻关系存续期间，夫妻除因行使日常家事代理权形成日常家事债务外，还会与第三人形成其他债权债务关系，如大额借贷、赠与、不动产买卖等。为保护未举债的配偶一方合法权益，法律明确规定此种情况下所负债务原则上不属于夫妻共同债务。将举证责任课以债权人，以倒逼债权人在建立债权债务关系时尽到审慎的注意义务，按照本条第1款规定要求举债人的配偶一方签字同意，确保债务形成为夫妻双方的共同意思表示，也能够最大限度避免夫妻一方与债权人恶意串通损害另一方合法权益的情况。民法典严格限制夫妻共同债务范围的精神，应当说对于维护婚姻家庭的和谐稳定，具有重要意义。

在我国现有的法律体系和语境下，所谓“夫妻共同债务”应当指夫妻作为共同债务人，以全部财产对该类债务承担连带责任。如此，则认定夫妻共同债务的标准偏严，有利于保护夫妻未举债一方的财产利益。有疑问的是，是否需要将债务性质认定与债务清偿责任分别规定，尤其是在未认定为夫妻共同债务的情况下，包括侵权之债、不当得利和无因管理之债的情形，责任财产的范围如何界定。在婚姻关系存续和解除婚姻关系两种情况下，处理方式是否存在差异等，都有待实践中继续探索总结。

目前实践中一般掌握的是，如果未举债配偶一方已经基于该债务受益，则认定为夫妻共同债务。此情况下，基于权利义务一致原则，似无不妥，但实际上，在夫妻一方对外投资经营的情况下，基于婚后法定共同财产制，另一方受益的情况是常态，而由于生产经营的风险巨大，如果只有较少的受益而负担巨额债务的，亦存在权利义务失衡的质疑。因此，如何合理界定市场经营风险与婚姻家庭稳定之间的界限是一个重大课题。相反的，如果债权人无法举证，也可能存在纵容夫妻双方恶意转移财产的情况。因此，应当进一步探索债务的清偿规则。在未认定为夫妻共同债务的情况下，是否可以基于夫妻共同财产所负债务的原理，未举债方以夫妻共同财产为限对此承担责任，其婚前个人财产、离婚后取得的财产以及其他法定个人财产不再作为责任财产范围。从而既能体现婚姻家庭同舟共济、荣辱与共的伦理性特征，又能给未举债的另一方提供一种切割风险、开始新生活的机制，以平衡债权人和未举债配偶一方利益。当然，这有待于司法实践的进一步探索和总结。

三、本条与第1089条的关系

《民法典》第1089条规定："离婚时，夫妻共同债务应当共同偿还。共同财产不足清偿或者财产归各自所有的，由双方协议清偿；协议不成的，由人民法院判决。"上述规定是夫妻离婚时财产分割制度的组成部分。在婚姻关系存续期间，夫或妻在对外经济交往中会产生各种债权债务关系，本条确定了夫妻共同债务认定的一般规则。双方在离婚诉讼中对基于以一方名义对外所欠债务是否为夫妻共同债务产生争议时，应当按照本条确定的规则进行认定。在根据本条认定为夫妻共同债务的情况下，夫妻双方为共同债务人，在夫妻双方离婚时按照《民法典》第1089条规定处理；如果根据本条认定不属于夫妻共同债务，则无第1089条规定之适用余地。

【审判实践中应注意的问题】

一、婚前一方所负债务问题

原则上，婚前一方所负债务为个人债务，应当用个人财产偿还。但要注意的是，如果配偶一方因此获益的，应当认定为共同债务。对此，《离婚案件财产分割意见》第 18 条规定："婚前一方借款购置的房屋等财物已转化为夫妻共同财产的，为购置财物借款所负债务，视为夫妻共同债务。"《婚姻法司法解释（二）》第 23 条规定："债权人就一方婚前所负个人债务向债务人的配偶主张权利的，人民法院不予支持。但债权人能够证明所负债务用于婚后家庭共同生活的除外。"

二、离婚纠纷中，夫妻一方提出自己以个人名义举债用于夫妻共同生活，要求确认上述债务为夫妻共同债务如何处理

这种情况属于在夫妻内部对债务性质产生的争议。举债人的配偶往往以自己根本不知道债务的存在为由，否认对方举债用于夫妻共同生活。因为离婚案件不允许追加"债权人"为第三人参加诉讼，故证明责任属于主张债权债务关系存在且所举债务用于夫妻共同生活的一方当事人。"债权人"可能作为证人出庭作证，也可能根本找不到。由于离婚案件中人民法院要解决相关债务是否属于夫妻共同债务问题，这直接关系到夫妻共同财产的分割，如果债务被认定为夫妻共同债务，则需要以夫妻共同财产清偿。因此，如果债权债务关系明确，在离婚诉讼中以认定处理为宜。但是如果债务明显缺乏证据或无法查清，也可以不在离婚案件中处理。待债权人起诉时再按照债务纠纷案件受理。即使举债人此时已经离婚，只要债权人将债务人的原配偶列为共同被告，人民法院在审理中仍然要对债务的性质属于夫妻共同债务还是举债人的个人债务作出判断。如果债务被定性为夫妻共同债务，则由债务人与其前配偶负连带清偿责任。

第一千零六十五条 男女双方可以约定婚姻关系存续期间所得的财产以及婚前财产归各自所有、共同所有或者部分各自所有、部分共同所有。约定应当采用书面形式。没有约定或者约定不明确的，适用本法第一千零六十二条、第一千零六十三条的规定。

夫妻对婚姻关系存续期间所得的财产以及婚前财产的约定，对双方具有法律约束力。

夫妻对婚姻关系存续期间所得的财产约定归各自所有，夫或者妻一方对外所负的债务，相对人知道该约定的，以夫或者妻一方的个人财产清偿。

【条文主旨】

本条是关于夫妻约定财产制的规定。

【条文理解】

所谓约定财产制，是指夫妻或者即将成为夫妻的人，以契约的形式，约定相互间的财产关系，从而排除法定财产制适用的制度。约定财产制是相对于法定财产制而言的，法定财产制是依照法律规定直接适用的财产制，约定财产制是夫妻以契约的形式依法选择适用的财产制。约定财产制优先于法定财产制适用，只有在没有约定或者约定不明的情形下，才适用法定财产制。

与法定财产制相比，约定财产制灵活性更强，更能适应复杂多样的社会生活，也更能体现当事人的个性化需要。目前世界各国都比较重视约定财产制的作用。美国、英国、法国、德国、瑞士等许多国家和地区都在法律中规定夫妻约定财产制。关于约定财产制主要有两种立法例：[①]（1）选择式的夫妻财产制契约制度，即法律上设置几种典型的夫妻财产制，由当事人选择，法律未规定的夫妻财产制，当事人不得选择，且不能通过契约变更财产制的内容。如德国、瑞士。（2）独创式的夫妻财产制契约制度，即法律不设置几种典型的财产制，而由当事人自行约定适用哪种财产制及契约的内容，在不违反法律的限制性规定或公序良俗的情形下，尊重当事人的自由。如日本、韩国。

我国1950年《婚姻法》对夫妻约定财产制没有作出约定。1980年《婚姻法》适应新时期社会经济发展和家庭财产关系变化的需要，在第13条第1款规定"夫妻在婚姻关系存续期间所得的财产，归夫妻共同所有，双方另有约定的除外"，即在规定以共同财产制为法定财产制的同时，允许夫妻对财产关系作出约定，但是该条规定较概括，既没有涉及婚前财产，也没有对约定的条件和方式、约定的财产范围、约定的效力等作出规定。之后，随着社会主义市场经济的发展和人们独立意识的增强，为应对实践需要，2001年《婚姻法》修改时，将夫妻财产制作为重点修改内容之一，[②]一方面对夫妻共同财产作了具体规定，另一方面增加规定了个人特有财产和约定财产制。2001年《婚姻法》第19条规定："夫妻可以约定婚姻关系存续期间所得的财产以及婚前财产归各自所有、共同所有或部分各自所有、部分共同所有。约定应当采用书面形式。没有约定或约定不明确的，适用本法第十七条、第十八条的规定。夫妻对婚姻关系存续期间所得的财产以及婚前财产的约定，对双方具有约束力。夫妻对婚姻关系存续期间所得的财产约定归各自所有的，夫或妻一方对外所负的债务，第三人知道该约定的，以夫或妻一方所有的财产清偿。"即在以往规定的基础上，进一步明确了约定的财产范围、形式和效力。

本条规定一方面延续了2001年《婚姻法》第19条规定的基本

① 余延满：《亲属法原论》，法律出版社2007年版，第285~286页。

② 2000年10月23日《关于〈中华人民共和国婚姻法修正案（草案）〉的说明》中，将夫妻财产制作为草案的一个主要内容和问题进行了说明。

内容，另一方面对个别文字表述进行了完善。如将约定的主体由“夫妻”改为“男女双方”，涵盖了婚前作出约定的情形，用语更为严谨；将第3款“以夫或妻一方所有的财产清偿”改为“以夫或者妻一方的个人财产清偿”，强调个人债务个人清偿原则，也避免了理解上的歧义。

在理解和适用本条规定时，应注意以下几点：

一、约定的条件和形式

男女双方就财产关系进行约定是一种双方民事法律行为，必须符合以下构成要件：（1）订约时，男女双方必须具有完全民事行为能力。（2）当事人意思表示真实。财产制约定应是双方平等、自愿协商一致的结果，不得以欺诈、胁迫手段或乘人之危使对方违背真实意思作出。（3）约定的内容必须合法。不得违反法律和社会公益。约定的内容不得超出夫妻财产的范围，如不得将其他家庭成员的财产列入约定的财产范围；不得规避养老育幼、清偿第三人债务、国家税收等法律义务。

关于财产制契约的形式，各国和地区立法对此均采用要式主义，即要求财产制契约必须有特定的格式，比如书面形式、公证形式、在特定机关进行登记等。我国1980年《婚姻法》对财产制契约的形式未作规定，2001年《婚姻法》修改时，增加规定“约定应当采用书面形式”，本条规定延续了此种规定。必须采用书面形式，主要是为了使夫妻双方约定的权利义务内容通过书面形式固定下来，也使得双方在作出约定时更加谨慎。本条规定制定过程中，有意见认为，仅规定书面形式，不具有公示效果，一旦产生纠纷，易产生夫妻双方倒签协议等作假的情形，应规定夫妻财产制契约应当向婚姻登记机关进行登记，未经登记不生效或者不能对抗善意第三人。2001年《婚姻法》修改时，亦有此种立法建议。立法机关最终没有采纳这种意见，主要是由于夫妻财产登记的内容、效力等问题比较复杂，而我国对家庭财产的监管还不够规范和完善。[①]

二、约定的时间和范围

财产制契约应于何时订立，结婚之前、结婚当时还是结婚之后，从世界各国立法来看，有限制主义与自由主义两种立法例。两种立法例都认为在结婚前或结婚时可以订立财产制契约，但对于结婚之后能否订立或变更、废止财产制契约，有不同规定。限制主义立法例规定夫妻双方不得于结婚后才订立、变更、废止财产制契约，如法国、日本，其立法理由主要是保护婚姻关系中较为弱势的一方以及保护债权人的利益，防止夫妻双方利用财产契约转移财产、损害债权人利益。自由主义立法例则允许夫妻在婚姻关系存续期间订立、变更、废止财产制契约，如德国、瑞士。

本条规定对作出财产制契约的时间未作限制，实际上是采纳了自由主义立法例，依据本条规定，男女双方既可以在结婚之前作出财产制契约，也可以在结婚时、结婚后作出约定。在结婚之前作出约定的，当时双方尚未成立婚姻关系，尚不能称为夫妻，故本条规定为“男女双方”，从文字表述上更为准确。另，本条规定对于契约的变更、废止也未作限制。

关于约定的范围，本条第1款中规定“男女双方可以约定婚姻关系存续期间所得的财产以及婚前财产归各自所有、共同所有或者部分各自所有、部分共同所有”。依据该规定，男女双方对婚前财产或婚后所得财产均可以进行约定。

关于约定的具体内容，可以约定财产归各自所有、共同所有或部分各自所有、部分共同所有，即可以约定采取分别财产制、一般共同制或限定共同制。分别财产制即婚前财产和婚姻关系存续期间所得的财产，归各自所有。一般共同制即婚前财产和婚姻关系存续期间所得的财产，均归夫妻双方共同所有。限定共同制即婚前财产和婚姻关系

① 胡康生主编:《中华人民共和国婚姻法释义》，法律出版社2001年版，第76~77页。

存续期间所得的财产中，只将部分财产设为夫妻共同所有，其他归双方各自所有，由双方约定共同所有的财产和一方个人所有的财产的范围。

根据民法的意思自治原则，除约定财产所有权外，夫妻双方还可以就财产的使用权、管理权、收益权、处分权等进行约定，也可以约定家庭生活费用的负担、债务清偿责任、婚姻关系终止时财产的清算及分割等。

三、约定的效力

约定的效力可分为对内效力与对外效力。对内效力，是指对夫妻双方的效力。本条第2款规定“夫妻对婚姻关系存续期间所得的财产以及婚前财产的约定，对双方具有法律约束力”，双方应当按照约定享有权利、履行义务。比如夫妻双方约定财产各自所有、债务各自承担的，在夫妻双方内部应按照约定履行，如果因债权人不知道双方之间的约定，使得夫妻双方对夫或者妻一方对外所负的债务向债权人承担了连带清偿责任的，另一方可以向负债这一方进行追偿。夫妻双方约定财产部分共有、部分各自所有的，在理解时，要和赠与相区分。[①] 如约定婚后购买房屋A归女方所有，B归男方所有，但两处房屋都在男方名下。那么即使纠纷发生时，房屋A尚未过户到女方名下，男方也不可适用任意撤销权主张撤销赠与，而应按照约定，协助办理过户手续。

对外效力，是指对夫妻以外第三人的效力，实践中主要是指对债权人的效力。夫妻之间对财产关系的约定如何对第三人产生效力？一些国家和地区规定必须进行登记或者为第三人所明知，才能对第三人产生约束力。比如《德国民法典》规定在婚姻财产制登记簿上登记，《日本民法典》规定于婚姻申报前进行登记，我国台湾地区“民法”

---

① 《婚姻法司法解释（三）》第6条规定：“婚前或者婚姻关系存续期间，当事人约定将一方所有的房产赠与另一方，赠与方在赠与房产变更登记之前撤销赠与，另一方请求判令继续履行的，人民法院可以按照合同法第一百八十六条的规定处理。”

规定非经登记不得对抗第三人。我国大陆目前没有建立夫妻财产登记制度。由于财产制约定属于内部契约，具有隐秘性，如果不告知第三人，第三人无从查询和知晓，因此为保护第三人的利益和维护交易安全，本条第 3 款规定，夫妻对财产关系的约定只有已告知交易相对人的，才对该相对人发生法律约束力。比如夫妻实行分别财产制，约定各自债务各自承担，夫妻一方向第三人借款，如果在借款时第三人知道其夫妻财产制约定的具体内容的，就以借款人一方的个人财产清偿；第三人不知道该约定的，该约定对第三人不产生效力，该债务应按照在夫妻共同财产制下的清偿原则进行偿还。第三人如何知道该约定，可以是夫妻一方或双方告知，也可以是第三人曾经是夫妻财产约定时的见证人或知情人。[①] 对于“第三人是否知道”这个事实，依据《婚姻法司法解释（一）》第 18 条规定，负有举证责任的为主张知道的夫妻一方而不是第三人。这里的“知道”，不仅包括知道约定的存在，还包括知道约定的内容。第三人知道的时间，应是在债务产生之前或者产生当时，在债务产生之后第三人才知道的，不属于本条第 3 款规定的“第三人知道”的情形。

【审判实践中应注意的问题】

一、口头约定是否有效

虽然本条规定夫妻财产制约定应当采用书面形式，但是在实践中，如果双方当事人主张是以口头形式进行了约定，并且双方对此并无异议的，对于口头约定的效力，也应予以认可。

二、夫妻财产制契约应以婚姻关系成立为前提

本条规定第 1 款用语为“男女双方”，第 2 款用语为“夫妻”，其

① 胡康生主编：《中华人民共和国婚姻法释义》，法律出版社 2001 年版，第 79 页。

实是隐含了夫妻财产制约定的生效应以婚姻关系成立为前提的意思。订立财产制契约的时间可以是婚前，也可以是婚后，缔约双方此时不一定具有婚姻关系，所以称之为男女双方，但是只有双方成为夫妻后，所订立的财产制契约才产生法律效力。即根据夫妻财产制契约的性质，夫妻财产制契约应当以婚姻关系成立为其特殊的成立要件。如果男女双方在结婚之前订立财产制契约，但是后来并未结婚的，财产制契约不产生效力。

第一千零六十六条 婚姻关系存续期间，有下列情形之一的，夫妻一方可以向人民法院请求分割共同财产：

（一）一方有隐藏、转移、变卖、毁损、挥霍夫妻共同财产或者伪造夫妻共同债务等严重损害夫妻共同财产利益的行为；

（二）一方负有法定扶养义务的人患重大疾病需要医治，另一方不同意支付相关医疗费用。

【条文主旨】

本条是关于婚姻关系存续期间分割夫妻共同财产的规定。

【条文理解】

本条规定是《民法典》新增条文，对《婚姻法司法解释（三）》第4条的内容进行了吸收。近年来，随着夫妻共同财产的增多、当事人法律意识的增强和观念的变化，当事人在婚姻关系存续期间诉求分割夫妻共同财产的情形日益增多。2001年《婚姻法》对离婚时财产分割作了规定，但对于婚姻关系存续期间夫妻一方可否请求分割夫妻共同财产并未作出规定，这种情形下，立法规定难以适应司法实践的需求，补充完善相关规定成为必要。

依据2001年《婚姻法》规定，我国夫妻法定财产制为婚后所得共同制，即如果当事人对财产制没有约定的，除“一方因受到人身损害获得的赔偿和补偿”等应归属于夫妻一方的财产外，在婚姻关系存续期间夫妻一方所得和双方共同所得的财产均为夫妻的共同财产，归夫妻共同所有。从性质上讲，这种共同所有关系实质上为基于婚姻关系成立的共同共有关系，婚姻关系即为成立共同共有的基础关系。

依据物权相关理论，共有包括按份共有和共同共有。共同共有，是指数人基于法律的规定或合同的约定而形成某一共同关系，他们基于该共同关系对共有物共同享有所有权。常见的共同关系，比如夫妻关系、家庭共同生活关系、继承关系、合伙关系等。

与按份共有人按照份额对共有物享有所有权不同，共同共有人对共有物享有的权利和承担的义务不取决于份额，具有平等性。基于这种区别，在共有物的处分、重大修缮、管理、分割上，按份共有和共同共有都有着明显的区别。如对共有物进行处分或者作重大修缮的，除共有人另有约定的外，按份共有应当经占份额三分之二以上的按份共有人同意，共同共有则应当经全体共同共有人同意。对共有物的管理费用以及其他负担，没有约定或者约定不明确的，按份共有人按照其份额负担，共同共有人则共同负担。对于共有物进行分割的，依据《民法典》物权编中第303条规定："共有人约定不得分割共有的不动产或者动产，以维持共有关系的，应当按照约定，但是共有人有重大理由需要分割的，可以请求分割；没有约定或者约定不明确的，按份共有人可以随时请求分割，共同共有人在共有的基础丧失或者有重大理由需要分割时可以请求分割。因分割造成其他共有人损害的，应当给予赔偿。"即对于共有物的分割，有约定的从约定，没有约定或者约定不明确的，按份共有人可以随时请求分割，共同共有人则原则上不可请求分割，只有在共有基础丧失或者有重大理由需要分割时才可以请求分割。这是因为共同共有是基于一定的共同关系产生，共有物也是以维持这种共同关系的存在为目的。在共同关系仍然存在之时，如果允许共同共有人可以随时请求分割共有物，势必会破坏这种共同关系的存续。

共同共有的基础丧失，即共同关系不再存在，比如婚姻关系终止、被认定无效或被撤销，合伙被解散等。有重大理由需要分割，如在婚姻关系存续期间，夫妻双方约定由原来的夫妻共同财产制，改变为夫妻分别财产制等情形。除此之外，还有哪些情形可作为夫妻分割共同财产的重大理由，《婚姻法》没有规定。实践中，会出现夫妻一方毁损、挥霍夫妻共同财产，或者隐藏、转移、变卖夫妻共同财产、伪造夫妻共同债务等损害另一方利益的行为。这种情形下，夫妻另一方如何实现权利救济？离婚并请求分割夫妻共同财产是一种方式，但是因协议离婚要双方合意，诉讼离婚要经过一定期间，且最终能否准许离婚也不确定，故在此期间无法阻止夫妻一方的上述行为，无法实现权利的及时救济。在此情形下，就产生了一个问题：在婚姻关系存续期间，夫妻一方能否请求分割共同财产？

《婚姻法司法解释（三）》在起草时，通过充分征求社会各界意见，结合司法实践，在第4条规定："婚姻关系存续期间，夫妻一方请求分割共同财产的，人民法院不予支持；但有下列重大理由且不损害债权人利益的除外：（一）一方有隐藏、转移、变卖、毁损、挥霍夫妻共同财产或者伪造夫妻共同债务等严重损害夫妻共同财产利益行为的；（二）一方负有法定扶养义务的人患重大疾病需要医治，另一方不同意支付相关医疗费用的。"该条规定明确了可婚内诉请分割夫妻共同财产的具体情形，为解决婚姻关系存续期间分割共同财产提供了依据。本条规定吸收了该条规定的精神和主要内容，在文字表述上作了些许修改。

在理解和适用本条规定时，应注意以下几点：

一、要准确把握在婚姻关系存续期间夫妻共同财产分割的原则

在婚姻关系存续期间，夫妻共同财产，应以不允许分割为原则，允许分割为例外。夫妻财产共同共有产生的根据，是由于夫妻共同生活，共同承受家庭负担，负责家庭的生产和消费；共同共有发生的前提条件是婚姻关系的确立。男女双方从确立夫妻关系这一时刻开始，共同生活，组织家庭的收入和开支，因此，在共同共有关系消灭之前，对共有的财产原则上不能进行分割，以保持共有关系的稳定性和基础，保护共有人的合法权益。所以在不具备本条规定情形时，不应支持夫妻一方请求分割夫妻共同财产的主张。在审判实践中，要严格

把握这一原则，将允许分割的情形仅限定在本条规定的两种情形内，不能类推适用，亦不能扩大解释，避免婚姻关系存续期间随意分割夫妻共同财产，损害家庭稳定，影响夫妻共同财产的保障功能。

二、严格把握允许分割夫妻共同财产的限制条件

（一）有严重损害夫妻共同财产利益的行为

夫妻一方可请求分割共同财产的第一种情形为：一方有隐藏、转移、变卖、毁损、挥霍夫妻共同财产或者伪造夫妻共同债务等严重损害夫妻共同财产利益的行为。隐藏，是指故意将夫妻共同财产隐匿，不让对方知悉。转移，是指将夫妻共同财产转移至第三人名下，造成不属于夫妻共同财产的假象，比如在婚姻关系存续期间购房，但是房产证办理在第三人名下，且故意不让对方知悉。变卖，是指在对方不知道的情形下，擅自出售夫妻共同财产，且出售所得款项不用于夫妻共同生活。如果只是擅自处分夫妻共同财产，但是将处分所得款项仍作为夫妻共同财产的，则不属于该情形。比如夫妻双方就是否出售某房屋未达成一致，一方虽擅自出售了房屋，但是价格合理，且将出售款项交回的，不属于本条规定的情形。毁损，是指毁坏、损害夫妻共同财产。这里的“毁损”应指故意的情形，不包括过失造成的损坏。挥霍，是指将夫妻共同财产用于不必要的消费，比如不合理的高消费、赌博等。伪造夫妻共同债务，是指虚构夫妻共同债务，通过用夫妻共同财产偿还虚构的债务的手段，达到侵占夫妻共同财产的目的，在这种情形下，往往是夫妻一方和第三方串通完成。

认定上述各项行为时，不仅要认定行为的成立要件，还要注意只有达到“严重损害夫妻共同财产利益”的程度，才能造成分割夫妻共同财产的后果。何为“严重损害”，需要结合行为的性质、夫妻共同财产的数额、造成的影响程度等因素进行。比如一方虽有上述行为，但是金额不大，在夫妻共同财产中所占比例很小的，不应视为符合本条规定的条件。

（二）一方负有法定扶养义务的人患重大疾病需要医治，另一方不同意支付相关医疗费用的

所谓扶养，是广义的概念，既包括长辈对晚辈的抚养义务，也包括晚辈对长辈的赡养义务，还包括同辈之间（如夫妻之间、兄弟姐妹之间）的扶养义务。法定扶养义务，是指这种扶养义务是法律规定的，而不是仅因情感产生的。依据《民法典》婚姻家庭编的规定，扶养义务的产生主要有以下几种情形：父母对未成年子女和不能独立生活的成年子女的抚养义务；夫妻之间相互扶养的义务；子女对父母的赡养义务；祖父母、外祖父母对孙子女、外孙子女的抚养义务；孙子女、外孙子女对祖父母、外祖父母的赡养义务；兄、姐对未成年弟、妹的扶养义务；弟、妹对兄、姐的扶养义务。司法实践中，应根据具体条款认定法定扶养义务人的范围，比如兄、姐对未成年弟、妹的扶养义务是有条件的，要求兄、姐有负担能力，且父母已经死亡或者父母无力抚养，如果不符合这种条件，可自愿进行，但不属于法定义务。又如对于叔伯、姑姨等亲属的帮助，法律并未将之规定为法定义务，属于自愿行为。

作为可分割夫妻共同财产的条件，扶养义务人患病限于“重大疾病”，且另一方不同意支付相关医疗费用。何为“重大疾病”，法律没有规定，可以参考《重大疾病保险的疾病定义使用规范》列举的重大疾病，根据病人实际病情、医疗费用等进行综合判断。一般认为，需要长期治疗、花费较高的疾病，或者直接关涉生命安全的疾病等属于重大疾病。“相关医疗费用”，是指为治疗疾病需要的必要、合理费用，不包括营养、陪护等费用。[①]

① 最高人民法院民事审判第一庭编著:《最高人民法院婚姻法司法解释（三）理解与适用》，人民法院出版社2015年版，第86页。

【审判实践中应注意的问题】

一、哪些主体可以提起请求分割婚内财产诉讼

虽然有的国家民法典规定债权人为了实现债权可以请求债务人分割夫妻共同财产，但是依据本条的规定，我国婚内财产分割诉讼的当事人仅限于夫妻双方，只有夫妻一方才有权提起该类诉讼。此外，婚内财产分割，不应损害债权人的利益。属于夫妻共同债务的，债权人可以向夫妻双方进行追偿，夫妻双方应当对共同债务承担连带清偿责任，夫妻之间是否进行了共同财产分割，不应影响债务的清偿。属于夫妻一方债务的，应当防止出现夫妻双方恶意串通，将财产全部或者大部分转移给另一方，从而损害债权人的情形。在这种情形下，不应当允许分割。

二、夫妻一方不履行扶养义务时，另一方的权利救济

如果是夫妻一方自身患重大疾病需要医治，另一方不同意支付医疗费用的，患病一方可否请求财产分割？我们认为，依据《民法典》第 1059 条规定，夫妻有相互扶养的义务，其中扶养义务既包括生活上的扶助，更包括一方患病时的扶持，因此在一方患病时，另一方应当以支付医疗费用等方式保障患病方受到医治。其不履行该义务的，患病方有权要求其支付医疗费、履行法定扶养义务，另一方不自动履行已生效判决书的，可通过强制执行程序实现对其个人财产和夫妻共同财产的处置，不需要通过本条规定的方式来实现救济。

第二节　父母子女关系和其他近亲属关系

第一千零六十七条　父母不履行抚养义务的，未成年子女或者不能独立生活的成年子女，有要求父母给付抚养费的权利。

成年子女不履行赡养义务的，缺乏劳动能力或者生活困难的父母，有要求成年子女给付赡养费的权利。

【条文主旨】

本条是关于父母对子女的抚养义务和子女对父母的赡养义务的规定。

【条文理解】

本条规定来源于《婚姻法》第21条。与《婚姻法》第21条相比，本条删除了“父母对子女有抚养教育的义务；子女对父母有赡养扶助的义务”以及“禁止溺婴、弃婴和其他残害婴儿的行为”这两句话。将请求父母给付抚养费的主体由“未成年的或不能独立生活的子女”调整为“未成年子女或者不能独立生活的成年子女”，将履行赡养义务的主体由“子女”调整为“成年子女”，将请求成年子女给付赡养费的主体由“无劳动能力的或生活困难的父母”调整为“缺乏劳动能力或者生活困难的父母”。

对于自然人来说，婚姻家庭关系是最基础的社会关系，父母和子女之间的关系又是其中最重要的一种身份关系。父母对子女方面，传统民法中存在亲权这个概念。亲权是一种专属于父母的权利和义务，指父母对未成年子女在人身和财产上具有管教和保护的权利和义务。古代型的亲权以亲为本位，强调的是家父的权利。近现代的亲权制度已从以亲为本位转变为以子为本位，多以保护未成年子女的利益为根本目的。我国法律中没有使用亲权的概念，但是《宪法》第 49 条第 3 款、《未成年人保护法》第 10 条第 1 款、《婚姻法》第 21 条和《民法总则》第 26 条中均规定了父母对子女的抚养义务。子女对父母方面，赡养父母不仅是中华民族的传统美德，也是子女的法定义务。目前我国建立和完善的社会养老服务体系以居家为基础、社区为依托、机构为支撑。其中居家为基础，依赖于子女对赡养义务的履行。《宪法》第 49 条第 3 款，以及《老年人权益保障法》第 13 条、第 14 条均规定了子女对父母的赡养义务。

本次《民法典》编纂，在第一编总则第二章第二节监护第 26 条规定“父母对未成年子女负有抚养、教育和保护的义务。成年子女对父母负有赡养、扶助和保护的义务”。作为总则中的规定，自然适用于婚姻家庭关系中。父母不履行抚养义务的，子女有“要求父母给付抚养费的权利”；子女不履行赡养义务的，父母有“要求成年子女给付赡养费的权利”，故本条规定的请求权其实是以《民法典》第 26 条规定为基础产生，同时又将第 26 条规定的抚养义务和赡养义务落至实处。为保持和第 26 条规定一致，本条将权利主体和义务主体在文字表述上也进行了完善。

在理解和适用本条时，应注意以下几点：

一、生活保持义务之扶养

父母对子女的抚养义务和子女对父母的赡养义务，均属于广义上的“扶养”义务。扶养，是指法定的一定范围的亲属间相互供养和扶助的权利义务关系。依据扶养的条件和程度不同，可将扶养分为生活保持义务之扶养和生活扶助义务之扶养。生活保持义务之扶养，是无条件的在扶养人与被扶养人之间必须保持同一生活水平的扶养，即有所谓“即使是最后的一片肉、一粒米也要分而食之的义务”。[①]父母对子女的抚养和子女对父母的赡养，均属于此种扶养义务。

二、抚养义务和赡养义务均属于法定义务

抚养，是指父母抚育子女成长，为他们的生活、学习提供生活费、教育费、医疗费等物质条件。为充分保障未成年人健康成长，抚养义务作为法定义务，基于亲子关系产生，自子女出生之日起，延续至子女成年或能独立生活为止，除当事人死亡外，其他任何情形下都不能免除。抚养义务是父母双方的义务，一方是否和子女共同生活、父母之间是否离婚等，均不应影响该法定义务的承担。父母离婚后，父母和子女间的关系不因此而解除，父母双方对于子女仍有抚养的义务。子女由一方直接抚养的，另一方应当负担部分或者全部抚养费。一方不履行抚养义务的，子女有权要求其给付抚养费。对于拒不履行抚养义务，恶意遗弃未成年子女已构成犯罪的，应根据我国刑法的有关规定追究刑事责任。

赡养人应当履行对老年人经济上供养、生活上照料和精神上慰藉的义务，照顾老年人的特殊需要。中华民族有敬老、养老、助老的传统文化。目前我国建立和完善的社会养老服务体系以居家为基础、社区为依托、机构为支撑。居家为基础的实现，依赖于子女对赡养义务的履行。故在我国，赡养父母不仅是中华民族的传统美德，也是子女的法定义务。对于一般民事行为，权利和义务相对应，但是由于婚姻家庭关系所具有的道德伦理性质，子女对于父母的赡养，并不以父母履行了对子女的抚养义务作为对价。即使父母因为各种原因没有履行对子女的抚养，在父母需要赡养时，子女也不能拒绝。比如根据《老年人权益保障法》第19条规定，赡养人不得以放弃继承权或者其他理由，拒绝履行赡养义务。子女的赡养义务不受父母婚姻关系变化的影响。无论父母是否离婚、再婚，子女的赡养义务均不因此而消除，

---

① 余延满:《亲属法原论》，法律出版社2007年版，第514页。

子女也不得以拒绝履行赡养义务为由干涉父母的离婚、再婚及婚后的生活。

三、准确认定请求抚养费、赡养费的主体

有权请求父母给付抚养费的主体为未成年子女或者不能独立生活的成年子女。

父母对未成年子女的抚养是无条件的。未成年人是一个法律概念。《未成年人保护法》第 2 条规定："本法所称未成年人是指未满十八周岁的公民。"《民法典》第 17 条规定"不满十八周岁的自然人为未成年人"，同时在第 18 条第 2 款规定"十六周岁以上的未成年人，以自己的劳动收入为主要生活来源的，视为完全民事行为能力人"。考虑到上述规定，结合《离婚案件子女抚养意见》相关规定，实践中，对于"以其劳动收入为主要生活来源，并能维持当地一般生活水平的十六周岁以上不满十八周岁"的子女，一般排除在抚养费请求权主体之外，但是不能绝对化。如果其劳动收入虽为主要生活来源，但不能满足接受教育、医疗等需要时，仍然不能免除其父母的抚养义务。

父母对成年子女的抚养是有条件的，只有当成年子女没有劳动能力或其他特殊原因导致不能独立生活时，父母才有抚养义务。对于"不能独立生活"，《婚姻法司法解释（一）》第 20 条将之确定为"尚在校接受高中及其以下学历教育，或者丧失或未完全丧失劳动能力等非因主观原因而无法维持正常生活"，实践中可据此适用。

与抚养义务不同，被赡养的对象是成年人，因此赡养义务的发生具有一定的条件，即父母有受人赡养的必要。各国家和地区对此判断标准不同。《德国民法典》以"不能够为自己提供生活费"为判断标准，《瑞士民法典》以"无此帮助生活陷入了贫困"为判断标准，我国台湾地区则以"不能维持生活且无谋生能力"为判断标准。本条规定以"缺乏劳动能力或者生活困难"为判断标准，"缺乏劳动能力"和"生活困难"只要符合条件之一的，成年子女就应当进行赡养。所

谓缺乏劳动能力，是指父母因年老、疾病等原因不能以工作谋生，或者虽然可工作但不足以谋生。所谓生活困难，是指以父母现有财产不足以维持其生活。《婚姻法》第21条规定为“无劳动能力或生活困难”，本条修改为“缺乏劳动能力或者生活困难”，是因为在实践中，若要界定为“无劳动能力”所需条件太高，适当降低该项条件，有利于更好地落实成年子女的赡养义务，保护老年人的合法权益，也与我国目前老年人养老仍以居家为基础的国情相适应。

四、全面认定“父母”和“子女”的类型

本条规定所指的“父母”，既包括生父母，也包括养父母和形成抚养教育关系的继父母。本条规定所指的“子女”，既包括婚生子女，也包括非婚生子女；既包括生子女，也包括养子女和形成抚养教育关系的继子女。比如对于非婚生子女，其生父母应当履行抚养义务，如果一方以否认亲子关系为由拒绝履行义务的，根据《民法典》第1073条规定，可以向人民法院提起诉讼，请求确认亲子关系。亲子关系确认后，生父母当然应支付抚养费。

五、准确认定抚养费和赡养费的范围和数额

结合《婚姻法司法解释（一）》第21条规定，抚养费应“包括子女生活费、教育费、医疗费等费用”。从文字表述上看，该规定系开放性规定，采用列举加概括的方式，对抚养费的范围规定较为灵活。对于抚养费的数额，应结合《离婚案件子女抚养意见》相关规定，从保护未成年人利益的角度，结合子女的实际需要、父母双方的负担能力和当地的实际生活水平确定。①

从实践来看，子女履行赡养义务，可给付赡养费，也可将父母接

① 如该意见第7条规定：“子女抚育费的数额，可根据子女的实际需要、父母双方的负担能力和当地的实际生活水平确定。有固定收入的，抚育费一般可按其月总收入的百分之二十至三十的比例给付。负担两个以上子女抚育费的，比例可适当提高，但一般不得超过月总收入的百分之五十。无固定收入的，抚育费的数额可依据当年总收入或同行业平均收入，参照上述比例确定。有特殊情况的，可适当提高或降低上述比例。”

至家中共同生活。赡养费的支付形式可以是金钱，也可以是实物。赡养费应包括生活费、医疗费等必要费用，数额应根据父母的需要程度、当地物价水平、子女的扶养能力等因素确定。生活费的给付一般不低于子女本人或当地的普通生活水平。有两个以上子女的，应共同负担赡养费用。

【审判实践中应注意的问题】

一、监护人资格被撤销，是否免除支付抚养费的义务

对未成年子女的监护，既是父母的权利，也是义务。监护的内容比较丰富，包括抚养、教育，还包括代理被监护人实施民事法律行为，保护被监护人人身权利、财产权利等，由此会产生依法履行监护职责产生的权利。根据《民法典》第36条规定，监护人有实施严重损害被监护人身心健康的行为等情形时，有关个人或者组织可向人民法院申请，撤销监护人监护资格。在监护人被撤销监护资格后，其不得再代理被监护人实施民事法律行为，不得以任何理由处分被监护人的财产，不再具有依法履行监护职责会产生的权利，但是其义务并不免除。根据《民法典》第37条规定，依法负担被监护人抚养费、赡养费、扶养费的父母、子女、配偶等，被人民法院撤销监护人资格后，应当继续履行负担的义务。

二、子女成年后是否可以追索抚养费

本条规定的抚养费权利主体为未成年子女和不能独立生活的成年子女。如果在子女未成年期间，父母双方或者一方未尽抚养义务，子女成年后可否再向父母追索？我们认为，从抚养费立法目的和功能来看，抚养费的主要功能是保障未成年子女的健康成长，当子女成年且能独立生活后，抚养费的功能已经丧失，不再具有保护利益，故不能对其未成年期间父母应承担的抚养费进行追偿。

三、在父母双方就抚养费的支付达成协议后，或者人民法院就抚养费的支付作出判决后，子女是否可以请求变更抚养费

父母离婚，若为协议离婚，要求双方对子女抚养事项应协商一致并载明于离婚协议；若为诉讼离婚，双方对子女抚养事项不能协商一致的，人民法院会就此作出判决，认定子女由哪一方直接抚养，另一方应支付抚养费的数额、支付方式等。若在此之后，实际情况发生变化的，子女是否可以请求增加抚养费数额？我们认为，在父母双方达成离婚协议时，或者人民法院作出判决时，抚养费数额可能符合当时的生活、消费水平，但由于孩子的成长是一个长期的过程，随着时间的推移，确定子女抚养费的前提条件可能会发生变化，比如物价上涨，生活、学习费用提高，子女生病或者遭受意外伤害等，可能原有的数额已经不能满足子女的实际需求，这种情形下应当允许子女在必要时请求变更抚养费。《民法典》第1085条第2款对此亦作出了规定。

第一千零六十八条 父母有教育、保护未成年子女的权利和义务。未成年子女造成他人损害的，父母应当依法承担民事责任。

【条文主旨】

本条是关于父母教育、保护未成年子女的权利义务的规定。

【条文理解】

本条规定沿用了《婚姻法》第23条的规定，仅在文字表述上作了修改完善，如将“国家、集体或他人”改为“他人”，“有承担民事责任的义务”改为“应当依法承担民事责任”。

父母对未成年子女的教育、保护，是亲权的内容之一。亲权的内容可分为人身上的权利义务和财产上的权利义务。亲权制度渊源于罗马法和日耳曼法，但各国立法例有所不同。大陆法系国家大多设有亲权制度，英美法系国家，亲权与监护不分，统称监护，父母为当然监护人，无父母时另设监护人。我国法律借鉴英美法系做法，没有规定亲权制度，但是建立了统一的监护制度，如《民法典》第27条规定“父母是未成年子女的监护人。未成年人的父母已经死亡或者没有监护能力的，由下列有监护能力的人按顺序担任监护人：……”，第34条第1款规定“监护人的职责是代理被监护人实施民事法律行为，保护被监护人的人身权利、财产权利以及其他合法权益等”。同时，第26条第1款又规定“父母对未成年子女负有抚养、教育和保护的义务”。即我国法律通过规定监护制度以及父母对子女的义务，实质上实现了亲权制度的功能。

本条规定父母对未成年子女进行保护和教育，是因为未成年子女是无民事行为能力人或限制民事行为能力人，缺乏对事物的理解能力和处理能力。父母的保护和教育，一方面是为了保障子女的健康和安全；另一方面是为了防止未成年子女损害他人和社会的利益，防止未成年子女沾染恶习或从事违反社会公共生活规则和违法犯罪的行为。

在理解和适用本条规定时，应注意以下几点：

一、全面理解教育和保护的内容

所谓教育，是指父母应当依照法律和道德的要求，采取正确的方式对未成年子女进行管理和教育，使子女在德、智、体等方面全面发展，同时对其行为加以必要的约束，预防和制止未成年子女的不良行为。教育既包括对未成年子女的引导和培育，也包括对未成年子女的错误思想和行为的批评教育。当未成年子女存在不良行为时，父母可以采取说服教育、斥责等必要手段惩戒子女，对有严重不良行为的未成年子女，父母应当采取措施严加管教。但应注意的是，惩戒必须限定在必要的范围与限度内，必须在法律允许的范围内，禁止使用对未成年子女身心健康有害的惩罚手段，更禁止家庭暴力。

所谓保护，是指保护未成年子女的人身安全和合法权益，防止和排除来自外力的各种侵害，使未成年子女的身心处于安全状态。这里的“外力”包括父母在内，即父母对未成年子女的保护，首先应确保自己不对子女进行侵害。从内容上看，保护主要包括人身保护和财产保护。人身保护如照顾未成年子女的生活，保护其身体健康；为未成年子女提供住所；对于不法扣留、拐卖未成年子女而使其脱离父母之人，有请求交还子女的权利等。财产保护如为了利于财产的保存、利用、改良，管理和利用未成年子女的财产；除为了维护未成年子女利益外，不得处分未成年子女的财产等。

此外，结合《未成年人保护法》的相关规定，父母对未成年子女的教育和保护还应包括以下具体内容：一是必须履行抚养义务和监护职责，不得虐待、遗弃未成年子女，尤其不得歧视有残疾的未成年子女。禁止溺婴、弃婴和其他残害婴儿的行为。这是保障未成年子女生活和生存权利的基本规定。二是必须保证未成年子女享有接受义务教育的权利，不得妨碍其入学或使其中途退学、辍学。三是应当以健康的思想、品行和正确的方法教育未成年子女，使其树立良好的道德品质，预防和纠正其不良习惯。这是父母对未成年子女管教义务的必然要求。四是不得允许或迫使未成年子女结婚，不得为未成年子女订立婚约。五是非婚生子女享有与婚生子女同等的权利，任何人不得加以歧视和危害。六是保护未成年子女的继承权及其他财产权利。

二、对未成年子女的教育和保护既是权利也是义务

教育和保护是权利，意味着父母有权自主决定进行教育和保护的具体方式，比如如何进行生活上的照顾、让子女在什么学校接受教育等，也意味着有权对侵害子女的行为进行预防和排除，比如请求交还子女的权利、以法定代理人身份向加害人请求人身损害赔偿等。

教育和保护也是义务，父母对未成年子女的教育和保护基于亲子关系产生，不得抛弃。法定的教育和保护内容必须进行，比如依据《未成年人保护法》的规定，父母或其他监护人必须保证未成年人享有接受义务教育的权利，这是教育义务的具体体现。同时，父母应承担未成年子女对外产生的风险和责任，比如未成年子女侵害他人的，父母应当承担相应的民事责任。

三、未成年子女造成他人损害的，父母应当依法承担民事责任

《民法典》第1188条规定："无民事行为能力人、限制民事行为能力人造成他人损害的，由监护人承担侵权责任。监护人尽到监护职责的，可以减轻其侵权责任。有财产的无民事行为能力人、限制民事行为能力人造成他人损害的，从本人财产中支付赔偿费用；不足部分，由监护人赔偿。"依据第1068条规定，未成年子女造成他人损害的，父母作为监护人，应当承担侵权责任。这种侵权责任属于替代责

任。依据加害人是否自行承担侵权责任，侵权行为可以分为自己责任的侵权行为与替代责任的侵权行为。自己责任，是指每个人要为自己的行为且仅为自己的行为负责，它是侵权责任法的基本原则。大多数侵权行为都是自己责任的侵权行为，即从事加害行为的人，就是侵权人，同时也是承担侵权责任之人。但是，有一些侵权行为中行为人与侵权责任人并非同一人，即人们不是对自己从事的加害行为负责，而是为他人的加害行为负责，此即"替代责任"，也称"转承责任"或"为他人行为的责任"。在替代责任的侵权行为中，责任人之所以要为他人的行为负责，在于其与致害人之间存在一种特定的关系。这种特定关系表现为雇佣、代理、监护等身份关系。由于存在这种特定的关系，责任人能够支配加害人的行为或者能对加害人的行为产生重大影响。所以当加害人在他人支配或者重大影响之下从事的行为致人损害时，责任人即便没有具体的过失，也应承担责任。

父母是未成年子女的法定监护人和法定代理人。一方面，当未成年子女的人身或财产权益遭受他人侵害时，父母有权以法定代理人的身份提起诉讼，请求停止侵害、排除妨碍、赔偿损失等。当未成年子女在他人诱使下脱离家庭时，父母有要求归还子女的权利。发生拐骗子女行为时，父母有请求司法机关追究拐骗者刑事责任的权利。另一方面，父母是未成年子女的监护人，对子女有监护职责，应对子女进行教育，预防和制止其对他人造成侵害，所以在未成年子女对他人造成损害时，父母有依法承担民事责任的义务。比如，6岁的孩子扔石子不小心砸伤了他人，则父母应当承担赔礼道歉、损害赔偿等侵权责任。同时，依据《民法典》第1188条规定，监护人尽到监护职责的，可以减轻其侵权责任。这是因为监护人承担侵权责任的原因在于监护职责，如果监护人已经尽到监护职责的，虽然不可完全免除其侵权责任，但可以减轻。比如，两个未成年人在学校上足球课期间，因踢球发生争执，一方受伤，当时学校未安排老师在场上课及管理，学校未尽到教育、管理职责，应当承担责任；加害人的父母作为监护人，亦应对加害行为承担侵权责任，但因是在学校上课期间，父母的监护职责无法完全行使，故可以适当减轻。

需要指出的是，本条规定的父母的责任以民事责任为限，当未成年子女的行为构成犯罪时，父母不代其承担刑事责任。

【审判实践中应注意的问题】

一、应当贯彻适用未成年人利益最大化原则

依据《未成年人保护法》的相关规定，保护未成年人的工作，应当遵循下列原则：（1）保障未成年人的合法权益；（2）尊重未成年人的人格尊严；（3）适应未成年人身心发展的特点；（4）教育与保护相结合。实践中，父母对未成年子女进行教育和保护，亦应遵循上述原则，比如对未成年子女进行管教时，应当尊重子女的人格尊严，杜绝谩骂、侮辱等行为。对未成年子女进行教育时，应当尊重其身心发展的特点。父母对未成年子女是否尽到了教育、保护义务，应当结合上述原则进行判断。对未成年子女教育、保护不够，或者方法不当，或者滥用教育权利，都属于没有尽到相应的义务。

二、共同亲权原则在实践中的适用

父母双方共同行使亲权，是现代亲权制度的基本原则，这是男女平等精神的体现。具体至我国，体现为父母共同履行监护职责，即父母是共同监护人。这意味着在通常情形下，监护应当以父母的共同意思表示为依据。当父母的意思表示不一致时，如何解决？《德国民法典》第 1627 条规定：父母以自己的责任和相互之间的协商一致为子女的幸福而行使父母照顾权。在发生意见分歧时，他们必须尝试求得一致。第 1628 条规定：如果父母不能就父母照顾权的具体事务或特定类型的事务取得一致，而规定此种事务对于子女具有重大意义，则经父母的一方申请，家庭法院可以将决定权委托父母一方。此种委托可以附加限制和条件。德国法的上述规定，既保护了未成年子女的利

益，又坚持了意思自治的原则，值得借鉴。

我国法律目前对此没有规定，我们认为，原则上未成年子女的父母是共同监护人，双方对未成年子女共同履行监护职责。但出现以下特殊情形时，履行监护职责的主体可能发生变化：（1）当父母一方死亡或被宣告死亡、失踪，或者被宣告为无民事行为能力人、限制民事行为能力人时，监护职责由另一方单独履行。（2）父母一方被撤销监护人资格，监护职责由另一方单独履行。但被撤销监护人资格一方，应当继续履行负担抚养费的义务。（3）父母离婚后，虽然未成年人归一方直接抚养，但是监护职责依然由父母双方共同履行，其中直接抚养未成年子女的父母一方实际承担的监护职责更多。（4）非婚生子女的母亲，是非婚生子女的监护人。在非婚生子女和其生父之间确认了亲子关系后，其父母是共同监护人。（5）养父母是养子女的监护人。收养关系成立后，养子女的生父母监护职责丧失。（6）继父母对受其抚养教育的继子女履行监护职责，继父母与其生父母为共同监护人。继父母对不受其抚养教育的继子女无监护职责。（7）人工生育子女的监护人，是经共同协商同意人工生育子女的夫妻双方，由双方行使。夫妻一方未经对方同意单独实施人工生育的，子女由其单独履行监护职责。

第一千零六十九条 子女应当尊重父母的婚姻权利，不得干涉父母离婚、再婚以及婚后的生活。子女对父母的赡养义务，不因父母的婚姻关系变化而终止。

【条文主旨】

本条是关于子女应当尊重父母的婚姻权利的规定。

【条文理解】

本条规定来源于《婚姻法》第30条，不得干涉的对象中增加了“离婚”一项，其他内容无变化。

本条规定的宗旨在于保障老年人的婚姻权利，尤其是离婚、再婚的自由。《老年人权益保障法》第21条规定：“老年人的婚姻自由受法律保护。子女或者其他亲属不得干涉老年人离婚、再婚及婚后的生活。赡养人的赡养义务不因老年人的婚姻关系变化而消除。”本条亦作出如此规定，原因在于：

第一，保障老年人的婚姻自由是法律的应有之义。婚姻自由又称婚姻自主，是指婚姻当事人有权基于本人的意志，自主自愿地决定自己的婚姻问题，不受他人的干涉和强制。婚姻自主权是法律规定的自然人享有的权利之一。依据《民法典》第110条规定，自然人享有生命权、身体权、健康权、姓名权、肖像权、名誉权、荣誉权、隐私权、婚姻自主权等权利。同时，依据《民法典》第1041条规定，婚姻自由也是婚姻制度的基本原则之一。婚姻自由既包括结婚自由，也包括离婚自由。结婚自由，是指婚姻当事人有依法缔结婚姻关系的自由。当事人是否结婚，与谁结婚，是其本人的权利，任何人无权干涉。离婚自由，是指夫妻有依法解除婚姻关系的自由。结婚自由和离婚自由是统一的，二者相互结合缺一不可。老年人也有婚姻自由。在法律上，任何人的婚姻自由权利都是平等的。老年人离婚，或者丧偶或离异的老年人再婚，只要是出于双方自愿，并且符合法律的规定，都应当受到法律的保护。子女或者其他亲属不得干涉老年人离婚、再婚及婚后的生活。

第二，保障老年人的婚姻自由是社会文明进步的体现。对于老年人来说，仅有“老有所养”是不够的，还应该“老有所伴”“老有所慰”。老年人的再婚，不仅是生活上的需求，更是心理上的需求。子女对老年人的关心照顾及情感、行为不能代替夫妻之间情感的交流和行为。婚姻专家认为，老年人再婚，一方面，可以减轻双方子女的负担，两个人互相扶持，互相照顾；另一方面，老有依靠，在经济上互相扶持，在生活上互相照料，在精神上互相慰藉，有利于老年人的身心健康。所以老年人再婚，应得到社会的认可和关注，得到子女的理解和支持。给老年人一个金色的晚年，这也是社会文明进步的需要和体现。①

第三，现实生活中，老年人的婚姻自由没有得到充分保障，老年人离婚、再婚障碍多、难度大。形成障碍的因素既有世俗偏见的禁锢和老年人自身固有观念的束缚，也有子女干涉的原因。所以，从法律上有针对性地强调保护老年人的婚姻自由就尤为重要。在老年人离婚、再婚问题上，除消除世俗偏见和老年人固有观念外，更重要的是防止子女对父母婚姻自由的阻挠和干涉。

在理解和适用本条规定时，应注意以下几点：

一、父母的婚姻自主权受法律保护，子女应当尊重父母的婚姻权利，不得干涉

第一，子女不得干涉父母离婚。婚姻是否合适、双方感情是否破

① 吴高盛主编：《〈中华人民共和国老年人权益保障法〉释义及实用指南》，中国民主法制出版社 2014 年版，第 72~74 页。

裂，只有婚姻关系当事人知道，若父母双方或者一方决定离婚的，子女可以劝和，但不得以不履行赡养义务为由或者使用其他手段进行阻挠。第二，子女不得干涉父母再婚。若父母离婚或者一方去世，是否再婚、与谁结婚应由父母自主决定，子女不得阻挠或者干涉。实践中，子女进行阻挠的原因，既可能因为对已经去世的父母感情很深，心理上接受不了在世的父母再婚，也有可能因为担心父母再婚后发生财产纠纷，无论何种原因，都不可因此对父母的再婚行为进行阻挠干涉。第三，子女不得干涉父母再婚后的生活。比如再婚后是否共同生活、居所的选择或者个人财产的处分。以案例说明：A与B均为再婚，双方结婚后一直共同生活。后B的女儿B1在B生病住院期间将其接走，不让A探望，B现随B1共同生活。A后来作为原告，以B1作为被告提起诉讼，请求B1停止侵害，不得干涉其与B共同生活的权利。人民法院经审理后认为，合法的婚姻关系受法律保护。老年人的婚姻自由受法律保护，子女或者其他亲属不得干涉老年人离婚、再婚及婚后的生活。A与B登记结婚（再婚）已十三年，长期在一起共同居住生活，系合法夫妻，享有共同居住的生活权利。B1将B接走，不让A相见，已侵犯了A的合法权利，应立即停止侵害，不得干涉A与B共同居住生活的合法权利。故判决B1于判决生效之日起立即停止侵害，不得干涉A与B共同居住生活的权利。

二、子女对父母的赡养义务不因父母的婚姻关系而终止

依据《民法典》第26条第2款和第1067条第2款规定，“成年子女对父母负有赡养、扶助和保护的义务”，“成年子女不履行赡养义务的，缺乏劳动能力或者生活困难的父母，有要求成年子女给付赡养费的权利”。首先，这种赡养义务是无期限的，只要父母在世且需要赡养，子女就应当履行这一义务。其次，这种赡养义务是法定的，子女不得抛弃，只要父母缺乏劳动能力或者生活困难，子女就应当履行这一义务，不得另外附加条件。所以子女不能因父母再婚而不尽赡养义务，否则父母有权要求子女给付赡养费。以案例说明：A与B是夫

妻关系，共生育A1、A2两个子女，均已成年。A去世后，B改嫁至外村。A1、A2以B改嫁为由不尽赡养义务。现B以无生活来源、生活困难为由提起诉讼，要求A1、A2给付赡养费。人民法院认为，子女不履行赡养义务时，无劳动能力的或生活困难的父母有要求子女付给赡养费的权利。A1、A2均系B所生子女，且已成年，因B现已丧失劳动能力且无生活来源，A1、A2均应对B履行赡养义务。对于A1、A2辩称因B改嫁所以不尽赡养义务的意见，根据我国相关法律规定，老年人的婚姻自由受法律保护，赡养人的赡养义务不因老年人的婚姻关系变化而消除，因此A1、A2的辩解意见无法律依据，不予采信。人民法院据此判决A1、A2从××××年××月××日起每月各向B支付赡养费××元，判决生效之前的赡养费于判决生效之日起三日内给付，之后的赡养费于当月的20日前给付。

三、干涉父母婚姻或拒绝赡养父母应承担相应责任

子女干涉婚姻，侵犯的是父母的婚姻自主权，应承担相应的侵权责任。若以暴力手段干涉婚姻的，还可能需要承担刑事责任。如《刑法》第257条规定了暴力干涉婚姻自由罪，在第1款规定“以暴力干涉他人婚姻自由的，处二年以下有期徒刑或者拘役”。子女拒绝赡养父母的，父母可提起诉讼，请求子女支付赡养费。子女拒绝赡养父母情节恶劣的，还可能构成遗弃罪。如《刑法》第261条规定：“对于年老、年幼、患病或者其他没有独立生活能力的人，负有扶养义务而拒绝扶养，情节恶劣的，处五年以下有期徒刑、拘役或者管制。”

【审判实践中应注意的问题】

关于赡养协议的效力问题。

所谓赡养协议，是指一个老年人存在多个成年子女的，成年子女之间就对父母进行赡养的内容、方式、分工等进行具体约定所达成的协议。赡养协议增加了赡养制度的灵活性，不失为当前解决赡养问

题的具有可操作性的有效方法。有效的赡养协议应具备以下要件：首先，赡养协议应具备有效民事法律行为的成立要件，如协议签订人应具有相应的民事行为能力、协议意思表示真实、不违反法律或者社会公共利益等。其次，赡养协议必须经过父母的同意，并且不能侵害父母的合法权利，如《老年人权益保障法》第 20 条第 1 款规定："经老年人同意，赡养人之间可以就履行赡养义务签订协议。赡养协议的内容不得违反法律的规定和老年人的意愿。"需要指出的是，赡养协议并没有改变赡养的本质属性。即使父母同意子女之间签订了赡养协议，如果客观条件发生变化，比如父母患病需要大额医疗费，或者当事人双方经济条件发生重大变化、物价出现较大变化等，父母都有重新向子女请求给付赡养费的权利。

第一千零七十条　父母和子女有相互继承遗产的权利。

【条文主旨】

本条是关于父母和子女相互之间有继承权的规定。

【条文理解】

本条规定来源于《婚姻法》第24条第2款的规定。

父母和子女之间相互有继承权，体现的是亲子关系中的财产关系。所谓继承，是指因人的死亡而由与其有一定亲属关系的生存人概括继承其财产的法律制度。其中，死亡人为被继承人，生存人为继承人。何人为继承人，各国风俗习惯不同，立法上也有不同，但在现代继承法中，继承大都限于特定亲属关系人之间，即继承人与被继承人都有一定的亲属关系。继承人范围、继承顺序、继承份额等，都是以一定的身份关系为基础。综观各国继承法，除配偶外，其他血亲继承顺序的确定主要依据的是血缘关系的远近。之所以如此规定，是因为继承法作为一种财产转移制度安排，必须担负起保障种族繁衍、维系家庭伦理道德、稳定社会经济秩序的责任。

父母和子女之间因为分别是最近的直系血亲尊亲属和最近的晚辈直系血亲，所以几乎所有国家都认可子女和父母之间互相有继承权，我国也不例外。依据《民法典》第1127条规定，配偶、子女、父母均为第一顺序法定继承人。继承开始后，由第一顺序继承人继承，第二顺序继承人不继承。没有第一顺序继承人继承的，由第二顺序继承人继承。

在理解和适用本条规定时，应注意以下几点：

一、准确理解本条规定的子女范围

依据《民法典》第1127条第3款规定，法定继承中作为第一顺序继承人的“子女”，包括婚生子女、非婚生子女、养子女和有扶养关系的继子女。

（一）婚生子女

婚生子女是在合法婚姻关系期间受孕或所生育的子女。婚生子女，不论是儿子还是女儿，不论是随父姓还是随母姓，不论是已婚还是未婚，都有继承父母遗产的权利。在确认婚生子女继承权时，应坚持男女平等原则，不论是儿子或者女儿都平等地享有对父母遗产的继承权。这一点在农村尤其重要。在现实生活中，在一些农村地区，女儿出嫁后，存在忽视或者取消女儿继承权的现象，这是违反法律规定的。女儿出嫁后，依然承担赡养父母的义务，也依然享有继承父母遗产的权利。

（二）非婚生子女

非婚生子女是没有合法婚姻关系的男女所生育的子女。《民法典》第1071条第1款规定：“非婚生子女享有与婚生子女同等的权利，任何组织或者个人不得加以危害和歧视。”第1127条第3款亦规定非婚生子女和婚生子女有同等的继承权。这是因为国家法律政策虽然不鼓励在没有合法婚姻关系的情形下生育子女，但是否缔结婚姻关系是当事人的婚姻自由，在价值多元化的理念下，未婚生子不应当受到歧视。即使男女双方是由于婚外情等不道德的两性关系生育子女，也是父母的过错，非婚生子女是无辜的，故非婚生子女不应当因此受到危害和歧视。

（三）养子女

养子女是指被收养的子女。《民法典》第1105条第1款规定：“收养应当向县级以上人民政府民政部门登记。收养关系自登记之日起成立。”收养关系成立后，养父母和养子女之间成立拟制的血亲关系，产生两个后果：一是确立了养父母和养子女之间的权利义务，养子女与养父母之间的权利义务，与子女和亲生父母之间的权利义务关系相同；二是解除了养子女与其亲生父母之间的权利义务。收养关系成立对养子女的继承权有以下两方面的影响：一方面，对养父母及养父母的亲属，养子女与养父母的婚生子女享有同样的继承权；另一方面，对其亲生父母及亲生父母的亲属，养子女不再享有继承权。

此外，关于养子女的继承权，有三个问题值得注意：

1. 寄养子女。现实生活中，有的未成年人因父母死亡或家庭生活困难等原因被寄养在亲戚朋友家里。虽然被寄养人与寄养人可能长期在一起共同生活，有些甚至以父子、母子相称，但只要没有办理合法的收养关系，双方就不属于养父母养子女关系，被寄养人不能继承寄养人的遗产。如果寄养人与被寄养人符合《民法典》第 1131 条的规定，可以酌情分得适当遗产。

2. 养孙子女。在收养关系中，有的收养人与被收养人年纪相差悬殊，彼此之间以（外）祖父母和（外）孙子女相称，依据《继承法意见》第 22 条规定，养祖父母与养孙子女的关系，视为养父母与养子女的关系的，可互为第一顺序继承人。

3. 过继子。我国民间习俗中存在“过继子”，情形大体有两种：一种是在被继承人生前过继，另一种是被继承人死后过继。死后过继，过继子与被继承人之间无任何法律上的权利义务关系，当然不享有继承权。生前过继，应当区分是在《收养法》公布实施之前还是之后过继。在《收养法》公布实施之前过继，又实际上有扶养关系的，属于事实收养，可以适用养父母与养子女之间关系，相互有继承遗产的权利；在《收养法》公布实施之后的过继，即使有实际上的扶养关系，只要没有办理收养登记，也不能适用养父母与养子女之间的关系，相互之间没有继承遗产的权利。

（四）继子女

继子女是指妻与前夫或者夫与前妻所生的子女。继子女与继父母，是因其父母一方死亡、另一方再婚或者父母双方离婚后一方再婚而形成的一种亲属关系。

对于继父母，继子女能否享有继承权，取决于他们之间是否形成抚养教育关系。《民法典》第1072条第2款规定："继父或者继母和受其抚养教育的继子女间的权利义务关系，适用本法关于父母子女关系的规定。"依据该款规定，只有在继子女是受继父母抚养教育的情形下，其相互之间才成立拟制血亲，适用父母子女关系的规定，具有与自然血亲的父母子女相同的权利和义务，相互间有继承权。未形成抚养教育关系的继父母与继子女之间只是一种姻亲关系，不成立拟制血亲，相互之间没有继承权。

与养子女相比，继子女的继承权存在以下不同：

1. 不是所有继子女都有权继承继父母的遗产。作为法定继承人的子女中所包括的继子女，仅是"形成抚养教育关系的继子女"。

2. 继子女也有权继承生父母的遗产。继子女与继父母之间形成拟制血亲之后，其和生父母之间的父母子女关系仍然存在，并不解除，这一点与养子女不同。所以，继子女继承继父母的遗产并不影响其对生父母的遗产继承权，从这个意义上说，继子女有"双重继承权"。

二、准确理解本条规定的父母的范围

依据《民法典》第1127条第4款规定，法定继承中作为第一顺序继承人的"父母"，包括生父母、养父母和有扶养关系的继父母。

（一）生父母

生父母是指和子女之间存在血缘关系的父母，是相对于养父母、继父母而言的。生父母对自己的亲生子女有继承权，既包括婚生子女，也包括非婚生子女。但是如果亲生子女被他人收养并且成立了收养关系的，则生父母和亲生子女之间的权利义务关系消除，不再享有继承权。收养关系解除后，依据《民法典》第1117条规定，养子女与生父母间的权利义务关系自行恢复，继承权亦再次享有。但是，成年养子女与生父母间的权利义务关系是否恢复，可以协商确定。

（二）养父母

自收养关系成立之日起，养父母与养子女间的权利义务关系，适用父母子女关系的规定，养父母对养子女当然享有继承权。但是，一旦收养关系解除，不论解除原因为何，双方的权利义务关系都终止，双方不再享有互相继承遗产的权利。

（三）继父母

继父母对继子女是否享有继承权，取决于双方之间是否形成扶养关系，即继子女是否受继父母抚养教育。形成扶养关系的，继父母有权继承继子女的遗产；未形成扶养关系的，继父母无权继承继子女的遗产。与继子女一样，继父母也有双重继承权，即一方面，其可以继承自己亲生子女的遗产；另一方面，也可以继承形成扶养关系的继子女的遗产。

三、本条规定只适用于法定继承

法定继承与遗嘱继承是近代继承法的两个最为重要的继承方式。法定继承，是指依据法律直接规定的继承人范围、继承顺序、继承份额等继承被继承人遗产的继承方式。遗嘱继承，是按照被继承人生前所立的合法有效的遗嘱继承遗产的继承方式。遗嘱继承与法定继承最大的区别在于：法定继承中，继承人、继承顺序、继承份额等有关继承的事项都是法律规定的；遗嘱继承中，继承人、遗产份额等有关遗产的继承事项都是依照被继承人的指定即遗嘱确定。从历史发展的角度看，法定继承的历史要早于遗嘱继承。但是由于遗嘱继承体现了被继承人的愿望，对个人意志的尊重是私法的基础之一，所以遗嘱继承优先于法定继承适用，即有遗嘱按遗嘱继承，无遗嘱才适用法定继承。

应当注意的是，依据《民法典》第1133条第2款规定，自然人可以立遗嘱将个人财产指定由法定继承人中的一人或者数人继承，遗嘱继承人必须是法定继承人范围以内的人，但不受顺序限制，遗嘱继承人继承的遗产份额也不受法定遗产份额的约束。比如，可以立遗嘱指定配偶、子女、父母、兄弟姐妹、祖父母、外祖父母这些法定继承人中的一人或者数人继承，但不可以立遗嘱指定姑、伯、姨、舅继承，因后者不是法定继承人，如果遗嘱中有如此内容的，则其性质应认定为遗赠而非遗嘱继承。再如，A 虽有三个子女，但是其在遗嘱中指定其所有个人财产仅由其中的一个子女继承，则 A 去世后，仅有被指定的这个子女有权继承其遗产，其他子女除存在《民法典》第 1141 条情形的外，无权主张继承权。

所以，本条规定是相对于法定继承而言的，在被继承人存在遗嘱的情形下，其父母（子女）是否有权继承其遗产，应根据相关法律规定另行确定。

【审判实践中应注意的问题】

一、确定有无继承权的时间

确定一个自然人有无继承权，应以继承开始时为准。依据《民法典》第 1121 条第 1 款规定，继承从被继承人死亡时开始。如 A 去世，则 A 的子女等法定继承人的范围，应按照 A 去世时的状态确定。比如，A 虽然曾经收养过 B，但在 A 去世前已经和 B 解除了收养关系，则 B 在继承开始时，因不再是 A 的养子女，其对 A 的遗产就无继承权。

二、确定遗产范围时要先分割夫妻共同财产

遗产应是被继承人的个人财产，所以如果是夫妻一方去世的，在确定其遗产范围时，应先对夫妻共同财产进行分割。比如，A 去世，有配偶和子女，其生前居住的房屋是不是遗产？首先应看该房屋是 A 的个人财产还是夫妻共同财产。如果是夫妻共同财产，则首先应在 A 和其配偶之间进行分割，分割后属于 A 的份额才能纳入遗产范围。针对 A 的遗产，再确定继承人各自继承的份额。

第一千零七十一条 非婚生子女享有与婚生子女同等的权利，任何组织或者个人不得加以危害和歧视。

不直接抚养非婚生子女的生父或者生母，应当负担未成年子女或者不能独立生活的成年子女的抚养费。

【条文主旨】

本条是关于非婚生子女的法律地位的规定。

【条文理解】

本条规定来源于《婚姻法》第25条，与该条规定相比，本条规定未作实质性变更，仅在文字表述上进行了完善。第1款将不得加以危害和歧视的主体由“任何人”调整为“任何组织或者个人”，第2款将“子女”调整为“未成年子女或者不能独立生活的成年子女”，将“生活费和教育费”调整为“抚养费”，删除了“直至子女能独立生活为止”这个时间限制。

非婚生子女，是相对于婚生子女而言的。因生育行为存在婚内生育和婚外生育的区分，所生子女也就有了婚生和非婚生之别，出现了婚生子女和非婚生子女的概念。关于婚生子女的含义，各国法律规定虽有所不同，但大多认为因婚姻关系受孕或者出生的子女为婚生子女。其中母亲由生育行为可以确定，母亲的丈夫推定为孩子的父亲，此即为婚生子女推定制度。非婚生子女，相对应地，是指没有婚姻关系的男女所生的子女，实践中主要包括以下几种情况：未婚男女所生子女、已婚男女与第三人所生子女、无效婚姻或可撤销婚姻当事人所生子女等。我国1950年《婚姻法》、1980年《婚姻法》和本次民法典虽然都使用了婚生子女和非婚生子女的称谓，但均未对婚生子女和非婚生子女的概念作出规定，可结合各国通常规定进行理解。

从自然属性看，非婚生子女和婚生子女并无区别，都和父母之间存在血缘关系。但是从社会属性看，由于非婚生子女的父母没有合法婚姻关系，传统习俗中非婚生子女历来受到歧视。如英国普通法最初称非婚生子女为“无亲之子”，非婚生子女和其生父、生母不发生法律上的亲子关系。1804年的《法国民法典》规定非婚生子女不得请求其父认领，只许其母认领等。直至20世纪初，出于人道主义、人权思想、平等思想等观念，认为非婚生子女和婚生子女同属于父母所生，造成非婚生的原因在父母而非子女，子女是无辜的，因此各国开始采取措施改善非婚生子女的法律地位，很多国家通过准正和认领的程序，使非婚生子女婚生化。

非婚生子女在我国以前被称为“私生子”，遭受歧视。中华人民共和国成立后，1950年《婚姻法》确立了保护妇女和子女合法利益的婚姻制度，赋予了非婚生子女与婚生子女相同的权利和义务，在该法第15条规定：“非婚生子女享受与婚生子女同等的权利，任何人不得加以危害或歧视。非婚生子女经生母或其他人证物证证明其生父者，其生父应负担子女必需的生活费和教育费全部或一部；直至子女十八岁为止。如经生母同意，生父可将子女领回抚养。生母和他人结婚，原生子女的抚养，适用第二十二条的规定。”[①] 该条规定一方面明确了非婚生子女与婚生子女享有平等的权利，另一方面规定了其生父应当承担非婚生子女必需的生活费和教育费。1980年《婚姻法》第19条规定：“非婚生子女享受与婚生子女同等的权利，任何人不得加以危害和歧视。非婚生子女的生父，应负担子女必需的生活费和教育费的一部或全部，直至子女能独立生活为止。”该条规定实际上延续了1950年《婚姻法》第15条规定。2001年修改《婚姻法》时，该条规定进行了修正，将应负担非婚生子女的生活费和教育费的主体，

---

① 1950年《婚姻法》第22条规定：“女方再行结婚后，新夫如愿负担女方原生子女的生活费和教育费全部或一部，则子女的生父的负担可酌情减少或免除。”

由“非婚生子女的生父”修改为“不直接抚养非婚生子女的生父或生母”，这样对于保护非婚生子女的健康成长、保障父母双方同等负担抚养义务更为有利。本次编纂《民法典》，延续了这种规定。

在理解和适用本条规定时，应注意以下几点：

一、非婚生子女和婚生子女享有相同的法律地位

非婚生子女和父母之间也存在血缘关系，造成非婚生的原因在于父母，不应由子女承担不利法律后果，故在法律地位上非婚生子女不应和婚生子女有所区别。非婚生子女和婚生子女享有相同的法律地位，是指有关父母子女关系的规定同样适用于非婚生子女，具体包括：第一，父母对子女有抚养、教育和保护的权利和义务。父母对子女的这种权利义务是基于亲子关系产生，无论是婚生子女还是非婚生子女，父母都应履行相应义务。相应地，非婚生子女和父母的其他近亲属间亦享有和婚生子女同等的权利义务，比如和祖父母、外祖父母之间，和兄弟姐妹之间等。第二，子女成年后对父母有赡养扶助的义务。第三，父母与子女之间有相互继承遗产的权利。

二、任何组织和个人对非婚生子女不得加以危害和歧视

对非婚生子女可能造成的危害和歧视来自两个方面：一是来自家庭内部的，比如生父不承认其生父身份，拒绝确认亲子关系，从而拒绝承担抚养义务；兄弟姐妹不认可非婚生子女和父亲或母亲之间的亲子关系，拒绝其参与遗产继承。再如非婚生子女的生父或者生母与第三方结婚后，非婚生子女受到来自新的家庭成员的歧视。二是来自社会各方面的歧视和危害。如在住所地、学校、单位等地受到的来自邻居、同学、同事等的舆论压力和歧视。这些都会对非婚生子女的成长产生不利影响。

不得加以危害和歧视，一方面是告知社会各界应当认识到非婚生子女是无辜的，应当对当事人的隐私予以尊重和保护，给非婚生子女健康的成长环境。另一方面要依法保障非婚生子女的合法权益，生父

母要及时认领并负担起抚养义务，在继承案件中要依法保护非婚生子女的继承权。

本条规定将《婚姻法》规定的“任何人”调整为“任何组织或者个人”，是强调除个人外，各组织同样要尊重和保障非婚生子女的合法权益，比如非婚生子女的户口、入学等和个人利益密切相关的事项，有关单位应当及时制定相应保障措施。

三、父亲和母亲都应当负担非婚生子女的抚养费

父母对子女有抚养义务，这种抚养义务表现为直接抚养或者间接抚养，间接抚养的形式主要为支付抚养费。依据《民法典》第1067条规定，父母不履行抚养义务的，未成年子女和不能独立生活的成年子女有权向父母请求抚养费。这里的“子女”自然包括非婚生子女在内。

一般而言，根据分娩等事实，可以确定非婚生子女的生母，但是由于生母和生父之间缺乏合法的婚姻关系，生父的身份往往有待确定，所以在实践中，非婚生子女由母亲直接抚养的居多。1950年《婚姻法》和1980年《婚姻法》仅规定非婚生子女的生父应当负担相应费用，就是因为当时非婚生子女一般都是随母亲生活，因此需要强调生父应当承担的责任。2001年《婚姻法》修改为生父和生母，是因为实践中虽然非婚生子女跟随母亲生活居多，但也有可能随父亲生活，比如未婚男女生下孩子，生父认可亲子关系并愿意抚养的情形。考虑到实践中的多种情形，为了充分保障子女的利益，本条延续了2001年《婚姻法》的相关规定，再次规定只要未直接抚养子女的，无论是生父还是生母，都应当负担子女的抚养费。抚养义务是父母的法定义务，一方是否具有经济能力、是否和子女共同生活、是否和第三方结婚等，均不应影响该法定义务的承担。

抚养费的范围包括生活费、教育费、医疗费等子女健康成长所需要的费用。对于抚养费的数额，应结合《离婚案件子女抚养意见》相关规定，从保护未成年人利益的角度，结合子女的实际需要、父母双

方的负担能力和当地的实际生活水平确定。

【审判实践中应注意的问题】

一、亲子关系的确认

对于非婚生子女，一些国家规定了准正和认领制度。准正，是指非婚生子女通过父母结婚或者司法宣告而取得婚生子女的资格。认领，是指通过法定程序使非婚生子女实现婚生化的法律行为，认领通常是在非婚生子女无法准正的条件下出现的。认领的形式有两种：任意认领和强制认领。任意认领，是指生父承认自己与非婚生子女间的亲子关系，并愿意承担抚养义务；强制认领，是指当生父不主动认领时，有关当事人诉请法院予以强制认领，确认生父和非婚生子女之间的亲子关系。我国法律没有规定非婚生子女的准正和认领制度，但在《民法典》第1073条规定了亲子关系的确认制度。亲子关系得到确认的，子女可诉请生父或生母承担抚养义务。

二、在确认亲子关系后，未成年子女可否追索抚养费

父母对子女的抚养义务，自子女出生时开始，所以若父母一方未对子女承担过抚养义务，子女有权向未直接抚养其的父母一方追索自出生后的抚养费，并可就将来预计应当发生的抚养费用一并予以主张。如A与B同居生活，于期间生育了A1，但并未至民政部门登记结婚。后A与B因感情不和分手，A1出生至今跟随A居住生活，B从未支付过抚养费。后A1以B为被告提起诉讼，请求B按照每月800元标准支付A1从出生到18周岁的抚养费，共计××元。人民法院经审理后认为，依据《婚姻法》第25条规定，A1是其母亲A与B同居期间生育的子女，享有与婚生子女同等的权利，任何人不能剥夺。被告B是A1的亲生父亲，对A1负有抚养教育的法定义务，但其在与A分开后，在A1从出生至今一直跟随A居住生活的情

况下，从未支付过任何抚养费，未履行其应负的抚养教育义务，故A1要求B支付抚养费的请求，予以支持。关于抚养费的计算问题。鉴于A1从出生之日起即跟随母亲一起生活，B从未支付过抚养费，A1主张B应从A1出生之日起支付抚养费，有事实及法律依据，予以支持。结合A1及其父母双方的实际情况，作为亲生父亲的B应承担每月500元抚养费为宜。A1起诉前共111个月的抚养费55500元（111个月 ×500元），B应一次性付清，起诉后的抚养费可每月支付，直至A1年满18周岁。

第一千零七十二条 继父母与继子女间，不得虐待或者歧视。

继父或者继母和受其抚养教育的继子女间的权利义务关系，适用本法关于父母子女关系的规定。

【条文主旨】

本条是关于继父母和继子女之间的权利义务的规定。

【条文理解】

本条规定来源于《婚姻法》第27条规定，内容基本相同，仅在文字上做了些许调整。

所谓继子女，一般是指夫与前妻或妻与前夫所生的子女。继父母与继子女关系产生的原因有两个：一是由于父母一方死亡，另一方再婚；二是由于父母离婚，父亲或母亲再婚。子女对父母的再婚配偶称继父母，夫或妻对其再婚配偶的子女称继子女。可见，继父母子女关系是由于父亲或母亲再婚而形成的姻亲关系。

继子女具有以下法律特征：第一，结婚当事人双方至少有一方有子女，才可形成继父母子女关系。两个无子女的人结婚，不论是初婚还是再婚，都不发生继父母子女关系问题。第二，继父母子女是因子女的生父或者生母再婚形成，是由婚姻派生出来的一种亲属关系，不需要经过特定的法定程序，这一点与养子女不同。第三，继子女和继父母之间没有自然血亲关系。

继父母和继子女之间本质上是一种姻亲关系，继父母是继子女的血亲的配偶，继子女是继父母的配偶的血亲。从域外的立法通例上看，在继父母没有收养继子女的情况下，继父或继母对继子女的抚养，只是基于一定亲属关系而发生的债的关系。但是依据我国法律规定，继父母和继子女之间可能不限于姻亲关系，在特定情形下可以成立拟制血亲关系。

现实生活中，根据父或母再婚时子女的年龄以及是否与继父母共同生活，继父母子女关系可分为三种情形：第一，父或母再婚时，继子女成年并已独立生活；第二，父或母再婚时，继子女未成年或未独立生活，再婚后，继子女与继父母长期共同生活，继父或继母对其进行了抚养教育；第三，父或母再婚时，继子女未成年或未独立生活，但再婚后，继子女未与继父母共同生活或未受其抚养教育。在上述第一种、第三种情形下，继父母和继子女之间只是姻亲关系；在上述第二种情形下，根据本条第2款规定，继父母和继子女之间才成立拟制血亲关系，适用《民法典》关于父母子女关系的规定。当然，如果继父母对继子女进行了收养，办理了收养登记，则二者之间为养父母和养子女的关系，自然也属于拟制血亲关系。

在理解和适用本条规定时，应注意以下几个问题：

一、继父母与继子女间不得虐待或者歧视

中华人民共和国成立前，由于受封建宗法制度的影响，继子女的社会地位低下，正当权益得不到保护。中华人民共和国成立后，破除了旧的社会意识和观念，1950年《婚姻法》虽然没有提出“继子女”的称谓，但是在第16条规定“夫对于其妻所抚养与前夫所生的子女或妻对于其夫所抚养与前妻所生的子女，不得虐待或歧视”。1980年《婚姻法》第21条第1款明确规定：“继父母与继子女间，不得虐待或歧视。”这是尊老爱幼、保护儿童和老年人合法权益的必然要求。[①]

不得虐待或歧视，是对所有的继父母和继子女而言的，即不论是否成立拟制血亲关系，相互之间都不能虐待或歧视。当然，在现实生

① 参见余延满：《亲属法原论》，法律出版社2007年版，第430页。

活中，虐待或歧视一般是针对共同生活的情形，不在一起共同生活，一般不会涉及虐待或歧视的问题。不得歧视，通常是对抚养教育继子女的继父母提出的要求，尤其是在继父母自己有亲生子女的情形下，不能因为自己和继子女之间不存在血缘关系，就在抚养教育方面对继子女和亲生子女区别对待，对继子女有歧视。不得虐待，实际上是双向的，即继子女未成年或不能独立生活时，继父母不得虐待继子女；继父母年老后，继子女也不得虐待继父母。另外，在继父母和继子女不在一起共同生活的情形下，继父母对于自己配偶抚养教育继子女的行为不得阻拦，这也是继父母不得虐待歧视继子女的要求所在。

二、继父母和继子女之间成立拟制血亲的条件

依据本条第 2 款规定，继父母和受其抚养教育的继子女之间成立拟制血亲，适用关于父母子女关系的规定。据此，继父母和继子女之间的关系可分为以下三种情形：第一，未形成抚养教育关系。未形成抚养教育关系的继父母与继子女之间属于姻亲关系，相互之间只是一种亲属称谓上的父母子女关系。第二，形成抚养教育关系。形成抚养教育关系的继父母与继子女之间属于法律上的拟制血亲，具有与自然血亲的父母子女相同的权利和义务。与此同时，继子女与生父或生母的关系仍然存在，自然血亲的父母子女关系并不消除。因此继子女具有双重法律地位，享有双重权利，负有双重义务。第三，形成收养关系。继父或继母经继子女的生父母同意，可以收养继子女。通过收养行为，成立拟制血亲，继父或继母与继子女之间转化为养父母子女关系。该子女与不直接抚养自己的生父或生母间的权利义务消灭。

关于“受其抚养教育”的认定，我国立法对认定标准未有规定，理论上有不同的认识，实践中亦有较大争议。一方面，对于何为“抚养教育”，有不同观点。第一种观点认为，只有继父母和继子女共同生活，并且继父母负担了继子女全部或部分的抚养费，才能算作抚养教育；第二种观点认为，只要继父母和继子女共同生活，对继子女进行了生活上的照料，即可认定他们之间形成了事实上的抚养关系；第

三种观点认为，即使继父母与继子女未共同生活，如果继父母负担了抚养费用，就应认为形成了抚养关系。另一方面，对于受其抚养教育的时间，也有不同观点。多数观点认为，继父母和继子女之间成立拟制血亲关系，不仅需要进行抚养教育，还要经过一定的期间。但是对于经过的期间有3年、5年、10年等不同观点。

我们认为，对于“受其抚养教育”，司法实践中要结合具体案情进行认定。首先，受抚养教育的主体应限于未成年继子女或者虽成年但不能独立生活的继子女，如果是已经成年且能独立生活的继子女，则不享有要求父母进行抚养的权利，自然也谈不上抚养教育问题。其次，受抚养教育的方式可以多样，一般要求应和继父母共同生活，继父母对继子女进行了生活上的照料、教育和经济上的供养。如果虽然没有共同生活，但是继父母对继子女进行了持续的、较大数额的经济供养的，也可以认定为进行了抚养教育。再次，进行抚养教育应经过一定的期间。由于拟制血亲成立后，继子女对继父母就负有赡养扶助的义务，且继父母和继子女相互之间具有继承权，因此一般认为，继父母对继子女进行抚养教育，应至少具有数年的时间，而不是几天、几个月就可以，这样才可实现权利义务基本对等。最后，是否成立拟制血亲，还要尊重继父母和继子女的意思。如果继父母和继子女之间已经互相明确表达了不成立拟制血亲的意思，那么即使双方共同生活、进行了抚养教育，也不宜轻易认定成立拟制血亲。

三、继父母和继子女间的权利义务关系

未成立拟制血亲的继父母和继子女之间为姻亲关系，彼此间不产生父母子女间的权利义务，继父母对继子女不享有抚养、教育、保护的权利义务，继子女对继父母亦无赡养扶助的义务。但是作为继父母，不得阻碍自己的配偶（继子女的生父或生母）对继子女进行抚养教育，这是未成年人利益保护的要求。

形成抚养教育关系的继父母与继子女之间，具有与自然血亲的父母子女相同的权利和义务。表现为：继父母对继子女有抚养、教育、

保护的权利义务；继子女对继父母有赡养扶助的义务；继父母和继子女之间互相享有继承权；等等。

【审判实践中应注意的问题】

一、生父母支付抚养费不等于继父母进行抚养教育

对于没有和继子女共同生活的继父母，认定其对继子女的抚养教育关系时，应当从严把握，其配偶作为继子女的生父/母，对继子女履行抚养教育义务，不能等同于继父母的抚养教育。比如A和B生育子女D，A、B离婚，D随B生活。后A和C结婚，因D没有由A直接抚养，A每月向D支付抚养费。那么A在和C结婚后，虽然是以夫妻共同财产支付抚养费，但属于A履行法定抚养义务的行为，不能以此证明是C抚养教育D。

二、继父母和继子女之间关系的解除

如果继子女的生父与继母或生母与继父的婚姻关系终止，继父母和继子女之间的关系是否解除，法律未作规定，实践中在认定时要区分情形：

如果继父母和继子女之间未成立拟制血亲，仅为姻亲关系，那么继母或继父与继子女之间的姻亲关系即解除。

如果继父母对未成年继子女进行抚养教育而成立拟制血亲，那么拟制血亲关系在原则上不能自然解除。继父母对未成年继子女仍有抚养教育的权利和义务，受继父母抚养长大的继子女，对缺乏劳动能力或生活困难的继父母有赡养的义务。但是继父母与继子女间权利义务产生的亲属基础毕竟是姻亲关系，因此在姻亲关系因为离婚或一方死亡而解除的情况下，对已经转化为拟制血亲的继父母与继子女间的关系，应该允许基于一定的特殊原因解除。比如，离婚时继子女尚未成年，继父母拒绝继续抚养且生父母至少有一方在世的，应认为继父母与继子女间拟制血亲关系解除，已经形成的权利义务关系终止。再

如，离婚时，继子女已经成年，但继父母与成年继子女关系恶化，参照养父母和养子女的关系规定，应认为双方可协议或诉讼解除。解除后，继子女应否返还继父母的抚养教育费用，可结合解除的原因、继子女的过错等因素，从公平合理的角度予以判定。

第一千零七十三条 **对亲子关系有异议且有正当理由的，父或者母可以向人民法院提起诉讼，请求确认或者否认亲子关系。**

对亲子关系有异议且有正当理由的，成年子女可以向人民法院提起诉讼，请求确认亲子关系。

【条文主旨】

本条是关于亲子关系异议之诉的规定。

【条文理解】

与《婚姻法》相比，本条属于《民法典》新增的内容。

亲子关系，又称父母子女关系，亲为父母，子为子女。亲子关系根据其产生根据的不同，可分为自然血亲的亲子关系和法律拟制的亲子关系，前者基于子女出生的事实产生，后者基于法律的认可而设定，包括养父母养子女关系和形成抚养教育关系的继父母继子女关系。就亲子关系产生的争议，主要分为两种：确认尚未形成的亲子关系和否认已经形成的亲子关系。对于法律拟制的亲子关系，成立与否主要依赖于是否符合法律规定的成立要件，比如收养关系是否成立，要看是否进行了收养登记；继父母继子女之间是否成立拟制血亲关系，要看是否形成了抚养教育关系。对于自然血亲的亲子关系，成立与否主要依赖于双方当事人之间是否存在血缘关系。实践中，因母亲可由子女出生的事实加以确定，故是否存在血缘关系，主要是确定子女的生父。

从科学技术角度讲，生父只能通过血缘关系确定。血缘关系的判断方法，随着科技进步在不断改善。在科技尚不发达的时代，人们通过比较父子之间的相貌、性格等判断亲子关系的存在与否。19世纪末，人类开始通过对血型的检测、比对来确认亲子关系。20世纪70年代，人们发现可以用人类白细胞抗原来做亲子鉴定。现在人们已经可用DNA进行鉴定，准确率几近100%。亲子鉴定虽然从科技角度可行，但成本高，而且一经鉴定，无论是肯定亲子关系还是否认亲子关系，都势必会极大地影响子女及其父母目前的生活。故为了维护婚姻家庭的和睦与稳定，基于对婚姻道德的信任，很多国家或地区的立法都继受了罗马法确定的“婚姻示父”规则，确立了婚生子女的推定制度，即在母亲婚姻关系存续期间受胎或者出生的子女，推定其母亲的丈夫就是其生父。同时，为了保护真实的血缘关系，又赋予了一定范围的主体否认该子女与所推定的生父之间血缘关系的诉讼请求权，即婚生子女的否认制度。与此同时，对于非婚生子女，也赋予了一定范围的主体确认该子女与自己或被告之间存在血缘关系的诉讼请求权，即非婚生子女的认领制度。

上述制度，均是为了兼顾身份关系的真实性和法律关系的安定性。各国基于不同的价值考虑，在上述制度的设置上进行取舍。我国《婚姻法》没有规定婚生子女的推定、否认和非婚生子女的认领制度，但是在实践中，有关亲子关系确认和否认的案件大量存在，人民法院在处理具体案件时，也是在兼顾身份关系的真实性和法律关系的安定性之间衡量，比如《婚姻法司法解释（三）》第2条就规定了在亲子关系确认、否认诉讼中，一方当事人拒绝做亲子鉴定情形的处理。基于实践的需要，吸收司法解释的相关内容，本条从立法角度，首次对亲子关系的确认和否认作出规定。

在理解和适用本条规定时，应注意以下几点：

一、可以诉讼请求确认亲子关系的主体

请求确认亲子关系，即原告向法院起诉，请求确认子女和自己或者被告之间存在亲子关系，类似于非婚生子女的认领制度。非婚生子女的认领分为自愿认领和强制认领。自愿认领，是指认领人承认子女

为自己所生并认领为自己的子女。对于自愿认领的主体，多数国家的法律规定认领人为生父，少数国家如日本的法律规定，父或者母均可认领。强制认领，又称父的搜索，是指认领人不愿认领子女时，有关当事人诉请至法院强制认领人认领子女。各国或地区法律对强制认领请求权人的范围规定不一。如法国、德国规定请求权人仅为子女本人；瑞士规定请求权人为子女和母亲；日本规定请求权人为子女及其直系血亲卑亲属。

本条规定没有采用认领的概念，直接从当事人的诉求出发，规定为亲子关系的确认。也没有区分自愿还是强制，既包括原告起诉，请求确认自己和子女之间存在亲子关系的情形，也包括原告起诉，请求确认被告和子女之间存在亲子关系的情形。

参考其他国家的规定，结合实践中的情形，本条对于原告的范围规定如下：父亲、母亲和成年子女。父亲提起亲子关系确认之诉，主要是指生父自愿认可亲子关系的情形。母亲提起亲子关系确认之诉，主要是指生父不愿意认可亲子关系，生母以生父为被告提起诉讼，请求法院确认子女和生父之间存在亲子关系的情形。此外，父亲或母亲提起亲子关系确认之诉，实践中还包括孩子被抱错，或者被社会福利机构领养，或者和父母离散，父母请求确认自己和孩子之间存在亲子关系的情形。成年子女提起亲子关系确认之诉，主要是指以生父为被告，请求确认亲子关系的情形，也包括弃婴或者父母离散的子女以生父或生母为被告提起的诉讼。本条规定的原告范围没有包括未成年子女，是因为未成年子女缺乏民事行为能力和诉讼行为能力，其要确认亲子关系，可以母亲或父亲作为原告提出。除本条规定的范围外，其他人不能作为原告提起亲子关系确认之诉。

二、可以诉讼请求否认亲子关系的主体

请求否认亲子关系，即原告向法院起诉，请求确认自己和子女之间不存在亲子关系，类似于婚生子女否认制度。婚生子女的否认，是对婚生子女推定的限制，是指有关当事人依照法律规定否认推定的婚

生子女为自己亲生子女的一项制度。现实生活中，确实有受婚生推定的子女实际上是婚外性关系所生子女的情况。因此为了保障当事人的合法权益，各国法律在规定婚生子女推定制度的同时，还规定了婚生子女的否认制度。关于婚生子女否认权的主体，各国民法规定不一致。比如法国、日本规定仅丈夫或其权利的继受人享有否认权，瑞士规定丈夫和子女享有否认权，德国规定夫妻双方和子女均享有否认权。

我国现行法律没有规定婚生子女推定和否认制度，但婚姻关系存续期间出生的子女一般应认定为婚生子女是人民法院在审判实践中掌握的一项不成文的办案规则。从司法实践来看，人民法院也是受理婚生子女否认之诉的，比如丈夫提起诉讼，请求确认自己与妻子所生子女之间没有亲子关系。本条规定依然没有采用婚生子女否认的概念，而是直接从当事人的诉求出发，规定为亲子关系的否认。关于可提起亲子关系否认之诉的主体范围，本条立法过程中争议很大，最终本条规定将原告范围限定为父亲和母亲，将成年子女和其他主体都排除在外，可如此理解：第一，法律上的亲子关系应以真实的血缘关系为基础，故应允许法律意义上的父或母提起诉讼，确定子女的生父和生母。第二，应兼顾亲子关系的安定性，在当事人之间已发生了亲情和亲子关系的社会事实的情况下，从保护儿童最大利益原则出发，应限制当事人以外的人否认亲子关系，故不允许子女法律意义上的父或母之外的第三人作为原告提起诉讼。第三，父母抚养子女成年后，子女应当负有赡养义务，为防止出现成年子女否认亲子关系后不再对原法律意义上的父母承担赡养义务的情形，成年子女不可作为原告提起亲子关系否认之诉。

三、提起亲子关系确认或否认之诉应有正当理由

根据《民事诉讼法》第64条第1款规定，当事人对自己提出的主张，有责任提供证据。亲子关系的确认和否认，对于子女来说，不仅涉及一系列权利义务的产生、消灭，更是人身关系的重大改变，直

接影响到家庭和社会的稳定，故人民法院在审理此类案件时，必须对当事人提交的证据严格审核和认定。

请求确认或否认亲子关系，应当提供充分证据予以证明。请求确认亲子关系，应当提供亲子鉴定报告等可证明血缘关系存在的证据。请求否认亲子关系，一般应当提供证据证明存在下列情形之一：一是夫妻在妻受胎期间没有同居的事实；二是夫有生理缺陷或没有生育能力，包括时间不能、空间不能、生理不能等；三是子女和其他人存在血缘关系。

【审判实践中应注意的问题】

一、亲子鉴定报告的采用

从科技角度讲，虽然亲子鉴定的准确率很高，但是亲子鉴定在采集检材时需要当事人的配合。如果一方当事人申请进行亲子鉴定，另一方当事人不配合的，根据我国的实际情况，不宜强制当事人进行鉴定。在此情形下，人民法院应结合现有的证据作出判断。如果原告已经提供必要证据予以证明，另一方没有相反证据又拒绝做亲子鉴定的，人民法院可以对原告作出有利推定。如一案例中，原、被告均确认双方于2001年3月举行完结婚仪式后才开始同居生活。2001年9月，被告生育一女，出生医学证明上载明“出生孕周40周”。人民法院认为，原、被告同居生活后六个月零十日小孩出生，与出生医学载明“出生孕周40周”的时间周期不一致。原告向法院提出鉴定申请，要求对自己是否为孩子的生物学父亲进行亲子鉴定，被告不同意进行鉴定。经法院释明后，被告仍拒绝进行亲子鉴定，并承认孩子与原告不存在亲子关系。法院依据《婚姻法司法解释（三）》第2条第1款规定，推定原告与孩子之间不存在亲子关系。[①]

---

① 参见四川省宣汉县人民法院（2013）宣汉民初字第1586号民事判决书。

应注意的是，亲子关系的推定不可绝对化。未成年人利益最大化原则是人民法院处理涉及亲子关系的案件所应遵循的基本原则，除了追求真实的血缘关系外，亲子身份关系的安定、婚姻家庭的和谐稳定对未成年人健康成长的影响，都是应当考虑的因素。

二、亲子关系被否认后，能否请求返还抚养费

亲子关系被否认后，子女就丧失了婚生资格，原法律意义上的父亲对该子女无法律上的抚养义务，其与该子女在否认前的抚养关系，即属欺诈性抚养关系。对于欺诈性抚养，各国立法均确认受欺诈人对于婚姻关系存续期间支出的抚养费有返还的请求权。至于该请求权的理论基础，理论上有不同的观点。一是不当得利说，即无抚养义务之人支付了抚养费，对于生母而言属于不当得利，应当返还。二是无因管理说，即无法定义务而对非婚生子女予以抚养，构成无因管理。三是侵权行为说，即认为非婚生子女的生父母采取欺骗手段，共同实施了逃避法定的抚养义务的违法行为，使受欺诈的原抚养义务人“履行”了支付抚养费的义务，是生父母对被欺诈人的财产侵权行为，应当负侵权民事责任。对此种情形如何处理，我国法律未作规定。司法实践中，至少有以下几种处理方式：认定为基于重大误解实施抚养行为，返还抚养费，同时进行精神损害赔偿①；认定侵害原告人格利益，承担侵权赔偿责任，返还抚养费，进行精神损害赔偿②；认定抚养行为不是出于真实意思，应为无效，返还抚养费，进行精神损害赔偿③。我们认为，对于欺诈性抚养关系，因受欺诈人原并无抚养义务，其已经支付的抚养费用对子女的生父母而言构成不当得利，故其可以行使不当得利请求权，请求返还已经支出的抚养费用。同时，符合精神损害赔偿要件的，可以支持。在确定抚养费返还数额时，原告应当对抚养

---

① 参见河南省商丘市梁园区人民法院（2018）豫 1402 民初 3492 号民事判决书。

② 参见四川省绵竹市人民法院（2016）川 0683 民初 460 号民事判决书。

③ 参见山东省淄博市高新技术产业开发区人民法院（2015）新民初字第 79 民事判决书。

费给付情况承担举证责任。确实无法举证证明的，可以根据子女的实际需要、婚姻关系存续期间双方的经济收入、离婚时共同财产分割情况、当地的实际生活水平等酌情判定。当然，由于此类案件不仅涉及财产关系，更涉及人身关系，受欺诈人对孩子付出的不仅有抚养费，更多的还有感情投入，所以这类案件还是应以调解为主，争取双方协商解决。

第一千零七十四条 有负担能力的祖父母、外祖父母，对于父母已经死亡或者父母无力抚养的未成年孙子女、外孙子女，有抚养的义务。

有负担能力的孙子女、外孙子女，对于子女已经死亡或者子女无力赡养的祖父母、外祖父母，有赡养的义务。

【条文主旨】

本条是关于祖孙之间抚养、赡养义务的规定。

【条文理解】

本条规定来源于《婚姻法》第28条规定，内容基本相同。

祖父母、外祖父母与孙子女、外孙子女是隔代直系血亲，也是除亲子关系之外的最近的直系血亲。祖孙之间虽然不同于亲子关系，没有法定的抚养、赡养义务，但是基于对历史传统、亲属感情、民间习惯及部分“缺损家庭”的现实和社会保障水平等多种因素的考虑，为了充分保障未成年人和老年人的基本生活，1980年《婚姻法》在制定时，增加规定祖孙之间在特定条件下，承担抚养、赡养义务。1980年《婚姻法》于第22条规定：“有负担能力的祖父母、外祖父母，对于父母已经死亡的未成年的孙子女、外孙子女，有抚养的义务。有负担能力的孙子女、外孙子女，对于子女已经死亡的祖父母、外祖父母，有赡养的义务。”1984年8月30日《最高人民法院关于贯彻执行民事政策法律若干问题的意见》[1]进一步解释：（1）有负担能力的祖父母、

① 该意见已于2019年7月8日被《最高人民法院关于废止部分司法解释（第十三批）的决定》废止。

外祖父母，对于父母一方死亡、另一方确无能力扶养或父母均丧失扶养能力的未成年孙子女、外孙子女，有扶养义务。（2）有负担能力的孙子女、外孙子女，对于子女已经死亡或子女确无力赡养的祖父母、外祖父母，有赡养义务。《婚姻法》2001年修改时，吸收了司法解释的相关内容，对1980年《婚姻法》第22条规定进行了补充，增加规定了“父母无力抚养的”和“子女无力赡养的”情形。本条规定亦延续了这种规定。

在理解和适用本条规定时，应注意以下几点：

一、祖父母、外祖父母对孙子女、外孙子女履行抚养义务的条件

祖父母、外祖父母对孙子女、外孙子女履行抚养义务是有条件的，只有同时满足以下三个条件，才具有抚养义务。

第一，孙子女、外孙子女为未成年人。依据《民法典》第17条规定，不满18周岁的自然人为未成年人。只有在孙子女、外孙子女不满18周岁时，祖父母、外祖父母才有抚养义务，如果孙子女和外孙子女已满十八周岁，即使不能独立生活，祖父母、外祖父母也没有抚养的义务。这一点，与父母履行抚养义务的条件不同。①

第二，孙子女和外孙子女的父母已经死亡或父母无力抚养。这里的死亡包括自然死亡和宣告死亡。父母无力抚养是指不能以自己的收入满足子女合理的生活、教育、医疗等需要。如一案例中，A（男）与B（女）为夫妻，育有一子C。A父母早亡，B父母已退休且退休金丰厚。2010年A一家三口外出发生车祸，A当场死亡，B严重受创丧失劳动能力，C虽未受到严重伤害但无人抚养。B请求其父母，即C的外祖父母，抚养照顾C。法院经审理认为，C的父亲A去世，母亲B丧失劳动能力无法抚养，因此C的外祖父母负有法定的抚养C的义务，遂支持了B的请求。

---

① 《民法典》第1067条第1款规定：“父母不履行抚养义务的，未成年子女或者不能独立生活的成年子女，有要求父母给付抚养费的权利。”

第三，祖父母、外祖父母有负担能力。有负担能力，是指以自己的劳动收入和其他收入满足自己和第一顺序扶养权人（配偶、子女和父母）的合理生活、教育、医疗等需求后仍有剩余。根据《民法典》的规定，配偶之间的扶养义务、父母对子女的抚养义务以及子女对父母的赡养义务，均没有规定扶养义务人应有负担能力这个前提条件，属于生活保持义务的扶养，故配偶、子女、父母属于第一顺序的扶养权人。孙子女、外孙子女属于第二顺序的扶养权人，所以，需要先满足第一顺序扶养权人的扶养需要，仍有剩余的，才可认为是有负担能力。如果祖父母或外祖父母中数人均有负担能力，应根据他们的经济情况共同负担抚养义务。如果孙子女、外孙子女中有数人均满足被抚养条件的，在祖父母、外祖父母的经济能力不足以承担全部抚养义务时，对于经济状况和身体状况最差者应当优先抚养。[①]

二、孙子女、外孙子女对祖父母、外祖父母履行赡养义务的条件

孙子女、外孙子女对祖父母、外祖父母承担赡养义务应同时满足以下条件：

第一，祖父母、外祖父母需要赡养。孙子女、外孙子女对祖父母、外祖父母的赡养是以其父母的赡养义务为基础的，所以，孙子女、外孙子女的赡养条件不应宽于其父母的赡养条件。依据《民法典》第 1067 条第 2 款规定，缺乏劳动能力或者生活困难的父母，有要求成年子女给付赡养费的权利。所以，祖父母、外祖父母也只有在缺乏劳动能力或者生活困难时，才可向孙子女、外孙子女提出赡养的要求。如果祖父母、外祖母有经济收入或来源，可以负担自身生活所需，就不能要求孙子女、外孙子女承担赡养义务。

第二，祖父母、外祖父母的子女已经死亡或子女无力赡养。这里的死亡亦包括自然死亡和宣告死亡。无力赡养，是指祖父母、外祖父

① 胡康生主编：《中华人民共和国婚姻法释义》，法律出版社 2001 年版，第 117 页。

母的子女不能以自己的收入满足其合理的生活、教育、医疗等需要。应注意的是，这里的“子女”不应限于孙子女、外孙子女的父母，应包括祖父母、外祖父母的所有子女。比如，A 有三个子女 A1、A2、A3，A2 去世，但 A1 和 A3 均有赡养能力，在这种情形下，就不能要求 A2 的子女对 A 履行赡养义务。[①] 当然，如果是当事人之间自愿进行扶养，有利于发扬尊老爱幼的美德，是应当鼓励的。

第三，孙子女和外孙子女有负担能力。有负担能力是指孙子女和外孙子女以自己的收入满足自己和第一顺序抚养权人（配偶、子女和父母）合理的生活、教育、医疗等需求后仍有剩余。如果孙子女、外孙子女中数人均有负担能力，应根据他们的经济情况共同负担。

【审判实践中应注意的问题】

关于父母均在外打工，是否属于“无力抚养”的问题。

扶老育幼是我们中华民族的优良传统，现实生活中也普遍存在祖父母、外祖父母帮着带孩子的情形。尤其在农村地区，有大量父母外出打工，孩子留给祖父母、外祖父母照顾，即媒体中通常说的“留守儿童”。应注意的是，祖父母、外祖父母照顾孙子女、外孙子女往往是出于亲情。如果不存在其他的特殊情况，仅“父母外出打工”不能构成父母无力抚养的条件，在这种情形下，祖父母、外祖父母对孙子女、外孙子女进行照顾，是出于道义和亲情，并没有抚养的法定义务。父母仍应依照法律规定，对子女履行抚养、教育和保护义务，不能以在外打工为由推卸自己的责任。

① 类似观点可参见河北省沧州市中级人民法院（2017）冀 09 民终 856 号民事判决书。

第一千零七十五条 **有负担能力的兄、姐，对于父母已经死亡或者父母无力抚养的未成年弟、妹，有扶养的义务。**

由兄、姐扶养长大的有负担能力的弟、妹，对于缺乏劳动能力又缺乏生活来源的兄、姐，有扶养的义务。

【条文主旨】

本条是关于兄弟姐妹之间扶养关系的规定。

【条文理解】

兄弟姐妹是最亲近的旁系血亲，实际生活中有能力的兄、姐扶养未成年弟、妹的情况也较为常见。但关于旁系血亲之间是否存在法律上的扶养关系，各国立法并不相同。例如，《德国民法典》第1601条关于扶养义务人规定，直系血亲有义务互相给予扶养费。《法国民法典》第205条规定，扶养义务者，仅限于直系亲属之间，而扶养旁系血亲之兄弟姐妹，则被解释为自然债务。[①]《日本民法典》第877条规定，直系血亲及兄弟姐妹，互负扶养义务。我国2001年《婚姻法》第29条也规定了有负担能力的兄、姐对弟、妹的扶养义务，还规定了由兄、姐扶养长大的有负担能力的弟、妹，对于缺乏劳动能力又缺乏生活来源的兄、姐，有扶养的义务。此次《民法典》本条关于兄弟姐妹扶养义务的规定，与《婚姻法》第29条相比较，除将兄、姐对弟、妹的扶养义务，以及弟、妹对兄、姐的扶养义务分作两款分别规定之外，在具体内容上没有明显实质性的变动。

---

① 戴东雄等：《扶养专题研究》，我国台湾地区元照出版公司2019年版，第80页。

本条规定扶养义务的主体为兄弟姐妹，但日常生活中，使用“兄弟姐妹”一词所指的范围十分宽泛，因此，需明确条文中负有扶养义务的兄弟姐妹的范围。我们认为，首先，本条规定的兄弟姐妹指的是同胞兄弟姐妹，以及拟制的兄弟姐妹，不包括表兄弟姐妹，以及因姻亲关系形成的兄弟姐妹。同胞兄弟姐妹是指具有同父同母以及同父异母、同母异父关系的兄弟姐妹。现实生活中，同胞兄弟姐妹有紧密的血缘关系，他们曾经长期共同生活在父母的家庭中，相互间有深厚的同胞亲情，虽然成年后各自组织家庭、分开居住，但仍旧亲密往来，互相扶助。[①]其次，除前两种关系外，实际中往往还存在很多不具有血缘关系的养兄弟姐妹、继兄弟姐妹。养兄弟姐妹、继兄弟姐妹虽没有血缘关系，但属于法律上拟制血亲关系，其权利义务与具有血缘关系的兄弟姐妹相同，因此，养兄弟姐妹、继兄弟姐妹之间权利义务关系适用本条规定。我国台湾地区有关规定亦承认继兄弟姐妹之间存在相互扶养的义务，前婚之子女与非婚生子女间，均不失为兄弟姐妹，而有此义务。[②]这类关系在符合本条文规定条件时，也应在兄弟姐妹之间负有扶养义务。

兄弟姐妹之间的扶养义务系法定义务，具有强制性。法定义务也意味着当扶养义务人拒不履行义务，扶养权利人有权向人民法院提起诉讼，请求人民法院强制义务人履行。若拒绝扶养义务，遗弃被扶养人，情节恶劣的，则会被依法追究遗弃罪的刑事责任。然而，兄弟姐妹间的扶养义务虽系法定义务，必须履行，但却不是必然发生的法定义务，具有补位性质。具体而言，“法律上的扶养有广义和狭义之分。广义的扶养……囊括了长辈对晚辈亲属的抚养、同辈亲属之间的扶养和晚辈亲属对长辈亲属的赡养三种具体形态。狭义的扶养则专指平辈亲属之间尤其是夫妻之间依法发生的经济供养和生活扶助权利和义务关系”。在相关法律条款中，根据权利人和义务人的辈份、年龄等不

---

① 梁慧星主编：《中国民法典草案建议稿附理由：亲属编》，法律出版社 2006 年版，第 214 页。

② 史尚宽：《亲属法论》，中国政法大学出版社 2000 年版，第 757 页。

同情况分别采用了“抚养”“扶养”和“赡养”三种概念来规定相应的法定义务。因而，依据法律规定往往存在一人对数人负有扶养、抚养或赡养的法定义务，或一人有数个对其负有抚养、扶养或赡养义务的人的情形，由此就产生了各义务之间履行顺序的问题。但法律并未明确规定这些扶养义务的顺序，只是通过义务产生的法定条件或条文的表述中得以部分体现。以兄、姐对未成年弟、妹的扶养义务为例。《民法典》第1067条有“父母不履行抚养义务的，未成年子女或者不能独立生活的成年子女，有要求父母给付抚养费的权利”的规定，第1068条有“父母有教育、保护未成年子女的权利和义务”的规定，本条亦规定兄、姐仅对父母已经死亡或者父母无力抚养的未成年弟、妹有扶养的义务。依据前述规定以及本条义务产生的条件，对于未成年的弟、妹，一般应由其父母履行相应的抚养义务，此时兄、姐与未成年的弟、妹之间产生扶养义务的条件并不成立，兄、姐无须对未成年弟、妹承担该义务。由此可知，兄、姐对弟、妹的扶养义务顺位低于父母对子女的抚养义务，位于第二位，与有负担能力的祖父母、外祖父母相同，均是对父母抚养义务的补位。相对应的，对于缺乏劳动能力又缺乏生活来源的兄、姐，当其配偶或成年子女有能力履行扶养或赡养义务时，应先由他们来履行相应义务，而经兄、姐扶养长大的弟、妹对兄、姐的法定扶养义务则处于第二位。

关于兄弟姐妹间扶养义务成立条件的问题。本条文分为两款，分别予以规定。

本条第1款规定了兄、姐对未成年弟、妹负有扶养义务，产生该扶养义务所应具备的条件有三个。第一，弟、妹为未成年人。“扶养，谓一定亲属之间有经济能力者，本于身份关系，对于无力生活者，应予以扶助维持。”[①]一般而言，未成年人因缺乏经济能力和稳定生活来源，其自身难以维持生活，故需要有能力亲属对其予以扶助。但是对于16周岁以上未满18周岁，能够以自己的劳动收入为主要生活来

① 史尚宽:《亲属法论》，中国政法大学出版社2000年版，第751页。

源的未成年弟、妹，兄、姐无须对其负有本条第1款所规定的扶养义务。此外，如果弟、妹虽无独立生活能力但已经成年，那么兄、姐亦不负有法定的扶养义务。第二，父母已经死亡或父母无力抚养。这其中包含父母均已死亡或虽尚在但没有抚养能力两种不同类型，满足其一即符合该条件。例如，父母因疾病或发生意外，导致双方均丧失劳动能力且没有生活来源，便产生了由具有负担能力的兄、姐扶养未成年弟、妹的义务。但如果父或母有一方尚在且具备抚养能力，仍应由尚在的父或母履行相应的抚养义务。第三，兄、姐具备负担能力。兄、姐需为完全民事行为能力人，且兄、姐能够通过劳动获取收入或有其他财产为生活来源。当其无生活来源且缺乏劳动能力，就不能被认为是具有负担能力。但由此也引发了另一个问题，即若原本兄、姐确是具有劳动能力或具有生活来源，但是当其因承担法定扶养义务而造成自身生活艰难时，其是否还具有负担能力。换言之，扶养义务人因承担扶养义务而对自身生活造成损害，则该损害到何种程度可以被认为是不具备本条规定的负担能力。我国台湾地区学者史尚宽在《亲属法论》中认为："扶养义务人，因负担扶养义务而不能维持生活者，免除其义务。"《德国民法典》第1603条第1款规定，考虑自己所负其他之义务，非危害自己身份相当之生活不能为扶养之给与时，不负扶养义务。对于该问题，我国《民法典》没有明确规定。我们认为，当兄、姐因履行扶养义务而无法保障与自身身份相当的正常生活需要时，一般应当认为兄、姐不具有负担能力。而认定兄、姐因履行扶养义务而无法保障与自身身份相当的正常生活需要，则应当由法官结合案件情形以及当事人所提交的证据进行综合判断。

除此之外，关于扶养费问题。由于实践中未成年弟、妹一般都尚处在接受教育的阶段，除义务教育之外，还会进入高中或是接受其他类型的教育。因此，兄、姐对未成年弟、妹提供的扶养费除了保证其基本生活之外，还涉及教育费用。若父母尚在或是具有抚养能力，那么根据《民法典》第1068条的规定，父母应当承担未成年子女接受教育的相应费用。因此，在父母死亡或无力扶养而由兄、姐承担弟、妹的扶养义务时，也应当承担未成年弟、妹的教育费用。

本条第2款规定由兄、姐扶养长大的有负担能力弟、妹对兄、姐负有扶养义务。该义务是基于权利与义务相对应的原则，产生的条件有三个。第一，兄、姐缺乏劳动能力又缺乏生活来源。“缺乏劳动能力”主要是指兄、姐无法以技术、脑力、体力从事工作，获取相应报酬；“缺乏生活来源”则主要是指在经济上没有足够维持生活的收入和积蓄。两个条件缺一不可，如果仅是缺乏劳动能力但不缺少经济来源，例如，有一些社会组织等定期提供积极帮助保障生活，有之前积攒的生活积蓄，或者兄、姐因年老缺乏劳动能力但有退休金等以保障自身正常生活时，不应认定为其缺乏生活来源；如果兄、姐缺少生活来源但仍具有劳动能力时，兄、姐能够通过自己的劳动换取生活来源，此时弟、妹也无须承担本条规定的扶养兄、姐的义务。第二，兄、姐无第一顺序的扶养义务人，或是第一顺位的义务人缺乏扶养能力。若兄、姐的配偶尚在，且其配偶有劳动能力，可以通过劳动获得生活来源或是有其他生活来源从而承担夫妻间扶养义务的，或者兄、姐有成年子女能够承担赡养义务的，弟、妹无须负担扶养兄、姐的义务。第三，弟、妹由兄、姐扶养长大且具有负担能力。该条件包含两方面的因素，一是弟、妹需是由兄、姐扶养长大，即兄、姐已经履行扶养弟、妹的法定义务。依据权利与义务相一致原则，弟、妹在法定情况下也应承担对其兄、姐的扶养义务。二是弟、妹需具有负担能力。对于“负担能力”的理解与对第1款“兄、姐具有负担能力”的理解相同，也是依赖于法官结合具体案件自由裁量。此外，如弟、妹被认定具有“负担能力”，则还涉及扶养费的问题。对于扶养义务人给付扶养费的多少，法律上并没有明确的规定，实务中也没有一定的标准。我们认为，弟、妹履行扶养义务的程度要在考虑弟、妹经济能力、身份地位等因素的基础上，满足兄、姐的生活需要，具体认定要由法官在案件中结合案情实际、当事人工资收入、经济情况等证据进行自由裁量。但实务中由于工资收入、经济状况这方面属于个人的隐私，兄、姐在请求给予扶养费时可能较难获取以证明扶养义务人薪酬状况等事实的确切证据。因此，如当事人并未提交相关的经济收入等证据资料予以参考，可以参考政府公布的报告数据等资料，酌情确定扶养费用。

【审判实践中应注意的问题】

第一，应注意本条扶养义务与《刑法》第 261 条遗弃罪之间的联系。《刑法》第 261 条规定："对于年老、年幼、患病或者其他没有独立生活能力的人，负有扶养义务而拒绝扶养，情节恶劣的，处五年以下有期徒刑、拘役或者管制。"其中的义务包括兄弟姐妹间法定的扶养义务。当扶养义务人拒不履行义务，情节恶劣时，就由单纯的民事案件、强制履行义务转变为要承担相应刑事责任的刑事案件。

第二，实践中，存在当扶养义务人遭遇意外事故致使人身受到损害，丧失劳动能力的情况，故适用本条应注意与《最高人民法院关于审理人身损害赔偿案件适用法律若干问题的解释》联系。该解释第 17 条规定了对受害人的赔偿范围包括被扶养人的生活费，如兄、姐或弟、妹因满足本条规定的条件负有扶养义务，则赔偿义务人的赔偿范围包括父母已经死亡或者父母无力抚养的未成年弟、妹或缺乏劳动能力又缺乏生活来源的兄、姐的生活费。

第四章 离 婚

第一千零七十六条 夫妻双方自愿离婚的，应当签订书面离婚协议，并亲自到婚姻登记机关申请离婚登记。

离婚协议应当载明双方自愿离婚的意思表示和对子女抚养、财产以及债务处理等事项协商一致的意见。

【条文主旨】

本条是关于登记离婚程序和条件的规定。

【条文理解】

本条规定由 2001 年《婚姻法》第 31 条修改而来，是关于登记离婚的法律规定。本条规定了离婚当事人申请提起离婚登记，明确离婚协议是夫妻双方申请离婚登记的必备条件，并规定了离婚协议应当包含的具体内容。

离婚是婚姻关系终止的基本原因之一，是指夫妻双方在生存期间依照法律规定终止婚姻关系的法律行为。离婚具有强烈的人身属性，与身份关系密切相关。夫妻双方自离婚之日起，夫妻关系即告解除，双方权利义务关系终止。在我国，夫妻双方可以通过行政程序登记离婚或者诉讼离婚两种方式来解除婚姻关系。本条是关于依照行政程序，通过协议解除婚姻关系的法律规定。

登记离婚是婚姻关系当事人达成离婚合意后，通过行政登记程序解除婚姻关系的一种非诉离婚方式。因该种离婚方式需要夫妻双方对子女抚养、财产分配、债务承担等事项达成协议，故而又称为协议离婚。严格而言，协议离婚是以夫妻离婚合意为本质特征，其并非只适用于单一的行政登记程序，包括登记离婚和诉讼调解离婚。我国的登记离婚制度只是协议离婚的一种类型。[①] 登记离婚体现了婚姻自由的基本原则，其着眼于婚姻关系当事人的主观意愿，在一定程度上将离婚的决定权交给了当事人。通过双方当事人协商，达成协议，和平分手，既化解了矛盾纠纷，有利于协议的履行，也避免了夫妻双方相互指责，减少了仇视与对立，从而为越来越多的离婚当事人所选择。登记离婚手续简便快捷、成本低廉，能够妥当保护个人隐私，其作为一种高效的离婚方式，为大多数国家婚姻法所采纳，成为婚姻家庭法律制度的重要组成部分。

一、登记离婚的制度价值

我国登记离婚制度具体存在以下三个方面的功能。第一，保障离婚自由。婚姻自由是中国社会主义婚姻制度的重要内容，也是我国婚姻法的基本原则之一。要实现婚姻自由，需要保证婚姻当事人的结婚自由，但在夫妻双方感情确实已经破裂的情况下，解除一段痛苦的婚姻，是为了有机会更好地建立和睦的婚姻家庭关系，促进社会的和谐稳定，因此保障离婚自由也必不可少。第二，降低离婚成本。根据我国《民事诉讼法》的规定，通过诉讼的方式来解除婚姻关系，需要更高的时间成本和经济成本。而只要当事人符合法定申请离婚登记的条件，就能在短时间内解除婚姻关系，免遭诉累。同时也能够节约司法资源，降低离婚的社会成本，减轻司法诉讼压力。第三，维护个人隐私。离婚行为并非个人私事，总会涉及未成年子女和其他家庭成员的利益。登记离婚具有隐秘性，一般不会被公众所知晓，能够减轻离婚

① 马忆南：《婚姻家庭继承法学》，北京大学出版社 2011 年版，第 120 页。

行为对家庭的冲击，减少因强制履行而引发的不满，更好地保护当事人的离婚隐私。

二、登记离婚的特征

通过对婚姻法律制度及其立法精神的分析，登记离婚具有以下特征：首先，离婚登记的主体是依法享有登记职权的行政机关。世界各国对此有不同规定，如日本规定办理离婚登记的是户籍机关，而俄罗斯则与我国相同，为婚姻登记部门。根据我国《婚姻登记条例》规定，在我国，内地居民办理婚姻登记的机关是县级人民政府民政部门或者乡（镇）人民政府，省、自治区、直辖市人民政府可以按照便民原则确定农村居民办理婚姻登记的具体机关。其次，离婚登记内容上是离婚的法律事实，要根据婚姻家庭法律制度的规定进行登记。最后，离婚登记程序上需要依离婚当事人的申请启动。从上述特征来看，离婚登记是一种行政行为，是对当事人离婚合意进行确认，是对当事人丧失夫妻关系的证明。[①]

三、申请登记离婚的条件

根据本条规定，申请登记离婚必须具备以下条件：

（一）主体条件

当事人必须具有合法的夫妻身份，并具备完全民事行为能力。其一，离婚要解除的是夫妻的身份关系，只有依法办理了结婚登记的婚姻关系当事人才能作为登记离婚的主体向行政机关提出离婚登记申请。对不具有合法夫妻关系的当事人申请登记离婚的，婚姻登记机关不予受理。其二，夫妻双方达成离婚合意、拟定离婚协议是申请离婚登记的前提。为保障夫妻双方离婚意思表示的真实性并达成合法有效的离婚协议，即双方均应具有完全民事行为能力。一方或双方当事人为限制行为能力人或无民事行为能力人的，则须依法提起诉讼离婚程

---

① 张待水：《试论不动产登记的性质》，载《企业家天地》2009年第3期。

序，不适用登记离婚制度。

（二）自愿条件

登记离婚能够发生法律效力的前提是双方当事人自愿达成真实的离婚合意。由于离婚是夫妻双方作出的民事法律行为，其自愿性应符合民事法律行为的一般要件，即离婚当事人作出的离婚意思表示应当是其本人内心真实意愿的明示，不得默示或推定，并要排除因受到强迫、欺骗、重大误解等非自愿的情形，亦不得对身份关系附诸如限制再婚等其他限制性条件。根据本条规定，夫妻双方自愿离婚不仅体现在共同向婚姻登记机关提起离婚登记申请，而且要在离婚协议中明确载明自愿离婚的意思表示。婚姻登记机关认定夫妻双方并非自愿离婚的，则不得为其颁发离婚证。对此，各国民法典都有类似规定。如《墨西哥民法典》第272条规定：夫妻双方应以断然、明确的方式，声明他们希望离婚。同时，离婚合意的内容必须是真实的，是出自当事人内心愿望的，凡虚假的、误解的、欺诈的，或受人胁迫所达成的协议均不产生法律效力。

（三）内容条件

登记离婚不仅要求当事人双方就离婚达成合意，同时要求当事人双方就离婚后子女抚养、财产分配和债务负担等问题进行适当的处理。其中，（1）子女抚养问题的处理主要是指妥当安排未成年子女和不具备独立生活能力的成年子女的所有问题，包括但不限于子女由哪一方直接抚养、子女的抚养费用和教育费用如何负担、未直接抚养子女一方对子女探视权的行使等。我国台湾地区“民法”第1055条也规定：夫妻离婚者，对于未成年子女权利义务之行使或负担，依协议由一方或双方共同认之。未为协议或协议不成者，法院得依夫妻之一方、主管机关、社会福利机构或其他利害关系人之请求或依职权酌定之。前项协议不利于子女者，法院得依主管机关、社会福利机构或其他利害关系人之请求或依职权为子女利益改定之。（2）财产问题的处理，主要指双方对夫妻共同财产进行合理分割，并就一方是否对有生活困难的一方给予经济帮助或对因抚养子女、照顾老人等家庭事务付出较多的一方给予一定的补偿、隐匿财产如何处理等内容作出安排。现实中，考虑到女方经济能力与男方通常有一定差距，常常在离婚后面临居住方面的困难。对此，《妇女权益保障法》第48条规定："夫妻共有的房屋，离婚时，分割住房由双方协议解决；协议不成的，由人民法院根据双方的具体情况，按照照顾子女和女方权益的原则判决。夫妻双方另有约定的除外。夫妻共同租用的房屋，离婚时，女方的住房应当按照照顾子女和女方权益的原则解决。"（3）债务问题的处理。由于近年来民间借贷活动日益频繁，夫妻债务案件层出不穷，本次《民法典》编纂时特别要求离婚当事人在离婚协议中明确对债务的处理，即夫妻双方对婚姻关系存续期间夫妻共同债务、个人债务予以明确，并就如何清偿作出安排。此外，在双方处理子女、财产和债务等问题时，还应注意不得违背男女平等、保护妇女儿童合法权益的原则，不得侵害国家、集体的利益以及其他公民的合法权益。

（四）程序条件

首先，离婚登记应当向有管辖权的婚姻登记管理机关提出申请。根据我国《婚姻登记工作规范》第5条的规定，婚姻登记管辖按照行政区域划分。其中，县、不设区的市、市辖区人民政府民政部门办理双方或者一方常住户口在本行政区域内的内地居民之间的婚姻登记；省级人民政府可以根据实际情况，规定乡（镇）人民政府办理双方或者一方常住户口在本乡（镇）的内地居民之间的婚姻登记；省级人民政府民政部门或者其确定的民政部门，办理一方常住户口在辖区内的涉外和涉我国香港特别行政区、澳门特别行政区、台湾地区居民以及华侨的婚姻登记；办理经济技术开发区、高新技术开发区等特别区域内居民婚姻登记的机关由省级人民政府民政部门提出意见报同级人民政府确定；现役军人由部队驻地、入伍前常住户口所在地或另一方当事人常住户口所在地婚姻登记机关办理婚姻登记。其次，夫妻双方必须共同亲自到场，不得委托他人办理。鉴于离婚与否是涉及人身权利的重大问题，只有本人才能有权对身份关系方面的权利进行处分。故我国《婚姻登记条例》第10条第1款规定："内地居民自愿离婚的，男女双方应当共同到一方当事人常住户口所在地的婚姻登记机关办理离婚登记。”该规定的目的是确保婚姻登记机关能够验证核实申请离婚当事人的信息，了解其真实意愿。

【审判实践中应注意的问题】

一、恶意申请登记离婚引发诉讼问题

恶意申请登记离婚是指夫妻双方在不符合法定登记离婚条件的情况下，为实现某种特定的目的，采用不正当手段向婚姻登记机关提起离婚登记申请的行为。恶意申请登记离婚包括不符合登记离婚条件而申请登记离婚的情形，也包括双方通谋虚伪离婚的情形。

不符合登记离婚条件的主要有以下情形：（1）违反自愿离婚条件的，如胁迫或欺诈对方登记离婚。（2）欠缺主体资格的，如夫妻一方为欠缺民事行为能力人，另一方为了达到离婚目的隐瞒了该事实，从而登记离婚。（3）违反亲自办理条件的，如当事人一方没有离婚意思，也没有被欺诈或者胁迫离婚，另一方为了实现离婚的目的，在一方当事人并不知情的情况下，请他人代为办理登记离婚。实践中，此类不符合登记离婚条件的离婚案件多发，当事人多以其欠缺真实意思表示或者民事行为能力不能办理离婚登记为由，请求婚姻登记机关撤销离婚证，或者提起行政诉讼要求婚姻登记机关撤销离婚证。

双方无实际解除婚姻关系意思的情形主要包括：（1）为了逃避债务而通谋离婚，主要表现为夫妻一方对外欠债难以清偿，为逃避债务，夫妻双方恶意离婚，协议将全部财产归一方，全部债务归另一方。（2）为了获得买房利益而通谋离婚，主要表现为夫妻双方为了特定的买房资格或者规避购房政策而串通虚假离婚的情形。（3）为了骗取更多拆迁款而通谋离婚，主要表现为通过离婚的方式来强行符合当地拆迁政策，以获得更多的拆迁赔款。除此之外，实践中还存在为骗取低保费用，为出国留学等而虚假登记离婚的现象。司法实践中，此

类通谋虚伪离婚无论男女双方离婚时出于什么目的，一旦登记离婚，则夫妻身份关系已经解除，不得以其恶意登记离婚为由否定离婚的效力。原因在于夫妻有离婚的自由，夫妻身份解除与否他人不得干预，公权力亦不得干预；单纯的夫妻身份关系解除并不涉及第三人、社会公共利益和国家利益等，应充分尊重夫妻双方的意思表示，这也是对婚姻登记机关登记行为公示效力的尊重。

二、不履行离婚协议不能直接申请人民法院强制执行

通常情况下，夫妻双方在自愿的基础上达成离婚协议，经登记部门登记离婚的，一般不会发生要求执行离婚协议的问题。但个别婚姻当事人因急于离婚而达成离婚协议，离婚后又对子女抚养、财产和债务的处理反悔的情形也时有发生。由于离婚协议本质上是一份民事协议，不属于由法院直接强制执行的法律文书，故另一方当事人不能依据离婚协议直接向人民法院申请强制执行。实践中，对夫妻双方协议离婚后一年内就财产分割问题反悔的，最高人民法院已经通过司法解释的方式给出解决方式，即离婚当事人可以向人民法院提起民事诉讼请求变更或者撤销财产分割协议。人民法院可根据离婚登记时对子女和财产问题的处理情况、发生纠纷的原因和理由给予审查处理。人民法院通常会因某些原因否定离婚协议关于财产处分内容的效力，主要裁判理由有：该内容未体现夫妻双方的真实意思，不具有约束当事人的效力；该内容损害了债权人的利益或违背了公平公正、权利义务相一致、诚信等原则。人民法院否定离婚协议关于财产处分内容的效力的，应对夫妻共同财产依法重新分配。

第一千零七十七条 自婚姻登记机关收到离婚登记申请之日起三十日内，任何一方不愿意离婚的，可以向婚姻登记机关撤回离婚登记申请。

前款规定期限届满后三十日内，双方应当亲自到婚姻登记机关申请发给离婚证；未申请的，视为撤回离婚登记申请。

【条文主旨】

本条是关于登记离婚中离婚冷静期的规定。

【条文理解】

本条规定设置了离婚冷静期制度，系新增条文，是对登记离婚程序作出的限制性规定。离婚冷静期，是指立法在坚持离婚自由原则下，为避免夫妻当事人轻率离婚，而在离婚程序中设置的夫妻任何一方都可在婚姻登记机关收到离婚申请后一定时间内撤回申请，终结登记离婚程序的冷静思考期间。

一、离婚冷静期的域外规定

由于冲动离婚是当下很多国家都会面临的社会现象，很多国家虽然具体规定不同，但都进行了在离婚程序中增设一个缓冲期间的探索。

（一）俄罗斯法律

根据《俄罗斯联邦家庭法》规定，在俄罗斯有两种离婚方式，分别为登记离婚和诉讼离婚。夫妻双方申请登记离婚的，需要向户籍机关提出申请。户籍机关在婚姻当事人提出申请一个月后，方可办理并颁发离婚证。俄罗斯家庭法注重对未成年子女的保护，将申请登记离婚的当事人限制在无共同未成年子女的夫妻之内。对于有共同未成年子女的离婚当事人必须采取诉讼方式解除婚姻关系。在此期限内，法院可采取一定措施帮助夫妻和解，同时给予当事人不超过三个月的和解期，供其慎重考虑。俄罗斯对于登记离婚需要1个月、诉讼离婚需要3个月离婚冷静期的立法规定体现了对离婚的慎重，同时对未成年子女保护的立法精神也值得我国借鉴。①

（二）韩国法律

韩国与我国同为亚洲国家，传统婚姻家庭理念有相似之处。韩国政府为抑制日益攀升的离婚率，2005年3月在首尔家庭法院首次推出了“熟虑期”制度，规定当事人如向法院申请离婚的话，需要先经过一个星期的熟虑期，并接受专家咨询调解后，方才受理诉讼。经统计，韩国自2005年3月实施离婚“熟虑期”以后，撤回离婚申请的人数增加了约一倍。因此，2007年《韩国民法典》正式规定了离婚熟虑期。该法第836条之2规定：（1）欲协议离婚者应得到家庭法院提供的离婚咨询，必要时家庭法院可劝当事人接受具备专业知识和经验的咨询员的咨询。（2）向家庭法院申请确认离婚意思的当事人，自接受第1款咨询之日起，经过以下各项期间后，得到离婚意思的确认：①有需要抚养的人时（包括胎内的子女，以下本条亦同）为3个月；②不符合第一项时间为1个月。（3）因暴力将会对当事人一方造成无法忍受的痛苦等应予离婚的紧急情形，家庭法院可缩短或免除第2项的期间。自实施“离婚熟虑期”制度以后，取消协议离婚的比例从过去的6%上升到23%，韩国政府用实践证实了离婚冷静期可以抑制离婚率这一理论。

（三）法国法律

《法国民法典》规定了四项法定离婚事由，即两愿离婚、接受中断婚姻关系而离婚、夫妻关系变坏无可挽回而离婚、因过错而离婚，

---

① 陈苇：《外国婚姻家庭法比较研究》，群众出版社2006年版，第414~415页。

并分别规定了“两愿离婚”和“其他离婚情形”适用的法定程序。2017年1月法国实行的关于两愿离婚的修订案中专门规定，不涉及子女利益与财产争议的夫妻达成离婚合意的，需要在律师的帮助下签订离婚协议，进行公证登记备案，并在公证期间赋予“夫妻双方有15天的考虑期”。该期间届满前当事人可以申请撤销备案，期限届满当事人双方仍申请备案的两愿离婚生效。而因另外三种法定离婚事由提出离婚的程序也大体相同，需要当事人通过律师向法院提起诉讼，并实行调解前置。在此期间，法官均会给予离婚当事人一定时间考虑离婚问题。从法国离婚制度可以看出，法国一方面尊重当事人的意愿，认可两愿离婚，保障离婚自由；另一方面为了防止人们滥用自由权利，抑制轻率离婚，保护当事人及子女的利益，对离婚设置了一定的限制条件，从而使离婚变得更加理性。

（四）英国法律

随着社会的发展，英国婚姻法经历了由追求离婚自由到支持婚姻家庭的回归，由追求离婚程序简化到程序逐渐严谨化的过程，逐渐增加了反省与考虑期的设置。《英国婚姻法》规定夫妻双方主张离婚的，应该首先参加信息会议。信息会议主要对当事人提供心理方面的疏导和离婚普及，告知当事人可能会遇到的各种问题。当事人独自或者共同参加信息会议三个月后，一方或者双方当事人应当向法院提出婚姻是否有挽救可能性的声明。法院将根据该声明为当事人指定反省与考虑期，一般情况下为九个月。法院也会根据不同情况考虑延长该期限。英国的离婚冷静期制度虽与韩国的规定不尽相同，但制度设计中都特别关注到了未成年子女和特殊群体的利益保护，亦具有现实的借鉴意义。

二、我国离婚冷静期的含义

我国登记离婚制度具有尊重婚姻当事人意思自治、程序便利、保障当事人隐私与社会稳定等特点，其设立顺应了时代发展趋势，有利于保障离婚自由。但是离婚自由不能是无限的自由，个人的自由在与家庭和谐、社会稳定之间，要受到一定限制。实践中，由于我国离婚登记手续较为简便，没有对离婚当事人附加限制，导致不良离婚行为滋生，轻率离婚的现象增多，不利于家庭稳定甚至产生很多家庭矛盾纠纷。因此，离婚自由应坚持适度原则，在不损害当事人离婚自由的前提下，制度安排应当有利于维护家庭和谐稳定，有利于保护未成年人、妇女、老年人的合法权益。《民法典》本条即为确认双方离婚真实意思，减少轻率离婚，切实维护家庭和谐与社会稳定，规定了离婚冷静期制度。

本条第1款规定在30日内的离婚冷静期内，任何一方可以向登记机关撤回离婚申请；在第1款30日届满后30日内，如果双方没有到婚姻登记机关申请发给离婚证，视为撤回离婚申请。之所以设置30日的离婚冷静期，是在保护当事人离婚自由与防止轻率型离婚之间的利益寻找平衡，既避免冷静期时间太长损害当事人的离婚自由，又避免冷静期时间太短无法达到“冷静”的效果。需要强调的是，本条两款都规定了30日，但两个30日的效力不同，对当事人和婚姻登记机关行为的约束不同，因此法律后果也是不同的。本条第1款规定的30日冷静期是不变期间，即婚姻登记机关在收到离婚登记申请之日后30日内不会办理离婚登记手续，在此期间任何一方均可以撤回离婚登记申请，因此，第1款规定的30日是典型的离婚冷静期。本条第2款规定的30日是可变期间，即在30日离婚冷静期届满后的30日内，如夫妻双方亲自到婚姻登记机关申请发给离婚证，婚姻登记机关在审查符合离婚登记条件的，应当发给离婚证；如在此期间男女双方没有申请的，视为撤回离婚登记申请，婚姻登记机关不得基于双方最初的申请为其办理离婚登记。以上两款规定，明确了男女双方若要登记离婚，需要经过递交离婚登记申请后的30日离婚冷静期，在离婚冷静期届满后的30日内，还需要男女双方亲自到婚姻登记机关申请发给离婚证。如任何一方未到场申请确认的，视为双方未达成一致，不适用协议离婚的行政程序。

三、离婚冷静期制度设置的重要意义

（一）有助于减少轻率离婚

当事人选择轻率离婚时，往往对离婚所能带来的效用有一定期待，认为离婚比维持一段失败的婚姻可以带来更高的效用。但离婚当事人对离婚结果的预期有时会出现偏差和失误，无法作出理性选择。离婚冷静期制度对于处于冲动期的夫妻而言，能够发挥暂时冷却的缓冲功能，可促使婚姻关系恶化的当事人重新思考离婚的合意，达到稳定婚姻关系，维护家庭关系和谐的目的。

（二）有助于完善我国离婚制度

婚姻家庭法的基本原则反映着婚姻家庭法的本质、基本内容和基本精神，体现了社会生活的需要。婚姻自由是我国婚姻家庭法的基本原则，体现了我国婚姻家庭价值观念，成为自然人在婚姻家庭生活中共同认可和遵循的基本准则和基本精神。[①]保障离婚自由、反对轻率离婚是婚姻家庭法始终坚持的原则，也是我国离婚制度的重要特征。同时，对于部分别有用心的通谋虚假离婚的当事人而言，也会因为离婚冷静期的设置而丧失时效利益，从而抑制虚假离婚，产生维护法律权威和婚姻家庭社会稳定的效果。

（三）有助于协调婚姻当事人与未成年子女的利益

解除婚姻关系的法律行为一旦做出，必然影响到婚姻存续期间抚育的未成年子女利益。我国一直重视未成年子女保护，亦曾在诸如《民法总则》等法律中明确规定当事人在离婚时应当妥善处理子女抚养问题。若当事人未经深思熟虑而草率离婚，匆忙拟定的离婚协议很可能无法全面顾及子女的各方面利益，从而损害未成年子女的合法权益，引发更加严重的社会问题。因此，离婚冷静期的设置，能够使婚姻双方谨慎思考、合理安排子女问题，强化对弱势群体的保护，实现婚姻关系上的实质正义。

---

① 夏吟兰：《对中国登记离婚制度的评价与反思》，载《法学杂志》2008年第2期。

（四）有助于强化婚姻登记机关的审查职责

当前有部分地方婚姻登记机关在登记离婚中试行“冷静期”制度，但由于缺乏直接的法律依据，存在着各不相同的困境。离婚冷静期制度的设置，能够帮助婚姻登记机关有充分的制度依据、充足的时间和精力对当事人的离婚申请进行审查，必要时还可以进行实际调查。

【审判实践中应注意的问题】

一、在诉讼中探索离婚冷静期制度，避免诉讼离婚的成本低于登记离婚

本条规定的离婚冷静期适用于登记离婚，虽未对诉讼离婚中冷静期制度作出明确规定，但司法实践中对诉讼离婚冷静期制度已经作了积极探索。也可以说，正是诉讼中离婚冷静期的有益探索和经验总结，促进了本条登记离婚冷静期的出台。在总结各地法院探索离婚冷静期的基础上，最高人民法院于2018年7月18日印发《关于进一步深化家事审判方式和工作机制改革的意见（试行）》，其中第40条即对离婚冷静期作了规定。第40条规定如下：“人民法院审理离婚案件，经双方当事人同意，可以设置不超过3个月的冷静期。在冷静期内，人民法院可以根据案件情况开展调解、家事调查、心理疏导等工作。冷静期结束，人民法院应通知双方当事人。”与登记离婚冷静期制度相同，诉讼离婚中冷静期制度的功能在于减少冲动型离婚，减少当事人之间的对抗，有利于人民法院对案件更准确地裁判。因此，为减少草率冲动离婚，维护婚姻家庭和谐稳定，也为了避免诉讼离婚成本低于登记离婚成本从而导致离婚案件激增，人民法院可以参照上述规定，在离婚诉讼中设置冷静期。当然，因诉讼离婚冷静期制度并非法定制度，在适用中应当注意以下几点：一是尊重双方当事人意愿，以双方当事人同意为前提；二是可以根据案件情况灵活设置冷静期期间，但最长不得超过3个月；三是冷静期内，

法院需要有所作为，进行必要的调查、调解等，以进一步查明案件事实，对是否判决离婚作出更为精准的判断。

二、特殊情形下不适用离婚冷静期制度

对于有家庭暴力等情形的，实践中当事人多向法院起诉离婚。家庭暴力属于危及生命健康安全的夫妻间冲突。如果认定存在严重的家暴情形，当事人因家暴而要求离婚的意思表示是真实的，则法院不再适用离婚冷静期制度，以避免受害人持续受到伤害。

第一千零七十八条 婚姻登记机关查明双方确实是自愿离婚，并已经对子女抚养、财产以及债务处理等事项协商一致的，予以登记，发给离婚证。

【条文主旨】

本条是关于登记离婚审查、登记条件的规定。

【条文理解】

离婚无小事，自然人解除婚姻关系不仅仅是个人行为更是一种社会行为，会涉及他人、社会甚至国家的利益。《民法典》关于当事人协商一致的离婚合意只有向法定部门提出离婚申请，经审查登记之后才能发生法律效力的规定，保证了国家公权力对离婚的适当干预，有利于更进一步规范登记离婚制度。从婚姻登记机关的审查职责来看，婚姻登记机关应当承担好审查职责，发挥其为最后维护当事人婚姻关系的屏障作用。本条由《婚姻法》第31条修改而来，是协议离婚时，关于婚姻登记机关离婚审查、登记程序的规定。

根据本条规定，我国有权办理登记离婚的是婚姻登记机关，登记离婚具体来说需要经过申请、冷静、审查、登记四方面的具体程序。《民法典》第1076条、第1077条规定了夫妻双方申请离婚并经历冷静期的内容，本条则是对婚姻登记机关离婚审查、登记的规定。

一、审查

审查环节是国家对登记离婚进行监督和干预的关键环节。根据《民法典》相关规定，我国婚姻登记机关对登记离婚审查的前提是夫妻双方经过离婚冷静期后仍达成离婚合意，并在离婚冷静期限届满后30日内共同到婚姻登记机关提起离婚申请。此时，婚姻登记机关需要审查以下内容：

（一）双方存在法律认可的合法夫妻关系

婚姻登记机关需要查明申请登记离婚的当事人是依法办理了结婚登记的当事人。婚姻登记机关决定是否受理离婚申请，首先就存在判断当事人之间是否存在合法有效的婚姻关系问题。我国婚姻以婚姻登记机关已经办理了结婚登记为生效要件，因此婚姻登记机关可以直接依据办理的结婚证来认定婚姻效力。具体来说，根据《婚姻登记工作规范》第56条规定，婚姻登记员受理离婚登记申请后，应对当事人持有的身份证、结婚证、离婚协议等证件和材料进行查验。申请办理离婚登记的当事人有一本结婚证丢失的，当事人应当书面声明遗失，婚姻登记机关可以根据另一本结婚证办理离婚登记；申请办理离婚登记的当事人两本结婚证都丢失的，当事人应当书面声明结婚证遗失并提供加盖查档专用章的结婚登记档案复印件，婚姻登记机关可根据当事人提供的上述材料办理离婚登记。对于未婚同居或有配偶者与他人非法同居的、未办理结婚登记的事实婚姻当事人，即使双方签订了离婚协议，因自始不存在婚姻关系，亦不能通过婚姻登记机关办理登记离婚。对于上述情形，若同居期间发生了与身份关系有关的纠纷，如涉及子女、财产、债务等问题的争议，可以通过诉讼渠道解决。

（二）双方为完全民事行为能力人

婚姻登记机关需要查明申请登记离婚的当事人是具备完全民事行为能力的人。保障离婚自由是我国婚姻立法以及司法实践中处理离婚问题的指导思想，也是我国离婚法律制度一贯体现的基本精神。离婚作为一种民事法律行为，离婚自由建立在婚姻当事人具有完全民事行为能力的基础上。欠缺民事行为能力的人只能从事与其智力相适应的民事活动，而登记离婚以签订离婚协议为前提，并涉及婚姻生活中多重重大事项。由于其不能独立自主地签订离婚协议，也不能对协议事项作出正确表达，无法达成合法有效的离婚协议。因此，为防止欠缺民事行为能力人可能因行为能力受限而作出对自己不利的决定，故离婚双方当事人具有完全民事行为能力，是当事人向婚姻登记机关申请离婚登记的必备条件。《婚姻登记条例》第 12 条第 2 项已经明确规定欠缺民事行为能力人提交的离婚登记申请，婚姻登记机关不予受理。欠缺民事行为能力的人可以通过有代理人参与的诉讼离婚方式解除婚姻关系。

（三）夫妻双方自愿登记离婚

婚姻登记机关需要查明申请登记离婚的当事人申请离婚的意思是自愿并达成合意的。自愿即要求完全是当事人本人的意愿而不存在被强迫的意思。当事人申请登记离婚时作出的意思表示完全是出自自主内心意思，不受任何第三方因素干预，不存在被欺诈或是胁迫等意志不自由的情况。同时，双方申请登记离婚是共同的意思表示，是双方经过协商一致的结果，如果仅有一方单方自愿而未形成共同意愿则不能申请登记离婚。因此，婚姻登记机关要求离婚当事人亲自到场，以确定当事人离婚意思的真正自愿性，也便于婚姻登记机关查明夫妻双方是否有解除婚姻的真实意图。根据《婚姻登记工作规范》规定，婚姻登记员受理离婚登记申请后，首先要询问当事人的离婚意愿。具体来说，要将当事人分开询问是否是自愿选择办理离婚登记，以及对离婚协议内容的意愿，告知其离婚产生的后果，避免一方为受他人欺诈或胁迫等作出错误意思表示，并进行笔录，笔录由当事人阅后签名。

（四）双方已达成离婚协议

婚姻登记机关需要查明离婚当事人对子女抚养、财产及债务处理等事项协商一致。离婚以双方达成合意的离婚协议为基础和平解除婚姻关系，这也是登记离婚与诉讼离婚的最大差异之处。离婚协议的审查在我国澳门特别行政区要实行实质审查，要查明离婚协议是否保障了夫妻一方和子女的利益，若离婚协议违背公平正义原则，有悖于子女权益，则法官在听取当事人意见后，会规定时间要求夫妻双方对协议内容进行修改，并召开第二次会议对离婚协议进行审查，若不修改，则将驳回离婚请求。在法国，须对夫妻双方的离婚意愿及协议内容进行审查，如符合条件则准予协议离婚。我国台湾地区则规定对离婚协议书、身份证明材料及未成年夫妻法定代理人的同意书进行形式上的审查。此次，《民法典》在本条规定了对离婚协议审查的原则，查明夫妻双方对包含子女抚养、财产及债务处理等事项已经协商一致达成生效离婚协议即可，具体来说，在具备完全民事行为能力的夫妻双方签订的基础上，离婚协议生效要件有三：一是必须以书面形式签订。主要是为了保存证据，方便以后发生争议时有效解决，口头达成的离婚协议无效。二是必须符合国家强制性法律、法规的要求，不能违背公序良俗。三是分割的财产内容必须是现实存在的，不能是虚假的。根据《婚姻登记工作规范》规定，双方自愿离婚且对子女抚养、财产及债务处理等事项协商一致的，双方填写《申请离婚登记声明书》；《申请离婚登记声明书》中“声明人”一栏的签名必须由声明人在监誓人面前完成并按指纹；婚姻登记员作监誓人并在监誓人一栏签名。夫妻双方应当在离婚协议上现场签名；婚姻登记员可以在离婚协议书上加盖“此件与存档件一致，涂改无效。××××婚姻登记处××××年××月××日”的长方形印章。协议书夫妻双方各一份，婚姻登记处存档一份。当事人因离婚协议书遗失等原因，要求婚姻登记机关复印其离婚协议书的，按照《婚姻登记档案管理办法》的规定查阅婚姻登记档案。离婚登记完成后，当事人要求更换离婚协议书或变更离婚协议内容的，婚姻登记机关不予受理。现实中，由于离婚有时是一个长期的过程，夫妻双方可能随着时间的推移和财产的积累而陆续签订多份离婚协议，协议的内容也会存在重合或矛盾之处。在此情况下，若登记前的离婚协议与登记备案的离婚协议发生争议的，应以登记备案的离婚协议作为生效的离婚协议。若登记备案的离婚协议未完全分割全部财产，则当事人可另行达成离婚后的补充协议或诉至法院解决财产纠纷。

二、登记

《婚姻登记工作规范》第57条规定：“婚姻登记员对当事人提交

的证件、《申请离婚登记声明书》、离婚协议书进行审查，符合离婚条件的，填写《离婚登记审查处理表》和离婚证。《离婚登记审查处理表》和离婚证分别参照本规范第三十八条、第三十九条规定填写。”即经过婚姻登记机关审查，对于符合登记离婚条件的当事人，应当准予登记，发给离婚证。另外，根据《婚姻登记工作规范》第59条规定，颁发离婚证，应当在当事人双方均在场时按照下列步骤进行：（1）向当事人双方询问核对姓名、出生日期、离婚意愿。（2）见证当事人本人亲自在《离婚登记审查处理表》“当事人领证签名并按指纹”一栏中签名并按指纹；“当事人领证签名并按指纹”一栏不得空白，不得由他人代为填写、代按指纹。（3）在当事人的结婚证上加盖条型印章，其中注明“双方离婚，证件失效。×× 婚姻登记处”。注销后的结婚证复印存档，原件退还当事人。（4）将离婚证颁发给离婚当事人。如果婚姻登记机关查明仅为夫妻一方要求离婚，或夫妻双方虽然同意离婚，但在子女和财产等问题上不能达成一致的，应不予登记。当事人要求出具《不予办理离婚登记告知书》的，应当出具。

离婚证是证明婚姻关系已经合法解除的具有法律效力的文件，其与人民法院作出的离婚判决书和离婚调解书具有同等的法律效力。夫妻双方自取得离婚证时起，解除夫妻关系。如果当事人双方依法进行离婚登记后，一方对这种已经发生法律效力的离婚反悔，在原婚姻登记机关未撤销离婚登记的情况下，向人民法院提起离婚诉讼的，人民法院应不予受理。只有在当事人向原婚姻登记机关重新申请撤销离婚证后，使已经解除的夫妻关系恢复到未解除的原状，提起的离婚诉讼才能被法院受理。

【审判实践中应注意的问题】

一、婚姻登记机关在办理离婚登记时不能只是简单地进行形式审查，应尽到审慎审查义务

实践中，夫妻一方为欠缺民事行为能力的人（无民事行为能力人或限制民事行为能力人）的离婚登记是当前离婚登记行政诉讼案件的常见情形。若婚姻登记机关受理了夫妻一方为无民事行为能力或者限制民事行为能力人（实践中多为精神病人）的离婚申请，应按照何种审查标准在行政诉讼中确认该婚姻登记行为的合法性存在较大争议，存在形式审查标准和实质审查标准两种意见。我们认为，因法律未明确婚姻登记机关的审查标准，故不能要求婚姻登记机关进行实质审查，但结合司法实践经验，婚姻登记机关的形式审查也需对当事人提交的材料是否真实、是否合法尽到审慎审查义务，以避免将来产生纠纷。

二、夫妻双方对离婚登记不服的司法救济只能通过行政诉讼来解决

《民法典》对于结婚规定了无效婚姻和可撤销婚姻，并无无效离婚或可撤销离婚的规定。因此，离婚登记作为一种行政确认具体行政行为应纳入行政诉讼受案范围，在婚姻当事人不服离婚登记时，可提出行政诉讼。但是，若与离婚当事人有财产争议的人，认为婚姻登记机关对他人离婚登记侵犯了其财产权利而要求撤销离婚登记提起行政诉讼的，因其与离婚登记行政行为无行政法上的利害关系，人民法院可告知其以民事侵权提起诉讼。若坚持提起行政诉讼的，应以原告无主体资格而裁定驳回起诉。

第一千零七十九条 夫妻一方要求离婚的，可以由有关组织进行调解或者直接向人民法院提起离婚诉讼。

人民法院审理离婚案件，应当进行调解；如果感情确已破裂，调解无效的，应当准予离婚。

有下列情形之一，调解无效的，应当准予离婚：

（一）重婚或者与他人同居；

（二）实施家庭暴力或者虐待、遗弃家庭成员；

（三）有赌博、吸毒等恶习屡教不改；

（四）因感情不和分居满二年；

（五）其他导致夫妻感情破裂的情形。

一方被宣告失踪，另一方提起离婚诉讼的，应当准予离婚。

经人民法院判决不准离婚后，双方又分居满一年，一方再次提起离婚诉讼的，应当准予离婚。

【条文主旨】

本条是关于诉讼外调解离婚和诉讼离婚的规定。

【条文理解】

本条沿袭了 2001 年《婚姻法》第 32 条关于诉讼外调解离婚和诉讼离婚的规定，明确了调解是离婚案件的必经程序，规定了应当准予离婚即认定感情破裂的情形，增加了“经人民法院判决不准离婚后，双方又分居满一年，一方再次提起离婚诉讼的，应当准予离婚”作为第 5 款。

本条主要包括以下内容：

一、关于诉讼外调解离婚

本条明确规定，男女一方要求离婚的，可由有关部门进行调解。这属于民间性、行政性调解类型的一种。这里“有关部门”是指人民法院以外的有关部门，包括当事人所在单位、群众团体、基层调解组织和行政主管部门等。其中，诉讼外调解中最主要的方式就是人民调解委员会根据自愿原则就离婚纠纷所进行的调解。人民调解委员会是村民委员会和居民委员会下设的调解民间纠纷的群众性组织，在基层人民政府和基层人民法院指导下进行工作。其日常工作由基层人民政府及其派出机关司法助理员负责指导。

由这些部门进行调解，符合当事人的非讼心理和社会生活中的传统习惯，易于当事人认可和接受。也由于调解人一般对当事人的情况比较了解，便于做好思想开导工作，缓解夫妻间的矛盾，有助于妥善、及时地化解离婚争议。离婚纠纷经诉讼外调解之后，一般会有以下三种结果：一是双方经过调解，矛盾缓解，同意继续维持婚姻关系；二是双方就子女抚养以及财产分割问题达成一致，和平解除婚姻关系；三是双方对离婚的有关事项达不成一致意见，向法院起诉要求离婚。另外，诉讼外调解的性质为民间性质，对当事人没有法律上的约束力，在调解和好之后，当事人仍然可以向法院起诉要求离婚。

需要注意的是，诉讼外调解并不是离婚的必经程序，也不是诉讼前的必经程序，当事人可以不经有关部门调解，直接向人民法院起诉离婚。也就是说，调解遵循的是当事人自愿原则。

二、关于诉讼离婚

诉讼离婚，是婚姻当事人向人民法院提出离婚请求，由人民法院调解或判决而解除其婚姻关系的一项离婚制度。诉讼离婚制度，适用于当事人双方对离婚有分歧的情况，包括一方要求离婚另一方不同意离婚而发生的离婚纠纷；或者双方虽然同意离婚，但在子女和财产问题上不能达成一致意见的情况。

（一）离婚诉讼案件当事人出庭问题

婚姻具有很强的人身属性，夫妻关系是特定的身份关系，因此离婚诉讼的当事人应当为夫妻双方。也因为婚姻本身具有很强的人身属性，不同于一般财产关系，为查明案件事实和做好诉讼中调解工作，我国《民事诉讼法》第62条对离婚案件当事人的出庭问题作出了特别规定，即“离婚案件有诉讼代理人的，本人除不能表达意思的以外，仍应出庭；确因特殊情况无法出庭的，必须向人民法院提交书面意见”。当夫妻一方为无民事行为能力人时，《民事诉讼法》第57条规定：“无诉讼行为能力人由他的监护人作为法定代理人代为诉讼。法定代理人之间互相推诿代理责任的，由人民法院指定其中一人代为诉讼。”无民事行为能力人的法定监护人是其配偶，但在离婚诉讼中，配偶又是对方当事人，存在利益冲突，因此为了保护无民事行为能力人的合法权益，应当变更监护人。《婚姻法司法解释（三）》第8条规定：“无民事行为能力人的配偶有虐待、遗弃等严重损害无民事行为能力一方的人身权利或者财产权益行为，其他有监护资格的人可以依照特别程序要求变更监护关系；变更后的监护人代理无民事行为能力一方提起离婚诉讼的，人民法院应予受理。”《民事诉讼法司法解释》第234条也规定：“无民事行为能力人的离婚诉讼，当事人的法定代理人应当到庭；法定代理人不能到庭的，人民法院应当在查清事实的基础上，依法作出判决。”根据上述司法解释的规定，无民事行为能力人起诉离婚的，不能由其配偶担任监护人，而是应当先由其他有监护资格的人申请变更监护人，之后由新的监护人作为法定代理人提起离婚诉讼。

另外一种特殊情况是，在宣告失踪的情况下，也就是在夫妻一方当事人根本无法出现的情况下，如何诉讼离婚的问题。《民事诉讼法司法解释》第217条规定：“夫妻一方下落不明，另一方诉至人民法院，只要求离婚，不申请宣告下落不明人失踪或者死亡的案件，人民法院应当受理，对下落不明人公告送达诉讼文书。”根据这一规定，夫妻一方下落不明，另一方可以起诉离婚，法院通过公告送达的方式实现送达法律文书。当然夫妻一方也可以等宣告失踪之后，再起诉要求离婚。本条第4款规定一方被宣告失踪，另一方提起离婚诉讼的，应当准予离婚。

（二）离婚诉讼中的调解

调解是诉讼离婚的必经程序。2001年《婚姻法》第32条第2款规定了离婚案件人民法院应当进行调解。《民事诉讼法司法解释》第145条也规定，人民法院审理离婚案件，应当进行调解，但不应久调不决。上述规定是把调解作为法院审理离婚案件的先行程序，调解不成的才能进行裁判。同时，调解程序由人民法院依法主动启动，不需当事人申请，也不需经当事人同意。这是因为婚姻家庭纠纷内含丰富的社会和家庭伦理道德内容，且夹杂着生活和感情方面的复杂因素，如果单纯依照法律条文机械执法、简单下判，不利于纠纷的处理和积怨的化解。故对于离婚纠纷案件处理，一般并不考虑当事人是否自愿，而应当先行调解，这也是从维护家庭这一社会细胞的稳定角度出发考虑。需要说明的是，对于存在家庭暴力的离婚案件，如果受害方坚决要求离婚的，为保护受害方的人身权益，一般不得调解和好。

《民事诉讼法司法解释》第147条规定："人民法院调解案件时，当事人不能出庭的，经其特别授权，可由其委托代理人参加调解，达成的调解协议，可由委托代理人签名。离婚案件当事人确因特殊情况无法出庭参加调解的，除本人不能表达意志的以外，应当出具书面意见。"因为调解更多强调的是当事人处分权的行使，法官应当谨慎审查当事人的诉讼能力及代理人的代理权限，防止恶意虚假代理等情形发生。参加调解的代理人必须具有特别授权，而且在调解过程中，法官应当对委托代理材料进行严格审查，尤其是对当事人本人未到庭的案件，必要时与当事人进行沟通以确认授权委托的真实情况，防止代理人利用调解程序侵害当事人的合法权益。离婚案件当事人确因特殊情况无法出庭参加调解的，除本人不能表达意志的以外，应当出具书面意见，载明财产分割、未成年子女抚养等处置意见。这是离婚调解不同于其他案件类型调解的特殊之处，依此来检验当事人的真正意思表示。此外,《最高人民法院关于进一步深化家事审判方式和工作机制改革的意见(试行)》第6条至第14条详细规定了家事调解的程序,可以作为法院进行离婚案件调解的重要参考。

关于调解的结果。调解和好的离婚案件,根据《民事诉讼法》第98条的规定,人民法院可以不制作调解书,但应当记入笔录,由双方当事人、审判人员、书记员签名或者盖章后,即具有法律效力。如果双方就解除婚姻关系、财产分割及子女抚养等有关离婚的事项达成一致,则人民法院按照该内容制作调解书,调解书在经双方当事人签收后即具有法律效力。如果双方当事人经调解无法和好,也无法就离婚的有关事项达成一致,则不应久调不决,如果感情确已破裂,应当准予离婚,如果未达到感情破裂的程度,则应判决不准离婚。

(三)判决离婚的认定标准

从1980年《婚姻法》开始,我国已经基本明确将"感情破裂"作为判决离婚的基本标准。[①] 因夫妻感情是婚姻关系的基础,离婚争议的产生,归根结底可以归结到感情的变化。如果感情确已破裂,婚姻已经"名存实亡",就应当依法予以解除。准予或不准予离婚,只能以夫妻的感情状况为客观依据。1989年《认定夫妻感情破裂的意见》中明确指出,人民法院审理离婚案件,准予或不准离婚应以夫妻感情是否破裂作为区分的界限。而判断夫妻感情是否确已破裂,应当从婚姻基础、婚后感情、离婚原因、夫妻关系的现状和有无和好的可能等方面综合分析。

《认定夫妻感情破裂的意见》中规定感情破裂主要有以下情形:(1)一方患有法定禁止结婚疾病的,或一方有生理缺陷,或其他原因不能发生性行为,且难以治愈的;(2)婚前缺乏了解,草率结婚,婚后未建立起夫妻感情,难以共同生活的;(3)婚前隐瞒了精神病,婚后经治不愈,或者婚前知道对方患有精神病而与其结婚,或一方在夫

① 1980年《婚姻法》第25条规定:"男女一方要求离婚的,可由有关部门进行调解或直接向人民法院提出离婚诉讼。人民法院审理离婚案件,应当进行调解;如感情确已破裂,调解无效,应准予离婚。"

妻共同生活期间患精神病，久治不愈的；（4）一方欺骗对方，或者在结婚登记时弄虚作假，骗取《结婚证》的；（5）双方办理结婚登记后，未同居生活，无和好可能的；（6）包办、买卖婚姻，婚后一方随即提出离婚，或者虽共同生活多年，但确未建立起夫妻感情的；（7）因感情不和分居已满3年，确无和好可能的，或者经人民法院判决不准离婚后又分居满1年，互不履行夫妻义务的；（8）一方与他人通奸、非法同居，经教育仍无悔改表现，无过错一方起诉离婚，或者过错方起诉离婚，对方不同意离婚，经批评教育、处分，或在人民法院判决不准离婚后，过错方又起诉离婚，确无和好可能的；（9）一方重婚，对方提出离婚的；（10）一方好逸恶劳、有赌博等恶习，不履行家庭义务，屡教不改，夫妻难以共同生活的；（11）一方被依法判处长期徒刑，或其违法，犯罪行为严重伤害夫妻感情的；（12）一方下落不明满二年，对方起诉离婚，经公告查找确无下落的；（13）受对方的虐待、遗弃，或者受对方亲属虐待，或虐待对方亲属，经教育不改，另一方不谅解的；（14）因其他原因导致夫妻感情确已破裂的。

2001年《婚姻法》继承了1980年《婚姻法》的精髓，未作实质性修改，但在原来两款规定的基础上，将导致夫妻感情破裂的几种常见的情形和一方被宣告失踪而不能达到婚姻目的的情形具体列举，在第32条新增加了两款规定。本条重申了2001年《婚姻法》第32条规定的应准予离婚情形，即："有下列情形之一，调解无效的，应准予离婚：（一）重婚或有配偶者与他人同居的；（二）实施家庭暴力或虐待、遗弃家庭成员的；（三）有赌博、吸毒等恶习屡教不改的；（四）因感情不和分居满二年的；（五）其他导致夫妻感情破裂的情形。一方被宣告失踪，另一方提出离婚诉讼的，应准予离婚。"同时，增加规定离婚诉讼后双方又分居满一年，一方再次起诉的，应当准予离婚。

重婚或者与他人同居。重婚，是指有配偶者又与他人结婚的违法行为，其表现为法律上的重婚和事实上的重婚。法律上的重婚是指有配偶又与他人登记结婚，事实上的重婚是指有配偶者与他人虽未登记结婚，但以夫妻名义同居生活。已婚者与他人同居，是指有配偶的人与他人不以夫妻名义，持续、稳定的共同生活。事实重婚与已婚者与他人同居的相同之处在于，已婚者都与他人持续稳定共同生活，不同之处在于事实重婚是以夫妻名义共同生活，而同居则不以夫妻名义共同生活。与他人同居也不同于出轨，出轨指的是有配偶者与他人发生不正当两性关系，但并未持续稳定地共同生活。重婚、与他人同居、出轨均属于违背夫妻忠诚义务的行为，其中重婚和与他人同居性质更为严重，不仅严重伤害夫妻感情，还破坏了我国一夫一妻制的基本原则。尤其是重婚，属于犯罪行为，当事人告诉的，应当依照刑法规定追究重婚者刑事责任。

实施家庭暴力或者虐待、遗弃家庭成员。家庭暴力和虐待，是指发生在家庭成员之间，以殴打、捆绑、残害身体、禁闭、冻饿、凌辱人格、精神恐吓、性暴虐等手段，对家庭成员从肉体上、精神上进行伤害、摧残、折磨的行为。遗弃，是指对于需要扶养的家庭成员，负有扶养义务而拒绝扶养的行为，表现为经济上不供养，生活上不照顾，使被扶养人的正常生活不能维持，甚至生命和健康得不到保障。

有赌博、吸毒等恶习屡教不改。夫妻一方有赌博、吸毒等恶习屡教不改，不但容易引发家庭暴力，消耗家庭的经济积蓄，也使得正常的家庭生活无法继续。因此，对于恶习难改，一贯不履行家庭义务，夫妻感情难以重建，夫妻难以共同生活的，经调解无效，应准予离婚。

因感情不和分居满二年。夫妻生活的一个重要部分就是共同生活，分居，是指夫妻间不再共同生活，不再互相履行夫妻义务，包括停止性生活，经济上不再合作，生活上不再互相关心、互相扶助等。对于因工作、学业等客观原因分居两地，或者一时怄气分开居住的，不构成本项规定的分居的离婚法定事由。按照本项规定，夫妻因感情不和分居满二年，构成夫妻感情破裂的事实证明。

其他导致夫妻感情破裂的情形。这是一个兜底性规定，导致夫妻感情破裂的原因很复杂，法律不可能对所有的情形一一列明。因此，需要人民法院本着保障离婚自由、防止轻率离婚的原则，根据立法精神和案件的具体情况，作出正确判断。当然，法律规定的认定为夫妻感情破裂的条件，并不是离婚的必要法定条件，即使没有上述情况发生，但是双方确实已经感情破裂的，人民法院也应判决准予离婚。

夫妻一方被宣告失踪，另一方提起离婚诉讼的，应当准予离婚。夫妻一方下落不明满二年，经利害关系人申请，被人民法院宣告失踪的，在事实上夫妻双方已经终止了夫妻共同生活。若另一方提出离婚，则表明其已经不再对婚姻生活抱有期待，因一方处于失踪状态，夫妻共同生活实难为继，夫妻感情应属破裂，应准予原告提出的离婚诉讼请求。该离婚事由单列一款，表明夫妻一方被宣告失踪的事实标志着夫妻感情已破裂，一方诉请离婚的，人民法院应直接判决离婚，无法调解，也无须调解。[①]同时，当事人申请宣告失踪适用特别程序，而提出离婚诉讼请求则适用诉讼程序，这是两个不同的法律程序，应当分别进行。

经人民法院判决不准离婚后，双方又分居满一年，一方再次提起离婚诉讼的，应当准予离婚。这是本条较2001年《婚姻法》新增加的规定，也是对既往司法审判经验的总结。司法实践中，夫妻一方起诉离婚，没有重婚，与他人同居，实施家庭暴力，虐待、遗弃家庭成员，没有赌博、吸毒等恶习屡教不改，因感情不和分居满二年等法定离婚事由，亦没有明确证据证明夫妻感情确已破裂的，对于这种初次起诉离婚的案件，人民法院本着维护婚姻家庭稳定的原则，一般判决不准离婚。实践证明，这些判决不准离婚的夫妻，有相当部分未再到法院起诉离婚，表明人民法院对案件事实的判断是正确的。但是，也有部分当事人在6个月期满后再次提起离婚诉讼，这表明当事人要求离婚的态度坚决，如经人民法院调解，原告仍坚持要求离婚，通常表明夫妻感情已经无可挽回，人民法院一般认定夫妻感情确已破裂，判决准予离婚。在前述司法经验的基础上，《民法典》增加了这一新的

① 杨立新主编:《最高人民法院婚姻法司法解释（三）理解与运用》，中国法制出版社2011年版，第176~181页。

规定，即经人民法院判决不准离婚后，双方又分居满一年，一方再次提起离婚诉讼的，应当准予离婚。该规定显示，当事人在初次离婚诉讼被法院驳回后，夫妻双方又持续分居满一年，互不履行夫妻义务，长期分居亦致使夫妻感情无挽回的机会，表明夫妻感情在前次诉讼之后并无改善，且夫妻一方再次提起诉讼，持续提起诉讼表明当事人要求解除婚姻关系的意志坚决，应认定为夫妻感情破裂，准予离婚。另外，两次提起离婚诉讼，即近两三年内当事人致力于解除婚姻关系，从尊重婚姻自由、维护家庭及社会秩序的正常运行等角度考虑，也应当准予离婚。

（四）离婚判决

对于调解无效的案件，人民法院应当依法判决。判决应当根据当事人的婚姻状况，判决准予离婚或者判决不准离婚。一审判决离婚的，当事人在判决发生法律效力前不得另行结婚。当事人不服一审判决的，有权依法提出上诉。双方当事人在15天的上诉期内均不上诉的，判决书发生法律效力。第二审人民法院审理上诉案件可以进行调解。经调解双方达成协议的，自调解书送达时起原审判决即视为撤销。对于判决不准离婚或者调解和好的离婚案件，没有新情况、新理由，原告在6个月内又起诉的，人民法院不予受理。

【审判实践中应注意的问题】

有过错方提出离婚的情况。《婚姻法司法解释（一）》第22条规定，人民法院审理离婚案件，符合第32条第2款规定“应准予离婚”情形的，不应当因当事人有过错而判决不准离婚。根据这一规定，如果原告具有本条第3款规定的情形，又提出离婚的，有观点认为如果判决其离婚，会使其逃避对家庭所应当承担的责任，因而应判决不准离婚。但是，2001年《婚姻法》已经对离婚案件中有过错一方规定了惩罚措施，《婚姻法》第46条规定了离婚时的过错赔偿制度。因此，不能将实体正义和法律公平对立起来，最高人民法院以司法解释的形式强调了这一规定。实践中，如果有过错一方要求离婚，但是无过错方不同意的，人民法院应当判断是否已经感情破裂，如果确实已经感情破裂，那么就应当判决离婚，对于无过错方的保护可以通过离婚过错赔偿制度来实现。《民法典》第1091条沿袭《婚姻法》第46条，对离婚过错赔偿制度作出了规定。

第一千零八十条 完成离婚登记，或者离婚判决书、调解书生效，即解除婚姻关系。

【条文主旨】

本条是关于婚姻关系解除的规定。

【条文理解】

本条系《民法典》新增条文，规定了解除婚姻关系的两种情形，一是到民政部门登记离婚，二是通过法院诉讼离婚，符合我国目前解除婚姻关系行政登记与司法诉讼并存的实际情况。本条规定解除婚姻关系的时间点是完成离婚登记，或者离婚判决书、调解书生效。

解除婚姻关系，是指夫妻双方通过协议或诉讼的方式，终止夫妻间权利和义务的法律行为。按照本条规定，在我国解除婚姻关系有两种途径，一种是夫妻双方达成离婚合意并在婚姻登记机关办理完毕离婚登记手续，领取离婚证；另一种是在人民法院通过诉讼的形式获取离婚判决书或者离婚调解书。上述两种途径均产生解除婚姻关系的法律效果，在法院领取离婚判决书、离婚调解书后，不需要再去婚姻登记机关领取离婚证，即离婚证、离婚判决书、离婚调解书在解除婚姻关系上具有同等法律效力。

在法院通过诉讼离婚领取离婚判决书和离婚调解书的，因没有离婚证，所以只能用法院的判决书或调解书来证明离婚事实。在办理户口变更、房产买卖、银行贷款等需要证明婚姻状况时，都需要提供离婚判决书和离婚调解书，其中经常涉及大量个人隐私信息，而离婚双方往往不愿意让更多人知道这些隐私信息；且离婚判决书和离婚调解书是纸质文件，携带也不方便。为解决诉讼离婚当事人的烦恼，近年来一些法院在探索家事审判改革过程中，试行给离婚案件当事人出具离婚证明书。离婚证明书，是指由人民法院为离婚案件当事人制作的证明当事人离婚事实的书面证明。离婚证明书上仅记载双方当事人的姓名、身份、案号及案件生效日期，隐去了判决书和调解书中的其他事实，很好地保护了当事人的个人隐私；且法院出具的离婚证明书在形式上类似于民政部门颁发的离婚证，易于保存、便于携带。离婚证明书加盖法院印章后，效力等同于离婚判决书和调解书，即与民政部门颁发的离婚证效力相同。在当事人办理变更户口、房产买卖、出国签证、再次登记结婚时，不再需要向相关单位提供离婚判决书和离婚调解书，只需要出示离婚证明书即可。在总结各地法院出具离婚证明书经验的基础上，《最高人民法院关于进一步深化家事审判方式和工作机制改革的意见（试行）》第 41 条规定："人民法院判决或者调解离婚的案件，根据当事人的申请，人民法院可以为当事人出具离婚证明书。"该规定肯定了人民法院探索出具离婚证明书的积极成效，明确了人民法院依申请可以出具离婚证明书，为人民法院出具离婚证明书提供了政策依据和方向指引。

对解除婚姻关系的判决、调解书不得申请再审。《民事诉讼法》第 202 条规定，当事人对已经发生法律效力的解除婚姻关系的判决、调解书，不得申请再审。不允许当事人对解除婚姻关系的判决、调解书申请再审，首先是为了维持司法裁判的权威性和稳定性。从法律规定方面看，在程序上，法律要求离婚案件的当事人必须到庭，法院审理离婚案件必须先行调解。在实体上，法律对判决离婚的标准作了明确详细的规定。这些规定已经充分尊重和保障了当事人的婚姻自由权利，并且人民法院对此类案件的认定和裁判已经最大限度地接近客观事实。其次是考虑到解除婚姻关系的判决、调解书的特殊性。法院作出解除婚姻关系的判决、调解书的前提是夫妻双方感情确已破裂，如果夫妻一方认为他们之间的感情仍未破裂，仍有挽回的余地，完全可以依照《民法典》的规定到婚姻登记机关重新进行结婚登记，无须通过再审程序请求法院撤销或变更已生效的解除婚姻关系的法律文书。另外，解除婚姻关系的法律文书一旦作出，当事人一方即有权利开始新的婚姻生活，如果允许当事人对解除婚姻关系的判决或调解书申请再审，就会人为剥夺另一方的结婚自由和权利，使本已趋于平稳的社会关系发生新的变动，为婚姻秩序乃至社会秩序带来不稳定因素。综合考虑上述原因，法律规定当事人对已生效的解除婚姻关系的判决、调解书申请再审的，法院不予受理。

【审判实践中应注意的问题】

关于离婚登记后又反悔的能否提起诉讼问题。

夫妻双方在婚姻登记机关办理离婚登记后，一方反悔的，向人民法院提起诉讼，人民法院不予受理。男女双方自愿离婚，并对子女和财产问题已有适当安排，在婚姻登记机关办理了离婚登记，领取了离婚证的，其婚姻关系即正式解除。一方对这种已发生法律效力的离婚登记反悔的，在原婚姻登记机关未撤销离婚登记的情况下，向人民法院提起诉讼的，人民法院不应受理。当然，当事人登记离婚后就子女抚养权变更提起诉讼，或者有新的事实证据证明应当重新分割共有财产而提起诉讼的，人民法院应当受理。

第一千零八十一条　现役军人的配偶要求离婚，应当征得军人同意，但是军人一方有重大过错的除外。

【条文主旨】

本条是关于限制现役军人配偶离婚请求权的规定。

【条文理解】

对军人婚姻实行特殊保护是我国婚姻制度的一个特色，是《国防法》确定的一项重要原则。[①] 对现役军人离婚作出特殊规定是立法保护军婚的重要举措。无论是革命战争年代还是和平时期，军人作为从事军事工作的特殊群体，对国家和平与发展都作出了极大的贡献，军队是国家安定和人民政权稳定的基础。军人婚姻的稳固，关系到军心的稳定。立法和司法实践表明，对军人婚姻实行特别保护，对于鼓励军人献身国防，提高部队战斗力起着积极的作用。军人生活的特点是无法和配偶经常生活在一起，对军人婚姻实行特别保护有利于维护部队广大官兵的切身利益，有利于维护军队的稳定，符合我国的国情和军情，对于消除军人的后顾之忧，激发军人保家卫国的热情，增强部队战斗力起到了十分积极的作用。同时，这也是拥军优属工作的一项重要内容。

对军婚实行特殊保护源于革命战争年代，该制度创建于第二次国内革命战争时期。1934 年制定的《中华苏维埃共和国婚姻法》规定："红军战士之妻要求离婚，须得其夫同意。"抗日战争时期颁布的《晋

① 《国防法》第 59 条第 2 款规定：国家采取有效措施保护现役军人的荣誉、人格尊严，对现役军人的婚姻实行特别保护。

察冀边区婚姻条例》规定："抗日军人之配偶，非于抗日军人生死不明逾四年后，不得为离婚之请求。"1950年中华人民共和国成立后颁布的第一部《婚姻法》明确规定："现役革命军人与家庭有通讯关系的，其配偶提出离婚，须得革命军人的同意。"1980年公布的《婚姻法》在确立婚姻自由原则的同时，再次规定："现役军人的配偶要求离婚，须得军人同意。"1997年公布的《刑法》对破坏军婚罪作了规定。这充分说明，对军人婚姻实行特别保护，是党和国家的一贯政策，也是有关军人婚姻立法遵循的重要原则，这项政策和原则至今没有改变。

1980年《婚姻法》规定，现役军人的配偶要求离婚须征得军人同意。这一规定在实践中遇到了一些问题，在2001年《婚姻法》修改的时候，以及之后的司法实践中，有的部门和一些法律专家就提出，这一规定不符合婚姻自由原则。[①]实践中，也出现了军人一方有家庭暴力等重大过错时，其配偶要求离婚，但是军人一方拒不同意，最终导致双方的夫妻关系急剧恶化，对双方尤其是非军人一方造成极大伤害的情形。因此，立法机关综合各方面的意见，在2001年《婚姻法》第33条"现役军人的配偶要求离婚，须得军人同意"之后增加规定"但军人一方有重大过错的除外"。《民法典》本条仍然沿袭了2001年《婚姻法》第33条的规定。

一、本条的适用主体

本条规定适用的主体是现役军人和现役军人的配偶。根据《兵役法》第5条的规定，在中国人民解放军服现役的称现役军人。现役军人包括现役士兵和现役军官。现役士兵包括义务兵役制士兵和志愿兵役制士兵，义务兵役制士兵称义务兵，志愿兵役制士兵称士官。现役军官包括被任命为排级以上职务或者初级以上专业技术职务，并授予相应军衔的现役军人。中国人民武装警察部队虽然不属于中国人民解

① 李拥军：《我国军婚特殊保护制度的困境与出路》，载《当代法学》2009年第3期。

放军的编制序列，但是在婚姻问题上仍按现役军人婚姻问题处理。一般来说，现役军人不包括以下几类人员：一是在军事单位中未取得军籍的职工；二是退役军人，包括复员军人、转业军人、退休军人、离休军人以及退役的革命伤残军人；三是在地方担任某种军事职务的人员，如不属于军队编制的在武装部工作的干部、编入民兵组织或者经过登记的预备役士兵。

现役军人的配偶，指同现役军人履行了结婚登记手续，并领取结婚证的非军人一方，也是本条的主体。

二、不适用于本条的情况

（一）如果双方都是现役军人，则不是本条调整的对象

本条的立法意图，是以一定方式限制军人配偶的离婚请求实现权，从而对军人一方的意愿予以特别支持。如果双方都是现役军人，不管由谁首先提出离婚诉讼，若要适用本条的规定，则必然会妨害另一方军人的利益。这与本条特殊保护军人婚姻的立法意图不相符合。

（二）现役军人向非军人主动提出离婚的，不适用本条的规定，应按一般离婚纠纷处理

中国人民解放军总政治部2001年11月9日发布的《军队贯彻实施〈中华人民共和国婚姻法〉若干问题的规定》第11条对现役军人离婚作出了具体规定："现役军人离婚，应当严肃慎重，不得违反国家的法律法规和军队的纪律，不违背社会公德。双方均为现役军人，双方自愿离婚或一方要求离婚的，当事人所在部队领导或政治机关应当进行调解；调解无效，并符合《婚姻法》规定的离婚条件的，由政治机关出具证明后，方可到婚姻登记机关申请离婚或向法院提出离婚诉讼。配偶是地方人员，军人一方要求离婚的，所在部队政治机关领导应当视情进行调解；符合《婚姻法》规定的离婚条件，并经对方同意，政治机关方可出具证明同意离婚；如军人一方坚持离婚，对方坚决不同意离婚的，部队可商请对方所在单位或地方有关部

门进行调解，调解无效的，政治机关出具证明，由当事人向法院提出离婚诉讼。配偶是地方人员，配偶一方要求离婚，军人一方同意离婚的，政治机关可出具证明同意离婚；军人一方不同意离婚的，政治机关不得出具证明，但经政治机关查实军人一方确有重大过错的除外。”第12条规定：“现役军人申请离婚的审批程序、权限与申请结婚的相同。团级以上单位政治机关出具同意离婚的证明时，应要求离婚双方签字或提供本人书面意见……”此条“同意离婚”是政治机关同意现役军人申请离婚或起诉离婚。由此可见，部队团级以上政治机关代表军队对军人婚姻实施管理，军人离婚须由部队团级以上政治机关出具证明。

三、军人一方有重大过错的情形

根据本条规定，在军人一方有重大过错的时候，则配偶要求离婚无须征得军人的同意，也就是即使军人一方不同意离婚，法院也可以判决离婚。对于什么才算是重大过错，本条并没有明确规定，根据《婚姻法司法解释（一）》第23条的规定，本条所称的“军人一方有重大过错”，可以依据《民法典》第1079条第3款前3项规定及军人有其他重大过错导致夫妻感情破裂的情形予以判断。实践中，主要有以下几种情形：重婚或者与他人同居的；实施家庭暴力或虐待、遗弃家庭成员的；有赌博、吸毒等恶习屡教不改的；有其他重大过错行为的。其他重大过错行为主要是指其他严重违背社会公德，并对夫妻感情造成严重伤害的行为，比如，强奸妇女、奸淫幼女、嫖娼等违法犯罪行为等，可以认定为重大过错行为。

四、对于破坏军人婚姻的违法犯罪行为应给予相应惩罚

现役军人的配偶提出离婚须得军人同意的规定，只是保护军人婚姻的民事法律措施。如果此类纠纷是由第三者破坏军婚造成并且构成犯罪的，应依法追究第三者的刑事责任。《刑法》第259条规定：“明知是现役军人的配偶而与之同居或者结婚的，处三年以下有期徒刑或

者拘役。利用职权、从属关系，以胁迫手段奸淫现役军人的妻子的，依照本法第二百三十六条的规定定罪处罚。”

【审判实践中应注意的问题】

一、正确理解本条规定与离婚法定理由适用之间的关系

《民法典》第1079条第2款规定：“……如果感情确已破裂，调解无效的，应当准予离婚。”这一规定的法律意义在于：夫妻感情是否确已破裂，是判决准予或不准予离婚的原则界限。法定离婚理由属于普通条款的范畴，这一原则广泛适用于一般的离婚案件，人民法院应准确地区分和认定夫妻感情是否确已破裂，从而在调解无效的情况下，通过判决的形式决定是否准予离婚。而本条是只适用于“现役军人的配偶要求离婚”案件的特别条款，是从维护军队稳定的大局出发，作出的对军人婚姻的特殊保护的规定。依据“特别法优于一般法”的原则，在处理非军人要求与军人离婚的诉讼案件中，应首先适用本条的规定。只要军人不存在重大过错，则无论夫妻感情是否确已破裂，军人配偶要求离婚的，均应征得军人的同意。

二、非军人向现役军人提出离婚、军人不同意离婚时，人民法院应如何处理

人民法院应与有关部门配合，教育非军人一方珍惜与军人的夫妻关系，尽量调解和好。如系双方感情不和，非军人一方感情转移，甚至与第三者有通奸、同居、重婚或者其他重大过错，双方的夫妻感情已破裂，经过做和好工作无效，不能继续维护夫妻关系的，应通过军人所在部队团级以上的政治机关在做好军人的思想工作后，也可准予离婚。如果政治机关做了思想工作后，军人一方仍坚决不同意离婚，根据《民法典》规定及立法本意，人民法院应判决驳回非军人一方的离婚请求。非军人一方要求离婚的请求被人民法院驳回后，如非军人

一方长年累诉要求离婚，而军人一方始终不同意离婚的，人民法院此时不能机械执法，必须综合衡量立法者制定法律的本意，即立法本意是保护军婚，但绝不是机械维系已无感情基础的形式意义上的婚姻。此种情况，人民法院须与部队政治机关加强沟通、达成共识、互相配合，做好军人的思想工作。

第一千零八十二条　女方在怀孕期间、分娩后一年内或者终止妊娠后六个月内，男方不得提出离婚；但是，女方提出离婚或者人民法院认为确有必要受理男方离婚请求的除外。

【条文主旨】

本条是关于男方离婚请求权行使时间的限制性规定。本条旨在特殊保护妇女、胎儿、幼儿的身心健康。

【条文理解】

从中国历史上看，旧社会妇女地位低下。中华人民共和国成立后，妇女的地位有了明显提高，男女平等在法律上得到了确定，但法律上的平等不等于事实上的平等，歧视妇女的旧思想、重男轻女的旧观念还没有完全从人们的头脑中肃清，妇女的合法权益容易遭到侵害，要实现真正的男女平等，必须对妇女给予特别的法律条款保护。[①]

从生理情况看，妇女与男子存在着很大的差别。怀孕、生育等是妇女在生理上不同于男子的机能。怀孕、分娩、终止妊娠是妇女的一个特别时期，因为妇女在这段时期身体负担比较重，体质比较虚弱，行动也极不方便，非常需要男方的照料和帮助。另外，从心理状态来看，妇女在怀孕、分娩、终止妊娠期间，心理脆弱，承受能力较差，非常需要关心和抚慰。夫妻有互相扶助的义务，丈夫必须在这一时期履行自己对妻子的扶助义务。从胎儿、幼儿的角度来看，孩子是祖国的未来，是祖国建设的后备力量，每个人都有责任和义务关心孩

① 巫昌祯主编:《〈中华人民共和国婚姻法〉讲话》，中央文献出版社2001年版，第173~174页。

子的健康成长。女方怀孕期间和分娩不久以后，胎儿、幼儿正在发育中，也是生长的关键阶段，母亲的身体和精神状况的好坏直接关系到胎儿、幼儿的健康。如果男方在此时提出离婚，很可能给女方的精神造成重大打击进而伤及身体，也会对胎儿和幼儿的生长发育产生不利影响。

我国历来重视保护妇女、儿童的合法权益，在制定的许多法律中，对妇女、儿童的权益加以保护。《宪法》第49条第1款规定："婚姻、家庭、母亲和儿童受国家的保护。"《妇女权益保障法》第45条规定："女方在怀孕期间、分娩后一年内或者终止妊娠后六个月内，男方不得提出离婚。女方提出离婚的，或者人民法院认为确有必要受理男方离婚请求的，不在此限。"《未成年人保护法》第3条规定："……国家根据未成年人身心发展特点给予特殊、优先保护，保障未成年人的合法权益不受侵犯。"本条从保护妇女、胎儿、幼儿的合法权益出发，规定除了在女方怀孕期间、分娩后一年内男方不得提出离婚，还规定了"女方终止妊娠后六个月内"男方亦不得提出离婚。这一条文不但是保护妇女、儿童原则在离婚制度中的具体深化，还体现了法律的人道主义精神。

2001年《婚姻法》第34条规定："女方在怀孕期间、分娩后一年内或中止妊娠后六个月内，男方不得提出离婚。女方提出离婚的，或人民法院认为确有必要受理男方离婚请求的，不在此限。"本条延续了上述规定，根据保护妇女和儿童的合法权益原则，对怀孕期间、分娩或终止妊娠后的妇女的特殊保护，旨在充分保护孕、产妇和终止妊娠术后妇女的身心健康，并有利于胎儿、幼儿的发育成长。其中，将"中止妊娠"修改为"终止妊娠"，文字表述更为规范精确。

一、"怀孕期间"的含义

"怀孕期间"，是指女方在受孕至分娩（或者终止妊娠）的一段时期，这里的受孕包括自然受孕和人工受孕，分娩包括自然分娩和剖宫产，终止妊娠包括自然终止和人工终止。

本条规定的“怀孕期间”，通常指的是夫妻双方发生性关系而造成的怀孕期间，对此理解上不存在歧义。此外，还包括女方在婚前与他人发生性关系导致的怀孕期间，以及女方在婚后与他人发生性关系而导致的怀孕期间。

二、“分娩后一年内”的含义

所谓分娩，是指胎儿脱离母体作为独自存在的个体的一段时期。只要女方有分娩的事实，无论是顺产还是剖宫产，也无论婴儿娩出时是否死亡，分娩后一年内男方均不得提出离婚。即女方产后幼儿死亡或早产，仍应适用本条规定。

三、“终止妊娠后六个月内”的含义

终止妊娠，即结束怀孕，是指母体承受胎儿在其体内发育成长的过程的终止，胎儿及其附属物胎盘、胎膜自母体内排出是妊娠的终止。包括自然终止妊娠和人工终止妊娠，自然终止妊娠主要指胎儿患有严重疾病停止发育等，人工终止妊娠则指的是因意外怀孕、孕妇患有妊娠期疾病或者其他原因引起的胎儿发育异常等需要人工终止妊娠。在医学上，人工终止妊娠时，如胎儿已经发育成熟，可能成活。但结合前后文，本条规定的“终止妊娠后六个月内”不包括胎儿成活的情形，如提前人工终止妊娠后胎儿成活，则应当认定为“女方分娩”，本条规定的终止妊娠仅指自然流产或人工流产。终止妊娠，对妇女的身心健康都会有很大的影响，妇女在此期间也应受到法律的特别保护。

四、人民法院认为确有必要受理男方离婚请求的，不受本规定限制

这里所说的“确有必要”，一般是指女方存在过错，或者未尽对婴幼儿的抚养义务，严重损害夫妻关系，导致夫妻感情破裂的情形。在这种情况下，即使女方不同意其配偶提起的离婚请求，人民法院依

然可以认定夫妻感情确已破裂而依法作出准予离婚的判决。这是因为当女方存在严重过错时，客观上已经严重破坏了夫妻关系，导致夫妻感情破裂。人民法院受理该离婚请求不仅符合婚姻自由的原则和婚姻的本质，也合乎社会主义道德的要求。根据审判实践的经验，遇有下列情形时应变通处理：（1）男方有充分证据证明女方婚前与他人发生性关系导致怀孕而男方不知情的或者婚后与婚外男性发生性关系（包括卖淫、通奸、姘居、重婚等行为）而导致怀孕、分娩、终止妊娠行为的。（2）双方确有不能继续共同生活的重大、急迫的事由，如女方威胁男方的生命或者严重侵害男方的其他合法权益的。女方在特定期间意图杀害男方，男方的生命受到女方的严重威胁，或女方对男方有虐待、遗弃行为，拒绝履行扶养义务，或女方经常侮辱、诽谤男方，在公开场合诋毁男方声誉，损害男方人格，有厌恶男方之举，夫妻无感情，夫妻感情难以维持等情形。（3）女方对男方有虐待或家庭暴力，男方不堪忍受的。（4）女方对幼儿有虐待遗弃行为的。本条对男方离婚请求权的限制，旨在保护妇女、幼儿，避免女方因受刺激影响哺乳，损害幼儿健康。但如女方对幼儿未尽抚养义务，虐待或遗弃幼儿的，从保护儿童的身心健康出发，应当准许男方提出离婚。

【审判实践中应注意的问题】

第一，原则上，女方在怀孕期间、分娩后一年内或终止妊娠后六个月内，男方不得提出离婚，在此特定时间之外，男方仍可依法行使其离婚请求权。本条文只是推迟了男方提出离婚的时间，并未违反婚姻自由原则，也未剥夺男方的离婚请求权，也不涉及准予或不准予离婚的实质性问题。

第二，如法院未发现女方怀孕而判决离婚，宣判后女方发现怀孕而上诉的，经查明属实后，二审法院应撤销原判决，驳回原告的起诉，不必发回原审法院重新审判。

第三，女方在此期间提出离婚的，不受本条限制。本条规定的目的在于保护妇女、胎儿、幼儿的权益。女方在此期间提出离婚，往往都是出于某种紧迫的原因，而且本人对离婚及其后果已有思想准备，如不及时受理，可能更加不利于对孕、产妇和胎、幼儿的保护。[①]在上述期间内，男女双方自愿离婚也应准许。

第四，解除同居关系不适用本条规定。同居关系与合法婚姻关系性质不同，同居关系仅是男女双方共同生活的状态，而婚姻关系则是法律保护的男女共同生活状态，男女双方之间在身份关系、财产关系方面都与同居男女有很大不同。当事人选择同居而非结婚，表明其并无意愿寻求法律保护同居关系，故对于男女一方仅主张解除同居关系的诉讼请求，法院不予受理。故本条规定只适用于具有婚姻关系的当事人，不适用于同居关系。当然，解除同居关系中涉及财产分割、子女抚养问题的，法院可以参照离婚有关规定进行处理。

① 巫昌祯主编：《新婚姻法指南》，民族出版社2001年版，第99页。

第一千零八十三条 离婚后，男女双方自愿恢复婚姻关系的，应当到婚姻登记机关重新进行结婚登记。

【条文主旨】

本条是关于离婚后男女双方自愿恢复婚姻关系重新进行结婚登记的程序规定。

【条文理解】

离婚后，男女双方的夫妻关系已经解除，没有了作为夫妻的权利和义务。这意味着男女双方在人身、财产关系上不再有彼此扶养、扶助的义务，有了重新择偶的自由，没有彼此相互继承财产的权利等。离婚后男女双方自愿恢复婚姻关系，通常称为复婚，是指合法解除婚姻关系的男女双方自愿恢复夫妻关系，到婚姻登记机关办理登记手续，重新确立婚姻关系。复婚是一种法律行为，如果男女双方离婚后又自愿要求恢复夫妻关系的，说明双方的感情并未完全破裂，或造成离婚的原因已被消除。在这种情况下，法律允许双方重新确立婚姻关系。因此，复婚本质上是一种结婚行为，但在结婚主体上有其特殊性，即是离婚的原配偶双方，因而其既具有结婚的一般特点，适用关于结婚的一般规定，也具有不同于一般结婚的特殊性。

与2001年《婚姻法》第35条相比，本条将“自愿恢复夫妻关系”修改为“自愿恢复婚姻关系”，将“必须到婚姻登记机关进行复婚登记”修改为“应当到婚姻登记机关重新进行结婚登记”的规定。其中，将“必须”修改为“应当”，用语更加规范；而将“复婚登记”修改为“重新进行结婚登记”，则表明了结婚登记的规范性和严肃性。

婚姻关系的产生与消除都必须经过法定的程序，复婚同结婚所要履行的手续一样，都要到婚姻登记机关办理登记手续。复婚也必须是男女双方出于自愿，复婚时男女双方必须持有关证明一同到婚姻登记机关重新办理结婚登记手续。婚姻登记机关要进行审查，凡是符合法定条件的，就重新发给结婚登记证，这时合法的夫妻关系便重新建立了。现实生活中，有相当一部分离婚的男女不去重新办理结婚登记，而是选择同居。此时，如果男女双方不履行重新结婚的法定登记手续，就一起共同生活，则这样的同居关系并非婚姻关系，不能取得合法的夫妻身份，就得不到法律对婚姻关系的保护。从长远来看，对男女双方、子女的合法权益的保护都不利。事实上，男女恢复婚姻关系进行重新登记取得的结婚证与初次结婚证是没有区别的，也可以说并没有复婚证，复婚时发给男女双方的还是结婚证。因此，本条规定“重新进行结婚登记”而不是“复婚登记”。

一、双方自愿恢复婚姻关系、重新进行结婚登记的条件

（一）男女双方必须完全自愿

同结婚程序一样，复婚同样也要体现婚姻自由的原则，由当事人来决定是否恢复婚姻关系。其中，自愿包含以下三层内容：第一，必须是男女双方共同的意愿，而不是单方意思表示。复婚应以双方自愿为前提，排除一方对他方的强迫。第二，必须是本人的自愿，而非第三人的意愿。不允许他人有任何干涉婚姻自由的行为。复婚与结婚一样，同样应以爱情为婚姻的基础，排除婚姻当事人以外的任何人的强迫包办。第三，必须是完全真正的自愿，而非勉强的附加条件的同意，即不能将复婚作为谋取利益的手段或跳板。

（二）男女双方必须是离婚后还未再婚或再婚后又已经离婚或再婚后配偶死亡或宣告死亡的

复婚也须符合一夫一妻制的原则，有配偶者不得向婚姻登记机关进行复婚登记，如果一方或双方与他人缔结了合法的婚姻而又进行复婚登记的，则一方或双方构成重婚罪，这样的结婚登记也应被宣告无

效。实践中，一些夫妻离婚时没有经过慎重考虑，轻率离婚而又后悔不迭，法律支持其恢复夫妻关系，以稳定社会秩序，但要求必须具备一定条件，按照一定程序。如果离婚后未再婚的或再婚后又离婚的或再婚后一方的配偶死亡或宣告死亡的，可以直接向婚姻管理机关重新进行结婚登记；如果离婚后一方或双方均已再婚，而再婚后未建立夫妻感情或夫妻感情确已破裂，在向婚姻管理机关登记离婚或向人民法院诉请离婚后，双方自愿的，才可以到婚姻登记机关重新进行结婚登记。

二、重新登记结婚的程序

我国在婚姻管理上采取登记主义。复婚除了男女双方的复婚合意，还必须履行一定的程序，婚姻关系才得以恢复。复婚的程序是指恢复婚姻应该遵照办理的法定手续。本条规定的复婚程序主要包括以下步骤：

（一）当事人的申请

当事人要重新进行婚姻登记的，应当由双方亲自而不能由别人代理去办理结婚登记。应当由双方向婚姻登记机关申请而不是向人民法院诉请恢复婚姻关系。

申请重新进行结婚登记的男女双方应持下列证件和证明：本人居民身份证或户籍证明；由所在单位、村民委员会或居民委员会出具的婚姻状况证明，不在本区、本乡或本镇申请结婚登记的一方当事人，其婚姻状况证明须加盖街道办事处或乡、镇人民政府的公章；本人正面免冠近期二寸单人照片三张；离婚证件或准予离婚的判决书、调解书。离婚证件系我国台湾地区离婚协议的，应当经我国台湾地区公证机关公证；无法提交离婚协议书的，应当提交经公证的我国台湾地区报纸刊登的当事人离婚的声明书或公告，未经公证的影印件不具有法律效力。离婚证件系我国台湾地区有关法院的离婚判决书或离婚调解书的，如果离婚的一方系大陆居民，该离婚判决书或调解书应当经人民法院裁定认可。离婚证件系外国登记离婚证书的，应当经驻在国公证机关公证、驻在国外交部或外交部授权的机关认证，并经中华人民共和国驻外使、领馆认证。离婚证件系外国法院的离婚调解书或离婚判决书的，应当经我国法院裁定承认。丧偶的，应当提交配偶死亡证明。死亡证明系我国台湾地区有关部门出具的，应当经我国台湾地区公证机关公证。死亡证明系外国有关部门出具的，应当经驻在国公证机关公证、驻在国外交部或外交部授权的机关公证，并经我国驻外使、领馆认证。

当事人遗失或者损毁离婚证或者离婚判决书、调解书的，可以持所在单位、村民委员会或者居民委员会出具的婚姻状况证明，向原办理婚姻登记的婚姻登记管理机关或办理婚姻诉讼的人民法院申请出具婚姻关系证明。当事人进行复婚登记可以不再进行婚前健康检查，即可以不再向婚姻登记机关提交婚前健康检查证明。申请复婚的，应当在复婚申请书中注明双方是恢复结婚，以便考查。

（二）婚姻登记机关对当事人的重新结婚申请进行审查

这是婚姻登记程序的中心环节。主要查明当事人的复婚是否符合婚姻法规定的准予登记的条件，其携带的证明和证件是否齐全。当事人对婚姻登记机关的有关询问、了解应如实回答，必要时可以进行调查或进行有关医学鉴定。

（三）重新结婚登记

婚姻登记机关对经审查，符合结婚条件的当事人应当发给结婚证书，同时将原离婚证书予以缴销或注销，这样可以避免当事人在复婚后以离婚证或离婚协议书在外招摇撞骗、蒙骗他人，与他人再行结婚。

【审判实践中应注意的问题】

婚姻登记是可诉的行政行为。当事人认为符合婚姻登记条件而婚姻登记机关不予登记的，或者当事人对行政处罚不服的，可以依照《行政复议法》的规定申请复议，也可以依照《行政诉讼法》的规定提起诉讼。

第一千零八十四条 父母与子女间的关系，不因父母离婚而消除。离婚后，子女无论由父或者母直接抚养，仍是父母双方的子女。

离婚后，父母对于子女仍有抚养、教育、保护的权利和义务。

离婚后，不满两周岁的子女，以由母亲直接抚养为原则。已满两周岁的子女，父母双方对抚养问题协议不成的，由人民法院根据双方的具体情况，按照最有利于未成年子女的原则判决。子女已满八周岁的，应当尊重其真实意愿。

【条文主旨】

本条是关于离婚后父母子女关系、父母对子女的权利义务以及子女抚养权归属问题的规定。

【条文理解】

本条第1款、第2款明确了父母离婚不影响父母子女之间的权利义务关系，其立法目的在于明确父母对子女的监护职责，从而使子女的合法权益不因父母离婚而受到损害。本条第3款在《离婚案件子女抚养意见》规定基础上，对离婚后子女的抚养权归属进行了归纳提炼，并提出了“最有利于未成年子女”的原则。

一、父母与子女间的关系，不因父母离婚而消除

夫妻关系可因结婚而形成，也可因离婚而解除，但父母子女关系不能消除，这是由夫妻关系与父母子女关系的不同性质决定的。夫妻

身份关系源于婚姻，婚姻解散则夫妻关系消灭；而父母子女关系是基于子女出生形成的自然血亲关系，不会因父母婚姻关系的消灭而受到影响。因此，离婚后，子女不论是由父亲还是母亲抚养，仍是父母双方的子女。父母离婚后，子女不能与父母双方共同生活在一起，只是表明父母抚养子女的方式发生了改变，但父母抚养教育保护子女的权利义务仍然存在。

这里规定的子女，不仅指婚生子女，也包括非婚生子女，还包括人工生育子女、养子女、有抚养关系的继子女。

（一）人工技术生育子女

随着科技的发展，人工技术生育子女越来越多，给父母子女之间的关系带来新的变化。人工生育子女包括人工授精子女和代孕子女。人工授精子女，是指一切非通过自然的性行为而受孕的婚生子女，包括采用丈夫供精或者非丈夫的他人供精而人工授精，也可通过体外授精等方式来生育子女。最高人民法院1991年答复河北高院的《关于夫妻离婚后人工授精所生子女的法律地位如何确定的复函》规定："在夫妻关系存续期间，双方一致同意进行人工授精，所生的子女应视为夫妻双方的婚生子女，父母子女之间权利义务关系适用《婚姻法》的有关规定。"即人工授精所生子女，不论是由丈夫供精，还是由他人供精，即使父母离婚后由母亲抚养，子女与父亲的身份关系依然存在。原卫生部出台的自2001年8月1日起施行的《人类辅助生殖技术管理办法》第8条规定明确了人工授精的合法性和审批程序，呼应了前述最高人民法院复函中将人工授精所生子女视为婚生子女的规定。这里所谓"婚生子女"，是指因婚姻关系受胎新生的子女，其父母为具有夫妻身份的合法配偶。

人工技术生育子女中较难认定的是代孕所生子女的地位。代孕，是指将受精卵通过人类辅助生殖技术植入代孕母亲的子宫，由孕母替代无法生育或不愿生育的女性完成怀孕分娩的过程。代孕主要有以下几种：（1）精子卵子来自夫妻双方，由代孕母亲怀孕生育；（2）精子来自丈夫，卵子由第三方提供，由代孕母亲怀孕生育；（3）精子卵子均来自第三方，由代孕母亲怀孕生育；（4）精子由第三方提供，卵子来自妻子，由代孕母亲怀孕生育。我国目前对于代孕尚缺乏相关法律规定，但现实中代孕现象却客观存在，由此所产生的代孕子女的法律地位认定以及其监护、抚养、财产继承等事项，成为法院所面临的现实问题，包括是否可视为婚生子女、是否形成拟制血亲关系。原卫生部《人类辅助生殖技术管理办法》第3条规定："人类辅助生殖技术的应用应当在医疗机构中进行，以医疗为目的，并符合国家计划生育政策、伦理原则和有关法律规定。禁止以任何形式买卖配子、合子、胚胎。医疗机构和医务人员不得实施任何形式的代孕技术。"该规定明确了医疗机构和医务人员不得实施代孕技术。我们认为，在法律没有明确规定且国家卫生健康委员会禁止医疗机构和医务人员从事代孕行为的前提下，应当坚持儿童最大利益原则，结合社会道德和伦理认定代孕子女的亲子关系，一般以"分娩者为母"原则认定分娩母亲为生母，在分娩母亲不认领的情况下，应认定抚养母亲为母亲；法律上的生父，可考虑具有血缘关系的父亲为其生父，在具有血缘关系的父亲不认领的情况下，则应认定抚养父亲为父亲。即在分娩母亲和有血缘关系的父亲不认领的情况下，抚养父母应当承担抚养子女的义务。

（二）养子女

养父母与养子女是拟制血亲关系，根据法律规定，他们的权利义务与生父母子女之间权利义务一致。收养关系一旦成立，养子女与生父母之间的权利义务关系消灭。因此，养父母子女之间的权利义务关系与生父母子女一样，不因为养父母离婚而消除。养父母离婚后，子女无论由养父或养母抚养，仍是养父母双方的子女，养父母均要承担对养子女的抚养义务。

（三）有抚养关系的继子女

继父母与受其抚养教育的继子女之间权利义务关系同父母子女，原则上不因离婚而解除。但也有例外，《离婚案件子女抚养意见》第13条规定："生父与继母或生母与继父离婚时，对曾受其抚养教育的继子女，继父或继母不同意继续抚养的，仍应由生父母抚养。"因此，如离婚后该继父母不同意抚养继子女，继子女由其生父母带走抚养的，继父母子女关系自然解除。

二、离婚后父母对子女仍有抚养、教育和保护的权利义务的含义

抚养教育保护子女，既是父母的权利也是父母的义务。离婚后，父母对子女的抚养教育保护的权利和义务不因离婚而受影响或消除。现实生活中，夫妻离婚后对未成年子女的身心会造成极大的伤害，有些父母放松甚至不管子女的教育，导致青少年违法犯罪现象日益增多，已引起社会各界的重视和关注；而有的夫妻离婚后，一方争抢、骗走或藏匿子女特别是独生子女，不仅影响到子女的健康成长，同时也实质上剥夺了对方对其子女的抚养教育保护的权利。所以，根据本条规定，离婚后父母对子女仍有抚养教育保护的权利和义务。

“抚养”，是指父母从物质上、经济上、生活上对子女的养育，包括子女的生活费、教育费、医疗费的负担和日常生活的照料，这是子女健康成长的物质基础，父母必须自觉履行这一义务。父母对未成年子女的抚养教育是无条件的，任何时候都不能免除；而对成年人子女的抚养是基于其成年子女没有劳动能力或因某种原因不能维持生活，父母根据具体情况对其承担一定的抚养义务。父母不履行抚养教育义务时，未成年或不能独立生活的成年子女，有要求父母付给抚养费的权利。

“教育”，是指父母在思想、品德、学业等方面对子女的全面培养和管理教育。家庭是教育的重要场所，父母往往会是子女的启蒙老师，父母的言传身教往往对子女的思想品质、性格等产生重要的影响。因此，父母应教育好子女，对子女的日常生活加以必要的约束和规范，使子女的行为符合法律和道德的要求，使子女树立正确的人生观，努力学习科学文化知识，成长为对国家对人民有用的人。

父母没有管教好子女，子女造成他人损害的，父母要承担赔偿责任。凡未成年人造成他人损害的，其父母都有义务对受损害方给予赔偿。如果父母已经离婚，未成年人对他人造成损害，由谁来承担责

任？这存在一定争议。具体意见参见本书对第1058条的解读。

“保护”，是指父母有保护子女身心健康和其他合法权益不受侵害的权利和责任，以防止和排除来自自然界的损害和来自他人的侵害。当子女受到伤害、侮辱、拐骗时，有请求损害赔偿权和要求归还子女权。我国《未成年人保护法》规定，父母或者其他监护人应当依法履行对未成年人的监护职责和抚养义务，父母作为未成年子女的法定监护人，必须对未成年子女的人身、财产以及其他一切合法权益加以监督和保护。在未成年子女对国家、集体或他人造成损害时，父母有承担民事责任的义务。

三、按照“最有利于未成年子女的原则”确定父母离婚后子女抚养权的归属

我国婚姻法规定的抚养权只是与孩子一起生活的权利，不直接抚养孩子的一方并没有失去监护权，不管孩子归哪一方抚养，父母子女之间的权利义务都没有改变。具体来说，不直接抚养孩子的一方有权探视孩子、关心孩子的成长。如果抚养孩子的一方作出侵犯孩子合法权益的行为，另一方也有权替孩子维权，甚至要求变更抚养权。不直接抚养孩子的一方，有义务支付抚养费。夫妻离婚诉讼时，如果能自行对孩子抚养权协商一致，不管归哪一方抚养，或者由双方轮流抚养、共同抚养，法院一般都不会干涉。但如果对抚养权问题协商不成，就产生一个问题，法院判断孩子由哪一方抚养的主要依据和规则是什么。我们认为，儿童最大利益原则是解决抚养纠纷的基本价值取向，当然，这个总原则在判决时是要通过很多具体情况来衡量的，而不是简单地由其中一两个因素决定。

根据《离婚案件子女抚养意见》的规定，对于父母离婚未成年子女的抚养问题应当作出如下认定：

1. 两周岁以下的子女，原则上由母亲直接抚养，母亲有下列情形之一的，可由父亲直接抚养：患有久治不愈的传染性疾病或其他严重疾病，子女不宜与其共同生活的；有抚养条件不尽抚养义务，而父亲

要求子女随其生活的；因其他原因，子女确无法随母亲生活的。

2. 父母双方协议两周岁以下子女由父亲直接抚养，并对子女健康成长无不利影响的，可予准许。

3. 对两周岁以上未成年的子女，父亲和母亲均要求由其直接抚养，一方有下列情形之一的，可予优先考虑：已做绝育手术或因其他原因丧失生育能力的；子女随其生活时间较长，改变生活环境对子女健康成长明显不利的；无其他子女，而另一方有其他子女的；子女随其生活，对子女成长有利，而另一方患有久治不愈的传染性疾病或其他严重疾病，或者有其他不利于子女身心健康的情形，不宜与子女共同生活的。

4. 父亲与母亲抚养子女的条件基本相同，双方均要求子女与其共同生活，但子女单独随祖父母或外祖父母共同生活多年，且祖父母或外祖父母要求并且有能力帮助子女照顾孙子女或外孙子女的，可作为子女随父或母生活的优先条件予以考虑。

5. 父母双方对 8 周岁以上的未成年子女随父或随母生活意见不一致的，应当尊重子女的意见。因已满 8 周岁的子女已有一定的自主意识和认知能力，抚养权的确定与其权益密切相关，为更有利于未成年人的健康成长，应当尊重他们的真实意愿。

6. 在有利于保护子女利益的前提下，父母双方协议轮流抚养子女的，可以准许。

【审判实践中应注意的问题】

根据相关法律、司法解释规定，离婚时一旦确定了抚养权，如果没有特殊情况，要求变更抚养权不会得到法院的支持。所谓特殊情况，主要是指以下几种：一是双方自行协商变更，法律通常不干涉；二是抚养孩子一方有对孩子成长不利的行为、严重侵犯孩子合法权益的行为等，另一方可主张变更抚养权；三是由于其他原因，孩子随原抚养人生活确实对孩子成长不利，另一方可主张变更抚养权。

第一千零八十五条 离婚后，子女由一方直接抚养的，另一方应当负担部分或者全部抚养费。负担费用的多少和期限的长短，由双方协议；协议不成的，由人民法院判决。

前款规定的协议或者判决，不妨碍子女在必要时向父母任何一方提出超过协议或者判决原定数额的合理要求。

【条文主旨】

本条是关于夫妻双方离婚后子女抚养费负担的规定。本条在《婚姻法》第37条规定基础上，将“一方抚养的子女”明确为“子女由一方直接抚养的”，将“必要的生活费和教育费的一部或全部”改为“部分或者全部抚养费”。

【条文理解】

一、子女对父母享有法定的抚养费请求权

不同于大部分民事法律关系，父母和子女之间的关系基于法律的直接规定，因子女的出生事实或收养行为而产生。《民法典》第1084条第1款和第2款规定，父母与子女间的关系，不因父母离婚而消除。离婚后，父母对于子女仍有抚养、教育、保护的权利和义务。即父母对子女负有基于法律的直接规定而产生的法定义务，这种义务既有人身属性，又有经济属性，且不附加任何条件，不因夫妻双方之间婚姻存续状态的变化而变化，它是子女抚养费请求权的基础。《法国民法典》规定，在父母双方共同行使亲权的情况下，子女平常不在其处居住的父母一方，应当视其本人与另一方的财力情况，对子女的生

活与教育按比例分担费用。我国从1980年《婚姻法》起，亦吸收了这种观点，并采取了相似的规定方式。需要注意的是，抚养费请求权是作为被抚养对象的子女依法享有的权利，它与夫妻双方的婚姻关系状态，夫妻之间对于抚养费的分担约定等因素并无必然联系，父母对子女的抚养义务不能因离婚而得以免除。即使在父母协议约定由一方承担子女的全部抚养费的情形下，另一方虽不承担支付抚养费的义务，但对子女仍负有抚养的责任，子女依旧得以向其主张抚养费请求权。之所以对离婚后父母对子女的抚养费分担予以特别规定，是因为一般情况下，在夫妻双方婚姻关系存续期间，对子女的抚养由夫妻双方共同进行，尤其在夫妻共同财产制之下，抚养费的分担并无明显区分。离婚后，直接对子女进行抚养、教育、保护的义务由父母中的一方承担，另一方对子女的抚养义务多直接表现为抚养费的支付，此时，在已不存在共同财产的情况下，父母对子女抚养费明确分担义务，一方面事关父母双方是否对子女尽到抚养义务，另一方面对保障未成年子女的健康成长或不能独立生活子女的生存权亦具有重要意义。

本条第2款规定即体现了这种考量，抚养费保障子女的健康成长和生存权利的基本功能，决定了离婚后父母对子女抚养费的给付，不能因双方间的协议或法院的判决而就此固定。从开始给付抚养费到给付义务消失，常常会经历比较长的时间跨度。社会经济条件和子女对教育、医疗等的需求变化，都可能导致先前确定的抚养费金额甚至期限不足以覆盖子女的现实需求。此时，应当允许子女在合理范围内向父母继续主张抚养费请求权。

二、准确界定抚养费的范围

《婚姻法》第37条将父母支付的费用笼统列举为“必要的生活费和教育费”，与该法第21条第2款“父母不履行抚养义务时，未成年的或不能独立生活的子女，有要求父母付给抚养费的权利”中采用“抚养费”的表述方式有所区分。未成年或不能独立生活的子女要求父母给付抚养费，是法律规定赋予子女的权利，这种抚养费请求权的基础是父母子女关系，父母的婚姻关系存续状态对权利不产生任何影响。《婚姻法》这种前后表述的不一致，实际上产生了父母的婚姻关系存续状态影响子女抚养费请求权的后果，审判实践虽可以根据案件情况作一定的扩大解释，法律条文上的偏差仍应当纠正。为此，本条修改了《婚姻法》第37条的表述，改为“抚养费”，与《民法典》第1067条规定保持一致，体系上更加顺畅。

对于审判实践中，抚养费的范围应当如何界定的问题，《瑞士民法典》规定，父母应承担子女的抚养费，包括生活费、教育费和子女保护措施的一切必要的费用。《法国民法典》规定，父母每一方均按照本人和另一方的收入以及子女的需要情况，分担子女的生活费与教育费用。二者均将与子女健康成长相关的基本方面纳入了抚养费的范围，包括基本的生活费、接受教育的费用和对子女成长予以必要保护的费用，保证父母对子女在物质生活条件上尽到养育和照料的义务。我国2001年颁布的《婚姻法司法解释（一）》，将抚养费定义为“包括子女生活费、教育费、医疗费等费用”，明确了生活费、教育费、医疗费是父母支付的抚养费应有的内容。立法设置抚养费制度，究其目的是保障子女的健康成长。《未成年人保护法》第3条第2款规定，未成年人享有受教育权，国家、社会、学校和家庭尊重和保障未成年人的受教育权。《义务教育法》第5条第2款规定，适龄儿童、少年的父母或者其他法定监护人应当依法保证其按时入学接受并完成义务教育。受教育权是未成年子女的法定权利，让未成年子女接受教育也是父母的法定义务。生活费、教育费、医疗费作为保障子女基本生活和智能、身体均衡发展的基本条件，必须涵盖在抚养费的范围之内。但是，子女的抚养费请求权并不限于以上三种，当产生对子女的健康成长合理必要的其他费用时，父母同样应当承担支付义务。本条在条文表述上未对抚养费的种类范围予以具体限制，给予父母双方或人民法院在协商自愿或需求合理的情况下扩大给付范围的空间，既有利于子女权利的保护，也更符合社会生活不断变化的实际要求。

三、抚养费的分担原则和确定标准

1991年，我国批准了联合国《儿童权利公约》，其中第3条第1款规定，关于儿童的一切行动，不论是由公私社会福利机构、法院、行政当局或立法机构执行，均应以儿童的最大利益为一种首要考虑。尊重和保护儿童利益，已成为国际社会普遍认可和接受的通识。《意大利民法典》在其条文中，多处体现了保护子女利益的立法倾向，如法官应充分考虑到（父母）分居可能给子女带来的精神和物质利益影响，在宣布分居时要同时确定将子女判给父母一方抚养以及其他所有为子女的利益而采取的措施。夫妻协议分居时，如果分居协议中有关子女抚养或抚养费的规定与子女利益不相符，法官可以召集配偶双方为子女利益进行修改；仍不适宜时，法官可以拒绝修改。有学者认为，以监护人的确定为例，我国法律多以父母的利益或意愿为优先，对子女的利益缺乏考虑，建议将“未成年子女最大利益原则”写入条文予以明确，同时主张，应当将子女最大利益的审酌因素确定为：（1）子女的年龄、性别、人数及健康状况；（2）子女本人的意愿与人格发展的需要；（3）父母的年龄、职业、品行、健康状况、经济能力等生活状况；（4）父母保护教养子女的意愿与态度；（5）父母子女间或者未成年子女与其他共同生活者之间的感情状况。[①] 离婚后子女抚养费的分担和确定问题亦是如此，婚姻关系的结束消灭的是夫妻关系，但不影响父母子女关系，不意味着父母对子女抚养义务的消灭，无论是否直接抚养子女，概莫能外。

对人民法院来说，当夫妻双方无法通过自行协商确定子女抚养费的分担，需要借助司法权确定抚养费的给付时，人民法院对抚养费分担的裁判，应当以子女最大利益为首要的考量因素。具体而言，抚养费的分担需：（1）满足子女的生活、教育、医疗等方面的需要；（2）符合当地的实际生活水平；（3）父母双方根据各自实际负担能力

---

① 陈甦主编：《中国社会科学院民法典分则草案建议稿》，法律出版社2019年版，第359页。

合理分担。审判实践中，人民法院可能会遇到父母双方经济条件相差较大，离婚后子女的生活环境、生活条件将发生较大变化的情况。此时，人民法院应当在尽量保护子女利益的基础上，尽可能使抚养费既能满足子女的实际需要，又不至给父母双方造成过重负担或使抚养费成为变相的财产分割手段，使父母双方得以适当、均衡负担。《离婚案件子女抚养意见》第 7 条规定，子女抚育费的数额，可根据子女的实际需要、父母双方的负担能力和当地的实际生活水平确定。有固定收入的，抚育费一般可按其月总收入的 20%~30% 的比例给付。负担两个以上子女抚育费的，比例可适当提高，但一般不得超过月总收入的 50%。无固定收入的，抚育费的数额可依据当年总收入或同行业平均收入，参照上述比例确定。有特殊情况的，可适当提高或降低上述比例。第 11 条将抚养费的给付期限确定为，抚育费的给付期限，一般至子女 18 周岁为止。16 周岁以上不满 18 周岁，以其劳动收入为主要生活来源，并能维持当地一般生活水平的，父母可停止给付抚育费。同时对子女虽已成年，但仍有给付抚养费必要的情形也作出了规定，即当成年子女存在：（1）丧失劳动能力或虽未完全丧失劳动能力，但其收入不足以维持生活的；（2）尚在校就读的；（3）确无独立生活能力和条件的情况时，如父母具备给付能力，仍应当支付抚养费。父母支付子女抚养费，根据前述意见第 8 条规定，原则上应当定期给付，父母条件允许的也可一次性支付。就何种情形下抚养费可以一次性支付，全国人大法工委在对《婚姻法》的释义中认为，一次性给付的要慎重处理，确有必要采取一次性给付的，要注意掌握条件：一是出国、出境人员；二是有能力一次性支付的个体工商户、专业承包户、私营企业业主等人员；三是下落不明的一方以财产折抵的；四是双方自愿、协商一致的。审判实践中，人民法院在参考以上情形的前提下，仍应当根据个案的具体情况，结合实际妥善处理。

四、抚养费的变更

本条第 2 款规定赋予了子女在“必要”时，向父母请求“合理”

数额的超出原协议或判决的抚养费的权利。离婚后子女抚养费的负担方案是基于当时的社会经济水平、父母的负担能力、子女的需求等因素而作出的，随着社会经济的发展、物价水平的变化、子女个体情况的变化、父母收入水平等的变化，原抚养费数额、给付方式、给付期限等均有可能发生不再适应子女的需求或父母的负担能力的情况。尤其是当直接抚养子女一方的经济水平不足以维持子女的基本生活、教育、医疗等方面的需求时，必须允许子女向不直接抚养的一方提出超过原协议或判决的抚养费请求，这也是父母共同对子女承担抚养责任的要求，与该方原来负担抚养费的多寡，是否实际负担支付抚养费义务均没有关系。但是，子女提出的抚养费请求必须合理，如果其请求的数额已经明显超出了必要、合理的范围，人民法院依法不予支持。《离婚案件子女抚养意见》对何为“必要”规定了三种情形，包括：（1）原定抚育费数额不足以维持当地实际生活水平的；（2）因子女患病、上学，实际需要已超过原定数额的；（3）有其他正当理由应当增加的。

有意见认为，“在必要时提出超过原定数额的合理请求”指向的是不直接抚养子女的一方，“必要时向父母任何一方提出超过协议或者判决原定数额的合理要求”的表述，既可以指向直接抚养子女的一方，也可以指向不直接抚养子女的一方，并不妥当。[①] 实践中，抚养费的变更大多数可能发生于子女与不直接抚养的一方之间，但是，多数情况的存在，并不能完全排除直接抚养子女一方未尽到抚养义务的情形。从子女最大利益原则的角度出发，亦不能剥夺子女的此种权利。父母双方对子女的抚养义务，理当共同承担。“向父母任何一方提出”的表述，再次强调了抚养义务的共同性，比之规定子女向不直接抚养的一方主张抚养费的表述，更为全面。

① 王利明主编：《中国民法典学者建议稿及立法理由——人格权编·婚姻家庭编·继承编》，法律出版社2005年版，第297页。

【审判实践中应注意的问题】

子女可在必要时向父母任何一方提出超过协议或者判决原定数额的合理要求，并不意味着抚养费的变更请求只能由子女本人提出，直接抚养子女的一方亦可提出该种请求。抚养费具有保障被抚养子女正常生活和成长的属性，关涉子女的合法权益，在子女本人之外，允许直接承担对子女的抚养、教育、保护义务的一方代子女请求，并不会改变抚养费的权利主体，从实践上看，更利于对子女合法权益的保护。

第一千零八十六条 离婚后，不直接抚养子女的父或者母，有探望子女的权利，另一方有协助的义务。

行使探望权利的方式、时间由当事人协议；协议不成的，由人民法院判决。

父或者母探望子女，不利于子女身心健康的，由人民法院依法中止探望；中止的事由消失后，应当恢复探望。

【条文主旨】

本条是关于夫妻双方离婚对子女探望权的规定。本条基本保留了《婚姻法》第38条的规定和表述。

【条文理解】

一、探望权是亲权的重要组成部分

探望权，又称探视权、会面交往权，是指父母离婚后，不直接抚养子女的一方依法享有对未与之共同生活的子女进行探视、看望、交往的权利。[①] 夫妻关系存续期间，父母共同对子女进行抚养教育，离婚后，不直接抚养子女的一方，只能通过支付抚养费和定期或不定期对子女进行探望的方式，对子女的生活、教育、健康等予以关注，弥补非探望期间对子女陪伴的缺失，增进亲情交流。事实上，直接抚养子女一方的抚养权和不直接抚养子女一方的探望权，共同构成了离婚后父母对子女亲权的主要内容。赋予不直接抚养子女一方探望权，不

① 马俊驹、余延满：《民法原论》，法律出版社2010年版，第849页。

仅是父或母关怀子女的重要方式，也是子女健康成长的要求。将子女利益最大化作为现代婚姻家庭法的一项重要原则，越来越成为世界许多国家的共识，父母需要对子女行使亲权的同时，子女也需要通过被探望的方式，得到父母的关心和陪伴。本质而言，探望权无论对父母还是对子女，都不可或缺。本条规定将探望权的行使主体规定为"不直接抚养子女的父或者母"，其中，不直接抚养子女的一方有探望的权利，直接抚养子女的一方则负有协助的义务。将探望权行使的权利主体或协助的义务主体限定在父母，并不意味着探望权是"父母本位"的权利。探望权可以说具有双重价值：其一，是父母对子女的亲权实现方式；其二，是最大化保护子女利益的手段。实际上，在审判实践中，人民法院应当对子女利益给予比父母利益更多的关注。归根结底，探望权的设置、亲权的行使，都是为了保障子女的健康成长。

有学者对探望权主体仅限于父母的规定持不同意见，提出建议认为，应当在探望权条文中加入"祖父母、兄弟姐妹等其他近亲属有权与该儿童会面交往，但以有利其身心健康为前提"的规定，对祖父母、兄弟姐妹等其他近亲属的探望权亦予确认。父母离异对近亲属与子女的亲属关系并不产生影响，允许其探望符合亲属伦理，应当有条件地承认。[①] 应当说，在父母离婚后，通过父或母以及近亲属的探望行为，保持子女生活中惯常人际交往关系的稳定，对子女的健康成长不无好处。但需要注意的是，虽然探望权的行使是通过探望行为来实现，但探望行为不能与探望权画等号。作为一项权利，探望权是亲权的一项重要内容，虽然我国法律条文并没有正式采用"亲权"的表达方式，但其与父母子女之间相互的权利义务关系并无本质不同。探望权主体必然不能突破亲权的主体范围，即祖父母、外祖父母或兄弟姐妹等其他近亲属不是探望权主体。

---

① 梁慧星：《中国民法典草案建议稿附理由：亲属编》，法律出版社2013年版，第200页。

二、探望权的行使应当以子女利益为中心

根据本条规定，探望权如何行使，包括行使的时间、方式，首先由父母双方通过协商的方式确定。在一定程度上，婚姻关系终止后，父母对子女包括抚养、探望在内的一系列权利的安排，仍属于“家庭内部事务”的范畴。虽然父母间的夫妻关系已经消灭，但父母与子女之间的关系仍将长久存在。对父母双方的生活习惯、工作状态、对子女的抚养教育方式，以及子女的生活、学习、健康等方面的状况最为了解的，仍然是曾作为夫妻共同抚养子女的父母双方。由父母通过协商的方式，共同确定不直接抚养子女的一方在何时、何地，通过何种方式探望子女等事项，无疑比让法院等家庭以外的角色作出决定对子女更加有利。

当发生父母双方不能就探望权的行使通过协商达成一致意见，需由法院以裁判的方式确定探望权如何行使时，依然必须遵循子女利益最大化的基本原则，以子女本位为出发点进行裁判。

（一）有利于子女健康成长

父母对子女履行抚养、教育职责，为子女提供生活上的照料，提供良好的学习环境，保护子女的生命权、健康权等权利不受侵犯，最终目的是使子女得以健康成长。这种健康状态，不仅仅是身体上的健康，也包括心理健康。人民法院在确定探望权的行使方式、时间时，应以子女便利为先，结合父母双方的实际情况确定。例如，在父母能够做到且不至对其正常生活产生较大不利影响的前提下，父或者母探望子女的时间应当避免占用子女的学习时间，探望方式以对子女生活产生的影响尽量低为宜。由于日常生活的繁杂，各种因素都有可能发生不能预见的变化，人民法院在判决时，对探望权的行使不宜判决得过细，明确双方必须遵守的原则或规则即可，给日后探望权的具体行使预留调整空间。

（二）尊重子女本人意愿

对人民法院确定探望权的行使方式时，是否应当征求子女的意

见，存在不同的看法。反对者认为，探望权是法律赋予父母的权利，况且子女不一定能够真实地表达出自己的意思，人民法院不必征求子女意见即可直接判决。赞同者则认为，探望权的立法目的即保证子女健康成长，人民法院在行使司法权的过程中必须将子女的意愿纳入考虑。虽然子女的年龄、认识能力等可能会影响其判断或表达，但对意见进行征求不等于一定按照意见进行判决。人民法院在子女的认识能力不足的情况下，可以将子女的意愿作为重要的参考因素，综合其他因素进行判断。尤其在当子女年龄或认识能力已经足以使其清晰、真实表达自己的意愿时，征求子女意愿更有必要。全然抛开子女本人的意愿，反而可能会导致子女对探望行为的抵触，导致违背子女最大利益原则的后果。我们亦同意后者的观点，探望权的行使与子女利益息息相关，人民法院在确定探望权行使的方式、时间等事项时，应当征求、尊重子女本人的意见。

（三）兼顾有利于探望权实现

在满足前两个条件的基础上，审判实践中，人民法院还应当适当考虑父母行使探望权的便利性。一般而言，父母有各自的工作、生活轨迹，父或母离婚后可能已经再婚组成新的家庭，还存在离婚后不直接抚养子女的一方与子女分处两地的情况。探望权的行使虽以子女利益为首要考虑因素，但也不能因此忽视对父母行使探望权便利性的考虑。如果单方面考虑子女利益，而对父母行使探望权时的利益缺乏关注，可能会导致判决确定的探望权无法顺利行使，反而对子女利益并无好处。譬如，当不直接抚养子女的一方日常生活在较远的异地，要求其每周探望子女一次，虽然并非不能实现，但显然这种方式给不直接抚养子女一方的正常生活造成了极大的不便。人民法院应当结合个案当事人各方面的实际情况，在尽量满足以上三个条件的基础上，灵活确定探望权的行使。

另外，在判决离婚的情况下，如原法院生效判决中未对探望权作出处理的，根据《婚姻法司法解释（一）》第24条规定，当事人仍然得以就探望权问题单独向法院提起诉讼，法院应当受理。

三、探望的中止

本条第3款对探望的中止作出了规定，即当发生“不利于子女身心健康的”情形时，人民法院应当依法中止探望。在《婚姻法》第38条中，该规定表述为“不利于子女身心健康的，由人民法院依法中止探望的权利；中止的事由消失后，应当恢复探望的权利”，本条删除了“的权利”三字，避免产生被中止的是探望权的权利本身的误解。事实上，因其本身作为亲权的性质，探望权是父母对子女应当享有的权利，不能被剥夺，只不过当有“不利于子女身心健康的”情形发生时，探望权的实际行使受到限制，并非对探望权本身的否定。

（一）中止探望的主体

1. 中止探望的决定主体。对于谁有权利决定中止探望，本条规定已经十分明确，即必须由人民法院依法决定是否中止探望，除人民法院之外，其他任何机关、组织和个人均无权决定中止非直接抚养子女一方的探望。需要明确的是，人民法院不能主动作出中止或恢复探望的决定，必须经当事人申请，人民法院才能对是否中止或恢复探望作出决定。《婚姻法司法解释（一）》第25条规定，当事人在履行生效判决、裁定或者调解书的过程中，请求中止行使探望权的，人民法院在征询双方当事人意见后，认为需要中止行使探望权的，依法作出裁定。中止探望的情形消失后，人民法院应当根据当事人的申请通知其恢复探望权的行使。即中止探望包括中止情形消失后的恢复探望，都必须经过两个步骤：第一，当事人申请中止或恢复探望；第二，人民法院依当事人的申请，就是否中止或恢复探望作出结论。

2. 中止探望的申请主体。《婚姻法司法解释（一）》第26条规定，未成年子女、直接抚养子女的父或母及其他对未成年子女负担抚养、教育义务的法定监护人，有权向人民法院提出中止探望权的请求。将其他对未成年子女负担抚养、教育义务的法定监护人纳入有权请求中止探望的主体之内，有利于在出现子女或直接抚养一方不能或因种种原因不愿提出中止申请时，拓宽中止探望的申请渠道，更好地保护子女利益。

（二）应当中止探望的情形

《预防未成年人犯罪法》第14条规定："未成年人的父母或者其他监护人和学校应当教育未成年人不得有下列不良行为：（一）旷课、夜不归宿；（二）携带管制刀具；（三）打架斗殴、辱骂他人；（四）强行向他人索要财物；（五）偷窃、故意毁坏财物；（六）参与赌博或者变相赌博；（七）观看、收听色情、淫秽的音像制品、读物等；（八）进入法律、法规规定未成年人不适宜进入的营业性歌舞厅等场所；（九）其他严重违背社会公德的不良行为。"假如行使探望权的一方有利用探望的过程影响甚至教唆、胁迫、引诱未成年子女产生上述行为的，应当认为已经构成"不利于子女身心健康"的情形，中止探望。《民法典》并未对什么才是构成"不利于子女身心健康"的情形作出具体规定，有学者认为应当将中止探望的事由在民法典中予以明确，并总结认为，当发生以下情形时，权利人可以请求中止探望：（1）有影响子女身体健康的疾病；（2）有赌博、吸毒等恶习；（3）拒付子女扶养教育费；（4）对子女有性侵犯或者暴力行为；（5）教唆、引诱子女实施违法行为。[①] 人民法院在审判实践中，应根据个案具体情况，在全面听取各方意见的基础上，综合判断。

（三）探望的恢复

恢复探望，即对探望权的限制解除，探望权恢复行使。当不直接抚养子女一方的不利于子女身心健康的情况消失后，人民法院应当根据当事人的申请，依法恢复探望权人对探望权的行使。

【审判实践中应注意的问题】

探望权是父母基于对子女的亲权而享有的法定权利，探望的中止，并非探望权的权利本身发生了变化，只是其行使在特定情形发生

① 陈甦主编：《中国社会科学院民法典分则草案建议稿》，法律出版社2019年版，第361页。

时受到限制。有关中止或恢复探望的诉讼，与一般的独立诉讼不同，是由与探望权有关的生效裁判衍生而来的后续问题。人民法院在处理此类纠纷时，要注意采用的诉讼文书类型，严格按照《婚姻法司法解释（一）》第25条规定，对需要中止探望的，依法作出裁定；对中止事由消失的，通知恢复探望。

第一千零八十七条 离婚时，夫妻的共同财产由双方协议处理；协议不成的，由人民法院根据财产的具体情况，按照照顾子女、女方和无过错方权益的原则判决。

对夫或者妻在家庭土地承包经营中享有的权益等，应当依法予以保护。

【条文主旨】

本条是关于夫妻双方离婚后，夫妻共同财产的处理的基本方式和原则的规定。在《婚姻法》第39条基础上，增加了照顾无过错方权益的共同财产分割原则。

【条文理解】

一、夫妻共同财产分割方式

（一）协议分割

与其他民事权利行使规则相同，在离婚共同财产分割的问题上，同样以夫妻双方协商确定分割方案为先，最大限度地尊重双方对私权事务的意思自治。《婚姻法司法解释（二）》第8条规定，离婚协议中关于财产分割的条款或者当事人因离婚就财产分割达成的协议，对男女双方具有法律约束力。当事人因履行上述财产分割协议发生纠纷提起诉讼的，人民法院应当受理。男女双方在离婚程序中以协议方式作出的财产分割协议对双方具有法律约束力，双方均应当信守。协议作出后，在一定程度上，男女双方在协议项下形成了具有给付内容的合同关系，因此，如双方在协议的履行中发生纠纷，自然享有向人民法院起诉的权利，人民法院应当受理争议。此外，根据《婚姻法司法解释（二）》第9条规定，协议离婚后的一年内，男女双方仍可就变更或撤销财产分割协议起诉，人民法院应当受理。为了避免使男女双方、子女的权利和可能与分割财产有关的经营活动处于长期不确定状态，此处的一年是除斥期间，不适用中止、中断、延长等规定。赋予双方起诉的权利，是因为双方自行签订的分割协议只是内部约定，其法律效力未经实质审查认定，由于离婚过程中双方关系紧张，不能排除阻碍协议合法性的情形出现，必须预留嗣后予以司法救济的途径。需要注意的是，除非发现存在欺诈、胁迫等情形，对当事人变更或撤销的诉讼请求，一般不予支持。

（二）判决分割

当男女双方无法通过协议解决共同财产的分割问题时，则由人民法院依据法定的原则和规范进行认定。除无法达成协议的情形外，根据《婚姻法司法解释（三）》第14条规定，当事人达成的以登记离婚或者到人民法院协议离婚为条件的财产分割协议，如果双方协议离婚未成，一方在离婚诉讼中反悔的，人民法院应当认定该财产分割协议没有生效，并根据实际情况依法对夫妻共同财产进行分割。

二、准确界定应当分割的夫妻共同财产范围

夫妻财产制是男女双方缔结法律上的婚姻关系之后，在财产上发生的效力。自1980年《婚姻法》以来，我国增加了对约定财产制的规定，形成了多年来以夫妻共同财产制作为法定财产制，辅之以约定财产制，共同调整夫妻之间的财产关系的格局。从现实情况看，我国绝大部分家庭中的夫妻采取的是法定的共同财产制，这与我国长久以来的家庭财产制度不无关系。婚姻关系存续期间，夫妻双方对财产共同共有，不分份额。某些情况下，即便是婚前个人财产，由于家庭共同生活的原因，在占有、使用上界限区分并不非常清晰。

（一）一般规范

对于哪些财产应当视为夫妻共同财产，《民法典》第1062条已经

作出了规定："夫妻在婚姻关系存续期间所得的下列财产，为夫妻的共同财产，归夫妻共同所有：（一）工资、奖金、劳务报酬；（二）生产、经营、投资的收益；（三）知识产权的收益；（四）继承或者受赠的财产，但是本法第一千零六十三条第三项规定的除外；（五）其他应当归共同所有的财产。夫妻对共同财产，有平等的处理权。"同时，第1063条规定："下列财产为夫妻一方的个人财产：（一）一方的婚前财产；（二）一方因受到人身损害获得的赔偿或者补偿；（三）遗嘱或者赠与合同中确定只归一方的财产；（四）一方专用的生活用品；（五）其他应当归一方的财产。"可以说，婚姻关系中的财产，主要就是由夫妻共同财产和个人财产构成的，在法定夫妻财产制之下，除符合法律规定的个人财产之外的财产，属于夫妻共同财产，可以在离婚中由双方当事人协商或由法院判决进行分割。

（二）特定种类财产的具体规范

我国1980年《婚姻法》在第13条规定中，只对婚姻关系存续期间的财产共有及夫妻拥有平等的处理权进行了原则性的规定。2001年《婚姻法》首次以列举的方式，规定了应当认定为夫妻共同财产的范围。二十年来，社会市场经济不断繁荣，房地产市场发展迅速，夫妻双方的企业、股权、房产等价值较大，不能完全为已有法律规定所涵盖的财产分割问题也随之进入法律视野。为此，《婚姻法司法解释（二）》和《婚姻法司法解释（三）》在司法实践的基础上，对常见的几种类型作出了具体的规定。

1. 军人的复员费、一次性择业费等费用，以夫妻婚姻关系存续年限乘以年平均值，所得数额为夫妻共同财产。其中，具体年限采用人均寿命70岁与军人入伍时实际年龄的差额进行计算。

2. 股票、债券、投资基金份额、未上市股份有限公司股份，以双方协商进行分割为准，双方不能协商达成一致的，如果按市价分配亦存在困难，人民法院可以根据数量按比例进行分配。

3. 有限责任公司的出资额，当出资系在夫妻一方名下，且另一方并非公司股东，按以下情形分别处理：（1）夫妻双方协商一致将出资额部分或者全部转让给该股东的配偶，过半数股东同意、其他股东明确表示放弃优先购买权的，该股东的配偶可以成为该公司股东。（2）夫妻双方就出资额转让份额和转让价格等事项协商一致后，过半数股东不同意转让，但愿意以同等价格购买该出资额的，人民法院可以对转让出资所得财产进行分割。过半数股东不同意转让，也不愿意以同等价格购买该出资额的，视为其同意转让，该股东的配偶可以成为该公司股东。用于证明前款规定的过半数股东同意的证据，可以是股东会决议，也可以是当事人通过其他合法途径取得的股东的书面声明材料。

4. 对合伙企业的出资，在一方出资，另一方不具有合伙企业合伙人身份时，如夫妻双方协商一致，将其合伙企业中的财产份额全部或者部分转让给对方，按以下情形分别处理：（1）其他合伙人一致同意的，该配偶依法取得合伙人地位；（2）其他合伙人不同意转让，在同等条件下行使优先受让权的，可以对转让所得的财产进行分割；（3）其他合伙人不同意转让，也不行使优先受让权，但同意该合伙人退伙或者退还部分财产份额的，可以对退还的财产进行分割；（4）其他合伙人既不同意转让，也不行使优先受让权，又不同意该合伙人退伙或者退还部分财产份额的，视为全体合伙人同意转让，该配偶依法取得合伙人地位。

5. 独资企业的共同财产分割，区分以下情形：（1）一方主张经营该企业的，对企业资产进行评估后，由取得企业一方给予另一方相应的补偿；（2）双方均主张经营该企业的，在双方竞价基础上，由取得企业的一方给予另一方相应的补偿；（3）双方均不愿意经营该企业的，按照《个人独资企业法》等有关规定办理。

6. 不动产，不同于股权、证券、企业出资等财产形式，不动产尤其是房产，在可以作为家庭投资选择的同时，也是家庭生活的基本方面之一。随着房地产市场高起，房产大幅度增值，房产在大部分普通家庭资产中均占有极高的比例，房产分割背后的利益牵涉越大。离婚案件中有关房产分割的争议数量越来越多、情况越来越复杂，争议分歧也越来越强烈。《婚姻法司法解释（二）》第20条规定："双方对夫妻共同财产中的房屋价值及归属无法达成协议时，人民法院按以下情形分别处理：（一）双方均主张房屋所有权并且同意竞价取得的，应当准许；（二）一方主张房屋所有权的，由评估机构按市场价格对房屋作出评估，取得房屋所有权的一方应当给予另一方相应的补偿；（三）双方均不主张房屋所有权的，根据当事人的申请拍卖房屋，就所得价款进行分割。"对于没有或没有完全取得所有权的房屋，由于所有权的归属状态尚处于不确定状态，人民法院不宜在财产分割案件中以判决的形式对所有权进行认定，否则有可能造成侵害他人合法权益的情况。此时，人民法院应当根据实际情况判决由当事人使用，待所有权确定之后，当事人可以另诉。

7. 农村土地承包经营权。《农村土地承包法》第16条规定，家庭承包的承包方是本集体经济组织的农户。农户内家庭成员依法平等享有承包土地的各项权益。农村土地承包经营权的直接主体是农户，实际主体却是农户内的家庭成员，各家庭成员平等地享有土地承包经营权利。长期以来，对于以务农为主的许多农村家庭来说，土地承包经营权是重要的家庭财产，离婚后，双方在土地承包经营上获得的权益自然也必须平等保护。对农村集体经济组织在双方离婚后，剥夺婚前并非本集体经济组织成员的一方的土地承包经营权利的行为，法律必然给予否定评价。

现实生活的复杂使得共同财产的存在或变化情形样式繁多，对于诸如离婚的男女双方均主张对房屋的所有权又不同意竞价的情况，或者双方长期两地分居获得的财产的认定问题，最高人民法院陆续出台《离婚案件财产分割意见》《婚姻法司法解释（二）》《婚姻法司法解释（三）》，针对审判实践中常出现的财产分割纠纷，作出了详细的规定。人民法院在处理离婚财产分割纠纷时，可选择符合具体案件情况的规范进行适用。

三、共同财产的分割原则

（一）一般原则：均等分割

有建议提出，应当在本条加入“夫妻共同财产一般应当均等分割”的表述，强调财产分割以均等为一般原则的价值取向。实际上，从《民法典》关于共同共有以及夫妻共同财产制度的规定中，可以看出，夫妻财产共同共有的制度本身，已经包含了分割应均等的含义，人民法院在适用中自然应当以均等为一般原则予以遵守。但作为离婚案件当事人的男女双方以协议方式对财产进行分割，则属于其协商一致对私人事务进行处理的范畴，其处分自己权利的意思表示自由应当被尊重，只要双方能够达成一致，当事人大可按自己的意思自由处分，不必非以均等分割为前提。实践中也不乏一方出于某种考虑，自愿放弃大部分甚至全部财产的情况，只要这种财产分割不违反禁止性规定，应当予以认可。

（二）补充原则

1. 照顾子女原则。联合国《儿童权利公约》确立的儿童最大利益原则已经成为包括我国在内的世界许多国家和地区的共识，英国、美国、澳大利亚、加拿大等英美法系国家，以及德国、日本及我国台湾地区等采用大陆法系的国家或地区，在各自的相关规定中均明确了若干有关儿童最大利益的衡量因素，我国大陆亦早在1991年就批准了联合国《儿童权利公约》。在处理涉及未成年子女利益的民事案件时，人民法院必须将子女利益最大化作为首要原则，可根据子女生活和学习的需要，给直接抚养子女一方适当多分财产，以司法手段为保护、促进子女健康成长提供良好条件。

2. 照顾女方原则。多年来，虽然随着经济水平、社会意识、法律规范的不断发展和完善，男女平等的基本原则在社会各方面都得到了越来越好的贯彻，但也不能忽视，男性和女性在工作、家庭方面的投入和付出仍然远未达到平衡。大多数情况下，女性相较男性而言对家庭投入了更多的精力，结果就是，女性在自我发展和实现、获得更多经济收入等方面的投入变少。夫妻双方对家庭这个整体的投入，不拘何种形式，都是对家庭整体和家庭成员的付出。在目前的社会大环境下，离婚财产分割时，给予女性一方一定的倾斜和照顾，既符合公平原则，也有利于家庭的和谐稳定。

3. 照顾无过错方原则。本条在《婚姻法》第39条规定的基础上，新增了照顾无过错方的原则，当夫妻的其中一方对离婚存在过错，例如存在重婚、虐待、遗弃等情况的，人民法院分割财产时，应当给予无过错方适当的照顾，可适当多分给无过错方一些财产，或者给予无过错方优先选择的权利。

【审判实践中应注意的问题】

1.《婚姻法司法解释（二）》第8条第1款规定，离婚协议中关于财产分割的条款或者当事人因离婚就财产分割达成的协议，对男女双方具有法律约束力。人民法院在案件审理过程中应当留意，此处的法律约束力只是针对身为协议当事人的男女双方而言，该协议是双方之间的内部协议，并无对外效力。同时，该法律约束力不等于法律效力。在涉及协议效力的诉讼中，究竟协议是有效、无效还是可撤销，人民法院需依法进行审查。

2. 人民法院在处理离婚财产分割问题时，除了遵守照顾子女、女方和无过错方利益的原则之外，还要根据待分割财产的具体状态、性质和用途等属性，尽量使财产在双方间的分配有利于当事人的生产、经营和生活，不损害财产的效用和经济价值。

第一千零八十八条　夫妻一方因抚育子女、照料老年人、协助另一方工作等负担较多义务的，离婚时有权向另一方请求补偿，另一方应当给予补偿。具体办法由双方协议；协议不成的，由人民法院判决。

【条文主旨】

本条是关于对家务劳动价值予以认可的规定。本条在《婚姻法》第40条的基础上进行了修改，取消了离婚经济补偿只在约定财产制下适用的规定，将经济补偿范围扩大到法定财产制和约定财产制同样适用。增加了补偿的具体办法“由双方协议；协议不成的，由人民法院判决”的规定，以当事人自行协商决定为先，贯彻私人事务领域的意思自治原则。

【条文理解】

一、家务劳动价值应当得到尊重，有必要为夫妻中负担较多家庭义务的一方提供离婚经济补偿

家庭是社会的基本细胞，每一个家庭成员都会在家庭中得到立足社会的基本物质和精神支持。夫妻中在照料老人、子女或者配偶，以及为家庭生活提供服务和便利等方面付出更多的一方，将其更多的时间和精力投入无偿家务劳动中的利他行为，使包括配偶在内的家庭成员均有受益，根据民法权利义务相一致的原则，负担更多家庭义务的一方，应当享有获得相应经济补偿的权利。尤其是，现实生活中，常常存在一方因负担较多的家庭义务，导致其投入在自我发展、自我实

现上的时间和精力被大量压缩，甚至完全牺牲自我发展机会，全力投入家务劳动中的情况。当夫妻双方离婚，负担了更多的家庭义务，给另一方提供了更多无形支持的一方反而会因自身经济能力弱或缺乏经济能力而面临权益不能得到保障的困境，显然有悖公平。

从价值方面看亦是如此，根据马克思的劳动价值论，劳动分为具体劳动和抽象劳动。家务劳动同样凝结了具体劳动和抽象劳动，因而它应该是有价值的，它创造的价值应和其他劳动价值一样都属于社会价值的一部分。[①] 家务劳动虽然没有直接的量化价值描述，却创造了无数的有形和无形价值，投入家务劳动，承担家庭义务的人，理应获得相应的报酬。

世界范围内，家务劳动价值也得到了很多国家的认可。《瑞士民法典》规定，在协助配偶他方从事职业或经验事业中，配偶一方的付出显著超出其为抚养家庭作出的贡献的，其有权请求为此得到合理的补偿金。《德国民法典》规定，在离异的婚姻一方因照料或教育共同的子女而不可能期待其就业的情形以及在此种情形持续期间，该方可以向另一方要求生活费。

二、离婚经济补偿的适用需符合一定的条件

（一）不区分夫妻财产所有制类型一律适用

《民法典》出台之前，《婚姻法》第40条规定，夫妻书面约定婚姻关系存续期间所得的财产归各自所有，一方因抚育子女、照料老人、协助另一方工作等付出较多义务的，离婚时有权向另一方请求补偿，另一方应当予以补偿。《妇女权益保障法》第47条第2款也作出了相似的规定，夫妻书面约定婚姻关系存续期间所得的财产归各自所有，女方因抚育子女、照料老人、协助男方工作等承担较多义务的，有权在离婚时要求男方予以补偿。两部法律均将离婚经济补偿的前提确定为“夫妻书面约定婚姻关系存续期间所得的财产归各自所有”，

① 廖宇航：《家务劳动价值的估算》，载《统计与决策》2018年第8期。

即采取约定财产制的夫妻之间，离婚时承担了较多家庭义务的一方才有权请求对方补偿。在2001年之前的婚姻法条文中，并无关于经济补偿的规定，直至2001年婚姻法修改才加入。从审判实践情况看，十多年来，经济补偿制度并未在司法实践中得到普遍运用，相反，有关统计显示，《婚姻法》第40条的适用率明显偏低，少数的适用案例中，还有一部分是经过法院的目的性扩张解释后才得以适用。[①]出现这种情况的主要原因在于我国绝大多数家庭都采取了法定的共同财产制，约定分别财产制的家庭数量极少，基数的缺乏导致《婚姻法》第40条的规定无法发挥应有的作用。本条规定删除了离婚经济补偿对夫妻财产制类型的要求，无论夫妻关系存续期间，双方采取的是法定共同财产制还是约定了分别财产制，如果一方在婚姻中相比另一方对家庭负担了更多的义务，均有权利在离婚时请求补偿。

（二）经济补偿请求以负担了较多家庭义务为前提

本条列举了抚育子女、照料老年人、协助另一方工作等，作为承担较多义务的一方可提出经济补偿的情形。当然，离婚经济补偿的适用情形并不局限于以上三个方面，为家庭利益而负担的义务均应在此之列，主要表现为家务劳动。家务劳动，是指为自己和家人最终消费所进行的准备食物、清理住所环境、整理衣物、购物等无酬家务劳动以及对家庭成员和家庭以外人员提供的无酬照料与帮助活动。[②]这些家庭事务遍布生活的方方面面，但却无法通过市场价值直接衡量，根据权利义务相一致原则，负担较多义务的一方应当得到适当的补偿。判断一方是否承担了较多义务，应结合一方在家庭义务上付出的时间成本、精力成本以及获得的效益等多方面因素，综合进行衡量。

（三）经济补偿需一方主动提出，法院不得主动适用

本条规定，负担较多义务的一方“离婚时有权向另一方请求补

---

① 陈颖：《家务劳动补偿制度的实践反思与制度调适》，载《人民司法》2015年第21期。

② 吴燕华：《居民家务劳动时间经济价值研究——以杭州市为例》，载《吉林工商学院学报》2015年第3期。

偿"，即经济补偿以负担较多义务一方提起补偿请求为前提，人民法院在当事人未提出经济补偿请求的情况下，不得径行就经济补偿作出判决。但是，法院可以向当事人释明其经济补偿请求权，是否行使由当事人自行决定。

（四）经济补偿请求须在离婚时提出

负担较多家庭义务一方的补偿请求，仅限在协议离婚或离婚案件诉讼过程中提出，协议或判决离婚后，一方提出经济补偿请求的，人民法院不予受理。作此规定的原因在于，经济补偿请求权是法律赋予负担了较多家庭义务一方的权利，其可以行使，也可以不行使。该种权利也不存在有客观障碍导致对权利享有状态不明的情况，将经济补偿请求权扩大到婚姻关系存续期间或离婚后，现实意义不大，也不利于双方尽快解决争议，投入新生活。

三、准确认定离婚经济补偿的方式和数额

私人事务领域以当事人的意思自治为先，双方经协商一致达成的协议，对双方都具有法律约束力。只有当双方无法通过协商就经济补偿达成一致意见时，方得由法院根据案件实际情况，依法判决。

对于负担的家庭义务如何量化，家务劳动的价值如何计算的问题。由于家务劳动服务对象的特定性和劳动内容的私人化，家务劳动虽然作为社会经济的一部分，但并未被纳入国民经济核算，无论查询国民生产总值或国内生产总值，还是查询任何的经济报告，都无从寻找未市场化的家务劳动所占的价值。相反，一直以来家务劳动都作为一种不计报酬的无偿劳动存在。多年来，不断有研究试图通过经济学和统计学的方式找到答案。不同研究数据分别显示，保守估计家务劳动潜在价值约占 GDP 的 30%；① 若把家务劳动转化为固定工资支付，每年为 420 亿元人民币；② 也有研究以杭州一市为样本，得出

① 廖宇航：《家务劳动价值的估算》，载《统计与决策》2018 年第 8 期。

② 国家统计局编：《中国统计摘要（1995 年）》，中国统计出版社 1996 年版，第 34 页。转引自李鹏：《略论女性与家务劳动》，载《中国婚姻法学研究会 2012 年年会论文集》。

结论认为，杭州市家务劳动经济价值平均约占当年地区生产总值的12.23%，相当于杭州人均消费支出的46.47%，相当于第三产业增加值的23.11%，如果将无酬家务劳动与市场上的有酬劳动相比，家务劳动的价值相当于杭州市就业人员全年工资总额的43.23%。[①]

可以看出，家务劳动这种在社会经济运行中表现不明显、存在感低、没有薪酬的劳动方式，创造的经济价值实则不容忽视，对社会再生产具有重要的意义。然而，直至今日，并没有一种权威的量化计算方式可用来确认家务劳动的具体价值。人民法院确定离婚经济补偿数额时，必须要全面综合考察，尽量使经济补偿数额与负担较多一方付出的劳动、产出的价值得以匹配。（1）家务劳动时间。不仅包括日常投入在家务劳动上的时间，还包括婚姻关系存续时间的长短，投入时间越多、婚姻持续时间越长，补偿数额应当相应增加。（2）投入家务劳动的精力。家务劳动种类繁多，有的家务如洗衣可操作洗衣机完成，不需投入太多精力，而照顾老人和子女之类的事项，不仅要投入大量的体力劳动，还需要投入大量的精神关怀，同等条件下，强度更大、更复杂的家务劳动应当获得比相对简单的家务劳动更多的补偿。（3）家务劳动的效益。既包括直接效益，也包括间接效益，如良好的家庭生活环境，或者由此带来的家庭积极财产的增多或消极财产的减少。（4）负担较多义务一方的信赖利益。婚姻中，负担较多家庭义务的一方出于对婚姻前景的信赖，付出较多精力从事家务劳动，带来的就是其自我发展空间的压缩，无形中付出了个人工作选择、收入能力等方面的机会成本。为此，另一方因此而获得的有形财产利益、无形财产利益及可期待的财产利益，如一方在婚姻期间获得的学历学位、工作前景、执业资格、专业职称、知识产权等，均应纳入经济补偿数额的计算范畴。

---

① 吴燕华：《居民家务劳动时间经济价值研究——以杭州市为例》，载《吉林工商学院学报》2015年第3期。

【审判实践中应注意的问题】

离婚经济补偿作为离婚三大救济制度之一，其主要功能在于在夫妻共同财产分割的基础上，对家庭义务承担较多一方的权利给予救济和平衡。经济补偿的确定，以夫妻共同财产分割的确定为基础，补偿金应当从承担支付义务一方的个人财产或分得的共同财产中支取。不能采取在夫妻共同财产分割前先扣除经济补偿，再对剩余共同财产进行分割的做法，否则，离婚经济补偿的救济功能将失去意义。

第一千零八十九条 离婚时，夫妻共同债务应当共同偿还。共同财产不足清偿或者财产归各自所有的，由双方协议清偿；协议不成的，由人民法院判决。

【条文主旨】

本条是关于离婚后，原婚姻关系存续期间形成的夫妻共同债务应当如何偿还的规定。

【条文理解】

本条规定基本沿袭了《婚姻法》第41条，对离婚后夫妻共同债务如何偿还的问题作出了原则性规定。夫妻共同债务能否得到妥善的处置，不仅涉及男女双方之间的权利义务分配问题，更关涉法律对夫妻之外的债权人权利的保障，事关男女双方和债权人合法权益的平衡保护。

一、男女双方对债权人负连带清偿责任

《民法典》第1064条对应当认定为夫妻共同债务的情形作出了明确规定，即夫妻双方共同签名或者夫妻一方事后追认等共同意思表示所负的债务，以及夫妻一方在婚姻关系存续期间以个人名义为家庭日常生活需要所负的债务，属于夫妻共同债务。夫妻一方在婚姻关系存续期间以个人名义超出家庭日常生活需要所负的债务，不属于夫妻共同债务；但是，债权人能够证明该债务用于夫妻共同生活、共同生产经营或者基于夫妻双方共同意思表示的除外。

夫妻共同债务的形成，或基于夫妻双方的共同意思表示，或用于

夫妻共同生活或夫妻共同的生产经营活动，其在形成、使用等方面与夫妻双方作为一个对外整体的各种民事活动存在密不可分的联系。对婚姻关系存续期间形成的夫妻共同债务，双方应当负连带清偿责任。这种连带清偿责任，并不因夫妻双方的婚姻关系存续状态的变化而改变。因婚姻而形成的法律关系，除了包含财产内容之外，还具有强烈的人身属性。离婚导致男女双方间夫妻关系和财产共有关系的消灭，双方按照法律规定确定共同财产的分割方式。但是，为了保护债权人的合法权利不因婚姻关系的变动而受到侵害，这种分割解决的仅是男女双方之间的财产关系，对债权人等其他第三人并不产生法律约束力，不能产生导致男女双方对债权人的债务消失或变化的法律后果。男女双方仍应当以其财产对债务承担偿还责任，但是，该种偿还责任的履行需要按照一定的顺序进行。

1. 夫妻共同债务，首先应当以夫妻共同财产偿还。夫妻共同债务是夫妻双方因其“共同”性而产生的债务，男女双方共同承担，在有共同财产存在的情况下，自然首先应当以共同财产进行偿还。否则，直接要求一方以个人财产偿还夫妻共同债务，将产生对偿还一方课以超出其应承担范围的义务的后果，有违公平原则，且变相产生了无论共同财产金额能否覆盖共同债务金额，均在男女双方之间形成了新的债权债务关系，使双方间财产关系复杂化的法律后果。故而，夫妻共同债务首先应当以夫妻共同财产进行清偿，共同债务可被全部清偿的，剩余共同财产由男女双方协商或由法院判决进行分割；共同财产数额无法覆盖全部共同债务的，由双方以其个人财产部分偿还。

2. 当夫妻共同财产不足以清偿夫妻共同债务，或者夫妻双方原本就采用分别财产制，不存在夫妻共同财产的情况下，夫妻双方应当以其个人财产偿还共同债务。与以共同财产进行清偿不同，以个人财产偿还夫妻共同债务时，需要注意双方对债务的承担比例问题。具体的清偿方案、承担比例等，由双方自行协议确定，协议对男女双方均具有法律约束力。双方无法通过协议确定偿还比例的，则由人民法院根据案件的实际情况依法判决。

需要注意的是，一方面，男女双方对夫妻共同债务清偿比例的确定，不能产生消灭双方对债权人负有的连带清偿责任的结果。根据《婚姻法司法解释（二）》第25条第1款规定，当事人的离婚协议或者人民法院的判决书、裁定书、调解书已经对夫妻财产分割问题作出处理的，债权人仍有权就夫妻共同债务向男女双方主张权利。即男女双方就共同债务的偿还比例作出的协议或人民法院的裁判确定的夫妻共同债务偿还比例，仅对男女双方具有对内的效力，对男女双方以外的债权人，并不具有当然的约束力。对债权人来说，男女双方对共同债务仍然承担连带偿还责任，债权人既可以要求双方按各自的比例偿还，也可以仅对其中一方提出偿还要求，还可以另行提出偿还比例要求双方履行。在男女双方通过协议确定共同债务清偿比例的情况下，由于该协议完全基于双方的意思形成，不能排除夫妻双方为了逃避还款义务，以假离婚的方式分割财产、确定债务清偿比例，将全部或大部分债务约定由缺乏清偿能力的一方承担的可能。在这种情况下，假如允许男女双方承担的连带清偿责任随之消灭，将产生债权人的个人权利被他人之间的约定处分的结果，对债权人合法权益的维护造成极大不利，显然有悖民法的自愿和公平原则。人民法院判决确定清偿比例的情况亦是如此，债权人并非处理男女双方之间财产分配案件的当事人，该案的判决势必无法对债权人的利益予以全面考虑，生效判决不能对债权人产生既判力。

另一方面，根据《婚姻法司法解释（二）》第25条第2款规定，一方就共同债务承担连带清偿责任后，基于离婚协议或者人民法院的法律文书向另一方主张追偿的，人民法院应当支持。如上已述，无论婚姻关系存续状态为何，也无论男女双方是否已就夫妻共同债务的清偿确定分担比例，都不影响双方对债权人的连带偿还责任。连带债务，是指数人负同一债务，其中每个人各自都有对债权人履行全部债务的义务。连带债务的共同目的性，意味着连带债务人中的一人与债权人之间发生的事项，对其他连带债务人也发生效力，当连带债务人中的一人清偿了全部债务，其他债务人的债务同时消灭。[①]《民法典》总则编中的第178条第1款规定，二人以上依法承担连带责任的，权利人有权请求部分或者全部连带责任人承担责任。当债权人要求男女双方中的一方承担超过其应当承担份额的偿还责任时，该方不能以协议或判决确定的偿还份额为抗辩理由，拒绝债权人的偿还请求。但是，承担了超过其应当偿还数额的一方，有权向另一方追偿，追偿的数额以实际偿还数额与应当偿还数额之差计。

二、偿还比例应当依据法律规定和案件实际情况综合确定

《民法典》第178条第2款规定，连带责任人的责任份额根据各自责任大小确定；难以确定责任大小的，平均承担责任。该条规定确定了连带责任人的内部责任份额以责任大小为基本依据确定，并以平均分担作为补充原则的认定规则。与一般合同或侵权领域的连带责任不同，夫妻共同债务的形成，以夫妻婚姻关系存续期间的某些特定的共同行为为基础，双方之间的责任大小通常难以区分。此外，男女双方各自承担的偿还比例，与连带责任份额亦不完全等同。《民法典》第1087条规定，离婚时，夫妻的共同财产由双方协议处理；协议不成的，由人民法院根据财产的具体情况，按照照顾子女、女方和无过错方权益的原则判决。夫妻共同债务，也可以说是夫妻共同的消极财产，人民法院在确定共同债务的分担比例时，亦应当遵循照顾子女、女方和无过错方权益的财产分配原则。同时，还应当根据案件的实际情况，将双方的经济能力，对债务形成、支配或收益的参与情况等因素纳入考虑范围，合理确定男女双方对夫妻共同债务的分担比例，不得对当事人的生存权利造成不良影响。

① 魏振瀛主编：《民法》（第3版），北京大学出版社、高等教育出版社2007年版，第327页、第329页。

【审判实践中应注意的问题】

实践中，可能存在债权人基于某些特殊原因，仅向男女双方中的一方请求履行夫妻共同债务的偿还义务的情况。人民法院应当仔细审查债权人的请求内容，注意区分只向一方行使债权请求权和放弃要求另一方承担偿还责任的情况。前者，男女双方均有义务向债权人承担全部偿还责任；后者，根据《民法典》合同编中的第520条第2款规定，部分连带债务人的债务被债权人免除的，在该连带债务人应当承担的份额范围内，其他债务人对债权人的债务消灭，亦即另一方的偿还责任仅以协议或判决确定其应当承担的份额为限。

第一千零九十条 离婚时，如果一方生活困难，有负担能力的另一方应当给予适当帮助。具体办法由双方协议；协议不成的，由人民法院判决。

【条文主旨】

本条是关于离婚经济帮助制度的规定。在基本保留《婚姻法》第42条规定的基础上，增加以另一方“有负担能力”作为经济帮助的给付条件，同时删去“从其住房等个人财产中”给予帮助的表述，取消了对承担经济帮助义务的责任财产的限制。

【条文理解】

离婚经济帮助制度，与家务劳动补偿制度和离婚损害赔偿制度并称为我国三大离婚救济制度。其中，离婚经济帮助制度确立时间最早，1950年《婚姻法》已有明确规定。家务劳动补偿和离婚损害赔偿制度则是2001年《婚姻法》修改新增，《民法典》继续沿用由这三种制度共同构建的离婚救济制度体系。

离婚经济帮助，即当存在离婚后一方生活将陷入困难的情况时，由具备负担能力的另一方对其给予适当的帮助，以保护困难一方的基本生存利益不受损害。对如何理解离婚经济帮助制度，历来存在不同的观点，各国立法采用的称谓也不尽相同。有的观点认为，离婚经济帮助是夫妻相互扶养义务在离婚后的继续和延伸。[①] 有的观点则认为，离婚经济帮助并非扶养义务的延伸，而是为消除夫妻扶养义务因离婚

① 全国人大法工委的立法解释即持此种观点。

而解除后所可能产生之不利影响而专门设计的一种救济措施。[①]还有观点将其理解为一种道义上的责任。[②]不论是站在义务角度、救济角度还是道义角度，归根结底，离婚经济帮助制度承担着保障离婚时生活困难一方的基本生存利益的重要功能，可以说是离婚救济体系中的兜底条款，人民法院在审判实践中应当依法审慎认定。

一、如何理解生活困难

根据《婚姻法司法解释（一）》第27条第1款和第2款规定，《婚姻法》第42条所称“一方生活困难”，是指依靠个人财产和离婚时分得的财产无法维持当地基本生活水平。一方离婚后没有住处的，属于生活困难。我国法律和司法解释对生活困难的认定采取了较为严格的标准，即只有在一方依靠个人财产和离婚时分得的财产无法维持当地基本生活水平，或者没有住房的情况下，才能认定为生活困难，可以适用离婚经济帮助制度，否则不得适用。

就生活困难如何界定，综观世界各国立法，存在两种不同的标准。一是绝对主义标准，只有在以社会一般认知判断，离婚后一方将陷入生活困难的境地时，才可给予经济帮助。二是相对主义标准，该标准对生活困难的定义较为宽松，只要一方离婚后生活水平明显下降，即符合给予经济帮助的条件。《民法典》采用了绝对主义标准。《民法典》第1087条到第1091条分别对离婚后夫妻共同财产的分割、家务劳动补偿、共同债务的承担、离婚经济帮助和离婚损害赔偿作出了具体的规定，以双方协议决定财产的处置为基本方式，赋予男女双方在离婚时对财产分配（包括消极财产债务的承担）充分的自决权利。即便协议不成，人民法院运用司法权确定财产分配处置的过程，也必须遵循照顾子女、照顾女方、照顾无过错方等基本原则，保证财产处置的公平合理。此外，家务劳动补偿和离婚损害赔偿制度对基本

---

① 李俊：《离婚后扶养制度的性质探析与检讨》，载《甘肃政法学院学报》2007年第6期。

② 马忆南：《离婚救济制度的评价与选择》，载《中外法学》2005年第2期。

的财产处置规则形成了有益的补充。各项规定相辅相成，共同构建以尊重当事人意思自治为先，辅之注重双方当事人利益平衡的财产处置体系，全面保护离婚时男女双方的合法权益。本质上看，离婚经济帮助制度是对生活困难一方基本生存权益的保护，为其因离婚而受到损害的基本生存权益提供救济途径。在相对主义标准下，仅因男女双方经济实力悬殊，就打破离婚财产处置的基本规则，不仅会削弱以上条款存在的价值，现实中，也难以避免经济能力较弱的人通过婚姻谋求财产收益的投机现象，不仅有违民法公平原则，也不符合社会主义道德的要求，同时也不利于婚姻关系的稳定。

人民法院在审判实践中，应当注意结合案件实际情况，具体问题具体分析，对是否存在生活困难情况进行认定。以下情形可认定为生活困难：（1）一方缺乏或丧失劳动能力，没有收入来源或收入来源有限，以其个人财产和分得的财产，无法维持当地一般生活水平的。（2）一方因患病，个人财产和分得的财产不足以覆盖其基本医疗需要，维持当地一般生活水平的。（3）一方没有住处的。此处的住处，既包括该方自己享有所有权的房屋，也包括其租住或享有居住权的房屋。对于可以自己的个人财产或分得的财产承租房屋用于居住，且足以维持当地一般生活水平的，应当结合具体情况判断，不宜简单认定为生活困难。

二、离婚经济帮助仅可在离婚时提出，并以另一方有负担能力为前提

需要注意，适用离婚经济帮助制度的时间受到严格的限制，仅限在男女双方离婚时提出。生活困难的认定，需以离婚时的实际情况为准。对于一方在离婚时不存在生活困难现象，离婚后生活困难的情况，另一方不负有给予经济帮助的义务。生活困难方以离婚后发生了生活困难情形为由，要求对方提供经济帮助而向法院提起诉讼的，人民法院一般不予支持。此外，离婚经济帮助的时间限制性还意味着经济帮助只是一次性帮助，即在离婚时一次确定经济帮助的标准、数额

及方式等，双方据此提供或接受帮助，不得反复。此处所说的一次性，与经济帮助履行方式中的一次性履行或定期履行不同，审判实践中应当注意区分，避免混淆。

离婚经济帮助必须以提供帮助一方有负担能力为前提。经济帮助制度的根本目的是保障因离婚而生活困难一方的基本生存权益。实践中，难以避免这样一种情况，一方生活困难，另一方虽可以其个人财产和离婚分得的财产维持当地基本生活水平，却不足以既满足对方的经济帮助需要，又使自身维持当地基本生活水平。此时，如果仍然要求另一方向对方给予经济帮助，势必造成提供帮助一方进入生活困难状态，反与离婚经济帮助制度的目的相悖。因此，承担经济帮助义务的一方必须有足够的负担能力，既能以其个人财产及分得的财产维持其自身正常的衣、食、住、行等生活基本需求，也能在此基础上给对方提供住房、金钱或其他经济上的帮助。

除此之外，离婚经济帮助不附加其他任何条件。男女双方是协议离婚或判决离婚，夫妻关系存续期间哪方为家庭生活负担了更多的义务，双方对离婚的主观过错情况如何，实行的是共同财产制还是约定财产制，均不构成认定是否给予离婚经济帮助的条件。离婚经济帮助作为我国婚姻法三大离婚救济制度中的兜底条款，起着保障男女双方中经济弱势一方基本生存权益的重要作用，其核心是“保障”。因此，无关离婚方式，无关夫妻财产制度，无关对无过错方的照顾或对过错方的惩罚，也无关对承担更多家庭义务一方的补偿，只要符合离婚时一方生活困难，另一方有负担能力的条件，人民法院应判决给予离婚经济帮助。

三、离婚经济帮助的标准和方式

本条规定，离婚经济帮助的“具体办法由双方协议；协议不成的，由人民法院判决”。符合离婚经济帮助情形的，双方可以自行协商，确定提供经济帮助的标准和履行方式等。双方不能达成一致的，人民法院应当根据法律规定和案件实际情况，参考男女双方的财产状况、经济能力、当地生活水平、履行便利等因素，以充分保障生活困难一方的基本生存权益、满足其实际生活需要为目的，确定经济帮助的标准、数额及方式。

经济帮助的方式，可以根据双方当事人实际情况的不同，采取现金帮助、劳务帮助或实物帮助等，还可以视情况采用一次性帮助、定期帮助或住房帮助等其他形式。（1）离婚时一方年纪较轻，具备劳动能力，生活暂时困难，之后有自行缓解可能的，可给予一次性帮助或短期的定期帮助。（2）离婚时一方因年老或疾病，丧失或缺乏劳动能力，又无其他收入来源的，应当给予相比第一种情况更多的一次性帮助或时间更长的定期帮助。（3）对于没有住处而生活困难的，根据《婚姻法司法解释（一）》第27条第3款规定，离婚时，一方以个人财产中的住房对生活困难者进行帮助的形式，可以是房屋的居住权或者房屋的所有权。离婚时，一方没有住房，而另一方有条件可以提供的，可以由其向生活困难方提供住房，这种权利既可以是居住权，也可以是所有权，具体方式应当根据案件实际情况确定。提供居住权的，人民法院可以根据情况对居住权设立一定的期限或条件。男女双方应当按照《民法典》物权编中的用益物权分编第十四章有关居住权的规定，签订居住权合同并办理登记。就以住房所有权提供经济帮助的问题，有学者认为，支援性物质支出在提供帮助一方的财产中不应当占过大的比例，[①] 否则明显与经济帮助的性质不匹配，有救济过度之嫌。[②] 现行立法对以住房提供经济帮助时的具体方式并无强制规定，无论向生活困难一方提供居住权还是所有权，均应根据案件的实际情况、当事人的经济能力等因素综合进行判断。对于一方经济状况较好，提供住房所有权给生活困难的对方对其自身财产状况不至造成较大影响的，亦不能排除以住房所有权提供经济帮助的适用。

---

① 巫昌祯、夏吟兰：《〈民法典·婚姻家庭编〉之我见》，载《政法论坛》2003年第1期。

② 孙若军：《离婚救济制度立法研究》，载《法学家》2018年第6期。

【审判实践中应注意的问题】

离婚经济帮助是对离婚时生活困难一方基本生存权益的救济，经济帮助不能被当作无限期的生存手段，否则将违背民法的公平原则。人民法院在审理离婚经济帮助案件时，应当根据个案实际情况，对经济帮助的时间附加一定的期限或条件，当期限届满或条件达成时，提供经济帮助的一方即不再承担经济帮助义务。此外，即使经济帮助的附加期限未满或条件尚未达成，当发生离婚时生活困难一方再婚或经济能力足以维持当地基本生活水平的情况，经济帮助的存在意义已经丧失，不论经济帮助的履行程度如何，提供经济帮助一方均可停止给付。如归某诉田某、陈某 1、陈某 2 腾退房屋纠纷案，田某与归某在法院调解离婚，因田某生活困难且无房居住，双方约定归某单位分配的公房由田某继续居住，归某住房自行解决。离婚后归某取得了房屋产权，田某与陈某 1 结婚并生育子女陈某 2。归某起诉要求田某、陈某 1、陈某 2 腾退涉案房屋，在诉讼期间田某与陈某 1 离婚。归某的主张应否得到法院支持？我们认为，离婚时一方对另一方婚前承租的公房无权承租而解决住房确有困难的，人民法院可调解或判决其暂时居住。根据《最高人民法院关于审理离婚案件中公房使用、承租若干问题的解答》的规定精神，暂住期限一般不超过两年。本案田某与归某离婚时调解协议未对田某的居住期限予以明确约定，但并不表明田某可以永久居住，经济帮助也不是无休无止的。田某在涉案房屋中居住多年且再婚生育子女，无论从居住的合理期限以及田某家庭生活的变化、归某应享有的物权方面考虑，田某、陈某 2 均不宜继续在涉案房屋居住。田某虽在诉讼中与陈某 1 离婚，但并不能因此逃避腾退房屋的义务。归某对房屋享有占有、使用、收益和处分的权利，其起诉要求田某、陈某 1、陈某 2 腾退房屋理由正当，应当予以支持。

第一千零九十一条 有下列情形之一，导致离婚的，无过错方有权请求损害赔偿：

（一）重婚；

（二）与他人同居；

（三）实施家庭暴力；

（四）虐待、遗弃家庭成员；

（五）有其他重大过错。

【条文主旨】

本条是关于离婚损害赔偿制度的规定。在《婚姻法》第46条规定的基础上，增加了“有其他重大过错”作为可以使用离婚损害赔偿的情形，扩大了离婚损害赔偿制度的适用范围。

【条文理解】

离婚损害赔偿，是指因夫妻一方的重大过错致使婚姻关系破裂的，过错方应对无过错方的损失予以赔偿的法律制度。[①] 离婚损害赔偿制度是我国三大离婚救济制度之一，也是侵权责任在婚姻法领域的延伸体现。婚姻关系中，夫妻双方互相享有配偶权，虽然我国没有在法律条文中对配偶权作出明确的规定，但《民法典》第1042条第2款、第3款规定，“禁止重婚。禁止有配偶者与他人同居。禁止家庭暴力。禁止家庭成员间的虐待和遗弃”。第1043条规定：“家庭应当树立优良家风，弘扬家庭美德，重视家庭文明建设。夫妻应当互相忠

① 陈苇主编：《婚姻家庭继承法学》（第2版），中国政法大学出版社2015年版，第228页。

实，互相尊重，互相关爱；家庭成员应当敬老爱幼，互相帮助，维护平等、和睦、文明的婚姻家庭关系。”第 1059 条规定：“夫妻有相互扶养的义务。需要扶养的一方，在另一方不履行扶养义务时，有要求其给付扶养费的权利。”第 1062 条第 2 款规定：“夫妻对共同财产，有平等的处理权。”这些均是对夫妻间相互负有的人身、财产上的权利义务的确认，夫妻双方应当遵守，相互忠实、相互关爱，在享有权利的同时，也要依法履行义务。婚姻关系存续期间，夫妻任何一方对该种义务的违反，势必构成对另一方配偶权的侵犯，使对方蒙受物质、精神上的双重损害。因此，有必要使过错方因其损害行为得到惩罚，使无过错方被损害的权利得到补偿和救济，这同时也是维护其他家庭成员的合法权益，保护社会公共利益，促进平等、和睦、文明的婚姻家庭关系的需要。

我国 2001 年《婚姻法》修改时，在第 46 条中加入了对离婚损害赔偿制度的规定。从世界范围内看，1907 年《瑞士民法典》就已首次规定了离婚损害赔偿制度，其中规定：（1）因离婚，无过错方的配偶一方在财产权或期待权方面遭受损害的，有过错的一方应当支付合理的赔偿金。（2）因导致离婚的情势，配偶一方的人格遭受重大损害的，法官可判与一定金额的赔偿金作为慰抚。《法国民法典》也规定，在因一方配偶单方过错而宣告离婚的情况下，该一方对另一方配偶因婚姻解除而受到的物质上和精神上的损失，得受判处负损害赔偿责任。但是另一方配偶仅在进行离婚诉讼之时，始得请求损害赔偿。我国台湾地区“民法”则规定，夫妻之一方，因判决离婚而受有损害者，得向有过失之他方，请求赔偿。前项情形，虽非财产上之损害，受害人亦得请求赔偿相当之金额。但以受害人无过失者为限。前项请求权，不得让与或继承。但已依契约承诺或已起诉者，不在此限。可见，离婚时过错方应当对无过错方因此而受到的损害进行赔偿，已成为世界各国或地区婚姻家庭相关规定的共识。

一、离婚损害赔偿的适用条件

（一）一方对离婚存在过错

离婚损害赔偿的适用，以夫妻中的一方对离婚存在过错为前提，这里包含两层意思：一是离婚损害赔偿要求行为人主观上必须存在过错，行为人虽实施了损害行为，但主观上不存在过错的，不适用离婚损害赔偿；二是该种过错必须是导致离婚的原因，虽有过错，但并未导致离婚的结果，或虽然离婚，但导致离婚的原因并非过错方的过错行为的，均不能适用离婚损害赔偿。

（二）过错方实施了妨害婚姻家庭关系的违法行为

根据本条规定，离婚损害赔偿的过错行为分为以下几种情形：

1. 重婚。有配偶而又与他人结婚的，构成重婚。《民法典》第1041条明确规定，实行婚姻自由、一夫一妻、男女平等的婚姻制度。重婚行为严重违反一夫一妻的婚姻制度，侵犯了夫妻中另一方的配偶权，同时构成刑事犯罪。

2. 与他人同居。离婚损害赔偿的适用以合法婚姻关系的存在为前提，故本条规定删去了《婚姻法》第46条中“有配偶者”的表述。根据《婚姻法司法解释（一）》第2条规定，《婚姻法》第3条、第32条、第46条规定的“有配偶者与他人同居”的情形，是指有配偶者与婚外异性，不以夫妻名义，持续、稳定地共同居住。重婚行为以外的有配偶者与他人不以夫妻名义同居的行为，同样违反一夫一妻制，构成对配偶权的侵犯。

3. 实施家庭暴力。根据《反家庭暴力法》第2条规定，家庭暴力，是指家庭成员之间以殴打、捆绑、残害、限制人身自由以及经常性谩骂、恐吓等方式实施的身体、精神等侵害行为。家庭暴力既包括身体暴力，如殴打、捆绑、残害，限制人身自由，以饿冻、有病不给治疗等方式虐待、遗弃没有独立生活能力的儿童、老人、残疾人、重病患者，在家庭教育中以暴力方式管教儿童等，也包括精神暴力，主要表现为对受害人进行侮辱、谩骂、诽谤、宣扬隐私、无端指责、人格贬损、恐吓、威胁、跟踪、骚扰等。

4. 虐待、遗弃家庭成员。《婚姻法司法解释（一）》第1条规定，持续性、经常性的家庭暴力，构成虐待。遗弃，是指对于年老、年幼、患病或者其他没有独立生活能力的人，负有扶养义务而拒绝扶养的行为。虐待、遗弃家庭成员情节恶劣的，都将构成刑事犯罪。

5. 有其他重大过错。本项规定系本次《民法典》编纂过程中新增，《婚姻法》第46条规定将离婚损害赔偿的适用情形限制在以上四种，该四种情形以外的违反婚姻义务、家庭义务等的行为，均不能适用离婚损害赔偿，导致实践中适用的很少。实际上，婚姻中的过错行为远不止这些，当一方存在如通奸、卖淫、嫖娼、赌博、吸毒等其他过错行为时，非过错方不能通过离婚损害赔偿制度得到相应的补偿和救济，有失公平。本条通过概括式规定作为兜底，人民法院应当根据具体案件情况，结合过错情节、伤害后果等因素，对过错方是否存在重大过错进行认定。

（三）另一方没有过错

本条规定，“无过错方有权请求损害赔偿”，夫妻双方中，只有不存在本条规定中导致离婚事实的过错的一方，才有权请求离婚损害赔偿，享有离婚损害赔偿请求权。假如双方对离婚均存在过错，根据《婚姻法司法解释（三）》第17条规定，夫妻双方均有《婚姻法》第46条规定的过错情形，一方或者双方向对方提出离婚损害赔偿请求的，人民法院不予支持。离婚损害赔偿制度的目的，是对无过错方受到损害的合法权益予以补偿和救济，让过错方受到应有的惩罚。夫妻双方均有违反婚姻义务或家庭义务行为的，不符合离婚损害赔偿的主体要求，无权请求获得补偿或救济。

（四）过错方的损害行为造成了损害结果

只有过错方的损害行为给无过错方实际造成了损害结果的，无过错方才能要求赔偿。未造成损害结果的，过错方的损害行为不构成对无过错方合法权益的侵犯，因而也无须赔偿。根据《婚姻法司法解释（一）》第28条规定，《婚姻法》第46条规定的“损害赔偿”，包括物质损害赔偿和精神损害赔偿。涉及精神损害赔偿的，适用《最高人民法院关于确定民事侵权精神损害赔偿责任若干问题的解释》的有关规定。无论过错方的过错行为给无过错方造成了物质损害还是精神损害，无过错方都有权要求赔偿。（1）物质损害赔偿，主要是指过错方给无过错方造成的财产损失，这种损失不以损害行为直接作用于财产为条件，只要过错行为导致了财产损失的损害后果即可，包括积极财产的减少和消极财产的增加，但不包括期待利益损失。（2）精神损害赔偿，因过错方对受害者人身进行伤害导致的精神损害及纯粹因过错方的行为导致的精神创伤、精神痛苦等，无过错方均可请求赔偿。

（五）过错行为与损害结果之间存在因果关系

损害结果必须是因过错方的损害行为导致，此种情况下，无过错方才享有对过错方的离婚损害赔偿请求权。虽有损害结果，但该结果并非过错方的损害行为导致的，无过错方不能以此为由要求过错方承担损害赔偿责任。因过错方的行为导致离婚这一结果的，方产生离婚损害赔偿请求权。根据《婚姻法司法解释（一）》第29条第2款、第3款规定，人民法院判决不准离婚的案件，对于当事人基于《婚姻法》第46条提出的损害赔偿请求，不予支持。在婚姻关系存续期间，当事人不起诉离婚而单独依据该条规定提起损害赔偿请求的，人民法院不予受理。

二、离婚损害赔偿的权利主体和义务主体

离婚损害赔偿的权利主体，以夫妻双方中的无过错一方为限。根据本条规定，过错方实施的重婚、与他人同居等行为，侵犯的是夫妻中另一方的配偶权，作为权利被侵犯的主体，无过错方自然有权就其受到损害的权利主张损害赔偿。但在过错方实施的是家庭暴力、虐待、遗弃等行为时，损害行为的直接受害者既可能是配偶，也可能是老人、子女等其他家庭成员，需要注意的是，此时，受到侵害的其他家庭成员无权向过错方提起离婚损害赔偿。其原因在于，离婚损害赔偿是为了给夫妻双方中的无过错方因对方的过错行为导致离婚的后果

而受到的损害以救济而设立的制度，离婚损害赔偿请求权只能由夫妻双方中的无过错方享有，其他家庭成员不存在离婚导致的损害结果，因而不能成为离婚损害赔偿的权利主体，其损害可通过其他途径予以救济。

根据《婚姻法司法解释（一）》第29条第1款规定，承担《婚姻法》第46条规定的损害赔偿责任的主体，为离婚诉讼当事人中无过错方的配偶。因过错实施了损害行为，给他人造成损害结果，应当进行相应的赔偿，自不待言。对于与有配偶者有重婚、同居、通奸等行为的第三人是否可以作为离婚损害赔偿义务主体的问题，一者，离婚损害赔偿是离婚诉讼中的一部分，如要求离婚诉讼查清第三人是否存在主观过错等具体情形，势必使离婚诉讼更加复杂，不利于男女双方权利义务的尽早确定和纠纷的尽快解决；二者，确有必要的，无过错方可通过其他途径主张损害赔偿，其合法权益仍可以受到保护。因此，离婚损害赔偿的义务主体，以夫妻双方中无过错方的配偶为限。

三、离婚损害赔偿的时间要求

（一）诉讼离婚情形

根据《婚姻法司法解释（一）》第30条规定，人民法院受理离婚案件时，应当将《婚姻法》第46条等规定中当事人的有关权利义务，书面告知当事人。在适用《婚姻法》第46条时，应当区分以下不同情况：（1）符合《婚姻法》第46条规定的无过错方作为原告基于该条规定向人民法院提起损害赔偿请求的，必须在离婚诉讼的同时提出。（2）符合《婚姻法》第46条规定的无过错方作为被告的离婚诉讼案件，如果被告不同意离婚也不基于该条规定提起损害赔偿请求的，可以在离婚后一年内就此单独提起诉讼。（3）无过错方作为被告的离婚诉讼案件，一审时被告未基于《婚姻法》第46条规定提出损害赔偿请求，二审期间提出的，人民法院应当进行调解，调解不成的，告知当事人在离婚后一年内另行起诉。

一般情况下，离婚损害赔偿的诉讼请求应当在离婚诉讼中一并提出，无过错方作为被告不同意离婚的，自然也就没有提出离婚损害赔偿的必要，故根据《婚姻法司法解释（一）》第30条第2项规定，可在离婚后一年内单独提起诉讼的前提，是作为被告的无过错方“不同意离婚”。无过错方作为被告，同意离婚但未提起损害赔偿请求，离婚后又提起诉讼的，人民法院不予支持。无过错方作为被告，在二审中才提起离婚损害赔偿请求的，为了保护无过错方的利益，应当允许其另行提出请求。但无过错方的权利也不能过于放任，为了防止无过错方怠于行使权利，尽快结束双方权利义务不确定状态，无过错方的另行就离婚损害赔偿提出请求的权利以一年为期限，该期间为除斥期间，不可中止、中断或延长。

（二）协议离婚情形

根据《婚姻法司法解释（二）》第27条规定，当事人在婚姻登记机关办理离婚登记手续后，以《婚姻法》第46条规定为由向人民法院提出损害赔偿请求的，人民法院应当受理。但当事人在协议离婚时已经明确表示放弃该项请求，或者在办理离婚登记手续一年后提出的，不予支持。男女双方协议离婚的，除非无过错方在协议离婚时明确表明放弃离婚损害赔偿请求权，否则仍可在离婚后一年内就离婚损害赔偿提起诉讼，人民法院应当受理。

四、离婚损害赔偿的范围

物质损害赔偿以全部赔偿为原则，人民法院应当根据过错方的过错程度、造成的损失大小等确定赔偿数额。精神损害赔偿则应当根据《最高人民法院关于确定民事侵权精神损害赔偿责任若干问题的解释》第10条规定予以综合认定。此外，过错方应当以其个人财产和分得的财产支付离婚损害赔偿金。

【审判实践中应注意的问题】

1. 根据《婚姻法司法解释（一）》第30条规定，人民法院受理离婚案件时，应当将《婚姻法》第46条等规定中当事人的有关权利义务，书面告知当事人。人民法院应当注意履行对离婚案件当事人的离婚损害赔偿请求权告知义务，保证离婚案件中无过错方的当事人得以及时行使其离婚损害赔偿请求权，寻求法律的保护。

2. 注意区分离婚损害赔偿的损害结果和家庭暴力的损害结果。因家庭暴力导致离婚，无过错方请求离婚损害赔偿的，人民法院对家庭暴力行为的认定，不以该行为产生了伤害后果为条件，只要过错方作出了相关行为，就构成家庭暴力。但离婚损害赔偿必须以因家庭暴力导致离婚为条件。

3. 有权提起离婚损害赔偿请求的主体必须是无过错一方。本条规定得很明确，只有无过错方才有权利、有资格提起离婚损害赔偿请求。如果双方都有过错，比如一方与他人婚外同居，而另一方在家里实施家庭暴力；一方在外“包二奶”，另一方在外“包二爷”，这种情形下谁也没有资格请求离婚损害赔偿。本条规定的离婚损害赔偿与一般的民事赔偿毕竟不能完全等同，不存在区分过错大小的问题。

4. 请求离婚损害赔偿的前提是双方具有合法婚姻关系，如果双方的婚姻被宣告为无效婚姻或者被撤销，或者双方没有进行结婚登记而仅仅是同居关系，则无权提出离婚损害赔偿的请求。

5. 有人提出，对于因实施家庭暴力或虐待、遗弃家庭成员而导致离婚的，由此受到损害的未成年子女或其他家庭成员是否可以作为离婚损害赔偿请求权的主体？我们认为，离婚损害赔偿请求权的主体只能是婚姻当事人中无过错的一方，不宜作扩大解释，将未成年子女或其他家庭成员也作为离婚损害赔偿请求权的主体是不妥的。至于未成年子女或其他家庭成员因家庭暴力或虐待、遗弃行为等受到损害的，可以按照《民法典》侵权责任编的有关规定寻求救济途径。

第一千零九十二条 夫妻一方隐藏、转移、变卖、毁损、挥霍夫妻共同财产，或者伪造夫妻共同债务企图侵占另一方财产的，在离婚分割夫妻共同财产时，对该方可以少分或者不分。离婚后，另一方发现有上述行为的，可以向人民法院提起诉讼，请求再次分割夫妻共同财产。

【条文主旨】

本条是关于当存在夫妻一方隐藏、转移、变卖、毁损、挥霍夫妻共同财产，或者伪造夫妻共同债务企图侵占另一方财产的情形时，夫妻共同财产应当如何处理，以及离婚后如何救济的规定。

【条文理解】

《民法典》第 7 条规定，民事主体从事民事活动，应当遵循诚信原则，秉持诚实，恪守承诺。第 1062 条第 2 款规定，夫妻对共同财产，有平等的处理权。夫妻双方对婚姻关系存续期间形成的夫妻共同财产，平等享有所有权，自然也平等享有对共同财产进行处分的权利，处分应当在诚实、互信、协商一致的基础上进行。夫妻中的一方有隐藏、转移、变卖、毁损、挥霍夫妻共同财产，或者伪造夫妻共同债务企图侵占另一方财产行为的，既违背了民法基本的诚信原则，也侵犯了配偶对共同财产享有的权利，实施违法行为的一方应当承担相应的法律后果。

一、本条规定的适用，不以侵犯夫妻共同财产的行为发生于离婚时为必要

本条删去了《婚姻法》第47条中以“离婚时”为前提的规定，无论是婚姻关系存续期间，还是双方已经进入离婚诉讼，只要夫妻中的一方有隐藏、转移、变卖、毁损、挥霍夫妻共同财产，或者伪造夫妻共同债务企图侵占另一方财产的行为，离婚分割夫妻共同财产时，均可以对其少分或不分。

夫妻共同财产是重要的家庭资产组成部分，夫妻双方是否能够本着诚信的原则进行处理，既事关对彼此财产权利的尊重，也事关家庭关系的和谐稳定。根据《婚姻法司法解释（一）》第17条规定，《婚姻法》第17条关于“夫或妻对夫妻共同所有的财产，有平等的处理权”的规定，应当理解为：（1）夫或妻在处理夫妻共同财产上的权利是平等的。因日常生活需要而处理夫妻共同财产的，任何一方均有权决定。（2）夫或妻非因日常生活需要对夫妻共同财产做重要处理决定，夫妻双方应当平等协商，取得一致意见。他人有理由相信其为夫妻双方共同意思表示的，另一方不得以不同意或不知道为由对抗善意第三人。夫妻双方对夫妻共同财产共同享有所有权，这种权利并不因夫妻双方之间的感情状况发生改变。一方未征得另一方同意，在超出家庭代理权限范围的情况下，擅自对夫妻共同财产进行处理的，构成对配偶财产权利的侵犯，当然应当受到规制和惩戒，并不会因发生时间不同而产生不同的法律评价。[①]

此外，审判实践中不乏这样一种现象，即夫妻双方中的一方意图离婚，但出于不愿对方分得太多财产影响自己的财产数额的顾虑，并不表露离婚的意思，而是提前通过各种手段转移财产。双方真正进入离婚程序时，夫妻共同财产已所余不多，无论最终如何分割，均不致对其财产数额造成太大影响。在这种情况下，如果不能适用本条规

① 吴颖超、吴光侠等：《〈雷某某诉宋某某离婚纠纷案〉的理解与参照——婚姻法第四十七条规定的“离婚时”含离婚诉讼期间与离婚诉讼前》，载《人民司法》2018年第2期。

定，使隐藏、转移、变卖、毁损、挥霍夫妻共同财产，或者伪造夫妻共同债务企图侵占另一方财产的一方得到相应的惩罚，必然导致实质上的不公，不仅会成为对夫妻离婚前转移、隐匿财产以争取离婚财产分割的更大利益的变相鼓励，更将使本条规定失去存在价值。

因此，无论隐藏、转移、变卖、毁损、挥霍夫妻共同财产，或者伪造夫妻共同债务企图侵占另一方财产的行为发生于离婚诉讼前还是离婚诉讼中，均不影响本条规定的适用。

二、本条规定的适用情形

本条规定采取了列举式规定，即只有在发生隐藏、转移、变卖、毁损、挥霍夫妻共同财产，或者伪造夫妻共同债务企图侵占另一方财产这几种情形时，才能适用本条规定，对侵犯夫妻共同财产一方少分或不分财产；离婚后发现上述行为的，可以再次诉讼请求分割。

本条在《婚姻法》第47条基础上，增加了“挥霍”夫妻共同财产作为本条规定的适用情形。夫妻中的一方为了达到减少对方分得财产数量的目的，不惜牺牲自己的利益，采用隐藏、转移、变卖、毁损以外的方式，不以发挥财产效用为目的，任意使用、处分夫妻共同财产，给夫妻共同财产造成无谓损失的行为，亦严重侵犯配偶的财产权利，构成民事侵权。

实践中，夫妻一方自行或与第三人恶意串通，伪造夫妻共同债务，意图侵吞另一方财产的情况并不少见。《婚姻法司法解释（二）》第24条第2款规定，夫妻一方与第三人串通，虚构债务，第三人主张权利的，人民法院不予支持。有证据证明夫妻一方伪造夫妻共同债务，意图侵吞另一方财产的，该种债务不属于夫妻共同债务，夫妻中的另一方不承担任何偿还责任。虽然结果上该种行为可能对夫妻另一方的财产权利未造成实际影响，但夫妻一方伪造夫妻共同债务，意图损害另一方财产权利的行为，法律亦必须给予否定评价。

三、夫妻一方侵犯夫妻共同财产的法律后果

（一）对侵权一方可以少分或不分夫妻共同财产

对以隐藏、转移、变卖、毁损、挥霍方式处分夫妻共同财产，或者伪造夫妻共同债务企图侵占另一方财产的一方，有两种处理方式：其一是向其分配较少的夫妻共同财产，其二是不再向其分配该部分夫妻共同财产，全部由另一方获得。注意本条规定是“对该方可以少分或者不分”，对侵犯夫妻共同财产一方少分或不分的惩戒方式并非必须适用，人民法院可以根据案件事实和双方当事人的具体情况决定如何处理。

具体如何适用，《离婚案件财产分割意见》第21条规定：“一方将夫妻共同财产非法隐藏、转移拒不交出的，或非法变卖、毁损的，分割财产时，对隐藏、转移、变卖、毁损财产的一方，应予以少分或不分。具体处理时，应把隐藏、转移、变卖、毁损的财产作为隐藏、转移、变卖、毁损财产的一方分得的财产份额，对另一方的应得的份额应以其他夫妻共同财产折抵，不足折抵的，差额部分由隐藏、转移、变卖、毁损财产的一方折价补偿对方。对非法隐藏、转移、变卖、毁损夫妻共同财产的一方，人民法院可依照《中华人民共和国民事诉讼法》第一百零二条的规定进行处理。”根据《民事诉讼法》第111条第1款第1项和第3项规定，诉讼参与人或其他人伪造、毁灭重要证据，妨碍人民法院审理案件的；隐藏、转移、变卖、毁损已被查封、扣押的财产，或者已被清点并责令其保管的财产，转移已被冻结的财产的，人民法院可以根据情节轻重予以罚款、拘留；构成犯罪的，依法追究刑事责任。

（二）财产权利被侵犯一方可再次请求分割

隐藏、转移、变卖、毁损、挥霍夫妻共同财产，或者伪造夫妻共同债务的行为均具有一定的隐蔽性，在夫妻一方刻意隐瞒的情况下，另一方一般很难及时发现。在另一方不知对方已经隐藏、转移、变卖、毁损、挥霍夫妻共同财产或伪造了夫妻共同债务侵犯其财产权的

情况下，离婚诉讼中对夫妻共同财产的分割实际上并未完成。《婚姻法司法解释（三）》第 18 条规定，离婚后，一方以尚有夫妻共同财产未处理为由向人民法院起诉请求分割的，经审查该财产确属离婚时未涉及的夫妻共同财产，人民法院应当依法予以分割。离婚后，在经另一方请求再次对夫妻共同财产进行分割的诉讼中，对实施了隐藏、转移、变卖、毁损、挥霍夫妻共同财产，或者伪造夫妻共同债务企图侵占另一方财产行为的一方，可以少分或不分财产的原则依然适用。

【审判实践中应注意的问题】

第一，可以少分或不分的财产范围，主要是指被隐藏、转移、变卖、毁损、挥霍，或伪造的夫妻共同债务范围内的夫妻共同财产，并非全部夫妻共同财产均可少分或不分。

第二，离婚后，财产权受到侵犯的一方再次提起分割请求的期限，受诉讼时效的约束，自该方知道或者应当知道权利受到损害之日起计算。

典型案例如下：

一、基本案情

原告雷某某（女）和被告宋某某于 2003 年 5 月 19 日登记结婚，双方均系再婚，婚后未生育子女。双方婚后因琐事感情失和，于 2013 年上半年产生矛盾，并于 2014 年 2 月分居。雷某某曾于 2014 年 3 月起诉要求与宋某某离婚，经法院驳回后，双方感情未见好转。2015 年 1 月，雷某某再次诉至法院要求离婚，并依法分割夫妻共同财产。宋某某认为夫妻感情并未破裂、不同意离婚。

雷某某称宋某某名下在中国邮政储蓄银行的账户内有共同存款 37 万元，并提交存取款凭单、转账凭单作为证据。宋某某称该 37 万元来源于婚前房屋拆迁补偿款及养老金，现尚剩余 20 万元左右（含养老金 14322.48 元），并提交账户记录、判决书、案款收据等证据。

宋某某称雷某某名下有共同存款25万元，要求依法分割。雷某某对此不予认可，一审庭审中其提交在中国工商银行尾号为×××9账户自2014年1月26日起的交易明细，显示至2014年12月21日该账户余额为262.37元。二审审理期间，应宋某某的申请，法院调取了雷某某上述中国工商银行账号自2012年11月26日开户后的银行流水明细，显示雷某某于2013年4月30日通过ATM转账及卡取的方式将该账户内的195000元转至案外人雷某齐名下。宋某某认为该存款是其婚前房屋出租所得，应归双方共同所有，雷某某在离婚之前即将夫妻共同存款转移。雷某某提出该笔存款是其经营饭店所得收益，开始称该笔存款已用于夫妻共同开销，后又称用于偿还其外甥女的借款，但雷某某对其主张均未提供相应证据证明。另，雷某某在庭审中曾同意各自名下存款归各自所有，其另行支付宋某某10万元存款，后雷某某反悔，不同意支付。

二、裁判结果及理由

一方在离婚诉讼期间或离婚诉讼前，隐藏、转移、变卖、毁损夫妻共同财产，或伪造债务企图侵占另一方财产的，侵害了夫妻对共同财产的平等处理权，离婚分割夫妻共同财产时，应当依照《婚姻法》第47条的规定少分或不分财产。

本案中，关于双方名下存款的分割，结合相关证据，宋某某婚前房屋拆迁款转化的存款，应归宋某某个人所有，宋某某婚后所得养老保险金，应属夫妻共同财产。雷某某名下中国工商银行尾号为×××9账户内的存款为夫妻关系存续期间的收入，应作为夫妻共同财产予以分割。雷某某于2013年4月30日通过ATM转账及卡取的方式，将尾号为×××9账户内的195000元转至案外人名下。雷某某始称该款用于家庭开销，后又称用于偿还外债，前后陈述明显矛盾，对其主张亦未提供证据证明，对钱款的去向不能作出合理的解释和说明。结合案件事实及相关证据，认定雷某某存在转移、隐藏夫妻共同财产的情节。根据上述法律规定，对雷某某名下中国工商银行尾号×××9账户内的存款，雷某某可以少分。宋某某主张对雷某某名下存款进行分割，符合法律规定，予以支持。故判决宋某某婚后养老保险金14322.48元归宋某某所有，对于雷某某转移的19.5万元存款，由雷某某补偿宋某某12万元。[①]

① 参见雷某某诉宋某某离婚纠纷案，最高人民法院指导案例第66号，最高人民法院审判委员会讨论通过2016年9月19日发布。

第五章　收　养

第一节　收养关系的成立

第一千零九十三条　下列未成年人，可以被收养：

（一）丧失父母的孤儿；

（二）查找不到生父母的未成年人；

（三）生父母有特殊困难无力抚养的子女。

【条文主旨】

本条是关于被收养人的范围的规定。

【条文理解】

本条规定了被收养人的范围。被收养人首先应为未成年人，根据《民法典》第17条的规定，不满18周岁的自然人为未成年人，因此，被收养人应为不满18周岁的自然人。未成年人具有丧失父母、查找不到生父母或生父母有特殊困难无力抚养的情形之一，可被他人收养。

本条源于《收养法》第4条，对该条规定的被收养人的条件进行了两处修改：一是将被收养人的年龄范围由不满14周岁扩大至不满18周岁；二是将查找不到生父母的“弃婴和儿童”修改为“未成年人”，查找不到生父母的原因不再限于生父母的主动遗弃，因被拐卖导致脱离生父母监护的未成年人也符合被收养的条件。通过两处修改，扩大了被收养人的范围，使得更多的未成年人符合被收养的条件，体现了未成年人利益最大化原则。

一、扩大被收养人的范围

收养引起被收养人身份地位的变更，被收养人的年龄和认知对于收养关系的建立和收养效果的发挥具有重要影响。域外立法中一般都对被收养人的年龄进行限制。《法国民法典》第 345 条规定，完全收养的被收养人一般为不满 15 周岁的未成年人，15 周岁以上的未成年人为被收养人的，仅限于在 15 周岁以前已有收养的事实，并补办收养手续；《西班牙民法典》第 178 条规定，已被遗弃 3 年以上的 14 岁以下的未成年人可被收养；1926 年《英国养子法》规定，被收养人须为未满 21 岁的未婚男女；《德国民法典》中除规定了未成年人的收养，还规定了成年人的收养；《日本民法典》中关于被收养人的年龄限定最为宽泛，仅在第 793 条规定不得将尊亲属和年长者收养为养子女。各国家和地区对被收养人年龄限制的规定差异较大，日本、德国民法中因规定了针对成年人的不完全收养、简单收养，故被收养人的年龄范围较为宽泛。在针对未成年人的收养中，各国规定也不一致，英国法中仅要求被收养人为未成年人，法国民法中的完全收养和西班牙民法中的收养，对被收养的未成年人的年龄范围进一步限定。域外立法例中虽对收养尤其是完全收养中被收养人的年龄范围有着较为严格的限制，但普遍在完全收养之外，还设立不完全收养、单纯收养、成年人的收养等制度加以补充。对于不完全收养，往往设定非常宽泛的年龄范围，甚至并不限定被收养人的年龄。有些国家如奥地利，即使收养双方不符合法律规定的年龄条件，如果在事实上已经建立起亲密的父母子女关系，则允许放宽被收养人的条件。可见，在域外立法例和实践中，被收养人的范围实际上较为宽泛。我国并未建立不完全收养制度，适当放宽被收养人的年龄限制，有利于扩大被收养人的范围，使更多缺失监护的未成年人成为适格的被收养人，有利于收养制度发挥更大的社会效果。

我国《收养法》中规定被收养人的年龄上限为14周岁，主要考虑收养人与被收养人之间本无自然血缘关系，如果被收养人年龄较大，很难消除他们与其生父母之间已经形成的父母子女之情，也不易于与养父母之间建立起浓厚的感情，以致影响收养关系的稳定。[①]《民法典》中取消了被收养的未成年人年龄需在14周岁以下的限制，将14周岁以上的未成年人纳入被收养人的范围，这一修改将被收养人的年龄上限提高至18周岁。近年来，一些大规模自然灾害、重大安全事故、公共卫生事件等重大突发事件导致出现许多丧失双亲的孤儿，其中不乏年满14周岁的未成年人。由于我国经济高速发展，中高等教育普及，14周岁以上的未成年人普遍还处于在校学习阶段，尚不具备谋生的能力，也需要家庭和亲人的关爱与照顾，对其成长加以指引，有必要将14周岁以上的未成年人纳入被收养人的范围之中。对于丧失生父母或生父母无法履行监护职责的未成年人，能够被他人收养，在正常的家庭环境中成长，无疑对未成年人最为有利。年满14周岁的未成年人，心智已逐渐健全，往往更能珍惜与养父母之间的亲情，对养父母充满感恩之心，这对于亲子关系的建立也有益处。

二、孤儿的范围相应调整

（一）对丧失生父母的理解

《民政部关于在办理收养登记中严格区分孤儿与查找不到生父母的弃婴的通知》（民婚函〔1992〕263号）第1条中规定："我国《收养法》中所称的孤儿是指其父母死亡或人民法院宣告其父母死亡的不满十四周岁的未成年人。"按照上述通知的规定，丧失生父母包括生父母死亡和被宣告死亡两种情形。被宣告死亡与自然死亡具有相同的法律效果，属于法律拟制、推定的死亡，即使未实际死亡，长期下落不明的状态导致事实上无法履行对未成年人的抚养照顾义务和监护职

① 参见《民政部婚姻司对〈收养法〉的解答》（1992年4月1日）。

责。因此，生父母被宣告死亡的未成年人应视为已丧失生父母。生父母被宣告失踪的情况与之不同，宣告死亡制度的目的在于了结失踪人的整体社会关系，侧重于保护失踪人的利害关系人的利益；而宣告失踪制度的目的在于保护和代为管理失踪人的财产，侧重于保护失踪人的利益。被宣告失踪之人的身份关系并不因宣告失踪而发生变化。因此，被宣告失踪之人的子女不应视为丧失生父母。

（二）对孤儿的理解

《民政部关于在办理收养登记中严格区分孤儿与查找不到生父母的弃婴的通知》（民婚函〔1992〕263号）中规定："我国《收养法》中所称的孤儿是指其父母死亡或人民法院宣告其父母死亡的不满十四周岁的未成年人。"《国务院办公厅关于加强孤儿保障工作的意见》（国办发〔2010〕54号）中规定："孤儿是指失去父母、查找不到生父母的未满18周岁的未成年人，由地方县级以上民政部门依据有关规定和条件认定。"两部规范性文件对孤儿的定义和范围界定不同，是由于两部文件发布时间以及文件侧重解决的社会问题不同而产生的差异。1991年12月29日发布的《收养法》颁布施行后不久，民政部发布《关于在办理收养登记中严格区分孤儿与查找不到生父母的弃婴的通知》，该通知意在明确收养法中的孤儿、弃婴等相关概念。当时《收养法》中规定的被收养人为14周岁以下的未成年人，因此该通知相应地将孤儿的年龄也限定在14周岁之下。由于《民法典》已取消被收养的未成年人年龄需在14周岁以下的限制，对该通知中关于孤儿年龄的理解也应予以调整。

《国务院办公厅关于加强孤儿保障工作的意见》是为健全孤儿保障体系，保护孤儿权益而制定。为了将更多需要帮助的未成年人纳入保障体制，意见中规定的孤儿范围较为宽泛。对于孤儿的年龄限定为18周岁以下，将失去生父母的未成年人均纳入孤儿的保障范围，与本条修改被收养人的年龄范围的意旨相同。意见中规定的孤儿既包括失去生父母的未成年人，也包括查找不到生父母的未成年人。此处与本条规定的孤儿范围有所不同，本条规定将查找不到生父母的未成年人与丧失父母的孤儿区分开，单独列为第2项，说明本条文中规定的孤儿并不包括查找不到生父母的未成年人。综合以上分析，本条所列被收养人的条件第1项中“丧失生父母的孤儿”应理解为生父母已经死亡或被宣告死亡的未满18周岁的未成年人。

三、非因生父母意愿脱离监护的未成年人可被收养

《收养法》规定的第二类被收养人为查找不到生父母的弃婴和儿童。弃婴是指被生父母遗弃的婴儿，即生父母主观上具有遗弃婴儿的意愿，客观上实施了遗弃婴儿的行为。《收养法》规定的查找不到生父母的儿童虽然未限定是否由生父母主动遗弃，但结合该条语境及《中国公民收养子女登记办法》第5条、第6条关于收养弃婴、儿童应提交公安机关出具的捡拾证明的规定可见，儿童亦指被生父母遗弃的儿童。对于非因生父母意愿脱离监护的未成年人，例如被拐获救的未成年人，则不在《收养法》规定的被收养人范围之列。本条将《收养法》规定的“查找不到生父母的弃婴和儿童”修改为“查找不到生父母的未成年人”，取消了对生父母遗弃未成年人的主观意愿的限定，将被拐获救未成年人纳入被收养人的范围。

收养制度与监护制度具有密切的关系，结合《民法典》对于送养人的规定可见，送养人为被收养人的监护人或对其行使监护职责的机构。对于被生父母故意遗弃的未成年人，生父母虽为其法定监护人，享有监护权，有权决定对未成年人的送养，但由于生父母主动遗弃了未成年人，以实际行动表明不再履行对未成年人的监督职责，应视为生父母放弃了对未成年人的监护权。

被拐获救未成年人与上述情况不同，其生父母主观上并无放弃子女监护权的意愿，是因犯罪分子的拐卖行为导致生父母与子女的分离，生父母虽在事实上无法行使监护权，但在法律意义上仍然享有子女的监护权。对被拐获救未成年人的收养需解决与生父母监护权的冲突问题。

本条将被拐获救未成年人纳入被收养人范围，有以下两点原因：

一是对于被拐获救未成年人，最终能够寻找到生父母，回归原生家庭的概率较低。相对于在儿童福利机构生活，能够被家庭收养，得到养父母的关爱，对未成年人更为有利。在对生父母的亲权与未成年人利益的衡量之下，允许对确实查找不到生父母的被拐获救未成年人进行收养是未成年人利益最大化原则的要求。二是虽然未成年人的生父母或其他监护人是对未成年人进行监护的第一责任人，但国家对未成年人的身心健康和全面发展承担最终的责任，对于生父母拒绝履行或无法履行监护职责的未成年人，应由国家介入和补位，替代未成年人的监护人，并由民政部门代表国家行使监护权，委托儿童福利机构具体履行监护职责，在符合法定条件时，作为送养人决定对未成年人的送养。

四、生父母有特殊困难无力抚养的未成年人

《民政部婚姻司对〈收养法〉的解答》中对生父母有特殊困难的具体情形作出了说明，该解答第5条规定：“有特殊困难无力抚养的子女，是指有生父母或生父母一方死亡，但其生父母或生父、生母有特殊困难不能抚养教育的未满14周岁的子女。如生父母重病、重残，无力抚养教育的子女或由于自然灾害等原因造成其生父母无力抚养的子女，以及非婚生子女等。”按照该解答的说明，生父母有特殊困难无力抚养的未成年人指生父母因身体健康原因、经济原因无力抚养的子女，包括以下三种：第一，生父母双方均生存，但均因重病、重残或经济原因无力抚养的子女；第二，生父母一方死亡或被宣告死亡，另一方重病、重残或经济原因无力抚养的子女；第三，非婚生子女。解答中对非婚生子女专门予以说明，对非婚生子女的收养不以生父母重病、重残或存在经济困难为条件，非婚生的情形即表明符合被收养的条件。

【审判实践中应注意的问题】

一、排除本条适用的情形

根据《民法典》第1099条的规定，收养三代以内旁系同辈血亲的子女，可以不受本条第3项规定的限制。三代以内近亲属之间亲缘关系较近，容易建立起收养关系，也符合民间普遍存在的过继等习俗，故《民法典》中对三代以内旁系同辈血亲的收养放宽限制，无论生父母是否具有无力抚养子女的特殊困难，均可收养。

二、查找不到生父母的未成年人的认定标准

关于查找不到生父母的未成年人，视未成年人被遗弃或被拐获救而有不同的认定标准。对于被生父母遗弃的未成年人，根据《中国公民收养子女登记办法》第7条的规定，收养前应登记公告查找其生父母，公告期满60日未被生父母或其他监护人认领的，可视为查找不到生父母的弃婴、儿童，符合被收养人的条件。而对于被拐获救儿童，根据《民政部、公安部关于开展查找不到生父母的打拐解救儿童收养工作的通知》（民发〔2015〕159号）的要求，公安机关应当全力查找打拐解救儿童的生父母，在全国打拐DNA信息库录入、比对血样，1个月内未能查找到生父母或其他监护人的，社会福利机构或者救助保护机构在儿童寻亲公告平台上发布儿童寻亲公告，公告期30日。儿童被送交社会福利机构或者救助保护机构之日起满12个月，公安机关仍未能查找到儿童生父母或其他监护人的，可视为确实查找不到生父母，未成年人可被收养。

对被生父母遗弃的未成年人，因生父母主动放弃监护权，公安机关已出具捡拾报案证明，因此仅需以公告形式查找其生父母；对于被拐获救的未成年人，是因拐卖未成年人的犯罪行为导致脱离生父母的监护，除应发布30日寻亲公告之外，还应由公安机关全力查找其生父母，只有在较长时间（12个月）内无法查找到生父母时，才可以被收养。

第一千零九十四条 下列个人、组织可以作送养人：

（一）孤儿的监护人；

（二）儿童福利机构；

（三）有特殊困难无力抚养子女的生父母。

【条文主旨】

本条是关于送养人的范围的规定。

【条文理解】

本条规定了具有三种身份或职能的民事主体可以送养未成年人，明确了送养人主体的范围和所对应的被收养人，有利于规范收养关系的建立，保护被收养人的合法权益。

本条源于《收养法》第5条，内容无实质修改，文字表述上进行细节方面的调整。因"公民"与"组织"并非相互对应的概念，将"公民"修改为"个人"，与"组织"相互对应，表明自然人与组织机构均可成为送养人。因部分"社会福利机构"并不具有儿童福利部门，不承担代民政部门履行监护未成年人的职能，应将此类社会福利机构排除在送养人范围之外，把"社会福利机构"修改为"儿童福利机构"，对送养人范围的界定更加准确。

从比较法角度分析，各国家或地区对送养人条件的规定分为两种模式：一种是分散规定模式，并未在某一条文中专门规定送养人条件，对送养人条件的规定散见于民法典中不同的条文；另一种是集中规定模式，即在《民法典》某一条文中专门规定送养人资格与条件的问题。域外立法例中采分散性规定模式居多，我国则属于典型的集中规定模式。由于我国仅规定了相当于域外立法例中的完全收养制度，收养关系一经确立，会引起收养各方主体身份关系的重大变化，对收养各方的切身利益有重大影响，故对送养人的范围也应明确规定。送养人的资格条件还关系到送养决定权的行使，对被收养人利益影响重大。我国《民法典》以专门条文单独规定送养人的资格条件，是在我国收养制度体系下的必然选择，符合我国国情和传统家庭关系习俗，具有制度的合理性。

一、孤儿的监护人作为送养人

孤儿，是指生父母已经死亡或被宣告死亡的不满 18 周岁的未成年人。孤儿父母双亡，无法得到妥善的照顾养育，具有被家庭收养的客观需要。孤儿生父母已经去世，被家庭收养既不存在生父母亲权的法律障碍，也不会产生收养人与被收养人生父母的纠纷，因此，孤儿是主要的被收养群体。在收养制度理论中，决定是否将未成年人送交收养的权利称为收养同意权，未成年人的生父母享有收养同意权，但当未成年人的生父母死亡或因欠缺意思能力等原因无法行使收养同意权时，各国家和地区普遍规定了其他有权送养未成年人的主体。《法国民法典》第 348-2 条规定：如儿童的父母均已死亡或者处于不能表示自己意思的状态，或者如父母双方均已丧失亲权，由亲属会议听取实际负担照管该儿童的人的意见后，对收养表示同意。法国民法中除规定未成年人的生父母可以作为送养人之外，还规定了亲属会议可以作为送养人，并且出于保护未成年人利益的考虑，即使未成年人的生父母不同意送养，其所在的亲属会议也有权决定送养。如果未成年人的生父母或者亲属会议滥用权利时，法院可以直接决定将未成年人送养。《德国民法典》第 1626 条第 2 款规定：如不收养就会招致对子女的极大的不利益，家庭法院必须代替父母给予允许。《德国民法典》规定的送养人首先为被收养人的父母，当被收养人的父母存在难以照料未成年人生活或保护其利益的困难时，由家庭法院代父母一方作出同意送养的意思表示。在德国、法国立法例中，法院在未成年人的送养中承担了一定责任，甚至可以直接作为送养人，成为保护未成年人利益的最后一道防线。我国民政部门和儿童福利机构承担了部分上述职能。

监护制度是为保障无民事行为能力人和限制民事行为能力人的合法权益而设立的一种民事法律制度。监护，是指依照法律规定，对特定自然人的人身权益和财产权益进行监督和保护的法律制度。根据《民法典》第27条的规定，父母是未成年子女的监护人。未成年人的父母已经死亡或者没有监护能力的，由有监护能力的未成年人的祖父母、外祖父母；兄、姐；经未成年人住所地的居民委员会、村民委员会或者民政部门同意的其他愿意担任监护人的个人或者组织按顺序担任监护人。孤儿的监护人是对孤儿具有法定监护职责的个人或组织，根据《民法典》第34条规定，监护人的职责是代理被监护人实施民事法律行为，保护被监护人的人身权利、财产权利以及其他合法权益等。监护制度可以弥补被监护人行为能力的欠缺，使被监护人能够参与到民事活动中。《民法典》中规定的有监护资格的主体除包括孤儿的祖父母、外祖父母、兄、姐之外，还包括居民委员会、村民委员会和民政部门等组织机构。监护制度虽然可以在一定程度上对被监护人进行监督和保护，但并不能确保孤儿得到充分的情感关怀和稳定的家庭环境，而这些因素对孤儿的健康成长尤为重要。监护制度的目的重在对被监护人的监督、保护，并不是解决孤儿抚养、教育问题的最佳方案。允许孤儿的监护人将孤儿送养他人，让孤儿在正常的家庭环境中健康成长，得到亲人的关爱、妥善的抚养教育，最有利于保障孤儿的利益。监护人应当为被监护人利益考虑，谨慎决定孤儿的送养并选择收养人。

二、儿童福利机构作为送养人

儿童福利机构是代替民政部门具体履行对特定儿童的监护职责的事业单位法人。根据《儿童福利机构管理办法》第2条的规定，儿童福利机构是指民政部门设立的，主要收留抚养由民政部门担任监护人的未满 18 周岁儿童的机构。儿童福利机构包括按照事业单位法人登记的儿童福利院、设有儿童部的社会福利院等。根据《儿童福利机构管理办法》第 9 条规定，儿童福利机构应当收留抚养的儿童包括以下几类：一是无法查明父母或者其他监护人的儿童；二是父母死亡或者宣告失踪且没有其他依法具有监护资格的人的儿童；三是父母没有监护能力且没有其他依法具有监护资格的人的儿童；四是人民法院指定由民政部门担任监护人的儿童；五是法律规定应当由民政部门担任监护人的其他儿童。

虽然儿童福利机构可以收留抚养上述五类儿童，但结合《民法典》第 1093 条关于被收养人的规定，儿童福利机构并非对上述五类儿童均有权送养。首先，儿童福利机构送养由其收留抚养的儿童应符合被收养人的条件，不符合被收养人条件的儿童不能被送养。其次，对于由儿童福利机构收留抚养且符合被收养人条件的儿童，也应按照法律规定确定送养人。由于本条第 3 项规定了有特殊困难无力抚养子女的生父母可作为送养人，因此对于生父母有特殊困难无力抚养的未成年人，除非法律另有规定，应由其生父母作为送养人。即使由于生父母有特殊困难无力抚养，民政部门将未成年人安置在儿童福利机构收留抚养，儿童福利机构也不能自行决定将此类未成年人送养。儿童福利机构有权送养由其收留抚养的下列两类未成年人：一是无法查明父母或者其他监护人的儿童；二是父母死亡或者宣告死亡且没有其他依法具有监护资格的人的儿童。这两类未成年人共同的特点是监护缺失。

《未成年人保护法（修订草案）》已于 2019 年 10 月提请十三届全国人大常委会第十四次会议审议，并向社会征求意见。我国正在构建一套以家庭监护为主、国家监护为辅，较为完整的未成年人监护制度。儿童福利机构作为民政部门设立的事业单位法人，代行对上述未成年人的监护职责，有权在充分考虑被收养人利益的前提下，为其寻找合适的收养家庭，对未成年人进行送养。

三、有特殊困难无力抚养子女的生父母作为送养人

抚养教育未成年子女是父母应当承担的法定义务，不得随意推诿，但是对于确有特殊困难无力抚养子女的生父母，如坚持要求其履行监护职责，对生父母构成较大的负担，子女也无法得到妥善的照料。因此，应当允许生父母对子女进行送养，以保障子女切身的利益，同时解决生父母面临的生存困境。特殊困难包括身体的疾病或残疾、经济的困顿等不利于其履行抚养义务的情况。

【审判实践中应注意的问题】

一、监护人送养孤儿的限制

本条规定了孤儿的监护人可作为送养人，但应注意与《民法典》第1096条的衔接，该条规定了监护人送养孤儿，应当征得有抚养义务的人同意。这表明监护人应与对孤儿有抚养义务的人共同决定送养孤儿，如果有抚养义务的人不同意送养，监护人不能单独决定送养。监护人不愿意继续履行监护职责的，可以另行确定监护人。

二、生父母的送养

根据本条第3项规定内容的文义，只有在生父母有特殊困难无力抚养子女时，有权将子女送养，除此之外，子女的养父母、继父母即使有特殊困难无力抚养子女，也无权作为送养人将子女送养。养父母在收养后面临特殊困难无力继续抚养养子女的，可以与养子女的生父母协商解除收养关系，由生父母继续抚养子女或再行送养。

第一千零九十五条　未成年人的父母均不具备完全民事行为能力且可能严重危害该未成年人的，该未成年人的监护人可以将其送养。

【条文主旨】

本条是关于父母危害未成年人时监护人的送养的规定。

【条文理解】

本条规定了父母在世时监护人对未成年人的送养须同时符合父母双方均不具备完全民事行为能力和可能严重危害未成年人两项条件。

本条源于《收养法》第12条，在条文顺序和条文内容上都作出了修改，体现在两个方面：第一，条文体系位置的变化。《收养法》中将该条置于收养的各项条件规定之后，确立了监护人不得送养父母均无完全民事行为能力的未成年人的一般原则和例外性规定。而《民法典》中将本条文位置提前，置于送养人条件的规定之后，将特定情形下监护人的送养作为对生父母送养的补充，淡化了监护人不得送养无完全民事行为能力人的子女这一规定的原则性。第二，条文内容的变化。《收养法》中确立监护人不得送养父母均无完全民事行为能力的未成年人的一般原则，在父母对未成年人有严重危害可能时，监护人将其送养作为例外，用此种“原则＋例外”的立法模式对监护人送养未成年人的情形进行了严格的限制。除非父母均无完全民事行为能力且有可能严重危害子女，否则监护人不得将未成年人送养。而本条则采取赋权性规定方式，肯定了在父母均无完全民事行为能力且有可能严重危害子女利益时，监护人有权决定送养未成年人，而并未一律排除在父母对未成年子女有其他不利行为时，监护人送养未成年人的权限，为将来扩大监护人送养被监护人的权限预留了制度空间。虽然从目前看，两种表述方式的效果尚不具有实质性的差异，但体现出立法机关对收养制度指导思想的转变和对监护人送养被监护人规定的细微变化。

一、收养制度立法宗旨的发展

收养行为古已有之，古巴比伦的《汉穆拉比法典》中就有关于自由民可以收养被遗弃的幼儿的内容。收养形成一种制度始于家族制度产生之后。收养制度形成至今经历了三个阶段，第一个阶段是“家本位的收养”，收养的目的是为延续家族血统，这一阶段的收养更注重维护家族的利益。我国古代的收养具有这种特征，收养本家同宗亲属中的同姓男子为嗣，以祭祀祖先、延续宗嗣。罗马法中只有家长可以收养子女，也是“家本位的收养”的典型代表。随着家族制度团体属性的逐渐式微，对延续血统的需求渐渐减弱，收养制度进入第二阶段“父母本位的收养”，这一阶段的收养目的主要在于安慰晚年的父母、养儿防老或承继事业，侧重于保护养父母的利益。第一次世界大战以后，产生许多孤儿及非婚生子女，应当给予其家庭的温暖和父母的照顾，收养制度进入第三个阶段“子女本位的收养”，这一阶段收养的目的侧重于维护被收养子女的利益。

我国收养制度的演变也体现出收养宗旨发展变迁的过程。《民法典》第 1044 条新增确立了收养应当遵循最有利于被收养人的原则，应当视为我国收养制度也已进入以子女为本位的发展阶段。在收养法律关系中，应兼顾保护收养人、被收养人和送养人各方的合法权益，但当多种利益出现矛盾冲突时，在子女本位的收养宗旨之下，应优先保护被收养子女的利益。

二、免除父母收养同意权

父母均不具备完全民事行为能力时，不能作出意思表示，为保护未成年子女的利益，可以免除父母的收养同意权，本条规定是免除父母收养同意权的情形之一。父母之同意权，并非亲权内容之一，而为父母固有之权利，但在父母一方或双方对子女未尽保护教育之义务，或其他显然不利子女之情事而拒绝同意，或事实上不能为意思表示之情形时，得例外免除其同意，以保护被收养人之权利。[①]由于收养制度的立法宗旨由父母本位主义向子女本位主义转化，域外立法例中对于父母生存时子女的送养，均从有利于子女健康成长角度考虑，在父母的行为明确不利于子女健康成长时，普遍规定了父母之外的送养主体。如法国民法中的亲属会议、德国民法中的家庭法院、魁北克民法中的监护人等。对未成年人生父母之外的监护人或其他机构送养未成年人也规定了比较宽泛的适用条件，通常只要符合生父母均无完全行为能力或生父母有不履行抚养义务、可能损害未成年子女利益情形之一者，即可由监护人或家庭会议、法院决定将未成年子女送养。本条文中规定监护人在特定情形下可以送养未成年人，与各国立法中保护子女利益的指导思想一致，但在适用条件上更加严格。

三、生父母的亲权与子女利益冲突时的立法导向

域外立法中对于父母有危害未成年子女行为或有危害可能的，一般通过剥夺父母的亲权来保障未成年子女的利益。德国民法中将父母对子女漠不关心、疏于照管保护均视为父母对子女的危害，当父母没有能力或者不愿意消除这种危害时，家庭法院将采取必要措施消除危害，甚至剥夺父母的亲权。日本民法中规定，父母没有能力、较长一段时间不能表示自己的意思或父母被判刑六个月以上导致未成年人处于无监护状况时，可剥夺父母的亲权。瑞士民法中规定，父母长期患病、外出时间过长等原因导致长期无法行使亲权，法院可判定父母丧失亲权。可见域外立法例中对于剥夺父母亲权规定了较为宽泛的情形，只要父母具有法定的不充分履行监护职责，不利于未成年子女成

① 参见林秀雄：《亲属法讲义》，我国台湾地区元照出版公司 2011 年版，第 275 页。

长的行为，就可以剥夺父母的亲权。本条规定的监护人送养的规则与域外立法例中剥夺亲权制度的法律效果类似，适用条件更为严格，需同时符合父母不具备完全民事行为能力和可能严重危害未成年子女利益两项条件时，才可由监护人送养未成年子女，在剥夺父母亲权问题上持更为谨慎的态度。

虽然未成年人的父母因不具有完全民事行为能力而无法履行养育照管未成年人的义务，但仍享有在年老且生活困难时要求已成年子女赡养的权利。如果子女被他人收养，将导致父母子女关系的消灭，父母无权向子女提出赡养照顾的主张。《收养法》第12条从父母利益的角度出发，规定父母虽无完全民事行为能力，未成年人的监护人也不得将其送养，仅在父母可能严重危害子女利益时，才作出除外性规定，体现出父母亲权与子女利益冲突时，侧重保护父母的亲权和利益。本条规定所作的修改，体现出当父母的亲权与子女的利益冲突时，侧重于保护子女利益的指导思想，贯彻了最有利于被收养人的原则，体现出以子女为本位的收养制度的立法宗旨。

【审判实践中应注意的问题】

《民法典》中对于父母在世时，监护人送养未成年子女规定的条件较为严格。实践中应准确把握本条中规定的条件。

一、关于未成年人的父母均不具备完全民事行为能力

本条规定并未将未成年人的父母限定为生父母，从文义上看，未成年人的养父母、继父母均不具备或丧失完全民事行为能力的，也符合此项条件。不具备完全民事行为能力，包括限制民事行为能力和无民事行为能力。未成年人的父母均为限制民事行为能力人、无民事行为能力人，或一方为限制民事行为能力人，另一方为无民事行为能力人时，符合本项条件。父母均不具备完全民事行为能力，首先指父母处于生存状态，因自然人的民事权利能力始于出生，终止死亡，父母

一方如已经死亡，不具备民事权利能力，勿论行为能力的健全与否。如果未成年人的父母一方死亡，另一方不具备完全民事行为能力，按照孤儿的定义，上述未成年人不属于孤儿，不能适用孤儿的送养规则确定送养人。但对于上述未成年人，其境遇并不比父母双方均不具备完全民事行为能力的未成年人更为优越，也应通过准许监护人对其送养来保证上述未成年人得到家庭的温暖和亲人的关怀。故应当对本条规定进行扩大解释，将父母一方死亡，另一方无完全民事行为能力的未成年人按本条规定确定送养条件。

二、关于父母可能严重危害该未成年人

本项条件并不要求父母已经对未成年子女造成现实的伤害，只要根据父母的认知能力和行为习惯推断父母有严重危害未成年人的可能性时即可认为符合本项条件，危害可以表现为对未成年人身体的侵害和精神上的伤害，并且危害需达到严重的程度。

三、未成年人需有明确的监护人

未成年人的父母均不具备完全民事行为能力时，根据《民法典》第 27 条的规定，应在有监护资格和监护能力的人或组织中确定监护人。对于监护人的确定有争议时，应首先按法定程序指定监护人，依法确定的监护人才有权利决定送养。只具有监护资格，但未被确定为监护人的个人或组织，无权决定送养未成年人。

第一千零九十六条　监护人送养孤儿的，应当征得有抚养义务的人同意。有抚养义务的人不同意送养、监护人不愿意继续履行监护职责的，应当依照本法第一编的规定另行确定监护人。

【条文主旨】

本条是关于监护人送养孤儿的规定。

【条文理解】

本条规定了监护人送养孤儿以有抚养义务的人同意为条件，未征得有抚养义务的人的同意，监护人不能将孤儿送养，如监护人不愿意继续履行监护职责，可以另行确定监护人。

本条源于《收养法》第13条，内容及文字上主要进行了以下修改，包括：第一，因孤儿均为未成年人，本条将“未成年孤儿”修改为“孤儿”，文字上简化精炼。第二，对于监护人不愿继续履行监护职责的情况，《收养法》规定应按《民法通则》的规定变更监护人，而《民法典》第一编总则部分仅规定了监护人被指定后不得擅自变更，并没有规定监护人变更的具体条件和程序，在民法典中监护人的变更没有可以适用的具体规则。因此，本条规定将“变更监护人”修改为“另行确定监护人”。第三，因《民法典》施行时《民法通则》同时废止，本条文将另行确定监护人的法律依据由《民法通则》修改为“本法第一编”，即总则编。

一、孤儿的监护人与抚养义务人共同行使收养同意权

收养同意权是指同意或拒绝收养的权利。孤儿的监护人是对孤儿

履行监督、保护义务的人，根据《民法典》第1094条第1项的规定，孤儿的监护人可以作为孤儿的送养人，行使对孤儿的收养同意权。根据本条规定，孤儿的监护人行使收养同意权需受到抚养义务人意思的限制。由孤儿的监护人与抚养义务人共同行使收养同意权的制度设计具有以下三点意义：第一，可以防止监护人为推卸监护责任，随意将孤儿送养，损害孤儿的合法权益。第二，抚养义务人抚养孤儿具有现实的可能性。根据《民法典》第26条的规定，父母对未成年子女负有抚养、教育和保护的义务。父母是未成年子女第一顺位的抚养义务人。除父母之外，《民法典》第1074条第1款还规定了有负担能力的祖父母、外祖父母，对于父母已经死亡或者父母无力抚养的未成年孙子女、外孙子女，有抚养的义务。此项抚养义务为法定的抚养义务，有负担能力的祖父母、外祖父母是孤儿的法定抚养义务人。我国现代社会家庭结构中，夫妻双方普遍都从事着工作，很多家庭由祖父母、外祖父母帮助抚养孙子女、外孙子女，家庭关系中存在普遍的“隔代亲”现象，祖父母、外祖父母与孙子女、外孙子女之间存在天然的直系血亲关系和比较深厚的感情基础。在未成年人的父母死亡时，祖父母、外祖父母与孙子女、外孙子女之间会形成更加密切的感情纽带和依赖关系，祖父母、外祖父母补位履行对孙子女、外孙子女的抚养义务具有现实的可能性，也是对孙子女、外孙子女基本生活的保障。第三，保护抚养义务人的合法权益。在被抚养人的父母死亡时，收养会引起包括抚养关系在内一系列家庭关系的重大变化，孤儿与祖父母、外祖父母等近亲属关系会基于收养而消除。对孤儿的收养应尊重抚养义务人的意愿，如果抚养义务人有抚养的能力并且愿意继续抚养孤儿，孤儿的基本生活和教育能够得到保证，此时不宜轻易改变原有的家庭关系和抚养关系，强行将孤儿送养。按照《民法典》第1074条第2款规定，有负担能力的孙子女、外孙子女，对于子女已经死亡或者子女无力赡养的祖父母、外祖父母，有赡养的义务。由祖父母、外祖父母抚养孤儿至成年之后，孤儿对祖父母、外祖父母还承担法定的赡养义务，由此也可以解决子女死亡的祖父母、外祖父母的养老问题，减轻社会的负担，体现制度设计的人性关怀。

《法国民法典》第348-2条规定，如儿童的父母均已死亡或者处于不能表示自己意思的状态，或者如父母双方均已丧失亲权，由亲属会议听取实际负担照管该儿童的人的意见后，对收养表示同意。第349条规定，由国家收养的弃儿，在其父母并未同意将由他人收养时，得由该弃儿家庭的亲属会议同意交他人收养。我国《民法典》中关于抚养义务人行使同意权的规定，与法国民法中的亲属会议行使同意权有相似之处。法国民法中规定的收养同意权不仅包括同意和拒绝收养的权利，还包括选择收养人的权利。根据《法国民法典》的规定，在父母或亲属会议同意收养，并将儿童交至社会援助儿童机构或经认可的临时收容儿童的慈善收养机构时，监护人有权选择收养人，并应经亲属会议同意。该制度值得借鉴，抚养义务人行使收养同意权，既包括决定是否同意将未成年人送养，还包括确定收养人的人选。

综上，本条规定了抚养义务人的收养同意权，法定抚养义务人为与孤儿有直系血亲关系的祖父母、外祖父母，能够从最有利于被收养人的角度出发，决定是否同意收养。孤儿的监护人和抚养义务人共同享有对孤儿的收养同意权，应协商确定孤儿的送养事宜。如果各方不能就送养达成一致意见，则不得送养。

二、另行确定监护人

根据《民法典》第一编总则中的规定，未成年人的监护人是其法定代理人，职责是代理被监护人实施法律行为，保护被监护人的人身权利、财产权利以及其他合法权益。监护人不履行监护职责或者侵害被监护人合法权益的，应当承担法律责任。相较于孤儿的法定抚养义务人，孤儿的监护人对孤儿承担更广泛的法律责任。当孤儿的监护人不愿继续履行监护职责，却因抚养义务人拒绝无法将孤儿送养时，应当兼顾监护人的利益和意愿，允许监护人选择继续履行监护职责或请求另行确定监护人。

《民法典》第30条和第31条规定了确定监护人的两种方式：一

是有监护资格的人协议确定监护人；二是由居民委员会、村民委员会、民政部门或者人民法院指定监护人。两种确定监护人的方式应有顺位的先后，按照民法意思自治原则，首先应尊重有监护资格的人的意愿和被监护人的意愿，有监护资格的人能够通过协商达成一致意见，且不违背被监护人的意愿时，应按照协商意见确定监护人。只有在对监护人的确定有争议时，才可由居民委员会、村民委员会、民政部门或者人民法院指定监护人。法定抚养义务人同时也是具有监护资格的人，人民法院在指定监护时，应按照最有利于未成年人的原则，综合考虑法定抚养义务人和其他具有监护资格人的监护能力和意愿，确定监护人。

【审判实践中应注意的问题】

一、孤儿的兄、姐不享有收养同意权

《民法典》第1075条第1款规定，有负担能力的兄、姐，对于父母已经死亡或者父母无力抚养的未成年弟、妹，有扶养的义务。按照该条规定，有负担能力的孤儿的兄、姐对孤儿承担的义务为扶养义务，而非抚养义务。扶养的概念有广义和狭义之分，广义的扶养是指一定亲属间相互供养和扶助的法定义务。[①]世界上多数国家将亲属间的经济供养义务统称为扶养。我国《民法典》中采狭义的扶养的概念，将广义的扶养区分为抚养、扶养和赡养。其中长辈对晚辈的供养扶助义务称为抚养，晚辈对长辈的供养扶助义务称为赡养，平辈亲属间的供养扶助义务称为扶养。根据《民法典》第1074条第1款中规定，有负担能力的祖父母、外祖父母对于父母已经死亡或者父母无力抚养的未成年孙子女、外孙子女承担的义务为抚养义务，而第1075条第1款中规定的有负担能力的兄、姐，对于父母已经死亡或者父母

① 参见杨大文主编:《亲属法》，法律出版社2012年版，第291页。

无力抚养的未成年弟、妹所承担的义务为扶养义务。抚养义务与扶养义务的涵义和适用对象并不相同，故兄、姐并非抚养义务人，不享有对孤儿的收养同意权。孤儿的监护人送养孤儿时，仅需征得有负担能力的祖父母、外祖父母的同意，无须征得孤儿兄、姐的同意。

二、抚养义务人均享有收养同意权

孤儿的生父母均已死亡时，如孤儿的祖父母、外祖父母均生存且有抚养能力的，其祖父母、外祖父母均为孤儿的抚养义务人，均享有收养同意权，各抚养义务人均同意送养孤儿时，监护人才可将孤儿送养。

第一千零九十七条　生父母送养子女，应当双方共同送养。生父母一方不明或者查找不到的，可以单方送养。

【条文主旨】

本条是关于生父母共同送养的规定。

【条文理解】

本条规定了生父母共同送养子女的原则和例外。生父母共同享有对子女的收养同意权，收养应经生父母双方协商一致同意，始得为之。同时规定了当生父母一方不明或查找不到时，免除该方的收养同意权，另一方可单独行使收养同意权。

本条源于《收养法》第10条第1款，内容基本无修改。

生父母基于生育子女的行为取得父母的身份地位，收养会消除生父母与子女因生育而产生的亲子关系，引起双方情感纽带和权利义务的重大变化，对生父母及子女利益均有重大影响。如德国、法国、日本、瑞士等国家或地区普遍规定了生父母享有收养同意权。收养同意权包括决定送养的权利、同意或拒绝收养的权利和选择收养人的权利。《法国民法典》第348-1条规定，在子女对父与母均已确立亲子（女）关系的情况下，由人收养该子女，应得到父母双方同意。如父母中一人已去世或者不能表示自己的意思，或者如其已丧失亲权，父母之另一方同意收养，即可。《德国民法典》第1747条（1）规定，收养子女必须经子女的父母的同意。第1747条（4）规定，父母一方长期不能够作出声明或其居所长期不明，则不必经其同意。《瑞士民法典》第265a条规定，收养须经子女的生父母同意。《日本民法典》

第817条之6规定，成立特别收养，应得为养子女者的父母的同意。但是，父母不能表示其意思时，受父母虐待、恶意遗弃或有显著害及为养子女利益之事由时，不在此限。我国台湾地区“民法”第1076-1条规定，子女被收养时，应得其父母之同意。但有下列各款情形之一者，不在此限：（1）父母之一方或双方对子女未尽保护教养义务或有其他显然不利子女之情事而拒绝同意。（2）父母之一方或双方事实上不能为意思表示。综观各个国家或地区，在普遍规定了生父母享有对子女的收养同意权的基础上，还规定了免除生父母收养同意权的若干情形，免除生父母收养同意权的事由较我国民法典的规定更为宽泛。

一、生父母的收养同意权

未成年人的父母是其法定代理人和监护人。根据《妇女权益保障法》第49条第1款规定，父母双方对未成年子女享有平等的监护权。父母双方亦应平等享有收养同意权，协商确定是否送养子女，未经协商或协商不能达成一致意见，父母一方不得单独送养子女。本条规定由生父母共同行使收养同意权，并不限于生父母为夫妻的情形，生父母虽非夫妻，子女为非婚生子女的，对子女的收养仍需生父母共同决定。本条文中规定的送养人为生父母双方，按文义解释不包括养父母、继父母。如生父母一方与他人结婚，子女随生父母一方和继父母共同生活，对子女的收养仍需征得生父母双方的同意，无须征得继父母的同意。

二、免除生父母一方的收养同意权

收养同意权虽为父母双方固有的权利，但并非不可免除的权利。当父母一方既无法履行对子女的抚养、教育和保护的义务，又无法作出是否同意收养的意思表示，而这种境况对子女明显不利，导致子女无法得到适当的照料与教育，可免除该父或母一方的收养同意权。域外立法例中普遍规定了免除父或母一方收养同意权的具体情形，包括父母一方死亡或不能表示意思、父母一方或其居住地不明、父母一方明显损害子女利益或被剥夺亲权、父母一方未对子女尽到保护教养义务等不利于子女的情事。

本条规定了免除生父或生母一方收养同意权的一种事由，即生父母一方不明或查找不到。男女在生育子女时的生理特性决定了子女的生母较容易确定，而在特殊情况例如对非婚生子女，生父不明的可能性较大，包括生母拒绝透露生父或生母不知道生父的身份及去向。在生父母一方不明或查找不到时，其事实上无法行使对子女的收养同意权，相较于上述生父母对子女的亲权，子女的利益更应得到优先的考虑和保护。在生父母另一方难以单独抚养子女时，应允许其单独送养子女。

【审判实践中应注意的问题】

一、生父母一方死亡或不具备完全民事行为能力时是否可单方送养

域外立法例中普遍规定了生父母一方死亡或不具备完全民事行为能力是免除其收养同意权的法定事由，可以由另一方单独行使收养同意权，决定子女的送养。我国《民法典》中并未明确将此种情形作为免除收养同意权的法定事由，但《民法典》第1108条中对生父母一方死亡，另一方送养子女作出了规定，即配偶一方死亡，另一方送养未成年子女的，死亡一方的父母有优先抚养的权利。该条规定一方面肯定了配偶一方死亡时，另一方可以送养未成年人，同时赋予死亡一方的父母享有优先抚养权，作为对生存的生父或生母一方行使收养同意权的限制。生父母中生存一方送养未成年子女的，应当征得死亡一方的父母（未成年子女的祖父母或外祖父母）的同意，否则死亡一方的父母可主张优先抚养权，要求解除收养关系。

二、生父母身份确定或重新出现对收养效力的影响

由于身份不明或查找不到的生父母一方的收养同意权已经依法免除，另一方单独享有收养同意权，另一方送养子女，符合收养的成立要件。收养关系一经登记确立即受法律保护，未经法定程序不得撤销和变更。收养产生的法律效果亦不因单方送养而有所区别，收养关系引起子女与生父母权利义务关系的消除、子女与养父母权利义务关系的建立。生父母一方不明或查找不到，并不表示其已经死亡。参照《民法典》第52条关于被宣告死亡的人在被宣告死亡期间，其子女被他人依法收养的，在死亡宣告被撤销后，不得以未经本人同意为由主张收养行为无效的规定，当生父母一方身份被查明或重新出现之后，该方不得以未经本人同意为由主张收养无效。

三、生父母离婚后的收养同意权

父母对未成年子女享有平等的监护权。《民法典》第1084条第1款规定，父母与子女间的关系，不因父母离婚而消除。离婚后，子女无论由父或者母直接抚养，仍是父母双方的子女。该规定表明离婚不影响父或母与子女之间的父母子女关系，不直接抚养子女的父或母仍享有对子女的亲权。但收养会消除父母与子女的亲权，对父母与子女关系影响重大。《民法典》中并未排除不直接抚养子女一方的父或母的收养同意权，离婚也不是免除父母收养同意权的法定情形。离婚后，无论是否直接抚养子女，父或母仍然平等享有收养同意权。父母应从最有利于子女的角度考虑，共同协商确定子女的收养，协商不成，不能将子女送养。如果直接抚养子女的父或母一方有特殊困难希望将子女送养，而不直接抚养子女的另一方不同意送养的，双方可以协商或诉讼变更直接抚养人。

第一千零九十八条 收养人应当同时具备下列条件：

（一）无子女或者只有一名子女；

（二）有抚养、教育和保护被收养人的能力；

（三）未患有在医学上认为不应当收养子女的疾病；

（四）无不利于被收养人健康成长的违法犯罪记录；

（五）年满三十周岁。

【条文主旨】

本条是关于收养人的条件的规定。

【条文理解】

本条规定列举了收养人收养子女需符合的5项条件，收养人同时符合该5项条件时才可收养子女。

本条源于《收养法》第6条的规定，在第6条基础上增加一项条件，即“无不利于被收养人健康成长的违法犯罪记录”，从收养人的人格品行和遵纪守法方面提出要求，强化对被收养人的利益保护；与国家计划生育政策的调整相协调，将收养人须“无子女”修改为“无子女或者只有一名子女”；在第2项条件中增加“保护”被收养人的能力的要求，体现了对被收养人权益保护的重视。

一、无子女或只有一名子女

我国是人口众多的国家，实行计划生育的基本国策。国家采取综合措施，控制人口数量，提高人口素质。计划生育政策于1982年9月被定为基本国策，同年12月被写入宪法。《婚姻法》将计划生育作为基本原则规定在总则中。《收养法》第3条规定收养不得违背计划生育的法律、法规。按照《收养法》施行时的计划生育政策，国家提倡一对夫妻生育一个孩子。因此，《收养法》规定收养人须无子女，与当时的计划生育政策相适应。计划生育政策对控制我国人口数量起到了积极的作用，随着经济社会和人口结构发展形势的变化，国家对计划生育政策进行调整，2015年修正《人口与计划生育法》，由提倡一对夫妻生育一个子女，改变为“国家提倡一对夫妻生育两个子女”。为与计划生育政策的调整相协调，《民法典》将收养法中规定的收养人“无子女”的条件修改为收养人“无子女或只有一名子女”。

二、有抚养、教育和保护被收养人的能力

收养同时具有拟制和解销效力，收养生效后，生父母不再承担对子女的抚养教育和保护义务，子女无法从生父母处获得照顾和生活来源。养父母成为子女的法定代理人和监护人，全面承担起父母对子女的监护义务。因此，养父母必须具有抚养、教育和保护养子女的能力。具体包括以下几个方面：第一，养父母必须具有稳定的住所和收入来源，能够负担起养育子女所需支付的各项费用，包括基本生活费用和教育费用等；第二，养父母应具有高尚的道德情操，有利于培养教育养子女形成健全的人格；第三，养父母应从情感上能够给予养子女关心与爱护，使养子女在温暖的家庭环境中健康成长。①

三、未患有在医学上认为不应当收养子女的疾病

《中国公民收养子女登记办法》第5条规定：收养人应当向收养登记机关提交的证明材料中包括县级以上医疗机构出具的未患有在医学上认为不应当收养子女的疾病的身体健康检查证明。收养人收养子

① 《民政部婚姻司对〈收养法〉的解答》(1992年4月1日发布)第7条指出：有抚养教育被收养人的能力主要指收养人有抚养和教育被收养人的经济条件、健康条件和教育能力等。经济条件是指有足够而稳定的经济来源；健康条件是指必须没有影响被收养人成长的精神病或其他严重疾病；教育能力是指收养人有引导教育被收养人健康成长的能力。当然，收养人首先要有正确的收养目的和良好的道德品质。

女之前，应首先取得县级以上医疗机构出具的身体健康检查证明。法律和司法解释中并未明确医学上认为不应当收养子女的疾病的具体类型。适用时应从被收养人利益最大化角度考虑，结合当地有关医疗机构的证明和具体的医学科学标准予以认定。有观点认为，不应当收养子女的疾病主要指精神疾病和严重的传染病。

四、无不利于被收养人健康成长的违法犯罪记录

本项条件是《民法典》对收养人的条件新增加的一项内容。《收养法》中缺少对收养人道德修养、法律意识层面的素质要求，而无不利于被收养人健康成长的违法犯罪记录是对收养人适格的最基本要求，表明收养人行为规范、品德良好，值得信赖。《民法典》中增加的这项要求将收养人收养子女的条件提高，对于保护被收养人的利益具有重要意义。对于有违法犯罪记录的收养人，虽该记录并不表明其必然对养子女实施侵害行为或不利于养子女的成长，但有违法犯罪记录表明其法律意识淡薄，有不受法律约束的可能。收养人的人格、品行直接关系到收养的效果和被收养人的切身利益，对被收养人的健康成长有重大影响。收养人有不利于被收养人健康成长的违法犯罪记录将会使被收养人面临的风险增大，为被收养人利益考虑，应予以避免。收养人应尽量无违法犯罪记录，如果确有违法犯罪记录，需可以确信该记录并不会妨碍收养人对被收养人的抚养教育或不利于被收养人的健康成长。有不利于被收养人健康成长的违法犯罪记录之人不得作为收养人。收养登记机关在进行收养登记时，应增加要求收养人提交公安机关出具的无违法犯罪记录证明，收养人有违法犯罪记录的，收养登记机关应判断该违法犯罪记录是否不利于被收养人健康成长，并决定是否准许收养。

五、年满三十周岁

收养人的年龄条件应综合考虑婚姻制度、人类生育规律和收养效果进行确定。各个国家或地区相关规范中对于收养人的年龄均进行了

限制，但因经济、社会和人口结构等情况的不同，对收养人年龄范围的规定差异较大。《法国民法典》第343条规定：未分居的夫妻，结婚超过2年，或者双方年龄超过28岁，得请求收养子女。第344条规定：收养人的年龄应当比其拟收养的子女的年龄大15岁以上，如拟予收养的子女是被收养人配偶的子女，收养人与被收养人的年龄仅要求相差10岁以上。但是，法院如有正确理由，在收养人与被收养人年龄相差不到前款规定时，得宣告收养。《德国民法典》第1743条规定：收养人必须年满25岁。《日本民法典》第792条规定：已达成年者，可以收养子女。《瑞士民法典》第264条之1对共同收养时收养人的年龄规定为配偶人须已婚5年以上或满35岁。第264条之2对单独收养规定的条件为未婚者，年满35岁时，可单独收养子女。年满35岁的已婚者，如因其配偶持续无判断能力，或两年以上下落不明，或因判决配偶双方已分居三年以上，而不可能共同收养时，亦得单独收养子女。我国台湾地区“民法”第1073条规定：收养者之年龄，应长于被收养者20岁以上。但夫妻共同收养时，夫妻之一方长于被收养者20岁以上，而他方仅长于被收养者16岁以上，亦得收养。夫妻之一方收养他方之子女时，应长于被收养者16岁以上。综观各个国家或地区关于收养人条件的规定可见，有些国家和地区仅规定收养人的年龄，但对收养人与被收养人年龄的差距未作规定，有些国家和地区同时规定了收养人的年龄限制和收养人与被收养人的年龄差距。法国和瑞士民法中，对于夫妻共同收养，除年龄限制外，还对婚姻存续时间作出了规定。其目的在于确保夫妻双方婚姻关系的稳定，防止收养之后收养人离婚，对收养关系造成不利影响。我国《民法典》中仅对收养人的最低年龄作出规定，除异性收养的年龄差距外，未对收养人与被收养人的年龄差距作出一般性的要求。

1992年施行的《收养法》规定收养人应年满35周岁，其目的在于将收养人限定于不适合生育子女的人。由于我国法定婚龄为男22周岁，女20周岁，1992年《收养法》规定的收养人年龄过大，许多无法生育的夫妻在结婚10年之后才有资格收养子女，导致出现许多事实收养行为，社会效果不佳。1998年修正的《收养法》将收养人的年龄范围调低为30周岁以上，基本符合生育规律和社会人口发展状况的要求，有利于家庭收养的进行。收养人年满30周岁，通常已结婚数年，如未能孕育子女，则有收养子女并长期养育子女的真实意愿；30周岁以上的收养人身体和心理均已相对成熟，能够承担起养育子女的责任；30周岁以上的收养人通常已完成全部学业，有劳动技能和较为稳定的收入来源，经济上能够负担起养育子女的需要。因此，民法典继续沿用收养法规定的收养人需年满30周岁的条件。夫妻双方共同收养子女时，双方均应年满30周岁。夫妻一方年满30周岁，另一方不满30周岁的，不符合收养子女的条件。

【审判实践中应注意的问题】

一、排除本条适用的情形

本条为收养人收养子女的一般性规定，《民法典》第1099条、第1100条、第1103条关于近亲属间收养、收养孤残未成年人和查找不到生父母的未成年人、继父母收养继子女的规定，均排除了本条第1项关于收养人无子女或只有一名子女的限制。

二、不利于被收养人健康成长的违法犯罪记录的范围

实践中应注意防止对“不利于被收养人健康成长的违法犯罪记录”作出扩大解释，将有任何类型和程度的违法犯罪记录均视为不符合收养人的条件，有与抚养教育子女无关的轻微、过失违法犯罪记录，不应一律视为收养人不适格。收养登记机关或法院应结合收养人的行为记录、日常表现、社会评价和与被收养人感情的亲密程度等指标全面评估收养人的适格性。

第一千零九十九条 收养三代以内旁系同辈血亲的子女，可以不受本法第一千零九十三条第三项、第一千零九十四条第三项和第一千一百零二条规定的限制。

华侨收养三代以内旁系同辈血亲的子女，还可以不受本法第一千零九十八条第一项规定的限制。

【条文主旨】

本条是关于亲属间收养的规定。

【条文理解】

本条对亲属之间的收养适当放宽条件，排除了非亲属间收养的若干限制。华侨收养亲属的子女，还可不受华侨子女人数的限制。

本条源于《收养法》第 7 条，内容无实质修改。文字表述上将"同辈旁系血亲"修改为"旁系同辈血亲"，表明对血亲间应首先区分直系与旁系，再区分辈份。

一、收养三代以内旁系同辈血亲的子女

旁系血亲是相对于直系血亲而言，指与自己具有间接血缘关系的亲属，即除直系血亲以外的、与自己同出一源的血亲。三代以内旁系血亲是指同源于祖（外祖）父母的旁系血亲。按照我国婚姻制度中的推算方法，三代以内旁系血亲包括：伯、叔、姑、舅、姨、侄子（女）、外甥、外甥女、堂兄弟姐妹、姑舅表兄弟姐妹、姨表兄弟姐妹等。亲兄弟姐妹也属于旁系血亲。收养三代以内旁系同辈血亲的子女，是指收养兄弟姐妹、堂兄弟姐妹和表兄弟姐妹的子女。

二、收养限制的例外

根据本条规定，收养三代以内旁系同辈血亲的子女，不受以下三项条件的限制：第一，被收养人生父母有特殊困难无力抚养；第二，送养人有特殊困难无力抚养子女；第三，无配偶者收养异性子女年龄相差40周岁以上。

三代以内旁系血亲之间因有血亲关系，具有一定感情基础，较容易建立起稳定持久的收养关系，保证收养的实质效果和双方的利益。收养三代以内旁系同辈血亲与我国民间传统的过继、立嗣等制度契合，应予以肯定和鼓励。《民法典》对于非血亲间的收养规定的限制条件均是在平衡收养关系各方主体的利益基础上作出。血亲间收养与非血亲间收养具有不同的特征，收养各方之间的亲缘关系决定各方产生纠纷的可能性小，被收养人的利益较有保障，且收养生效后，被收养人与生父母的亲子关系虽然消除，但仍产生其他亲属关系，并可保持较为密切的联系，因此对收养条件的限制可以适当放宽。

三、华侨收养子女的特别规定

华侨是指在国外定居的具有中国国籍的自然人。我国不承认双重国籍，对于具有中国血统，但已经加入或取得外国国籍的人，不能视为华侨。华侨收养三代以内旁系同辈血亲的子女，除不受上述三项条件的限制外，还不受华侨子女人数的限制。需要注意的是，如果华侨收养的子女并非其三代以内旁系同辈血亲的子女，因法律并未作出特别的除外规定，对子女人数的限制仍应适用。

【审判实践中应注意的问题】

一、直系血亲之间是否可以收养

直系血亲是基于生育而产生直接血缘关系的亲属。亲缘关系的推算方式为自己为一代，往上推算父母为二代直系血亲，祖父母、外祖父母为三代直系血亲；往下推算子女为二代直系血亲，孙子女、外孙子女为三代直系血亲。直系血亲之间相较于旁系血亲，具有更加直接的血缘关系，直系血亲之间的收养应受传统伦理观念的限制。

（一）关于二代直系血亲的收养

二代直系血亲如为正常的婚生子女，自无收养之必要，但对于非婚生子女，能否为收养，则不无争议。域外一般对生父母收养非婚生子女进行限制，例如我国台湾地区“民法”规定，收养人只能收养他人子女，但同时规定了非婚生子女的准正制度，通过履行法定程序，非婚生子女可以取得同婚生子女相同的身份地位和权利。我国《民法典》第1071条规定：非婚生子女享有与婚生子女同等的权利。非婚生子女与婚生子女相比，法律地位和权利义务并无实质区别，对非婚生子女似无收养之必要。但实践中在办理户籍、入学等事宜时，非婚生子女仍面临尴尬和不利境地。实践中有生父母为保全名誉、掩人耳目及给予非婚生子女正式身份等目的，不表明身份要求收养非婚生子女。能够被生父母收养，摆脱非婚生子女标签的同时，还能享受生父母的关爱照顾，对子女大有裨益。因此对收养非婚生子女的行为不宜一概否定。在收养关系已经合法成立生效之后，不得以被收养人是收养人的非婚生子女为由，主张收养无效。但由于《民法典》中并未对收养人收养非婚生子女作出特别规定，收养行为还需符合《民法典》规定的收养成立的其他条件。

（二）关于三代直系血亲的收养

现代收养制度中收养的涵义是指收养他人子女为自己子女的行为。对于祖父母、外祖父母要求收养孙子女、外孙子女的，一旦准许此种收养，在祖父母、外祖父母与孙子女、外孙子女之间建立起父母子女关系，导致孙子女、外孙子女与其生父母形成兄弟姐妹关系，各方身份错乱，有悖于传统伦理。如我国台湾地区“民法”不准许直系血亲之间的收养。我国《民法典》虽未直接规定直系血亲间不得收养，但在《民法典》第1108条中规定：配偶一方死亡，另一方送养未成年子女的，死亡一方的父母有优先抚养的权利。根据该条规定可见，生父母一方死亡，另一方送养子女时，死亡一方的父母（祖父母或外祖父母）仅有优先抚养的权利，而非优先收养的权利。该条规定表明立法机关对于隔代直系血亲间收养持否定态度。

二、直系姻亲之间是否可以收养

直系姻亲可分为两种：一种指配偶的直系血亲；另一种指直系血亲的配偶。前者如公婆、岳父母以及继子女等，后者如儿媳、女婿、孙媳等。我国台湾地区“民法”中规定，除夫妻之一方收养他方之子女者（收养继子女）外，不准许收养直系姻亲。我国《民法典》中未明文规定不得收养直系姻亲。实践中应根据各方亲属关系具体分析并适用《民法典》关于收养制度的规定。对于收养配偶的二代直系血亲（非双方共同子女），例如收养继子女的，根据《民法典》第1103条的规定，经继子女的生父母同意，可以收养。但对于收养配偶的三代直系血亲（非双方共同孙子女），例如，对于配偶一方的孙子女、外孙子女，需受隔代不得收养的限制。对于收养直系血亲的配偶，包括公婆收养儿媳、岳父母收养女婿，因直系姻亲之间的收养也易与传统伦理观念产生冲突，例如公婆收养儿媳，儿媳与公婆之间建立父母子女关系，会导致儿媳与自己的丈夫形成兄弟姐妹关系，违背伦常观念。且《民法典》规定被收养人需为未成年人，同时《民法典》规定法定婚龄为男22周岁，女20周岁，儿媳与女婿既已成婚，应属达到法定婚龄之男女，已为成年人，我国《民法典》中并未规定对成年人的收养，故儿媳与女婿均不符合被收养人的条件，实践并不产生收养直系血亲配偶的问题。

第一千一百条 无子女的收养人可以收养两名子女；有子女的收养人只能收养一名子女。

收养孤儿、残疾未成年人或者儿童福利机构抚养的查找不到生父母的未成年人，可以不受前款和本法第一千零九十八条第一项规定的限制。

【条文主旨】

本条是关于收养子女人数的规定。

【条文理解】

本条规定了收养子女人数限制的原则和例外。收养人收养子女的人数与亲生子女的人数之和原则上不得超过两名。但如果被收养人为孤残未成年人、儿童福利机构抚养的查找不到生父母的未成年人，则不受收养子女人数的限制和《民法典》关于收养人无子女或只有一名子女的条件限制。

本条源于《收养法》第8条，为适应我国计划生育政策的调整，本条对收养子女的人数进行了修改，由原来的只能收养一名子女，修改为无子女的收养人可以收养两名子女，有子女的收养人只能收养一名子女，修改的目的是为与每个家庭养育两名子女的计划生育政策保持一致。本条将“社会福利机构抚养的查找不到生父母的弃婴和儿童”修改为“儿童福利机构抚养的查找不到生父母的未成年人”，与《民法典》第1093条第2项规定的被收养人和第1094条第2项规定的送养人的表述一致。

一、收养子女人数的原则性规定

《人口与计划生育法》于2015年修正，计划生育政策由原来的提倡一对夫妻生育一个子女，改变为“国家提倡一对夫妻生育两个子女”，全面推行“二孩政策”，每个家庭可以养育两个孩子。虽然《民法典》中已取消《收养法》中关于“收养不得违背计划生育的法律、法规”的原则性规定，但计划生育政策仍是我国的基本国策。现行法律、法规不应与之抵触。随着计划生育政策的调整，《民法典》也相应对收养子女的人数进行了调整，实际上要求收养人所养育的亲生子女和养子女人数之和不超过两名，与国家计划生育政策保持一致。

从收养的效果上看，每个家庭养育两名子女的人数限制也符合我国社会发展实际状况和一般家庭的负担能力，有利于充分发挥收养的作用。对收养子女的人数进行限制，可以将每个家庭养育子女的人数控制在合理的范围之内，保证每个家庭都能负担起所有子女的生活所需，养子女与亲生子女同样获得充足的生存资源和教育资源，都能得到父母足够的关心爱护，有利于子女的健康成长。如果收养子女的人数过多，即使收养家庭在经济上可以负担起所有子女生活和教育费用支出，但由于父母时间精力有限，难以确保每名子女都能得到父母足够的关注爱护，满足心理和精神上的需求。

二、收养孤、残和查找不到生父母的未成年人的例外规定

对于孤儿和残疾未成年人，无论是否由儿童福利机构养育，其境遇都颇为困顿，由机构抚养的查找不到生父母的未成年人，对未成年人也非最佳的成长环境。上述未成年人或肢体心智不健全，或因家庭变故遭受心理创伤，是社会中的弱势群体，如果能够被收养，在正常温馨的家庭环境中成长，得到父母的关爱照顾，则对其最为有利。收养孤、残未成年人和儿童福利机构抚养的查找不到生父母的未成年人，不仅于被收养人颇有益处，还带有社会公益行为的性质，法律应鼓励此种行为，民法典中体现为放宽收养的条件，免除对于收养人子

女人数和收养子女人数的限制。

残疾未成年人因身体不健全，收养之后可能需要后续的治疗看护，在生活上给予更多的照顾，收养残疾未成年人比收养健全儿童更需投入时间精力，养育费用可能更高。养父母应对养育中的困难有充分的预期，并有着较为坚定的收养意愿。对于孤儿和查找不到生父母的未成年人，其因家庭变故或意外事件脱离父母监护，人生际遇已属不幸，更需养父母小心呵护，弥补其心理的创伤。对于上述未成年人的收养，登记机关更应严格评估收养人的收养动机、收养意愿和收养能力，防止收养人因预期和准备不足，影响收养的实际效果。

【审判实践中应注意的问题】

关于收养孤、残和查找不到生父母的未成年人的人数问题。

为鼓励人们收养孤残未成年人和查找不到生父母的未成年人，本条对收养上述三类未成年人未作人数上的限制，并且在收养人条件上也予以放宽，未限定收养人无子女或只有一名子女。但收养子女不仅需要为子女提供必需的生活条件，还需要父母对子女精心照料、心理疏导和亲情关怀，尤其收养上述三类未成年人，更加需要父母投入时间和精力。因此，收养孤残未成年人和查找不到生父母的未成年人的人数不宜过多，否则无法保证每名被收养人都能得到充分的关注和适宜的养育，影响收养效果的发挥。更需注意的是，实践中有些收养人收养目的不端正，以爱心为名收养多名孤残儿童，骗取社会和他人同情，借机敛财，严重损害被收养人利益，属违法行为，应坚决予以杜绝。民政部门在评估收养孤残未成年人的申请时，应严格审查收养人的收养动机和收养能力，规范收养行为，防止损害孤残未成年人利益的情形发生。

第一千一百零一条　有配偶者收养子女，应当夫妻共同收养。

【条文主旨】

本条是关于夫妻共同收养的规定。

【条文理解】

本条规定了有配偶者收养子女，夫妻双方应就收养达成一致意见，夫妻双方分别作为养父和养母，共同养育养子女，夫妻一方不同意收养的，不得收养。

本条源于《收养法》第10条第2款，《收养法》第10条规定了两款内容：第1款规定生父母共同送养原则；第2款规定夫妻共同收养原则，两款内容虽然都强调生父母或夫妻双方在收养关系中意见的一致性和权利义务的关联性，但因分别是从送养人送养和收养人收养两个不同角度加以规定，故《民法典》将两款内容分别作出规定，将生父母共同送养和夫妻共同收养分别规定为单独的条文。

收养为民法上的身份行为，会引起收养各方身份关系上的重大变化，对收养各方利益影响重大。域外法关于有配偶者收养子女是否须夫妻双方共同为之的规定存在差异。《德国民法典》第1749条规定：配偶一方单独收养子女，必须征得配偶另一方的允许，如果配偶另一方长期不能作出表示或其居所长期不明，可以不经其允许。《法国民法典》第346条规定：除收养人为夫妻二人外，任何一人均不得受数人的收养。《瑞士民法典》第264条a第1款规定：仅配偶双方可共同收养子女，非配偶人不得共同收养子女。第264条b第2款规定：

年满35岁的已婚者，如因其配偶持续无判断能力，或两年以上下落不明，或因判决配偶双方已分居三年以上，而不可能共同收养时，亦得单独收养子女。《韩国民法典》第874条第1款规定：有配偶者收养子女的，应与配偶共同收养。《俄罗斯家庭法典》第133条规定：如果子女非由夫妻双方收养，夫妻一方收养子女时须征得另一方对收养的同意。如果夫妻已终止家庭关系，未共同生活一年以上并且另一方配偶住所不明，则无须征得配偶一方对收养子女的同意。我国台湾地区“民法”第1074条规定：夫妻收养子女时，应共同为之。但有下列各款情形之一者，得单独收养：（1）夫妻之一方收养他方之子女。（2）夫妻之一方不能为意思表示或生死不明已逾三年。

综观各个国家或地区关于有配偶者收养子女的规定，普遍规定被收养人不得被不具有夫妻关系的二人收养，其目的在于防止伦理上的冲突。对于有配偶者收养子女是否必须夫妻双方共同收养的规定有三种处理：第一种原则上要求有配偶者收养子女应当夫妻双方共同收养，但规定了在夫妻一方不能正常表达意思或下落不明的例外情况下，可以由另一方单独收养，如瑞士、我国台湾地区；第二种并未要求有配偶者收养子女须夫妻双方共同收养，但规定了一方收养子女应当征得另一方的同意或允许，如德国、俄罗斯；第三种只规定了有配偶者收养子女应当夫妻共同收养，未规定夫妻一方单独收养的例外情形，如我国、韩国。确立有配偶者收养子女应当夫妻共同收养的基本原则有利于建立和谐稳定的收养和家庭关系。如果夫妻双方对于收养行为不能达成一致，被收养人不能得到家庭的一致接受，对被收养人不利。夫妻共同收养，能够保证被收养人生活在和睦、充满温情的家庭环境之中，有利于被收养人的健康成长。

一、夫妻共同收养的涵义

收养的涵义可以从两个方面理解：一是收养行为；二是收养关系。夫妻共同收养，在法律行为层面是夫妻双方共同收养子女的身份行为。在法律关系层面夫妻双方均与被收养子女建立起父母子女关系，并承担起父母对子女的抚养教育和保护的义务。有配偶者收养，夫妻双方应对收养事宜达成一致意见，包括对收养子女的意见和养子女人选的确定，夫妻双方均需清楚地了解收养行为的意义和法律效果，对收养会引起的身份地位和权利义务关系的变化有着充分的认识，在此基础之上，共同决定收养特定子女。如果双方仅就收养子女的意愿达成一致，但就收养何人为子女存在分歧，也不能视为符合夫妻共同收养的条件。《民法典》中除夫妻共同收养之外，未规定其他共同收养的情形，无夫妻关系的两人不得共同收养子女，以免引起伦理冲突。

二、夫妻共同收养的法律关系

收养是为形成身份关系而订立的契约。夫妻共同收养时，与子女订立的契约，并非以夫妻共同意思表示与子女订立的单一契约，而是夫妻各方分别以其意思表示与子女订立的两个契约，夫妻双方与子女分别成立两个收养关系，夫妻一方不符合收养的实质要件，导致收养关系无效或被撤销，不影响他方与子女之间收养关系的效力。在夫妻离婚时，双方与子女的收养关系也不因夫妻离婚的事实而受影响，双方与子女间的父母子女关系仍然存续。

【审判实践中应注意的问题】

一、有配偶者收养配偶的子女

域外立法例中普遍允许有配偶者收养配偶的子女，该情形通常发生在再婚家庭中。有配偶者收养配偶子女，可以将子女与有配偶者之间的姻亲关系转变为血亲关系，有利于在继父母子女之间建立起更加亲密的亲子关系，构建和谐稳定的家庭环境。有配偶者收养配偶的子女，属于夫妻一方单独收养，与子女共同生活的生父或生母一方与子女之间天然具有父母子女关系，无从收养，收养关系仅发生在继父母与继子女之间，不属于夫妻共同收养的范畴。此种收养并不改变子女同与其共同生活的生父或生母的自然血亲关系。《民法典》第1103条专门对继父母收养继子女作出规定，应视为夫妻共同收养的法定例外情形。

二、夫妻一方无完全行为能力或被宣告失踪时能否单方收养

《民法典》中对此未明确规定，对此问题可区分以下两种情形分析：一是配偶一方不能正常表达意思的，按《民法典》规定，不能正常表达意思的成年人属于限制民事行为能力人或无民事行为能力人，通常为智力有缺陷的人或精神病人，如果配偶一方为限制民事行为能力或无民事行为能力人，另一方收养子女，被收养人与限制民事行为能力人或无民事行为能力人共同生活，既无法得到来自夫妻双方的共同抚养照顾，还存在遭受限制民事行为能力人或无民事行为能力人伤害的可能，并且配偶另一方如果收养子女，其既要监护照顾无完全民事行为能力的配偶，又要抚养教育养子女，无法兼顾，不能保证给予养子女适宜的生活和家庭环境，因此如果夫妻一方无完全民事行为能力，则另一方不适合单方收养子女。二是配偶一方下落不明的，《民法典》对自然人下落不明的情形规定了宣告失踪和宣告死亡制度，解决失踪人的身份和财产监管问题。对于配偶一方长期下落不明，被宣告死亡的，因婚姻关系自一方被宣告死亡时消灭，另一方可以以单身身份单独收养子女。如果一方被宣告失踪，因宣告失踪制度的目的是为解决对失踪人的财产监督管理和保护问题，而不在于确定失踪人的身份关系，失踪人生死不明，如果允许配偶单独收养子女，而失踪人重新出现，则会引起失踪人夫妻双方及养子女之间人身关系错综复杂，并可能与《民法典》关于夫妻共同收养的基本原则产生冲突，因此对被宣告失踪之人，如果配偶欲收养子女，可待经过法定期间，达到宣告死亡条件之后，通过宣告死亡消灭婚姻关系，再行收养。对于失踪时间很长，失踪人生存并重新出现的可能性很小，但无人提出对失踪人的宣告失踪申请或宣告死亡申请的，似可不一概否定配偶单方收养子女的权利。

第一千一百零二条 无配偶者收养异性子女的，收养人与被收养人的年龄应当相差四十周岁以上。

【条文主旨】

本条是关于异性收养的规定。

【条文理解】

本条规定了异性单方收养时应具有40周岁以上的年龄差距。

本条源于《收养法》第9条，该条文中仅规定了无配偶的男性单方收养女性应具有40周岁以上的年龄差距，而并未要求无配偶的女性收养男性需达到一定年龄差距，该条文一直被诟病具有性别歧视之嫌，本条将仅针对单身男性收养女性的年龄差距限制扩大至所有的异性单方收养。根据本条规定，单身女性收养男性，也应具有40周岁以上的年龄差距。

因男女生理结构特征不同、侵犯事件发生的概率不同，依《收养法》制定之时社会通常观念，男性侵犯幼女的可能性较高，而女性侵犯幼子的可能性较低。《收养法》规定异性收养的限制条件，其立法初衷为避免养父侵犯养女之事，保护女性被收养人的利益，故仅对单身男性收养女性作出限制。但该条规定因有性别歧视之虞而受到质疑，且随着时代的发展变化，女性侵犯男性的事件亦有发生。故本条规定放宽适用范围，将女性收养男性需具备一定年龄差距的内容纳入条文中。

域外也有关于收养人年龄或收养人与被收养人年龄差距的限制的相关规定。例如，我国台湾地区“民法”要求收养人须年长被收养人

20岁以上，但此种限制的目的在于确保收养人具有抚养教育被收养人的能力，利于收养效果的发挥，与本条规定意在防止异性间收养违反伦理和侵害事件发生的立法目的不同。域外相关规定中少有专门针对异性之间的单方收养需达到一定年龄差距的限制。由于在域外收养制度中，收养关系的成立通常需要经过法院的审查准许才得以宣告，法院会对收养各方是否适宜建立收养关系进行实质性的审查，其中收养人一方的经济状况、人格品行、道德操守和遵纪守法情况会被法院重点考虑，以决定是否准许建立收养关系。域外相关规定中对于收养关系的建立一般有收养前的评估、对收养条件的实质审查、试收养和收养后的监督回访等一系列完善的制度，确保收养期间不会发生收养人对被收养人侵害事件，无须"一刀切"式对异性单方收养作出专门的限制。我国是由登记机关进行收养登记以确立收养关系，而不是通过法院进行实质审查决定是否准许收养。由于长期以来登记机关在进行收养登记时侧重于对申请材料的形式审查，主要根据收养人和被收养人是否符合《收养法》规定的条件来判断收养人的适格性，故有必要在《民法典》中对异性单方收养的年龄差距作出规定，尽可能减少异性单方收养可能产生的伦理道德风险和违法事件的发生，最大限度保护被收养人的合法权益。

【审判实践中应注意的问题】

一、年龄差距整40周岁的符合本条规定

根据《民法典》第1259条规定，民法所称的"以上""以下""以内""届满"，包括本数。本条规定异性单方收养年龄相差40岁以上，应包括40周岁本数。即异性间单方收养，收养人与被收养人年龄差距正好40周岁的，符合本条规定的条件，可以收养。

二、对无配偶者的理解

无配偶者包括未婚单身、离婚以及配偶死亡或被宣告死亡的人。配偶下落不明、被宣告失踪或无行为能力的，均不能视为无配偶者。

三、禁婚亲的限制

《民法典》第1048条规定直系血亲禁止结婚。该条规定的直系血亲既包括自然直系血亲，也包括拟制直系血亲。拟制血亲，谓本无血统关系，法律拟制视同有血统关系的血亲。[①]收养人与被收养人之间，虽无实际的血缘关系，但已建立起拟制的父母子女关系，法律上视同父母子女关系，也受禁婚亲制度限制。在收养期间内，根据上述法律规定的限制，不得结婚。在收养关系解除后，收养人与被收养人之间是否还受禁婚亲制度的限制，我国民法中未作规定，按照世界各个国家和地区的通常做法，在收养人与被收养人之间执行最严格的禁婚亲制度，不仅收养期内不得结婚，即使收养关系解除后，收养人与被收养人也不得结婚，以防止收养期间内可能产生的道德和伦理风险，保护养子女的利益。

四、排除本条适用的情形

根据《民法典》第1099条规定，收养三代以内旁系同辈血亲的子女，可以不受本条的限制，即自然人单方收养其三代以内旁系同辈血亲的子女，即使为异性单方收养，也不受本条限制，双方年龄相差不足40周岁，也可收养。

---

① 参见史尚宽：《亲属法论》，中国政法大学出版社2000年版，第51页。

第一千一百零三条 继父或者继母经继子女的生父母同意，可以收养继子女，并可以不受本法第一千零九十三条第三项、第一千零九十四条第三项、第一千零九十八条和第一千一百条第一款规定的限制。

【条文主旨】

本条是关于继父母收养继子女的规定。

【条文理解】

本条规定两项内容，一是继父母收养继子女时生父母享有收养同意权，未经继子女的生父母同意不得收养继子女；二是继父母收养继子女条件予以放宽，可以不受非亲属间收养的若干限制。

本条源于《收养法》第14条，内容无实质修改，仅在引用条文序号及文字表述上适当调整，取消了《收养法》中关于继父母收养继子女不受被收养人不满14周岁的限制的规定，原因是《民法典》中已整体取消了被收养人须不满14周岁的条件限制，无须对继父母收养继子女时的被收养人年龄予以特殊规定。

一、生父母的收养同意权

《民法典》第1084条规定：父母与子女间的关系，不因父母离婚而消除。离婚后，子女无论由父或者母直接抚养，仍是父母双方的子女。离婚后，父母对于子女仍有抚养、教育、保护的权利和义务。生父母的收养同意权是基于生父母生育子女而享有的固有权利，生父母离婚、再婚的事实均不改变生父母双方与子女的父母子女关系，生父母的收养同意权也不受生父母离婚、再婚的影响，生父母离婚后，不直接抚养子女的生父母一方，仍然享有对子女的收养同意权。继父母收养继子女，仍需征得继子女生父母双方的同意。实践中要求收养继子女的继父母，通常为直接抚养子女一方的生父或生母的配偶，收养应首先征得直接抚养子女一方的生父母的同意，还需征得不直接抚养子女、不与子女共同生活的生父母一方的同意。除因上述生父母天然享有收养同意权以外，还因子女被继父母收养后，与不直接抚养子女的生父或生母一方的父母子女关系消除，对不直接抚养子女的生父或生母一方影响重大，故收养需征得其同意。

二、收养前后亲属关系的变化

继父母与继子女之间因继子女的生父母再婚而形成直系姻亲关系。生父母双方分别再婚的，子女与生父母各自再婚后的配偶均形成继父母子女关系。根据《民法典》第1072条规定，继父或者继母和受其抚养教育的继子女间的权利义务关系，适用《民法典》关于父母子女关系的规定。生父母分别再婚，子女与继父母的权利义务关系，视是否形成抚养教育关系而不同。

（一）抚养教育关系的认定

对于如何认定子女与继父母是否形成抚养教育关系，《民法典》未直接规定。实践中应结合具体情况具体分析：第一，对于同直接抚养子女的生父母一方再婚的继父母，仍应视再婚时子女是否成年而作区分。对于父母再婚时不满18周岁的子女，尚不具备独立生活的能力，直接抚养子女的生父母一方的配偶，通常与子女共同生活，组成完整的家庭，如无相反证据，应视为与继子女形成抚养教育关系。对于父母再婚时已年满18周岁的子女，应结合双方是否共同生活，继父母是否履行了抚养教育的义务具体认定。按照我国目前的教育事业发展水平，刚刚年满18周岁的子女，通常还在高校就读，虽已成年但尚未独立生活，还需父母提供生活费用和教育费用，如果继父母与生父母共同负担了子女的生活费用和教育费用，应视为形成了抚养教育关系。如果父母再婚时子女已经成年且通过自己的劳动获取生活来源，不再依赖父母提供生活和教育费用，则不能视为继父母与继子女形成抚养教育关系。第二，对于同不直接抚养子女的生父母一方再婚的继父母，通常并不与继子女共同生活，未与继子女组建独立的家庭单元，也未实际抚养教育继子女，如无相反证据，应视为未形成抚养教育关系。

（二）未进行收养的继父母子女关系

继父母收养继子女之前，继父母与继子女系直系姻亲关系。《民法典》第1072条规定，继父母对受其抚养教育的继子女之间的关系适用民法典关于父母子女关系的规定。《最高人民法院关于继母与生父离婚后仍有权要求已与其形成抚养关系的继子女履行赡养义务的批复》(〔1986〕民他字第9号）中指出：王某某与李某某姐弟五人之间，既存在继母与继子女间的姻亲关系，又存在由于长期共同生活而形成的抚养关系。尽管继母王某某与生父李某1离婚，婚姻关系消失，但王某某与李某某姐弟等人之间已经形成的抚养关系不能消失。因此，有负担能力的李某某姐弟等人，对曾经长期抚养教育过他们的年老体弱、生活困难的王某某应尽赡养扶助的义务。由此可见，根据权利义务相一致原则和公平原则，对已形成抚养关系的继父母子女，即使继父或继母与生母或生父离婚，有负担能力的继子女仍对生活困难的继父母承担赡养扶助义务。

《民法典》对未形成抚养教育关系的继父母子女之间的权利义务关系未作出规定，对未形成抚养教育关系的继父母子女，仅具有名义上的继父母子女身份，不具有法律上的权利义务关系。虽然基于生父母一方再婚的事实而形成直系姻亲关系，但法律并未对双方设定权利义务负担。未实际抚养教育继子女的继父母，对继子女不承担抚养、教育和保护的法定义务，成年继子女对未形成抚养教育关系的继父母，也不承担赡养扶助的法定义务。由于双方之间亲属关系的建立是基于继父或继母与生母或生父结婚的事实，当继父或继母与生母或生父离婚，导致继父母子女间亲属关系建立的原因消失，继父母子女关系也随之消除。

（三）收养之后的继父母子女关系

经生父母同意收养继子女之后，继父母与继子女之间形成收养关系。法律规定的继父母子女关系与养父母子女关系有所区别，收养对子女、生父母和继父母之间权利义务关系的影响主要体现在以下几个方面：第一，继父母的配偶一方与子女的自然直系血亲关系不发生变化。直接抚养子女一方的生父母与子女之间具有自然直系血亲关系，无从收养，其配偶系单方收养子女而非夫妻共同收养，生父母仍与其子女具有自然直系血亲关系而非收养所形成的拟制血亲关系。第二，继父母与继子女之间形成拟制直系血亲关系。通过收养行为，继父母与继子女之间的亲属关系由直系姻亲关系，转变为拟制直系血亲关系。在直系姻亲关系之下，继父母并不承担法定的抚养教育义务，而形成拟制直系血亲关系之后，继父母在法律上的地位为养父母，对子女有法定的抚养教育和保护义务，在继父母年老生活困难时，继子女承担法定的赡养扶助义务。当继父或继母与生母或生父离婚时，由于继父母一方已与子女形成收养关系，该收养关系不因离婚而消除。离婚后，在依法解除收养关系之前，继父母与继子女仍具有父母子女的权利义务关系。继子女与不直接抚养他（她）的生父母一方的父母子女关系，也不因继父母与生父母离婚而恢复。第三，继父母的亲属与继子女形成亲属关系。对未形成收养关系的继父母子女，法律并未明确规定继父母的其他亲属与继子女之间形成亲属关系。而形成收养关系之后的继父母子女之间，已形成养父母子女关系，继子女与继父母的近亲属间的权利义务关系，应适用《民法典》关于子女与父母的近亲属关系的规定。

三、收养条件的放宽

继父母收养继子女，可以加强继子女的归属感和继父母的责任感，继父母较易树立起家长的权威，更好地履行对继子女的抚养教育义务，继子女也更容易接受继父母的管教，融入再婚家庭，继父母对继子女的收养有利于再婚家庭关系的和睦与稳定，发挥家庭作为社会基本单元的作用，应予大力提倡。为鼓励继父母收养继子女的行为，《民法典》专门对继父母子女间的收养放宽了条件限制，具体包括：第一，不受生父母有特殊困难无力抚养子女的条件限制；第二，不受收养人的条件限制；第三，不受收养子女人数的限制。

本条规定对继父母收养继子女放宽条件限制的力度较大，规定了比收养三代以内旁系同辈血亲更为宽泛的条件，甚至不要求继父母符合收养人的条件，其作为继父母的身份就表明其作为收养人的适格性，可见立法机关对于继父母收养继子女行为的鼓励和支持的态度。

【审判实践中应注意的问题】

一、继父母收养适格性的判断

在实践中，登记机关在办理继父母收养继子女的登记手续时，虽不受上述条件的限制，但仍应对继父母的人格、品行和法律意识方面等进行评估，以保护被收养人的利益。对于继父母确有家庭暴力等不利于继子女健康成长的情形，可能严重伤害继子女利益的，登记机关应不予办理收养登记。

二、不直接抚养子女的生父母为被宣告失踪之人或无民事行为能力人的收养

被宣告失踪之人或无民事行为能力人，均无法对是否同意子女的收养作出意思表示，《民法典》中未规定生父母一方被宣告失踪或不具有完全民事行为能力时，他方可单独行使收养同意权，且收养对于不具有完全民事行为能力的生父母一方关系重大，但我们认为，继父母收养继子女有利于子女更好地融入生父母一方新组建的家庭，与继父母建立起更加亲密的父母子女关系，使继父母更加全心全意地照顾继子女，更有利于被收养人的健康成长。从未成年人利益最大化原则考虑，应允许直接抚养子女的生父母一方单独行使收养同意权。

第一千一百零四条　收养人收养与送养人送养，应当双方自愿。收养八周岁以上未成年人的，应当征得被收养人的同意。

【条文主旨】

本条是关于收养自愿原则的规定。

【条文理解】

本条规定了收养应当建立在收养人和送养人双方自愿的基础上，并应当征得年满 8 周岁的被收养人的同意。

本条源于《收养法》第 11 条，无实质性修改，仅根据《民法典》关于未成年人限制民事行为能力年龄的调整，将须征得其同意的被收养人的年龄由"十周岁以上"修改为"八周岁以上"。

本条是民法平等自愿原则和意思自治原则在收养制度中的具体体现，规定了收养人和送养人双方自愿原则和被收养人的收养同意权。根据本条规定，收养契约的成立须由收养人、送养人和被收养人三方达成合意，收养过程中各方的合意是收养成立必须具备的实质要件。

一、收养应遵循平等自愿原则和意思自治原则

收养是收养人、送养人和被收养人订立的有关收养身份关系的契约，需要符合民法中契约成立的要件，在建立收养关系的过程中，各方应遵循平等自愿原则和意思自治原则。平等自愿原则，是指收养人、送养人和被收养人在收养过程中身份地位平等，任何一方不能将其意志凌驾于他方之上，强迫他方作出决定。收养各方依其内心的真实意愿决定是否订立收养契约。意思自治原则，是指收养过程中，

各方依其意思表示的内容发生法律效果，各方意思表示一致，收养成立。

二、被收养人的收养同意权

收养系以发生亲子关系为目的之身份契约，因此，须以当事人间有收养意思表示之一致为必要。[①]被收养人是收养契约的一方主体，收养决定了被收养人最重要的社会关系，直接影响未成年人生活的家庭环境和能够获得的抚养、教育的质量，收养应征得被收养人的同意。各国、各地区民法中对于收养的成立普遍以被收养人的同意为必要，对于无民事行为能力的被收养人，由其法定代理人代为作出同意收养的意思表示。《德国民法典》第1746条规定：子女的允许对于收养是必要的。就无民事行为能力或未满14岁的子女而言，只能由其法定代理人给予允许。除此以外，只能由子女自行给予允许；为此，子女必须得到其法定代理人的同意。《意大利民法典》第296条收养合意中规定：收养应该取得收养人和拟被收养人的同意。《瑞士民法典》第265条规定：如养子女有判断能力，收养须征得其同意。

收养作为身份行为，无须行为人具有完全的民事行为能力，具有意思能力即可，但原则上仅能由本人作出意思表示。《民法典》第19条规定：8周岁以上的未成年人为限制民事行为能力人，可以独立实施纯获利益的民事法律行为或者与其年龄、智力相适应的民事法律行为。限制民事行为能力人已有意思能力，收养引起的身份、社会关系的变化应在被收养人能够认知和辨识的范围内。限制民事行为能力人能够对是否同意收养作出意思表示，收养应当征得其同意。《收养法》施行当时，《民法通则》规定10周岁以上的未成年人为限制民事行为能力人，随着我国经济社会的进步和教育事业的发展，未成年人的认知水平逐渐提高，《民法典》将能够行使收养同意权的被收养人的年龄范围也相应调整至8周岁以上。8周岁以下的未成年人是无民事行

① 林秀雄：《亲属法讲义》，我国台湾地区元照出版公司2011年版，第263页。

为能力人，没有意思能力，为维护其权益，应由其法定代理人代为作出同意收养的意思表示。

三、被收养人法定代理人的同意

我国民法中规定的收养均为完全收养，被收养人为未成年人，或为限制民事行为能力人，或为无民事行为能力人。无民事行为能力人无意识能力，限制民事行为能力人虽有意思能力，但其对事物的认知和判断能力难免有失周全、不够慎重。收养行为对被收养人意义重大，域外立法例中普遍规定了被收养人对收养表示同意或允许应征得法定代理人的同意。我国《民法典》中未规定被收养人同意收养应征得法定代理人的同意。但我国收养制度中的送养人往往与被收养人的监护人、法定代理人身份重合，例如被收养人为孤儿的，孤儿的监护人为送养人。《民法典》第 23 条规定："无民事行为能力人、限制民事行为能力人的监护人是其法定代理人。"孤儿的监护人既是孤儿的法定代理人，又是孤儿的送养人。我国收养制度要求收养人、送养人也应对收养达成合意，因此被收养人的同意事实上已经得到其法定代理人的确认，与域外立法中关于未成年人被收养应得到法定代理人的同意实际效果相当。

【审判实践中应注意的问题】

关于特别规定的限制。

根据本条规定，收养须经收养人、送养人和 8 周岁以上的未成年人的同意，但收养并非仅上述三方同意即符合条件。《民法典》还对一些特殊情形规定了收养同意权的主体和特别的要件。例如《民法典》第 1096 条规定：监护人送养孤儿，应当征得有抚养义务的人同意。如果送养人为孤儿的监护人，收养除经收养人、送养人、8 周岁以上未成年人同意之外，还须经对孤儿有法定抚养义务的人同意。《民法典》第 1108 条规定：配偶一方死亡，另一方送养未成年子女的，死亡一方的父母有优先抚养的权利。该条文中虽然没有明确规定配偶一方死亡，另一方送养未成年子女，须经死亡一方的父母同意，但由于该条中规定了死亡一方父母的优先抚养权，如果送养人送养子女时，未征得死亡一方的父母的同意，死亡一方的父母可以主张优先抚养权并要求撤销收养，进而影响收养的效力。

第一千一百零五条 收养应当向县级以上人民政府民政部门登记。收养关系自登记之日起成立。

收养查找不到生父母的未成年人的，办理登记的民政部门应当在登记前予以公告。

收养关系当事人愿意签订收养协议的，可以签订收养协议。

收养关系当事人各方或者一方要求办理收养公证的，应当办理收养公证。

县级以上人民政府民政部门应当依法进行收养评估。

【条文主旨】

本条是关于收养程序的规定。

【条文理解】

本条规定了收养登记的程序、收养查找不到生父母的未成年人的公告程序和签订收养协议、办理收养公证等内容，特别规定了民政部门应当进行收养评估。

本条源于《收养法》第15条，将查找不到生父母的“弃婴和儿童”修改为“未成年人”，与《民法典》第1093条规定的被收养人的条件表述一致。本条新增加规定民政部门应当依法进行收养评估，此内容标志着我国收养关系的建立由仅进行形式审查到开始注重对收养条件的实质审查的转变，是《民法典》收养一章中最重要的立法进步之一，是收养制度最有利于被收养人原则的重要体现，将极大地促进我国收养制度的进一步规范，切实保障被收养人的合法权益。

域外法关于收养的成立普遍规定由法院审查并决定是否准许收

养，例如《日本民法典》第798条规定收养未成年人为子女，应经家庭法院准许。法国民法中也规定收养应依据司法程序成立，由收养人向法院提出申请，由法院对该项收养申请是否符合法律规定的收养的条件以及收养是否符合被收养人的利益进行审查，并决定是否批准收养。我国台湾地区“民法”中要求收养必须签订书面收养协议，并向法院声请认可收养。我国《民法典》中延续了《收养法》中关于由行政机关审查收养条件并决定是否准许收养的规定，由民政部门作为收养登记机关对收养进行登记，确认收养的成立。

一、收养登记及登记的效力

《民政部婚姻司谈收养登记的意义、范围和程序》中指出，收养登记是国家通过主管部门对申请建立收养关系的当事人，依照收养法规定的收养条件进行审查，对符合法定收养条件的，准予登记，发给《收养证》，收养关系即成立的一项制度。收养登记是中国公民收养查找不到生父母的弃婴、儿童以及社会福利机构抚养的孤儿和外国人收养中国儿童取得合法收养关系的必经程序。除收养关系的成立应以登记为生效要件外，收养关系的解除也应办理登记。收养登记将收养行为纳入国家的监督管理，保护收养各方当事人，尤其是被收养人的合法权益，对充分发挥收养的作用，保证收养的社会效果具有重要意义。

收养登记程序包括当事人申请、登记机关审查和登记三个阶段。在当事人申请阶段，申请人应提交符合《中国公民收养子女登记办法》规定要求的各项申请和证明材料；审查是收养登记工作的中心环节。登记机关要对申请收养当事人进行全面地审查，具体审查的内容包括：第一，申请收养人是否符合收养人的条件。第二，申请人真实的收养目的。收养是否是其真实意思表示。第三，申请人是否具有完全的民事行为能力。第四，被收养人的情况，看其是否符合被收养人的条件，已满8周岁的被收养人，登记机关还要了解他（她）对收养的意见。第五，儿童福利机构的送养人资格；审查后，符合《收养法》规定的条件的，准予登记，发给《收养证》，收养关系自登记之日起成立。[①]

收养为要式法律行为。[②]只有履行了法定登记程序，收养才能成立并具有法律效力。我国《收养法》于1992年4月1日公布施行，在此之前，民间已有大量事实上的收养行为。《收养法》公布施行之后，虽然规定收养应当办理登记，但由于当时一些民众法律意识不强、收养程序繁杂、办理正式收养手续成本过高，村委会等机构不配合出具相关证明材料等多种原因，我国收养登记率不高，事实收养问题较为突出。

二、收养前公告

查找不到生父母的未成年人主要指被遗弃、被拐获救的未成年人，《民法典》规定收养上述未成年人的，登记之前应当公告，是为了最大可能寻找未成年人的生父母或其他监护人，维护未成年人及其生父母利益。《中国公民收养子女登记办法》第7条规定了收养查找不到生父母的弃婴、儿童的公告程序，收养登记机关应当在登记前公告查找其生父母；自公告之日起满60日，弃婴、儿童的生父母或者其他监护人未认领的，视为查找不到生父母的弃婴、儿童。

《民法典》将收养查找不到生父母的弃婴、儿童修改为收养查找不到生父母的未成年人之后，被收养人的范围扩大，不仅包括生父母遗弃的未成年人，还包括被拐获救的未成年人。《中国公民收养子女登记办法》中没有规定被拐获救未成年人查找生父母的公告程序。应按《民政部、公安部关于开展查找不到生父母的打拐解救儿

---

① 参见《民政部婚姻司谈收养登记的意义、范围和程序》(1992年4月1日发布)。

② 参见史尚宽:《亲属法论》，中国政法大学出版社2000年版，第584页。

童收养工作的通知》(民发〔2015〕159号)的要求执行,[1]除在儿童寻亲公告平台上发布30日儿童寻亲公告外,还需经过12个月查找期,期满确实未能查找到未成年人生父母的,才可将未成年人进行送养。被拐获救儿童是在违背生父母意愿的情况下,被强行带离生父母身边,给生父母带来巨大的伤痛,为维护生父母和被拐获救未成年人的合法权益,应尽力寻找其生父母,使被拐获救未成年人回归原生家庭,确实无法查找到生父母的,才可将未成年人送养,且只能进行国内送养。

三、收养协议和收养公证

对于国内收养,签订收养协议和办理收养公证并非收养行为成立或生效的法定要件,是否签订收养协议或办理公证,不影响收养关系的成立。收养协议和收养公证也不能代替收养登记。

在我国收养制度建立发展的历史过程中,收养协议和收养公证也曾发挥过重要作用。我国《收养法》对于收养成立的形式要件的规定经历过三个阶段:第一阶段是在中华人民共和国成立后至1992年4月1日《收养法》施行之前,此时对于收养成立的条件没有统一的法律规定,一般情况下,有收养的事实即承认收养关系。第二阶段是在《收养法》施行后至1999年4月1日修正的《收养法》施行之前,1992年施行的《收养法》针对不同的被收养人分别规定了收养成立要件,收养查找不到生父母的弃婴、儿童以及社会福利机构抚养的孤儿的,应当向民政部门登记。除此之外,应当由收养人、送养人订立书

---

① 《民政部、公安部关于开展查找不到生父母的打拐解救儿童收养工作的通知》(民发〔2015〕159号)要求:……一、社会福利机构或者救助保护机构在接收打拐解救儿童后,应当在报纸和全国打拐解救儿童寻亲公告平台上发布儿童寻亲公告。公告满30日,儿童的生父母或者其他监护人未认领的,救助保护机构应当在7日内将儿童及相关材料移交当地社会福利机构。社会福利机构应当尽快为儿童办理入院手续并申报落户手续,公安机关应当积极办理落户手续。从儿童被送交社会福利机构或者救助保护机构之日起满12个月,公安机关未能查找到儿童生父母或其他监护人的,应当向社会福利机构出具查找不到生父母或其他监护人的证明……二、社会福利机构收到查找不到生父母或其他监护人的证明后,对于符合收养条件的儿童,应当及时进行国内送养,使儿童能够尽快回归正常的家庭生活……

面协议，并可以办理收养公证；收养人或者送养人要求办理收养公证的，应当办理收养公证。即对于收养弃婴、儿童和社会福利机构抚养的孤儿以外的儿童的，并未强制要求必须办理登记，而仅要求签订收养协议，可以办理收养公证。第三阶段是在1999年4月1日修正的《收养法》施行之后至今，法律正式将收养登记作为各类收养行为统一的成立要件，未经登记，收养不能成立。由此可见，在收养制度建立和发展过程中，收养协议和收养公证曾经被作为收养成立的要件。对于收养关系建立时，按当时施行的法律法规，以签订收养协议或办理收养公证作为收养成立形式要件的事实收养，根据法不溯及既往的原则，仍应承认其具有收养的效力，不能一概以未办理登记为由，否定收养的成立。

四、收养评估

《中国公民收养子女登记办法》中详细规定了办理收养登记需提交的申请及证明材料，以及具体的办理程序。依照该办法，登记机关仅对收养人和送养人提供的材料进行形式审查。结合《收养法》及《中国公民收养子女登记办法》的规定可见，之前我国收养登记采取形式审查主义，即对收养主体是否具备法定资质和相应条件仅进行书面材料上的审核而几乎不作实质审查。形式审查不能保证收养人和送养人提供材料的真实性和特定主体间建立收养关系是否适当。收养是关系被收养人利益的重大身份行为，对收养人、送养人和被收养人的权利义务关系将产生深远的影响，《收养法》中规定的形式审查主义不能确保未成年人利益最大化。

收养制度发展的国际趋势是国家监督主义色彩日益浓厚，各国普遍加强对收养行为的法律监督，强调国家公权力的介入。主要表现在各国立法都对收养成立的程序作出严格规定，一般由法院对收养进行审查并作出是否准许收养的宣告，反映出国家对公民收养行为的干预力度不断增强，目的在于强化对收养当事人特别是被收养人合法权益的保护。缺乏对收养行为实质审查将导致被收养人的利益处于风险中，对被收养人利益的保护存在缺失。1986 年联合国《关于儿童保护和儿童福利、特别是国内和国际寄养与收养办法的社会和法律原则宣言》第 16 条规定：在收养以前，儿童福利服务组织或收养机构应对被收养儿童与预期养父母之间的关系进行观察和调查。各国立法应确保被收养儿童成为收养家庭的合法成员并享有一切相关的权利。《关于儿童收养的欧洲公约》第 9 条规定：主管机关在批准收养以前，应对收养人、儿童及其家庭进行适当的调查。《瑞士民法典》第 268 条之 1 规定了收养前的调查程序：（1）在全面调查所有重要情况后，必要时亦得与专家磋商后，始得宣告收养。（2）特别应澄清养父母及养子女的人格与健康状况，他们相互间的关系、养父母的教育能力、经济状况、动机及家庭关系，以及收养关系的发展等情况。（3）养父母已有直系卑血亲时，收养亦得征求他们的意见。《法国民法典》第 355 条规定：法院应组成不公开合议庭开庭，并在必要的调查后，确定所有法律条件是否具备、拟议中的收养人是否享有良好的声誉。第 356 条规定：法院在听取王国初级检察官的意见后，不必经过其他程序，即宣告收养成立或不成立，亦无须说明理由。

对收养的实质审查涉及审查机关和审查内容两个方面。关于审查机关，由于收养的实质审查需要深入群众进行大量的走访调查等活动，我国人口众多，收养需求量大，统一由法院进行实质审查在我国目前的国情下并不适合，应将收养的实质审查纳入收养评估程序中，由评估机构对收养人的能力资质和与被收养人的相处情况进行审查。关于审查内容，民政部门应对收养人的婚姻状况、家庭生活、经济收入、居住条件、受教育程度、人格品性、生育或收养子女等情况进行实地考察，作出综合评判，形成评估报告。评估报告应当作为收养登记机关决定是否予以登记的重要参考，对符合收养条件、相关证明材料齐全有效，且收养评估结果支持收养的，予以登记；对于不符合收养条件，收养评估结果不支持收养的，不予登记。收养评估制度的建立，可以帮助登记机关运用专业知识和方法，更加科学地判断收养人是否具有抚养教育被收养人的能力，强调登记机关的义务和责任，加强对公民收养与送养行为的国家监督。

民政部于2012年发布《关于开展收养评估试点工作的通知》（民函〔2012〕189号），指出为全面保障被收养儿童权益，进一步提升收养工作水平，决定在上海、江苏、湖北、广东、重庆等地开展收养评估试点工作。随着第一批试点省份收养评估试点工作辐射影响力的不断增强，民政部于2014年又下发了《关于开展第二批收养评估试点工作的通知》（民函〔2014〕179号），确定北京市房山区民政局等37个单位作为第二批收养评估试点单位。民政部于2015年印发《收养能力评估工作指引》，明确了收养能力评估的对象、流程、标准和评估方式，规范评估报告的内容及格式，确保收养能力评估工作规范、准确地开展，为科学评估收养家庭抚养教育能力提供了重要参考。目前上海、天津、山东、安徽、江苏等多地民政部门都已经广泛开展了收养评估的试点工作，并取得良好的成效，积累了一定经验。《民法典》中规定民政部门应当进行收养评估，民政部门正在推广的收养评估制度具有上位法的依据，将有利于收养评估制度的规范化发展，切实保障被收养人的利益。

【审判实践中应注意的问题】

一、应当签订收养协议的情形

对于一般国内收养，收养各方可以自愿选择签订收养协议或不签订，但对于几种特殊类型的收养，按法律法规或部门规章的要求，应当签订收养协议，包括以下几种：第一，儿童福利机构进行涉外送养的，按照《民政部关于社会福利机构涉外送养工作的若干规定》（民发〔2003〕112号）的要求，收养人和送养人应当订立书面收养协议。第二，收养被拐获救未成年人的，按《民政部、公安部关于开展查找不到生父母的打拐解救儿童收养工作的通知》（民发〔2015〕159号）的要求，办理收养登记前，儿童福利机构应当与收养家庭签订收养协议。第三，外国人来华收养子女的，按照《外国人在中华人民共和国收养子女登记办法》（民政部令第15号）第9条的规定，应当与送养人订立书面收养协议。

二、历史遗留的事实收养的处理

事实收养，又称私自收养，是指未办理收养登记手续而以父母子女身份共同生活。根据法不溯及既往原则，对于历史遗留的未办理收养登记的事实收养，应按照收养关系建立当时有效的法律法规和部门规章的规定办理。为明确事实收养的效力及收养各方当事人的权利义务关系，最高人民法院和民政部等部委先后出台多个规范性文件。根据《最高人民法院关于贯彻执行民事政策法律若干问题的意见》[①]第28条规定，对社会公认以收养关系长期共同生活的，虽未办理合法手续，也按收养关系对待。《司法部关于办理收养法实施前建立的事实收养关系公证的通知》（司发通〔1993〕125号）规定："凡当事人能够证实双方确认共同生活多年，以父母子女相称，建立了事实上的父母子女关系，且被收养人与其生父母的权利义务关系确已消除的，可以为当事人办理收养公证。收养关系自当事人达成收养协议或因收养事实而共同生活时成立。"《民政部、公安部、司法部、卫生部、人口计生委关于解决国内公民私自收养子女有关问题的通知》（民发〔2008〕132号）中则区分不同情况提出解决事实收养问题的方案，通知中根据事实收养发生的时间分别规定了收养的效力。对于1999年4月1日，修正后的《收养法》施行前国内公民私自收养子女的，依据司法部《关于办理收养法实施前建立的事实收养关系公证的通知》等文件的规定办理，主要内容为当事人以父母子女身份长期共同生活，且与生父母权利义务关系消除的，可以办理收养公证，收养关系成立。对于1999年4月1日修正的《收养法》施行后发生的事实收养，再根据不同情形分别规定，基本内容为如果事实收养符合《收养法》

---

① 该意见已于2019年7月20日被《最高人民法院关于废止部分司法解释（第十三批）的决定》废止。

规定的收养条件，可以办理收养登记，收养关系成立；事实收养不符合《收养法》规定的收养条件，收养关系不成立。该通知明确了事实收养的相关问题，否定了1999年4月1日以后发生的事实收养的法律效力，但同时规定了符合《收养法》规定条件的事实收养可以办理收养登记。根据本条规定，收养关系自登记之日起成立。

第一千一百零六条 **收养关系成立后，公安机关应当按照国家有关规定为被收养人办理户口登记。**

【条文主旨】

本条是关于被收养人户口登记的规定。

【条文理解】

本条规定了为被收养人办理户口登记的条件和程序。

本条源于《收养法》第16条，内容无实质修改，仅在文字上将“公安部门”修改为“公安机关”。《户口登记条例》第3条规定：户口登记工作，由各级公安机关主管。本条对文字进行细节处的修改，与户口登记条例的规定一致，表述更加准确。

第一，户口，是住户和人口的总称，以户籍（户口簿）为载体。户籍是由公安机关户政管理机构所制作，用以记载和留存住户人口基本信息的法律文书。中国的户籍制度最早可以追溯到两千多年前的春秋战国时期。户籍制度建立之初的目的是为统计人口数量，便于国家对人的管理和控制，此后衍生出以户为单位课以赋税和征派劳役等功能。人类进入信息时代后，户籍制度更加侧重体现对人口的登记管理功能，是国家确认并依法保护被登记者合法权益的标志，公民办理身份证的前提是有户籍信息。

第二，户口登记，是指国家主管户政的行政机关对自然人按户登记并予出证的行政行为。户口登记时需要将自然人的姓名、出生日期、亲属、婚姻状况等基本信息记载在户口登记簿上，户口登记簿是确立自然人在社会和家庭中作为民事主体法律地位的基本证明文件之一。户口登记所提供的住户人口基本信息成为人们生产生活、社会服务管理和国家行政司法都不可或缺的信息基础。户籍所显示的公民的身份、年龄、行为能力是国家司法活动的必备基础，户籍所显示的住址是确定司法管辖权的重要标准之一。户口管理已成为近现代社会最主要的公共信息管理系统。法国户籍管理制度要求对公民个人的信息详细记录，除公民出生年月、性别、单双胞胎等内容，还包括其父母的职业、经济收入、国籍、宗教信仰等相关内容。法国公民的户籍信息与医疗、存款等日常生活紧密相关。日本以家庭为单位标明每个人的身份、夫妻关系、父子关系等，未成年人无权独立设立自己的户籍，成年之后，才可将户籍独立出去。日本常使用“住民票”，它以每个人的居住地为基础设立，标有此人的姓名、出生年月日、性别、与户主的关系等。丹麦人口登记制度既先进又严格，登记内容包括公民的姓名、出生年月、性别、婚姻状况、纳税情况、监护人等。瑞典由于历史传统的原因，是由教会管理户口，人口登记有三百多年的历史。现代化的户口登记管理有力支撑各项公共事业、公共服务、公共管理和公共安全工作。我国注重发挥户籍制度的人口登记管理功能，正在积极稳妥推进户籍制度改革，落实放宽户口迁移政策，但户籍在决定公民获得教育资源、就业扶持、住房保障、养老服务、社会福利、社会救助等方面仍发挥着重要作用。

第三，根据《户口登记条例》第5条的规定，户口登记以户为单位。同主管人共同居住一处的立为一户，以主管人为户主。户主负责按照条例的规定申报户口登记。该条表明我国户口登记是按户内居住人员组成情况来划分的，一个家庭的成员共居一处，或虽非家庭成员，但共同生活居住在一起的，属于一户，可以进行户口登记造册。被收养人均为未成年人，其被收养后，加入收养人所在的家庭，与收养人共同生活，其户籍信息应当列入收养人家庭的户口登记簿中。《中国公民收养子女登记办法》第8条规定：收养关系成立后，需要为被收养人办理户口登记或者迁移手续的，由收养人持收养登记证到户口登记机关按照国家有关规定办理。收养之后进行户口登记，有利于被收养人的入托、入学等相关手续的及时办理，也有助于被收养人及时融入收养家庭，加强被收养人的归属感。收养成立后，公安机关应及时为被收养人办理户口登记。

【审判实践中应注意的问题】

审判实践中应注意办理户口登记的条件。

根据本条规定，为被收养人进行户口登记需在收养关系成立后办理，《民法典》第1106条规定了收养关系自登记之日起成立。因此，收养人应当在依法办理收养登记手续之后，持登记机关发给的收养登记证，到公安机关为被收养人办理户口登记或户口迁移手续。一般情况下收养协议和收养公证不是收养成立的要件，不能凭收养协议和收养公证办理被收养人的户口登记。但对于1999年4月1日修正后的《收养法》施行之前成立的收养关系，依当时生效的法律、法规规定，以收养协议和收养公证为收养成立形式要件的，可持收养协议或收养公证证明办理被收养人的户口登记。

第一千一百零七条 孤儿或者生父母无力抚养的子女，可以由生父母的亲属、朋友抚养；抚养人与被抚养人的关系不适用本章规定。

【条文主旨】

本条是关于生父母亲友抚养的规定。

【条文理解】

本条规定了生父母的亲属、朋友对未成年子女的抚养及抚养关系的属性。

本条源于《收养法》第17条，内容无实质修改。

抚养，是指长辈对晚辈的供养。其上位概念为扶养，多数国家不再对扶养的概念进行区分，将亲属之间相互供养和扶助统称为扶养。我国则根据亲属间长幼尊卑顺序再划分为抚养、扶养和赡养。将长辈对晚辈的供养称为抚养，将平辈亲属之间的扶助称为扶养，将晚辈对长辈的供奉称为赡养。

《民法典》中规定的抚养包括三种类型：一是父母对子女的抚养，父母对子女的抚养是父母子女关系的重要内容，父母基于生育子女的事实承担抚养、教育和保护未成年子女的义务；二是有负担能力的祖父母、外祖父母对孤儿或父母无力抚养的孙子女、外孙子女的抚养，此种抚养也属于法定义务，是在父母抚养缺失时的重要补位；三是生父母的其他亲属、朋友对孤儿或生父母无力抚养的子女的抚养。此种抚养并非法定义务，可以在自愿基础上，充分发挥亲属朋友间的互助互爱，为处于困境中的未成年子女提供基本生存条件，本条规定的即为此种类型的抚养。

由于年幼之人并无生存能力，需要依赖父母双亲的抚育，但在遭遇变故父母死亡或父母无力抚养之时，生活便无以为继。在我国古代的家族制度背景之下，对于遭遇变故不具有生存能力的家庭成员，可以通过其他亲属代为养育，使其得以生存。《国务院办公厅关于加强孤儿保障工作的意见》（国办发〔2010〕54号）规定了对孤儿的四种安置方式，分别为亲属抚养、机构养育、家庭寄养和依法收养，表明抚养和收养均为孤儿的安置途径。1992年《收养法》中就已规定孤儿或者生父母无力抚养的子女，可以由生父母的亲属、朋友抚养，《民法典》中对此条规定予以保留。亲属、朋友抚养的规定，可以充分发挥家庭、社会在扶助弱小方面的积极作用，促进社会的和谐稳定。

一、抚养的条件

对孤儿或生父母无力抚养的子女，《民法典》第1074条规定了一项法定抚养义务，即有负担能力的祖父母、外祖父母，对于父母已经死亡或者父母无力抚养的未成年孙子女、外孙子女，有抚养的义务。除有负担能力的祖父母、外祖父母之外，其他亲属、朋友对于孤儿或生父母无力抚养的子女，并无法定的抚养义务。其他亲属、朋友主动愿意抚养孤儿或生父母无力抚养的子女的，应予鼓励，但不能强制。

在上述抚养关系中，多数抚养人均不具有法定的抚养义务，抚养是发扬扶助弱小的善良之举，被抚养人必须确有接受抚养的必要。被抚养人符合下列条件之一可以由生父母的亲友抚养：第一，父母均死亡或被宣告死亡；第二，父母双方均无力抚养子女；第三，父母一方死亡，另一方无力抚养子女。

二、抚养与收养的关系

抚养和收养均为孤儿的安置途径。但抚养与收养在具体制度设计上存在显著的区别。本条规定，抚养人与被抚养人的关系不适用《民法典》收养一章的规定，包括两层涵义：一是抚养不需要符合收养的条件；二是抚养不产生收养的法律效果。抚养与收养的主要区别体现为以下几个方面：第一，主体范围不同。抚养人限于被抚养人生父母的亲属和朋友，而收养人的范围则不受此限，符合《收养法》规定条件的民事主体都可以成为收养人。被抚养人限于孤儿和生父母无力抚养的子女，被收养人除上述两类未成年人外，还包括查找不到生父母的未成年人。因未成年人的生父母查找不到，无法确定其生父母的亲属和主要社会关系，也无从确定抚养人。第二，成立要件不同。收养为要式行为，必须采取一定形式或履行特定的程序才能成立。根据《民法典》第1105条的规定，收养应当向县级以上人民政府民政部门登记，收养关系自登记之日起成立。收养登记为收养关系的成立要件，未经依法登记，不产生收养的法律效果。而抚养为非要式行为，法律并未对其生父母亲友的抚养规定专门的成立或生效要件，也不要求抚养人履行特定程序，只要抚养人从事了人们通常理解的抚养行为，即可认为成立抚养关系。第三，法律效果不同。收养是一项法律行为，可在收养双方之间产生拟制的父母子女关系，双方享有父母子女间的权利，承担相应的义务；被收养人与生父母之间的父母子女关系消除。而抚养并不能引起上述法律效果，形成抚养关系的民事主体之间并未建立父母子女关系，也未消除被抚养人与生父母之间的血亲关系。

【审判实践中应注意的问题】

一、关于抚养人的范围

本条规定的抚养人的范围非常广泛，并不限于法定抚养义务人。《民法典》第1074条规定了有负担能力的祖父母、外祖父母，对于父母已经死亡或者父母无力抚养的未成年孙子女、外孙子女，有抚养的义务。该条中规定的抚养义务为法定抚养义务，有负担能力的祖父母、外祖父母不得拒绝履行抚养生父母已经死亡或者生父母无力抚养的未成年孙子女、外孙子女的义务，但并不表示生父母死亡或无力抚养的孙子女、外孙子女只能由祖父母、外祖父母抚养。如果其他亲属、朋友有抚养能力和抚养意愿，并且更加适合抚养孤儿或生父母无力抚养的子女，也可以在各方当事人协商一致的情况下，由生父母的其他亲属、朋友抚养。此处的亲属并不限于《民法典》第1045条规定的近亲属，除近亲属外的其他与被抚养人的生父母有亲属或朋友关系的人均可以作为抚养人。但由于我国《民法典》并未采用广义的扶养概念，抚养一般用于指代长辈对晚辈的扶助供养义务，故此处所指亲属应限于被抚养人的尊亲属，如被抚养人的叔、伯、姑、舅等。

二、关于抚养的顺序

《民法典》中对于抚养的顺序未作规定，但由于祖父母、外祖父母对生父母已经死亡或无力抚养的孙子女、外孙子女所承担的是法定抚养义务，可优先于生父母的其他亲属、朋友抚养自己的孙子女、外孙子女。《民法典》第1108条规定了配偶一方死亡、另一方送养未成年子女的，死亡一方的父母有优先抚养的权利，该条规定可见祖父母或外祖父母，对于生父或生母死亡的孙子女或外孙子女享有优先抚养权，祖父母、外祖父母的抚养权既然可以优先于潜在的收养人进行抚养，当然也优先于生父母的其他亲属、朋友。因此，对于生父母的多名亲属、朋友愿意抚养生父母死亡或无力抚养的子女的，未成年人的祖父母、外祖父母享有优先抚养权，如果未成年人的祖父母、外祖父母愿意抚养未成年人，且具有抚养能力，应优先由祖父母、外祖父母抚养。当祖父母、外祖父母不愿意抚养未成年人时，而生父母的其他亲属、朋友愿意抚养的，应按照最有利于未成年人的原则，结合亲疏关系的远近、抚养能力和抚养意愿等因素综合考察确定抚养人。

第一千一百零八条 配偶一方死亡，另一方送养未成年子女的，死亡一方的父母有优先抚养的权利。

【条文主旨】

本条是关于优先抚养权的规定。

【条文理解】

本条规定了配偶一方死亡，另一方送养子女的权利与死亡一方父母的抚养权的顺位，明确了死亡一方父母的优先抚养权。

本条源于《收养法》第18条，内容未作修改。

父母作为子女的监护人享有收养同意权，生父母送养子女的，应当双方共同送养。《民法典》第1097条也规定了允许单方送养的例外情形，即在生父母一方不明或者查找不到时，可以单方送养。我国《民法典》未明确规定生父母一方死亡，他方可以单方送养。域外立法例中多数确立生父母共同送养的一般原则，同时生父母一方死亡或无意思能力及住所不明、身份不明的，可以作为生父母共同送养的例外情形，由生父母一方单独送养。例如《法国民法典》第348条规定：在子女对父与母双方均已确立亲子（女）关系的情况下，由他人收养该子女，应得到父母双方的同意。如父母中一人已去世或者不能表示自己的意思，或者如其已丧失亲权，父母之另一方同意收养。当生父或生母一方死亡时，已无法实现生父母双方共同送养，另一方以一人之力抚养子女，必然面临诸多困难，应当允许生存一方在无力抚养子女的情况下送养子女，确保子女能够得到较好的照顾和教育。故应从立法目的角度出发，对我国《民法典》第1097条规定的生父母一方单方送养的规定进行扩张解释，理解为当生父母一方死亡时，另一方也可以单独送养。此外结合本条规定的内容，死亡一方的父母享有优先抚养权的前提条件是配偶一方死亡时，另一方送养子女，条文规定的内容隐含着肯定配偶一方死亡时，另一方单独送养子女的权利。

一、优先抚养权

《民法典》第1074条规定了有负担能力的祖父母、外祖父母对父母已经死亡或者父母无力抚养的未成年孙子女有抚养的义务。对于有负担能力的祖父母、外祖父母，抚养父母已经死亡或父母无力抚养的未成年孙子女，既是其应当承担的法定抚养义务，也是其所享有的一项法定优先权。

收养的涵义是认领他人子女为自己的子女，祖父母、外祖父母与孙子女、外孙子女之间具有直系血亲关系，不能进行收养，否则会引起伦理冲突。但对于死亡一方的父母，老年丧子（女）已经非常悲痛，如孙子女、外孙子女再被送养他人，将导致孙子女、外孙子女与祖父母、外祖父母的亲属关系也被消除，给祖父母或外祖父母带来新的打击。祖父母、外祖父母与孙子女、外孙子女本就有血脉相承关系，与孙子女、外孙子女具有深厚的情感纽带。现代社会中，很多家庭夫妻双方均需工作，实际上也由祖父母、外祖父母帮助抚养孙子女、外孙子女。对于子女死亡的老人，如果能由其抚养孙子女、外孙子女，老人会将对子女的爱都倾注到孙子女、外孙子女身上，全力照顾孙子女、外孙子女的生活，有利于孙子女、外孙子女得到较好的抚养教育。同时孙辈承欢膝下，对老年丧子（女）的祖父母、外祖父母也是心灵上的巨大慰藉，还有助于解决祖父母、外祖父母未来的赡养问题。对父母一方死亡的未成年人，由祖父母或外祖父母抚养对各方均有助益。在未成年子女面临抚养缺失时，祖父母、外祖父母的抚养权应优先予以保护。

二、建立抚养关系的条件

本条文义上并未对享有优先抚养权的祖父母、外祖父母的条件加以限制。应根据抚养制度设计的目的角度对本条规定进行限缩解释。抚养关系的建立应符合以下三项条件：一是抚养人有抚养的能力，包括经济上能够负担被抚养人生活所需的基本支出和教育费用。抚养人身体健康，无不利于被抚养人健康成长的身体或精神疾病等。二是被抚养人有接受抚养的客观需要，未成年子女的父母死亡或父母无力抚养，未成年子女如不能被他人抚养，生活面临困境。三是抚养关系的建立有利于被抚养人的健康成长，抚养人无虐待或遗弃被抚养人的可能。

【审判实践中应注意的问题】

一、关于优先抚养权的主体

从本条规定的文义进行解释，享有法定优先抚养权的祖父母、外祖父母应当为死亡一方的父母，即未成年子女的父亲死亡，祖父母享有优先抚养权；未成年子女的母亲死亡，外祖父母享有优先抚养权。生存一方的父母，并不依照本条规定享有法定的优先抚养权，但可以作为确定抚养权时酌情考虑的因素。

二、关于权利冲突问题

父母一方死亡，另一方有权单独决定送养。如果另一方希望将子女送养，而死亡一方的父母希望抚养孙子女、外孙子女时，会产生父母一方收养同意权与祖父母、外祖父母的优先抚养权的冲突。《收养法》施行前，对此问题未予明确，实践中做法亦不统一。《民法通则意见》第 23 条规定：夫妻一方死亡后，另一方将子女送给他人收养，如收养对子女的健康成长并无不利，又办了合法收养手续的，认定收养关系成立。其他有监护资格的人不得以收养未经其同意而主张收养关系无效。《最高人民法院民事审判庭关于夫妻一方死亡另一方将子女送他人收养是否应当征得愿意并有能力抚养的祖父母或外祖父母同意的电话答复》(〔1989〕法民字第21号)中指出在审判实践中对不同情况的处理，需要具体研究。如夫妻一方死亡，另一方有抚养子女的能力而不愿尽抚养义务，以及另一方无抚养能力，且子女已经由有抚养能力，又愿意抚养的祖父母、外祖父母抚养的，为送养子女发生争议时，从有利于子女健康成长考虑，子女由祖父母或外祖父母继续抚养较为合适。该答复已经体现出支持子女由祖父母、外祖父母抚养的倾向性意见。《收养法》施行后，明确规定了祖父母、外祖父母的优先抚养权，对于配偶死亡，另一方送养子女的，应当征得死亡一方父母的同意，未征得死亡一方父母同意，将子女送养的，死亡一方父母有权提起诉讼，主张确认收养无效，并要求变更抚养关系。

三、放弃优先抚养权

优先抚养权是一项权利，根据处分原则，权利人可以主张优先抚养权，也可以放弃优先抚养权。优先抚养权的放弃可通过明示或默示两种方式为之，明示放弃优先抚养权是指权利人明确表示不主张优先抚养权。默示放弃是生父母一方告知优先抚养权人将要送养子女，但优先抚养权人未在合理期限内就是否主张优先抚养权表明态度。上述两种情形下，生存一方的父或母均可单独送养子女。

第一千一百零九条 外国人依法可以在中华人民共和国收养子女。

外国人在中华人民共和国收养子女，应当经其所在国主管机关依照该国法律审查同意。收养人应当提供由其所在国有权机构出具的有关其年龄、婚姻、职业、财产、健康、有无受过刑事处罚等状况的证明材料，并与送养人签订书面协议，亲自向省、自治区、直辖市人民政府民政部门登记。

前款规定的证明材料应当经收养人所在国外交机关或者外交机关授权的机构认证，并经中华人民共和国驻该国使领馆认证，但是国家另有规定的除外。

【条文主旨】

本条是关于外国人在中国收养子女的规定。

【条文理解】

本条明确了外国人可以在中国收养子女，外国人在中国收养子女属于涉外收养，并对涉外收养规定了不同于国内收养的严格程序条件，体现了保护被收养人利益的基本原则。

本条源于《收养法》第21条，并在此条基础上主要进行了以下修改：第一，将涉外收养的法律依据由“依照本法”修改为“依法”，表明涉外收养不仅应遵守《民法典》中关于收养的规定，还应遵守其他法律法规中有关涉外收养的规定。第二，涉外收养的登记机关由“省级人民政府民政部门”修改为“省、自治区、直辖市人民政府民政部门”，表述更加准确完整。第三，取消了有关办理收养公证的规定。涉外收养的登记机关层级较高，可以保证收养真实、有效。第四，对于证明材料外交认证程序增加了国家另有规定的除外条件。

外国人在中国收养子女，属于涉外收养、跨国收养的范畴。涉外收养是指包含涉外因素的收养，通常理解为收养人和被收养人至少有一方为外国人。我国涉外收养经历了不同的发展阶段，在中华人民共和国成立后到1978年，受国际关系和国际形势制约，我国涉外收养的儿童数量很少。1978年改革开放以后，涉外收养数量有所增加。这一时期作为传统被收养儿童主要供给国的韩国改变了对涉外收养的态度和政策，开始限制涉外收养，而欧洲国家随着经济社会发展变化，人口出生率降低，人口结构的变化产生了大量收养的需求。1988年，我国政府放宽了涉外收养的政策，规定华裔、与中国有密切联系的外国人或长期定居在我国的外国人可以收养我国儿童。1992年施行的《收养法》进一步放开限制，规定外国人可依照《收养法》在我国收养儿童。这一期间我国涉外收养数量逐年大幅增加。2005年4月27日，全国人民代表大会常务委员会作出《关于批准〈跨国收养方面保护儿童及合作公约〉的决定》，我国正式成为该公约的缔约国。当年我国涉外收养的数量达到顶峰，有1.3万余名儿童被国外家庭收养，占收养比例的25.49%。近年来，我国遵循“儿童利益最大化”“国内收养优先”等基本原则开展收养工作，目前国内收养量占收养总数的近九成，涉外收养量近年呈下降趋势。

涉外收养中存在着收养条件审核难、收养后监督回访难等问题，在儿童福利机构进行的涉外儿童送养中，曾经出现为获取外国养父母交纳的赞助费，违法将儿童送养的情况。为确保被收养人及其生父母的合法权益，规范涉外收养行为，收养法对涉外收养规定了严格的条件和程序，相关规定也被《民法典》所吸收。

一、关于外国人在中国收养子女的法律适用

《收养法》第21条第1款规定，“外国人依照本法可以在中华人民共和国收养子女”，其中“本法”即指《收养法》，表明外国人应当

按照我国《收养法》规定的内容在中国境内收养子女。2011 年 4 月 1 日实施的《涉外民事关系法律适用法》第 28 条规定："收养的条件和手续，适用收养人和被收养人经常居所地法律。收养的效力，适用收养时收养人经常居所地法律。收养关系的解除，适用收养时被收养人经常居所地法律或者法院地法律。"《涉外民事关系法律适用法》对收养的条件和手续、收养的效力、收养关系的解除分别规定了应当适用的法律，更加详细具体，经常居住地作为法律适用连接点，与 1993 年《跨国收养方面保护儿童及合作公约》的要求一致。外国人在中国收养子女，除需符合我国法律规定的收养条件外，还需符合其所在国法律关于收养条件的法律规定并经该国主管机关的审核同意，确保被收养的中国儿童在养父母所在国能得到法律的认可和保护。如果收养人所在国对涉外收养规定了特别的条件和程序，还应符合该国涉外收养的特别规定。根据《外国人在中华人民共和国收养子女登记办法》第 3 条的规定，因收养人所在国法律的规定与中国法律的规定不一致而产生的问题，由两国政府有关部门协商处理。

二、收养人应提供经过认证的申请材料和相关证明

根据《外国人在中华人民共和国收养子女登记办法》第 4 条的规定，外国人在华收养子女，应当通过所在国政府或者政府委托的收养组织向中国政府委托的收养组织转交收养申请，并提交收养人的家庭情况报告和证明。收养人的收养申请、家庭情况报告和证明，是指由其所在国有权机构出具，经其所在国外交机关或者外交机关授权的机构认证，并经中华人民共和国驻该国使馆或者领馆认证的下列文件：（1）跨国收养申请书；（2）出生证明；（3）婚姻状况证明；（4）职业、经济收入和财产状况证明；（5）身体健康检查证明；（6）有无受过刑事处罚的证明；（7）收养人所在国主管机关同意其跨国收养子女的证明；（8）家庭情况报告，包括收养人的身份、收养的合格性和适当性、家庭状况和病史、收养动机以及适合于照顾儿童的特点等。在华工作或者学习连续居住 1 年以上的外国人在华收养子女，应当提交

前款规定的除身体健康检查证明以外的文件，并应当提交在华所在单位或者有关部门出具的婚姻状况证明，职业、经济收入或者财产状况证明，有无受过刑事处罚证明以及县级以上医疗机构出具的身体健康检查证明。上述申请和证明材料可以从收养动机、经济水平、身体健康程度、遵守法纪和道德水准等方面反映收养人条件的适格性。通过外交认证确保申请和证明材料的真实有效。

三、涉外收养应当签订收养协议

国内收养制度建立之初，对于部分收养行为，曾经以签订收养协议或办理收养公证作为收养成立的条件，《收养法》于1998年修正后，对于国内收养已经取消了要求双方签订收养协议的规定，但对涉外收养仍保留了要求签订收养协议的规定。《外国人在中华人民共和国收养子女登记办法》第9条第1款规定："外国人来华收养子女，应当与送养人订立书面收养协议。协议一式三份，收养人、送养人各执一份，办理收养登记手续时收养登记机关收存一份。"涉外收养中，被收养人不仅与外国养父母建立起拟制血亲关系，还可能面临国籍、社会关系和生活环境方面的重大改变，为表示慎重，涉外收养应当签订书面收养协议，以利于明确各方的权利义务关系，减少纠纷的发生。

四、涉外收养的登记

（一）关于登记机关

国内收养的登记机关为县级以上人民政府民政部门。对于涉外收养，为进一步加强监督管理，统一把握涉外收养的条件尺度，《收养法》中规定应当向省级人民政府民政部门登记，本条基本沿用有关登记机关的规定，涉外收养应当向省、自治区、直辖市人民政府民政部门登记，限制了办理涉外收养登记的民政部门的级别。《外国人在中华人民共和国收养子女登记办法》第9条第2款将登记机关进一步明确为被收养人常住户口所在地的省、自治区、直辖市人民政府民政部门。根据本条规定，县级人民政府民政部门无权对涉外收养进行登记确认，未在省、自治区、直辖市人民政府民政部门办理登记的涉外收养不能成立。

（二）亲自办理登记

《外国人在中华人民共和国收养子女登记办法》第 8 条规定："外国人来华收养子女，应当亲自来华办理登记手续。夫妻共同收养的，应当共同来华办理收养手续；一方因故不能来华的，应当书面委托另一方。委托书应当经所在国公证和认证。"根据该条规定要求，单独收养子女的，必须亲自来中国办理登记。夫妻双方共同收养的，至少夫妻一方亲自来华登记，且需提供经收养人所在国公证和认证的委托书。结合该办法第 9 条关于收养关系当事人共同到民政部门登记的规定，送养人和被收养人也应与收养人共同到民政部门现场办理收养登记。

【审判实践中应注意的问题】

关于涉外收养中被收养人的国籍问题。

《涉外民事关系法律适用法》和《民法典》中对涉外收养的被收养人的国籍问题都没有作出明确的规定，应按照《国籍法》的规定确定被收养人的国籍。《国籍法》第 4 条规定："父母双方或一方为中国公民，本人出生在中国，具有中国国籍。"第 6 条规定："父母无国籍或国籍不明，定居在中国，本人出生在中国，具有中国国籍。"结合上述两条规定，被收养人只要符合出生在中国，且父母双方或一方为中国公民，或者父母双方为定居在中国的无国籍或国籍不明人士，均具有中国国籍。收养所产生的法律效果并不包括对被收养人国籍的影响，因此被收养人并不因收养而丧失中国国籍。但因我国不承认双重国籍，如果被收养人符合养父母所在国的入籍条件而加入养父母所在国国籍，则被收养人自动丧失中国国籍。《国籍法》第 9 条规定："定居外国的中国公民，自愿加入或取得外国国籍的，即自动丧失中国国籍。”根据第 10 条规定，中国公民系外国人的近亲属或定居在外国，可以申请退出中国国籍。被外国人收养并随其定居国外，属于《国籍法》规定的退出中国国籍的法定情形。我国收养制度中规定的被收养人均为未成年人，收养关系成立后，其外国养父母成为被收养人的法定代理人，可以为被收养人选择国籍。如果被收养人的外国养父母愿意被收养人保留中国国籍，而不在养父母所在国办理入籍手续，则被收养人可以保留中国国籍；如果养父母已经在其所在国为被收养人申请办理了入籍手续，被收养人已经取得外国国籍，则不论被收养人是否在我国办理退籍手续，均丧失中国国籍。

第一千一百一十条　收养人、送养人要求保守收养秘密的，其他人应当尊重其意愿，不得泄露。

【条文主旨】

本条是关于收养保密的规定。

【条文理解】

本条规定了收养人、送养人之外的其他人，对于所知悉的收养信息应当保密。收养中所涉的各种信息属收养各方当事人的隐私，未经当事人同意，其他得知收养秘密的人不得泄露，否则可能因侵犯他人隐私权而承担侵权损害赔偿责任。

本条沿用《收养法》第22条的规定，未作修改。

根据收养过程中收养信息是否需要保密可以分为秘密收养与公开收养。收养信息是否应当保密与收养制度本身密切相关。在收养制度发展演变的历史过程中，对于收养信息是否应当保密的认识也在发生着变化。

在我国古代为家族传承、延续宗嗣，宗法家庭制度中有立嗣、兼祧习俗，保证无子之男能够延续宗祧。立嗣制度中，在同宗近支卑亲属中选立嗣子，也称继子，与亲生子具有相同的法律地位，可以继承嗣父在家庭中的身份地位和财产。在封建宗法制度下，亦有一个男子同时继承两家宗祧的习俗，称为兼祧。兼祧人不脱离原来家庭的裔系，兼做所继承家庭的嗣子，兼祧制度与现代域外立法中不完全收养制度有相似之处。立嗣、兼祧制度是古代宗族制度的产物，属于收养制度发展的早期阶段。在立嗣、兼祧制度之下，嗣子、兼祧子的身份是明确的，既无保密的可能也无保密的需要。古代罗马法中曾经一度禁止收养未成年人，查士丁尼时代专门设置了不完全收养制度，1804年《法国民法典》也对收养采取严格限制，实际上取消了对未成年人的收养。鉴于当时普遍存在的收养形式为不完全收养，成年人对其身份地位已经知晓，亦无保密的可能和必要。

现代收养制度已发展出针对未成年人的完全收养，对收养保密的要求也逐渐体现在各个国家和地区的收养立法当中。美国收养法上较为严格地坚持秘密收养。收养过程中，养父母和养子女通常都不知道养子女的生父母的具体身份，相关记录常被封存直至子女长大成人，有些州甚至要求将记录永久封存，仅能基于法院的命令或法定正当理由才能要求公开。由于有些被收养人基于宪法权利对秘密收养提出质疑和反对，有些州颁布的法律中开始允许被收养人成年后查看收养记录。根据《德国民法典》规定，非经收养人和子女同意，不得公开或探听能够暴露收养及其具体情况的事实，但是如果出于公共利益的特别理由而必须如此则例外。该条规定了秘密收养的原则和例外情形，由于德国民法中规定子女有知悉自己出身的权利，故在法律中还规定了子女享有查明自己身份的请求权。英国法中对于完全收养实行收养保密，但对简单收养规定了收养信息披露制度。根据我国澳门特别行政区民法典第1837条中规定，不得向被收养人之生父母透露收养人之身份，但收养人透过明示意思表示不反对透露其身份者除外。被收养人之生父母得透过明示意思表示反对其身份向收养人透露。综观域外立法例，各个国家和地区对于完全收养仍普遍坚持了秘密收养的基本原则，但为兼顾被收养人知悉身份的权利和自由，规定了披露收养信息的例外情形。对于不完全收养，则普遍实行公开收养，没有收养保密的要求。

收养是否应保密涉及如何平衡隐私权与知情权的冲突。支持秘密收养的理由主要有：第一，自然人隐私权不受侵犯。隐私是指自然人免于外界公开和干扰的私人秘密和私生活安宁的状态。隐私权是自然人享有的私生活安宁与私人信息依法受到保护，不被他人非法侵扰、知悉、搜集、利用和公开的一种人格权。[①]隐私权的权利主体对他人在何种程度上可以介入自己的私生活，对自己的隐私是否向他人公开以及公开的人群范围和程度等具有决定权。《侵权责任法》第2条中规定民事权益中包括隐私权，首次将隐私权正式通过立法形式予以确立并加以保护，表明侵犯他人隐私权需要承担侵权责任。《民法典》第110条也确立了隐私权为自然人享有的基本权利。收养属于个人私生活范围内的事项，收养信息属于私人信息，收养各方当事人通常并不愿意收养信息为他人知晓及传播，享有收养信息不被泄露传播和家庭不受打扰的权利。第二，保证收养关系稳定性的客观需要。我国收养制度属于完全收养，收养是在未成年人的生父母死亡或不愿、无法继续抚养未成年人的情况下，为未成年人另行确定养父母来履行监护职责的一种制度。未成年人被收养后，与生父母法律上的权利义务关系被切断，与养父母建立起父母子女关系，收养行为多发生在被收养人年龄较小之时，很多被收养人并不知晓其是被收养的事实，被收养人与养父母组成了非常稳定的家庭结构，各方均无嫌隙，而如果一旦被收养人知晓其被收养的事实，必将打破收养关系的稳定和家庭的安宁。被收养人为未成年人，辨识能力和承受能力有限，如果不能正确理解和接受收养的事实，将会对其心理造成负担，影响未成年人健康成长。

支持公开收养的理由主要有：第一，儿童有知悉其身份及生父母身份的权利。根据联合国《儿童权利公约》第7条规定，儿童出生后应立即登记，并有自出生时起获得姓名的权利，有获得国籍的权利，以及尽可能知道谁是其父母并受其父母照料的权利。收养是关乎被收养人身份的重大事实，被收养人对收养信息享有知情权。第二，出于疾病救治和伦理因素的考虑。当被收养人遭遇重大疾病，需要来自生父母的血液、器官或其他方面的帮助才能得以救治时，不知晓其生父母的身份将导致被收养人丧失救治的机会；社会伦理和法律禁止近亲结婚，虽然收养切断了子女与生父母法律上的权利义务关系，但子女

① 参见张新宝：《隐私权的法律保护》，群众出版社2004年版，第21页。

与生父母及生父母近亲属的自然血缘关系无法改变，如果被收养人和生父母彼此不知晓对方身份，可能在不知情的状态下违反禁婚亲制度。

基于上述原因，理论上对于收养是否应坚持保密原则存在不同观点。《收养法》及《民法典》中仍采纳收养信息保密的观点。对此应从以下几方面理解：第一，收养人、送养人要求保守收养秘密的，其他人不得泄露收养秘密，此为本条文义所指；第二，收养人、送养人未要求保守收养秘密，但也未明示同意泄露收养秘密的，基于收养秘密属收养各方当事人隐私的属性，其他人也不得泄露；第三，收养人、送养人明示同意披露收养信息的，其他人可以在收养人、送养人同意披露信息的范围内以适当方式予以披露；第四，收养关系成立和存续过程中形成的各种信息均属收养秘密，包括收养人的身份和条件、收养的事实、送养人的身份及条件等；第五，保密义务的主体包括儿童福利机构、公安机关、收养登记机关及其工作人员等收养过程中接触知晓收养信息的人；第六，未经收养人和送养人同意，泄露收养信息的，收养人和送养人有权以侵犯隐私权为由，要求泄密人承担侵权赔偿责任。

【审判实践中应注意的问题】

注意泄露收养秘密的精神损害赔偿问题。

收养秘密属于个人隐私，隐私权是民事主体所享有的一项人格权，民事主体的人格权受法律保护，任何组织或者个人不得侵害。侵害他人人格权，侵权行为人应当承担损害赔偿责任。泄露收养信息，既侵害了收养各方当事人的隐私权，又妨碍了收养人监护权的行使，还可能影响收养人与被收养人之间的亲子关系，给收养人的亲权造成损害，不仅可能给收养各方造成财产损失，更为常见的是造成收养各方当事人精神痛苦。在符合其他侵权责任构成要件的条件下，收养各方当事人有权要求泄露收养秘密的人承担包括精神损害赔偿在内的侵权责任。

第二节　收养的效力

第一千一百一十一条　自收养关系成立之日起，养父母与养子女间的权利义务关系，适用本法关于父母子女关系的规定；养子女与养父母的近亲属间的权利义务关系，适用本法关于子女与父母的近亲属关系的规定。

养子女与生父母以及其他近亲属间的权利义务关系，因收养关系的成立而消除。

【条文主旨】

本条是关于收养效力的规定。

【条文理解】

本条规定了收养成立具有两方面的法律效力：一是收养的拟制效力，在养子女与养父母及其近亲属之间产生法律拟制血亲关系；二是收养的解销效力，养子女与其生父母及近亲属之间的权利义务关系消除。

本条源于《收养法》第23条，内容无实质修改，仅作文字调整，因我国法律中关于收养效力的规定主要见于《民法典》，故判定收养效力的主要法律依据就是《民法典》中收养一章的相关规定，故将“适用法律”修改为“适用本法”。

收养亦称收养关系，谓收养人与被收养人之间，以发生亲子关系为目的之要式的法律行为。[①] 收养的目的是使收养人与被收养人之间发生法律上的拟制血亲关系，使被收养人取得收养人婚生子女的身份地位。法律行为依当事人的意思表示发生法律效果。大陆法系国家民法中完全收养、未成年人的收养的法律效果基本上都包括拟制和解销两种。《法国民法典》第356条规定，收养赋予儿童以亲子关系，替代其原有的亲子关系。被收养人不再属于和其有血缘关系的家庭。根据《德国民法典》第1755条规定，被收养人及其晚辈直系血亲与原血亲的血统关系和由该血统关系产生的权利和义务，随收养而消灭。英美法系国家对收养效力的规定也基本相同。根据《美国统一收养法》规定，收养令一旦生效，收养人与被收养人之间形成法定的父母子女关系，相互之间产生并承担亲子关系的全部权利义务。除继子女收养外，收养令一旦生效，收养前所有涉及被收养人探望权的法定裁定终止；被收养人与其原生父母的亲子关系全部终止，不过被收养人的原父母拖欠儿童抚养费的必须继续支付。英国现行收养法采取完全收养制，收养也产生拟制和消除两种效果。收养的拟制效力和消除效力是收养法律效果的基本内涵，为各国立法例普遍接受。

一、收养的拟制效力

收养人与被收养人因收养行为而形成拟制直系血亲关系，养父母取得养子女法定代理人和监护人的身份地位，养子女取得与养父母婚生子女相同的身份地位，双方各自享有法律规定的父母子女的权利，并承担父母子女的义务，此为收养的拟制效力。具体体现在以下方面：第一，养父母对未成年养子女负有抚养、教育和保护的义务；成年养子女对养父母负有赡养、扶助和保护的义务；第二，养子女与养父母互为第一顺位的法定继承人，享有相互继承遗产的权利；第三，养子女与养父母的近亲属发生法律规定的近亲属的权利义务关系。《民法典》第1045条第2款规定："配偶、父母、子女、兄弟姐妹、

① 参见史尚宽：《亲属法论》，中国政法大学出版社2000年版，第584页。

祖父母、外祖父母、孙子女、外孙子女为近亲属。”依本条文义解释，养子女与养父母的上述近亲属之间发生近亲属的权利义务，对养子女与养父母的其他亲属如三代旁系血亲之间是否具有亲属关系，《民法典》中没有规定，但因《民法典》中规定的亲属之间权利义务关系，多指近亲属之间的权利义务关系，因此《民法典》中未对养子女与养父母近亲属之外的其他亲属之间是否具有亲属关系作出规定，实际上不影响养子女权利义务的具体内容。养子女与养父母的近亲属之间发生亲属关系，实践中较常见养子女与养父母的父母发生祖孙关系，与养父母的子女之间发生兄弟姐妹关系。

养子女与养父母的父母发生拟制隔代血亲关系。按照《民法典》第1074条的规定，在养父母已经死亡或无抚养能力、赡养能力时，有负担能力的养子女与养父母的父母各自承担法定的赡养和抚养义务。根据《民法典》第1127条的规定，养父母的父母是养子女的第二顺位法定继承人。根据《民法典》第1128条规定，养父母死亡的，养子女可以代位继承养父母的父母的遗产。

养子女与养父母的子女发生拟制旁系血亲关系，即兄弟姐妹关系。养父母的子女包括养父母的婚生子女、非婚生子女、其他养子女或形成抚养关系的继子女。按照《民法典》第1127条的规定，养子女与养父母的其他子女之间彼此为第二顺位的法定继承人，在没有第一顺位的继承人时，可以相互继承遗产。在《民法典》第1075条规定条件的情况下，养兄弟姐妹之间亦发生法定的扶养关系。

二、收养的解销效力

被收养人与其生父母之间具有自然血亲关系。自然血亲，谓有血统联络出于同一祖先之血亲。[①] 本条规定收养消除养子女与生父母及其他近亲属间的权利义务关系，但自然血亲之间生理上天然具有血缘关系，该血缘关系无法基于法律的规定切断。法律只能消除养子女与

---

① 参见史尚宽：《亲属法论》，中国政法大学出版社2000年版，第51页。

生父母之间法律上的权利义务关系，生父母不再对已送养他人的子女承担抚养、教育和保护的义务，不再作为子女的法定代理人和监护人，互相之间也不再享有相互继承遗产的权利。除与生父母之外，养子女与生父母的其他近亲属之间的权利义务关系也相应消除，此为收养的解销效力。

三、禁婚亲制度

禁婚亲是指依法不能与之结婚的亲属。不能与一定范围内的亲属结婚的制度称为禁婚亲制度。禁婚亲源于古代人类历史上两性关系的禁忌。从古至今国内外立法都禁止一定范围内的血亲结婚。禁止直系血亲之间结婚是各国立法的通例，对于旁系血亲之间的通婚，各国法律也都进行限制，但限制的范围有所不同。

罗马法中就已有完备的禁婚亲制度，优士丁尼在《法学阶梯》一书中详细介绍了罗马法中禁婚亲制度的具体内容，包括：第一，直系亲属，不论亲等远近，均不能结婚，即使是通过收养形成的拟制直系血亲关系，也不能结婚，并认为即使解除收养也同样如此。第二，兄弟姐妹之间不能结婚，即使是通过收养形成的兄弟姐妹关系，但如果收养关系已解除，则可以结婚。第三，三亲等的不同辈份的人不能结婚，因为必然有一方位于尊亲属的地位。第四，直系姻亲间不能结婚。罗马法中对收养形成的拟制血亲的禁婚亲也专门作出了规定，禁婚亲制度同样适用于拟制血亲之间，并且对于拟制直系血亲规定了严格的禁婚，即使收养关系解除，也不能结婚。对于包括兄弟姐妹在内的拟制旁系血亲，规定了在收养关系存续期间不能结婚，但在收养关系解除后可以结婚。此后各国立法普遍采纳了罗马法中根据亲属关系的性质和远近确定禁婚范围的原则和方法。1804年的《法国民法典》对完全收养规定严格按照禁婚亲制度执行，而对简单收养则限制了禁婚亲的范围。《瑞士民法典》中也规定不论亲属是基于婚姻还是收养产生，均实行禁婚亲制度。《意大利民法典》规定禁婚亲的范围为：收养人、被收养人以及他们的子女之间；被同一人收养的子女之间；

被收养人与收养人的子女之间；被收养人与收养人的配偶之间；收养人与被收养人的配偶之间。

我国《民法典》中未直接规定收养之后各方当事人之间如何确定禁婚亲。结合《民法典》中关于婚姻制度和收养制度的相关规定，可从以下两方面理解：第一，养子女与生父母及其亲属受禁婚亲制度限制。按照本条规定，养子女被收养后，与生父母及其近亲属的权利义务关系消灭，但养子女与生父母及其亲属仍具有事实上的血缘关系，从防止近亲结婚及维护传统伦理角度，养子女与生父母及其亲属仍应按实际自然血亲的性质和亲等远近执行禁婚亲制度，即直系血亲和三代以内旁系血亲禁止结婚。第二，养子女与养父母及其亲属受禁婚亲制度限制。养子女与养父母及其亲属之间，虽不具有自然血亲关系，但也具有父母子女的身份，为维护传统伦理观念，也应受禁婚亲制度限制。但对于如何确定禁婚亲的范围，《民法典》中未作出明确规定。我们认为，可借鉴罗马法及大陆法系民法中规定的拟制血亲的禁婚亲范围。对于养子女与拟制直系血亲间，应严格执行禁婚亲制度。一方面是为维护传统伦理道德观念，另一方面是为维护被收养人之利益，防止收养动机不纯正及收养期间的侵害事件。对于养兄弟姐妹之间，如收养关系已解除，且符合其他结婚条件，可以结婚。因本条规定养子女与养父母的近亲属的权利义务关系，适用子女与父母的近亲属关系的规定，并未规定养子女与养父母的其他亲属之间的权利义务关系。对于《民法典》第1045条规定的近亲属范围之外的其他亲属，因养子女与其既非自然血亲，仅为拟制的旁系血亲，亲等关系较远，故养子女与养父母除近亲属外的其他亲属，似不属于禁婚亲的范围。

【审判实践中应注意的问题】

一、夫妻一方收养另一方的子女

继父母一方收养继子女的，为单独收养，而非夫妻共同收养。对于继父母子女间收养的效力，域外立法例中普遍专门作出规定，《法国民法典》第356条规定：收养配偶的子女，对该配偶一方及其家庭仍然存在原有的亲子关系；除此之外，此种收养产生由夫妻二人进行收养所具有的诸种效果。《德国民法典》第1755条第2项规定：配偶一方收养其配偶子女的，只在子女与父母另一方及其血亲的关系中发生血统关系的消灭。就拟制效力而言，仅在继父或继母一方与继子女之间发生收养关系，子女和与其共同生活的生父母一方不发生收养关系，双方仍具有自然血亲关系。就收养的解销效力而言，如果认定收养已消除养子女与生父母双方的自然血亲关系，则子女和与其共同生活的生父母一方变为仅具有姻亲关系，而将子女和与其共同生活的生父母一方的关系认定为自然血亲关系，明显对子女更为有利。因此，此种情况下，收养仅消除子女和不与其共同生活的生父母一方之间的权利义务关系，解销效力不及于子女和与其共同生活的生父母一方之间的自然血亲关系。

二、收养成立后收养人与养子女的生父或生母结婚

收养关系一经成立，即产生拟制和解销两种法律效力。如果在收养成立后，收养人与养子女的生父或生母结婚，权利义务关系较为复杂。收养关系成立后，养子女与生父母的权利义务关系已经消除，与收养人已建立起父母子女关系。如收养人与养子女的生父或生母结婚，则养子女与结婚的生父或生母的关系较难界定，双方系事实上的自然血亲，又具有法律上的姻亲关系，实属矛盾，仍以认定养子女同与收养人结婚的生父或生母一方具有自然血亲关系最有利于养子女的利益。对于如何解释收养的解销效力已实际发生的问题，我国台湾地区“民法”规定，收养者收养子女后，与养子女之本生父或母结婚时，养子女回复与本生父或母及其亲属间之权利义务，但第三人已取得之权利，不受影响。该规定创设了特定情况下养子女与生父母的权利义务关系可以回复的制度，可资借鉴。

三、被宣告死亡的生父母重新出现对收养效力的影响

根据《民法典》第 52 条的规定："被宣告死亡的人在被宣告死亡期间，其子女被他人依法收养的，在死亡宣告被撤销后，不得以未经本人同意为由主张收养行为无效。"被宣告死亡的生父母重新出现后，可与收养人协商收养事宜。依法登记确立的收养关系受法律保护，未经法定程序，不得撤销或宣告无效。生父母被宣告死亡期间对子女的收养，不因生父母重新出现而当然恢复原有的身份关系。

第一千一百一十二条 **养子女可以随养父或者养母的姓氏，经当事人协商一致，也可以保留原姓氏。**

【条文主旨】

本条是关于养子女姓氏的规定。

【条文理解】

本条规定了收养之后如何确定被收养人的姓氏。

本条源于《收养法》第24条，内容无实质修改，仅在文字表述上将“姓”修改为“姓氏”，用语更加规范。姓与氏在文字起源时含义并不相同，《通鉴外纪》中有言“姓者，统其祖考之所自出；氏者，别其子孙之所自分”。姓是一种族号，氏是姓的分支。根据《通志·氏族略》的记载，在夏商周以前，姓与氏相互分开，男人称为氏，女人称为姓。根据姓来决定男女是否可以结婚，氏同姓不同者，可以通婚；姓同氏不同者，不可通婚，即“同姓不婚”制度。三代以后，秦汉以来，姓氏合而为一。《民法典》中这一修改，遵从汉字起源发展变迁的历史过程，使用准确用语，避免产生歧义。

现代社会中关于自然人姓氏的选择属于自然人姓名权的范畴。姓名由姓氏和名字两部分组成，姓氏是标示家族血缘的符号，人们沿用父亲的姓氏或母亲的姓氏，表明与父母的血缘相承关系，同时也标志着身份的归属。名字是标识个体独立信息的符号，现代人为子女选取名字，通常寄予了对子女的美好期望。姓名权，是指自然人依法决定、使用和变更自己姓名并要求他人尊重自己姓名的权利，属于人格权的一种，是民事主体不可缺少的一项重要权利。包括姓名决定权、姓名使用权和姓名变更权。《民法典》第1012条规定："自然人享有姓名权，有权依法决定、使用、变更或者许可他人使用自己的姓名，但是不得违背公序良俗。"该条确立了我国公民享有姓名权及姓名权的基本内容。

对于名字的选择，只要不违反关于公民姓名的相关法律规定，不违反社会公德和公序良俗，都应当允许。而姓氏的选择越来越受到关注，姓氏代表着家族血脉的传承，在人类产生之初的母系氏族社会，子女隶属于以女性作为始祖的族群，跟随母亲的姓氏。进入父系氏族社会之后，子女不再隶属于母族而归于父族，随父亲的姓氏。人类进入近现代社会以后，男女平等的观念逐渐深入人心，很多家庭关于姓氏的选择，不再固守传统的跟随父姓的原则，子女也可以跟随母亲的姓氏，甚至可以在符合法律规定的情形下，选择父母姓氏之外的姓氏。《民法典》第1015条规定："自然人应当随父姓或者母姓，但是有下列情形之一的，可以在父姓和母姓之外选取姓氏：（一）选取其他直系长辈血亲的姓氏；（二）因由法定扶养人以外的人扶养而选取扶养人姓氏；（三）有不违背公序良俗的其他正当理由。少数民族自然人的姓氏可以遵从本民族的文化传统和风俗习惯。"该条规定了自然人姓氏原则上应当随父姓或母姓，但在有正当理由的情况下可以选择父姓或母姓之外的姓氏。

收养之后，养子女脱离其原生家庭，加入养父母的家庭，取得养父母婚生子女的法律地位，并据此享有权利、承担义务。同样也应按确定婚生子女姓氏的规则来确定养子女的姓氏，即原则上养子女应当随养父或养母的姓氏。养子女随养父或养母的姓氏，可以体现养子女身份地位和权利义务的转换，明确家庭结构，促进家庭关系的和睦，帮助养子女更快更好地融入与养父母共同组成的新家庭，对养子女较为有利。

因自然人享有姓名决定权，《民法典》中还赋予自然人在正当理由情况下可以选择父姓或母姓之外的其他姓氏的权利。本条中直接规定当事人可在协商一致的基础上，保留养子女的原姓氏。如收养时养子女已达到一定年龄，知晓其身份，并且使用原姓氏多年，在其所生活的社交范围内，人们已普遍接受养子女的原姓氏，贸然改变养子女的姓氏可能对养子女不利。因此，本条规定在各方协商一致的情况下，养子女可以保留原姓氏。对本条可从以下两方面理解：第一，保留原姓氏需经各方当事人协商一致，各方当事人包括收养人、被收养人和送养人，被收养人年龄较小，不能表达意思的，可以由其养父母作为法定代理人代为表达；第二，如果各方当事人经协商不能达成一致意见，例如送养人要求养子女保留原姓氏，而收养人希望养子女随养父或养母的姓氏，此时不符合本条规定的养子女保留原姓氏的条件，养子女仍应随养父或养母的姓氏，体现对养父母亲权的尊重和权利义务相一致原则。

从比较法角度考察，各国和各地区也普遍规定了养子女的姓氏确定规则。根据《德国民法典》第1757条规定，养子女以收养人家族姓氏为出生姓氏，同时允许根据儿童利益最大化原则将原家族姓氏增添于其新的家族姓氏之中。因文化传统差异，西方国家自然人命名规则与我国不同，可以在养子女的姓氏中同时体现养父母家族的姓氏和原生家族的姓氏。根据我国台湾地区“民法”第1078条规定，养子女从收养者之姓或维持原来之姓。夫妻共同收养子女时，于收养登记前，应以书面约定养子女从养父姓、养母姓或维持原来之姓。对于养子女姓氏的确定，各个国家或地区一般规定原则上按养父母婚生子女的地位确定养子女姓氏，同时允许在各方协商同意或保留原姓氏对子女更为有利的情况下，保留或增添养子女的原姓氏。我国《民法典》中本条规定与各个国家或地区确定养子女姓氏的规则基本一致。

【审判实践中应注意的问题】

一、未确定姓氏不影响收养登记的效力

收养过程中，虽各方当事人未能就养子女姓氏达成一致意见，

因养子女姓氏问题并非收养成立的条件，不影响收养登记手续的办理。收养人可在办理收养登记后，另行向公安机关申请更改养子女的姓名。

二、养子女可采用养父母双姓

我国男女平等的观念深入人心，很多家庭尤其是母亲一方对于子女的姓氏选择不愿再沿用传统的随父姓原则，一些家庭选择同时使用父母双方的姓氏，既可以表明子女与父母双方的家族和血缘关系，也有利于解决常见姓氏的姓名重复问题。目前公安机关对于选择父母双姓作为子女姓氏的做法采取支持的态度，予以登记身份信息和办理相关证件。收养关系建立后，养子女与养父母婚生子女享有同样的权利，养父母也可为养子女选取父母双方姓氏作为养子女的姓氏。

第一千一百一十三条 有本法第一编关于民事法律行为无效规定情形或者违反本编规定的收养行为无效。

无效的收养行为自始没有法律约束力。

【条文主旨】

本条是关于收养无效的规定。

【条文理解】

本条规定了收养无效的情形以及溯及力。《民法典》第464条第2款规定："婚姻、收养、监护等有关身份关系的协议，适用有关该身份关系的法律规定；没有规定的，可以根据其性质参照适用本编的规定。"该条规定明确收养等身份协议准用《民法典》合同编的规定。收养是一种法律行为，首先应符合《民法典》第一编总则部分规定的法律行为的一般生效要件，收养又是形成身份关系的特殊法律行为，还应符合《民法典》规定的收养的特别生效要件。无效的收养行为溯及至收养登记时不具有法律约束力。

本条源于《收养法》第25条，《收养法》中规定违反《民法通则》第55条的收养行为无效，《民法通则》第55条是关于法律行为生效要件的一般规定，本条文对该项内容的规定从立法技术层面加以改进，修改为"有本法第一编关于民事法律行为无效规定情形"，语言更加精炼明确。

收养是关于自然人身份的重要法律行为，各个国家和地区虽然都规定了收养需符合各种条件，但对于违反收养条件的收养行为，法律的评价机制和态度并不相同。对于不符合收养条件的收养行为，有些国家和地区根据收养行为违反的具体规定的不同，将收养行为区分为无效行为和可撤销行为。违反涉及伦理、被收养人利益和社会公益的收养条件时，收养无效；违反一般性条款或可以补正时，收养为可撤销行为，撤销权人可以选择提起或不提起撤销之诉，依其意思表示决定收养的效力。例如，根据我国台湾地区“民法”第1079-4条规定，收养子女，未达法定年龄间隔、近亲及辈份不相当亲属间的收养、一人同时为二人之养子女、未征得被收养人父母的同意、被收养人未满7岁而未由其法定代理人代为或代受意思表示、违反收养形式要件的收养均被视为无效。第1079-5条规定，在夫妻一方单独收养子女、夫妻一方于收养时未得他方之同意、7岁以上未成年人被收养时未征得其法定代理人的同意时，收养为可撤销行为，同时规定了撤销权的行使方式和除斥期间。有些国家和地区仅规定收养的无效而未规定收养的撤销，如英国、瑞士。《瑞士民法典》中仅规定了收养无效的原因及提起收养无效之诉的诉讼时效等问题。根据《瑞士民法典》第269条规定：没有法定原因未取得收养同意权人的同意，收养无效；根据第269条之1规定，收养仍存在其他重要缺陷时，利害关系人可对收养提出无效之诉。但是，如收养后缺陷得到补正或仅违反程序方面的规定，不得据此提出收养无效之诉。第269条之2规定，收养无效之诉应在发现无效原因之后的6个月内提出。无论何种情形，收养后经2年时间，时效消灭。英国法中对收养的撤销基本上持否定态度，仅在特殊情况下，如非婚生子女的准正，允许撤销收养。我国《民法典》中仅规定收养无效，未规定收养的撤销。

一、违反一般法律行为的生效要件

《民法典》第143条规定了法律行为的生效要件：一是行为人具有相应的行为能力；二是意思表示真实；三是不违反法律、行政法规的强制性规定，不违背公序良俗。不具备上述三项条件之一的法律行为无效。《民法典》第144条、第145条、第146条、第153条和第154条分别规定了法律行为无效的具体情形。其中，第144条、第

145条是从行为能力方面规定法律行为的效力。收养在各方当事人之间引起身份关系的重大变化，对当事人利益有重大影响，除被收养人外，收养人和送养人均应具备完全行为能力，否则收养无效。第146条是从意思表示真实方面规定法律行为的效力。收养人收养动机应纯正，各方当事人应具有真实的收养意思。第153条是从法律行为的合法性和公序良俗方面规定法律行为的效力。违反法律强制性规定的收养行为无效，违背公序良俗的收养行为无效。第154条是从法律行为不得损害他人利益方面规定法律行为的效力。收养各方当事人如有恶意串通，损害他人利益的情形，收养无效。

二、违反收养的特别生效要件

《民法典》在收养一章第一节集中规定了收养成立的特别生效要件，主要包括以下几方面：

（一）收养各方当事人的条件

《民法典》第1093条规定了被收养人的条件；第1094条规定了送养人的条件；第1098条规定了收养人的条件。收养各方当事人不符合上述法律规定条件的，收养无效。但该节中规定了除外条款和排除限制的情形，例如，收养三代旁系同辈血亲的子女，可以不受被收养人的生父母有特殊困难无力抚养的条件限制，符合除外规定和排除限制情形的，不影响收养的效力。

（二）收养同意权人的同意

为保护被收养人的合法权益，防止假借收养名义侵害被收养人利益，收养必须征得有收养同意权人的同意。《民法典》第1096条规定了孤儿的抚养义务人的收养同意权。第1097条规定了生父母的收养同意权以及生父母共同行使收养同意权。第1104条规定了年龄在8周岁以上的被收养人的收养同意权。收养未经收养同意权人的同意，收养无效。第1095条规定了一项收养同意权的例外，即生父母均不具备完全民事行为能力且可能严重危害该未成年人的，可以不征得其同意，而由未成年人的监护人行使收养同意权。

（三）收养子女的人数

由于我国仍然实行计划生育的基本国策，控制每个家庭养育子女的人数，《民法典》第1100条规定了收养子女人数的限制，超出人数限制的，超出限制部分的收养无效。

（四）异性收养的年龄差距

为防止伦理风险及侵害未成年人利益的风险，《民法典》第1102条规定了异性收养的，收养人与被收养人年龄差距应在40周岁以上，否则收养无效。

（五）夫妻共同收养

为维护收养家庭的和睦安宁，理顺家庭成员之间的亲属关系，保证被收养人被全体家庭成员接受，有配偶者收养子女的，应夫妻共同收养。有配偶者单独作为收养人办理收养登记，且其配偶不同意收养的，收养无效。

三、收养无效的法律溯及力

因法律未对收养的生效时间作出特别规定，收养应自成立起生效，收养自登记时成立，并发生法律约束力。因本条规定收养无效的法律后果具有溯及力，无效的收养行为自始没有法律约束力。收养无效的后果应溯及至收养登记时不发生法律约束力，收养的拟制效力和解销效力均视为自始未发生。被收养人与收养人之间未成立父母子女关系，被收养人与其生父母之间的父母子女关系也未消除。

【审判实践中应注意的问题】

一、收养无效应当通过诉讼方式确认

收养为事关被收养人身份地位的重要法律行为，为维护收养关系的稳定和被收养人的利益，不宜轻易宣告收养的无效。当收养确实违反法律行为一般生效要件或收养的特别要件时，应当由主张收养无

效的一方当事人提起确认收养关系无效之诉，由法院宣告收养关系无效，以示慎重。法院作出确认收养无效的判决后，由当事人持法院生效判决到收养登记机关请求撤销收养登记，收养登记机关应当撤销收养登记，并收缴收养登记证。

二、收养无效之诉需针对已成立并生效的收养行为提起

收养为一项法律行为，法律行为必先成立，方产生是否有效的问题，未成立的法律行为不涉及无效问题。根据《民法典》第1105条规定，收养关系自登记之日起成立。未经登记，收养关系不成立，亦无从提起收养无效之诉。但应注意，在我国民间一直存在事实上的收养行为，1992年《收养法》施行前，我国并未建立起统一的收养制度法律法规，不同地区自行制定一些收养规则规范收养行为，在有些地区当事人甚至不需要办理正式的收养手续，只要当事人间以父母子女关系共同生活，并得到当地居民的承认，就认可其收养关系。在1992年《收养法》施行后，又经历了1999年《收养法》修正直到《民法典》颁布，在我国收养法律制度发展的不同阶段，对于收养成立的条件和收养的形式要件等规定也发生了变化。根据法不溯及既往的原则，对虽未办理登记，但按收养当时的法律、法规已经成立的收养，不应一概以未经收养登记否定收养成立的事实。并且法院在对收养的效力进行审查时，涉及对收养是否符合法律规定的收养条件和生效要件的认定，也应注意适用收养成立时施行的规范性文件。

第三节　收养关系的解除

第一千一百一十四条　收养人在被收养人成年以前，不得解除收养关系，但是收养人、送养人双方协议解除的除外。养子女八周岁以上的，应当征得本人同意。

收养人不履行抚养义务，有虐待、遗弃等侵害未成年养子女合法权益行为的，送养人有权要求解除养父母与养子女间的收养关系。送养人、收养人不能达成解除收养关系协议的，可以向人民法院提起诉讼。

【条文主旨】

本条是关于被收养人成年之前解除收养关系的规定。

【条文理解】

本条规定了被收养人成年之前可以解除收养关系的两种情形：一是经 8 周岁以上养子女同意，收养人和送养人协议解除收养关系；二是收养人不履行抚养义务或有虐待、遗弃等侵害未成年养子女合法权益的行为，且双方无法达成解除收养关系协议的，送养人起诉要求解除收养关系。

本条源于《收养法》第 26 条，内容无实质性修改，根据《民法典》关于限制民事行为能力年龄的修改，将应当征求其同意的养子女的年龄范围由“十周岁以上”调整为“八周岁以上”，与《民法典》第一编总则的规定一致。

民事法律关系遵循意思自治原则，法律关系可基于当事人实施的法律行为而产生。收养是一种法律行为，可以在各方当事人之间引起收养关系的产生。法律关系在符合法定原因时也可终止。引起收养关系终止的原因有两种：一是因收养人或被收养人死亡而终止；二是因收养的解除而终止。《民法典》并未规定因收养人或被收养人死亡而终止收养关系，法律关系一方主体死亡是引起法律关系终止的当然原因，虽《民法典》中未对此项事由引起收养关系的终止作出专门规定，基于法律关系的基本理论也可推导出这一结论。《民法典》中对收养关系的解除作出了详细规定。收养关系的解除可以两种方式进行，一是各方当事人的合意解除，二是一方当事人请求解除收养关系。两种解除方式对应不同的解除程序，对于合意解除，可由各方当事人在达成解除收养关系的书面协议以后，自行到收养登记机关办理解除收养关系的登记，由收养登记机关登记解除；对于一方当事人请求解除收养关系，按《民法典》相关规定，应通过诉讼方式向法院提出主张，并由法院经过审理，作出是否准许解除收养关系的判决。

对于解除收养关系的条件和程序，域外立法例中规定并不相同。《法国民法典》中将收养分为完全收养和不完全收养，两种收养方式的条件、程序、效力和解除的规定差异较大。《法国民法典》第259条规定了完全收养不得解除，不完全收养可在具有重大理由并符合其他法定条件的情况下，由请求权人向法院提出，由法院审查后判决是否准许解除双方的收养关系，并说明理由。德国民法中将收养分为成年人的收养和未成年人的收养。《德国民法典》第1771条规定了成年人的收养，只要存在重要理由，收养人或者被收养人就可以向监护法院提出解除收养关系的申请，由监护法院宣告解除收养关系。对于未成年人收养的具体情形，分为因缺乏当事人的申请（同意）而解除和监护法院依职权解除两种。《德国民法典》第1760条规定了收养关系成立时一方当事人同意收养的意思表示不真实或不自由，可以解除；第1763条规定监护法院可以在为被收养人的幸福且有重要理由必须如此的情况下依职权解除收养关系。德国民法中规定了协议解除和诉讼解除两种解除收养关系的方式，但两种解除方式均需由当事人向监护法院提出解除申请，并由监护法院作出解除收养的宣告。协议解除收养也需得到监护法院的许可。日本民法中将收养分为一般收养和特别收养，对于一般收养，《日本民法典》第811条第1款规定了可以由收养各方当事人通过协议方式解除收养，第812条规定须由当事人双方及2人以上的成年证人以口头或者署名的书面申报，解除收养协议依户籍法登记后生效，此种解除收养的方式类似我国的协议登记解除收养关系。第812条第1项规定了收养关系当事人一方可以向法院提起解除收养关系诉讼，由法院审理后判决解除收养关系。《日本民法典》第817条规定了特别收养只能采取法院诉讼解除的方式，并规定了诉讼解除收养的法定情形。英国民法中未规定收养关系的解除，并且收养关系在原则上是禁止撤销的，仅规定了在一些特殊的情况下可以撤销收养关系。美国也仅有少数州规定了收养的撤销。

为了保护被收养人的利益，各国立法例中普遍都限制收养关系的解除和撤销，有些国家甚至禁止完全收养的解除。由于域外立法中规定了不同的收养类型，故在法律中针对不同的收养类型，规定了不同的解除条件和解除程序。为了实现对收养关系解除的国家监督，域外立法例中普遍都规定由法院在对收养解除的条件进行实质审查后，以判决形式宣告收养关系的解除。域外立法例中规定的收养解除的条件和程序较为严格，其目的都在于维护收养关系的稳定，保护被收养人的利益。在被收养人为未成年人时，被收养人如被随意退养，经常性地变更社会关系和身份会给未成年人造成心理上的压力，不利于被收养人的成长。我国《民法典》中虽未禁止被收养人成年前解除收养关系，但也规定了较为严格的解除条件，以保护被收养人的利益。我国《民法典》中所规定的收养均为完全收养，并无域外立法中的不完全收养、成年人的收养和简单收养等制度。因此，收养解除的条件并未因收养类型的不同而作区分，仅根据收养关系解除时被收养人是否成年，分别作出规定。

本条即是关于被收养人成年之前能否解除收养关系的规定，具体分为三种情形：

一、被收养人成年前，收养人无权要求解除收养关系

被收养的未成年人或父母双亡，或被遗弃拐卖，或因生父母无力抚养而被迫送养他人，均经历了人生的变故，身世可怜，心灵脆弱，迫切需要温暖、稳定和安宁的家庭环境确保其健康成长。如允许收养人在被收养人尚未成年之前，任意解除与被收养人的收养关系，将使被收养人再次面临失去家人，无人抚养、无处可归的艰难境地，未成年人心理承受能力有限，频繁更换抚养人对未成年人的健康成长非常不利。按照最有利于被收养人的原则，在被收养人成年之前，收养人不得单方要求解除与被收养人的收养关系。在被收养人成年之前，收养人向法院提起诉讼，要求解除与被收养人的收养关系，人民法院应驳回收养人的诉讼请求。

有些国家如英国、法国等为解决收养双方的适应磨合问题，建立试收养制度，对于被收养人的利益保护乃至收养关系的长期稳定具有重要意义。综观域外立法例，已有的关于试收养具体期限的规定虽不一致，但都体现了基于本国国情并结合试收养效果综合考虑确定的精神。收养不仅要符合法定的实质要件和形式要件，而且应当给予收养人与被收养人一定的收养磨合期。由私人收养机构或政府收养机构负责在此期间内对预期养父母进行收养后的生活调查，判断其是否适合收养，最后决定是否成立收养关系。这样的程序设置保证了收养的成功率，也符合保护儿童最大利益的目的和出发点，有助于确保被收养儿童成为收养家庭的合法成员并享有相关权利。

我国尚未引入试收养制度，由于被收养人成年之前收养人无权要求解除收养关系，这就要求收养人在收养之前做好充分的准备。被收养的未成年人，或有肢体残疾或有心灵创伤，比其他未成年人更加需要父母的关爱照顾，养育这些未成年人，需要父母投入更多的时间和精力。收养人应当对收养之后的各种困难有一定的心理预期，一旦收养未成年人，就要承担父母的责任，不能因养育过程中的困难和阻碍

随意放弃被收养人，给其造成二次的伤害。

二、被收养人成年前，收养人和送养人可以协议解除收养关系，但须征得8周岁以上被收养人的同意

世间万物总是处在不断变化的过程中，如果收养成立后，收养当事人情况发生变化，收养人不再适宜养育未成年人，而送养人重新取得抚养能力，并愿意领回被收养人，则收养人、送养人双方可以在平等自愿协商的基础上，就解除收养关系达成协议，按法定程序到民政部门办理解除收养关系的登记手续。收养为身份契约行为，被收养人是契约一方主体，如果被收养人为限制民事行为能力人，其已具有意思表示能力，对于解除收养的意义和效果具有一定的判断和辨识能力，解除收养应当征得8周岁以上的被收养人的同意。

三、收养人不履行抚养义务，损害被收养人利益时，送养人有权单方要求解除收养关系

《民法典》中对收养的解除及解除效力的规定体现出侧重保护收养关系中弱势一方的价值取向，在被收养人未成年时，侧重保护被收养人的利益，在被收养人成年后，侧重保护收养人的利益。被收养人成年之前，其作为限制民事行为能力人，在体力、智力和生存能力方面与已成年的收养人相比处于弱势。如果收养人不履行抚养义务，甚至遗弃、虐待被收养人，对被收养人的成长极其不利。未成年人自我保护和自我救助能力有限，而送养人作为被收养人的生父母或对其曾经负有监护照顾义务的人或机构，对未成年人被收养后的生活状态应有一定的关注，如果收养人有损害被收养人合法权益的行为，送养人应当有权单方提起要求解除收养关系的诉讼。人民法院经审理查明收养人确有不履行抚养义务或遗弃、虐待被收养人的行为，损害被收养人的合法权益，应当判决解除收养关系。

【审判实践中应注意的问题】

一、夫妻共同协议解除收养

《民法典》第 1097 条规定了生父母送养子女，应当双方共同送养。第 1101 条规定了有配偶者收养子女，应当夫妻共同收养。因收养关系父母双方的亲权及家庭的和睦，在建立收养关系时应由生父母双方或有配偶的收养人夫妻双方共同决定，由此收养的法律效果才能及于生父母双方及收养人夫妻双方。在协议解除收养关系时，也应由生父母双方或有配偶的收养人夫妻双方共同协商决定，解除收养关系的协议必须由生父母双方或收养人夫妻双方共同签字确认。如果生父母双方之间或收养人夫妻双方之间不能就解除收养关系及相关事宜达成一致，应视为各方未达成解除收养关系协议。但如果建立收养关系时，送养人依法单方送养的，虽送养人在送养后结婚，因送养人的配偶与被收养人既无自然血亲关系，也无法律上的权利义务关系，送养人的配偶并不享有解除收养关系的同意权，仍应由送养人单方行使解除收养的同意权。同理，收养人在收养时为单方收养的，收养人在收养后结婚，其配偶与被收养人应属继父母子女关系，在收养关系建立时收养人的配偶并非契约的主体，在解除收养关系时，也无须征得上述收养人配偶的同意。总之，除自然人死亡或丧失行为能力等原因，解除收养关系时有收养同意权的主体应与建立收养关系时有收养同意权的主体范围一致。

二、关于案由的确定

《民事案件案由规定》中有关收养纠纷的案由包括一个三级案由“收养关系纠纷”和其下两个四级案由，分别为“确认收养关系纠纷”和“解除收养关系纠纷”。第一审法院立案时应当根据当事人诉争法律关系的性质，首先适用《民事案件案由规定》列出的第四级案由，送养人向法院起诉请求解除收养关系的，应适用解除收养关系纠纷案由。收养当事人、利害关系人向法院起诉请求确认收养有效或无效的，应适用确认收养关系纠纷案由。第四级案由没有规定的，可适用第三级案由，即“收养关系纠纷”。

三、过错方不得要求解除收养关系

依本条第2款规定，当收养人不履行抚养义务，或有遗弃、虐待被收养人的行为时，仅有送养人有权单方要求解除收养关系，而收养人作为过错方，无权以其存在上述侵权行为为由，要求解除收养关系，否则将会面临道德风险。收养人遗弃、虐待被收养人，侵害被收养人合法权益的，被收养人有权要求收养人承担侵权损害赔偿责任。

四、收养的解除不具有溯及力

收养解除与收养无效的效力发生时间不同，对收养无效而言，因收养不符合法定要件而自始无效，收养人可以要求送养人返还收养人为抚养教育被收养人支出的费用。收养解除属于收养终止的一种情形，收养解除建立在收养有效的前提下，在收养关系存续期间发生的法律行为，不因收养解除而受到影响。收养解除向未来发生效力，自收养解除生效时起，收养关系消灭。收养人为抚养教育被收养人支出的费用，不得要求送养人返还，但可在符合法定条件时，要求被收养人或送养人予以补偿。

第一千一百一十五条 养父母与成年养子女关系恶化、无法共同生活的，可以协议解除收养关系。不能达成协议的，可以向人民法院提起诉讼。

【条文主旨】

本条是关于被收养人成年之后解除收养关系的规定。

【条文理解】

本条规定了被收养人成年之后通过协议或诉讼方式解除收养关系的两种情形。养父母与成年养子女可以在平等自愿原则基础上，签订协议解除收养关系；无法达成协议时，任何一方均可向法院提起诉讼，请求解除收养关系，由法院对收养关系是否应当解除进行审理并作出判决。

本条源于《收养法》第27条，内容基本未作修改。

《民法典》第5条规定："民事主体从事民事活动，应当遵循自愿原则，按照自己的意思设立、变更、终止民事法律关系。"收养关系是基于收养当事人的合意由法律拟制设立，也可以在法定情形下终止。收养终止的原因分为因收养当事人的死亡而自然终止和因收养的解除而终止。域外相关规范中普遍规定了收养终止，而将收养解除作为收养终止的一种情形。例如我国台湾地区"民法"就规定了收养的合意终止、死后终止和判决终止三种情形，其中合意终止和判决终止相当于我国《民法典》中规定的收养的解除。因死亡而终止收养关系的，以该收养关系为中介的其他亲属关系并不终止；因依法解除而终止的，以该收养关系为中介的其他亲属关系随之终止。①

现代收养法已进入为子之收养的发展阶段，收养法的宗旨是使无人抚养的被收养人得到照顾并能健康成长。当被收养人已经成年，成为完全民事行为能力之人，具有生存能力之后，收养的目的已经基本实现。养父母抚养教育养子女至成年，花费的时间精力和金钱甚多，养子女成年之后，应当孝顺赡养养父母。但养子女与养父母之间并无自然血亲关系，属于法律拟制的血亲关系，其亲子感情并无血缘关系作为基础，如果双方关系确已恶化，无法共同生活，如不允许解除双方之收养关系，强令并无血缘关系且已不和睦的养父母子女共同生活，则于收养双方均无益处。因此，本条规定了被收养人成年之后解除收养关系的条件和程序。

一、合意解除收养关系

《民法典》第 133 条规定："民事法律行为是民事主体通过意思表示设立、变更、终止民事法律关系的行为。"收养各方当事人可以通过订立收养身份契约设立拟制血亲关系，也可以通过契约解除收养关系。被收养人成年之前可由收养人和送养人在征得被收养人同意情况下达成解除收养关系的协议。被收养人成年之后，具有完全民事行为能力，可以自行判断解除收养关系的意义和效果，无须送养人代理被收养人作出意思表示。可由收养人与被收养人在平等自愿基础上，协商解除收养关系。双方达成解除收养关系的协议后，到收养登记机关办理解除收养关系登记，收养关系自登记机关办理解除登记时终止。双方应在协议中对收养人抚养被收养人所支付费用的补偿问题以及收养人的养老问题一并商讨明确。被收养人成年之后，送养人不再享有请求解除收养关系的权利。

---

① 参见杨大文主编：《亲属法》，法律出版社 2012 年版，第 261 页。

二、诉讼解除收养关系

当收养人与被收养人关系恶化，无法共同生活，但又未能就解除收养关系及相关事宜达成一致时，收养人和被收养人均有权向人民法院提起诉讼，请求解除收养关系。人民法院应结合收养的事实及亲子感情、纠纷原因等综合分析，在确定双方确实无法再以父母子女关系共同生活的，应当依法判决解除收养关系。因收养人已将被收养人抚养至成年，被收养人具有生存能力和自我保护能力，而收养人往往已年老体弱，在收养关系解除时处于弱势地位，因此对收养人抚养被收养人至成年的，解除收养关系时应注重保护收养人的合法权益。

解除收养关系的诉讼属于形成之诉。形成之诉是指原告要求法院变动或消灭一定法律状态（权利义务关系）的请求。当事人提起解除收养关系之诉，是要求消灭收养双方之间的收养关系及因此产生的父母子女权利义务关系。解除收养关系的诉讼涉及当事人身份关系的变更，属于身份诉讼。但如果当事人向法院起诉请求解除收养关系的同时，还要求进行财产分割或提出经济补偿、赔偿的请求，则属于给付之诉。人民法院可以对形成之诉与给付之诉合并审理，一并作出判决。由于身份诉讼具有不同于一般财产诉讼的特殊性，《民事诉讼法》对身份诉讼作出了一些特别的规定。在审理合并之后的案件时，应区别对待，对于当事人要求解除收养关系的形成之诉，应适用身份诉讼的特别规定；对于当事人要求分割、给付财产的给付之诉，可不适用身份诉讼的特别规定，按照一般民事诉讼的规定审理。

三、解除收养关系效力发生时间

解除收养关系效力发生时间因解除方式不同而有所区别。协议解除收养关系的，收养关系自双方当事人至收养登记机关办理完成解除登记，发给解除收养关系证明时终止；诉讼解除收养关系的，自法院作出解除收养关系的判决生效时收养关系终止。我国民事诉讼实行两审终审制，一审判决作出后，当事人有权在判决书送达之日起15日内向上一级人民法院提起上诉。双方当事人均未提起上诉的，一审判决自上诉期满生效；当事人提起上诉的，二审判决作出时生效。

【审判实践中应注意的问题】

一、注重调解，调判结合

养父母抚养养子女至成年，表明双方收养关系已存续较长时间，养父母为抚养养子女付出很多，双方已有一定亲情基础，如果随意解除收养关系，养子女无法回报养父母的养育之恩，与中华民族知恩图报的传统美德不符，且养父母未来的养老问题也将面临困难。人民法院在审理一方起诉请求解除收养关系的案件时，应注重调解。对于双方仅因生活琐事产生纠纷，一时激情起诉要求解除收养关系的，人民法院应以说服劝导为主，动之以情、晓之以理，尽可能维系收养关系；对于双方确实积怨已深，存在不可调和的矛盾，尤其是养父母在养育过程中曾有不履行抚养义务、遗弃或虐待养子女等严重伤害养子女感情的行为，或养子女成年后有不赡养、遗弃或虐待养父母行为，双方亲子感情确已无法修复的，应及时判决解除收养关系，并根据当事人提出的诉讼请求，依法对解除收养后的财产关系一并审理并判决。

二、解除收养关系案件诉讼程序的特别规定

收养关系属于身份关系，要求确认、撤销和解除身份关系的案件可称为身份诉讼，例如离婚案件属于典型的身份诉讼。当事人的身份关系不仅关乎当事人的人格、身份，还关系以当事人为核心的亲属关系和社会关系的稳定。对于身份诉讼，应从伦理因素考虑，注重维护社会的公序良俗。域外立法中一般都对身份诉讼作出特别规定，总体体现出法院职权的扩张与对当事人意思自由进行必要限制的趋势。我国《民事诉讼法》及司法解释中对于身份诉讼的审理程序也作出了一

些特别规定，在审理收养关系纠纷案件中应准确适用，包括如下几个方面：

（一）不适用约定管辖

《民事诉讼法》第 34 条规定："合同或者其他财产权益纠纷的当事人可以书面协议选择被告住所地、合同履行地、合同签订地、原告住所地、标的物所在地等与争议有实际联系的地点的人民法院管辖，但不得违反本法对级别管辖和专属管辖的规定。"该条规定表明约定管辖仅适用于合同和财产权益纠纷，涉及身份关系的案件不能由当事人约定管辖法院。《民事诉讼法司法解释》第 34 条规定："当事人因同居或者在解除婚姻、收养关系后发生财产争议，约定管辖的，可以适用民事诉讼法第三十四条规定确定管辖。"该规定表明虽然当事人不能对解除收养关系案件约定管辖，但对于收养关系解除后，当事人因分割财产、追索抚养费、要求经济补偿或损害赔偿等诉至法院，可作为财产权益案件，由当事人协议约定管辖法院。

（二）人民法院应依职权取证

《民事诉讼法》第 64 条第 2 款规定："当事人及其诉讼代理人因客观原因不能自行收集的证据，或者人民法院认为审理案件需要的证据，人民法院应当调查收集。"根据《民事诉讼法司法解释》第 96 条规定，《民事诉讼法》第 64 条第 2 款规定的人民法院认为审理案件需要的证据包括涉及身份关系的证据。以上规定表明，对于收养关系纠纷案件中涉及收养效力、收养是否应予解除的事实及证据，不能仅依靠当事人自行举证。例如，对于收养是否符合《民法典》中规定的收养条件、收养当事人是否存在不依法履行抚养义务，是否有遗弃、虐待等行为的，因直接关系到收养的效力，人民法院应当主动依职权调查取证。

（三）不适用自认规则

《民事诉讼法司法解释》第 92 条规定："一方当事人在法庭审理中，或者在起诉状、答辩状、代理词等书面材料中，对于己不利的事实明确表示承认的，另一方当事人无需举证证明。对于涉及身份关系、国家利益、社会公共利益等应当由人民法院依职权调查的事实，不适用前款自认的规定。自认的事实与查明的事实不符的，人民法院不予确认。”该条规定了自认规则及适用的例外。对于身份诉讼不适用自认规则是各国立法的通例。身份关系涉及社会公序良俗，不能仅依当事人意思承认或否认。在解除收养关系案件中，对涉及收养关系应否解除的重要事实，不能仅凭当事人自认予以确认，人民法院应依职权调查取证。人民法院查明的事实与当事人自认的事实相符的，予以确认；人民法院查明的事实与当事人自认的事实不符的，不予确认，人民法院应在依职权查明的事实基础上作出判决。但对于解除收养关系案件中涉及的财产内容，不能排除自认规则的适用。

（四）身份诉讼申请再审程序的限制

《民事诉讼法》第 202 条规定：“当事人对已经发生法律效力的解除婚姻关系的判决、调解书，不得申请再审。”《民事诉讼法司法解释》第 382 条规定：“当事人就离婚案件中的财产分割问题申请再审，如涉及判决中已分割的财产，人民法院应当依照民事诉讼法第二百条的规定进行审查，符合再审条件的，应当裁定再审；如涉及判决中未作处理的夫妻共同财产，应当告知当事人另行起诉。”结合上述两个条文的规定，对于离婚案件，当事人对于判决中涉及婚姻关系的判项不服，不得申请再审；对于判决中涉及财产分割、给付的判项不服，可以申请再审。该两项规定虽然是针对解除婚姻关系的案件作出，但解除收养关系的诉讼与解除婚姻关系的诉讼均为身份诉讼，具有不同于财产诉讼的特殊属性。解除收养关系的判决生效会立即引起当事人身份关系的重要变化。例如，被收养人为未成年人的，解除收养关系的判决一经生效，被收养人与养父母的权利义务关系消灭，与生父母恢复父母子女关系。收养解除的法律效力不可逆，因此应当参照适用民事诉讼法关于解除婚姻关系案件的诉讼程序。对于解除收养关系的判决中涉及收养关系的判项内容，当事人不得申请再审，但仅对财产分割、抚养费支付及经济补偿等财产给付的判决内容不服的，当事人可以申请再审。

（五）当事人死亡时诉讼终结

《民事诉讼法》第150条和第151条规定了诉讼的中止和终结。根据《民事诉讼法》第150条的规定，对于一般民事案件，一方当事人死亡时，人民法院应当中止诉讼，等待继承人表明是否参加诉讼。只有在当事人死亡且没有权利义务承继人时，才可按照《民事诉讼法》第151条第1项、第2项的规定，终结诉讼。而对于解除收养关系案件，在一方当事人死亡时，无须等待继承人表明是否参加诉讼，人民法院可直接依据《民事诉讼法》第151条第4项的规定，裁定终结诉讼。《民事诉讼法司法解释》第322条规定："上诉案件的当事人死亡或者终止的，人民法院依法通知其权利义务承继者参加诉讼。需要终结诉讼的，适用民事诉讼法第一百五十一条规定。"该条规定表明解除收养关系纠纷因当事人死亡而终结诉讼的规定，同样适用于二审程序。

第一千一百一十六条　当事人协议解除收养关系的，应当到民政部门办理解除收养关系登记。

【条文主旨】

本条是关于解除收养登记的规定。

【条文理解】

本条规定了合意解除收养关系的法定条件和程序。收养是要式法律行为，收养的成立需要符合法律规定的程序和要件，收养关系的解除也同样需按法律规定的程序进行，未经履行法定程序，不发生收养解除的法律效果。

本条源于《收养法》第28条，内容基本未作修改。

一、协议解除的条件

解除收养关系建立在收养关系已合法成立并生效的基础上，如果收养因未经登记而不能成立，或因不符合《民法典》规定的收养条件而不能生效，则不产生解除收养关系的问题。当事人对收养的效力产生争议，应通过提起确认之诉，请求确认收养关系的效力。

对于收养关系是否可以解除，域外立法例中规定并不相同，但都在一定程度上限制收养的解除。尤其是在被收养人为未成年人时，经常性地变更社会关系和身份会给被收养人造成心灵上的压力，不利于被收养人的成长。为防止被收养人被随意解除收养，域外立法例中普遍规定了比较严格的解除条件。例如，有些国家并不允许收养的解除。我国对于协议解除收养关系并未加以限制。收养是一种身份契约行为，遵循民法中的平等自愿原则和意思自治原则。收养既可以通过当事人的合意成立，也可以通过当事人意思表示一致予以解除。当事人只要达成解除收养关系的协议，就可以合法地终止收养关系。

协议解除适用于收养各方已对收养关系的解除达成一致意见，并对收养人在收养过程中支付费用的补偿等问题均无实质争议的情形。因登记机关在办理协议解除收养登记手续时只进行形式审查，不作实体审查，也不处理收养各方家庭财产分割、抚养费用补偿或收养人的养老问题等纠纷，收养各方如对上述纠纷的解决未达成一致意见，不宜采用合意解除方式终止收养关系，而应通过诉讼方式，在解除收养关系的同时，由法院一并对上述纠纷进行审理和判决。

二、协议解除的程序

解除收养将引起收养各方当事人身份关系的重大变化，为维护收养关系的稳定，保护收养各方当事人的合法权益，《民法典》规定了收养的解除必须按法律规定的程序进行，才能发生收养关系解除的法律效果。《中国公民收养子女登记办法》第9条规定了解除收养登记的申请程序，收养关系当事人协议解除收养关系的，应当持居民户口簿、居民身份证、收养登记证和解除收养关系的书面协议，共同到被收养人常住户口所在地的收养登记机关办理解除收养关系登记。该办法第10条规定了解除收养登记的办理程序，登记机关审查认为申请材料符合法律规定的，为当事人办理解除收养关系的登记，收回收养登记证，发给解除收养关系证明。不同于收养无效自始不发生法律约束力，解除收养登记不具有溯及力，收养关系自登记机关为各方当事人办理解除收养关系登记，收回收养登记证，发给解除收养关系证明时终止。养父母与养子女间因收养形成的权利义务关系自收养关系解除时终止，未成年养子女与生父母因收养消除的权利义务关系自动恢复。

【审判实践中应注意的问题】

一、亲自到场办理解除登记

收养具有身份行为的属性，根据身份行为不得代理的原则和《中国公民收养子女登记办法》第 9 条的规定，办理收养登记和解除收养登记时均应由收养各方当事人亲自到登记机关，当场办理解除登记手续，不得由他人代替或委托他人办理。

二、事实解除收养

实践中有些收养当事人双方因关系不睦，实际上已不再以父母子女关系相称和共同生活，但未签订解除收养关系的协议，或者虽然签订解除收养关系的协议，但未到登记机关办理解除收养关系登记，形成事实上解除收养关系。对此能否视为收养关系在法律层面已解除，应根据双方收养关系成立时履行的程序要件有所区别。如果双方收养关系成立于 1998 年修正的《收养法》施行之后，双方收养关系的成立应以办理收养登记为要件，则收养解除也应通过登记为之。虽双方已符合解除收养关系的条件，但因登记是法律规定的协议解除收养关系的程序要件，未办理登记的，解除收养无效，双方仍具有父母子女关系。如果双方收养关系成立于 1998 年修正的《收养法》施行之前，则根据收养关系成立时有效的法律法规规定，收养可以通过事实收养、签订协议和办理公证而取得法律认可与保护的，则收养的解除也可以通过事实上不再承认父母子女关系、签订解除收养关系协议或办理解除收养的公证等方式予以解除。

第一千一百一十七条　收养关系解除后，养子女与养父母以及其他近亲属间的权利义务关系即行消除，与生父母以及其他近亲属间的权利义务关系自行恢复。但是，成年养子女与生父母以及其他近亲属间的权利义务关系是否恢复，可以协商确定。

【条文主旨】

本条是关于解除收养身份效果的规定。

【条文理解】

本条规定了收养关系解除后所引起的收养各方之间权利义务的变化，养子女与养父母及其近亲属之间，因收养而产生的权利义务关系消除；养子女与生父母及其近亲属之间的法律关系则视养子女是否成年而有所区别，养子女尚未成年的，其与生父母的权利义务关系自动恢复；养子女已成年的，应与生父母在平等自愿基础上协商确定权利义务关系是否恢复。

本条源于《收养法》第 29 条，基本未作修改。

各个国家或地区收养制度中一般都规定了收养解除在身份上的效力和解除效力发生的时间两方面内容。依据我国台湾地区“民法”第 1083 条规定：养子女及收养效力所及之直系血亲卑亲属，自收养关系终止时起，回复其本姓，并回复其与本生父母及其亲属间之权利义务。但第三人已取得之权利，不受影响。根据《德国民法典》第 1764 条规定，收养关系的废止只向将来发生效力。因收养而成立的被收养子女及其晚辈直系血亲与原血亲的血统关系和因它而发生的权利义务，在收养关系被废止时消灭。同时，被收养子女及其晚辈直系血亲与该子女的亲生血亲的血统关系和因它而发生的权利义务重新恢复，但父母照顾除外。域外相关规范中规定的收养解除在身份上的效力都包括了拟制血亲关系的消灭和自然血亲关系的恢复两个方面。对于收养解除效力发生的时间，都规定为不具有溯及力或向未来发生效力。我国《民法典》中对收养解除的效力和发生时间的规定与各国家或地区关于收养解除的规定基本一致，但也具有我国收养制度的特点，为体现对被收养人独立人格的保护，《民法典》中规定对于被收养人成年后解除收养关系的，被收养人有权选择是否与生父母恢复自然血亲关系。

一、拟制血亲关系的消除

养父母与养子女间本无自然血亲关系，双方基于收养行为而产生法律拟制的血亲关系，收养是双方之间拟制血亲关系产生的原因。当收养被解除，双方产生拟制血亲关系的原因消失，因收养而产生的拟制效力也应当消除。收养解除后，养父母与养子女间的身份关系发生变化，不再具有父母子女的身份，对于未成年养子女，养父母不再作为养子女的法定代理人和监护人。双方不再具有《民法典》中规定的父母子女间的权利义务关系，包括养父母对未成年养子女的抚养教育和保护义务，成年养子女对养父母的赡养义务，双方不再享有相互继承遗产的权利。

收养关系解除对收养各方主体身份上的效果还应包括姓氏的变更。域外立法例中德国、瑞士等国民法中都对收养解除后，被收养人姓氏的变更作出了专门的规定。《德国民法典》第1765条规定了收养关系解除后养子女丧失了将养父母姓氏作为自己出生姓氏使用的权利，如果养子女对使用此姓氏享有合法的权利，可以经过申请后由监护法院下令予以保留。《瑞士民法典》第269条规定养子女自收养关系解除之日起，恢复其本姓并恢复其与其生父母的父母子女关系。《日本民法典》第816条规定养子女自收养关系终止时起，恢复其本姓并恢复其与生父母的关系。可见域外立法例中均将养子女的姓氏视为其身份特征，随身份关系的变化而改变。因收养关系的存续而随养父母的姓氏，因收养关系的解除恢复其本姓。我国《民法典》中虽未规定收养关系解除对养子女姓氏的影响，但养子女姓氏的变更是收养解除身份效果的应有之义。收养关系解除后，养子女可以恢复其本姓，如果养子女使用养父母姓氏已有较长时间，或养子女已经成年，其姓名已成为其人格象征，变更姓氏会给养子女参与社会生活带来不便，也可以继续使用养父母的姓氏。

二、自然血亲关系视情况恢复

养子女与其生父母之间本具有自然血亲关系，该自然血亲关系因收养所具有的解销效力而消除。当收养被解除，引起养子女与其生父母之间自然血亲关系消除的原因消失，养子女与其生父母的自然血亲关系可以恢复。对于未成年养子女，由于尚不具有完全民事行为能力和独立生活的能力，需要有人代理未成年人作出法律行为，并履行监护职责。为了保证未成年养子女在收养关系解除之后，能有人继续承担抚养教育和保护的义务，确保未成年人的生活不因收养关系的解除而陷入困顿，法律规定在养子女未成年时解除收养关系的，养子女与生父母的血亲关系自然恢复。养子女在收养后改变姓氏的，可以恢复为生父或生母的姓氏。生父母重新承担抚养教育和保护子女的义务，双方可相互继承遗产。

养子女成年之后，因其已具有完全行为能力和意思能力，能够判断、辨识社会关系及其意义，决定自己的身份，法律上为尊重养子女的独立人格及其意愿，赋予养子女以身份选择权，养子女可以选择恢复与生父母的血亲关系，经与生父母协商一致，重新加入生父母的家庭之中，取得与生父母互相继承遗产的权利，并承担赡养生父母的义务。应注意的是，如果养子女与生父母协商决定恢复父母子女关系，则双方之间的权利义务关系是完全的，不因生父母曾经将子女送养而受到影响，子女应承担赡养生父母的义务，不得以生父母曾经将其送养，未履行抚养教育和保护义务，而拒绝履行对生父母的赡养义务。

如果成年养子女对生父母将其送养的事实始终无法释怀，因常年不与生父母共同生活感情淡漠，不愿与生父母恢复父母子女关系，则双方不能恢复父母子女关系，不能相互继承遗产，成年子女也不承担赡养生父母的法定义务。

【审判实践中应注意的问题】

一、关于收养解除法律效力的溯及力

收养解除对收养各方当事人身份和财产的法律效果不具有溯及力，自收养解除生效时产生解除的法律效果。对于收养期间基于收养人和被收养人的父母子女关系而从事的法律行为和取得的财产，不受收养解除法律效果的影响。例如养父母为养子女生活、教育支出的各项费用，养父母不得以收养关系已解除为由，要求第三人返还。在收养解除之前，生父或生母死亡，并发生遗产继承事实，收养关系解除后，养子女不得以收养关系已解除，其与生父母的血亲关系已恢复为由，要求生父或生母的继承人返还养子女应当分得的份额。

二、收养解除对养子女的直系卑亲属的效力

收养关系解除后，养子女的子女与养父母之间的祖孙关系一并解除，养子女与生父母恢复父母子女关系的，生父母与养子女的子女具有祖父母、外祖父母与孙子女、外孙子女的关系。

第一千一百一十八条 收养关系解除后，经养父母抚养的成年养子女，对缺乏劳动能力又缺乏生活来源的养父母，应当给付生活费。因养子女成年后虐待、遗弃养父母而解除收养关系的，养父母可以要求养子女补偿收养期间支出的抚养费。

生父母要求解除收养关系的，养父母可以要求生父母适当补偿收养期间支出的抚养费；但是，因养父母虐待、遗弃养子女而解除收养关系的除外。

【条文主旨】

本条是关于解除收养的财产效果的规定。

【条文理解】

本条规定了收养关系解除后，成年养子女对缺乏劳动能力和生活来源的养父母，承担给付生活费的义务。如因养子女的过错或生父母的原因导致收养关系解除的，养父母享有经济补偿权，有权要求养子女或生父母补偿收养期间支出的抚养费。

本条源于《收养法》第30条，条文内容无实质性修改，仅在文字表述上进行调整，将《收养法》中规定的“生活费和教育费”修改为“抚养费”。原因在于《收养法》该条既规定了成年养子女对养父母应当给付生活费，又规定了养父母可以要求补偿收养期间支出的生活费和教育费，两处同时使用“生活费”的表述，指代的涵义并不相同，为避免歧义和重复，本条将养父母经济补偿权中涉及的“生活费和教育费”修改为“抚养费”，“抚养费”可以涵盖“生活费和教育费”的内容。

现代收养法进入为子之收养的发展阶段，《民法典》第1044条确立了最有利于被收养人的原则。收养制度最主要的目的是使遭遇变故、无所依托的未成年人能够被他人收养，得到妥善的照顾和养育，得以健康成长。在收养的条件和效力等方面，均体现出最有利于被收养人的基本原则。在收养关系存续期间，养父母承担起抚养教育和保护养子女的义务，为养子女的生活和教育付出了大量的时间和精力。如果收养关系解除，养子女不再承担赡养养父母的义务，养父母虽为抚养养子女付出很多，却无以回报，不符合民法中的公平原则和权利义务一致的原则。尤其是养父母抚养养子女至成年之后，养子女已取得劳动和生存的能力，能够独立生活，而养父母通常已年老体弱，在收养关系中处于相对弱势的地位，需要法律对养父母在解除收养之后的合法权益予以规定和保护。收养制度在收养的不同阶段体现出不同的保护重点。在收养关系存续期间，因被收养人为未成年人，处于弱势地位，收养法侧重于保护被收养人的利益；当收养关系解除时，尤其是被收养人已成年之后，《收养法》体现出侧重保护收养人合法权益的立法精神。

收养是各方当事人订立的身份契约，各方通过收养行为建立起收养关系，明确各方的身份地位和权利义务。养父母履行抚养教育和保护养子女的义务，当养父母年老之时，能够得到养子女的赡养照顾，既保证幼有所养，又能保证老有所依，各方当事人的利益处于平衡、稳定的状态。而收养的解除是对已经建立起的收养关系的破坏，打破收养各方当事人的利益平衡，造成了权利义务不一致的不公平现象。我国收养制度在规定收养解除的法律效果时，通过对导致收养解除的过错方作出否定性评价，加重过错方的违约成本和责任负担，体现出惩罚过错方的立法意旨。本条规定了收养关系解除时收养人享有两项财产请求权及例外，根据收养人和被收养人对于收养的解除是否具有主观上的过错，明确责任的承担，要求过错方承担经济上的补偿义务，或者因过错丧失要求经济补偿的权利。

本条规定收养关系解除时收养人的两项财产请求权分别为生活费

给付请求权和经济补偿权。生活费给付请求权是养父母对由其抚养至成年的养子女所享有的权利，主要适用于双方对于收养关系的解除均无明显过错的情形。因养父母已将养子女抚养至成年，投入了大量的精力和金钱，如收养关系解除，养父母无法得到养子女的赡养，双方的权利义务不一致，从公平原则角度，法律规定成年养子女对缺乏劳动能力和生活来源的养父母，应当给付生活费。养父母的生活费给付请求权适用于养父母缺乏劳动能力和生活来源的情形，如果养父母具有劳动能力和收入来源，并不存在生活困难的情形，则无权向养子女要求给付生活费。

养父母的经济补偿权可分为向养子女主张补偿和向生父母主张补偿两种类型，补偿的条件和范围不同。养父母向养子女提出经济补偿的条件是：养子女已经成年，养子女成年之后对养父母有虐待、遗弃的行为，因养子女的上述过错行为导致了收养关系的解除。补偿义务的主体是已成年的养子女本人。经济补偿的范围是全额补偿养父母在收养期间支出的抚养费。养父母向生父母提出经济补偿的条件是：养子女尚未成年，生父母要求解除收养关系，解除收养并非因养父母对养子女的虐待、遗弃行为导致。补偿义务的主体是生父母。补偿的范围是适当补偿养父母在收养期间支出的抚养费。通过比较可见，因养子女的虐待、遗弃导致解除收养关系的，养子女对收养关系的解除具有重大过错，为了惩罚养子女的不道德行为，不论养父母是否处于生活困难状况以及养子女本身的经济状况如何，养子女均应按养父母在收养期间支付的抚养费数额，全额向养父母进行补偿。而对于生父母要求解除收养关系的，按《民法典》第1114条的规定，只能发生在被收养人成年之前。因被收养人尚未成年，养父母抚养养子女投入有限，且生父母要求解除收养关系的原因不能一概归咎于生父母，故对于生父母要求解除收养时的补偿范围，不宜确定为全额补偿，而为适当补偿。实践中应结合双方对于解除收养关系的比较过错、生父母的负担能力、养父母的经济状况等因素综合考量确定补偿标准和补偿数额。并且生父母承担补偿义务以养父母无虐待、遗弃养子女的情形为条件，如果生父母是因养父母虐待、遗弃养子女提出解除收养，为体现对养父母过错行为的惩罚，养父母无权向生父母提出经济补偿要求。

【审判实践中应注意的问题】

一、养父母的经济补偿权

本条规定了生父母要求解除收养关系和因成年养子女遗弃、虐待养父母导致解除收养关系时，养父母享有经济补偿权。但养子女未成年时，养父母要求解除收养关系，收养人与送养人达成协议解除收养关系的，养父母是否有权要求经济补偿，本条文中未直接规定。有观点认为养父母在收养存续期间，主动要求解除收养关系，违背其收养时的承诺，置被收养人于不利境地，其行为不应鼓励，养父母不应享有经济补偿权。我们认为，对此问题首先应尊重收养各方意思自治，收养各方在解除收养协议中已对收养解除后的经济、财产事宜作出约定的，应按当事人的约定处理；各方在解除收养时未对相关经济补偿事宜达成一致意见，诉至人民法院的，人民法院应结合收养各方对于解除收养关系的比较过错具体分析认定。在被收养人成年之前，虽养父母要求解除收养关系，其原因并不一定是养父母主观过错造成，不能一概认为养父母不享有经济补偿权。例如，因生父母在送养时故意隐瞒养子女存在的重大疾病或残疾，养父母发现后要求解除收养关系，此种情况下收养的解除是因生父母刻意隐瞒与收养有关的重要事实，导致养父母在意思不自由的情况下作出收养的决定和意思表示，生父母对于收养的解除有明显过错，此种情形下养父母享有经济补偿权，有权要求生父母适当补偿收养期间支出的生活、教育和医疗费用。如养父母要求解除收养并非因生父母的明显过错，而是因养父母自身原因或因不可责于双方的客观原因，导致养父母要求解除收养关系，则养父母不享有经济补偿权。

二、养子女个人所有财产依法应予以保护

在收养关系存续期间，养子女依法取得的应由其个人享有的财产应允许养子女保留。例如养子女因继承、接受赠与等原因取得的财产，养子女合法劳动所得，在收养关系解除时，可以通过分家析产明确养子女应得的属于其个人所有的财产份额。收养关系存续期间，养父母一方死亡，养子女有权作为法定继承人获得相应的遗产份额，虽事后养子女与养父母另一方解除收养关系，因解除收养关系不具有溯及力，养子女在与养父母解除收养关系前已继承取得的遗产份额仍归其所有。遗产尚未进行分割的，养子女有权要求分割遗产并取得其应有份额。

继承编

第一章 一般规定

第一千一百一十九条 本编调整因继承产生的民事关系。

【条文主旨】

本条是关于继承编调整对象的规定。

【条文理解】

本条理解的重点是了解《民法典》继承编所调整民事关系的特点，明确继承的含义、特征、《民法典》继承编的基本原则，进而准确把握继承法律关系的基本内涵。

一、关于《民法典》继承编编纂的背景及时代意义

我国单行的《继承法》颁行于1985年，除有最高人民法院的相关司法解释外，该法实施35年来并未进行修订，本次纳入《民法典》，是继承法立法以来的重大变化，条文上也由原来的37条扩展为44条，虽然增加条文数量不多，但内容还是有较大变化。

继承权是自然人享有的重要财产权，继承法律关系是重要的民事法律关系，继承法是完善中国特色社会主义法律体系的重要组成部分。此次《民法典》继承编的编纂主要基于以下几个方面：（1）继承法是民法的基本组成部分，是《民法典》继承编的主要内容，编纂

不仅要考虑与《民法典》总则编的协调，也要考虑和其他编内容的衔接。从继承法的本质看，继承法作为调整法律关系的私法规范，是兼有身份法性质的财产法，其性质属于以亲属关系为基础的财产法，这决定血缘、婚姻对继承关系有直接影响；同时，继承法的私法性质，又决定私权神圣、意思自治等观念应该贯彻其中，这需要继承法必须注重自身与其他财产法、身份法的协调，在立法及制度设计上避免与其他民法规则相冲突。如《继承法》第8条规定了继承权纠纷的诉讼时效，但这在《民法总则》施行后，因其已对诉讼时效作出规定，而继承权的诉讼时效期间并无特殊性，故现在继承编无须再对诉讼时效予以规定。（2）继承法适用的社会现实生活变化。《继承法》颁行的1985年，是我国改革开放之初，个人财富并不多而且简单，主要集中于生活资料、法律允许的部分生产资料及储蓄。经过四十余年的改革开放，我国已进入社会主义市场经济模式，公民拥有的私有财产在数量上不仅急速增加，而且在财产及财富的种类、表现形式上均有巨大变化，个人不仅可拥有传统的生活资料，而且拥有大量的生产资料和新型财产。表现在权利类型上，不仅有传统的物权、债权、知识产权，还有股权、其他投资性权利、数据及网络虚拟财产等新型财产。（3）《继承法》的部分制度规定并不完善，部分规定也缺乏科学性。如，《继承法》对于遗产采取列举的方式，主要的类型是生活资料，对新型财产等均未包括，《民法典》采用了概括式规定，明确包括所有个人合法财产。又如，《继承法》第24条虽对遗产的保管作出规定，即“存有遗产的人，应当妥善保管遗产，任何人不得侵吞或争抢”，但该遗产保管人，既可能是继承人，又可能不是继承人，而非继承人的遗产保管，只能是暂时的，并非履行遗产管理职责，这已不适应财产数量大、种类又繁多的遗产保管需要，因此，有必要设立遗产管理制度，在法律上明确遗产管理人的职责。《民法典》对此予以了回应，第1145条至第1149条专门对遗产管理人的确定、职责、权利、责任等作出了规定。

四十余年来，随着我国改革开放取得巨大成就，家庭关系和亲属关系的深刻变化，私人财富的大大增加，对《继承法》予以修改，成为主流意见。应该说，尽管《民法典》继承编不一定能满足社会各界的全部愿望和要求，但继承法律关系作为家庭关系和亲属关系的重要组成部分，其完善和发展必将对稳固家庭关系、亲属关系，促进社会生活和谐发挥重要作用。

二、关于继承民事法律关系特征

“继承”有广义与狭义之分。广义继承，指生者对死者生前权利和义务的承受，包括财产继承和身份继承。狭义继承，指财产继承。其中，身份继承，指生者承袭死者的身份，如继承王位、爵位或家长身份等，中国古代的继承即以身份继承为主；财产继承，指生者对死者所遗财产权利和义务的承受。现代社会绝大多数国家已无身份继承而只有狭义上的财产继承，也即当代“继承”，一般意义上属财产继承的简称。

作为民事法律关系的重要组成部分，继承法律关系具有如下主要特征：

（一）继承法律关系的发生以被继承人死亡事实为原因

被继承人死亡是财产继承法律关系发生的前提，该事实属于法律事实，包括自然人的自然意义上的死亡和法律上宣告的死亡，没有自然人死亡事实即不发生继承问题。因买卖、夫妻离婚分割财产、家庭分家析产、企业法人消灭所致剩余财产归属、确定等均不属继承法调整范围。继承法律关系以被继承人死亡的法律事实为根据，这与一般民事法律关系以民事主体的民事法律行为为发生原因不同。

（二）继承法律关系有身份关系属性

所谓身份关系属性，即继承仅发生于一定的亲属关系人之间。对于何种民事主体可为继承人，虽然各国的风俗习惯不同，立法上存在差异，但在各国的现代继承立法中，继承一般仅限于特定亲属关系人，这不仅包括法定继承，也包括遗嘱继承，而亲属关系人原则上包括配偶和血亲。对此，我国例外地承认符合条件的姻亲也可以作为继承人，也即《民法典》第1129条规定的丧偶儿媳对公婆，丧偶女婿对岳父、岳母，尽了主要赡养义务的，可以作为第一顺序继承人。为处理相关财产而由继承法所调整的遗赠纠纷和遗赠扶养协议纠纷，在《民事案件案由规定》中虽规定在“继承纠纷”之下，但因为其并不以一定的亲属关系为前提，故严格意义上不属于继承法律关系；同时，国家或集体所有制组织依照法律规定取得无人继承又无人受遗赠的遗产也非继承法律关系。

（三）继承法律关系对继承遗产权利和义务的概括承受性

按《继承法》的规定，继承法律关系中的权利主体即继承人，既享有继承遗产的权利，又承担在遗产实际价值范围内清偿被继承人生前所负债务的义务或附义务遗嘱继承可能必须履行的行为义务，这就是概括承受性，其中有积极财产即遗产，也有消极财产即个人债务、应缴纳的税款和有关行为等。这与单务民事法律关系的权利主体只享有财产权利有较大差异。

（四）继承人取得遗产所有权的无偿性

继承作为财产所有权转移的一种方式，其获得遗产所有权是无偿的，并不需要支付对价，这与有偿民事法律关系需给付相应的代价有明显区别，同时也不同于赠与财产关系是自然人生前赠与其个人所有财产，使受赠人无偿取得该财产所有权，继承属继承人依法或依据遗嘱无偿取得遗产。有人认为附义务的遗嘱继承，其义务即是代价，我们认为该所附义务从严格意义上也不属有偿民事法律关系中的对价内涵，实际上理解为继承特定情况下的条件更为合适。

三、《民法典》继承编的基本原则

一般认为，我国《民法典》继承编主要体现为四项基本原则，即保护自然人私有财产继承权原则，继承权平等原则，养老育幼、照顾病残原则，互谅互让、团结和睦原则。有的也将限定继承原则、权利义务一致原则作为继承法律的基本原则。由于上述原则对理解、执行继承法均有助益，本书对此均予以简要说明。

（一）保护自然人私有财产权的原则

该原则为《民法典》第1120条所规定，即“国家保护自然人的继承权”。为避免不必要的重复，详见该条理解与适用，在此不予赘述。需要说明的是，保护自然人的私有财产继承权，既是继承法的立法原则，也是国家对继承立法的目的。对此，《继承法》第1条“根据《中华人民共和国宪法》规定，为保护公民的私有财产的继承权，制定本法”进行了明确表述。

（二）继承权平等原则

该原则主要体现为《民法典》第1126条规定，即“继承权男女平等”，《继承法》规定于第9条，二者内容和表述方式均一致。详见本书第1126条具体内容，在此不予展开。需要注意的是，该条款并未规定在“一般规定”中，而是规定于“法定继承”之下，因此，其不宜看作基本原则，而应作为基本原则的体现。但“继承权男女平等”是该原则主要强调的内涵，但是某些地区，特别是农村，部分女性的继承权还得不到很好地保障，如有的女儿的合法继承权受到父母的忽视、得不到切实地实现，特别是山区、乡村，有较多的忽视出嫁女子的继承权的情形，其继承权往往被剥夺。有的司法机关在司法中也往往以当地习惯和切合实际为由没有很好地坚持“继承权平等原则”，这是理解和执行继承法律尤其要注意的。另外，需要说明的是，继承权平等原则不只体现为继承权的男女平等，还体现为非婚生子女与婚生子女的继承权平等、养子女、继子女与亲生子女的继承权平等以及同一顺序继承人的继承权平等等方面。

（三）养老育幼、照顾病残原则

这是人类社会延续的自然反映，更是中华民族传统美德和社会主义精神文明建设的反映和要求，也是继承法作为身份法、财产法对家庭相关成员在法律上进行制度安排的逻辑诉求。如，在分割遗产时，应当保留胎儿的继承份额，自然人可以与扶养人订立遗赠扶养协议，以保障其老有所养；又如，在法定继承中，应当对生活有特殊困难又缺乏劳动能力的继承人予以照顾，在遗嘱继承中，遗嘱人应当为缺乏劳动能力又没有生活来源的继承人保留必要份额。这些条款具体体现在《民法典》第1125条、第1129条、第1130条、第1131条、第1141条、第1144条、第1155条、第1158条等。

（四）互谅互让、团结和睦原则

该原则规定于《民法典》第1132条及《继承法》第15条。该条是中华民族传统美德的继承，也是发扬社会主义道德风尚和建设社会主义精神文明的要求，是建立社会主义新型家庭关系的基本准则。这一原则在继承立法中表现为，各继承人要按照家庭身份关系处理继承问题，注意个人的具体情况，对幼弱少助、生活困难、缺乏劳动能力的继承人要体恤、关照，对尽了主要抚养义务的继承人要适当倾斜；同时，倡导在继承事实发生后各继承人要尽可能以协商、友好的方式解决被继承人的身后事宜和继承财产的分割问题，以弘扬中华民族的传统美德和良好社会风尚。

（五）限定继承原则

所谓限定继承是继承人对被继承人生前所欠的税款和债务，只限于在所继承遗产价值范围内有清偿义务，对超过所继承遗产价值总额的债务，则无清偿义务和责任，当然，如果继承人愿意继续偿还的除外。限定继承，是世界上大多数国家的立法通例，这一原则规定于《民法典》继承编第四章“遗产的处理”第1161条。应该说，限定继承原则，一方面体现了继承法规范的继承人取得财产不同于其他民事关系的特点，另一方面也遵循了自然人只对自己债务负责的基本法理，被继承人既已死亡，则其民事能力和行为能力消失，因其个人产生的债务不能导致继承人身份关系的负担。当然，限定继承，并不代表凡是以被继承人名义或身份所担负的债务全部被限定，例如，被继承人生前出面，以个人名义欠下的家庭共同债务或税款等，继承中其他家庭成员需要共同承担，即不受限定继承的限制；再如，生前继承人不供养被继承人，而被继承人为了正常生活需要，欠下的生活费、医疗费等，也不受限定继承原则的限制。

（六）权利义务相一致原则

权利与义务相一致原则是我国宪法的一个重要原则，这一原则在继承法中体现得也较为充分，作为与婚姻家庭有着紧密联系的继承法，确立该原则对婚姻家庭职能的实现也有重要意义，同时对理解和贯彻继承法的规则具有指导作用。权利义务相一致原则作为一项法律原则，在各个不同的法律领域上有着不同的内容和适用范围。因此，不能把继承法与其他民事法律领域中的权利义务相一致原则混为一谈。其他民事关系中权利义务相一致往往是指权利义务基于同一法律关系发生并具有一一对应性，如在婚姻法中，父母有抚养子女的义务，子女有要求父母抚养的权利；夫妻之间有相互扶养的权利和义务。在合同法中，合同权利和义务基于同一法律关系发生，一一对应性也较为清晰。但继承法上权利义务相一致原则则体现得较为宽泛，如在确定继承人范围时，要考虑继承人与被继承人之间是否有法定的扶养义务；在确定遗产份额时，要考虑继承人尽义务的多寡；在遗产分配时，要考虑继承人是否履行了法定的扶养义务等。这一原则主要体现在以下条款：(1)《民法典》第1127条关于“法定继承人范围和顺序”的规定，基本是以婚姻法律规定的相互具有扶养关系的人的范围来确定，其中继子女与继父母之间、继兄弟姐妹之间明确以是否具有抚养关系来确定是否有继承权；兄弟姐妹、祖父母、外祖父母的继承权之所以列为第二顺序，是因为在被抚养人的父母已经死亡或父母缺乏抚养能力时，应对被抚养人履行抚养义务。(2)《民法典》第1129条“丧偶儿媳对公婆，丧偶女婿对岳父母，尽了主要赡养义务的，作为第一顺序继承人”的规定，对权利义务的一致性体现得也较为明显。(3)《民法典》第1130条、第1131条规定的关于遗产分配时，对被继承人尽了主要扶养义务或者与被继承人共同生活的继承人，可以多分；有扶养能力和有扶养条件的继承人，不尽扶养义务的，分配遗产时，应当不分或者少分；继承人以外的对被继承人扶养较多的人，可以分配给他们适当的遗产。(4)《民法典》第1144条规定的遗嘱继承或遗赠附有义务的，继承人或者受遗赠人应当履行义务。没有正当理由不履行义务的，经有关单位或者个人请求，人民法院可以取消其接受遗产的权利。（5）第1158条规定的有关遗赠扶养协议，只有有关组织或个人承担了该被继承人生养死葬的义务，才能享受遗赠的权利，该条也较为明确地体现了权利与义务相一致的原则。

【审判实践中应注意的问题】

《民法典》继承编调整的对象，虽然主要规定的是被继承人死亡事实发生后的有关事项和纠纷的处理规则，但应该注意的是其还调整涉及继承的有关行为，如被继承人如何立遗嘱、遗赠，遗嘱和遗嘱的形式要求、效力要件、如何撤回等，同时也规定了遗嘱等需要履行的法定义务等，如遗嘱应当为缺乏劳动能力又没有生活来源的继承人保留必要的遗产份额，也即自然人虽然可以对自己的遗产分配予以相当程度的自治，但也有一定的限制等。另外，还需注意的是，继承法律调整的主要是继承相关事宜，并不调整家庭的分家析产纠纷，也不调整自然人生前赠与等问题。

第一千一百二十条 国家保护自然人的继承权。

【条文主旨】

本条是关于申明继承编立法目的的规定。

【条文理解】

《民法典》总则编中的第113条规定："民事主体的财产权利受法律平等保护。"第124条规定："自然人依法享有继承权。自然人合法的私有财产，可以依法继承。"上述两条均规定于《民法典》总则编第五章"民事权利"之内，可见，继承权被视为民事权利的一种。一般理解，立法保护继承权，实际上就是保护自然人财产流转的安全性、稳定性，从而保护经济社会的基本规则和秩序，并以之为基础促进社会健康发展，此所谓"有恒产者有恒心"。对此，《继承法》和《民法典》继承编的立法原则是一致的，但《民法典》继承编对此更加明确且予以专条规定。这一规定尤其符合我国近年来倡导的产权平等保护原则，也可以说是立法贯彻国家有关产权保护的一个例证。

作为《民法典》重要组成部分的继承法律制度，如果说一个概念可以贯穿的话，那非"继承权"莫属。换言之，继承法就是有关继承权取得、丧失、行使和保护的有关规则，而要正确理解国家为何保护自然人的继承权，也需首先从理解继承权入手。

一、关于继承权的理解

继承法涉及物权法上的内容，涉及人法上的人格制度、权利能力制度，也涉及诉讼法上的继承诉讼，可以说，其贯穿人法、物法和诉讼法。正因如此，有的学者认为没有任何领域像继承法这样充满争议。继承权的理解也是如此。继承权是否是民事权利，如果是民事权利，是一种什么性质的权利，这在学界和司法实践中的理解存在争论。有人认为继承权不是一种民事权利，而是一种资格，类似于主体资格；有人认为继承权包括期待权和既得权；有人认为继承权是一种财产权而非身份权；有人认为继承权不是一种资格，也非身份权和财产权，而是概括的取得权。到底如何理解继承权，以下作简要解析：

（一）继承权属于民事权利，而非资格或权利能力

有观点认为，继承权不是民事权利，而是一种资格，类似于主体资格，该资格由法律赋予，具有对人的排他性效力，但不具有对物的排他支配效力，认为继承权并不具备权利的属性，故勿如说其为一种继承人取得遗产的资格，也即否定继承权的民事权利属性。这种否定继承权的观点受到国内主流观点的否弃。主要的理由是，将继承权理解为一种资格或地位，主要是从权利能力角度出发，但继承权本身不宜被理解为是一种权利能力，因为继承权可以被剥夺。另外，从客观立法看，我国《宪法》《民法典》都已明确继承权的权利地位和继承权受保护的法律原则；而从权利概念和权利学说看，继承权包括“特定的利益”和“法律上之力”这两个判断权利本质的构成要素。所谓“特定利益”，即继承人对可供继承的遗产具有特定利益，而现行立法对继承权明确规定了继承诉权，附有法律之力的保护。

（二）继承权是既得权而非期待权

继承既得权与继承期待权是学理上的区分，但立法中并没有明确的定义和区分。上述观点源于罗马法，在我国学界有一定影响。所谓继承期待权，即继承开始之前尚未具备全部成立要件的权利；所谓继承既得权，即继承开始后已具备全部成立要件，具备现实性的权利。但近代以来，上述期待权之论已经式微，主流观点认为继承权不存在所谓期待权。主要理由：第一，继承开始于被继承人死亡事实，是世界各国继承立法的通例。在死亡之前，有心理上的期待状态，但并无期待权，因为权利意味着其依法能够享有，而被继承人死亡前，继承

人无权提出任何权利请求。另外，继承具有不确定性，如虽属法定继承人，但其可能被遗嘱继承所排斥；虽有在先的遗嘱，但可能被在后的遗嘱所替代；另即使没有遗嘱、遗赠，是否具有遗产、谁是继承人、谁有继承权、谁能继承谁等问题，均无法确定。第二，期待权论者认为继承期待权可以被剥夺，即在继承开始前以诉讼方式剥夺一主体的继承权。但因为任何一主体能否成为继承事实发生后的继承主体尚不确定，故剥夺继承期待权一论，可以说徒劳无益。第三，法律无法保护继承期待权。如果认为属于权利，则必须赋予法律保护之力，但继承期待权人，无论是作为法定继承人还是遗嘱继承人均无法提出任何请求，因为婚姻关系、亲子关系、遗嘱内容等均存在变更可能，所谓的继承人也可能先于被继承人死亡。据此，理解为期待权，无法予以权利救济，从此角度也可以看出继承期待权并不是真正的权利。第四，继承期待权无法转让和继承，而按照通说期待权是可以转让和继承的。综上，继承权属既得权而非期待权，也即在继承开始前谈论继承人的所谓继承权实为空论。

（三）继承权非属身份权

有观点认为继承权以继承人有特定身份为前提，是专属于该继承人的权利，取得财产是继承权的结果，所以认为是身份权而非财产权。该观点的不可解释之处有：从身份权的本意看，其与财产权相对，是与人身不可分离而又没有经济内容的权利，其客体是其他主体的人身，如配偶权、亲权、监护权，身份权的存在以两个关系主体的存活为前提，如果一个主体不存在即不存在身份权，继承权不具有这样的特征；从继承权的所谓身份看，继承权中所涉特定身份只限于法定继承，遗嘱继承虽将范围限定为法定继承人范围，由法定继承人中的一人或数人继承，但无论有无遗嘱，即使是法定继承范围的主体，亦不一定是最终享有继承权的主体，这一不确定性与权利客体的明确性并不吻合；从权利保护角度，一旦确定为身份权，则身份权作为人身权，是否可依照侵权责任法请求精神损害赔偿，现在也没有司法实践或先例的支持。据此，将继承权理解为身份权，似不相宜。

（四）继承权非属财产权

因继承权的客体限于被继承人的财产，故将继承权作为财产权，为学界通说。但继承权的权利性质与该权利的客体是否同一，确是一个存疑的问题，因为从财产权的内容看，有物权、债权、知识产权和股权等权利类型，继承权难以归入其中任何一类，故有学者认为继承权的客体为财产权，并不表示该权利性质即属财产权，我们认为确有道理。

（五）继承权属取得权

继承权虽属与财产权有关的权利，《民法通则》第76条也将继承权置于“财产所有权和与财产所有权有关的财产权”一节中，但其具有特殊性，即该权利的本质是将被继承人的财产权转化为继承人的财产权，也即继承权只是完成被继承人与继承人之间进行权利主体转换的中间性权利或功能性权利，故本质属于取得财产的方法。依据《法国民法典》，继承是财产所有权取得与转移的方法之一。对此，德国学界的通说也持继承权属财产取得方法的观点。[①]

二、关于继承权保护的理论及根据

《民法典》明确规定继承权受国家保护，国家法律保护继承权的根据和支撑可以从以下两方面理解：

（一）现阶段客观的经济条件决定必须保护自然人私有财产的继承权

虽然马克思主义认为继承权必将随着生产资料私有制的消亡而消亡，但也正如马克思所言继承权并不是靠一纸法律命令即可马上彻底废除的，只有社会发展到私有制消灭时才可以。我国正处于社会主义市场经济阶段，市场经济的本质是交换经济，而交换的前提是个人享有充分的财产权利。为此，保障自然人生前对财产权利的支配，同时保障其财产权利死后在继承人中分配即为市场经济的内在要求。从目的上看，我国社会主义市场经济的生产目的是逐步满足人们日益增长

① 章正璋:《继承权法律保护的六个疑难问题探析》，载《现代法学》2012年第4期。

的物质文化生活需要，如果没有个人财产权的保护，则无异于空谈，而立法保护个人的私有财产继承权，必然会促进自然人以极大的热情从事创造性劳动，为社会、家庭和个人积累财富。

（二）家庭功能的发挥是继承权保护的必然要求

家庭是自然人生长的基本社会单元，为保障该单元的稳定，保障其相互扶助、养老育幼等基本功能的发挥，法律保障家庭财富的累积和传承就成为必然要求。在社会主义初级阶段，社会成员对老年人的赡养、未成年人的抚育、夫妻之间的扶助还主要靠家庭来承担，而家庭成员的互相扶养离不开一定的物质基础。因此，在立法上保护自然人的私有财产，从某种意义上就是保障家庭功能的稳定发挥。作为被继承人身后的财产，依法保障其财产在家庭成员之间分配不仅有利于发挥家庭的养老育幼职能，而且也会促进家庭关系的和睦团结。

三、关于保护自然人继承权内涵的解读

需要说明的是，继承法的立法目的为《继承法》第1条所规定，即“为保护公民的私有财产的继承权，制定本法”。与《民法典》的规定比较，可以发现用语中删掉了“公民”，而使用了“自然人”概念。对此，一般认为，民法作为私法，调整的是平等主体的自然人、法人和其他组织之间的民事关系，“自然人”概念是继承法作为私法组成部分应该予以采用的，而“公民”概念具有更多的政治内涵，在公法上使用得较多。对此，《民法典》对该表述予以了修改。修改后，其主体范围也将“公民”概念无法涵盖的外国人、无国籍人等适用我国继承法律调整的主体包含其中。

从保护角度理解继承权的内涵，有如下几个方面：第一，凡自然人死亡遗留的合法财产，都可以依法由继承人继承。这规定于《民法典》第1122条。《继承法》采取列举方式规定继承财产的范围，《民法典》继承编采用了概括式的规定，无疑给可以合法继承的财产留足了空间。也就是说，除法律禁止个人享有所有权的财产，只要具有合法权源的财产原则上都可以作为遗产由其继承人继承。第二，被继承

人的遗产一般不能收归国有，要依法保障尽可能地由继承人取得，以充分保障继承权人的权益。只有对无人继承又无人受遗赠的财产，才能归国家所有，并用于公益事业。第三，非法定事由不能剥夺继承人的继承权。《民法典》第1125条明确规定了丧失继承权的几种具体情形，且并未规定兜底条款留下自由适用的空间。第四，保障继承人的继承权能够得到充分行使。除具有完全民事行为能力的继承人本人可以行使继承权外，如果本人是无民事行为能力人或者限制民事行为能力人，其继承权可以由代理人代为行使或者征得代理人同意后行使。《民法典》继承编虽将《继承法》第6条有关无民事行为能力人、限制民事行为能力人可由法定代理人代为行使或征得法定代理人同意后行使之规定删除，但并不意味着无民事行为能力和限制民事行为能力的继承人继承权不能代为行使，而应理解为该民事权利与其他民事权利一样适用民事代理制度之规定。第五，继承权受司法保护。

第一千一百二十一条 继承从被继承人死亡时开始。

相互有继承关系的数人在同一事件中死亡，难以确定死亡时间的，推定没有其他继承人的人先死亡。都有其他继承人，辈份不同的，推定长辈先死亡；辈份相同的，推定同时死亡，相互不发生继承。

【条文主旨】

本条是关于确定继承开始的时间的规定。

【条文理解】

本条继承开始时间的确定融合了《继承法》第2条和《继承法意见》第2条的相关内容。继承法律关系的产生，与其他法律关系的产生一样，需要以一定的法律事实为根据。能够引起继承法律关系产生的法律事实，在继承法上只有被继承人的死亡。换言之，被继承人死亡是继承法律关系产生的原因，即法律事实。本条的理解，主要是了解继承开始的法律意义及继承开始时间的认定两个方面。

一、继承开始时间的法律意义

被继承人死亡作为继承法律关系发生的法律事实，一旦发生对继承法律关系的影响，既涉及继承法律关系的主体、客体，也涉及继承法律关系的内容及继承相关制度，在法律上有重要意义。这些意义，总结起来有如下几个方面：

（一）确定继承人的范围

这涉及继承法律关系的主体，也即只有继承开始，继承的主体才能确定，没有继承的开始，即谈不到谁可以成为继承主体。确定继承人范围需注意如下两个问题：

1. 不是所有近亲属或有扶养关系的人，均可以成为继承人，继承开始时已与被继承人解除婚姻关系或扶养关系的人，不能成为继承人，已因法定原因丧失继承权的人，也不能成为继承人。

2. 只有继承开始时生存的法定继承人、遗嘱继承人、被扶养人，才能成为继承人，继承人死亡的不能成为继承人；但如果被继承人子女先于其死亡的，由被继承人子女的直系晚辈血亲代位继承；被继承人的兄弟姐妹先于被继承人死亡的，由被继承人的兄弟姐妹的子女代位继承，除此之外的其他被继承人的近亲属则不享有上述代位继承权利。

（二）确定继承遗产的范围

遗产是被继承人死亡时所遗留的财产和财产性权利。这些财产和财产性权利在被继承人生前可能随时处在变动中，包括财产及财产性权利的形态、数额、状态等都可能会发生变化，具有不确定性。只有确定继承开始的时间，遗产范围才能明确，在法律上才能确定为遗产。如继承开始以前，被继承人已经处分的财产则不属于被继承人的遗产。对于被继承人与他人的共有财产，如夫妻共有财产、家庭共有财产等，只能按继承开始时间确定共有的终止及遗产范围。需要注意的是，实践中，继承开始后，继承人往往并不立即分割遗产，继承开始与遗产分割之间存在一定的时间间隔。在这段时间内，遗产可能会发生一定的变化，有的发生减损、毁坏，甚至灭失，也有的产生增值、收益或孳息等，从而可能会影响最后分配的遗产，但这属于遗产的保管、使用、收益或风险等问题，并不影响继承开始时遗产范围的确定。

（三）确定继承法律关系相关的权利、义务

继承开始前，继承法律关系没有产生，也就不产生继承法律关系中的权利和义务，而一旦继承开始，相关的权利和义务即需开始行使或履行。如继承权、受遗赠权即成为现实的既得权利，遗产保管义务人或受遗赠人等的相关义务也需开始履行。与此相关的，继承开始前不能确定的有关接收或放弃继承的权利、接受或放弃遗赠等的行为效力，也因继承开始而始具有法律意义（实践中，有的行为表示于继承开始之前）。根据《民法典》继承编的规定，继承人在继承开始后至遗产分割时可以放弃继承权。但继承开始前其放弃继承权则并无效力，因为其在继承开始前并无继承权。但继承开始后，放弃继承权、遗产、遗赠等则具有效力，也即一旦放弃则对遗产不享有任何权利，且可追溯到继承开始的时间。

（四）确定遗嘱的效力

遗嘱是遗嘱人生前处分其死后遗留财产的一种法律行为。遗嘱人立有合法有效的遗嘱是发生遗嘱继承的法律事实之一。遗嘱虽然是遗嘱人生前的意思表示，但发生效力的时间却是在继承开始之时，即遗嘱人死亡之时。在继承开始之前，遗嘱尚不发生法律效力，遗嘱人可以变更或撤销遗嘱。继承开始，遗嘱即发生法律效力，同时也就具有了执行力。另外，遗赠虽不属继承范围，但遗赠发生法律效力的时间也需要按照继承开始的时间确定。

（五）确定遗产所有权的转移

被继承人死亡事实一旦发生，其所遗留财产的所有权即发生转移。既然被继承人已经死亡，自然也就不能再享有其所遗留财产的所有权。但这个所有权转移实际有一个过程，故应为开始转移，而非已经移转；而一旦继承完毕，则相关继承的效力将溯及至继承开始，故理解上也可以说是继承开始财产即已转移。具体而言，继承人为一人的，遗产自继承开始由其单独所有；继承人为数人的，则遗产首先转移至数人共有，待依法分割后（当然，数人也可以依法保持对遗产的共有，不予分割），其对遗产享有的权利也将溯及至继承开始。

（六）确定继承人的应继份额

按照《民法典》第1130条的规定，同一顺序法定继承人继承遗产的份额，一般应当均等；但对生活困难又缺乏劳动能力的继承人、对尽了主要抚养义务或与被继承人共同生活的继承人等，应当予以照顾或可以多分；对有扶养能力和扶养条件而不尽扶养义务的，应当不分或少分等。上述确定继承份额的时间是继承开始的时间，而不是遗产实际分割的时间。其中，对于需要加以特别考虑的继承人的具体情况，也应当以继承开始时的继承人的状况为准。

（七）确定和保护继承权诉讼时效的起算点

继承人享有继承回复请求权，在其继承权受到侵害时，可以行使该请求权，请求人民法院予以保护。根据《民法典》第188条的规定，继承权纠纷提起诉讼的期限为三年，自继承人知道或者应当知道其权利被侵犯之日起计算，但继承权保护的最长时效为20年，其起算点应为继承开始。

二、关于继承开始时间的确定

本条规定，继承从被继承人死亡时开始，也即确定继承开始的时间，应以被继承人死亡的时间为准。继承法律上，确定继承人死亡的时间，包括如下三种情况：

（一）自然人能确定自然死亡时间的，以自然死亡确定继承开始时间

自然死亡，即生理死亡，指自然人生命的终结。自然死亡的时间，存在多种认识，有的认为呼吸停止即死亡，有的认为脉搏停止即死亡，有的认为心脏停止即死亡，有的认为脑死亡即死亡。上述几种死亡的判断标准，目前在医学界有较大影响的是脑死亡说，受其影响，民法上也有采用脑死亡说的趋势。司法实践中，如何确定自然人死亡的时间，通常有以下情况：（1）根据医疗机构出具的死亡证明确定死亡时间。这是我国目前通常的确定方法。（2）根据公民户籍簿上登记的死亡时间来确定公民的死亡时间。需要注意的是，户籍记载死亡的时间与医疗机构记载不一致的，以医疗机构记载的时间为准。（3）根据人民法院查证的时间确定死亡时间。该确定方式是在既无医疗机构死亡证明，也无户籍登记记载的情况下，人民法院根据相关证据确定死亡时间的方法。需要注意的是，在自然死亡中，虽然可以作

正常死亡与非正常死亡或者暴力性死亡与非暴力性死亡之类的区分，但在继承法上，则不管其是否属于正常死亡与非正常死亡或者暴力性死亡与非暴力性死亡，都不影响继承的开始，只要确定了死亡时间，即确定了继承开始的时间。

（二）自然人下落不明需依法确定死亡时间的，以法院宣告死亡的时间确定继承开始的时间

所谓宣告死亡，是自然人离开住所，下落不明达到法定期限，经利害关系人申请，由人民法院判决认定其死亡。宣告死亡的，到底是判决宣告之日为死亡之日，还是判决认定的日期为死亡日期，司法实践中存在争议。这是因为，《民法通则意见》第36条规定“被宣告死亡的人，判决宣告之日为其死亡的日期”，该“判决宣告之日”可能与“判决书记载的死亡日期”并不一致。对此，一般认为，判决中已确认失踪人死亡日期的，该日期视为失踪人的死亡日期；判决中未明确失踪人死亡日期的，则以判决生效的日期为失踪人死亡日期。

（三）同一事故死亡难以确定死亡时间的，按照法定规则推定被继承人死亡时间

该规则即“相互有继承关系的数人在同一事件中死亡，难以确定死亡时间的，推定没有继承人的人先死亡。都有继承人的，辈份不同，推定长辈先死亡；辈份相同的，推定同时死亡，相互不发生继承”。这一规则实际上是从保护继承人利益角度予以拟制的，需要把握以下几个方面：

1. 同一事故中，能够确定实际死亡时间的，按照实际死亡时间确定继承关系，只有在难以确定死亡时间的情况下，才适用该规则推定死亡时间。

2. 本规则的适用前提是相互具有继承关系的数人在同一事故中死亡，相互没有继承关系的人之间对此不予适用。

3. 该规则主要是从保护继承人利益出发拟制的，符合继承的顺序和遗产的传承。

【审判实践中应注意的问题】

一、自然人死亡后是否存在继承的问题

实践中，自然人死亡，能否成为继承人和继承财产，似乎并无异议，但在同时死亡事故的继承中，却存在不同理解，试举一案例对此问题予以说明。王先生与妻子、儿子及岳父母一同驾车出游，途中遭遇车祸，五人全部丧生，王先生岳父、岳母名下有共有房屋两套，二人均有兄弟姐妹，而且感情均较好。事故发生后，因王先生岳父母房产的继承问题，王先生父母与王先生岳父母的兄弟姐妹发生争议，王先生父母认为，王先生岳父母、女儿及外孙（未成年），依法推定先后死亡，故其外孙应为王先生岳父母房产的继承人，而孙子死亡后，其依法属于法定继承人，故王先生岳父母的房产应归其所有。但这将导致本无继承关系的祖父母继承了外祖父母的财产。对此，王先生岳父母的兄弟姐妹均不可接受，认为祖父母对外祖父母的财产继承没有法律根据，违反常情常理。本案如何解决，部分意见倾向于由祖父母继承，其理由和逻辑是，按照死亡的先后顺序，既然女儿是外祖父母财产的继承人，儿子又是女儿财产继承人，祖父母又是孙子的继承人，这种继承即是合法及合乎逻辑的。对该案的上述处理，我们认为，首先感觉不符合情理，那么具体法律依据上如何解决，试从以下几个方面说明：第一，岳父母、女儿属于有相互继承关系的人，女儿与儿子是有相互继承关系的人。但因为女儿及儿子均已死亡，非生存的自然人，故均不能成为王先生岳父母的继承人。第二，根据遗产继承顺序及继承人范围，王先生父母不是王先生岳父母的继承人范围。第三，王先生父母成为其孙子的合法继承人的前提是孙子取得继承权，但因为继承人需为生存自然人，其孙子已经死亡，且无子女代位继承，故孙子无法取得王先生岳父母的遗产，这导致王先生的父母也即无权取得王先生岳父母的遗产。本案祖父母继承外祖父母的财产的主要错误在孙子死亡已不能取得继承权，则其祖父母自然难以取得其

外祖父母的遗产。本案的案例虽比较极端，但现实生活中确有这样的案例，而且随着家庭成员一同出游的现象增多，类似事故越来越多。如何把握同一事故中当事人死亡的先后顺序，并结合继承人范围、继承顺序解决有关问题，成为继承纠纷当中的难点。

二、宣告死亡后的自然人重新出现，其原被继承的财产如何处理的问题

宣告死亡作为司法认定的死亡，本质上是一种事实推定，如果当事人并未死亡，而是重新出现，按照《民法典》的相关规定，经本人或利害关系人申请，人民法院应当撤销对他的死亡宣告。死亡宣告撤销后，其有权请求返还财产，依照《民法典》继承编取得他的财产的自然人或组织，应当返还原物。原物不存在的，应给予适当补偿。

第一千一百二十二条 遗产是自然人死亡时遗留的个人合法财产。

依照法律规定或者根据其性质不得继承的遗产，不得继承。

【条文主旨】

本条是关于遗产范围的规定。

【条文理解】

本条是有关遗产范围的规定，也即继承发生时何种财产可以被继承，何种不能被继承。确定遗产范围，是判断遗产归属、进行遗产分配的前提和基础。那么，何谓遗产？在学界，有广义和狭义之分，狭义仅指积极财产，也即财产权利，而广义则既包括积极财产，还包括消极财产，即财产义务。考察人类继承制度的发展过程，可以发现，均经过一个从身份与财产的混合继承到财产继承的发展过程，而遗产作为继承的客体，也经过了一个从身份权逐渐式微与财产权日益扩张的演化过程。据学者研究，我国学者翻译的外国民法典中的“遗产”往往既包括财产性权利，也包括财产性义务，故遗产范围较我国的传统理解的范围要宽。①一般来说，大陆法系国家的遗产范围秉承罗马法上的“总括继承原则”，在继承立法上将被继承人所遗留的各种权利和义务均纳入遗产范围，而英美法系国家由于在遗产继承中实行遗产信托制度，被继承人生前所负债务不属于遗产，被继承人所遗留的财产首先要扣除其债务，其余的才交付继承人，故其遗产只包括财产

① 陈苇、魏小军：《论我国遗产范围立法的完善》，载《河南财经政法大学学报》2013年第6期。

权利，而不包括债务。目前，我国大陆继承立法和香港特别行政区、澳门特别行政区、台湾地区的现行继承相关规定中，“遗产”一词与我国的传统理解一致，财产与债务予以严格区分，仅指积极财产，而不包括消极财产。如此，无论出于民众对遗产内涵的理解和认识需要，还是出于司法实务的统一和执法需要，这种理解均避免了很多理解和适用上的混乱，是适宜的。

理解该条，可以从《民法典》编纂前后立法表述方式的变化、个人合法财产的理解、财产形式的变化与扩展、遗产的反向排除等方面展开。

一、关于遗产范围的立法模式选择

遗产范围的立法模式即采取什么形式对遗产范围予以规定或表述。目前，界定遗产范围的规则或文本，通说认为有三种规范模式。第一种是“正面概括加列举”模式。我国《继承法》第3条“遗产范围”采用的即为这样的模式，先正面规定什么是遗产，即“遗产是公民死亡时遗留的个人合法财产”，然后列举遗产包括的主要财产形态。第二种是“正面概括加反面排除”模式。如我国台湾地区“民法”规定，被继承人财产上之一切权利是遗产，并规定专属于被继承人本身者除外，从反面对不属遗产的部分予以排除。第三种是“正面列举与排除”模式。如《葡萄牙民法典》，首先列举属于遗产的四类财产，然后将基于性质或法律规定随主体死亡而消亡的排除在外。除上述模式外，本次《民法典》的编纂，最高人民法院还提出了一种正面概括加列举加反面排除的立法方式，因列举内容只有“遗体、骨灰、人体器官等参照遗产处理”一条，实际上近于“正面概括加反面排除”模式。最终，《民法典》的编纂中，按主流的意见采用了第二种立法模式。

本次《民法典》的编纂采用“正面概括加反面排除”模式，主要考虑是：一方面，现代社会的民事权利是一个开放的体系，财产权利会随着社会经济和社会生活的变化而变化，不断增添新的内容，如果遗产范围采用列举的方式，难免会存在立法的漏洞，进而增加法律被修改、补充的可能，不利于法的稳定性，因此，放弃继承法列举的方式，即成为立法的必然选择。另一方面，“正面概括”只能对遗产范围作出正面的规定，而必然存在的例外情形不能涵盖，也不是立法所能接受的，特别是我国疆域辽阔，社会习惯、善良风俗也有较大差异，从反面对遗产范围作出规定，可以使立法具有较好的适应性。另外，这种从正、反两方面规范遗产范围的模式，从比较法看，也为很多国家和地区所采用，如《日本民法典》《葡萄牙民法典》《瑞士民法典》《俄罗斯民法典》以及我国台湾地区“民法”、我国澳门特别行政区民法典等，均采用正面概括加反面排除的方式规定遗产范围。

二、关于个人合法财产的理解

遗产的性质，一般表述为死者遗留的个人财产。《继承法》第3条的表述是“遗产是公民死亡时遗留的个人合法财产”。本次《民法典》编纂中，关于遗产的正面概括或定义中，在表述遗产时“财产”前是否应加上“合法”二字，在学术界、司法界均存在不同观点，总起来有“肯定说”和“否定说”。“肯定说”认为，应将遗产定位为“个人合法财产”，也即遗产的法律概括中必须包含合法性的限定，只有合法的财产才能作为被继承人生前的遗留财产被继承，简而言之，具有合法性的财产才能成为遗产。如果所谓的遗产是被继承人通过抢劫、盗窃、诈骗等不法手段取得，那么这些财产不得作为遗产。《继承法》对遗产作出合法性限定的理由，概括起来有如下几个方面：一是受我国制定继承法之初社会背景的影响，也即与我国的国情密不可分。二是顺应我国民众的思维习惯，如此规定使人们容易接受。三是既然以法律形式在继承法中规定遗产的含义以及范围，那么遗产中个人财产必须符合法律所具有的基本要求，即满足合法性也就成为立法的选择。因为继承是自然人通过法定形式取得财产的方式之一，如若不在个人财产之前进行合法性的限定，那么自然人通过继承这一方式所取得的财产很可能会使原本有悖于法律规定的非法财产变得合法化，结果导致被继承人的非法财产进入继承法律关系并由继承人继受，这将造成难以追回的局面。

与“肯定说”将合法性纳入遗产的财产限定相对，“否定说”认为，合法性限定并非继承法中概括遗产内涵时的必要内容。该说认为，“肯定说”虽从道德情感层面迎合了人们对于遗产的常规理解，但忽视了继承法中对遗产范围规则的定位，将“合法性”作为判定被继承人生前个人财产是否属于遗产的依据并不科学，应排除“合法性”的限定。主要理由：一是继承人作为遗产的继受者无法判断财产的合法性，也没有相应的条件或资质；退一步看，即使能够判断也没有任何意义。二是继承人无义务也无责任辨明遗产的合法性。财产权利是根据“不告不理”的原则判断归属的，财产权利即使不属被继承人所有，如果原财产权利人不予主张、不予救济、不予干预，法律对财产的合法性也不予判断。极而言之，被继承人的生前个人财产即使是犯罪所得，也是国家强制机关追究相关财产的合法来源时才能明确，继承人无义务也无责任辨明遗产的合法性。三是不提遗产的“合法性”并不意味着承认任何来源的财产均可通过继承合法化。域外立法采取的方式是共同继承人之间对所继承遗产可能存在的权利瑕疵互负担保责任。如《日本民法典》对遗产未作“合法性”规定，却规定了共同继承人在继承遗产后进行分割时与出卖人承担同样的担保责任，对债权遗产承担保证责任。四是继承制度的初衷是解决财产主体的转化问题，以填补因被继承人死亡所产生的财产关系空白，但并不解决或判断财产的合法性问题，该问题可以由继承法之外的其他法律规范解决，如物权法、债权法、公司法等。实际生活中，如果被继承人的生前个人财产确实存在不合法的情况，则依照法律规定，承担相应的民事、刑事或行政责任即可。这就是说，路管路、桥管桥，财产权利及其合法性可分别由不同法域协调解决，不宜由继承法全部解决。

两种观点比较，对财产的“合法性”不予限定的观点，从继承人的义务规定、继承的社会实践、具体部门法的调整法域及立法的比较等方面，似更为科学、合理，但本次民法典编纂仍沿用财产的“合法性”限制。我们认为其意义并不是从实际操作层面出发，其也并非旨在解决继承人能否辨别、鉴定遗产的合法性的问题，而在于表达法的宣示意义，这反映了立法的价值观，具有指引、评价、教育、预防功能，甚至具有相当的执行力和强制性。这无论对被继承人生前准备传承个人的财产，还是被继承人死亡后，继承人承受被继承人的财产，都具有规范意义，能够发挥潜在的规范效能。如果遗产非合法财产，则被继承人遗留的财产即使被继承，也具有不稳定性；而如果继承人知道被继承人遗产有非法性，其自己也需对继承财产承担风险。这种不稳定性或风险与稳定财产流转关系无关，因为即使对遗产的“合法性”不作规定，一旦遗留财产涉及合法性争议，继承人所继受的财产也难言稳定。

除财产的“合法性”限定和《民法典》所作排除性规定外，一切个人的财产均可以作为遗产。这种正面概括规定，大大拓展了遗产的范围，将现有财产如物权、债权、知识产权、股权等全部纳入其中，而且为网络虚拟财产权等已经出现或未来可能出现的新型数据财产权等也留足了空间。

三、关于遗产范围的排除规定

遗产范围的排除规定，即对遗产范围进行的反面除外性规定，已明确被继承人死亡时哪些特殊财产不能作为遗产予以处理。我国原继承立法并没有遗产范围的排除性规定，本次民法典编纂中对此予以了规定。

关于遗产范围的排除性规定，比较法上主要有如下几种方式：（1）排除专属于被继承人人身的财产。如我国台湾地区“民法”第1148条规定，继承人自继承开始时，除另有规定外，承受被继承人财产上之一切权利、义务。但权利、义务专属于被继承人本身者，不在此限。（2）排除与被继承人人身不可分割的财产、人身非财产权和其他非物质利益，并对与被继承人人身不可分割的抚养费请求权、生命或健康受损的赔偿请求权、法律禁止依据继承移转的权利等财产予以列举。如《俄罗斯联邦民法典》第 1112 条规定。(3)排除专属于被继承人人身的财产，同时以规定归属的方式排除宗谱、祭具、坟墓的所有权。如《日本民法典》。该法第 896 条规定，继承人自继承开始时起，承受属于被继承人财产的一切权利义务。但是，专属于被继承人本身者，不在此限。第 897 条规定，宗谱、祭具及坟墓的所有权，可以不拘前条规定，由按习惯应主持祖先祭祀者承受。但是，有被继承人指定的主持祖先祭祀者时，则由被指定人承受。(4)排除随死亡而消灭的财产。如《意大利民法典》第 490 条规定。上述规范，排除的范围有共同性，如专属于被继承人人身的财产均属被排除对象，但根据继承权客体的不同，排除的遗产有的属于财产，有的不属于财产。

本次民法典编纂中，立法机关对遗产排除范围，从两方面予以界定，一是依照法律规定不得继承的不得作为遗产，二是根据其性质不得继承的除外。下面作一简要说明：

(一)依据法律规定不能继承的财产权利

这类权利包括自然资源利用权、宅基地使用权、生前租用或借用他人的财产、指定了受益人的保险金等。

1. 自然资源利用权。该权利涉及自然人、法人等民事主体占有、使用除土地与海域以外的国有自然资源的权利，如取水权、探矿权、采矿权、捕捞权、养殖权等。这些权利所涉及的水资源、矿产资源、渔业资源等，大都是稀缺资源，是人类生存与发展不可或缺的物质财富，为避免这类资源的浪费及防止污染环境等，国家严格限制自然资源利用权人的资格，在赋予使用权时不但需要考察利用人的利用能力，还考察利用人的管理和保护能力，只有经过国家严格程序的审查，符合条件的利用人，才能通过行政许可取得自然资源利用权。基于主体资格的这种严格限制性，自然资源利用权只能由特定人享有，不得随意转让，也不能作为遗产继承。享有自然资源利用权的自然人死亡后，继承人只有经过重新申请并经主管部门批准，才能取得自然资源利用权，而不能基于继承而当然取得。

2. 宅基地使用权。宅基地使用权，是指民事主体以修建住宅为目的而利用集体所有土地的权利。该权利因与特定社员身份有关，有一定的福利色彩，具有专属性，只能由特定的民事当事人享有。因此，宅基地使用权不可以转让，也不能成为继承的遗产。但因为宅基地往往与房屋不可分离，而法律并未限制房屋的转让和继承，故基于“地随房走”的原则，在房屋被转让和继承时，宅基地使用权也随之转移；但如果宅基地上尚未建有房屋，该宅基地不能作为遗产予以分配。

3. 被继承人生前承租或借用他人的财产。承租的有关机器、设备、厂房、房屋等动产或不动产，被继承人虽有使用权，但并无所有权，法律禁止将此种财产性权利作为遗产继承，已普遍为我国民众接受。借用他人的财产，其财产所有权主体也非被继承人，如果划入遗产范围，将带来不必要的权利归属混乱。

4. 指定受益人的保险金。实践中，虽然被继承人交纳保险费，但如果该种保险指定的受益人并非被继承人自己，而是他人，当继承关系发生时，因受益人并非被继承人，该种财产性权利并不属于被继承人，则不能将之纳入遗产处理。

（二）依据权利性质不能继承的财产

主要指与被继承人人身有关的专属性债权。这类财产因具有严格的人身专属性和依附性，不能与他人分享。如子女对父母的抚养费请求权、父母对子女的赡养费请求权、夫妻间的扶养费请求权、被继承人的人身损害赔偿请求权及以特别信任关系为前提的财产权利，如因雇佣或者委托合同发生的财产权利等。一旦权利人死亡，因给付义务没有对象，则该权利也即丧失，不能予以转让和继承。司法实践中，对已经取得的抚养费、赡养费、扶养费、残疾生活费、补助金等，即使权利人已经死亡，关于因此剩余的相关费用是否可以继承，一般认为可以作为遗产予以处理；如果未予取得，则不作为遗产处理。当然，尚未取得的情形还包括权利人已经主张相关费用但因义务人拖延或拒绝尚未取得，或已经判决但未执行尚未取得。这些财产是否可以作为遗产，实践中争议较大。有的认为，被继承人生前已经主张，只是因义务人拖延或拒绝而未享有的财产权利，如果支持排除在遗产之外，有实质上鼓励抚养人或义务人拖延履行义务的嫌疑，有违社会公德，对此日本学界通说主张将其作为遗产予以处理。[①] 我们认为，对人身权相关权利能否纳入遗产需根据权利人行使权利和义务人履行义务的具体情况而定，需体现诚信和善良风俗的原则，如有关人身损害赔偿金、生活费等早已判决但因义务人拖延执行或拒绝履行的，如简单因执行申请人死亡而终止执行，则致相关赔偿金没有纳入遗产范围，虽法理上能够说得通，但实际确有鼓励义务人不守诚信的效果，而且对继承人可能也造成不公，因为继承人可能因此付出了被继承人生前的生活费或进行了其他经济开支。

（三）被继承人死亡而发放的死亡赔偿金

死亡赔偿金虽源于被继承人之死亡，但该赔偿金真正的产生时间是被继承人死亡后，其本质是对死者近亲属的抚恤或赔偿，因此，不属于被继承人遗留的财产范围。对此，虽然法律并无明确规定，但2004年最高人民法院在《关于空难死亡赔偿金能否作为遗产处理的复函》(〔2004〕民一他字第26号）即已明确空难死亡赔偿金是基于死者死亡对死者近亲属所支付的赔偿，获得空难死亡赔偿金的权利人是死者近亲属，而非死者，故空难死亡赔偿金不宜认定为遗产。该复函目前仍有指导意义。

【审判实践中应注意的问题】

遗产的范围涉及部分财产权利能否列入继承，而实践中如下几种权利能否作为遗产确有争议，故作一列示。

① 日本学界通说认为，被继承人生前已提出扶养请求权的，扶养人请求权属于遗产。参见史尚宽：《继承法论》，中国政法大学出版社2000年版，第161页。

一、关于土地承包经营权能否作为遗产

这是一个较为复杂的问题。实践中，我国的土地承包依照承包主体的不同一般分为两种形式，有的以户为单位，有的以个人为单位。以户进行承包的，根据《农村土地承包法》第16条规定，家庭承包是以农户为生产经营单位进行的承包，当农户家庭中部分成员死亡的，由于作为承包方的户仍然存在，因此，不发生继承问题，而家庭成员全部死亡，家庭消亡，户已不存在，更不发生承包经营权的继承问题。当然这是从承包经营权对外形式上讲的，但从内部关系看也存在一个继承问题，如家庭成员部分死亡，其他人继续以户名义行使权利的时候，只不过这种继承因为内部消化而未显化。实践中，较有疑问的是个人承包，如果承包主体死亡，则其承包经营权是否可以继承。依照《农村土地承包法》和最高人民法院的司法解释规定，个人承包经营权在以下情形可以继承。（1）林地承包经营权。依据《农村土地承包法》第32条和《最高人民法院关于审理涉及农村土地承包纠纷案件适用法律问题的解释》第25条规定，林地承包的承包人死亡，其继承人可以在承包期内继续承包。这主要是考虑种植树木的收益周期长，承包期相对也较长，故在承包期内实际上允许继承承包经营权。（2）通过招标、拍卖、公开协商等方式取得的"四荒"（荒山、荒沟、荒丘、荒滩）土地的承包经营权，根据《农村土地承包法》第54条规定，"在承包期内，其继承人可以继续承包"，上述土地承包经营权的取得方式因属商业化，其财产属性更为浓厚，允许一定期限的继承符合经济发展要求。上述《农村土地承包法》中有关承包经营权的所谓的"继续承包"，有的理解为原合同主体的变更，有的理解为承包经营权的继承。学界和司法界大多数倾向于后一种理解，即将土地承包经营权理解为一种可继承的用益物权，而不是一种主体变更的债权。当然，土地承包经营权中取得的有关收益作为遗产，法律并无任何限制。

二、关于虚拟财产能否继承

虚拟财产是近年才兴起的概念，一般指狭义的数字化、非物化的财产形式，包括邮件账号、网络账号、金融管理账号、社交账号、网络游戏、游戏装备、虚拟物品、网络货币、网络电子信息等，这些虚拟财产在一定条件下可以转化成现实中的财产。继承法立法中也涉及虚拟财产能否继承问题，全国人大法工委还曾就虚拟财产进入继承立法召开专家研讨会，大多数与会者虽赞成虚拟财产可以继承，但对何为虚拟财产及哪些属于个人的虚拟财产，看法并不一致，而且也面临法律适用上的障碍。在虚拟财产的判断上，一般认为需具备财产的三大属性，即可支配性、价值和使用价值，也即有关虚拟财产只要具备上述属性，即可视为财产，以此标准衡量，很多虚拟财产具有财产的特征。现在存在争议的是，虚拟财产往往借助网络平台而生成，而平台经营者在与平台使用者签订相关协议时，往往限制网络平台使用者的继承等权利，这涉及如何平衡二者的利益，因而需要法律或司法解释的进一步明确。实践中，早在2003年已出现请求对虚拟财产予以保护的案件，虚拟财产已不断得到关注，并已正式作为权利类型进入法律的保护范围。《民法总则》第127条规定，“法律对数据、网络虚拟财产的保护有规定的，依照其规定”。应该说法律已开始有选择地对虚拟财产予以保护，但哪些可以进入保护范围，还有待法律或司法解释的进一步规定或明确，但我们相信有关虚拟财产的保护范围将越来越广泛。对此，作为可继承的财产客体，也将变得越来越清晰。

第一千一百二十三条 继承开始后，按照法定继承办理；有遗嘱的，按照遗嘱继承或者遗赠办理；有遗赠扶养协议的，按照协议办理。

【条文主旨】

本条是关于继承方式及其相互关系的规定。

【条文理解】

一、关于继承方式

根据本条规定，继承开始后，遗产的继承方式可分为法定继承和遗嘱继承，前者是按照法律的直接规定继承，后者是依照被继承人的生前的遗嘱继承。遗赠虽不属继承的方式，但作为解决遗产分配问题的方式与遗嘱继承具有类似性，所以立法上将其列为继承方式之一并与遗嘱并列。继承方式中，与前述接受遗产不同的是，遗赠抚养协议取得遗产需履行协议中约定的抚养义务，否则即不能承继遗产。下面对上述继承方式作一简要阐释。

（一）法定继承

法定继承又称无遗嘱继承，即在被继承人无遗嘱的情况下按照法律规定的继承人范围、继承人顺序、遗产分配原则等进行的遗产继承方式。法定继承作为遗嘱继承的对称，是排除了被继承人立有遗嘱或所立遗嘱无效及出现遗嘱继承人拒绝接受遗产等情况下的遗产继承，故法定继承才称为无遗嘱继承。

法定继承主要有两个法律特征。第一，法定继承需满足一定的人身关系。法律上，法定继承人要依据继承人和被继承人之间的婚姻关系、血缘关系和家庭关系予以确定。根据《民法典》第 1127 条、第 1129 条的规定，配偶、子女、父母、兄弟姐妹、祖父母和外祖父母，以及对公婆尽了主要赡养义务的丧偶儿媳和对岳父母尽了主要赡养义务的丧偶女婿均为法定继承人。第二，法定继承人的主体范围、继承顺序和遗产分配的原则均由法律明确规定。这些规定属强制性规范，除可由被继承人生前依法以遗嘱方式改变外，任何人都无权改变。

根据规定，继承开始后，如有以下情形，可适用法定继承：（1）被继承人生前没有留下遗嘱对其名下财产予以处分；（2）被继承人所立遗嘱全部无效；（3）被继承人所立遗嘱部分无效；（4）遗嘱所涉继承人依法丧失继承权；（5）遗嘱所涉继承人、受遗赠人先于遗嘱人死亡；（6）遗嘱继承人放弃继承或者受遗赠人放弃受遗赠的；（7）遗嘱未处分的遗产。

（二）遗嘱继承

所谓遗嘱继承，是指继承人按照被继承人生前所立的合法有效的遗嘱进行继承的一种方式。在遗嘱继承中，订立遗嘱的人为遗嘱人，遗嘱指定的继承遗产的人为遗嘱继承人。因遗嘱人在遗嘱中可能指定继承人，指定继承遗产的种类、数额等，故遗嘱继承又称为指定继承。遗嘱继承有两个特点：第一，遗嘱继承的发生必须满足被继承人（遗嘱人）死亡和所立遗嘱合法这两个法律事实，缺少任何一项，遗嘱继承即不能发生。相较而言，法定继承只需被继承人死亡即可发生。第二，遗嘱继承中有关继承人的选择，继承遗产的份额、多少，继承的顺序等都是遗嘱人自己意思的表示，反映了个人意志，这与法定继承的相关内容由法律直接规定，有很大差异。

关于遗嘱继承，需要注意的问题：（1）遗嘱继承人只能在法定继承人之中选择。《民法典》第 1133 条第 2 款规定："自然人可以立遗嘱将个人财产指定由法定继承人中的一人或者数人继承。"也即可以作为遗嘱继承人的，只能是法定继承人范围内的一人或数人。（2）遗嘱继承人为数人的，数个继承人不再受法定继承顺序的限制，即不存在各遗嘱继承人之间继承先后顺序的问题。遗嘱对数人的遗产份额有明确意思表示的，按遗嘱份额继承；没有遗嘱份额的，在遗嘱的财产范围内，各遗嘱继承人均等分配。（3）如果遗嘱继承人先于遗嘱人死亡，遗嘱又未变更的，遗嘱继承人的晚辈直系血亲主张代位继承的，因无法律根据，人民法院不予支持，也即这种情况下遗产只能转为法定继承进行处理。

（三）遗赠

所谓遗赠，是指自然人以遗嘱的方式将个人合法财产的一部分或全部赠送给法定继承人以外的其他人或国家、集体组织的一种遗产处理方式。遗赠和遗嘱继承一样，作为法律行为，都是在自然人死亡后才发生法律效力。在遗赠中，立遗嘱人为遗赠人，遗嘱所指定接受遗赠财产的人为受遗赠人，也称遗赠受领人。

理解遗赠，需要掌握其如下几个法律特征：第一，遗赠是单方的、要式的民事法律行为。遗赠人以遗嘱的方式将其个人财产赠送给他人时，不需要征得受遗赠人和任何他人同意；该法律行为在遗赠人死亡后发生法律效力。遗赠行为必须以遗嘱的方式进行，也即符合遗嘱的法定形式。遗赠人死亡后，受遗赠人可以接受遗赠，也可以不接受遗赠。第二，遗赠是无偿的给予遗产行为。遗赠人通过遗赠给予他人的财产利益往往是无偿的，即使附有某种义务，一般也没有对等性质，遗赠人如果将财产义务（如债务）赠与他人或使受遗赠人所负的义务超过其所享受的权利，则不属遗赠。第三，遗赠是以死亡事实发生为生效条件的法律行为。遗赠虽是遗赠人生前在遗嘱中所作出的意思表示，但必须在遗赠人死亡后才发生法律效力，故可以理解为附条件的法律行为。遗赠人作出遗赠未死亡之前，其可以随时依法定程序变更或撤销自己的意思表示。第四，遗赠生效时受遗赠人必须生存。如果受遗赠人先于遗赠人死亡，或与遗赠人同时死亡，则因为遗嘱尚未生效而不能成为受遗赠人，法人在遗赠人死亡时已经撤销或解散的，也不能成为受遗赠人。第五，受遗赠人须是国家、集体或法定继承人以外的人。法定继承人不能作为遗赠受领人，只能作为遗嘱继承人。也就是说，遗嘱继承人只能在法定继承人范围内指定，受遗赠人只能在法定继承人范围以外指定。此外，遗赠人必须具有遗嘱能力，没有遗嘱能力，其所作法律行为无效。如未成年人、精神病患者等没有遗嘱能力，因而他们所作的遗赠行为不发生效力。

（四）遗赠扶养协议

遗赠扶养协议，是指遗赠人生前与扶养人订立的关于扶养人承担遗赠人生养死葬义务，并于遗赠人死亡后享有按约取得其遗产权利的协议。遗赠扶养协议是一种平等、有偿和互为权利义务的民事法律关系。《民法典》第1158条规定："自然人可以与继承人以外的组织或者个人签订遗赠扶养协议。按照协议，该组织或者个人承担该自然人生养死葬的义务，享有受遗赠的权利。"遗赠扶养协议是我国继承立法上一项有特色的制度，也是一项创造，该制度是在我国农村"五保"制度的基础上形成和发展起来的，是我国社会生活和司法实践的总结，符合中国国情，有利于对老人的照顾和扶养。

遗赠扶养协议的法律特征有如下几项：第一，遗赠扶养协议的遗赠人是自然人，而扶养人必须是法定继承人以外的自然人或组织。实际生活中，扶养人有的是遗赠人的本族晚辈亲属或者其他亲友，有的却和遗赠人根本无亲友关系。需要注意的是，虽然遗赠扶养的遗赠人多为孤寡老人或没有法定赡养人，但有子女，如不在身边或即使在身边，没有尽到、不能尽到赡养义务时，也可以与法定继承人以外的自然人或组织签订遗赠扶养协议。第二，遗赠扶养协议是双务、有偿的法律行为。遗赠扶养协议是一种民事合同，反映的是民事生活互帮互助，虽然有偿、双务，但难以衡量是否等价，也并非一种纯粹的交易，故与商事合同不同。当然，随着养老的产业化，部分机构和组织作为扶养人的遗赠扶养协议，已具有较强的商事性，但因为扶养的情感因素，作为民事合同予以考量更符合该种合同的性质。作为特殊的民事合同，其特点是，一经签订，任何一方都应遵守协议的内容，不得单方面解除协议；其虽有偿，但代价并不一定能够与遗产的价值相衡量，它可能大于、等于或小于所取得遗产的价值。同时，赡养义务不能仅理解为物质供养，精神支持或陪伴等均可作为扶养人履行遗赠扶养协议义务的方式，关键看协议如何约定，法定继承人等不能简单以扶养人未尽到物质供养即否认遗赠扶养协议中的受遗赠人未尽到扶养义务。如何才能视为尽到扶养义务，需视遗赠人与受遗赠人的约定及义务履行状况等。第三，遗赠扶养协议是生前法律行为与死后法律行为的统一。生前法律行为是指双方当事人参与签订协议，并履行协议规定的扶养义务，行为都是在生前进行的，而且在生前就具有法律效力；死后法律行为是指必须等到遗赠人死后才能将遗产转移给扶养人，扶养人在遗赠人生前不得提出取得遗赠财产的要求。

二、关于继承方式的相互关系

本条还涉及法定继承、遗嘱继承或遗赠、遗赠扶养协议之间的相互关系问题，依照《民法典》和《继承法意见》等的有关规定，有以下几点需要明确：

1. 继承开始后，遗赠抚养协议、遗嘱或遗赠、法定继承，一般按先后顺序处理遗产，也即遗赠扶养协议优先考虑，遗嘱或遗赠次之，法定继承最后考虑。

2. 继承方式并存的，分不同情况处理。（1）遗赠扶养协议与遗嘱并存的，两种方式所涉遗产没有抵触的，遗产分别按协议和遗嘱处理；有抵触的，优先按遗赠扶养协议处理，与协议相抵触的遗嘱全部或部分无效。（2）遗赠扶养协议与遗赠并存的，同于上述遗赠扶养协议与遗嘱的处理方式。（3）遗嘱和遗赠并存的，两种方式均有效，并无哪种方式优先的问题；一旦发生冲突，如对同一财产既有遗嘱也有遗赠，则要从被继承人所立遗嘱或遗赠的时间、证据的形式判断其真实意思表示，无法判断真实意思表示的，需考虑案件的具体情况和公平性因素，可以认定共有或平均分配所涉财产等。

3. 被继承人无遗赠扶养协议、无遗嘱或遗赠以及出现上述继承方式无效的情形，则应该按照法定继承处理遗产。

【审判实践中应注意的问题】

一、继承案件中，出现几种继承方式并存且出现冲突是审判中需要注意的问题

一般情况下，按照上述理解的处理方式均能处理，但特殊情况如何处理，确实存在利益的平衡问题，也考验法律适用的水平。如，被继承人有遗嘱继承，但未说明具体继承遗产的范围，此时出现遗赠如何处理。又如，虽有遗嘱继承，但该遗嘱继承在事后看来并不公平或遗嘱继承后继承开始时客观情况发生了较大变化，如有的继承人确需遗产扶养或出现了其他法定应予保留份额的情况，如何处理。上述情况均极其复杂。人民法院在司法中既要重视继承方式的相关顺序，尊重被继承人的真实意思和个人意志，也需要考虑遗产继承的功能性，体现社会的善良风俗和公平性。有关具体问题的探讨，当在本书下文展开，此处不赘。

二、《继承法意见》所涉的几种情况也需注意

1.《继承法意见》第54条规定："由国家或集体组织供给生活费用的烈属和享受社会救济的城市居民，其遗产仍应准许合法继承人继承。"

2.《继承法意见》第55条规定："集体组织对'五保户'实行'五保'时，双方有扶养协议的，按协议处理；没有扶养协议，死者有遗嘱继承人或法定继承人要求继承的，按遗嘱继承或法定继承处理，但集体组织有权要求扣回'五保'费用。"

3.《继承法意见》第57条规定："遗产因无人继承收归国家或集体组织所有时，按继承法第十四条规定可以分给遗产的人提出取得遗产的要求，人民法院应视情况适当分给遗产。"《继承法》第14条的规定是，"对继承人以外的依靠被继承人扶养的缺乏劳动能力又没有生活来源的人，或者继承人以外的对被继承人扶养较多的人，可以分配给他们适当的遗产"。

第一千一百二十四条 继承开始后，继承人放弃继承的，应当在遗产处理前，以书面形式作出放弃继承的表示；没有表示的，视为接受继承。

受遗赠人应当在知道受遗赠后六十日内，作出接受或者放弃受遗赠的表示；到期没有表示的，视为放弃受遗赠。

【条文主旨】

本条是关于接受或放弃继承、遗赠的规定。

【条文理解】

一、关于接受继承的问题

所谓接受继承，即继承开始后继承人同意接受被继承人遗产分配的意思表示。接受继承是一种单方法律行为。所谓单方法律行为，是指只要一方当事人的意思表示就可以成立的民事法律行为。

理解接受继承及相关行为，需要注意以下几点：（1）从主体看，接受继承的意思表示，可以是继承人本人，也可以是其代理人。（2）从意思表示形式看，接受继承的形式可以是明示的，也可以是默示的。明示的表示，可以采取书面形式，也可以采取口头形式；默示接受，是遗产接受的主要形式，因为继承开始后，非纠纷或遗产状态不明的场合，继承者的继承权是清楚、明确的，一般无须声明和作出明确的意思表示，故立法表述也反映为“没有表示的，视为接受继承”，这种默示，可以理解为消极表示，如不表示自己继承或不明确表示自己是否继承或明确表示自己不放弃，也可理解为通过行为可推定，如实际分配遗产。总之，无论有无明示或默示，只要没有明确的放弃继承，即可推定其接受继承。推定其接受继承，根本目的是保护继承人应享有的法定权利，其法律根据是继承开始后，继承人享有的继承权是一种法定权利，非经明确放弃，任何人不能予以剥夺。基于此，《继承法意见》第52条、第54条规定继承开始后，继承人没有表示放弃继承，并于遗产分割前死亡的，其继承遗产的权利转移给他的合法继承人。

二、关于放弃继承的问题

所谓放弃继承，即继承开始后继承人不接受被继承人遗产的意思表示。如接受继承一样，放弃继承也是一种单方法律行为。继承人放弃继承后，不再享有其放弃的遗产继承权。

放弃继承需要注意的问题如下：（1）放弃继承的时间为继承开始后。放弃继承的意思表示须在继承开始后遗产处理前这一期间作出。继承开始前，继承人尚无继承权或处于权利不确定状态，不存在权利的放弃问题；遗产分割后，遗产权属已经明确，再行放弃，属于自己财产之处分，已非继承法上所谓继承放弃，而属于民法上财产之抛弃。（2）放弃继承的形式应予明确表示，不能以默示的方式作出。明确表示，也就是说，原则上应为书面形式；非书面形式的，可以为其他形式，但需能确定其表示的明确性；同时，无论书面还是非书面形式，该表示需传达给其他继承人。另外，根据《继承法意见》第47条、第48条规定，用口头方式表示放弃继承的，如本人承认，或有其他充分证据证明的，也应当认定其有效；在诉讼中，继承人向人民法院以口头方式表示放弃继承的，要制作笔录，由放弃继承的人签名。（3）放弃继承的意思表示应当由具有民事行为能力的继承人亲自作出。法定代理人一般不能代理无民事行为能力人或限制民事行为能力人作出放弃继承的意思表示，除非不放弃继承对继承人有利益损害。（4）放弃继承的意思表示必须是真实的意思表示。如果因受欺骗、胁迫等，让继承人违背真实意思而作出放弃继承的意思表示，则放弃继承属无效行为。(5)放弃继承可以翻悔，但时间必须在遗产处理之前。如放弃继承在遗产处理之后，即不予承认，因为遗产一旦处理，则继承已经结束，法律如果再行支持翻悔，将使遗产处理问题长期处于不稳定状态，不利于遗产的利用和效益的发挥，也将使遗产分割后已经稳定的社会经济关系受到影响。

放弃继承的效力。一般认为，放弃继承产生两方面的效力：一是不履行法定义务的效力。《民法典》第1161条第2款规定："继承人放弃继承的，对被继承人依法应当缴纳的税款和债务可以不负清偿责任。"二是时间方面的效力。放弃继承的效力，可追溯到继承开始的时间。需要注意的是，为限制放弃继承对继承人法定义务的影响，《继承法意见》第46条规定"继承人因放弃继承权，致其不能履行法定义务的，放弃继承权的行为无效"，从反面规定了对放弃继承的有关限制。

三、关于接受遗赠或放弃遗赠的问题

当自然人以遗嘱的形式将其个人的财产赠给国家、集体或者法定继承人以外的人，一旦该自然人死亡，受遗赠人知道被继承人遗赠的行为，即存在接受遗赠或放弃遗赠的问题。接受遗赠或放弃遗赠，从性质上看，均属单方民事法律行为，也即只要受遗赠人单方表示即可发生法律效力，产生接受遗产或放弃遗产的后果。

接受或放弃遗赠需要注意如下问题：(1)接受或放弃遗赠的主体。接受遗赠的主体可以是受遗赠人本人，也可以是其代理人。放弃遗赠的主体，一般应为受遗赠人本人，法定代理人对无民事行为能力或限制民事行为能力的人，不能代为放弃。(2)接受或放弃遗赠的时间限制。按本条的规定，受遗赠人应当在知道受遗赠后60日内作出接受或放弃的意思表示。该60日表示期间，起自知道受遗赠事实后，该"知道受遗赠事实"应理解为"知道或应该知道"，但实践中，认定"应当知道"必须有充分的证据予以证明，也即需严格掌握，否则容易侵害受遗赠人的合法权利。(3)接受或放弃遗赠的表示形式。接受或放弃遗赠，必须有明确的意思表示，所谓明确的意思表示，即该表示行为必须能够确认为有接受或放弃遗赠的意思表示。表示的形式，可以是书面，也可以是其他形式，可以直接，也可以间接，但要满足能够确认接受或放弃遗赠的程度。如受遗赠人虽未以书面或口头表示接受，但其特定行为能够反映其接受遗赠，也应认定为接受继承，不能简单以未作出书面表示等即否认其接受遗赠的权利。（4）接受遗赠的权利可以转移给他人。继承开始后，受遗赠人明确表示接受遗赠的，其可以将该权利转让给他人，其他继承人不能予以限制，实际上这属于民法上自己财产的处分。另一种转移的方式，是继承开始后，受遗赠人已表示接受遗赠，但在遗产分割前死亡的，其接受遗赠的权利可以依法转移给其继承人。对此，《继承法意见》第53条已对后一种情形予以规定。（5）附义务遗赠的处理。如果遗赠附有义务，则需履行义务才能得到遗赠，但是否先予履行义务，须视被继承人遗赠的要求。实践中，如果义务能够履行，而受遗赠人无正当理由不履行，经受益人或其他继承人请求，人民法院可以取消其接受附义务部分遗产的权利，由提出请求的继承人或受益人负责按遗嘱人的意愿履行义务，接受遗产；如果附义务遗赠人确实因客观原因等不能履行，则需视具体情况处理受遗赠遗产的权利限制问题，目前法律对此没有明确规定。

【审判实践中应注意的问题】

一、继承人是数人的，放弃继承是否应传达到全体继承人才能生效

对此，法律及司法解释并无明确规定。从法理看，放弃继承是单方法律行为，只要有证据证明其作出放弃的行为是真实意思表示，且不违反法定义务等，即应为有效，并发生法律效力。也即，放弃继承并不以该放弃意思表示传达给其中一个继承人或全部继承人为效力发

生的要件。如，在继承开始后，继承人留一封信表示自己放弃所有继承，即使非向全部继承人传达，也已生效力。

二、放弃继承又翻悔的，其继承权能否恢复

这个问题也是实践中会遇到的问题。最高人民法院的《继承法意见》第50条只规定放弃继承翻悔的由人民法院根据其提出的具体理由，决定是否承认，但并未规定何种情况应予以承认。我们认为，实践中需要根据不同情况予以处理。

1. 遗产分割前，继承人放弃继承翻悔的，如果该撤回放弃继承得到其他继承人一致认可，则可以恢复继承。这种情况无论是否进入诉讼，考虑到继承的互谅互让原则及继承人之间的特殊关系，均应予以恢复。

2. 实践中，放弃继承翻悔如果仅有部分继承人认可其恢复，则不能恢复其继承，放弃继承作为单方民事法律行为，一旦作出即发生法律效力（如果在其他继承人知道放弃继承之前翻悔，放弃继承不为其他人所知，则虽有效力，但因及时的终止，对他人不发生法律效力，即不影响其继承），能否承认恢复，需要法院予以确认。

3. 放弃继承翻悔必须有可据恢复的正当理由。翻悔的正当理由应为放弃并非自己的真实意思表示，如有的是被欺骗作出放弃继承；有的是为了诉讼方便在相关诉讼中表示放弃继承等。

4. 如果放弃继承有争议，需要恢复继承的继承人可提起恢复继承权之诉，请求人民法院对其继承权予以确认。

三、关于放弃继承无效的问题

继承开始后，继承作为一项权利，一般允许放弃，但根据《继承法意见》第46条的规定，如果放弃继承，致其不能履行法定义务的，放弃继承权的行为无效。也即是说，继承虽是权利，但放弃继承具有一定限制，主要从被继承人相关债务人的利益考虑而设置。实践中，对“法定义务”的理解，主要有以下几个方面：

1. 有责任有能力尽法定的抚养义务而不尽形成的债务。如被继承人因为生活所需欠下的生活费、医药费等债务，如是继承人未尽法定抚养义务所致，则其不能以放弃继承而免于承担债务清偿责任。

2. 被继承人为继承人个人事务形成的债务，如为继承人上大学、找工作、结婚、买房子等形成的债务，继承人不能以放弃继承而免于偿还被继承人为此所负债务。

3. 支付被继承人的丧葬费的法定义务。支付被继承人的丧葬费是继承人的法定义务，也是公序良俗所要求，继承人不能以放弃继承而拒绝支付丧葬费。除上述情形外，认定放弃继承无效，同时要考虑当事人的主观态度是否故意。

第一千一百二十五条 继承人有下列行为之一的，丧失继承权：

（一）故意杀害被继承人；

（二）为争夺遗产而杀害其他继承人；

（三）遗弃被继承人，或者虐待被继承人情节严重；

（四）伪造、篡改、隐匿或者销毁遗嘱，情节严重；

（五）以欺诈、胁迫手段迫使或者妨碍被继承人设立、变更或者撤回遗嘱，情节严重。

继承人有前款第三项至第五项行为，确有悔改表现，被继承人表示宽恕或者事后在遗嘱中将其列为继承人的，该继承人不丧失继承权。

受遗赠人有本条第一款规定行为的，丧失受遗赠权。

【条文主旨】

本条是关于继承权丧失的规定。

【条文理解】

所谓继承权的丧失，又称继承权的剥夺，是指依照法律规定在发生法定事由时，剥夺继承人继承被继承人遗产的资格，取消继承人原有的继承权。继承权丧失制度既影响享有继承权的当事人本身的利益，还关系其他继承人的切身利益。完善的继承权丧失制度有利于规范继承人的合法继承行为，维护社会的道德人伦和家庭秩序，维持良好的遗产继承秩序、维护被继承人的遗嘱自由。基于继承权丧失的重要性，近代各国民法都对继承权的丧失作出特别规定。《继承法》第

7条规定了继承权丧失的事由，包括："（一）故意杀害被继承人的；（二）为争夺遗产而杀害其他继承人的；（三）遗弃被继承人的，或者虐待被继承人情节严重的；（四）伪造、篡改或者销毁遗嘱，情节严重的。"但学界、实务界普遍认为该条规定得不够完整，继承权丧失的范围规定得过窄。一种观点认为，应当增加故意伤害被继承人和以欺诈、胁迫手段迫使或者妨碍被继承人设立、变更或者撤销遗嘱情节严重的，作为丧失继承权的事由。还有观点认为，故意伤害被继承人的行为，可以概括在"虐待被继承人情节严重"的事由中，不必另行规定；而以欺诈、胁迫手段迫使或者妨碍被继承人设立、变更或者撤销遗嘱情节严重的，应当规定为丧失继承权的事由，以回应现实需要。①《民法典》继承编采纳了该建议，在《继承法》第7条规定的基础上，增加了以欺诈、胁迫手段迫使或者妨碍被继承人设立、变更或者撤回遗嘱的严重情形，作为继承权丧失的事由之一，并对继承权丧失后能否恢复的情形、受遗赠人丧失受遗赠权作出规定，对继承权丧失制度进行了进一步完善。

继承权的丧失，具有以下几个方面的特点：

第一，继承权丧失不仅适用于法定继承也适用于遗嘱继承。不论是法定继承人还是遗嘱继承人，只要有法律规定的事由出现，即依法丧失继承权。

第二，继承权的丧失是继承人继承遗产的资格的丧失。继承人一旦丧失继承权，也就失去了其作为继承人的资格，不再具有继承人的法律地位，亦即丧失了其继承遗产的可能性。继承权的丧失是指依法剥夺继承人的继承资格。根据本条规定，只有在发生继承人对被继承人或者其他继承人有某种犯罪行为或者其他严重违法行为的法定事由时，继承人的继承权才会被依法剥夺。

第三，继承权的丧失由人民法院确认。《继承法意见》第9条规定："在遗产继承中，继承人之间因是否丧失继承权发生纠纷，诉讼

① 杨立新：《对修正〈继承法〉十个问题的意见》，载《法律适用》2012年第8期。

到人民法院的，由人民法院根据继承法第七条的规定，判决确认其是否丧失继承权。”剥夺继承人的继承资格，实际上也就是剥夺了继承人的继承权。因此，只有人民法院才能确认继承人丧失继承权，其他任何单位或者个人都无权确认继承人丧失继承权。

第四，根据继承权丧失后能否恢复，即以继承人的继承权被剥夺后能否可以重新主张为标准，将继承权的丧失分为继承权的绝对丧失和相对丧失。继承权绝对丧失，是指因发生某种使继承人丧失继承权的法定事由，该继承人对被继承人的继承权终局丧失，该继承人再不得也不能享有对被继承人已经丧失的继承权，只要是发生了继承权丧失，便不能改变其结果。继承权相对丧失，是指虽因发生某种法定事由使继承人的继承权丧失，但在具备一定条件时（通常为被继承人宽恕），法律对此持包容态度，继承人的继承权也可最终不丧失。《继承法》并未对不同情况作区分规定。《继承法意见》第 13 条规定：“继承人虐待被继承人情节严重的，或者遗弃被继承人的，如以后确有悔改表现，而且被虐待人、被遗弃人生前又表示宽恕，可不确认其丧失继承权。”《民法典》继承编在该意见规定的基础上，针对具体的界定范围作出具体且合理的规定。将故意杀害被继承人、因争夺遗产而杀害其他继承人丧失继承权的列入继承权的绝对丧失的法定情形范围。将遗弃、虐待被继承人；伪造、篡改、隐匿或者销毁遗嘱；以欺诈、胁迫手段迫使或者妨碍被继承人设立、变更或者撤回遗嘱三项情节严重的违法行为，列入继承权相对丧失的法定情形范围。由于上述三种违法行为均发生在有一定亲属关系的人之间，在继承人有所悔改之后，被继承人往往表示宽恕。因此，为了维护家庭团结，鼓励不法行为的继承人改过自新，对于确有悔改表现，被继承人表示宽恕或者事后在遗嘱中将其列为继承人的，该继承人不丧失继承权。该规定使立法分类与界定能够更加科学全面。

根据本条的规定，继承人有下列行为之一的，丧失继承权：

第一，故意杀害被继承人的。继承人故意杀害被继承人，直接危害被继承人的人身安全，是一种十分严重的犯罪行为。因此，不论继承人出于何种原因，只要实施故意杀害被继承人行为的，都将丧失继承权。杀害被继承人的行为，是指继承人实施的行为须是以剥夺被继承人生命为目的。不论是既遂还是未遂，也不论是否受到刑事责任的追究，均不影响其丧失继承权。《继承法意见》第 11 条规定："继承人故意杀害被继承人的，不论是既遂还是未遂，均应确认其丧失继承权。"即使行为人的犯罪形态为未遂，也发生权利丧失的后果。

第二，为争夺遗产而杀害其他继承人的。继承人为了争夺遗产，杀害其他继承人，直接危害其他继承人的人身安全，也是一种十分严重的犯罪行为。因此，必须予以惩罚，剥夺其继承遗产的资格。需要注意的是，杀人者必须有争夺遗产的明确目的，如果出于其他的动机，其虽会受刑事责任的追究，但不能因此而丧失继承权；被杀害者必须是其他继承人；杀害行为可以发生在继承开始之前，也可以发生在继承开始之后；同样，继承人只要实施了杀害行为，不论既遂未遂，都发生丧失继承权的法律后果。

第三，遗弃被继承人或者虐待被继承人情节严重的。所谓遗弃被继承人，是指继承人对年老、病残、年幼或者没有独立生活能力的被继承人，依法负有抚养义务，但拒绝履行抚养义务的行为。如父母将年幼的子女弃置于路旁或者其他地方；子女对其年老、生活不能自理的父母置之不理。遗弃行为是一种置被继承人于危险境地而不顾的严重的不道德行为、违法行为。所谓虐待被继承人，是指继承人以各种手段对被继承人进行肉体摧残或者精神折磨的行为。按照《继承法意见》第 10 条规定，继承人虐待被继承人情节是否严重，可以从实施虐待行为的时间、手段、后果和社会影响等方面认定。遗弃或者虐待被继承人，如果情节严重，不论是否追究刑事责任，继承人将丧失继承权。

第四，伪造、篡改、隐匿或者销毁遗嘱，情节严重的。遗嘱是被继承人在其生前作出的对自己财产进行处分并于其死亡后发生法律效力的法律行为，是被继承人按照自己的意愿处置合法财产的法律形式，任何人不能代替被继承人生前的真实意思。所谓伪造遗嘱，是指继承人以被继承人的名义制作假的遗嘱；所谓篡改遗嘱，是指继承人擅自改变被继承人所立遗嘱的内容；所谓隐匿遗嘱，是指继承人隐瞒、藏匿被继承人所立的遗嘱；所谓销毁遗嘱，是指继承人破坏、毁灭被继承人所立的遗嘱。伪造、篡改、隐匿或者销毁遗嘱的行为，违背了被继承人生前的真实意愿，侵犯了被继承人生前对其财产的处分权，侵害了其他继承人的继承权，为自己谋取不正当利益，破坏正常的财产继承秩序。情节严重的，则丧失继承权。

第五，以欺诈、胁迫手段迫使或者妨碍被继承人设立、变更或者撤回遗嘱，情节严重的。遗嘱，是指遗嘱人生前在法律允许的范围内，按照法律规定的方式对其遗产或其他事务所作的个人处分，并于遗嘱人死亡时发生法律效力的法律行为。被继承人设立、变更或者撤回是支配自己身后财产的自主意愿，符合民法意思自治的基本原则。所谓欺诈，是指继承人故意隐瞒真实情况或者故意告知虚假的情况，欺骗被继承人，诱使被继承人作出设立、变更或者撤回遗嘱的错误意思表示。所谓胁迫，是指继承人以将要发生的损害或者以直接实施损害相威胁，使被继承人产生恐惧而听从继承人的指示设立、变更或者撤回遗嘱。继承人实施上述行为，损害其他继承人的合法权益，侵害遗嘱人的遗嘱自由权，破坏正常的遗产流转执行，情节严重的，应剥夺其继承权。

第六，受遗赠人有上述规定行为的，丧失受遗赠权。遗赠，是指自然人以遗嘱的方式表示在其死后将其遗产的一部分或全部赠给国家、集体或者法定继承人以外的人的法律行为。接受遗赠的人称为受遗赠人，其与继承人一样，存在上述犯罪或其他严重违法行为时，应依法剥夺其继承遗赠人遗产的资格，使其丧失受遗赠权。

需要注意的是，继承权的丧失，应当从继承开始之日起发生法律效力。如果继承权的丧失是在继承开始后由人民法院确认的，则人民法院对继承人丧失继承权的确认，溯及至继承开始时发生法律效力。同时，继承人丧失继承权，丧失的仅是针对特定被继承人的遗产继承资格，并不影响其对其他被继承人的继承权。此外，按照《继承法意见》第 28 条规定，继承人丧失继承权的，“其晚辈直系血亲不得代位继承”。但是，如果该代位继承人缺乏劳动能力又没有生活来源，或对被继承人尽赡养义务较多的，可适当分给遗产。

【审判实践中应注意的问题】

需要注意的是，在此项丧失事由中，对其严重程度是有着一定要求的。重点在于当事人所作的行为是否以争夺遗产为主，应以此去判断当事人的主观目的。《继承法意见》第 14 条规定：“继承人伪造、篡改或者销毁遗嘱，侵害了缺乏劳动能力又无生活来源的继承人的利益，并造成其生活困难的，应认定其行为情节严重。”即继承人对遗嘱实施违法行为，目的是侵害其他继承人利益而使自己获得更多遗产，在造成其他继承人生活困难时，可以认定为情节严重。未达到情节严重的程度，不能随意剥夺其作为继承人的资格。上述司法解释，只是情节严重情形中的一种，实践中需要法官根据个案的实际情况，判断继承人的行为是否构成情节严重，进而认定是否丧失继承资格。

第二章　法定继承

第一千一百二十六条　继承权男女平等。

【条文主旨】

本条是关于继承权男女平等的原则性规定。

【条文理解】

男女平等原则，是我国法律制度中的一项重要原则。《宪法》第13条规定，国家依照法律规定保护公民的私有财产权和继承权。第33条规定，中华人民共和国公民在法律面前一律平等。第48条规定，中华人民共和国妇女在政治的、经济的、文化的、社会的和家庭的生活等各方面享有同男子平等的权利。除宪法外，我国《地方各级人民代表大会和地方各级人民政府组织法》《村民委员会组织法》《妇女权益保障法》等法律也都规定了男女平等的原则。继承权男女平等，是宪法这一原则在继承法上的具体体现，是我国社会主义继承制度的重要特征，是继承法的一项基本原则，贯穿于整个《民法典》继承编中。

在中国长期的奴隶社会和封建社会中，上层建筑中的主要因素是宗法制度。所谓“宗法制度”，实质上是原始父系氏族的血缘结构在阶级社会中的转化形态。而宗法制度在继承方面的集中表现就是宗祧继承制度。在宗祧继承制度下，最主要的特点是男女不平等，只有男子有继承权，女子没有继承权。这种状况延续了几千年。辛亥革命虽然推翻了帝制，但没有推翻作为它的社会基础的封建制度，没有废止封建的宗祧继承制度。在国民政府制定的民法继承编中，虽然废除了宗祧继承制度，规定男女继承权平等，但是没有也不可能贯彻实行，社会上继承权男女不平等的现象普遍存在，反映出这种不平等的例子也时常出现。在中国共产党领导的长期的新民主主义革命中，男女平等、保护妇女权利，是作为反封建革命纲领的一项重要内容提出来的，中国共产党为此进行了不懈的斗争。早在 1922 年，党的第二次代表大会宣言中，就提出“废除一切束缚女子的法律，女子在政治上、经济上、社会上、教育上一律享有平等的权利”。在革命根据地制定的有关法规中，都以男女平等作为自己的一项基本原则。在 1940 年 8 月，《晋察冀边区目前施政纲领》中更明确地规定：“妇女依法有财产的继承权。” 1945 年 3 月 31 日冀鲁豫行署在《关于女子继承等问题》的指示中也规定“遗产继承女子与男子有平等之权利”。但当时这些规定都只能在革命根据地实行。中华人民共和国成立后，历次宪法都规定妇女在政治的、经济的、文化的、社会的和家庭的生活等方面享有同男子平等的权利，规定国家保护妇女的权益。当时虽然还没有制定继承法，但在民事政策和民事审判中都把男女继承权平等作为一项基本原则。[①] 受几千年来的封建宗法思想、男尊女卑、重男轻女等封建思想的影响，在继承问题上还存在歧视妇女的现象。有些人自觉或不自觉地存在着重男轻女、男尊女卑的旧习惯、旧意识，特别是在农村，女性的继承权往往不能很好实现，丧偶妇女的继承权得不到保障，丧偶妇女带产再嫁往往遭到无理阻挠，对她们的继承权往往采取漠视与否定的态度。因此，针对这种情况，为切实保障妇女的继承权，《继承法》在法定继承一章中的第 9 条，明确规定继承权男女平等。《民法典》继承编延续这一理念，在法定继承一章中首先强调公

① 李由义：《男女平等是我国继承法的一项基本原则》，载《法学》1985 年第 5 期。

民作为继承人，不分性别平等地享有继承权。

继承权男女平等具体体现在以下几个方面：

首先，同一顺序的继承人不论男女，他们的继承权都是平等的，不因性别不同而权利歧异。凡为同一顺序的继承人，不分男女、长幼，也不论职业、政治状况，继承被继承人遗产的权利一律平等。儿子与女儿、父亲与母亲、兄弟与姐妹、祖父与祖母、外祖父与外祖母，只要没有被依法剥夺财产继承权，都享有平等的继承权。在同一法定继承顺序中，继承份额也应男女平等。同一顺序法定继承人分配遗产的份额一般应当均等。但经继承人协商同意也可以不均等，同时，《民法典》继承编也规定了几种可以多分或者少分的情况。

其次，在遗嘱继承中，公民可以设立遗嘱处分个人财产，无论男女都有权按照自己的意愿设立遗嘱处分自己的财产；同时，遗嘱继承人也不因性别不同而权利不同，妇女和男子都可以平等地作为遗嘱继承人或者受遗赠人。

再次，在代位继承和转继承问题上男女平等。代位继承适用于父系血亲，也适用于母系血亲，在确定代位继承时，凡适用男性的代位继承，同样适用于女性，被继承人的子女先于被继承人死亡的，由被继承人的子女的晚辈直系血亲代位继承，凡是父系继承人有权代位继承的，母系继承人也有权代位继承。转继承的情况也大体相同。儿子先于父亲死去，孙子女有代替其父继承祖父遗产的权利；同样，女儿先于父亲死去，外孙子女也有代替其母继承外祖父遗产的权利。

最后，夫妻在继承上有平等的权利，有相互继承遗产的权利，夫妻在婚姻关系存续期间所取得的财产为夫妻共同所有。在实际生活中，往往把夫妻共同财产当成丈夫的个人遗产，没有先将属于妻子的财产分出，直接由丈夫的子女、父母和妻子共同继承遗产。这实际上是侵犯了妻子个人财产所有权，把属于妻子个人所有的财产也当成丈夫的遗产共同继承，该种做法违反法律规定。夫妻是共同生活的伴侣，活着的时候，共财同居，互相扶养，配偶之间无论是哪一方，都享有继承权，夫妻一方死亡后，应先将共同所有的财产的一半分出归仍在世的配偶所有，其余的财产才为被继承人的遗产。另一方再婚的，属于婚姻自由的范围，其有权处分其所继承的财产，任何人不得干涉。这其中包括不得阻挠丈夫死亡后的遗孀带产再嫁。《民法典》继承编的一系列有关条款，都体现了男女平等的精神。

【审判实践中应注意的问题】

夫妻一方死亡另一方再婚的，要带走分得的房屋或其他不动产，实际上有困难，应采取折价变卖等办法，如果留下未成年子女不带走的，还应依《民法典》婚姻家庭编的有关规定，妥善解决子女抚养费的问题。要本着实事求是的精神，对具体问题作具体的分析和处理。继承人之间也应该本着互让互谅、和睦团结的精神，协商处理继承问题，以利于社会主义家庭关系的巩固和发展，以促进社会主义物质文明和精神文明的建设。

第一千一百二十七条 遗产按照下列顺序继承：

（一）第一顺序：配偶、子女、父母；

（二）第二顺序：兄弟姐妹、祖父母、外祖父母。

继承开始后，由第一顺序继承人继承，第二顺序继承人不继承；没有第一顺序继承人继承的，由第二顺序继承人继承。

本编所称子女，包括婚生子女、非婚生子女、养子女和有扶养关系的继子女。

本编所称父母，包括生父母、养父母和有扶养关系的继父母。

本编所称兄弟姐妹，包括同父母的兄弟姐妹、同父异母或者同母异父的兄弟姐妹、养兄弟姐妹、有扶养关系的继兄弟姐妹。

【条文主旨】

本条是关于法定继承基本内容和继承顺序的规定。

【条文理解】

法定继承，是指由法律直接规定继承人的范围、继承的先后顺序以及遗产分配原则的一种继承方式，具有法定性和强行性。法定继承制度最能体现一个国家的伦理亲缘观念，主要包括继承人范围和继承顺序两大方面的规定。

一、关于继承人范围

法定继承人的范围，是指在适用法定继承方式时，哪些人能够作为被继承人遗产的继承人。法定继承人的范围是由法律直接规定的，而不是被继承人生前作出的决定。各个国家和地区关于法定继承人范围的规定也不尽相同。《德国民法典》第 1924 条至第 1932 条规定，无遗嘱继承人包括配偶继承人和血亲继承人。血亲继承人包括晚辈直系血亲、曾祖父母及晚辈直系血亲、比曾祖父母辈份更远的祖先及晚辈直系血亲，即几乎包括与死者有血亲关系的一切生存的人。《美国统一遗嘱检验法典》规定，法定继承人包括配偶、父母、晚辈直系血亲、兄弟姐妹、祖父母、外祖父母，而无遗嘱继承人主要包括血亲继承人和配偶继承人。我国台湾地区的法定继承人包括直系血亲卑亲属、父母、兄弟姐妹、祖父母、配偶。根据我国大陆《继承法》的规定，法定继承人的范围包括：配偶、子女、父母、兄弟姐妹、祖父母、外祖父母、有抚养关系的继子女、对公婆尽了主要赡养义务的丧偶儿媳和对岳父母尽了主要赡养义务的丧偶女婿。有学者认为该范围规定得过于狭窄，建议将四亲等以内的近亲属等都列入法定继承人的范围。理由是我国实行计划生育的政策，大多数家庭只有一个子女，继承人的范围大大缩小；随着社会经济的快速发展，一般民众的财产也大大增加，可继承遗产的份额也随之增加，较为狭窄的继承范围容易导致公民的私有财产收归国有，侵犯公民的私有财产权。[①] 还有学者不赞同将法定继承人的范围扩大到四亲等以内的亲属，理由是法定继承制度的目的是推定死者的意思，将自己的财产留给最亲近的人；叔、伯、姑、舅、姨、侄（甥）子女与被继承人的关系并不密切；将上述亲属纳入法定继承人范畴，会造成司法资源耗费与诉讼迟延。《民法典》延续了《继承法》第 10 条的规定。法定继承人的范围是以婚姻、血缘和家庭关系为基本因素，同时参考我国的具体情况而确定的，我国现阶段已施行“全面二孩”政策，不宜将法定继承人的范围规定得过宽。同时，根据《民法典》第 1128 条的规定，被代位人的范围已扩大至兄弟姐妹的子女，很大程度避免了财产无人继承状况的出现，充分保护了公民的私有财产权。因此，根据继承人与被继承人

---

① 黄惠娥：《浅析我国〈继承法〉中的法定继承制度》，载《湖北警官学院学报》2013 年第 8 期。

之间既存的婚姻关系、血缘关系及抚育、扶养和赡养关系，对法定继承人的范围规定仅限于法定的近亲属。

（一）配偶

夫妻间互为配偶，它是处于合法婚姻关系中的夫妻相互间的称谓。法定继承人的“配偶”，专指被继承人死亡时尚生存着的夫或妻，而且是被继承人生前婚姻关系仍存续的夫或妻。夫妻间有相互继承的权利，即丈夫对亡妻的遗产有继承权，妻子对亡夫的遗产有继承权。合法的婚姻关系，是配偶继承权的基础，需满足以下条件：（1）依法登记结婚并且取得结婚证；（2）完成登记后，存在宣告婚姻无效的事由，但未经法定程序宣告无效；（3）完成登记后，存在撤销婚姻的事由，但未依法律规定撤销；（4）1994年2月1日原《婚姻登记管理条例》公布实施以前，虽未进行结婚登记，但以夫妻名义同居的男女双方已具备结婚的实质要件，在没有补办结婚手续的情况下，以事实婚姻认定其婚姻的合法性；但自1994年2月1日起，没有配偶的男女，未办理结婚登记即以夫妻名义同居生活的，按非法同居关系处理，在其符合《民法典》第1131条规定的情况下，可根据相互扶助的具体情况处理。此外，对已领取结婚证而尚未共同生活的，以及尚未脱离夫妻关系的分居者，夫妻双方相互也享有继承权。

（二）子女

子女是被继承人最近的晚辈直系亲属，父母与子女之间存在最为特殊的人身关系和财产关系。这里的子女，包括婚生子女、非婚生子女、养子女和有抚养关系的继子女。

1. 婚生子女，是指在合法婚姻关系期间受孕或生育的子女。婚生子女，不论是儿子还是女儿，不论是随父姓还是随母姓，不论是已婚还是未婚，都有继承父母遗产的权利。

2. 非婚生子女，是指不具有合法婚姻关系的男女所生育的子女。在我国，一切不合法的男女两性之间的关系，是不受法律保护的。但是，非婚生子女虽然是因不正当的男女性行为所生的子女，但这种不正当的行为应当由非婚生子女的父母来负责，而不应当由非婚生子女本人来负责。《民法典》第1071条规定，非婚生子女享有与婚生子女同等的权利。因此，非婚生子女与婚生子女对于父母遗产的继承权不应有任何区别，都是独立的继承主体，享有同等的继承权。

3.养子女，是指因收养关系成立而与养父母发生拟制血亲的父母子女关系的子女。《民法典》第1111条规定了“自收养关系成立之日起，养父母与养子女间的权利义务关系，适用本法关于父母子女关系的规定”，收养关系成立后，养子女因其被收养而取得与亲生子女同等的法律地位，其二者的继承权没有区别。但是，收养关系在法律上称为拟制血亲，不同于自然血亲，拟制血亲既可以依法建立，也可以依法终止，当养父母子女之间的关系解除以后，原养子女（实际上已不是养子女）就不属继承人的范围。

《民法典》第1111条第2款规定：“养子女与生父母以及其他近亲属间的权利义务关系，因收养关系的成立而消除。”养子女同养父母的关系确立之后，就无权再继承其生父母的遗产。但在现实生活中，有的被收养人不仅对养父母尽了赡养义务，对生父母在生活上也扶养较多，根据《民法典》第1131条的规定，如果养子女在成年后，与生父母保持往来，在生活上给予生父母关照，经济上给予生父母扶助，在生父母去世后还帮助安葬等，可以依照法律适当分得其生父母的遗产。

4.继子女，是指妻与前夫或夫与前妻所生的子女。继子女与继父母的关系，是因为父母一方死亡后另一方再婚，或者父母离婚后一方或双方再婚，子女与父亲或母亲的再婚配偶共同生活而形成的。继父或继母与受其扶养的继子女间的权利和义务，与父母子女间的权利和义务等同。有扶养关系的继子女可作为其继父母遗产的第一顺序的法定继承人。而继子女对其生父母遗产的继承权，并不因继子女取得了其继父母的遗产而丧失，其仍享有对生父母遗产的继承权。

一般认为，继子女继承继父母遗产的关键就是他们之间是否形成了扶养关系，扶养关系可以从以下几个方面考虑。（1）继父母对未成年的继子女履行了抚养义务：①继子女受继父母经济上的供养。②继子女受继父母生活上的抚养、教育。(2)继父母对已成年但系限制行为能力或无行为能力的继子女履行了扶养义务。(3)继子女对继父母履行了赡养义务:①继子女在经济上供养继父母。②继子女在生活上扶助继父母。若继子女其生父或生母再婚时,继子女已经长大成人,分居另过的,未成年继子女的生父、生母再婚后,继子女未与继父或继母共同生活,而由祖父母或外祖父母抚养教育成人,继子女对继父或继母也未尽过赡养扶助义务的,则不能视为继子女与继父母之间形成了扶养关系,继子女也就不能继承继父母的遗产。[①]

(三)父母

父母是子女最近的直系尊亲属,互相扶养的关系极为密切,因而有继承子女遗产的权利。生父母对亲生子女的遗产有继承的权利,养父母对养子女的遗产有继承的权利,有扶养关系的继父母有继承继子女遗产的权利。

(四)兄弟姐妹

兄弟姐妹是最近的旁系血亲。兄弟姐妹一般都在家庭中共同生活,相互照顾。《民法典》第1075条第1款规定:“有负担能力的兄、姐,对于父母已经死亡或者父母无力抚养的未成年弟、妹,有扶养的义务。”因此,兄弟姐妹之间互有继承权是理所应当的。同父母的兄弟姐妹、同父异母或同母异父的兄弟姐妹均为亲生的兄弟姐妹,他们之间享有继承权。养兄弟姐妹和有扶养关系的继兄弟姐妹,法律赋予他们等同于亲兄弟姐妹关系的法律地位,彼此间发生等同于亲兄弟姐妹间的权利义务关系。因此,他们彼此都作为第二顺序的法定继承人。

(五)祖父母、外祖父母

祖父母、外祖父母与孙子女、外孙子女之间是除父母子女以外最近的直系血亲。《民法典》第1074条规定:“有负担能力的祖父母、外祖父母,对于父母已经死亡或者父母无力抚养的未成年孙子女、外

① 倪金龙主编:《农村婚姻家庭纠纷审理指引》,人民法院出版社2014年版,第300页。

孙子女，有抚养的义务。有负担能力的孙子女、外孙子女，对于子女已经死亡或者子女无力赡养的祖父母、外祖父母，有赡养的义务。”因此，祖父母、外祖父母应享有对孙子女、外孙子女遗产的继承权。对丧偶儿媳和丧偶女婿的继承权问题，将在《民法典》第1129条中阐述。

二、关于继承人顺序

法定继承人的继承顺序，是指继承开始后，各个法定继承人继承遗产的先后次序。由于法定继承是以一定的人身关系为前提的，依据继承人和被继承人之间的血缘、姻亲关系的亲疏及生活关系的依赖程度，《民法典》继承编将六类法定继承人划分为两种继承顺序，第一顺序为配偶、子女和父母，第二顺序为兄弟姐妹、祖父母、外祖父母。在各国继承立法中，通常将配偶规定为特殊的继承人，不在血亲继承人的顺序之列；将父母规定为第二顺序继承人，与直系血亲卑亲属不在一个继承顺序上。对此，应当看到我国继承法实施20多年的经验，将配偶规定为第一顺位继承人，能够很好地保护配偶的合法利益，并无不当之处；将父母规定为第一顺序继承人的效果是好的，对于引导社会尊老敬老具有重要意义，应当继续坚持。

规定两种继承顺序，就要求继承人严格按照继承顺序继承。同一顺序内，各继承人的继承权平等。不同顺序的继承人不能同时继承，当被继承人有第一顺序继承人时，先由第一顺序继承人继承，只有在没有第一顺序继承人或者第一顺序继承人全部放弃或丧失继承权时，第二顺序继承人方能继承。另外，《民法典》第1129条规定：“丧偶儿媳对公婆，丧偶女婿对岳父母，尽了主要赡养义务的，作为第一顺序继承人。”这是考虑实际情况，对法定继承所作的一种完善性规定。

【审判实践中应注意的问题】

非婚生子女要取得生父母遗产的继承权，必须证明其与生父母之间的身份关系。一般说来，认定谁是生母较容易，根据出生的事实即可确定。但是认定谁是生父则比较难，在司法实践中，一般具有下列条件之一，就可认定：（1）生父在户口簿上或自己档案中，已经清楚地载明非婚生子女是自己的子女，或者生前已承认是自己的子女；（2）经生母以确切的证据或其他人证、物证证明非婚生子女是他所生。此外，还可以采用先进的科学方法，如人类白细胞抗原（HLA）做亲子鉴定。不过采用这一方法的前提是当事人健在且同意。

第一千一百二十八条 被继承人的子女先于被继承人死亡的，由被继承人的子女的直系晚辈血亲代位继承。

被继承人的兄弟姐妹先于被继承人死亡的，由被继承人的兄弟姐妹的子女代位继承。

代位继承人一般只能继承被代位继承人有权继承的遗产份额。

【条文主旨】

本条是关于代位继承的规定。

【条文理解】

代位继承，是指被继承人的子女先于被继承人死亡时，由被继承人子女的晚辈直系血亲代替先死亡的长辈直系血亲继承被继承人遗产；在被继承人无配偶、子女、父母继承其财产，被继承人的兄弟姐妹又先于被继承人死亡时，由被继承人兄弟姐妹的子女代替先死亡的父母继承被继承人遗产的一项法定继承制度，又称间接继承、承租继承。先于被继承人死亡的继承人，称被代位继承人，简称被代位人。代替被代位人继承遗产的人称代位继承人，简称代位人。代位人代替被代位人继承遗产的权利，称为代位继承权。

《继承法》第11条规定，被继承人的子女先于被继承人死亡的，由被继承人的子女的晚辈直系血亲代位继承。该条规定将被代位人的范围限定于被继承人的子女，是因为从我国当时的国情看，每个家庭的本支内人丁兴旺，有足够的人轮流照顾被继承人。基于亲属关系亲疏远近的考虑，为了防止本支系遗产流入他支，保护本支晚辈直系血亲的利益而作出了被代位人范围较小的规定。很多学者认为，应扩大代位继承中被代位人的范围，理由是大多数国家立法中被代位人的范围不限于被继承人之子女；我国民间存在侄子女、外甥子女继承的传统；我国30多年的独生子女政策导致大量家庭只有一个子女，实际上缩小了法定继承人的范围。[①]《民法典》采纳了该观点。随着我国计划生育30多年的推行，20世纪80年代出生的独生子女一代已经成为社会的中坚力量，虽然我国目前已经放开了二孩政策，但随着妇女受教育水平的提高，生活压力的不断增大，结婚年龄的不断推后，年青一代的生育欲望并不强烈，中国家庭普遍出现了倒金字塔型结构，与代位继承立法时的社会背景已经有了很大的不同。若不扩大被代位人的范围，可能会出现独生子女丧失继承权后被继承人的遗产无人可继、收归国家的结果。相对于被继承人而言，兄弟姐妹与被继承人是最近的旁系血亲，兄弟姐妹的子女也与被继承人较为亲近，在被继承人的独生子女先于其死亡，且没有晚辈直系血亲可以继承遗产的情况下，基于对养老送终的考虑，大多数人第一时间会想到与他们存在血缘关系的侄子女、外甥子女等，被继承人也比较倾向于将自己的遗产留给他们。本条增加“被继承人的兄弟姐妹先于被继承人死亡的，由被继承人的兄弟姐妹的子女代位继承”的规定，将兄弟姐妹纳入被代位人的范围，可以保障私有财产在血缘家族内部的流转，减少产生无人继承的状况，同时促进亲属关系的发展，加强亲属之间的交流与沟通，还能引导人们重视亲情，鼓励亲属间相互扶助、养老育幼、共同守望。

《民法典》没有规定孙子女、外孙子女的法定继承人地位，而是通过代位继承制度保护孙子女、外孙子女的继承权。

代位继承是法定继承中的一项重要制度。必须符合以下条件：

1. 享有继承权的被代位人必须先于被继承人死亡。被代位人在继承开始前死亡，是发生代位继承的前提条件。如果被代位人于继承开

---

① 孟令志：《代位继承权取得应采“固有权说”》，载《中国社会科学报》2012年7月18日，第A07版。

始后死亡，则因继承已经开始，遗产已经为被代位人取得，只是尚未来得及分割遗产。此时，只发生转继承而无代位继承，即被代位人应继承的遗产份额转由其法定继承人或者遗嘱继承人承受。转继承实际是按照一般的法定规则来处理的。

2. 先死亡的被代位人必须是被继承人的子女或兄弟姐妹，其他继承人如被继承人的配偶、父母、祖父母、外祖父母等先于被继承人死亡不发生代位继承。被继承人的子女，不仅包括婚生子女、非婚生子女，还包括养子女、形成扶养关系的继子女。被继承人的兄弟姐妹，不仅包括同父母的兄弟姐妹、同父异母或同母异父的兄弟姐妹，还包括养兄弟姐妹和有扶养关系的继兄弟姐妹。

3. 代位继承人必须是被继承人的子女的直系晚辈血亲或被继承人的兄弟姐妹的子女。被继承人的子女的直系晚辈血亲，如子女、孙子女、外孙子女、曾孙子女、外曾孙子女都可以代位继承，不受辈数的限制。即子女可以代父或母之位，继承祖父母或者外祖父母的遗产，孙子女亦可以代祖父母或者外祖父母之位，继承曾祖父母或者外曾祖父母的遗产。同时，被继承人的养子女、已形成扶养关系的继子女所生子女可代位继承；被继承人亲生子女的养子女可代位继承；被继承人养子女的养子女可代位继承；与被继承人已形成扶养关系的继子女的养子女也可以代位继承，也即拟制的直系血亲之间也发生代位继承。被继承人的兄弟姐妹被列为被代位人后，代位继承人限于被代位人的子女而非其晚辈直系血亲，除子女、养子女、已形成扶养关系的继子女外，被继承人的兄弟姐妹的其他继承人不发生代位继承。

应特别明确的是，被继承人的子女的直系晚辈血亲与被继承人的兄弟姐妹的子女不能同时代位继承。根据《民法典》第1127条的规定，继承开始后，由第一顺序继承人继承，第二顺序继承人不继承。因此，当被继承人有配偶、子女、父母任意一人作为第一顺位继承人继承遗产，或被继承人的子女的直系晚辈血亲代位继承遗产时，被继承人兄弟姐妹不能继承，该兄弟姐妹的子女亦不能代位继承。当第一顺序继承人全部死亡，如存在被继承人的子女的直系晚辈血亲作为代位继承人时，只能发生该直系晚辈血亲的代位继承，不发生第二顺序继承人的本位继承，就不发生被继承人的兄弟姐妹的子女代位继承。只有在被继承人没有第一顺位继承人，且没有被继承人的子女的直系晚辈血亲代位继承的情况下，被继承人的兄弟姐妹的子女才能够代位继承被继承人的遗产。

4. 被代位人生前必须享有继承权，如被代位继承人基于法定事由丧失继承权，则连带引起代位继承权的消灭。之所以认为丧失继承权不能成为代位继承的事由，与传统继承法学对代位继承权的性质理解有关。关于代位继承权的性质向来有代表说与固有权说两种，按照代表说，代位继承人的代位继承权来自被代位继承人，被代位继承人丧失继承权，则代位继承人也就不可能代位继承。按固有权说，即使继承人丧失对被继承人的继承权或代位继承人丧失对于继承人的继承权也可以主张代位继承。《继承法意见》第 28 条规定："继承人丧失继承权的，其晚辈直系血亲不得代位继承。如该代位继承人缺乏劳动能力又没有生活来源，或对被继承人尽赡养义务较多的，可适当分给遗产。"由该规定可知，我国采用的是代表权说，被代位人丧失继承权时，被继承人的子女的直系晚辈血亲或被继承人的兄弟姐妹的子女不得代位继承。

5. 代位继承人无论人数多少，被代位人无论是否全部死亡，原则上代位继承人只能继承被代位人有权继承的份额。这是因为代位继承人是代替被代位人的地位而继承遗产的，其只能取得被代位人应有的份额。

6. 代位继承只适用于法定继承，在遗嘱继承中不发生代位继承，在遗赠中也不发生代位受遗赠。也就是说，如果遗嘱人通过遗嘱指定了子女以外的人作为继承人，该继承人先于遗嘱人死亡的，在遗嘱人死亡后，该继承人的晚辈直系血亲不能通过代位继承继承遗产。这是因为遗嘱中制定的继承人或受遗赠人先予立遗嘱人死亡，将会导致遗嘱失效。当被继承人死亡时，只能按法定继承处理，不能根据遗嘱代位继承。

【审判实践中应注意的问题】

继承人丧失继承权的，其晚辈直系血亲不得代位继承。如该代位继承人生活有特殊困难又缺乏劳动能力，或对被继承人尽赡养义务较多、与被继承人共同生活，则法律上并不绝对排斥他们取得被继承人的遗产，可适当分给遗产。丧偶儿媳对公婆、丧偶女婿对岳父母，无论其是否再婚，依照《民法典》第 1129 条的规定作为第一顺序继承人时，不影响其子女代位继承。关于代位继承人随母亲改嫁后的代位继承权问题。被代位人去世后，如果代位继承人随母亲改嫁，在被继承人死亡后，代位继承人作为被继承人子女的晚辈直系血亲，仍然享有代位继承权，有权继承其父应继承的遗产份额。可以看出，代位继承是以直系血亲为基础的，不能因为代位继承人随母亲改嫁、家庭关系发生变化而否认其代位继承权。

第一千一百二十九条 丧偶儿媳对公婆，丧偶女婿对岳父母，尽了主要赡养义务的，作为第一顺序继承人。

【条文主旨】

本条是关于丧偶儿媳和丧偶女婿对公婆、岳父母继承权的特殊规定。

【条文理解】

法定继承是以继承人与被继承人之间的血缘关系和婚姻关系为前提和依据的。儿媳与公婆、女婿与岳父母之间没有血缘关系，两者属于姻亲关系。从婚姻家庭法律关系上讲，他们之间并无扶养、赡养的权利和义务，一般情况下，彼此之间不发生法定继承关系，即无论丧偶与否都不能使儿媳、女婿成为公婆或岳父母遗产的法定继承人。但根据我国现阶段的国情，大多数家庭的老人还需要子女或其他亲属提供家庭供养，居家养老在一段时间内仍然是我国养老的主要方式。现实生活中，有些儿媳或女婿不仅与其配偶共同赡养公婆或岳父母，而且在丧偶以后甚至再婚以后仍然继续赡养、照料公婆或岳父母。我国高度重视扶养关系在继承活动中的作用。《继承法》第12条规定对公、婆尽了主要赡养义务的丧偶儿媳或对岳父、岳母尽了主要赡养义务的丧偶女婿为第一顺序法定继承人可以参加继承获得遗产的做法，被认为是我国《继承法》在继承人顺序上的一个重要特色。对此，有反对观点认为上述亲属与法定继承人以血缘关系为基础的要求相违背，应当依《继承法》第14条关于“继承人以外的对被继承人扶养较多的人，可以分配给他们适当的遗产”的规定，分给他们的遗产可以比照第一顺序继承人的应得份额。[①]但也有支持观点认为这是我国继承法的优势，实践中的效果也很好，应当予以坚持。

《民法典》继承编继续沿用《继承法》的规定，尽了赡养义务的丧偶儿媳和丧偶女婿可作为第一顺序继承人，把他们列入法定继承人的范围之中，是根据我国国情作出的规定。这一规定的意义在于：（1）鼓励丧偶儿媳或丧偶女婿承担赡养公婆或岳父母的义务，使年老的公婆或岳父母生活得到照料，精神得到安慰，安度幸福的晚年，从而发挥中华民族尊老、爱老、养老的优良传统，达到鼓励赡养老人，提倡家庭内部互助友爱、和睦团结，促进我国精神文明建设的作用。（2）充分发挥家庭的社会职能。家庭是社会的细胞，社会的各项职能必须通过家庭予以实现。我国《宪法》规定，公民在年老、疾病或丧失劳动能力的时候，有获得物质帮助的权利。但是，在我国现阶段，要完全依靠国家和集体的帮助来实现这些权利是较难办到的，还必须依靠家庭的力量，发挥家庭在这一方面的作用。丧偶儿媳或丧偶女婿，能继续和公婆或岳父母在一起生活，承担赡养和照料老人的义务，既搞好了家庭的团结互助，又减轻了社会的负担，维护了家庭与社会的和谐稳定。（3）体现了权利和义务相一致的原则。《民法典》赋予对公婆或岳父母尽了主要赡养义务的丧偶儿媳或丧偶女婿以法定继承人的地位，不仅保护了老人的利益，又使对老人承担主要赡养义务的丧偶儿媳或丧偶女婿得到了应得的一份遗产。既顺乎人情，又符合法理。

在确认丧偶儿媳和丧偶女婿对公婆和岳父母遗产的继承权时，应明确如下几个问题：

1. 丧偶儿媳和丧偶女婿应对公婆、岳父母尽了主要赡养义务，才能作为第一顺序继承人，继承公婆或岳父母的遗产。

2. 丧偶儿媳和丧偶女婿对其公婆、岳父母遗产的继承权，具有独立的性质。其可以作为第一顺序法定继承人直接、独立地参加继承，

---

① 李红玲：《继承人范围两题》，载《法学》2002年第4期。

既不受其子女是否代位继承的限制，也不影响其子女的代位继承权。丧偶儿媳的丈夫或丧偶女婿的妻子先于公婆或岳父母死亡时，其子女可以代位继承祖父母、外祖父母的遗产。在这种情况下，其子女是否代位继承并不影响丧偶儿媳或丧偶女婿对公婆或岳父母遗产的继承权，反之亦然。

3. 丧偶儿媳和丧偶女婿对公婆、岳父母遗产的继承权，同他们再婚与否没有关系。丧偶儿媳和丧偶女婿是否再婚，是他们自己的人身权利，对是否继承公婆、岳父母的遗产不产生影响。只要丧偶儿媳和丧偶女婿对其公婆、岳父母尽了主要赡养义务，就应依法享有继承权。实际生活中那种以丧偶儿媳和丧偶女婿再婚为理由而否认、排斥他们继承公婆、岳父母的遗产的做法是违法的。即便再婚后没有同老人在一起生活，但对公婆或岳父母尽主要赡养义务的，也作为第一顺序继承人继承遗产。

4. 丧偶儿媳和丧偶女婿依法继承了其公婆、岳父母的遗产后，仍有权继承其父母之遗产。儿媳、女婿与公婆、岳父母发生的姻亲关系，并没有终止他们与其父母间原有的亲子关系的法律效力，儿媳、女婿与其父母之间仍然保留着父母子女间的权利和义务。因此，儿媳、女婿是否取得公婆、岳父母的遗产，都不影响其对父母遗产的继承权。

【审判实践中应注意的问题】

需要强调的是，扶养关系必须与姻亲关系相结合，才能成为获得继承权的根据。至于不具备姻亲关系而对被继承人扶养较多的人，只能享有遗产酌给请求权。

对于如何认定“尽了主要赡养义务”，《继承法意见》第30条规定：“对被继承人生活提供了主要经济来源，或在劳务等方面给予了主要扶助的，应当认定其尽了主要赡养义务或主要扶养义务。”具体表现在以下三个方面：（1）在经济上为老人提供了扶助、供养，老人主要依靠其提供的经济条件生活。对于没有生活来源或者其生活来源不足以维持其基本生活条件的老人来讲，不仅应当从生活上进行照料，而且在经济上也应给予生活费、医疗费等方面的资助。（2）为老人日常生活提供帮助，如共同生活，经常照料，为老人做饭、打扫卫生，在老人生病时送医院进行护理等。（3）对老人的帮助具有长期性、经常性。无论是生活上的照料，还是经济上的供养，必须是经常的、长期的，如果只是偶尔给几次钱、做几回饭、看望几次、提供有限的劳务帮助等，只能视为对老人有过帮助，不能视为尽了主要赡养义务，不能由此取得第一顺序继承人资格。

第一千一百三十条 同一顺序继承人继承遗产的份额，一般应当均等。

对生活有特殊困难又缺乏劳动能力的继承人，分配遗产时，应当予以照顾。

对被继承人尽了主要扶养义务或者与被继承人共同生活的继承人，分配遗产时，可以多分。

有扶养能力和有扶养条件的继承人，不尽扶养义务的，分配遗产时，应当不分或者少分。

继承人协商同意的，也可以不均等。

【条文主旨】

本条是关于法定继承人之间对于遗产的应继份额分配原则的规定。

【条文理解】

在法定继承方式中，如果同一继承顺序中仅有一位法定继承人，则被继承人的全部遗产统归继承人所有，并不发生遗产分配问题。被继承人有若干个法定继承人，又未立遗嘱时，必然发生同一继承顺序的法定继承人之间对被继承人所留遗产如何予以分配的问题。遗产分配原则，是指同一顺序的继承人有两个或两个以上时，遗产如何进行分配的原则。应继份，是指继承人从被继承人的遗产中应该分得的份额。应继份的确定与继承顺序的确定一样，直接影响到继承人的利益，是法定继承的重要问题之一。遗产分配的份额确定主要体现权利义务相一致、扶养老幼困残及协商一致的原则，主要有以下几种情况：

本条第1款规定了遗产分配的一个总的原则。在一般情况下，同一顺序的各个法定继承人，在生活状况、劳动能力和对被继承人所尽的赡养义务等方面条件基本相同或相近时，所应继承的份额应当均等，即平均分配遗产，这是对同一顺序继承人继承权的平等保护。如，被继承人有配偶、父、母、子女各1人，每一个继承人的继承份额应为被继承人遗产的1/4。同一顺序法定继承人之间均分遗产的规则符合我国的传统习惯，如我国古代《唐律疏议》在分家析产时采取的是同一亲等所获家产均等原则，又如宋代和明代的律法均规定“兄弟俱亡，由兄弟诸子均分”。在国外，美国、加拿大也有类似规定，如《美国统一继承法》规定，被继承人的直系卑亲属如属于同一亲等，可以平等地继承遗产，《加拿大马尼托巴省无遗嘱继承法》规定，在后嗣同一亲等中分配某人的遗产时，应将待分割的全部或部分财产均分。[①]同一顺序的法定继承人法律地位是平等的，不分男女老幼，不论是有血缘关系还是拟制的血缘关系，都平等地享有继承财产的权利，并应该均等地获得遗产。这里的“一般”是指法律没有特殊规定的情况。特殊情况下可以不均等地分配遗产，这时应根据不同情况，作不等额的分配。

本条第2款规定，对生活有特殊困难又缺乏劳动能力的继承人，分配遗产时应当予以照顾。这是照顾型的不均等。属于这种特殊情况的继承人，必须要同时具备“生活有特殊困难”和“缺乏劳动能力”两个条件。继承人虽有特殊困难但有劳动能力，或者虽缺乏劳动能力但生活并无特殊困难都不在照顾之列。“生活有特殊困难”，是指继承人没有独立生活来源或其经济收入难以维持最起码的生活水平。“缺乏劳动能力”，是指继承人尚无劳动能力或因年迈、病残等原因，丧失或部分丧失劳动能力的情况。对于这种继承人，一旦具备上述两个条件，就应当予以照顾，在取得的遗产份额上应多于其他继承人。照

---

① 王薇：《代位继承人之应继份研究——来自加拿大的启示》，载《暨南学报》2006年第4期。

顾的界限和具体的份额应根据其生活特殊困难和缺乏劳动能力的程度来决定。需要注意的是，继承人是否有特殊困难，是否缺乏劳动能力，应以遗产分割时的情况为判断标准。继承人中有缺乏劳动能力又没有生活来源的人，即使遗产不足以清偿债务，也应为其保留适当遗产，然后再按《民法典》和《民事诉讼法》的有关规定清偿债务。

本条第 3 款规定，对被继承人尽了主要扶养义务或者与被继承人共同生活的继承人，分配遗产时可以多分。这是鼓励型的不均等。对尽了主要扶养义务或者与被继承人共同生活的继承人给予鼓励，主要目的是弘扬中华民族的优良传统，保护老人的合法权益。尽“主要扶养义务”，是指继承人对被继承人在生活方面承担了主要劳务，如做饭、照顾、护理等，或主要负担其生活费用，给予经济扶持。有的继承人与被继承人长期生活在一起，相互照顾体贴，对被继承人特别是老年人起到了精神慰藉的作用，理应多分遗产。本款规定的分配原则不具有强制性，对以上两种继承人，在分配遗产时可以多分，但不是应当多分。比如，在第一顺序法定继承人中，不仅包括上述两种继承人，还包括生活有特殊困难又缺乏劳动能力的人，后者属于依法应当予以照顾的，因而在分配遗产时，如果遗产数量不多，则必须先多分给生活有特殊困难又缺乏劳动能力的继承人，至于对被继承人尽了主要扶养义务或者与被继承人共同生活的继承人，则可能仅取得较少的遗产份额。有的继承人虽然尽了主要扶养义务，但其收入明显高于其他继承人，就不一定非多分遗产不可。

本条第 4 款规定，有扶养能力和有扶养条件的继承人，不尽扶养义务的，分配遗产时，应当不分或者少分。这是惩罚性的不均等。针对的是继承人有扶养能力和扶养条件，且被继承人又需要接受继承人的扶养，而继承人却不尽扶养义务的情况。这里的“不尽扶养义务”，通常指尚未达到遗弃的程度。继承人与被继承人之间是有法定的扶养权利义务的。如果被继承人生前需要继承人扶养（既包括需要经济上的扶助，也包括需要劳务上的帮助），继承人有扶养能力和有扶养条件但不尽扶养义务，在分配遗产时“应当”不分或者少分，而不是

“可以”不分或者少分。当然，如果继承人有扶养能力和扶养条件，愿意尽扶养义务，但被继承人因有固定收入和劳动能力等原因，明确表示不要求其扶养的；或继承人没有扶养能力和扶养条件，其不尽扶养义务是因客观原因造成，而不是主观上拒不履行或不愿尽扶养义务的，分配遗产时，一般不应因此而影响其继承份额。

本条第5款规定，允许继承人之间协商，对遗产作不均等的分配。这是协商型的不均等。这体现了继承人之间互谅互让、团结和睦的精神。同一顺序的继承人在不违背法律和道德的前提下，可以自行协商，确定各个继承人的遗产继承份额。继承人协商一致同意不均等分配遗产，应当尊重当事人的意愿，可以某些人多分，某些人少分甚至不分。协商型的不均等必须是全体继承人一致同意不均分，不应实行少数服从多数原则。如果各继承人之间无法协商一致而起诉到法院，在没有其他特别需要考虑的因素时，法院将按照同一顺序的继承人均等继承遗产份额的原则分割被继承人的遗产。

【审判实践中应注意的问题】

对生活有特殊困难又缺乏劳动能力的继承人，分配遗产时，应当予以照顾，照顾的目的是保障生活有特殊困难又缺乏劳动能力的继承人的基本生活需要，如果被继承人的遗产较多，平均分配遗产也足以保障生活有特殊困难又无劳动能力的继承人的生活需要，则没有必要再予以照顾，各继承人的应继份额仍应均等；如果各个继承人生活都有特殊困难又缺乏劳动能力，则各继承人的应继份额也只好均等。

少分或者不分遗产必须是继承人自愿、真实的意思表示，任何人都不得使用欺诈、胁迫的手段让继承人作出少分或者不分遗产的意思表示。继承人之间协商分配遗产，既可以是第一顺序和第二顺序的继承人共同协商，也可以仅仅是第一顺序的全部继承人之间相互协商。如果没有第一顺序的继承人或者他们已经全部丧失继承权或者放弃继承权的，则可以由第二顺序的继承人共同协商遗产份额如何确定。

第一千一百三十一条　对继承人以外的依靠被继承人扶养的人，或者继承人以外的对被继承人扶养较多的人，可以分给适当的遗产。

【条文主旨】

本条是关于继承人以外的人酌情分得遗产的规定。

【条文理解】

继承人以外的人，是指继承人以外的依照继承的法律规定取得被继承人遗产的自然人。对继承人以外的依靠被继承人扶养的人或对被继承人扶养较多的人，在继承开始以后，按照一定的原则分给适当遗产的制度称为遗产的酌给制度。该制度是我国立法机关基于死后扶养之思想以及鼓励赡养老人的传统美德，允许依靠被继承人扶养的人，以及对被继承人扶养较多的未能继承遗产的人适当分得遗产。《继承法》第14条规定："对继承人以外的依靠被继承人扶养的缺乏劳动能力又没有生活来源的人，或者继承人以外的对被继承人扶养较多的人，可以分配给他们适当的遗产。"明确赋予继承人以外与被继承人形成某种扶养关系的人相应的权利。《民法典》沿袭了这一规定，但删除了"缺乏劳动能力又没有生活来源"的限制条件，即只要依靠被继承人扶养，无论是否无劳动能力或缺乏生活来源，均应当分给其适当的遗产份额，实际上扩大了酌情分得遗产的适用主体范围，体现了发挥遗产扶养功能的原则。一般而言，扶养关系发生在具有近亲属身份关系的自然人之间，当一方死亡时，扶养关系便告终止，为了避免受扶养人因为扶养人的去世而生活境况恶化，多数国家或地区的现代继承法确立了发挥遗产扶养功能的原则。即被继承人死亡后，原先由其负担的扶养义务在一定程度上由其遗产承担。同时，赋予对被继承人扶养较多的人酌情分得遗产的权利，也体现了权利义务相一致的原则，弘扬了社会主义核心价值观，有利于社会主义精神文明建设。

本条指出有两种继承人以外的人，可以分得适当的遗产：

第一种是依靠被继承人生前扶养的人。所谓依靠被继承人扶养，是指特定亲属之间根据法律的明确规定而存在经济上的相互供养、生活上的相互扶助的权利义务关系。这种扶养关系的主体是法律明确确定的相互存在扶养权利义务的具有亲属身份的人，具有法定性，不允许凭借当事人的意志进行自由选择和变更。一般情况下，除夫妻之间的扶养和父母子女之间的扶养外，还存在直系姻亲之间、二亲等之外的旁系血亲之间的扶养。在我国，扶养关系主要存在以下几种情形。（1）夫妻之间的扶养。《民法典》第 1059 条规定："夫妻有相互扶养的义务。需要扶养的一方，在另一方不履行扶养义务时，有要求其给付扶养费的权利。"（2）父母子女之间的扶养。《民法典》第 1067 条规定："父母不履行抚养义务的，未成年子女或者不能独立生活的成年子女，有要求父母给付抚养费的权利。成年子女不履行赡养义务的，缺乏劳动能力或者生活困难的父母，有要求成年子女给付赡养费的权利。"（3）祖孙之间的扶养。《民法典》第 1074 条规定："有负担能力的祖父母、外祖父母，对于父母已经死亡或者父母无力抚养的未成年孙子女、外孙子女，有抚养的义务。有负担能力的孙子女、外孙子女，对于子女已经死亡或者子女无力赡养的祖父母、外祖父母，有赡养的义务。"（4）兄弟姐妹之间的扶养。《民法典》第 1075 条规定："有负担能力的兄、姐，对于父母已经死亡或者父母无力抚养的未成年弟、妹，有扶养的义务。由兄、姐扶养长大的有负担能力的弟、妹，对于缺乏劳动能力又缺乏生活来源的兄、姐，有扶养的义务。"其中，配偶、子女、父母均为法定继承中第一顺位继承人，可以直接作为继承人继承遗产，因此不存在适用本条规定的条件。而祖父母、外祖父母、孙子女、外孙子女、兄弟姐妹，如果因第一顺位继承人的原因不能作为继承人或代位继承人继承被继承人的遗产，例如被继承人有晚辈直系血亲而不能继承遗产的祖父母、兄弟姐妹等继承顺序在后的人，同时依靠被继承人生前扶养的，可以分给其适当的遗产以满足其基本生活需要，这也符合被继承人的生前意愿，有利于保护弱势群体的相关权益，促进家庭及社会的和谐稳定。

第二种是对被继承人生前扶养较多的人。即指在被继承人生前对其在经济上资助、生活上扶助的继承人之外的自然人。该扶养人必须是继承人以外的人，对被继承人进行了事实上的扶养，尽到的扶养义务较多，同时未受到相当的遗赠。这种扶养不是法律上必须履行的义务，而是出于道德心，自觉自愿提供的帮助。给予此类人分得遗产的权利，能够适应社会发展的需要，使那些没有继承名分，但与被继承人关系密切，对被继承人晚年生活给予关心照顾，使被继承人愉快度过晚年的人，如未履行登记手续而以夫妻名义同居生活的人，能够得到应该得到的一份遗产，这一规定充分体现了法律对赡养老人、扶残济困等传统美德的肯定和鼓励。

本条中“可以分给适当的遗产”，学术界有观点认为，应不超过继承人的应继份，这种意见立足于请求权人不是继承人，遗产应主要给予继承人；另一种观点认为，请求权人所得财产可以多于或少于继承人的应继份，具体给付多少应视具体情况而定。《继承法意见》第31条规定，酌情分得遗产的数量，“按具体情况可多于或少于继承人”，该规定可以充分保护请求权人和继承人双方的利益。需要考虑多种情况确定酌情分得遗产数量。具体包括：（1）受扶养人的情况。主要是受扶养的情况，例如全部由被继承人扶养，还是与其他人共同扶养，以及是否仍需长期扶养。另外，还要考虑受扶养人与被继承人的关系，主要是亲情关系、友情关系等。与被继承人亲情较密切，为被继承人所喜爱者，可以多给；仍需长期扶养者可多给。（2）扶养人的情况。主要是扶养人对被继承人扶养的具体情况，扶养时间长短、扶养方式，以及扶养人与被继承人的亲情关系等。分给扶养人的遗产数额应以其对被继承人所尽扶养义务相一致为原则。如果继承人以外的人，对被继承人扶养时间长，付出多者应多给；对被继承人所尽的扶养义务大于被继承人的子女或其他法定继承人，可以取得遗产中的相当数额甚至可以取得大部分遗产。（3）遗产状况和继承人的情况。不管遗产酌给请求权人是受扶养人还是扶养人，在考虑酌情分得遗产的数量时，都应当考虑遗产状况和继承人的情况，主要是遗产的数量、种类以及继承人的数量、经济状况、是否尽了赡养义务、继承人与被继承人的关系，还要有利于满足生产和生活需要，不损害遗产的效用。如果遗产数量大，不管哪种情况，主要遗产仍应由继承人继承。如果继承人中有既无劳动能力又无生活来源而需要特别加以照顾的人，应首先保障此种继承人的基本生活需要，再考虑酌给请求权人的请求。

另外，若养子女对其生父母尽了主要赡养义务的，可以依据本条的规定适当分得其生父母的遗产，这种获得遗产的行为不影响其对养父母遗产的第一顺序的法定继承权。

【审判实践中应注意的问题】

根据民事诉讼法的有关规定，上述继承人以外的人依法取得被继承人遗产的权利受到侵害时，有权以独立的诉讼主体的资格向人民法院提起诉讼。但在遗产分割时明知而未提出请求的，一般不予受理；不知其取得遗产的权利受到侵害的，应自知道或者应当知道权利受到损害之日起三年内起诉。对于遗产的分割方式，继承人可以遗产原物向酌分权人为给付，也可以遗产的对价为给付，选择何种形式给付由继承人决定。

第一千一百三十二条　继承人应当本着互谅互让、和睦团结的精神，协商处理继承问题。遗产分割的时间、办法和份额，由继承人协商确定；协商不成的，可以由人民调解委员会调解或者向人民法院提起诉讼。

【条文主旨】

本条是关于遗产份额的确定原则和程序的规定。

【条文理解】

继承关系反映了家庭成员之间的关系，家庭关系又是社会经济关系的反映，紧密的家庭和人身关系是继承法的一大特点。社会主义的家庭关系，既不是封建社会那种家长专制、男尊女卑的关系，也不是资本主义社会的金钱关系。社会主义的道德风尚，要求家庭成员和社会成员之间互相尊敬、彼此关心、互相扶助、团结和睦。将社会主义道德所要求的互谅互让、团结和睦上升为法律原则，这既是发扬社会主义道德风尚，建设社会主义精神文明的要求，也是巩固社会主义新型家庭关系的要求。互谅互让、和睦团结是我国继承法的一个重要特点和基本原则，体现了家庭伦理道德的要求，对确定遗产继承份额具有指导意义。在处理继承问题时，家庭成员之间要互谅互让、协商一致，尽量减少在分割遗产时的各种纷争。

互谅互让、团结和睦原则在我国民法典中主要表现在以下几个方面：（1）当继承人的条件大体相同时，继承遗产的份额一般应当均等。如果各继承人的情况有所不同，应该坚持互谅互让、团结和睦原则，根据不同情况具体分析，确定遗产分配方法。①对生活有特殊困难又缺乏劳动能力的继承人，分配遗产时，应当予以照顾。② 对被继承人尽主要扶养义务或者与被继承人共同生活的继承人，可以多分，以此促进家庭成员间的互爱互助。③ 对那些有扶养能力和扶养条件，但不尽扶养义务的继承人，分配遗产时应当不分或者少分，以此教育违背社会主义家庭关系和社会主义道德风尚的行为者。④ 如果同一顺序各继承人之间情况不同，但经继承人协商同意，分配继承遗产的份额也可以不均等。（2）对继承人以外的依靠被继承人扶养的人，或者继承人以外的对被继承人扶养较多的人，可以分给他们适当的遗产。上述内容扩大了该原则的适用，也使互谅互让、和睦团结的良好道德风尚得到更广泛的发扬。（3）在继承权的保护上，如果继承人实施违反了该原则的行为，将会丧失继承权。如继承人故意杀害被继承人的；为争夺遗产而杀害其他继承人的；遗弃被继承人的，或者虐待被继承人情节严重的；伪造、篡改、隐匿或者销毁遗嘱，情节严重的；以欺诈、胁迫手段迫使或者妨碍被继承人设立、变更或者撤回遗嘱，情节严重的，将会丧失继承权。（4）在我国民间社会生活中一般很少在父母刚去世就立即分割遗产，这种做法符合我国的民族传统和家庭伦理，有利于维护互谅互让、和睦团结的家庭氛围，构建和谐的家庭关系。

在遗产的实际分割中，由各继承人对遗产分割的时间、办法和份额协商确定。法定继承方式的重要特征在于，法定继承人的范围、继承顺序及遗产分配原则，都必须根据法律的直接规定，任何人无权变更。至于遗产从何时开始分割、采用何种方法分割（实物分割或金钱分割）以及各继承人所得的具体遗产份额等问题，由于各个家庭的情况不一，法律不宜硬性规定，继承人之间可以协商处理，避免发生继承纠纷，这也是我国法律和道德的一致要求。协商分割财产有利于当事人主观意愿的充分表达，是传统家庭道德和实现参与继承当事人意思自治的重要体现。实行协商分割财产，有利于在各方因遗产份额分配发生分歧时，心平气和地解决矛盾冲突，避免互相指责，消除对立情绪，更可以减少日后双方的仇视和对立，以利于家庭关系的和谐稳定。具体来说，（1）遗产分割的时间。继承开始的时间，是由被继承人生理死亡或被宣告死亡的法律事实出现所决定的，继承人或其他任何人不得变更，但并不同于遗产分割的时间。被继承人遗产的分割时间，可以由继承人之间协商确定。（2）遗产分割的办法。被继承人所遗留的财物可能处于不同的状态。例如，有实物形态的，也有货币形态的。实物形态的又可分为可分物与不可分物，前者如粮食，后者如房屋。在分割遗产时，对不同状态的遗产须采取不同的分割办法。①实物分割办法，是指适用于遗产中那些经过分割不会改变其经济用途和经济价值的实物的分割办法。各继承人可取得应当继承的遗产中的实物。如分割粮食、布匹等就可采取此办法。②补偿分割办法，是指适用于遗产中那些一经分割就可能改变其经济用途和经济价值的实物的分割办法。例如分割房屋、车船等不可分物时，就可采取这种分割办法。③变价分割办法，是指适用于遗产中那些被出卖的实物的分割办法，即把遗产中的实物出卖，变为价金，然后再由各继承人按照法定的遗产继承份额分割价金。（3）遗产分割的份额。在确定遗产分割的份额时，必须依法先扣除下列遗产部分：①被继承人生前所欠他人债务或拖欠应当缴纳给国家的税款。②被继承人用合法有效的遗嘱指定由法定继承人中的一人或数人继承的遗产，遗赠给国家、集体、社会组织或其他个人的财产。③依法应当给予法定继承人之外的依靠被继承人扶养或对被继承人尽扶养义务较多的人的照顾份额。④为胎儿保留的必要遗产继承份额。在扣除了上述必要的遗产部分之后，才能将剩余部分依法确定由各法定继承人取得。[①]

如果继承人之间协商不成，即达不成一致的协议，则可由人民调解委员会进行调解或者向人民法院提起诉讼。这是两种可选择的解决方式，都不是必经的程序。人民调解是我国民间调解中的法定活动形式，是在人民调解委员会的主持下，以国家法律、法规、规章、政策和社会公德为依据，对民间纠纷双方当事人进行斡旋、劝说，促使他

① 马原、高圣平主编：《继承法及配套规定新释新解》，人民法院出版社 2003 年版，第 378~380 页。

们互相谅解、平等协商，自愿达成协议，消除纷争的活动。人民调解委员会，是在基层人民政府和基层人民法院的指导下，调解民间纠纷的群众性组织。人民调解委员会调解纠纷，必须依照国家的法律进行，调解的整个过程，都要在双方当事人完全自愿的基础上进行，不能有任何强迫。人民调解委员会应当在查明事实、分清责任的基础上，根据当事人的特点和纠纷性质、难易程度、发展变化的情况，采取灵活多样的方式方法，开展耐心、细致的说服疏导工作，促使双方当事人互谅互让，消除隔阂，引导、帮助当事人达成解决纠纷的调解协议。经人民调解委员会调解解决的纠纷，有民事权利义务内容的，或者当事人要求制作书面调解协议的，应当制作书面调解协议，当事人对调解达成的协议应当履行。如果当事人不愿调解、调解不成或者反悔的，可向人民法院提起诉讼。当事人亦可不经过调解程序直接向人民法院提起诉讼。人民法院处理继承纠纷是最终的、具有强制执行力的纠纷解决方式。因遗产继承纠纷提起的诉讼，由被继承人死亡时住所地或者主要遗产所在地人民法院管辖。被继承人死亡时住所地与主要遗产所在地一致的，则该地人民法院具有管辖权。二者不一致的，则这两个地方的人民法院都有管辖权，当事人可以任选其中一个人民法院提起诉讼。如果被继承人的遗产分散在几个人民法院辖区，应以遗产的数量和价值来确定主要遗产所在地，进而确定管辖法院。这样确定管辖，既有利于人民法院正确确定继承开始的时间、继承人与被继承人之间的关系以及遗产的范围和分配等问题，也有利于扩大人民法院对涉外继承诉讼的司法管辖权。如果主要遗产是不动产，应当按照遗产纠纷来确定管辖法院，即此类案件由被继承人死亡时住所地或者主要遗产所在地人民法院确定管辖法院，而不是按照不动产纠纷来确定管辖法院。[1] 在继承遗产的诉讼中，部分继承人起诉的，人民法院应通知其他继承人作为共同原告参加诉讼；被通知的继承人不愿意参加诉讼又未明确表示放弃实体权利的，人民法院仍应把其列为

① 王胜明主编：《中华人民共和国民事诉讼法释义》，法律出版社2012年版，第53页。

共同原告。继承诉讼开始后，由人民法院进行调解，对于调解不成的，则依法判决。

【审判实践中应注意的问题】

继承人之间应本着互谅互让、团结和睦的精神，自愿协商遗产的继承份额。遗产分割应当有利于生产和生活，不损害遗产的效用。人民法院在分割遗产中的房屋、生产资料和特定职业所需要的财产时，应依据有利于发挥其使用效益和体现继承人的实际需要，兼顾各继承人的利益进行处理。要充分尊重并考虑无民事行为能力人和限制行为能力人的利益诉求，必要时，要在征得相关监护人的同意后，才能协商分割遗产份额。如继承人协商一致同意不均分遗产的，应当尊重当事人的意愿，但继承人协商同意不均分遗产必须是全体继承人一致同意不均分，而不应实行少数服从多数原则。

第三章 遗嘱继承和遗赠

第一千一百三十三条 自然人可以依照本法规定立遗嘱处分个人财产，并可以指定遗嘱执行人。

自然人可以立遗嘱将个人财产指定由法定继承人中的一人或者数人继承。

自然人可以立遗嘱将个人财产赠与国家、集体或者法定继承人以外的组织、个人。

自然人可以依法设立遗嘱信托。

【条文主旨】

本条是关于遗嘱继承和遗赠的一般规定。

【条文理解】

本条是关于自然人可以用遗嘱的形式处分个人财产的规定。自然人可以依法立遗嘱处分个人财产，是自然人根据其意志在生前对其个人合法财产做出死后安排的一般规定。

本条源于《继承法》第 16 条，有四点修改：一是把原条文中的“公民”改为“自然人”。公民作为一个法律概念，和民主政治紧密相连，指具有一国国籍的人。自然人，即生物学意义上的人，是基于出生而取得民事主体资格的人。其外延包括本国公民、外国公民和无国籍人。1986年通过的《民法通则》使用“公民”，但一直有争论。2017年通过的《民法总则》中已经将公民的概念删除，只保留了自然人的概念。2020年通过的《民法典》统一使用“自然人”。二是为了法律用语更加规范，把原条文中的“赠给”修改为“赠与”。三是受遗赠人的范围增加了“组织”。四是增加“自然人可以依法设立遗嘱信托”。

本条第1款规定，“自然人可以依照本法规定立遗嘱处分个人财产，并可以指定遗嘱执行人”。从立法上确认了遗嘱自由，体现了对个人合法财产的保护。当然，遗嘱自由并不是绝对的，不受任何限制的。遗嘱，是指自然人生前按照法律的规定处分自己的财产及安排与此有关的事务并于死亡后发生效力的单方的民事行为。遗嘱作为一种法律行为，主要具有以下特征：第一，遗嘱是一种单方法律行为。只要有遗嘱人自己的意思表示，遗嘱即可成立，不论遗嘱中涉及的相对人何时知道遗嘱的内容，遗嘱都是自被继承人死亡时生效的。正因如此，在遗嘱生效前的任一时刻，遗嘱人都可以自己的意思变更或者撤回遗嘱。第二，遗嘱是遗嘱人独立的民事法律行为。遗嘱是遗嘱人生前对自己财产所作的处分行为，只能由遗嘱人自己独立自主地作出，不能由他人的意思辅助或者代理。为保证遗嘱体现遗嘱人的真实意愿，设立遗嘱不适用代理制度，由代理人代理设立的遗嘱是无效的。第三，遗嘱是死因法律行为，即遗嘱必须是在遗嘱人死亡后才能发生法律效力，在遗嘱人死亡后才生效。要注意，遗嘱的有效和生效是两个不同的法律概念。有效指的是遗嘱符合法律规定的要件，为法律所认可。生效指的是遗嘱产生法律效力，可以依照遗嘱来处理遗产。第四，遗嘱是一种要式法律行为。遗嘱虽为遗嘱人单方的意思表示，但不能由当事人自行决定采取何种形式。自然人所订立的遗嘱必须符合法律规定的遗嘱形式，不符合法定形式的遗嘱是无效的遗嘱，不能发生遗嘱继承的效力。

本条第1款明确了遗嘱人用遗嘱形式处分的只能是“个人财产”。即遗嘱只能处分遗嘱人有权处分的财产，即遗产。为了适应社会不断发展带来的财产权益形态日趋多样化的现实，《民法典》第 1122 条规定："遗产是自然人死亡时遗留的个人合法财产。依照法律规定或者根据其性质不得继承的遗产，不得继承。"至于担保物权和用益物权，一般来讲，也是可以通过遗嘱的方式来处理的，具体还需注意其他法律中有无禁止性或限制性的规定。

本条第 1 款还规定了遗嘱执行人。遗嘱执行人，是指遗嘱人在遗嘱中指定的，于遗嘱生效后，有权按照遗嘱人的意愿来执行遗嘱内容的人。遗嘱因于遗嘱人死亡后才能发生效力，因此遗嘱人自己不能执行遗嘱，而须由他人来执行。遗嘱的执行直接涉及相关利害关系人的利益，因此遗嘱执行人应为完全民事行为能力人。无民事行为能力人、限制民事行为能力人不具备担任遗嘱执行人的资格。遗嘱人可以在遗嘱中指定一位或数位执行人，以便于实现其遗嘱目的。遗嘱中指定的遗嘱执行人既可以是法定继承人，也可以是法定继承人以外的人。根据《民法典》第 1145 条规定，继承开始后，遗嘱执行人即为遗产管理人。遗嘱人未指定遗嘱执行人或者指定的遗嘱执行人不能执行遗嘱的，继承人应当及时推选遗产管理人；继承人未推选的，由继承人共同担任遗产管理人；没有继承人或继承人均放弃继承的，由被继承人生前住所地的民政部门或者村民委员会担任遗产管理人。

本条第 2 款规定了遗嘱继承，即自然人可以设立遗嘱将个人财产指定由法定继承人中的一人或数人继承。遗嘱继承是与法定继承相对应的一种继承方式，是指于继承开始后，继承人按照被继承人生前所立的合法有效的遗嘱继承被继承人遗产的法律制度。由于继承人、遗产的分配原则、遗产的分配方式等都取决于遗嘱人的个人意愿，故遗嘱继承又可以称为指定继承。从我国的司法实践来看，自中华人民共和国成立以来，司法实践中一直承认和保护遗嘱继承权。1979 年《最高人民法院关于贯彻执行民事政策法律的意见》中规定："遗嘱继承应当承认。"1984 年 8 月《最高人民法院关于贯彻执行民事政策法律若干问题的意见》中再次强调"公民依法用遗嘱处分自己的财产，应予承认和保护"。1985 年通过的《继承法》总结了我国长期的司法实践，明确规定了遗嘱继承制度。与法定继承相比，遗嘱继承主要有以下特征：第一，在是否体现被继承人的意愿上不同。遗嘱继承充分尊重被继承人的意愿，遗产的受益人、分配原则、遗嘱所附义务等都来自遗嘱的指定，这是民法中意思自治原则在继承法中的体现；而法定继承是由法律直接规定遗产的受益人以及遗产的分配原则，是通过推定被继承人意思的方式确定。虽然该推定一般不违背被继承人真实意愿，但并不具体、明确。第二，引起继承的法律事实不同。在遗嘱继承中，除需要被继承人死亡这一事实外，还需要有被继承人设立的合法有效的遗嘱。第三，在适用的优先顺序上不同。遗嘱继承优先于法定继承，在同一被继承人的同一遗产的继承问题上，如果存在遗嘱，则应按遗嘱继承办理。对此，《民法典》继承编中的第1123条也明确规定："继承开始后，按照法定继承办理；有遗嘱的，按照遗嘱继承或者遗赠办理；有遗赠扶养协议的，按照协议办理。"可见，遗嘱继承的效力优先于法定继承。

本条第3款规定的是遗赠。遗嘱继承和遗赠虽然都属于通过遗嘱的方式来处分相关财产，但实际上是两种不同的继承方式。遗嘱继承中的受益人是被继承人的法定继承人，既可以是法定继承人中的一人，也可以是法定继承人中的数人，对受益人的人数没有限制性的规定。这里的"法定继承人"是指《民法典》第1127条规定的相关人员，既包括第一顺序的法定继承人，也包括第二顺序的法定继承人。即无论顺位，只要遗嘱人在遗嘱中指定的受益人属于《民法典》第1127条规定人员范围，就是遗嘱继承。遗赠中的受益人，则可以是法定继承人以外的组织、个人，也可以是国家、集体。遗赠虽是遗赠人单方的意思表示，也须具备一定的条件才能发生效力。主要包括以下几点：一是遗赠人须有遗赠能力。无遗赠能力的无民事行为能力人、限制民事行为能力人不能为遗赠。二是遗赠人须为缺乏劳动能力又没有生活来源的继承人保留必要的遗产份额。三是遗赠人所立的遗嘱符合法律规定的形式要件。四是受遗赠人须为法定继承人范围以外的人且在遗赠人的遗嘱生效时生存之人。

本条新增加了第4款，即“自然人可以依法设立遗嘱信托”。信托，是指委托人基于对受托人的信任，将其财产委托给受托人，由受托人按委托人的意愿以自己的名义，为受益人的利益或者特定目的，进行管理或者处分的行为。一般涉及三方当事人：投入信用的委托人，受信于人的受托人，以及受益于信托财产的受益人。遗嘱信托，就是根据委托人生前所立遗嘱，由受托人在遗嘱人死后管理信托遗产，并使受益人受益。结合《信托法》第8条、第13条的相关规定，设立遗嘱信托，应当采取书面形式。受托人应为具有完全民事行为能力的组织或个人。遗嘱指定的人拒绝或无能力担任受托人的，由受益人另行选任受托人；受益人为无民事行为能力人或者限制民事行为能力人的，依法由其监护人代行选任。受托人应根据遗嘱人的意愿和法律规定管理和分配信托财产，不得损害委托人、信托受益人的利益。

【审判实践中应注意的问题】

要注意区分遗嘱继承和遗赠。二者的不同主要有以下三方面：

第一，受遗赠人和遗嘱继承人的范围不同。受遗赠人可以是法定继承人以外的组织和个人，也可以是国家和集体，但不能是法定继承人范围之内的人。遗嘱继承人则只能是法定继承人范围之内的人。

第二，受遗赠权与遗嘱继承权客体的范围不同。受遗赠权的客体只是遗产中的财产权利，而不包括财产义务，受遗赠人接受遗赠时只承受遗产中的权利而不能承受遗产中的债务。《民法典》第1162条规定，执行遗赠不得妨碍清偿遗赠人依法应当缴纳的税款和债务。即执行遗赠应当在清偿遗赠人的财产债务后。而遗嘱继承的客体是遗产，既包括被继承人生前的财产权利，也包括被继承人生前的财产义务。

第三，受遗赠权与遗嘱继承权的行使方式不同。受遗赠人接受遗赠的，应于法定期间内作出接受遗赠的明示的意思表示。《民法典》

第1124条规定，受遗赠人应当在知道受遗赠后60日内，作出接受或者放弃受遗赠的表示；到期没有表示的，视为放弃受遗赠。而遗嘱继承人自继承开始至遗产处理前，未以书面形式明确表示放弃继承的，即视为接受继承。

第一千一百三十四条　自书遗嘱由遗嘱人亲笔书写，签名，注明年、月、日。

【条文主旨】

本条是关于自书遗嘱的规定。

【条文理解】

本条源于《继承法》第 17 条第 2 款的规定：“自书遗嘱由遗嘱人亲笔书写，签名，注明年、月、日。”本条内容并无变化，只是将该第 2 款的规定单独作为一条独立出来，这么编排也体现了立法者对于遗嘱形式的重视。自书遗嘱又称为亲笔遗嘱，是指由遗嘱人自己亲笔书写并签名和注明年、月、日的遗嘱。

根据这一条的规定，一份有效的自书遗嘱应符合以下几个要件：

一、遗嘱的全部内容均是由遗嘱人亲笔书写

自书遗嘱既不能由他人代笔，也不能用打印机打印，只能由遗嘱人自己用笔将其意思记录下来。这里的全部内容指的是遗嘱的全部字迹，既包括遗嘱中关于遗产如何处理的主干部分，也包括遗嘱人的签名和注明的年、月、日，都必须是遗嘱人亲笔所写。即遗嘱的所有字迹均要求是遗嘱人本人亲自书写上去，这是自书遗嘱最主要的形式要件。如果遗嘱中有内容不是遗嘱人亲笔所书写，就是一份无效的自书遗嘱，不能适用本条关于自书遗嘱的规定，不能发生按照自书遗嘱来继承遗产的法律效力。

二、自书遗嘱应由遗嘱人亲笔签名

在遗嘱书写完毕后，遗嘱人还须在遗嘱末尾亲笔写上自己的姓名。为何要求遗嘱人亲笔签名？因为遗嘱人亲笔签名，是遗嘱表现的遗嘱人的意志行为和人格痕迹，因而既具有认可遗嘱内容是其真实意思表示，促使遗嘱发生效力的作用，也有防止伪造的作用。在这里，需要注意以下三点：

1. 遗嘱上遗嘱人的签名必须是遗嘱人正式的姓名，即身份证、户口簿上登记的姓名，而不能是遗嘱人的笔名、艺名。

2. 遗嘱人在自书遗嘱上应该亲笔写上自己的姓名，而不能加盖人名章或者捺手印。

3. 如果遗嘱内容不止一页，从遗嘱的形式上来说，既可以在每页上都签上遗嘱人的姓名，也可以只在遗嘱的最后一页上签名。

三、自书遗嘱应由遗嘱人注明年、月、日

需要注意的是，本条规定的是由遗嘱人注明“年、月、日”，而不仅仅是注明日期。即遗嘱人在遗嘱中应该写明的是哪一年哪一月哪一日，年、月、日均应齐全。即年、月、日三个要素缺一不可。遗嘱中注明时间的规定主要是出于以下两个方面的考虑：一是为了确定遗嘱订立的确切日期，以便于查看遗嘱人当时的身体以及精神状况；二是防止在出现多份遗嘱的情况下无法确定遗嘱订立先后顺序。《民法典》第1142条第3款规定：“立有数份遗嘱，内容相抵触的，以最后的遗嘱为准。”如果自书遗嘱没有一个明确的日期，则无法确定数份遗嘱的先后顺序。

四、关于自书遗嘱中的涂改、增删问题

对遗嘱进行涂改、增删，实际上是对遗嘱进行修改，是在改变遗嘱原来的内容，是重大的法律行为，故虽然本条中没有对遗嘱的涂改、增删情况进行规定，但仍旧需要根据本条对自书遗嘱的形式要件

的要求来判断涂改、增删部分是否有效。即如果要使遗嘱中涂改、增删部分有效，那么涂改、增删行为应同时满足以下两个条件：

1. 涂改、增删的内容部分是遗嘱人本人亲自所为，亲笔书写。

2. 遗嘱人应该在涂改、增删的地方进行签名确认并注明涂改、增删的年、月、日。

【审判实践中应注意的问题】

人民法院在审理涉及自书遗嘱的继承案件时，应着重审查该遗嘱的真实性和合法性。

一、审查遗嘱人是否具有遗嘱能力

只有具有完全民事行为能力的人订立的遗嘱才可能是有效的遗嘱，无民事行为能力人或限制民事行为能力人订立的遗嘱是无效的遗嘱。在确定遗嘱能力时，应以遗嘱人订立遗嘱时的精神状态为准，如果遗嘱人在订立遗嘱时具有完全的民事行为能力，在遗嘱订立完毕后变为无民事行为能力人或限制民事行为能力人，这种情况的变化是不影响遗嘱的效力的。如果遗嘱人在订立遗嘱时是无民事行为能力人或限制民事行为能力人，此后恢复为完全民事行为能力人，在这种情况下，除非遗嘱人对遗嘱进行追认，否则该遗嘱即为无效的遗嘱。遗嘱人在追认时需要进行明示的追认，默示的不作为不能发生追认的法律效力。

二、遗嘱是否为遗嘱人亲笔书写

在审查是否为遗嘱人亲笔书写时，一方面要审查遗嘱的主干部分是否为遗嘱人亲笔所写，另一方面也要审查遗嘱中遗嘱人的签名以及加注的年、月、日是否为遗嘱人亲笔所写。在涉及自书遗嘱继承纠纷时，当事人往往会对遗嘱是否为遗嘱人亲笔书写产生争议，此时就涉及对自书遗嘱笔迹真实性的认定问题。在司法实践中，一般由否认遗嘱真实性的一方承担对遗嘱真实性的举证证明责任。《民事诉讼证据规定》第92条规定："私文书证的真实性，由主张以私文书证证明案件事实的当事人承担举证责任。私文书证由制作者或者其代理人签名、盖章或捺印的，推定为真实。私文书证上有删除、涂改、增添或者其他形式瑕疵的，人民法院应当综合案件的具体情况判断其证明力。"该规定自2020年5月1日起施行。自书遗嘱从性质上说也属于私文书证。根据该规定，自书遗嘱上如果没有删除、涂改、增添或其他形式瑕疵，应该推定该自书遗嘱为真实，相对方如果否认其真实性，应就其主张承担举证证明责任。私文书证上有删除、涂改、增添或者其他形式瑕疵的，提供该私文书证，主张真实有效的一方当事人有进一步说明的义务；一方有理由对盖章或捺印的真实性怀疑的，对方当事人有进一步说明的义务，由人民法院综合案件的具体情况判断其证明力。

三、遗嘱应注明年、月、日的问题

1. 注明的日期是公历还是农历的问题。关于该问题，法律并没有强制性的规定，即无论加注的是公历日期还是农历日期，只要该日期中的年、月、日三要素齐全，都应该是有效的。一般而言，如果加注农历日期，应该对此特别标注加以说明。如果无法确定加注的是公历日期还是农历日期，考虑到现在通行的是公历日期，故推定遗嘱人使用的是公历日期。

2. 遗嘱主干部分实际完成的日期与遗嘱上加注的日期不符时，遗嘱是否有效。对于这个问题，如果遗嘱主干部分实际完成的日期早于遗嘱上标明的日期，且遗嘱上标明的日期是遗嘱人亲自加注，那么即使遗嘱主干部分实际完成的日期与加注的日期不符，也应认为遗嘱是有效的，且遗嘱上标明的日期应视为遗嘱完成的日期，不能以遗嘱主干部分实际完成的日期为准。如果遗嘱主干部分实际完成的日期晚于遗嘱上标注的日期，那么此时应该具体分析形成这一情况的原因，根据具体的案情酌情判定遗嘱作出的日期。

3. 为维护遗嘱的严肃性，如果遗嘱上只标明了年，或只标明了年、月，签署日期不全的自书遗嘱应为无效。

4. 根据《继承法意见》第40条规定，在遗书中涉及死后个人财产处分的内容，确为死者真实意思的表示，有本人签名并注明了年、月、日，又无相反证据的，可按自书遗嘱对待。

第一千一百三十五条　代书遗嘱应当有两个以上见证人在场见证，由其中一人代书，并由遗嘱人、代书人和其他见证人签名，注明年、月、日。

【条文主旨】

本条是关于代书遗嘱的规定。

【条文理解】

本条源于《继承法》第17条第3款的规定："代书遗嘱应当有两个以上见证人在场见证，由其中一人代书，注明年、月、日，并由代书人、其他见证人和遗嘱人签名。"内容上具有以下两点变化：（1）将该第3款作为单独的一个法律条文独立出来，以体现对遗嘱要式行为的重视。（2）《继承法》第17条第3款规定代书遗嘱由代书人注明年、月、日，其他见证人和遗嘱人只须签名而无须注明年、月、日。而根据本条的规定，遗嘱人、代书人和其他见证人不仅要签名，还要注明年、月、日。

代书，即他人代为书写的意思。代书遗嘱，是指由遗嘱人口述而由他人代替遗嘱人书写遗嘱内容的一种遗嘱形式。因代书遗嘱的内容是由他人代为书写完成，故代书遗嘱又被称为代笔遗嘱。遗嘱是单方法律行为，且遗嘱自由，在法律规定的遗嘱形式范围内，遗嘱人可以自由选择遗嘱形式。在遗嘱人自己没有书写能力或者因其他原因而不能或不愿自己书写遗嘱时，可以由他人代为书写遗嘱内容，最后由遗嘱人对遗嘱进行确认、签字。在订立代书遗嘱的过程中，要注意遗嘱人口述和代书人代书、见证人见证的时空一致性。所谓的时空一致性，包括两个方面的要求：一是指时间上的同步性，二是指空间即地点上的同一性。

在时间的同步性上，要注意遗嘱人的口述、代书人代为书写的行为以及见证人的见证行为是同时或基本上同时发生的。就遗嘱人来说，其应将全部的需要订立遗嘱的内容清晰、准确地表述出来。就代书人来说，其应将其所听到的内容如实地记录下来。就其他见证人来说，其应认真倾听遗嘱人所表达的意愿，并认真监督代书人是否履行了代书职责，同时负有核对代书人所书写的遗嘱内容是否与遗嘱人所表达的意愿相一致的职责。

在空间的同一性上，要注意遗嘱人、代书人、见证人这三类人要同时在同一个场合进行订立遗嘱的行为。代书人或遗嘱人不得在遗嘱订立完毕后另行找其他见证人签名表示见证，如果存在这种情况，代书遗嘱即无效的遗嘱。即一个标准的代书遗嘱的订立过程应该是遗嘱人边口述、代书人边听写、见证人在旁边全程见证参与的过程。遗嘱人口述和代书人代为书写的过程应该是基本上同步的。

在代书遗嘱中，涉及三类人，一是遗嘱人，二是代书人，三是见证人。实际上，代书人和见证人的范围是有重合的。在代书遗嘱中，见证人中包含了代书人，即代书人身兼代书和见证两种职责。因为遗嘱是处分个人财产的重大民事法律行为，为保证遗嘱的真实性以及处分遗嘱人财产的意思表示的准确性，法律规定在订立代书遗嘱时，必须有两个以上的见证人在场见证，由其中一人代书，并由遗嘱人、代书人和其他见证人签名，注明年、月、日。代书人在书写完毕遗嘱后，应将遗嘱的内容向遗嘱人进行宣读，或者将代书的遗嘱交由遗嘱人进行审核，以此确保遗嘱人的真实意思能够被完整、准确地记录下来。

在遗嘱最后注明年、月、日的时候，需要注意三点：（1）遗嘱人、代书人、见证人应该是在同一份遗嘱的落款处注明年、月、日并签名。（2）遗嘱人、代书人、见证人均需要在遗嘱上注明年、月、日，否则遗嘱无效。（3）注明的年、月、日三个要素必须要齐全，年、月、日三者缺一不可。

本条规定代书遗嘱由两个以上的见证人在场见证，由其中一人代书，即见证人和代书人的人数应该总计是两个以上，并不是将见证人和代书人的人数分别计算，需要两个以上的见证人，此外还需要代书人。

需要注意的是，并不是所有的人都可以作为见证人，法律对见证人的范围是有排除性的规定的。《民法典》第1140条即是对见证人的限制性规定，该条规定："下列人员不能作为遗嘱见证人：（一）无民事行为能力人、限制民事行为能力人以及其他不具有见证能力的人；（二）继承人、受遗赠人；（三）与继承人、受遗赠人有利害关系的人。"

【审判实践中应注意的问题】

人民法院在审理涉及代书遗嘱的继承纠纷案件时，应根据本条以及《民法典》相关条文的规定，重点审查代书遗嘱是否符合法律规定的遗嘱形式，代书遗嘱的内容是否为遗嘱人的真实意思表示，除遗嘱一般的要件外，通常还应考虑以下几个方面的问题：

第一，在人员的范围上，要看是否有代书人和见证人，如果只有一个代书人，没有其他见证人，这种代书遗嘱是不能被确认为有效遗嘱的，只有见证人和代书人都具备的代书遗嘱才会被法律所认可。

第二，在人员数量上，要审查代书人和见证人的总人数是否在两人以上，如果代书人和见证人的总人数不足两人，这种代书遗嘱就是违法的，应被确认为无效遗嘱，遗嘱所涉及的遗产即应按照法定继承办理。

第三，在代书人、见证人的资格问题上，要审查其是否属于不得作为代书人、见证人的人。如果见证人或代书人属于《民法典》第1140条规定的三类人员中的任何一类，代书遗嘱即应是无效遗嘱。在这里需要注意的是，如果代书人和见证人共计是两人以上，且代书人和见证人均属于《民法典》第1140条所规定的三类人中的一类，此时代书遗嘱系无效遗嘱。但是，如果代书人和见证人中有些属于《民法典》第1140条所规定的三类人中的一类，有些不属于该三类人中的一类，此时，应如何确定代书遗嘱的效力？对此，应该从代书遗嘱要求有见证人见证的立法目的上来考量。代书遗嘱毕竟不是由遗嘱人亲笔书写，为避免遗嘱人的真实意思被误解、曲解乃至被篡改，法律规定在订立代书遗嘱时应该由无利害关系的人员作为见证人，且规定必须有两个以上的无利害关系的人员作为见证人、代书人，以此来达到相互监督，共同维护遗嘱人利益的目的。同时，法律规定代书遗嘱在订立时需要有见证人见证，也是为了避免遗嘱人受到外部利害关系人不正当的干预或影响，导致遗嘱人不敢或不便表达出自己的真实意思。故应从法律规定的见证人的最低人数考察，如果因部分见证人属于上述三类人中的一种，导致不符合见证人最少为二人的，则遗嘱无效。

第四，代书人、见证人是否在代书遗嘱上签名。代书人、见证人虽然实际上进行了代书、见证，但如果他们没有在代书遗嘱上签名，该代书遗嘱就不符合法律规定的遗嘱形式，该遗嘱就应是无效的遗嘱。

在涉及代书遗嘱的继承纠纷案件中，代书人、见证人还身兼证人的身份，即证明该遗嘱是遗嘱人真实意思表示，且遗嘱人在订立遗嘱的过程中不存在被欺诈、胁迫的情形，遗嘱人完全是在自愿的情形下订立的遗嘱。同时还需要证明该遗嘱是完整的，不存在被篡改或伪造的情况。故此，代书遗嘱的见证人、代书人需要出庭接受双方当事人和法庭的询问，完整、如实地陈述遗嘱订立的过程。根据《民事诉讼法司法解释》第119条及第120条的规定，见证人、代书人在出庭作证时需要签署保证书，以保证其将如实作证并愿意承担作伪证的法律后果。如果其拒绝签署保证书，那么不得作为证人当庭陈述意见。

第一千一百三十六条　打印遗嘱应当有两个以上见证人在场见证。遗嘱人和见证人应当在遗嘱每一页签名，注明年、月、日。

【条文主旨】

本条是关于打印遗嘱的规定。

【条文理解】

本条所规定的打印遗嘱是《民法典》继承编新增加的遗嘱形式。所谓打印遗嘱，是指先用电脑将遗嘱内容书写完整，然后用打印机将书写好的遗嘱打印出来的遗嘱。根据本条的规定，在用电脑书写遗嘱时，对使用何种字体、何种字号、何种办公软件等书写形式并无要求，也无禁止性规定，即如何书写全凭书写人的意愿。在打印时，用何种打印机、用何种纸张也在所不问，只要打印的是书写人书写的内容即可。

随着经济社会的发展，人们的物质生活水平逐步提高，电脑、打印机等物品已经是触手可及的设备，对有些群体来说，甚至已经成为生活、工作的必备品。用电脑书写、用打印机打印也有着传统手写方式无法比拟的优势，如更加快捷、方便，更加正式、美观等。打印遗嘱的字体是电脑字库中保存的字体，不同于传统的手写体，不能使用传统的笔迹鉴定的方式来确定遗嘱内容是否为遗嘱人所写，为保证打印遗嘱的内容体现遗嘱人的真实意愿，不至于被他人伪造、篡改，故本条规定在订立打印遗嘱时需要有两个以上的见证人在场见证。这里规定的见证人数量也是两个以上，见证人的资格限制应该和代书遗嘱中见证人的资格限制一样，即不能是《民法典》第1140条规定的三类人员之一。

本条所规定的两个以上见证人在场见证，也应适用代书遗嘱中关于订立代书遗嘱的时空一致性的要求。即见证人应全程参与订立遗嘱的过程，见证遗嘱的全套制作程序。打印遗嘱实际上是通过两个步骤形成的，一是在电脑上书写遗嘱，二是在打印机上将遗嘱打印出来。因此，要求见证人全程参与遗嘱的订立过程，也就是要求见证人全程参与这两个步骤，即在书写遗嘱时其应在场，全程见证遗嘱人在电脑上书写遗嘱，在打印遗嘱时其也应该在场，全程见证电脑中的遗嘱被打印机打印出来。在遗嘱打印出来后，见证人还可以帮助检查打印出来的遗嘱内容与电脑上所书写的遗嘱的内容是否一致。

在理解本条规定时，必须注意的是，如果遗嘱在打印出来后不止一页，遗嘱人和见证人应当在遗嘱的每一页上都签上自己的姓名并注明年、月、日。由遗嘱人亲自制作并打印的遗嘱和由他人代为制作并打印的遗嘱在客观呈现效果上并无不同，这一点是和传统手写遗嘱不同的地方。传统手写遗嘱可以通过笔迹鉴定的方式确定真伪，而打印遗嘱中都是印刷字体，不易确定是由谁书写并打印出来，故需要遗嘱人和见证人在每一页上均签名并注明年、月、日，以此确定遗嘱的真实性和合法性。因打印遗嘱容易被伪造，而签名的字数又较少，容易被模仿，因此本条规定需要有两个以上的见证人，以达到相互监督的效果。关于姓名应如何签订，日期应如何注明的问题，同上述自书遗嘱的有关理解，在此不再赘述。

【审判实践中应注意的问题】

实际上，在《民法典》颁行前，司法实践中已经出现了诸多涉及打印遗嘱的继承纠纷案件，但因为法律并未就打印遗嘱作出单独的规定，故不同的人民法院会有不同的认识和做法。在《民法典》颁行前的司法实践中，大多数人民法院还是根据打印遗嘱的制作人的不同来分别确定遗嘱的性质和效力。即如果有证据证明遗嘱是由遗嘱人本人在电脑上书写并打印出来，则将其作为自书遗嘱对待，按照自书遗嘱的法律要件来审查遗嘱的效力；如果有证据证明遗嘱是由他人在电脑上书写并打印出来，则将其作为代书遗嘱对待，按照代书遗嘱的法律要件来审查遗嘱的效力。本条规定统一了司法认识，对解决实践问题有着积极的意义，但还是有一些问题需要我们在司法实践中加以注意：

第一，本条规定“打印遗嘱应当有两个以上见证人在场见证。遗嘱人和见证人应当在遗嘱每一页签名，注明年、月、日”。从该条文表述看，不要求电脑制作和打印的行为必须由遗嘱人本人完成，但需要两个以上见证人全程参与。

第二，如果遗嘱人先用传统手写的方式书写了遗嘱，之后无论出于何种目的，将手写遗嘱交与打印店工作人员用电脑抄录并打印，在打印的遗嘱上并无其他见证人签名，此时如何确定该打印遗嘱的效力？此时，还是应该谨守遗嘱形式法定的原则，确认打印遗嘱无效。但该手写遗嘱如果符合自书遗嘱要件，且与打印遗嘱内容一致，不存在时间先后内容不同的遗嘱，可认定该手写遗嘱的效力。

第三，在打印遗嘱不止一页的情况下，遗嘱人、见证人只是在遗嘱的最后一页上签名并注明年、月、日，或者遗嘱人、见证人只是在遗嘱中的某些页面上签名并注明年、月、日，或者遗嘱人、见证人中的某些人只是在遗嘱的某些页面上签名并注明年、月、日，此时如何确定遗嘱的效力？此时，也应按照遗嘱形式法定的原则来确定遗嘱的效力。没有遗嘱人、见证人签名并注明年、月、日的遗嘱部分是无效的。因为在打印遗嘱不止一页的情况下，如果没有遗嘱人、见证人的签名，无法保证未签名的页面上的内容是遗嘱人的真实意思表示，不能保证这些页面上的内容没有被伪造或被篡改，故从保障遗嘱人及其继承人合法权益的角度考虑，对此应该从严把握。此时应该注意的是，在这种情况下，并不是指遗嘱应该全部无效，而是没有签名的页面的内容无效。当然，如果有签名的部分和没有签名的部分是一个不可分割的整体，认定没有签名的部分无效后无法确定有签名部分的具体内容时，该遗嘱以认定全部无效为宜。

第四，部分内容为传统手写字迹，部分内容为打印字体的遗嘱的效力如何认定？根据本条的规定，只要是涉及打印部分，均应有两个以上无利害关系的见证人在场见证，若无两个以上的见证人，打印部分应认定无效。如果打印部分和手写部分形成了一个不可分割的整体，那么整个遗嘱应属无效。如果手写部分与打印部分是可以分开来的两个部分，内容各自相互独立，则需要审查手写部分是否为遗嘱人本人所写，分别按照自书遗嘱和代书遗嘱的法律要件进行审查，符合法律规定的要件的，则分别按照自书遗嘱和代书遗嘱进行处理。既不符合自书遗嘱要件，又不符合代书遗嘱要件的，则遗嘱全部无效，按照法定继承的规则处理遗嘱所涉及的遗产。

第一千一百三十七条　以录音录像形式立的遗嘱，应当有两个以上见证人在场见证。遗嘱人和见证人应当在录音录像中记录其姓名或者肖像，以及年、月、日。

【条文主旨】

本条是关于录音录像遗嘱的规定。

【条文理解】

本条源于《继承法》第17条第4款的规定："以录音形式立的遗嘱，应当有两个以上见证人在场见证。"本条规定了自然人可以通过录音录像的形式订立遗嘱，内容相较于上述第4款内容具有以下三点变化：（1）在遗嘱的形式上，将原来的"录音遗嘱"修改为"录音录像遗嘱"。《继承法》只规定了录音的形式，而《民法典》第1137条增加规定了录像形式。（2）在遗嘱人和见证人的确认方式上，增加了遗嘱人和见证人应当在录音录像中记录其姓名或者肖像的内容。（3）在立遗嘱的日期规定上，增加了遗嘱人和见证人应当在录音录像中记录年、月、日的内容。

在遗嘱的形式上，本条实际上规定了两种形式的遗嘱，一是录音遗嘱，二是录像遗嘱。录音遗嘱指的是以录音机、录音笔、录音带等方式录制下来的遗嘱人的遗嘱，这种遗嘱只是记录遗嘱人的声音，无法记录遗嘱人的影像。这种以录音形式订立的遗嘱记录的只是遗嘱人的口述遗嘱。录像遗嘱指的是以录像机、照相机等可以录制声音和影像的器材所录制的遗嘱人的遗嘱，这种遗嘱既可以记录遗嘱人的声音，也可以记录遗嘱人的影像，相比于录音遗嘱而言，更为直观，也更容易体现遗嘱人的真实意愿，这种遗嘱记录的也只是遗嘱人口述的遗嘱内容。

和代书遗嘱、打印遗嘱一样，在订立录音录像遗嘱时，也需要有见证人在场见证，且需要有两个以上的见证人在场见证。这些见证人需要和遗嘱处理的财产没有利害关系，需要满足《民法典》第1140条对见证人资格所作的限制性规定，即录音录像遗嘱的见证人不得是该条规定的三类人员之一，如果见证人在该条规定的三类人员范围内，那么就会因见证人身份不合法而导致录音录像遗嘱的无效。

在理解本条时尤其需要注意本条后半段的规定，即“遗嘱人和见证人应当在录音录像中记录其姓名或者肖像，以及年、月、日”。本条后半段的规定是《民法典》新增加的内容，是对该种遗嘱形式要件的规范。如果遗嘱人和见证人没有在录音录像中记录姓名或者肖像，并说明年、月、日，该遗嘱就不符合本条关于录音录像遗嘱的形式要件，应被确认为无效的遗嘱。在这里，需要在遗嘱中记录姓名或者肖像的人员有两类，一是遗嘱人，二是见证人，缺一不可。

如果只有遗嘱人在遗嘱中记录了姓名或者肖像而见证人没有作相关的记录，或者只有见证人在遗嘱中记录了其姓名或者肖像而遗嘱人没有作相关的记录，这两种情况都是不符合法律规定的。

如果录音录像遗嘱存在两个以上的见证人，只有遗嘱人和部分见证人在遗嘱中记录了姓名或者肖像，在这种情况下，需要分情况判断遗嘱的效力，一般可以区分为两种情况：第一，在场见证的见证人的人数只有两人的情况。在这种情况下，如果只有一名见证人在遗嘱中记录了姓名或者肖像，那么该遗嘱应该是无效遗嘱，因为它违反了本条规定的关于见证人的相关规定。按照本条规定，以录音录像订立的遗嘱，应当有两个以上见证人在场见证，按照条文的意思，在场见证的两名见证人均需要在遗嘱中记录其姓名或者肖像。第二，在场见证的见证人的人数在两人以上的情况。在这种情况下，录音录像遗嘱并不是当然无效的。如果在场见证的见证人中有两人或者两人以上在遗嘱中记录了姓名或者肖像，那么此时的遗嘱是符合法律规定的形式要件的，该遗嘱不会因只有部分见证人记录姓名或者肖像的问题而被认定无效。但是，如果在场见证的见证人只有一人在遗嘱中记录了姓名或者肖像，其他见证人没有作相关的记录，那么该遗嘱即为无效的遗嘱。即如果在场见证的见证人人数多于两人，本条并不要求所有在场见证的见证人都必须在遗嘱中记录姓名或者肖像，只要有两人或者两人以上在遗嘱中记录了姓名或者肖像即可。

本条规定录音录像遗嘱应当有两个以上的见证人在场见证，即见证人最少必须是两人。关于人数的问题，本条对其上限没有作限制性规定。从理论上来说，见证人可以是无穷多个，见证人越多，越能保证遗嘱人在立遗嘱时能充分表达自己的真实意愿。无论有多少个见证人，法律均要求所有的见证人必须全程参与录音录像遗嘱订立的全过程，即都必须亲自在场，不得委托他人在场见证，如果委托他人代为见证，则受托人为见证人，委托人不能成为符合条件的遗嘱见证人。

本条规定遗嘱人和见证人应当在录音录像中记录其姓名或者肖像。按照本条规定，遗嘱人和见证人只需要在录音录像中记录姓名或肖像其中一种即可，无须两种都记录，但同时记录姓名和肖像效果会更好，在今后发生纠纷时更容易确定遗嘱的效力。在记录姓名时，应注意以下两点：第一，遗嘱人和见证人应当清晰地说出自己的正式姓名，亦即其应清晰地陈述其在居民身份证件或者户口簿上登记的姓名，包括姓氏和名字，最好是能够念出自己的身份证号码，以便于确定遗嘱人和见证人的身份。关于姓名的问题，可以参照上文关于自书遗嘱签名的相关论述，在此不再赘述。第二，在记录姓名时，遗嘱人和见证人应按照一定的顺序，依次进行，以便于确保陈述的清晰和真实性。在记录肖像时，应将录像镜头焦距对好，不能模糊，上半身影像和全身影像都应在录像中有所反映，尤其是脸部图像更需要清晰地呈现出来。

在使用录音录像方式订立遗嘱时，为保证音像资料所呈现信息的完整性，应该使用一镜到底的方式进行录制。即从开始订立遗嘱时就进行录制，直到遗嘱订立完毕为止，在此期间不要关机，不要暂停，全程无休地录制，在录制设备出现故障时应重新从头开始录制。在使用录像方式订立遗嘱时，遗嘱人和见证人的特写镜头及订立遗嘱时的全部环境场景的全景镜头都应有所体现。

在遗嘱记录年、月、日的问题上，需要注意以下几个问题：第一，遗嘱所记录的年、月、日三要素必须齐全，年、月、日三者缺一不可，记录日期不全的遗嘱是无法被法律所认可的，应作为无效的遗嘱对待。第二，遗嘱人和见证人都必须在录音录像中记录年、月、日。

【审判实践中应注意的问题】

司法实务中，在遇有涉及录音录像遗嘱纠纷的继承案件时，应以本条为依据审查遗嘱的效力。在遗嘱形式上，应肯定录音录像遗嘱形式的合法性，因为这是《民法典》明确规定的一种遗嘱形式。

在审查遗嘱效力时，除遗嘱一般的有效要件外，还应注重审查见证人的人数以及见证人的资格问题。如果在场见证的见证人少于两人，则遗嘱应被确定为无效；如果在场见证的见证人是两人以上，但在录音录像遗嘱中记录姓名和日期的见证人只有一人，那么这种遗嘱也应视为无效的遗嘱。即应注意实际的见证人和在遗嘱中记录姓名、日期的见证人数量是否一致，见证人的数量应以在遗嘱中有记录的人员数量为准。在见证人资格问题上，即使见证人在遗嘱中记录了姓名和日期，但如果见证人属于《民法典》第1140条规定的三类人员之一，遗嘱也应被认定为无效。

关于本条规定的注明年、月、日的问题，在司法实务中究竟应如何理解？如果遗嘱人、见证人没有在遗嘱中口述自己的姓名和日期，而是在封存遗嘱的材料上写上自己的姓名和日期，这种行为应如何认定？这种行为应视为遗嘱不符合本条规定的遗嘱形式要件，应被认为是无效遗嘱。因为按照本条的规定和法律设立录音录像遗嘱的初衷，遗嘱人和见证人应该是在录音录像中口述自己的姓名和日期，而不是另行在遗嘱载体或者载体的封存材料上签名并标注日期，更不能是见证人另行书写书面材料对遗嘱的见证过程加以说明。

第一千一百三十八条　遗嘱人在危急情况下，可以立口头遗嘱。口头遗嘱应当有两个以上见证人在场见证。危急情况消除后，遗嘱人能够以书面或者录音录像形式立遗嘱的，所立的口头遗嘱无效。

【条文主旨】

本条是关于口头遗嘱的规定。

【条文理解】

本条源于《继承法》第17条第5款的规定："遗嘱人在危急情况下，可以立口头遗嘱。口头遗嘱应当有两个以上见证人在场见证。危急情况解除后，遗嘱人能够用书面或者录音形式立遗嘱的，所立的口头遗嘱无效。"本条对该款的规定进行了一定的修改，将"录音遗嘱"修改为"录音录像遗嘱"。根据本条的规定，口头遗嘱指的是遗嘱人在危急情况下，通过口述的方式表达的处分其身后财产的意愿，其表现形式是口头的，并不记载于任何载体上。

在理解本条规定时，有以下几点需要予以注意：

第一，订立口头遗嘱是有一定的前提条件的，并不是在任何情况下都可以订立口头遗嘱。这个前提条件指的就是遗嘱人遇到了危急的情况，只有在危急情况下，才可以订立口头遗嘱。在这里就涉及一个问题，即何为危急情况？对此，法律未作出规定。就一般的理解，危急情况指的应该是导致遗嘱人无法以自书、代书、打印、录音录像、公证等其他形式订立遗嘱的情况，比如发生了突然的自然灾害、突发意外事故、爆发了战争、突患危及生命的疾病等导致遗嘱人在客观上无法或没有能力以其他方式订立遗嘱的情况。

第二，本条规定的口头遗嘱指的是遗嘱人口述的遗嘱内容，即遗嘱受益人、遗产的分配原则、遗嘱执行人等内容都是由遗嘱人口头表达的，无须将其以任何的方式记录下来。

第三，口头遗嘱应当有两个以上的见证人在场见证。这里见证人的人数应是两人以上。见证人应该是无利害关系的人员，不能是《民法典》第1140条规定的三类人员之一。见证人应该亲自全程参与遗嘱人订立遗嘱的过程，不能由他人转述遗嘱人口述的遗嘱内容。见证人在场见证的方式为亲耳聆听遗嘱人口述的遗嘱内容，并将其所听到的内容如实记录下来，没有条件进行书面记录的，应该尽量凭借记忆记住遗嘱的内容。如果在发生危急情况的时候只有遗嘱人一人在场，此时，遗嘱人是无法通过遗嘱的方式处理自己的财产的，如果其能够生还，可以在生还后另立遗嘱，如果其无法生还，则只能按照法定继承办理。

第四，在危急情况解除后，遗嘱人能够以书面或者录音录像形式立遗嘱的，应该尽快以书面或者录音录像形式订立遗嘱。口头遗嘱作为一种危急情况下的应急措施，在危急情况解除后，其应急的功能即归于消灭，且口头遗嘱的内容不容易固定，容易被人伪造、篡改，且随着时间的推移，口头遗嘱见证人的记忆也会模糊，故本条规定，在危急情况解除之后，遗嘱人有条件订立其他形式的遗嘱的，应当订立其他形式的遗嘱。

第五，在危急情况消除后，口头遗嘱的效力问题。根据本条的规定，危急情况消除后，口头遗嘱并非直接归于无效。危急情况消除后，只有在遗嘱人能够以书面或者录音录像形式订立遗嘱的情况下，口头遗嘱才归于无效。那么应如何理解“遗嘱人能够以书面或者录音录像形式立遗嘱”呢？对此，应从时间和客观条件两方面加以考虑。即危急情况消除后，遗嘱人需要有订立书面或者录音录像遗嘱的时间，如果危急情况消除后，遗嘱人根本没有时间去订立口头遗嘱以外的遗嘱，那么其所订立的口头遗嘱应视为有效的遗嘱。另外，在危急情况消除后，遗嘱人还应有订立口头遗嘱以外其他形式遗嘱的客观条件，比如要订立自书遗嘱，需要有纸张和笔；希望订立打印遗嘱时，需要有电脑和打印机；希望订立录音录像遗嘱时，需要有录音录像设备等。如果遗嘱人在危急情况消除后，没有订立其他遗嘱的客观条件，其之前所订立的口头遗嘱不能被认为是无效的遗嘱。如果遗嘱人在时间允许且客观条件充分的情况下，仍旧未订立书面或录音录像遗嘱，那么其之前所订立的口头遗嘱即为无效的遗嘱，亦即在此情况下，法律规定如果遗嘱人消极不作为——不订立书面或录音录像遗嘱——则推定其是以自己的行为撤销其之前所立的口头遗嘱。此时，不以遗嘱人的主观心理态度为准，如果遗嘱人具备了订立书面或者录音录像遗嘱的条件，但其主观上不愿订立，那么此时其所立的口头遗嘱也应是无效的。

第六，本条关于口头遗嘱的规定不同于自书遗嘱、代书遗嘱、打印遗嘱、录音录像遗嘱的一点在于，本条没有要求遗嘱人和见证人注明订立遗嘱的年、月、日。这是考虑到口头遗嘱是一种特殊的应急方式，在订立遗嘱的时候遗嘱人和见证人只需将遗嘱的主要内容表示清楚、记忆明白即可，且危急情况的发生时间，在一般情况下外界也可以感知。此外，本条也规定了对口头遗嘱的补正途径，即在危急情况消除后，遗嘱人可以订立其他形式的遗嘱来弥补口头遗嘱的不足，故本条未将注明年、月、日规定于条文之中。

【审判实践中应注意的问题】

从本条的规定来看，法律对口头遗嘱有效要件的规定较为严格，首要的一点就是口头遗嘱的适用前提，即只有在危急情况下才能够订立口头遗嘱。此外，对于口头遗嘱是否存在、口头遗嘱的法律效力以及口头遗嘱内容的证明相对于其他遗嘱形式来说更为困难，故在实践中虽然主张存在口头遗嘱的当事人很多，但能够被人民法院确认为有效的口头遗嘱却较少。司法实践中，在处理有关口头遗嘱的继承纠纷案件时，应严格按照本条的规定审查遗嘱的效力，对于有效的遗嘱，按照遗嘱处理相关遗产；对于不符合法律规定要件的遗嘱，则应按照法定继承的相关规定处理相应的遗产。

在处理口头遗嘱继承案件时，应先审查口头遗嘱是否存在。对于口头遗嘱是否存在的证明责任，应交由主张遗嘱存在的一方负担，如果主张的一方能够证明口头遗嘱存在，下一步才涉及审查口头遗嘱的效力问题。在处理这类继承纠纷案件时，如果一方主张存在口头遗嘱，另一方对此既不承认也不否认，在经人民法院释明后，其仍然不明确表示肯定或者否定的，视为其认可存在口头遗嘱。关于这一证据规则，《民事诉讼证据规定》第4条有明确的规定，该条规定："一方当事人对于另一方当事人主张的于己不利的事实既不承认也不否认，经审判人员说明并询问后，其仍然不明确表示肯定或者否定的，视为对该事实的承认。"故在一方主张存在口头遗嘱，且该口头遗嘱对对方不利的情况下，对方是不能以默示的方式来否认该遗嘱存在的，如果其对口头遗嘱不认可，必须明确地表达出不认可的意思。

对口头遗嘱是否存在应该从严审查。遗嘱涉及的利益重大，而口头遗嘱内容往往不易确定，且容易被遗忘、曲解、误解，甚至被篡改，故对口头遗嘱存在与否的证明标准也应高于其他遗嘱形式。《民事诉讼法司法解释》第109条规定："当事人对欺诈、胁迫、恶意串通事实的证明，以及对口头遗嘱或者赠与事实的证明，人民法院确信该待证事实存在的可能性能够排除合理怀疑的，应当认定该事实存在。"从该条可以看出，对于口头遗嘱是否存在以及口头遗嘱内容如何的证明，应该达到"排除合理怀疑"的程度。"排除合理怀疑"一般是刑事案件中对证据的审核标准，《刑事诉讼法》第55条规定："对一切案件的判处都要重证据，重调查研究，不轻信口供。只有被告人供述，没有其他证据的，不能认定被告人有罪和处以刑罚；没有被告人供述，证据确实、充分的，可以认定被告人有罪和处以刑罚。证据确实、充分，应当符合以下条件：（一）定罪量刑的事实都有证据证明；（二）据以定案的证据均经法定程序查证属实；（三）综合全案证据，对所认定事实已排除合理怀疑。”可以看出，对口头遗嘱事实的证明标准要高于一般民事案件审查证据时的证明标准。

在审查口头遗嘱的效力时，要注意查清遗嘱人是否存在危急情况，只有在危急情况下所立的口头遗嘱才可能是有效的遗嘱。如果没有危急情况的发生，口头遗嘱也就没有适用的余地，当事人不得以此遗嘱为依据来要求分得相应的遗产。

要区别口头遗嘱和一般的日常聊天、谈话。在实务中，常常有当事人主张被继承人在生前多次向家人或者邻居说过要在其死亡后将某财产遗留给自己，并据此认为这是被继承人遗留的口头遗嘱，要求按照该口头遗嘱继承相应的财产，有些当事人甚至还找来诸多的亲戚、朋友，甚至邻居对此加以证明。不可否认，被继承人生前确实可能在日常生活中提到过要将某项财产遗留给某人继承，其陈述的对象可能是该财产的受益人，也可能是家里的亲戚或相关的朋友、邻居，但需要注意的是，这种口头表述在日常生活中最多只能被看作被继承人的一种希望留下相应遗嘱的想法和愿望，它并不是法律规定的遗嘱，因为它不符合法律规定的任何一种遗嘱形式，如果要成为一份有效的遗嘱，必须经过一定的法定程序，否则不能将其作为遗嘱看待。况且，被继承人这种在日常生活中的相关表述，在很多情况下也并不是想要订立相应的遗嘱，他作出这类意思表示可能是出于各种目的，比如可能是为了向有关子女示好，以期得到更好的生活居住条件便于养老，这种情形在被继承人是经济条件不富裕且体弱的老年人的情况下最为常见。考虑到现实中存在的这些情况，更加不能直接将被继承人在日常生活中的聊天、谈话乃至赌咒发誓直接作为口头遗嘱予以处理。即使当事人申请再多的证人出庭作证也不可以。只有在出现危急情况的时候，才可能成立口头遗嘱。

关于口头遗嘱的失效问题。本条规定在危急情况消除后，遗嘱人能够以书面或者录音录像形式立遗嘱的，所立的口头遗嘱无效。在这里需要注意两点：第一，如上文所述，本条并非完全没有规定口头遗嘱的失效问题，而是留待于司法实践在具体个案中综合判断口头遗嘱是否继续有效，是否应按口头遗嘱执行。在作相应的判断时，应注重对遗嘱人是否具有重新订立其他形式遗嘱的客观条件的审查。在具备客观条件后，如果遗嘱人没有订立其他形式的遗嘱，则口头遗嘱归于无效。第二，如果遗嘱人在具备另立遗嘱的客观条件后重新订立了其他形式的遗嘱，此时，还有两种情形需要注意：（1）若口头遗嘱的内容与重新订立的遗嘱的内容相抵触，则应以重新订立的遗嘱内容为准；（2）若口头遗嘱的内容与重新订立的遗嘱的内容不相抵触，遗嘱人又未就口头遗嘱所涉及的事项另立遗嘱的，口头遗嘱也应归于无效。

最后一点，关于口头遗嘱的日期问题。虽然本条并未就口头遗嘱的订立日期问题进行规定，但在实务中也不能放任此问题于不顾，还是应该查明口头遗嘱的订立日期，只不过无须将日期问题作为遗嘱有效要件之一进行考察。

第一千一百三十九条　公证遗嘱由遗嘱人经公证机构办理。

【条文主旨】

本条是关于公证遗嘱的规定。

【条文理解】

本条源于《继承法》第17条第1款："公证遗嘱由遗嘱人经公证机关办理。"本条规定较该款规定来说基本没有变化，只是为了和《公证法》的相关表述相呼应，将前述第1款中的"公证机关"修改为了"公证机构"。

关于公证的含义，我国《公证法》第2条有明确的界定，该条规定："公证是公证机构根据自然人、法人或者其他组织的申请，依照法定程序对民事法律行为、有法律意义的事实和文书的真实性、合法性予以证明的活动。"对于"公证机构"，《公证法》第6条也有明确的界定，该条规定："公证机构是依法设立，不以营利为目的，依法独立行使公证职能、承担民事责任的证明机构。"在我国，公证机构指的就是各个公证处，与其他国家和地区的法律规定不同，在我国办理公证的机构只能是公证处，而其他国家和地区法律规定可以由符合一定条件的律师作为公证人。根据《公证法》第11条的规定，公证机构办理的事项范围包括继承、遗嘱、财产分割以及自然人自愿申请办理的其他公证事项。

《遗嘱公证细则》对何为公证遗嘱进行了界定，该细则第3条规定："遗嘱公证是公证处按法定程序证明遗嘱人设立遗嘱行为真实、合法的活动。经公证证明的遗嘱为公证遗嘱。"

为了保证遗嘱是遗嘱人的真实意思表示，公证遗嘱需要由遗嘱人本人向公证机构提出申请并亲自到场办理，在申请后由公证机构进行审查，审查符合规定后出具公证书。《公证程序规则》第11条第1款规定："当事人可以委托他人代理申办公证，但申办遗嘱、遗赠扶养协议、赠与、认领亲子、收养关系、解除收养关系、生存状况、委托、声明、保证及其他与自然人人身有密切关系的公证事项，应当由其本人亲自申办。"《遗嘱公证细则》第5条规定："遗嘱人申办遗嘱公证应当亲自到公证处提出申请。遗嘱人亲自到公证处有困难的，可以书面或者口头形式请求有管辖权的公证处指派公证人员到其住所或者临时处所办理。"

如果当事人及相关利害关系人认为公证书有错误，可以向公证机构提出复查。如果对复查结果不服，可以向地方公证协会进行投诉。对此，《公证法》和《公证程序规则》均进行了明确的规定。《公证法》第39条规定："当事人、公证事项的利害关系人认为公证书有错误的，可以向出具该公证书的公证机构提出复查。公证书的内容违法或者与事实不符的，公证机构应当撤销该公证书并予以公告，该公证书自始无效；公证书有其他错误的，公证机构应当予以更正。"《公证程序规则》第61条前2款规定："当事人认为公证书有错误的，可以在收到公证书之日起一年内，向出具该公证书的公证机构提出复查。公证事项的利害关系人认为公证书有错误的，可以自知道或者应当知道该项公证之日起一年内向出具该公证书的公证机构提出复查，但能证明自己不知道的除外。提出复查的期限自公证书出具之日最长不超过二十年。"第67条第1款规定："当事人、公证事项的利害关系人对公证机构作出的撤销或者不予撤销公证书的决定有异议的，可以向地方公证协会投诉。"

【审判实践中应注意的问题】

遗嘱公证在我国已经施行了多年，我国也颁行并多次修改了《公证法》，司法部也发布了《公证程序规则》和《遗嘱公证细则》，应该说，遗嘱公证基本上做到了有法可依，其已经发展得相对比较成熟了。但是，在司法实践中处理涉及有关公证遗嘱的继承案件时还是会出现一些值得注意的情况，下文就对这些情况中比较典型的问题加以讨论：

第一，关于公证处的执业区域问题。在实务中，常会遇到当事人以公证处超地域执业，违反了公证法关于公证处执业区域的规定为由主张遗嘱公证无效的情况。关于公证处的执业区域问题，《公证法》第25条规定："自然人、法人或者其他组织申请办理公证，可以向住所地、经常居住地、行为地或者事实发生地的公证机构提出。申请办理涉及不动产的公证，应当向不动产所在地的公证机构提出；申请办理涉及不动产的委托、声明、赠与、遗嘱的公证，可以适用前款规定。"《公证程序规则》第14条规定："公证事项由当事人住所地、经常居住地、行为地或者事实发生地的公证机构受理。涉及不动产的公证事项，由不动产所在地的公证机构受理；涉及不动产的委托、声明、赠与、遗嘱的公证事项，可以适用前款规定。"《遗嘱公证细则》第4条规定："遗嘱公证由遗嘱人住所地或者遗嘱行为发生地公证处管辖。"《公证法》及《公证程序规则》均规定行为地的公证处可以办理相关公证。那么何为行为地？通常来解释，行为可以理解为办理公证的行为，那么行为地就可以理解为办理公证的地方。规定行为地公证机构可以办理相关的公证实际上就等于让公证机构突破了执业区域的限制，即任何一个公证处都可以办理任何一个人的遗嘱公证。对此，《遗嘱公证细则》规定得更为明确，其直接规定为遗嘱行为发生地的公证处可以办理遗嘱公证。

第二，关于办理公证的公证人员人数问题。《遗嘱公证细则》第6条规定："遗嘱公证应当由两名公证人员共同办理，由其中一名公证员在公证书上署名。因特殊情况由一名公证员办理时，应当有一名见证人在场，见证人应当在遗嘱和笔录上签名。"根据该规定，在办理遗嘱公证时，公证处应当指派两名公证人员到场办理。这里需要注意的是，该条规定的是两名“公证人员”，而不是两名“公证员”，即可以由一名公证员加上另一名没有公证员身份的公证处工作人员来办理遗嘱公证。在实践中，当事人一般会要求调取公证遗嘱的全部卷宗档案材料对遗嘱进行核对，此时，一定要注意审查办理公证的公证人员人数，如果只有一名公证员，甚至是只有一名公证人员办理的，该公证就存在瑕疵，此时，经过公证的遗嘱是否有效就需要进行进一步的审查。

第三，关于公证被撤销后，经过公证程序公证过遗嘱的效力认定问题。实践中，公证遗嘱作出后可能会存在因遗嘱公证办理过程违反公证程序导致公证遗嘱被撤销的情形。此时，应如何处理？《遗嘱公证细则》第18条规定：“公证遗嘱采用打印形式。遗嘱人根据遗嘱原稿核对后，应当在打印的公证遗嘱上签名。遗嘱人不会签名或者签名有困难的，可以盖章方式代替在申请表、笔录和遗嘱上的签名；遗嘱人既不能签字又无印章的，应当以按手印方式代替签名或者盖章。有前款规定情形的，公证人员应当在笔录中注明。以按手印代替签名或者盖章的，公证人员应当提取遗嘱人全部的指纹存档。”该细则是办理遗嘱公证的重要依据，该细则对遗嘱办理的过程和步骤都作了较为详细的规定，如果是因为公证程序出现了瑕疵而导致公证遗嘱被撤销的，打印的公证遗嘱应是无效的，因为在办理遗嘱公证过程中，遗嘱人的意思表示与公证形式是统一的，遗嘱人的意思表示与公证形式形成了一个整体，遗嘱人的意思表示通过公证的形式表现出来，如果公证的形式因违反程序性规定被撤销，那么遗嘱人的意思表示即失去了依据，故打印的公证遗嘱即是无效的。

但这里需要注意的是，打印的公证遗嘱被确定无效后，该遗嘱涉及的遗产并不能当然地按照法定继承规则进行处理。《遗嘱公证细则》第14条规定：“遗嘱人提供的遗嘱，无修改、补充的，遗嘱人应当在公证人员面前确认遗嘱内容、签名及签署日期属实。遗嘱人提供的遗嘱或者遗嘱草稿，有修改、补充的，经整理、誊清后，应当交遗嘱人核对，并由其签名。遗嘱人未提供遗嘱或者遗嘱草稿的，公证人员可以根据遗嘱人的意思表示代为起草遗嘱。公证人员代拟的遗嘱，应当交遗嘱人核对，并由其签名。以上情况应当记入谈话笔录。”该细则第 19 条规定：“公证处审批人批准遗嘱公证之前，遗嘱人死亡或者丧失行为能力的，公证处应当终止办理遗嘱公证。遗嘱人提供或者公证人员代书、录制的遗嘱，符合代书遗嘱条件或者经承办公证人员见证符合自书、录音、口头遗嘱条件的，公证处可以将该遗嘱发给遗嘱受益人，并将其复印件存入终止公证的档案。”据此可知，遗嘱人在到公证机构办理遗嘱公证时是有可能向公证机构提供自书或代书遗嘱的，甚至可以由公证人员代为书写遗嘱。故在打印的公证遗嘱被撤销后，如果遗嘱人向公证机构提供过遗嘱，还应审查遗嘱人自己提供的遗嘱是否符合《民法典》继承编规定的其他遗嘱的要件，如果符合其他遗嘱要件，即应按照有效的遗嘱处理遗产，如果不符合其他的遗嘱要件，才可以按照法定继承处理相应的遗产。

第四，关于公证遗嘱的录音录像问题。在实践中，常会遇见当事人以公证遗嘱没有录音录像为由要求确认遗嘱无效。在早期的遗嘱、遗赠公证中，公证处极少进行录音录像，现在的遗嘱公证中未进行录音录像的情形也时有发生，但这种现象在逐渐减少。《遗嘱公证细则》第 16 条规定：“公证人员发现有下列情形之一的，公证人员在与遗嘱人谈话时应当录音或者录像：（一）遗嘱人年老体弱；（二）遗嘱人为危重伤病人；（三）遗嘱人为聋、哑、盲人；（四）遗嘱人为间歇性精神病患者、弱智者。”应当说，遗嘱公证中的录音录像只是为了增强遗嘱公证的证明力、保护遗嘱人的合法权益，它并非遗嘱公证生效的必备要件，若当事人仅以此为由要求确认公证无效或者撤销公证，一般不会得到法律的支持。关于此问题，司法部律师公证工作指导司于 2001 年 12 月 12 日曾向天津市司法局公证工作管理处出具过一份复函，该复函的名称为《〈关于遗嘱公证能否因未录音或录像而被撤销的请示〉的复函》，该复函的主要内容为：“天津市司法局公证工作管理处：你处《关于遗嘱公证能否因未录音或录像而被撤销的请示》（津司公管〔2001〕22 号）收悉。经研究，现答复如下：一、《遗嘱公证细则》第十六条是为保障遗嘱人的合法权益，正确认定遗嘱人于立遗嘱时的行为能力，增强遗嘱公证的证明力而作的特别规定，它不是遗嘱公证生效的必备要件。从保护遗嘱人合法权益的角度出发，一般不宜以欠缺录音或录像形式而认定遗嘱公证无效。二、考虑到《遗嘱公证细则》第十六条规定的基本宗旨和我国现阶段人民的生活水平、身体状况、精神状态等因素，该条第（一）项中的‘年老体弱’通常是指：年满七十岁以上且因身体虚弱影响其思维意识能力或语言表达能力的老人；该条第（二）项‘危重伤病人’通常是指：因患严重疾病或受到严重身体伤害影响其思维意识能力或语言表达能力的伤病人。三、遗嘱公证不是行政行为，遗嘱公证书也不是行政文书，不宜适用《行政诉讼法》的规定解决对公证文书的异议问题。”

第五，关于遗嘱公证过程中的在场人问题。《遗嘱公证细则》第12条第1款规定：“公证人员询问遗嘱人，除见证人、翻译人员外，其他人员一般不得在场。”在实务中，公证人员在办理公证的过程中让遗嘱受益人在场的情况屡见不鲜，有的公证人员甚至让遗嘱的直接受益人在场协助其办理相关的公证程序工作。这种做法是非常不妥的。《遗嘱公证细则》明确规定除见证人、翻译人员外，其他人员一般不得在场，在办理公证过程中即应遵守该规定。该细则作出此类规定的目的是让遗嘱人能够有一个轻松、自由、无压力的陈述环境，能够最大限度地表达自己的真实意愿，如果让受益人在场参与公证过程，一方面不便于遗嘱人表达真实意愿，另一方面也会激化各继承人在之后继承纠纷中的矛盾，使其他非受益人产生不必要的猜疑。在这种情况下，不能仅以受益人或与受益人相关的人员是否在场来判断公证的效力，还应看这种情形是否影响了遗嘱人的真实意思表示。

第一千一百四十条 下列人员不能作为遗嘱见证人：

（一）无民事行为能力人、限制民事行为能力人以及其他不具有见证能力的人；

（二）继承人、受遗赠人；

（三）与继承人、受遗赠人有利害关系的人。

【条文主旨】

本条是关于遗嘱见证人资格的限制性规定。

【条文理解】

遗嘱是重大的民事法律行为，见证人的见证对遗嘱的效力会产生至关重要的影响，为保证遗嘱的真实有效性，只有满足一定条件的人员才有资格作为遗嘱的见证人。本条所规定的遗嘱见证人指的是能够证明遗嘱系由遗嘱人本人所订立，且该遗嘱的内容能够体现遗嘱人真实意思表示的人。本条源于《继承法》第18条的规定："下列人员不能作为遗嘱见证人：（一）无行为能力人、限制行为能力人；（二）继承人、受遗赠人；（三）与继承人、受遗赠人有利害关系的人。"本条采用了排除性的规定，即除这三类人员外，其他人一般均可以作为遗嘱的见证人。本条规定作了如下两点修改：第一，为了法律概念统一，将第1项中规定的人员由"无行为能力人、限制行为能力人"修改为"无民事行为能力人、限制民事行为能力人"；第二，在第1项规定的人员范围中补充规定了一项兜底性的条款，即"其他不具有见证能力的人"。

本条第1项规定"无民事行为能力人、限制民事行为能力人以及其他不具有见证能力的人”不得作为遗嘱见证人，是从自然人民事行为能力是否完全以及自然人自身的身体状况是否允许的角度对遗嘱见证人的资格进行限制。

第一，只有自然人才能够作为遗嘱的见证人，法人或非法人组织不能作为遗嘱见证人。遗嘱见证是见证人通过自己亲身的感知来证明遗嘱真实性、有效性的行为，法人等法律拟制的人不具有这种感知能力，故其也就不具有作为见证人的资格。

第二，以自然人的精神健康状况以及智力发育情况为标准，自然人可以分为三类，即“无民事行为能力人”“限制民事行为能力人”和“完全民事行为能力人”，这三类人员中，前两类人员在实施民事法律行为时均受到法律一定的限制，只有完全民事行为能力人可以独立实施全部的民事法律行为。无民事行为能力人和限制民事行为能力人因其不能辨认或者不能完全辨认自己的行为，故其不能作为遗嘱的见证人。

第三，本条第1项增加了一个兜底性规定，即规定“其他不具有见证能力的人”不能作为遗嘱的见证人。这一兜底性规定是针对完全民事行为能力人而言的，因为无民事行为能力人、限制民事行为能力人已经由本项前半段排除在了遗嘱见证人之外。完全民事行为能力人虽然可以完全辨认自己的行为并可以独立实施民事法律行为，但也并不是所有的完全民事行为能力人都可以作为遗嘱的见证人。完全民事行为能力人是否具有见证遗嘱的能力属于事实上的判断，需要根据个案具体分析。例如，在订立代书遗嘱时，不识字的人员、盲人、耳朵失聪的人员即不得作为遗嘱的见证人，更不能作为遗嘱的代书人；在订立录音录像遗嘱或者口头遗嘱时，耳朵失聪者也不能作为该遗嘱的见证人；不通晓遗嘱人所使用的语言的人，也不能作为遗嘱人口头遗嘱、代书遗嘱、录音录像遗嘱的见证人。基于上述考虑，本条补充增加了该兜底条款，至于什么样的人员属于“其他不具有见证能力的人”，需要在具体的案件中进行具体的分析。这一补充规定弥补了法律的不足，让实践中对一些特殊的案件的处理有了一定的法律依据。

关于此类不具有事实上见证能力的人员，在域外立法例上也有着类似的规定，如《法国民法典》第 980 条即规定遗嘱见证人应当懂得法语并会签字；《俄罗斯民法典》第 1124 条规定：文盲、因身体缺陷而不能完全理解所发生事情本质的人、不足够通晓遗嘱所使用语言的人不得担任遗嘱见证人。

本条第 2 项规定遗嘱人的继承人、受遗赠人不得作为遗嘱的见证人。本项是从见证人与遗嘱之间是否存在利害关系的角度对遗嘱见证人的资格条件进行限制。遗嘱见证人须与遗嘱之间没有利害关系。凡是与遗嘱有利害关系的人均应被排除在遗嘱见证人之外。因为遗嘱利害关系人受到利益的驱使，很可能会对遗嘱人施加某种影响，导致遗嘱人无法真正地表达出自己的真实意愿，甚至可能在违背自己意愿的情况下订立遗嘱，故应该将利害关系人从见证人的范围中予以排除。

在本项的规定中，对于受遗赠人不得作为遗嘱见证人这一规定的理解应没有分歧。受遗赠人是遗嘱的受益人，与遗嘱有着直接的利害关系，为避免其不正当地影响遗嘱人表达真实意愿，同时也是为了避免在继承发生后其他继承人与受遗赠人之间在此问题上产生不必要的争议，故规定受遗赠人不得作为见证人。

本项还规定了遗嘱人的继承人不得作为遗嘱的见证人。这里规定的“继承人”应该是我国法律所规定的全部的法定继承人，即只要是遗嘱人的继承人，就均不得作为遗嘱见证人，其主要理由为：利害关系既包含受益的利害关系，也包括受损的利害关系，无论遗嘱内容对其是有益还是将致其受损，这些继承人都有可能会对遗嘱人施加一些不正当的影响或者在今后的继承纠纷中对遗嘱相关事项作出一些不符合事实的表述，影响遗嘱继承人的合法权益，故应将遗嘱人的所有继承人排除在外。

本条第 3 项规定“与继承人、受遗赠人有利害关系的人”不得作为遗嘱的见证人。本项作此规定也是为了防止继承人、受遗赠人通过他人来影响遗嘱人表达自己的真实意愿。为了保证遗嘱的客观性和真实性，本项规定将这类人员也排除在见证人范围之外。“与继承人、受遗赠人有利害关系”的具体范围可参考《继承法意见》第 36 条，即“继承人、受遗赠人的债权人、债务人，共同经营的合伙人，也应当视为与继承人、受遗赠人有利害关系，不能作为遗嘱的见证人”。

【审判实践中应注意的问题】

实践中，通过见证人见证订立的遗嘱越来越常见，因此而产生的纠纷也在逐渐增多。在审查见证人资格问题时，应该把握两个方面：一是审查见证人自身的民事行为能力以及事实见证能力，二是审查见证人与遗嘱之间是否存在直接或者间接的利害关系。只有具有完全民事行为能力并在事实上具备相应见证能力，且与遗嘱无利害关系的人员才能作为见证人。同时符合这两方面要求的人员才是合格的见证人，由其见证的遗嘱才可能是有效的遗嘱，不能同时满足这两方面要求的人员一律不得作为遗嘱的见证人。

在司法实践中，以下四个问题也值得我们注意：

第一，遗嘱人订立自书遗嘱时，为了慎重，有时也会让几名人员在场证明，继承人之间常会因此对遗嘱的效力产生争议，尤其是在场人员全部是遗嘱受益人时，这种争论更为激烈。因法律并未要求自书遗嘱需要见证人在场见证，即见证人在场见证并不是自书遗嘱的有效要件之一，故在这种情况下，在场证明的人员一般也无须满足本条对见证人的资格限制要求。此时，在场证明的人员只是作为一般的证人存在，其可以证明该自书遗嘱是否为遗嘱人本人所书写以及遗嘱人在书写遗嘱时的精神状况等情况。

第二，在遗嘱人订立需要由见证人见证的遗嘱时，遗嘱人请来了符合条件的见证人在场见证，但同时遗嘱受益人或者受益人的利害关系人也全程参与了遗嘱的订立过程。这种情形也常常会引起继承人与受益人之间关于遗嘱效力的争论。遗嘱受益人或其利害关系人全程参与遗嘱的订立过程有可能会对遗嘱人施加不当的影响，让遗嘱人无法表达出自己的真实意愿，故在继承发生后，其他继承人对遗嘱的效力产生怀疑也符合情理。法律对此没有明确规定，在实务中，要分别对待，不能将遗嘱一律认定为有效或者无效。如果有证据证明在场的遗嘱受益人或其利害关系人实施了欺诈、胁迫行为，导致遗嘱人作出了不符合本意的遗嘱时，该遗嘱即应被确认为无效。反之，不应认定遗嘱无效。

第三，关于律师见证遗嘱的问题。随着人们法律意识的增强，寻找专业人士帮助自己订立遗嘱的现象越来越多，律师用其专门的法律知识为当事人提供服务也有助于当事人维护自己的合法权益。但是，应当看到，遗嘱是要式法律行为，《民法典》中并未规定律师见证遗嘱，故在实践中，律师在帮助当事人订立遗嘱时，仍旧应该依托《民法典》继承编规定的各类遗嘱形式，严格按照法律规定的各类遗嘱要件来订立遗嘱，否则即会被认定无效。律师虽然具有专业的法律知识，但在订立遗嘱时不得自由创设遗嘱形式。

第四，关于遗嘱见证人见证的内容问题。《民法典》继承编第三章规定的遗嘱形式中，除自书遗嘱外，其他类型的遗嘱（代书遗嘱、打印遗嘱、录音录像遗嘱、口头遗嘱、特殊条件下的公证遗嘱）都涉及见证人在场见证的问题。根据立法精神，见证人见证的目的是保证遗嘱是遗嘱人真实意思的体现。同时也是为了在遗嘱人死亡后，有人能够证明订立遗嘱时的过程，能够尽力还原遗嘱订立的场景。故见证人在场见证遗嘱应该主要是证明遗嘱人口述了遗嘱的内容，或者是证明他人根据遗嘱人的口述书写了遗嘱，或者是证明遗嘱人打印了遗嘱等。即核心的一点是，必须要亲眼看见、亲耳听到遗嘱人形成了完整的遗嘱表现形式。在代书遗嘱、打印遗嘱、特殊情况下公证遗嘱的情况下，如果仅仅是见证了遗嘱人在已经书写完毕的遗嘱上签名或按手印，而没有全程参与遗嘱的书写过程，这种见证并不是《民法典》继承编第三章所规定的见证，这样的见证人只能是可以证明遗嘱人确实签署了自己姓名的证人，并不是第三章所规定的见证人。

第一千一百四十一条　遗嘱应当为缺乏劳动能力又没有生活来源的继承人保留必要的遗产份额。

【条文主旨】

本条是关于必留份的规定。

【条文理解】

本条源于《继承法》第19条的规定："遗嘱应当对缺乏劳动能力又没有生活来源的继承人保留必要的遗产份额。"本条规定对该条未作实质性的修改，只是出于文字逻辑上的需要，将该条中的"对"字修改为"为"字。

本条规定是对遗嘱人遗嘱自由的一种限制。遗嘱自由是各国继承立法普遍遵守的一项重要原则，我国继承立法中也贯彻了这一原则。但是，和任何自由一样，遗嘱自由也不是绝对的，它也受到一定的限制。对遗嘱自由的限制，体现在本条中就是遗嘱应当为缺乏劳动能力又没有生活来源的继承人保留必要的遗产份额，如果没有为其保留必要的份额，在继承时就会由法院直接从遗产总额中扣减一定的遗产交与这类继承人，剩余的部分才能按照遗嘱中确定的遗产分配规则进行分配。

根据本条规定，遗嘱为继承人保留必要遗产份额的前提是该继承人缺乏劳动能力又没有生活来源。这里的"缺乏劳动能力"指的是该继承人不具备或不完全具备独立劳动的能力，不能依靠自身的劳动取得必要收入以维持自己的生活。这里的"没有生活来源"主要指的是该继承人没有固定的工资、没有稳定的经济收入，无法有效地从他人或社会处获取必要的生活资料。只有在该继承人既缺乏劳动能力，又没有生活来源的情况下，才符合为其保留必要遗产份额的条件。如果只是缺乏劳动能力，但有生活来源，此时就不符合为其保留遗产份额的条件。如果具有劳动能力，但没有生活来源，此时也不符合为其保留遗产份额的条件，在这种情况下，其可以通过自己的劳动来维持自己的生活，没有为其保留遗产的现实必要性。缺乏劳动能力、没有生活来源这两个条件必须同时符合，否则不能适用本条的规定。

本条规定遗嘱应为符合条件的继承人保留必要的遗产份额，但并未就应保留多少份额进行规定。在法无明确规定的情况下，应该综合考虑案件的具体情况来确定应该保留的份额，需要考虑的因素包括被继承人遗产价值情况、该继承人的实际生活需要以及当地的基本生活水平等情况。

【审判实践中应注意的问题】

本条规定虽然对遗嘱人的遗嘱自由作了一定程度的限制，但在我国的继承法律制度中，遗嘱自由是一以贯之的。遗嘱自由是原则，对遗嘱自由加以限制是例外规定。在处理涉及必留份纠纷问题时，应按照本条规定的要件进行审查。在实务中，应注意以下问题：

第一，享有遗嘱为其保留必要份额权利的人应当是遗嘱人的继承人，这里的继承人指的是遗嘱人的法定继承人。《民法典》第 1127 条规定："遗产按照下列顺序继承：（一）第一顺序：配偶、子女、父母；（二）第二顺序：兄弟姐妹、祖父母、外祖父母。继承开始后，由第一顺序继承人继承，第二顺序继承人不继承；没有第一顺序继承人继承的，由第二顺序继承人继承。"第 1128 条规定："被继承人的子女先于被继承人死亡的，由被继承人的子女的直系晚辈血亲代位继承。被继承人的兄弟姐妹先于被继承人死亡的，由被继承人的兄弟姐妹的子女代位继承。代位继承人一般只能继承被代位继承人有权继承的遗产份额。"第 1129 条规定："丧偶儿媳对公婆，丧偶女婿对岳父母，尽了主要赡养义务的，作为第一顺序继承人。"这 3 条是我国法律关于法定继承人范围的规定。

有观点认为，只要是被继承人的继承人，无论其是第一顺序继承人还是第二顺序继承人，只要该继承人丧失了劳动能力同时又没有生活来源的，被继承人订立遗嘱时即应为其保留必要的遗产份额。

前述观点是值得商榷的。首先，从继承的顺序上来说，在法定继承情况下，如果存在第一顺序继承人，那么第二顺序继承人是无权继承遗产的，即使该第二顺序继承人中存在既缺乏劳动能力又没有生活来源的人，这类人员也无法分得遗产。如果按照前述观点，则会出现在法定继承情况下第二顺序继承人无法继承遗产，而在遗嘱继承情况下第二顺序继承人却又能继承遗产的情况，这与立法精神相悖。订立遗嘱是被继承人的自由，在一般情况下，其可以通过遗嘱自由处分个人财产，被继承人订立遗嘱处分其财产，直接影响的是其第一顺序的继承人的权益，故只有在第一顺序继承人中存在缺乏劳动能力又无生活来源的人，遗嘱才应给其保留必要的份额。其次，从本条规定的目的来看，这是为了保护缺乏劳动能力又没有生活来源的继承人的生存权，并不是像特留份制度一样为了保证财产在家族内部的流转。通常情况下，享有这种权利的继承人与遗嘱人之间存在抚养或赡养的义务，本条规定从一定意义上说也是为了避免被继承人通过遗嘱的方式规避自己应尽的抚养或赡养义务，故应该按照法定继承的顺序来确定哪些继承人享有本条规定的权利，因为法定继承人的顺序就是法定继承人与被继承人之间在身份上亲疏远近的体现。最后，在实务中，继承纠纷案件的当事人也是按照法定继承人的顺序确定的，在有第一顺序继承人时，只列第一顺序继承人作为当事人，第二顺序继承人在此时并不是适格的当事人。

综上，享有为其保留遗产份额的继承人应按照继承顺序确定，在有第一顺序继承人时，第二顺序继承人不享有这种权利。只有在没有第一顺序继承人的情况下或者第一顺序继承人放弃继承权、丧失继承权的时候，第二顺序继承人才可能享有此权利。

第二，本条规定继承人在缺乏劳动能力又没有生活来源时享有本条规定的权利。如何判断“缺乏劳动能力”？是否需要对该继承人的劳动能力进行鉴定？如果该继承人是年老体弱或者身患重病，通过一般的日常经验法则就能确定的，无须进行劳动能力鉴定。在特殊情况下，可以通过法院委托鉴定的方式确定其劳动能力。如何确定“没有生活来源”？是不是毫无收入才能被认定为没有生活来源？对此，应从该继承人是否有较为稳定的收入、是否有社会医疗保险、是否有固定的住处，其配偶和子女的身体及经济状况等多方面综合考虑。在判断没有生活来源的标准时，不能过于拘泥，不能认为其毫无收入时才算没有生活来源，如果其收入水平远远低于当地平均收入水平，也应看作是没有生活来源。

第三，从何时开始界定继承人存在既缺乏劳动能力又没有生活来源的问题。对此，《继承法意见》第 37 条第 2 款规定：“继承人是否缺乏劳动能力又没有生活来源，应按遗嘱生效时该继承人的具体情况确定。”该条规定可供参考适用。那么，应如何理解“遗嘱生效时”？遗嘱是死因行为，在一般情况下，一份有效的遗嘱在被继承人死亡时即可发生法律效力，被继承人死亡的时间点即为遗嘱生效的时间点。但如果被继承人在遗嘱中附上了条件或期限，并说明遗嘱在条件满足后或期限到达后才生效的，应按照遗嘱的内容确定遗嘱的生效时间点。

第四，本条规定的继承人享有的这种权利相对于被继承人的债权人对被继承人的债权来说具有优先性，同时这种权利也优先于国家对被继承人的税收权。《民法典》第 1159 条规定：“分割遗产，应当清偿被继承人依法应当缴纳的税款和债务；但是，应当为缺乏劳动能力又没有生活来源的继承人保留必要的遗产。”《继承法意见》第 61 条也规定：“继承人中有缺乏劳动能力又没有生活来源的人，即使遗产不足清偿债务，也应为其保留适当遗产。”这是因为本条保障的是这类继承人的生存权，生存权是人的最基本的权利，相较于其他权利类型而言，生存权应放在第一位。故在实务中遇有其他债权人的债权与本条规定相冲突时，应优先适用本条的规定，为符合条件的继承人留出必要的遗产。

第一千一百四十二条 遗嘱人可以撤回、变更自己所立的遗嘱。

立遗嘱后，遗嘱人实施与遗嘱内容相反的民事法律行为的，视为对遗嘱相关内容的撤回。

立有数份遗嘱，内容相抵触的，以最后的遗嘱为准。

【条文主旨】

本条是关于遗嘱的撤回、变更以及遗嘱效力顺位的规定。

【条文理解】

本条源于《继承法》第 20 条的规定：“遗嘱人可以撤销、变更自己所立的遗嘱。立有数份遗嘱，内容相抵触的，以最后的遗嘱为准。自书、代书、录音、口头遗嘱，不得撤销、变更公证遗嘱。”本条对《继承法》第 20 条作了重大的修改，具体如下：

第一，本条第 1 款规定“遗嘱人可以撤回、变更自己所立的遗嘱”。《继承法》第 20 条第 1 款规定：“遗嘱人可以撤销、变更自己所立的遗嘱。”本条第 1 款将《继承法》第 20 条第 1 款规定中的“撤销”修改为“撤回”，其他内容未作变动。民事法律行为的“撤回”和“撤销”是两个完全不同的法律概念。“撤回”指的是行为人在作出民事法律行为后，在该行为尚未生效前取消其作出的行为，使该行为不产生法律效力。《民法典》第 141 条规定：“行为人可以撤回意思表示。撤回意思表示的通知应当在意思表示到达相对人前或者与意思表示同时到达相对人。”而民事法律行为的“撤销”指的是行为人在法律行为已经成立并生效的情况下，基于一定的事实和法律依据，废除该法律行为，使该行为自始不发生法律效力。遗嘱是死因行为，遗嘱只有在遗嘱人死亡后才会发生法律效力，如果遗嘱已生效，就意味着遗嘱人已经死亡，其不可能再将已经生效的遗嘱予以撤销。遗嘱在遗嘱人生前是不生效的，遗嘱人在生前只能够撤回其所立的遗嘱。《继承法》第 20 条第 1 款虽然规定的是遗嘱人可以撤销自己所立的遗嘱，但这里的“撤销”实际上是作为“撤回”来理解和适用的。

本款中还规定了遗嘱人可以变更自己所立的遗嘱。所谓变更自己所立的遗嘱，是指遗嘱人对其所立遗嘱的部分内容予以修改，包括增加遗嘱内容、删除已有内容、改变已有内容。可以说，变更遗嘱实际上也是在对遗嘱的部分内容进行撤回或增加。而撤回遗嘱则相当于是对遗嘱全部内容予以删除，目的是回到未立遗嘱时的状态。

第二，本条第 2 款规定“立遗嘱后，遗嘱人实施与遗嘱内容相反的民事法律行为的，视为对遗嘱相关内容的撤回”。相对于《继承法》第 20 条来说，本款是新增加的一项规定。但严格来说，本款规定并不是新创设的规定，在《继承法意见》第 39 条即规定了类似的内容，该条规定：“遗嘱人生前的行为与遗嘱的意思表示相反，而使遗嘱处分的财产在继承开始前灭失、部分灭失或所有权转移、部分转移的，遗嘱视为被撤销或部分被撤销。”本条将《继承法意见》第 39 条所规定的具体的民事法律行为予以删除，而只是笼统地规定了“遗嘱人实施与遗嘱内容相反的民事法律行为的，视为对遗嘱相关内容的撤回”，这样可以使条文显得更加有弹性，可以适用该条的具体情形范围也将更为广大，会更加适应实践中的不同要求。

本条第 2 款规定“遗嘱人实施与遗嘱内容相反的民事法律行为的，视为对遗嘱相关内容的撤回”。遗嘱人实施的民事法律行为如果与遗嘱的部分内容相反，则该部分内容视为被撤回，即相当于遗嘱人变更了遗嘱。若其实施的民事法律行为与遗嘱的全部内容都相反，则遗嘱的全部内容都视为已被撤回。这一款的规定事实上与第 1 款规定的法律效果是一致的，都是对遗嘱变更和撤回的规定，只不过这两款规定的遗嘱人变更或撤回遗嘱的方式不同。

遗嘱人在生前可以变更或撤回遗嘱。订立遗嘱是遗嘱人实施的民事法律行为，变更或撤回遗嘱也是遗嘱人所实施的民事法律行为，二者均是单方民事法律行为。遗嘱人订立遗嘱作出的是订立遗嘱的意思表示，在变更或撤回遗嘱时作出的是变更或撤回遗嘱的意思表示。《民法典》第140条规定："行为人可以明示或者默示作出意思表示。沉默只有在有法律规定、当事人约定或者符合当事人之间的交易习惯时，才可以视为意思表示。"据此，行为人既可以明示的方式作出意思表示，也可以默示的方式作出意思表示。变更或撤回遗嘱是遗嘱人作出的对变更遗嘱或撤回遗嘱的意思表示，这种民事法律行为也既可以明示的方式作出，也可以默示的方式作出。本条第1款即遗嘱人通过明确地表示出变更或撤回遗嘱的意思表示来对遗嘱进行变更或撤回。本条第2款即法律规定的通过遗嘱人生前所实施的民事法律行为来推定其对遗嘱进行了变更或撤回。

第三，本条第3款规定"立有数份遗嘱，内容相抵触的，以最后的遗嘱为准"。相对于《继承法》第20条第2款，本款有了极其重大的变化，即本款取消了公证遗嘱效力最高的规定。遗嘱以最后所立的为准，无论该遗嘱是自书遗嘱、代书遗嘱、录音录像遗嘱、打印遗嘱、口头遗嘱还是公证遗嘱。亦即在内容相抵触的情况下，任何形式的在后遗嘱都可以视为对任何形式的在先遗嘱的变更或撤回，在效力层级上，不再考虑遗嘱是否经过了公证。

遗嘱是遗嘱人处分自己合法财产的意思表示，遗嘱的效力来自遗嘱人的真实意思表示。法律所规定的各类遗嘱形式只是遗嘱人这种意思表示的载体和表现形式，每类遗嘱形式均有自己的优势和不足，不能仅以遗嘱表现形式的不同来确定遗嘱孰优孰劣。公证遗嘱确实有着其他遗嘱形式不可比拟的优势，公证的正规和严肃性表明其证据效力会高于其他形式的遗嘱表现形式，应将其优先效力限定在证据法的层面上，不能据此从实体上直接规定经过公证的遗嘱在效力层级上就高于其他形式的遗嘱，对于遗嘱的效力还是要回归到遗嘱人的真实意思表示上。

【审判实践中应注意的问题】

本条第1款规定了遗嘱人可以撤回、变更自己所立的遗嘱。变更遗嘱存在三种情形，一是遗嘱人增加遗嘱的内容，二是遗嘱人删除遗嘱的部分内容，三是遗嘱人对遗嘱的部分内容进行修改。在撤回遗嘱的情况下，遗嘱人是将自己所立的遗嘱全部予以废止。

在司法实务中应注意，变更或撤回遗嘱是对原有遗嘱作出的重大改变，遗嘱人在变更或撤回遗嘱的时候也应满足一定的条件。一般来说，遗嘱人在变更或撤回遗嘱时也应遵循订立遗嘱时的法律要件：（1）在变更或撤回时，遗嘱人应该是完全的民事行为能力人；（2）变更或撤回是遗嘱人的真实意思表示；（3）变更或撤回需要满足《民法典》继承编中规定的遗嘱形式之一，至于遗嘱人选择何种遗嘱形式来进行变更或撤回则在所不问。此外，遗嘱人也可以销毁遗嘱的方式来撤回遗嘱，此种情况并不要求满足某一形式要件。

以上所说的是遗嘱人根据其自由意志变更或撤回遗嘱的问题。在实务中还会遇到另一种情况，即在遗嘱人生前，客观情况发生了不以遗嘱人意志为转移的变化，这种变化导致遗嘱所处理的财产形态产生了变化（比如遗嘱处理的房产被国家拆迁，遗嘱人得到了拆迁补偿；又如遗嘱所涉财产遭受他人损坏，他人赔偿给遗嘱人一笔款项；等等）。财产形态变化后，遗嘱人未就变化后的财产订立新的遗嘱，在遗嘱人死亡后，能否按照遗嘱人订立的遗嘱来处理变化后的财产？对于这一问题，实践中认识也不一致，有观点认为应该按照遗嘱的内容来处理变化后的财产，因为变化后的财产也只不过是变化前财产的转化形式，二者在本质上并没有区别。但有的观点认为，不能按照遗嘱处理，因为遗嘱人在明知道原有财产灭失或者财产形态发生了明显变化的情况下，没有订立新的遗嘱，这就表明其不愿按照遗嘱的内容来处分变化后的财产，故若无新的遗嘱，即应按照法定继承办理。对此，实务中，在遗嘱人不具有再次订立新的遗嘱的客观条件时，应该按照遗嘱人之前订立的遗嘱来执行。如果遗嘱人具备再次订立新的遗嘱的客观条件，则应尊重遗嘱人的选择。如果遗嘱人订立了新的遗嘱，则按照新的遗嘱办理。如果遗嘱人没有订立新的遗嘱，放任这种财产转化情况的发生，则应视为遗嘱人以自己的行为撤回了原有的遗嘱，不能再按照原有遗嘱办理。

第一千一百四十三条 无民事行为能力人或者限制民事行为能力人所立的遗嘱无效。

遗嘱必须表示遗嘱人的真实意思，受欺诈、胁迫所立的遗嘱无效。

伪造的遗嘱无效。

遗嘱被篡改的，篡改的内容无效。

【条文主旨】

本条是关于遗嘱实质要件的规定。

【条文理解】

本条源于《继承法》第22条规定："无行为能力人或者限制行为能力人所立的遗嘱无效。遗嘱必须表示遗嘱人的真实意思，受胁迫、欺骗所立的遗嘱无效。伪造的遗嘱无效。遗嘱被篡改的，篡改的内容无效。"为了统一法律概念，本条在法律用语上作了个别调整。将"无行为能力人或者限制行为能力人"修改为"无民事行为能力人或者限制民事行为能力人"；将"欺骗"修改为了"欺诈"。本条是对遗嘱实质要件的规定。《民法典》第143条规定："具备下列条件的民事法律行为有效：（一）行为人具有相应的民事行为能力；（二）意思表示真实；（三）不违反法律、行政法规的强制性规定，不违背公序良俗。"一项有效的民事法律行为必须同时满足以上三个条件的要求。通说认为，遗嘱有效的实质要件一般包括三个方面：（1）遗嘱人要具有遗嘱能力；（2）遗嘱人的意思表示要真实；（3）遗嘱的内容要合法。

一、遗嘱人应当具有遗嘱能力

所谓遗嘱能力，是指自然人依法享有的通过遗嘱的方式处分自己合法财产的资格。遗嘱是遗嘱人处分其财产的重大民事法律行为，涉及多方面的利益，并不是所有的人均具有订立遗嘱的资格。按照本条的规定，无民事行为能力人和限制民事行为能力人不得订立遗嘱，即使其订立了遗嘱，该遗嘱的效力也不会得到法律的积极评价，应作为无效遗嘱对待。《民法典》将自然人划分为三类，即无民事行为能力人、限制民事行为能力人和完全民事行为能力人。本条否定了前两类人订立遗嘱的资格，那么就可以确定，只有具有完全民事行为能力的人才享有订立遗嘱的资格，才具有遗嘱能力。根据《民法典》总则编中的第二章关于自然人的相关条文规定，完全民事行为能力人，即能够辨认自己行为的成年人，或年满 16 周岁，能够辨认自己行为、以自己的劳动收入为主要生活来源的未成年人。

二、遗嘱应体现遗嘱人的真实意思

遗嘱是遗嘱人对其死亡后的财产的预先处分，遗嘱的意思表示必须真实。遗嘱应体现遗嘱人的真实意思包含两个方面的要求：一是意思表示自由，二是意思表示真实。即遗嘱意思必须是遗嘱人自愿表达出来，且表达出来的意思应该与其内心的真实想法相一致。

本条规定的欺诈指的是，行为人故意告知遗嘱人虚假情况或者故意隐瞒真实情况，致使遗嘱人陷于错误判断并基于该错误判断而作出相应的遗嘱意思表示。因欺诈而导致遗嘱无效需要满足以下四个条件：（1）行为人在主观上有欺诈的故意，即行为人期望以欺诈的方式致使遗嘱人作出错误的意思表示；（2）行为在客观上实施了欺诈的行为，这里的欺诈行为既包括积极的行为也包括消极的行为，积极行为指的是故意告知遗嘱人虚假情况，消极行为指的是故意向遗嘱人隐瞒真实情况；（3）遗嘱人须因该欺诈行为而陷入错误的判断；（4）遗嘱人基于这种错误的判断而订立了遗嘱。关于何为欺诈行为，《民法通则意见》第 68 条规定：“一方当事人故意告知对方虚假情况，或者故意隐瞒真实情况，诱使对方当事人作出错误意思表示的，可以认定为欺诈行为。”该条规定可资参照。

本条规定的胁迫指的是，行为人故意以非法的手段对遗嘱人进行威胁，导致遗嘱人因此陷入恐惧并因恐惧而作出违背其真实意愿的意思表示。因胁迫而导致遗嘱无效需要满足以下四个条件：（1）行为人在主观上须有胁迫的故意，即行为人希望用胁迫的方式让遗嘱人产生恐惧，从而致使遗嘱人订立特定的遗嘱；（2）行为人在客观上实施了胁迫的行为；（3）遗嘱人因该胁迫的行为陷入了恐惧；（4）遗嘱人因陷入了某种恐惧而作出了违背自己真实意愿的遗嘱。关于何为胁迫行为，《民法通则意见》第 69 条规定：“以给公民及其亲友的生命健康、荣誉、名誉、财产等造成损失或者以给法人的荣誉、名誉、财产等造成损害为要挟，迫使对方作出违背真实的意思表示的，可以认定为胁迫行为。”该条规定可资参照。

三、遗嘱的内容应该合法

遗嘱只能处分遗嘱人的个人财产，不能处分他人财产，否则处分他人财产部分的遗嘱内容无效。同时，遗嘱还不得违反法律、行政法规的强制性规定，且不得违背公序良俗，比如，遗嘱人不得处分法律禁止个人持有和流转的财产。

本条还规定：“伪造的遗嘱无效。遗嘱被篡改的，篡改的内容无效。”伪造是指假借被继承人的名义订立的遗嘱。篡改是指对遗嘱人已经订立的遗嘱内容，在未经遗嘱人同意的情况下擅自作出改动。伪造的遗嘱以及遗嘱被篡改的部分均不是被继承人的真实意思表示。为了避免遗嘱人合法财产遭受侵犯，保护遗嘱人的私有财产权和意思自治，同时也是为了保护遗嘱人其他继承人的继承权，故本条规定在这两种情况下，遗嘱均无效。若伪造人或篡改人不是继承人之一，在因伪造或篡改而给继承人造成损失的情况下，行为人应当承担侵权责任。若是继承人之一伪造或篡改遗嘱，不但遗嘱无效，而且伪造或篡改遗嘱的继承人还可能因此而丧失继承权。对此，《民法典》第1125条明确规定“伪造、篡改、隐匿或者销毁遗嘱，情节严重”，丧失继承权。

【审判实践中应注意的问题】

一、自然人经特别程序被法院判决宣告为无、限制民事行为能力人，其在疾病痊愈后，未经法院撤销前述行为能力宣告判决的情况下订立遗嘱的效力

本条对遗嘱人的遗嘱能力作出了规定，明确指出无民事行为能力和限制民事行为能力人所订立的遗嘱无效。如果一个自然人经特别程序被人民法院判决宣告为无民事行为能力人或者限制民事行为能力人，其在疾病痊愈后，在未经法院撤销前述行为能力宣告判决的情况下订立了遗嘱，这种遗嘱的效力应如何认定。实务中对此有两种不同的观点。一种观点认为遗嘱人的遗嘱能力应以实际情况为准，如果确有证据证明遗嘱人在订立遗嘱时已经恢复为完全民事行为能力人，则可以认定遗嘱有效，而无须法院另行撤销行为能力判决。另一种观点则与此完全相反，该观点认为在法院判决撤销宣告之前，遗嘱人所订立的遗嘱应是无效遗嘱，其理由为：自然人的民事行为能力应以有资质的司法鉴定机构的鉴定结论为准，既然其行为能力的缺失是由法院判决宣告的，那么其行为能力的恢复也应以法院的撤销判决为准。应当说，第二种观点更为合理。因为我国法律对公民民事行为能力的宣告和撤销规定了严格的程序，法院的判决具有很强的公信力，如果认定这种遗嘱有效，会有损这种公信力。且遗嘱人是否痊愈也应经过一系列严格的程序来加以确定，确保其完全恢复了民事行为能力，而法院撤销判决的程序性规定能够满足这一要求。综上，在判决被撤销前订立的遗嘱应是无效的遗嘱。

二、遗嘱人是否具有遗嘱能力应以其订立遗嘱时的状况为准

在实务中还应注意，遗嘱人是否具有遗嘱能力应以其订立遗嘱时的状况为准，即只要其在订立遗嘱时是完全民事行为能力人即可。《继承法意见》第41条对此作出了明确的规定："遗嘱人立遗嘱时必须有行为能力。无行为能力人所立的遗嘱，即使其本人后来有了行为能力，仍属无效遗嘱。遗嘱人立遗嘱时有行为能力，后来丧失了行为能力，不影响遗嘱的效力。"

三、不能仅以遗嘱人存在身体上某种缺陷否认其遗嘱效力

本条从遗嘱人的年龄和精神健康状况方面规定了遗嘱人的遗嘱能力。在身体上有一定缺陷的人不一定是非完全民事行为能力人，如盲人、聋哑人，他们在完全民事行为能力的情况下也可以订立有效的遗嘱，只是需要选择与其身体状况相适应的遗嘱形式。在实务中，不能仅以遗嘱人存在身体上的某种缺陷就否认其遗嘱的效力。

四、欺诈、胁迫情形的证明标准

在证明是否存在欺诈、胁迫的情形时，其证明标准与一般情况下的证明标准是不一样的。《民事诉讼法司法解释》第109条规定："当事人对欺诈、胁迫、恶意串通事实的证明，以及对口头遗嘱或者赠与事实的证明，人民法院确信该待证事实存在的可能性能够排除合理怀疑的，应当认定该事实存在。"从该条可以看出，对于是否存在欺诈、胁迫的情况的证明，应该达到"排除合理怀疑"的程度，这一标准要高于一般民事案件证据认定时的证明标准。

五、本条规定的无效情形与《民法典》总则编中民事法律行为效力相关规定的关系

另需注意的是，本条第1款、第2款规定的各种无效情形与《民法典》总则编中关于民事法律行为效力的体系是不一致的，主要表现

在以下几个方面：

1. 在限制民事行为能力人实施的民事法律行为的效力问题上不同。《民法典》第145条第1款规定："限制民事行为能力人实施的纯获利益的民事法律行为或者与其年龄、智力、精神健康状况相适应的民事法律行为有效；实施的其他民事法律行为经法定代理人同意或者追认后有效。"根据此规定，限制民事行为能力人实施的民事法律行为并非一律无效，而是效力待定的，该行为在经过其法定代理人同意或者追认后有效。但根据本条规定，限制民事行为能力人所立的遗嘱无效，即使其法定代理人同意或者追认也不可以转化为有效的遗嘱。

2. 在关于受欺诈、胁迫的民事法律行为效力问题上不同。《民法典》第148条规定："一方以欺诈手段，使对方在违背真实意思的情况下实施的民事法律行为，受欺诈方有权请求人民法院或者仲裁机构予以撤销。"第149条规定："第三人实施欺诈行为，使一方在违背真实意思的情况下实施的民事法律行为，对方知道或者应当知道该欺诈行为的，受欺诈方有权请求人民法院或者仲裁机构予以撤销。"第150条规定："一方或者第三人以胁迫手段，使对方在违背真实意思的情况下实施的民事法律行为，受胁迫方有权请求人民法院或者仲裁机构予以撤销。"按照这些规定，受欺诈、胁迫而为的民事法律行为是可撤销的民事法律行为。而本条规定受欺诈、胁迫所立的遗嘱无效，即该行为是无效的民事法律行为。

在实务中，涉及遗嘱继承的案件时，应以本条的规定为依据，不能将继承纠纷案件中的欺诈、胁迫也作为可撤销民事法律行为对待。虽然继承欺诈也是单方欺诈的一种，依据《民法典》总则编规定欺诈是可撤销但并非无效。[①] 但是，继承遗嘱欺诈，遗嘱人已经死亡不可能提出撤销，在这个角度上，本条可看作是继承编关于民事法律行为欺诈胁迫可撤销的例外或者特殊规定。

---

① 中国审判理论研究会民商事专业委员会编著：《〈民法总则〉条文理解与审判实践中应注意的问题》，法律出版社2017年版，第266页。

3. 除欺诈、胁迫外，《民法典》总则编还规定了重大误解和显失公平，但是继承编中对此两种情况并未涉及。在实务中，应以本条规定的几种情形来判断遗嘱是否有效，一般不得以遗嘱人存在重大误解或遗嘱显失公平为由要求确定遗嘱无效。

第一千一百四十四条 遗嘱继承或者遗赠附有义务的，继承人或者受遗赠人应当履行义务。没有正当理由不履行义务的，经利害关系人或者有关组织请求，人民法院可以取消其接受附义务部分遗产的权利。

【条文主旨】

本条是关于附义务遗嘱的规定。

【条文理解】

本条源于《继承法》第21条规定。主要修改有两点：一是为规范法律表述，本条将《继承法》第21条中规定的“经有关单位或者个人请求”修改为“经利害关系人或者有关组织请求”。在这里需要注意的是，这里的“有关组织”本身可能与遗嘱并无直接的利害关系，它可以是对与遗嘱有直接利害关系的人负有一定法律上义务的组织，比如在对无民事行为能力人或者限制民事行为能力人负有监护职责的居民委员会、村民委员会或者民政部门。二是将《继承法》第21条中规定的“人民法院可以取消他接受遗产的权利”修改为“人民法院可以取消其接受附义务部分遗产的权利”。虽然法律规定当事人的权利和义务应当对等，但本条作此修改并非是完全基于权利与义务对等的原则，更主要的还是在于体现尊重遗嘱人的自由意志以及公平的原则。遗嘱所附的义务与所附义务对应的财产价值有时并非对等，有可能义务的负担程度要高于财产的价值，也有可能所附的义务会少于财产的价值。《继承法》第21条规定的是“取消他接受遗产的权利”，从字面上来理解，按照这一规定，如果遗嘱受益人不履行遗嘱中规定的义务，那么其将不能享有遗嘱中涉及的全部的权利。此时，如果遗嘱中所附义务是针对遗嘱中全部财产权利而言的，那么若受益人不履行义务即取消其全部接受遗产的权利是没有疑问的。但是，如果遗嘱中所附的义务只是针对遗嘱中的部分财产权而言，其他的遗嘱内容并没有附义务，此时，如果因遗嘱受益人不履行该部分义务就取消其接受其他未附义务的遗产的权利就会显得有失公允。

本条规定“遗嘱继承或者遗赠附有义务的，继承人或者受遗赠人应当履行义务”。一般来说，遗嘱是遗嘱人自由处分其财产的单方法律行为，遗嘱人可以在遗嘱中自由表达其意愿。其可以在处分财产时不附加任何的义务，也可以在遗嘱中要求遗嘱受益人必须按照其指示为或不为一定的行为。如果遗嘱人在遗嘱中明确表示遗嘱继承人或者受遗赠人在接受遗产的同时必须实施一定的行为，这种遗嘱即为附义务的遗嘱。相对于纯受益性的遗嘱而言，附义务遗嘱也称为负担遗嘱。

附义务的遗嘱不同于附条件的遗嘱。附义务的遗嘱所附的义务是遗嘱继承人或受遗赠人必须实行的某种行为，具有确定性。而附条件的遗嘱中所附的条件是否能够成就则是处于不确定的状态，该条件可能成就，也可能不成就。

在附义务的遗嘱中，取得遗产的权利和履行某种义务是一一对应、密切联系的。遗嘱人可以在遗嘱中为遗嘱继承人或者受遗赠人设定一定的义务，继承人或受遗赠人如果想要取得遗产，就必须履行相应的义务，这种义务的履行具有一定的强制性。当然，遗嘱继承人或受遗赠人也可以通过放弃取得遗产的方式不履行该义务。

本条规定“没有正当理由不履行义务的，经利害关系人或者有关组织请求，人民法院可以取消其接受附义务部分遗产的权利”。根据该规定，遗嘱继承人或受遗赠人如果接受了遗产就必须履行相应的义务，除非其有正当的理由而不履行。这里所谓的正当理由应基于一般正常的理性在个案中具体判断。通常而言，这种正当理由包括：遗嘱人所设定的义务违反了我国法律、行政法规的强制性规定；遗嘱人所设定的义务违背了公序良俗；遗嘱人设定的义务在客观上无法实现；遗嘱继承人或受遗赠人遭受了不可抗力等，这些均可以视为正当的理由。另需注意的是，如果遗嘱继承人或受遗赠人没有履行相应的义务，其并不是当然丧失取得遗产的权利，必须由利害关系人或有关组织向人民法院提出相关的请求，才能由人民法院取消其该权利。

在遗嘱继承人或受遗赠人接受遗产的权利被取消后，该部分遗产由提出请求的利害关系人或有关组织接受。这类人员在接受遗产后，也应当履行遗嘱中确定的相关的义务。关于这一点，在《继承法意见》第43条有着明确的规定，该条内容为："附义务的遗嘱继承或遗赠，如义务能够履行，而继承人、受遗赠人无正当理由不履行，经受益人或其他继承人请求，人民法院可以取消他接受附义务那部分遗产的权利，由提出请示的继承人或受益人负责按遗嘱人的意愿履行义务，接受遗产。"在此情况下，实际上是通过法律强制性规定的方式变更了遗嘱受益人。

【审判实践中应注意的问题】

附义务遗嘱在生效时间点上与一般的遗嘱并无不同。通常情况下，附义务的遗嘱在遗嘱人死亡时即生效。如果该遗嘱附停止条件，则在条件成就时该遗嘱即发生法律效力。附义务遗嘱的生效与否并不取决于遗嘱继承人或者受遗赠人是否履行了遗嘱规定的义务。换言之，履行义务并不是遗嘱生效的前提，无论遗嘱继承人或受遗赠人是否履行了相应义务，该遗嘱都可以生效。

在遗嘱继承人或受遗赠人不履行遗嘱规定的义务时，该遗嘱并非当然地失去效力。根据本条规定，在此情况下，可以由利害关系人或者有关组织向人民法院提出请求，请求的事项包括两方面的内容：第一，请求人民法院取消其接受附义务部分遗产的权利；第二，请求由自己代替被取消权利的遗嘱继承人或受遗赠人的地位，在代替后，由提出请求的有关主体接受相应的遗产并履行对应的义务。即在取消遗嘱继承人或受遗赠人的这项权利时，必须经过法定的程序，由人民法院依法进行审查。经审查确定其确属无正当理由不履行义务的，依法取消其该权利，否则即应当依法对其进行保护。

在这里需要强调的是，遗嘱继承人或受遗赠人在不履行义务时虽然会遭受不利的法律后果，但这种法律后果并不是由人民法院强制其履行该义务，而是由人民法院剥夺其接受相关遗产的权利，使遗嘱继承人或受遗赠人的财产状况恢复到继承开始前的状态。在其不履行义务时，利害关系人或有关组织不得请求人民法院判决其履行义务。

本条规定遗嘱人可以在遗嘱中为遗嘱继承人或受遗赠人设定一定的义务。但是法律并未规定遗嘱继承人或受遗赠人是应先履行义务还是先接受遗产。按照在民事法律领域，法无禁止即可为的原则，遗嘱继承人或受遗赠人既可以先接受遗产，也可以先履行义务。如果其先履行了义务，但在未将义务全部履行完毕时，无正当理由不再履行，此时应该如何处理？在这种情况下，利害关系人或有关组织仍可以请求人民法院取消其接受附义务部分遗产的权利，但不应全部取消，需给其分得一定的份额。如果该遗产是可分物，则应根据遗产各部分价值的大小、遗嘱继承人或受遗赠人履行义务的情况适当对其分得一定的遗产。如果该遗产不可分割，或者分割后会减损其价值，则应将该遗产交由利害关系人或有关组织取得，但取得遗产一方应根据遗嘱继承人或受遗赠人履行义务的情况对其进行适当的补偿。

附义务的遗嘱能否撤回的问题。在附义务的遗嘱中，遗嘱人在遗嘱中设定的义务既可以是要求遗嘱继承人或受遗赠人在遗嘱人生前对遗嘱人或他人履行一定的义务，也可以是要求其在遗嘱人死亡后对他人履行一定的义务。此时，应该根据具体情况予以处理：如果遗嘱继承人或受遗赠人尚未开始履行所附义务，遗嘱人可以随时撤回；但是从公平角度出发，如果遗嘱继承人或受遗赠人为履行遗嘱义务而进行了准备，并为此付出了一定的时间和金钱，或者已经履行了大部分义务，乃至履行了全部的义务，那么遗嘱人在撤回遗嘱后应当就此对遗嘱继承人或受遗赠人进行适当的补偿。

遗嘱继承人或受遗赠人履行了部分遗嘱义务，乃至全部遗嘱义务，但遗嘱存在无效的情形，此时应如何处理。分情况讨论如下：（1）因遗嘱继承人或受遗赠人的原因导致遗嘱无效的，其因履行遗嘱义务所遭受的损失应由其自行承担。比如遗嘱继承人或受遗赠人采取欺诈、胁迫的方式致使遗嘱人订立遗嘱的，或遗嘱继承人、受遗赠人伪造、篡改遗嘱，因此而导致遗嘱无效的，其应自行承担全部的损失。（2）若是因为遗嘱人欠缺遗嘱能力或欠缺事实遗嘱能力而导致遗嘱无效的，此时应根据遗嘱继承人、受遗赠人以及遗嘱人或其监护人各自的过错程度，综合确定责任承担方式。（3）因遗嘱形式不合法而导致遗嘱无效的情况。如果在遗嘱人生前即发现了遗嘱存在无效的情形，可以要求遗嘱人对遗嘱形式进行补正。如果在遗嘱人死亡后发现遗嘱形式不合法的，若遗嘱继承人或受遗赠人对此没有过错，则应由遗嘱人的其他法定继承人根据义务履行情况、遗产价值情况对遗嘱继承人或受遗赠人进行适当的补偿。（4）如果遗嘱因为违反了《民法典》第 1141 条关于必留份的规定导致遗产被扣减的，其不得要求必留份权利人进行补偿，相关损失应自行承担。

遗嘱人有订立附义务遗嘱的自由，遗嘱继承人或受遗赠人也有接受或不接受遗嘱内容的自由。在遗嘱中所附义务超过遗产价值的情况下，若遗嘱继承人或受遗赠人自愿履行的，法律并不禁止。其在履行了相关义务后，即使遗嘱人其他法定继承人实际继承了遗嘱人的其他财产，其也不得要求其他法定继承人对其进行补偿。

第四章　遗产的处理

第一千一百四十五条　继承开始后，遗嘱执行人为遗产管理人；没有遗嘱执行人的，继承人应当及时推选遗产管理人；继承人未推选的，由继承人共同担任遗产管理人；没有继承人或者继承人均放弃继承的，由被继承人生前住所地的民政部门或者村民委员会担任遗产管理人。

【条文主旨】

本条是关于确定遗产管理人的规定。

【条文理解】

遗产管理制度，是指在继承开始后遗产交付前，有关主体依据法律规定或有关机关的指定，以维护遗产价值和遗产权利人合法利益为宗旨，对被继承人的遗产实施管理、清算的制度。遗产管理人是对死者的财产进行妥善保存和管理分配的人。遗产管理制度是为了保障遗产的完整性和安全性，公平、有序地分配遗产，使遗产上各项权利得以实现的一项综合性制度。其主要具有四个方面的功能：第一，管理和保全财产。遗产管理人接管遗产后应进行清点、盘存、编制清册，确认遗产的范围和价值。第二，维护遗产权利人的利益。遗产管理人在接管遗产后，负责通知遗产的债务人和债权人在规定的期限内偿还债务和申报遗产权利，并防止部分遗产继承人对遗产进行藏匿或转移。实际上将继承人、遗产债权人以及其他遗产利害关系人的利益同等加以保护，这是对以往相关立法的极大补充和完善。第三，实现遗产公平分配。遗产管理人在管理和保全遗产的基础上，对遗产债权人和遗赠人的遗产债权进行优先清偿，然后就剩余的遗产在继承人之间分配。第四，保障交易安全。遗产管理人保存、管理、分配遗产，追偿遗产债权，清偿遗产债务等行为，不仅保障了被继承人与其他民事主体间的交易安全，也维护了继承人的利益以及与继承人交易的第三人之利益和交易安全。目前，许多大陆法系国家和英美法系国家，均设立有内容较为完备的遗产管理人制度，以期保护继承人的利益，保障遗产债权人的利益和维护交易安全。我国《继承法》未设立系统的、完善的遗产管理制度，仅在第 16 条和第 24 条原则性规定了遗嘱执行和遗产保管的部分内容。《继承法》第 16 条第 1 款规定："公民可以依照本法规定立遗嘱处分个人财产，并可以指定遗嘱执行人。"第 24 条规定："存有遗产的人，应当妥善保管遗产，任何人不得侵吞或者争抢。"《继承法意见》第 44 条规定："人民法院在审理继承案件时，如果知道有继承人而无法通知的，分割遗产时，要保留其应继承的遗产，并确定该遗产的保管人或保管单位。"但没有关于遗产管理制度的规定内容。随着我国老年人的数量逐渐增加，遗产继承案件也随之增多，遗产的范围与数量也越来越大，不仅种类纷繁复杂，而且表现形式各异。由于缺乏遗产管理制度，在被继承人死亡后遗产交付前，很可能使遗产处于无人管理的状态，继承人在难以知晓遗产的实际范围和价值的情况下，由于其往往不具备管理和分配遗产的能力或者精力，或缺乏专业的法律知识，很难妥善地管理遗产。此外，有的继承人已经占有遗产，而有的继承人并未实际占有遗产，甚至根本不知道继承已经开始。难免会有遗产分割前已经占有遗产的人转移、隐匿、私分、侵吞遗产等情形，侵害共同继承人和遗产债权人利益的情形。[①] 在继承开始后，由遗产管理人对遗产进行保管，有利于使遗产在实际分割前保障遗产的完整性和安全性，由遗产管理人对遗产进行清理、编制遗产清册、分配，有利于促进公平、有序地对遗产进行分配，实现各继承人对遗产的继承权。基于我国社会的现实和当前的国情，《民法典》继承编对遗产管理人的确定、职责、法律责任以及报酬作出规定，构建了较为完备的遗产管理制度。

遗产管理人与遗产保管人、遗嘱执行人既有相同之处，又有不同之处。遗产管理人兼具遗产保管人和遗嘱执行人的特征，遗产管理人与遗产保管人、遗嘱执行人更像是一种包含关系，遗产管理人有更为丰富的内涵，是更加完善的制度体系。遗产保管人是持有并保存被继承人遗产的人。现实生活中，持有遗产的大多是被继承人的继承人、受遗赠人、生前好友或被继承人生前所在单位、基层组织以及其他自然人。与遗产管理人不同，遗产保管人仅需对遗产尽到合理保存的义务即可，而遗产管理人不仅负有保管遗产的义务，还有清理遗产并制作遗产清单、向继承人报告遗产情况、采取必要措施防止遗产毁损、处理被继承人的债权债务、按照遗嘱或者依照法律规定分割遗产、实施与管理遗产有关的其他必要行为的职责。遗嘱执行人，是指有权执行遗嘱人所立遗嘱，使遗嘱内容得以实现的人或组织，包括处理被继承人身后之事、遵照遗嘱人的意愿分配遗产的行动和活动。由于遗嘱是在被继承人死亡后才发生效力，因此遗嘱须由他人代为执行。遗嘱执行的前提是存在合法有效的遗嘱，通常情况下，遗嘱执行人是被执行人在遗嘱中明确指定的人，因此遗嘱执行人只适用于遗嘱继承的情形；而遗产管理人可以适用于法定继承、遗赠、无人继承遗产等其他所有情形。[②]

遗产管理制度的构建涉及管理人的权利、义务和法律责任，需要

---

① 陈苇、石婷：《我国设立遗产管理制度的社会基础及其制度构建》，载《河北法学》2013 年第 7 期。

② 杜江涌：《遗产管理人制度研究》，载陈苇主编：《中国继承法修改热点难点问题研究》，群众出版社 2013 年版，第 437~439 页。

首先界定遗产管理人的法律地位。在学界，遗产管理人的法律地位主要有“代理权说”和“固有权说”的争议。“代理权说”认为遗产管理人的地位相当于代理人。代理权说也存在三种不同观点。第一种观点认为遗产管理人是被继承人的代理人，遗产管理人依被继承人的意愿对遗产进行管理、清算、分配，可以看作被继承人意志的延续。尤其在被继承人立有遗嘱的情况下，遗产管理人的权利来源于被继承人的授权。第二种观点认为遗产管理人是继承人的代理人，被继承人死亡后，被继承人的权利能力已经因死亡而消灭，不能委托代理人，其遗产归属于继承人，对遗产的管理实际上是对继承人利益的维护。第三种观点认为遗产管理人是遗产的代理人，遗产的地位等同于一个独立的无权利能力的财团法人，该观点对于无主遗产尤其贴切。“固有权说”认为，遗嘱管理人享有的是一种固有权利，其并不代表被继承人或继承人的利益。遗产管理人与破产管理人相似，具有独立的法律地位，依照法律规定行使职权，维护遗产价值、保护遗产权利人的合法利益，同时也保护遗产债务人的合法权益，其既不是被继承人的代理人，也不是继承人的代理人。以上学说各有利弊，仅从抽象的概念出发不能得到满意的结论。相比之下，我们认为“固有权说”更具说服力，遗产管理人承担更为全面的管理职能，既要确保遗产价值，又要依被继承人的意愿处分遗产，还要保护继承人、受遗赠人及其他利害关系人的合法权益，甚至要保护国家利益，具有中立性和专业性的特点。

继承开始后，遗产管理人的确定有以下几种情况：

第一，被继承人生前立有遗嘱明确指定遗嘱执行人的，该遗嘱执行人为遗产管理人。遗嘱体现着被继承人处分自己财产的愿望，基于意思自治原则，被继承人生前立有遗嘱，指定值得信赖的人作为遗嘱执行人，应由该遗嘱执行人作为遗产管理人行使遗产管理职责。这体现了法律尊重被继承人的意愿，保障根据其个人意愿处理遗产的意思自治权的充分实现。遗嘱执行人既可以指定一人，也可以指定数人；既可以指定自然人，也可以指定法人；既可以是法定继承人，也可以是法定继承人以外的人。

第二，没有遗嘱执行人的，继承人为遗产管理人，继承人为多人的，应当及时推选遗产管理人。该规定主要基于以下几方面考虑：一方面，基于继承人与被继承人之间特殊的亲情关系，继承人作为遗产管理人管理、分配遗产，是其对被继承人生前扶养、照顾义务的延伸。另一方面，被继承人死亡后，遗产一般为继承人实际管领、控制，其更了解遗产的状况以及遗产债务等相关情况，能够更好地注意维护遗产的价值。再一方面，继承人为多人时，如果不利于有效、便捷地管理遗产，应尊重继承人的意愿，由继承人协商，共同推选一名或数名遗产管理人。这里推选的遗产管理人应是有继承权的继承人，而不是继承人以外的人。需要说明的是，遗产管理人未必完全等同于继承人，继承人对遗产进行占有、支配，目的是维护自身利益，在没有制度保障及约束的情况下，容易漠视甚至牺牲其他遗产权益人的利益。而遗产管理人则需要以高度的注意义务维护遗产价值，按照法律规定对遗产进行处理，否则，将会承担相应的责任。因此，即使是在继承人对遗产进行管理时，也不能因此而否认其遗产管理人的身份。

第三，继承人未推选遗产管理人的，由全体继承人共同担任遗产管理人，以保证遗产的公平、合理分割。全体继承人行使遗产管理人的职责时，应以多数原则决议遗产管理事项。

第四，没有继承人或者继承人均放弃继承的，由被继承人生前住所地的民政部门或者村民委员会担任遗产管理人。为妥善保管遗产，在没有遗嘱执行人、继承人继承遗产时，亦有必要为遗产设置管理人，主导无人继承遗产的全部处理过程。以被继承人生前住所地的民政部门或村民委员会为遗产管理人，是由我国具体国情决定的。通常情况下，无人继承又无人受遗赠遗产的被继承人多为“五保户”或丁克家族，其很多生产、生活事宜通过居住地的基层组织进行联系、处理、照料，兼具社区服务职能的基层组织具有实施遗产清算和管理职务的优势。民政部门目前承担社会救济、社会福利事业、社区服务等工作，在实际工作中，往往相对比较了解辖区内公民的家庭关系、财产状况等，有能力担任遗产管理人，且权威性较高。村民委员会是最贴近本村村民的一级组织，最全面了解本村村民的家庭情况，适宜担任遗产管理人。《民法通则意见》《民法典》总则编中对未成年人和精神病人的监护问题也作了类似的规定，由被继承人生前住所地的民政部门或者村民委员会担任遗产管理人有助于保护相关权利人的利益。

【审判实践中应注意的问题】

在继承人下落不明时，可参照没有继承人或者继承人均放弃继承的情形，由被继承人生前住所地的民政部门或者村民委员会担任遗产管理人。所谓下落不明，是指自然人离开最后居所和住所后没有音讯的状况，这种状况须是持续、不间断地存在。在继承人处于下落不明的情形时，为了防止遗产受到毁损，保护继承人的财产权益，同时确保遗产债权人的利益得以顺利实现，被继承人生前住所地的民政部门或者村民委员会应作为遗产管理人采取必要的措施妥善保管遗产，处理被继承人的债权债务，待下落不明的继承人出现或被宣告死亡后，依法分配、处分被继承人的遗产。

第一千一百四十六条 对遗产管理人的确定有争议的，利害关系人可以向人民法院申请指定遗产管理人。

【条文主旨】

本条是关于遗产管理人争议解决程序的规定。

【条文理解】

遗产管理的目的在于及时、公平、顺利地实现遗产流转，在对遗产管理人的确定有争议的情况下，如无人愿意或多人争当遗产管理人，利害关系人可以申请人民法院指定遗产管理人，以便及时、有效、妥善地处理遗产。遗产管理制度能够有良好的实施效果，很大程度上取决于遗产管理人的选任是否科学合理。相当数量的国家都建立了遗产管理人制度，域外立法例对遗产管理人选任的相关规定具有一定的借鉴意义。

《法国民法典》规定，遗产管理人的产生方式有三种：遗嘱指定、继承人担任或推选及法院指定。《法国民法典》第812条规定，继承开始地第一审法院得依据利害关系人或王国初级检察官的要求，选任财产管理人。继承人怠于管理遗产、缺乏管理能力、存在过错，或继承人之间有矛盾、利益相冲突、遗产状况复杂的，经利害关系人或检察官的申请选任遗产管理人，家庭法院选任遗产管理人。《法国民法典》第793条规定，意图为限定承认的继承人，应向继承开始地第一审法院提出声明。此项声明应登录于受理抛弃继承声明书而置备的登记簿。第803条规定，限定继承人负管理遗产的义务，且对于债权人及受遗赠人应提出管理的计算。限定继承人，仅在经对其提出计算的催告而仍未履行此项义务的情形，始负责以其个人财产清偿遗产债务。计算终了后，限定继承人就取得剩余遗产的限度内，负责以其个人的财产清偿债务。即继承人必须在一定期限内依照法律规定的程序向继承开始地提交声明，同时呈交遗产清单，才可能取得有限责任继承人的资格；遗产清单应当是自继承开始的 3 个月内完成的，如果继承人超过法定期限或者提交的遗产清单的内容不真实，则会丧失有限责任继承的权利，而成为需要对遗产债务承担无限责任的无条件继承人。被继承人的债权人在任何情形下，都可以要求对继承人财产或死者的遗产分离，请求分离动产的时效为 5 年，而不动产主要存在于继承人手中的，请求分离财产的权利不受时效的影响。被继承人的债权人若接受继承人为债务人，则不能再请求分离遗产。继承人的债权人无权请求财产分离。共有财产的共有人，如果管理一处或数处共有财产，可以获得因管理而所得的纯收益，同时还有权按照约定的条件，获得报酬，无约定时，也可以由法院判决取得报酬。①

《德国民法典》规定，遗产管理人的产生方式有三种：遗嘱指定、继承人担任及法院选任。遗产债权人可以向法院申请管理遗产，如果遗产债权人认为并有足够理由证明继承人的行为或财产状况不利于债务的清偿，则可以向法院提出申请作为遗产管理人，但是继承人接受继承已满两年的除外。在无人继承的情况下，《德国民法典》规定遗产法院发布遗产管理命令，即可在没有出现继承人承认继承之前，继承人不明或不能肯定其是否接受遗产的情况下，出于对遗产进行保全处分的必要，为将来可能又出现的继承人选任遗产保护人，遗产法院应利害关系人的申请及时选任遗产管理人，同时遗产管理人享有报酬请求权。

《日本民法典》规定，遗产管理人的产生方式有三种：遗嘱指定、继承人担任及法院选任。继承人为数人时，家庭法院须从继承人中选任遗产管理人。在不知是否有继承人时，利害关系人或检察官可以申

---

① 杜江涌：《遗产管理人制度研究》，载陈苇主编：《中国继承法修改热点难点问题研究》，群众出版社 2013 年版，第 441~442 页。

请建立遗产管理，家庭法院查证属实的，应当命令管理遗产、选任遗产管理人并进行公告。该利害关系人应为遗产债权人或受遗赠人。《日本民法典》第944条规定，继承人虽表示了单纯的承认，在财产分离的请求后，该继承人应以对自己固有财产同样的注意管理继承财产，但是，家庭法院选任了管理人时，不在此限。即如果选任了遗产管理人，有其实施管理行为，继承人不再享有管理遗产的权利；如果没有遗产管理人，继承人对遗产应同对自己财产一样，履行注意管理的义务。

上述三国立法都规定遗产管理人的产生方式为遗嘱指定、继承人担任或推选、法院指定。其中，对于法院指定遗产管理人的情形存在不同规定，主要有以下几种：第一，继承人为数人的；第二，相关利害关系人或检察官申请的；第三，继承人有无不明或不确定的。上述国家为了保全遗产和维护遗产权利人的利益，让作为公权力机关的法院有条件地指定遗产管理人，值得我们借鉴。结合我国具体国情及民间继承习惯的实际，在没有继承人或者继承人均放弃继承时，兼具社区服务职能的基层民政部门或者村民委员会，在对遗产的占有和管理、遗产债权债务的清算等方面有较为明显的便利条件，如果将此项管理职责交给法院，将增加法院的工作量，并带来很多实际困难，不利于快速、高效地解决遗产问题，《民法典》第1145条规定“没有继承人或者继承人均放弃继承的，由被继承人生前住所地的民政部门或者村民委员会担任遗产管理人”，是较为合理的，由基层组织处理一些公民个人的人身和财产问题，在《民法通则意见》《民法典》总则编中亦有规定，符合公共利益和公共秩序的要求，与基层组织的职能相吻合，是由我国目前诉讼体制和国情决定的必然结果。因此，本条规定，当对遗产管理人的确定有争议，经协商无法解决时，利害关系人可以向人民法院申请指定遗产管理人。

对遗产管理人存在争议，一般存在以下情形：不认可被继承人遗嘱中关于遗嘱执行人内容的真实性、有效性，从而不认可遗嘱执行人作为遗产管理人；对继承人的范围存在争议，导致无法推选遗产管理人；继承人不认可共同担任遗产管理人等。在无法确定遗产管理人的情况下，遗产存在毁损、灭失、侵占等风险，继承人、受遗赠人、遗产债权人作为利害关系人，其权益可能受到损害。为避免损害的发生，利害关系人可以向法院申请指定遗产管理人，以保障遗产的安全性，维护继承人和遗产债权人的合法权益。法院的指定具有终局效力，被指定的遗产管理人应当履行管理、清算、分配遗产、清偿债权债务的职责，不得进行有损于遗产价值的使用、收益和处分。遗产管理人不应自负清算和管理遗产的开支，清算和管理遗产的费用，可以优先从遗产中扣除，并获得报酬。遗产管理人清算和管理遗产的适当性应与自己财产尽同一注意义务，如果其因故意或重大过失造成遗产流失或毁损，损害继承人、受遗赠人及债权人权益，应当承担民事责任。

【审判实践中应注意的问题】

《民法典》并未规定遗产管理人应否具备民事行为能力，亟待司法解释作出相关规定。但法院在指定遗产管理人时，应考虑遗产管理人的资格和能力。随着我国社会的快速发展，遗产的范围越来越大，管理遗产具有一定的复杂性，这就要求遗产管理人具有一定的能力和素质。法院应秉承有利于遗产保护的原则，以及维护继承人、遗产债权人利益的原则，结合具体实际情况，选任合适的遗产管理人。

第一千一百四十七条　遗产管理人应当履行下列职责：

（一）清理遗产并制作遗产清单；

（二）向继承人报告遗产情况；

（三）采取必要措施防止遗产毁损、灭失；

（四）处理被继承人的债权债务；

（五）按照遗嘱或者依照法律规定分割遗产；

（六）实施与管理遗产有关的其他必要行为。

【条文主旨】

本条是关于遗产管理人职责的规定。

【条文理解】

遗产管理人制度是本次《民法典》编纂新增加的制度，该制度的核心内容就是遗产管理人的职责。

遗产管理人，是指对于被继承人遗留的个人合法财产进行保存和管理的主体。依据《民法典》第1121条规定，继承从被继承人死亡时开始。但在现实生活中，通常在继承开始后并不会马上对遗产进行分割，这是因为存在着遗产继承人不确定、需要等待受遗赠人作出放弃或者接受的表示，或者遗产无人继承的可能性，并且被继承人生前可能负有债务，需要以遗产偿还。所以，在遗产分割之前，要经过遗产清算、通知公告、申报权利、清偿债务等一系列继承活动，最终才会进行遗产分割。从继承开始后至遗产分割前的这段时间，遗产往往处于无人管理的状态，此时就需要有专门主体秉着公平公正、诚信的原则对遗产进行管理，达到保护遗产安全和完整、保障继承人和债权人的合法权益不受侵害的目的，这就是所谓的遗产管理人制度。①

遗产管理人行使职责的目的有三个：第一，保护遗产的安全和完整；第二，保护继承人的合法权益；第三，保护债权人的合法权益。首先，遗产管理人制度是保护遗产安全性和完整性的重要制度。继承开始后、遗产分割前，继承人不能真正地对遗产行使所有权，在此期间，遗产处于无人管理的状态，很容易被遗产占有人私分、转移或者隐匿等。实际生活中，在此期间也最容易产生继承人之间的纠纷。所以，由遗产管理人对遗产进行清点、编制成册、保管，就显得尤为重要。其次，遗产管理人制度是保护继承人合法利益，保证遗产公平分割的前提。在实际社会生活中，有的继承人已经占有遗产，有的继承人并未实际占有遗产，甚至根本不知道继承已经开始的事实，难免会有遗产分割前已经占有遗产的人转移、隐匿、私分遗产等情形，由此可能会阻碍部分继承人继承权的实现。在继承开始后，由遗产管理人对遗产进行保管，有利于使遗产在实际分割前保持继承开始时的状态，保障遗产的完整性和安全性不受侵害，实现各继承人对遗产的继承权。最后，遗产管理人制度是保护遗产债权人合法权益的需要。现实生活中，容易发生继承人私分、转移或隐匿遗产，损害债权人利益的问题。所以，如果没有客观中立的主体组织和监督遗产清算及债务清偿，如果缺少了对继承人权利的制约机制，遗产债权人的利益很难得到切实有效的法律保护。

基于遗产管理人制度的上述设立初衷，遗产管理人应当忠实、谨慎地履行遗产管理职责。依据本条规定，遗产管理人的具体职责包括以下内容：

一、清理遗产并制作遗产清单

清理遗产是为了确定遗产范围。遗产范围历来是遗产继承纠纷的争议焦点之一，因此本条规定将其作为遗产管理人的首要任务。

---

① 刘乙璞：《我国遗产管理人制度的立法构想》，载《长沙理工大学学报（社会科学版）》2016年第4期。

无论遗产管理人是存有遗产的继承人或其他自然人，还是被继承人生前住所地的民政部门或者村民委员会，都应当以中立者的身份对遗产进行认真地清点、核实，并根据遗产的内容登记造册、制作遗产清单。制作遗产清单是遗产完整性和安全性的重要保障，便于进行遗产管理、防止遗产散失，便于计算遗产价值及清算移交遗产，便于继承人或利害关系人随时查阅。还能够保障遗产债权、债务得到有效收取和清偿，保障遗产得到有效的分配，保障遗产税收的收取。所以，制作遗产清单是查明遗产数额、确定遗产状况的主要保障，为遗产的实际分割、执行提供基础，是保护继承人和遗产债权人合法权益的重要程序。同时，有利于防止遗产占有人私分、转移、隐匿、损毁遗产等，是保障遗产“安全”的重要途径。

清理遗产并制作遗产清单，是遗产管理上的第一个重要步骤，遗产管理人应做到认真、细致、详尽、不遗漏、无差错。在实践中，应当有两名以上的见证人在场，并在遗产清单上签名。关于何时制作遗产清单，本条未作规定。我国台湾地区“民法”第1179条规定，遗产保管人应于就职后3个月内编制遗产清单。实践中，在从速清点遗产后，应尽快制作遗产清单。

二、向继承人报告遗产情况

从域外立法例看，大陆法系国家和英美法系国家均规定遗产管理人应编制财产目录，但对于遗产管理人是否有遗产状况的报告或说明义务，各国规定有所不同。如《法国民法典》第813条规定，遗产管理人有义务对遗产进行盘点，编制遗产清册，行使属于遗产的权利并经诉讼途径主张此种权利。遗产管理人对遗产进行管理，并且为保全遗产的权利，同时应当向遗产应当归属的人报明账目。此外，遗产管理人还负责清偿遗产债务，执行遗赠、分割遗产等职责。《德国民法典》规定继承人可以主动编制遗产清册递交法院以限制自己的责任。第1985条规定，遗产管理人必须管理遗产，并就遗产清偿遗产债务；遗产管理人也向遗产债权人对遗产管理负责任。《日本民法典》第27

条规定遗产管理人须对其应管理的遗产制作目录；第 28 条、第 103 条规定遗产管理人的权限通常主要为保存行为以及在不改变代理标的物或权利性质的范围内，以利用或改良为目的的行为；第 954 条规定遗产管理人在遗产债权人或者受遗赠人请求时，应当向其报告遗产状况；第 29 条还规定家庭法院可以责令遗产管理人就遗产的管理及返还提供相应的担保。《瑞士民法典》第 555 条规定由主管官厅保管遗产与制作遗产清册，并清偿遗产债务。①

根据《民法典》第 1145 条规定，在没有继承人或者继承人均放弃继承的情形下，是由被继承人生前住所地的民政部门或者村民委员会担任遗产管理人，所以遗产管理人的职责应该侧重于通过遗产管理，保存遗产的价值，并清偿债务。在有继承人的情形下，遗产管理人的产生或者是由被继承人指定（遗嘱执行人担任遗产管理人的情形），或者是由继承人推选，或者是由继承人共同担任，在这些情形下，遗产管理人进行遗产管理的职责都应包括保护继承人的合法利益。这是因为对于遗产，继承人享有继承权，具有排他性，遗产管理人履行职责、管理遗产，不能损害继承人的合法权益。故本条规定，遗产管理人在清理遗产后，应当向继承人报告遗产情况。

报告遗产情况，既包括报告遗产的范围，即遗产具体包括哪些财产，也包括遗产的现状，比如遗产在谁手中、折旧程度如何、是否需要采取特别保管措施等。应注意的是，报告遗产情况，应向全体继承人为之，防止出现损害部分继承人的情形。

三、采取必要措施防止遗产毁损

采取措施防止遗产毁损，是遗产管理人对遗产进行保管这一职责的体现。为妥善保管遗产，遗产管理人应根据遗产的不同性能，采取相应的保管措施。

遗产管理人在管理遗产时，采取的处置措施应以必要为限，应当

① 参见李子瑾、张志媛、任丁：《遗产管理人制度研究》，载《法制与社会》2013 年第 36 期。

以不变更遗产的标的物或权利的性质为限。只有在这个范围内才可以对遗产改良和利用，如果超出这个范围，则属于处分行为，不是管理上的必要行为。比如遗产管理人任意处置遗产，将遗产赠与他人等，就属于超越管理权限的行为。

遗产管理人在管理权限内的必要行为，大致有以下几种：

1. 为保存遗产所作出的处理遗产的行为。例如，遗产管理人为保护房产，将破旧房屋进行维修，与他人订立房屋修缮合同，以免房屋倒塌、损坏。又如，为防止遗产损坏和减值，对于易腐败、不适宜继续保存的遗产及时变卖处理，以保存价款。再如，对于因长期保存耗费资金太大的遗产标的物，也可以变卖，保存价款。

2. 对死者紧急债务和税款的清偿行为。例如，遗产管理人为料理死者丧事的需要，可以对死者遗产作出处分作为丧葬费用。又如，死者生前因治疗疾病所花费的医疗费用、死者生前应当缴纳的税款，均可以从遗产中支付。

3. 对于死者生前的营业，有必要继续进行的营业行为，如收取利息、取得营业的收益、支付参加该营业的职工的工资等，均在遗产管理的权限之内。

遗产管理人所作的处置遗产的行为，在一般情况下，应当与继承人共同商量办理。

四、处理被继承人的债权债务

现代继承法倡导同时保护继承人及遗产债权人的合法权益，遗产管理人制度设立的宗旨就是科学管理遗产，既保护继承人的利益，又注重维护遗产债权人的利益。依据《民法典》第1122条规定：“遗产是自然人死亡时遗留的个人合法财产。依照法律规定或者根据其性质不得继承的遗产，不得继承。”其中，“个人合法财产”应包括债权，即被继承人的债权应当纳入遗产范围，所以，为了维护继承人的利益，遗产管理人应当对被继承人的债权进行处理。同时，依据《民法典》第1159条规定，“分割遗产，应当清偿被继承人依法应当缴纳的税款和债务；但是，应当为缺乏劳动能力又没有生活来源的继承人保留必要的遗产”，即在遗产分割之前，需要先清偿被继承人的税款和债务。所以，为了维护遗产债权人的利益，遗产管理人也应当对被继承人的债务进行处理。

实践中，遗产管理人对被继承人的债权债务进行处理，主要涉及两个程序：首先，确认被继承人的债权和债务。这是保护遗产继承人和债权人的重要步骤，只有将债权人和债务人查明才能有序清偿债权债务。在实际生活中，有的遗产权益人（包括继承人、受遗赠人、债权人及其他利害关系人等）可能处于“隐藏”或“不为人知”的状态，故需要进行寻找，使其知悉自己享有的权益或继承已经开始的事实，督促遗产权益人及时行使权利。所以，虽然本条没有具体规定确认程序，但这是对债权债务进行处理的首要步骤，故在继承开始后，遗产管理人应当通知继承人、债权人、受遗赠人及其他利害关系人继承开始的事实以及申报遗产债权债务，这是启动遗产继承程序的必要环节。在必要情况下遗产管理人可以发出公告，公告继承开始的事实以及通知申报债权债务，在公告期限届满之前，遗产管理人有权拒绝清偿债务及交付遗赠物的请求。公告期满后，再根据遗产权益人的申报情况，根据法律规定的顺位清偿遗产债务，分割遗产。其次，清偿税款和债务。依据《民法典》第1159条和第1161条规定，在分割遗产前，应当清偿被继承人依法应当缴纳的税款和债务。从遗产管理人制度的设立初衷来看，清偿债务是遗产管理人存在的最重要价值之一，公正中立的遗产管理人有效清偿遗产债务是保障遗产债权人利益得以不受侵害的重要途径。遗产管理人应该按照遗产清册、按照法定清偿顺序进行清偿，比如依据《民法典》第1163条规定，既有法定继承又有遗嘱继承、遗赠的，由法定继承人清偿被继承人依法应当缴纳的税款和债务；超过法定继承遗产实际价值部分，由遗嘱继承人和受遗赠人按比例以所得遗产清偿。

五、按照遗嘱或者依照法律规定分割遗产

在清偿完税款和债务后，如果还有剩余财产，应当在各继承人之间进行分配，从而使分割后的遗产为各个继承人所有，这是遗产管理的最后一个步骤。分割遗产，会涉及分割顺序和分割方式。分割顺序上，有遗赠扶养协议的，应当首先按照协议办理；其次按照遗嘱继承或者遗赠办理；最后按照法定继承办理。分割方式上，如果遗嘱中指定遗产分割方式的，应按照遗嘱处理；如果没有遗嘱或者遗嘱未指定的，当事人可以协商确定。遗产分割的方式主要有实物分割、变价分割、作价补偿、转为按份共有等几种方式。

确定遗产分割方案后，遗产管理人有向继承人移交遗产的义务。当遗产无人继承且无人受遗赠时，依据《民法典》第 1160 条规定，遗产归国家所有，用于公益事业；死者生前是集体所有制组织成员的，归所在集体所有制组织所有。所以，若此类遗产在清偿债务后仍有剩余的，遗产管理人有向国家或集体所有制组织移交遗产的义务。

六、实施与管理遗产有关的其他必要行为

这一点为兜底授权性规定，是指遗产管理人为了履行职责，需要实施前五项之外的行为的，只要有实施的必要，法律是允许的。

【审判实践中应注意的问题】

一、遗产管理人的职责既是权利也是义务

遗产管理人的职责是法律赋予遗产管理人的职权，遗产管理人有权为了履行职责而实施必要的行为。比如，遗产处分权，遗产管理人可以为了管理遗产而出让动产进行变现或者其他必要的交易，可以为保存遗产而作出必要处理，可以清偿被继承人生前债务和税款，另外还可收取被继承人的未收取债权。又如，对于遗赠的执行、遗产债务

清偿的监督权。对于附义务的遗产受赠人，遗产管理人可监督查明其是否履行了所附的义务。再如，排除遗产管理的各种妨碍。在遗产管理人履行职责的过程中，继承人不得妨碍遗产管理人履行职责，也不得自行处分遗产。

同时，遗产管理人的职责也是其应承担的义务。遗产管理人一旦接受了任命，应当忠实、谨慎地履行遗产管理职责。履行职责不当，给继承人、受遗赠人、债权人造成损害的，应承担相应民事责任。应注意的是，遗产管理人的义务，不是对个别继承人，而是对所有继承人、受遗赠人，即使是在遗产管理人是由遗嘱执行人担任的场合，其职责也不限于执行遗嘱，而是扩展到本条规定的所有职责；不仅是对于继承人，也是对于债权人。所以，遗产管理人无论是如何产生的，其均应当严格按照本条规定履行职责。

二、遗产管理人能否提起或参与遗产管理期间的诉讼

为了处理被继承人的债权债务，遗产管理人能否提起或参与与遗产有关的诉讼？虽然本条对此未作规定，但是基于保护遗产完整和安全的目的，我们认为，遗产管理人应该有一定的权限在遗产管理期间提起或参与与遗产有关的诉讼，并实施一定的处分行为。至于遗产管理人可否以自己的名义提起诉讼，目前法律没有规定，有待进一步探索。实践中，如果其不具有独立诉讼主体资格，其也可以以继承人代理人的身份参加诉讼。

第一千一百四十八条　遗产管理人应当依法履行职责，因故意或者重大过失造成继承人、受遗赠人、债权人损害的，应当承担民事责任。

【条文主旨】

本条是关于遗产管理人未尽职责的民事责任的规定。

【条文理解】

根据《民法典》第1147条规定，遗产管理人应当履行法定的职责。当其没有履行法定职责或者履行不当时，在何种情形下其应当承担民事责任？本条规定即回答了这个问题。

遗产管理人不仅应当履行法定的职责，而且在履行职责时负有一定的注意义务，确保适当履行。关于遗产管理人履行法定职责时的注意程度，学理上有两种观点：一种观点认为，遗产管理人的注意义务应根据其是否获得报酬而不同。参照《民法典》第929条“有偿的委托合同，因受托人的过错造成委托人损失的，委托人可以请求赔偿损失。无偿的委托合同，因受托人的故意或者重大过失造成委托人损失的，委托人可以请求赔偿损失”的规定，遗产管理人受有报酬者，应尽善良管理人的注意义务；无偿管理者，则仅需尽到与处理自己事务相同的注意义务。另一种观点则认为，不必区分遗产管理人是否受有报酬，凡遗产管理人一律应以善良管理人的注意义务履行职责。本条规定最终没有区分遗产管理人是否有偿，统一规定只有在遗产管理人因“故意或者重大过失”造成损害的，才承担民事责任。

在理解和适用本条规定时，应注意以下几点：

一、遗产管理人的地位

要理解遗产管理人的注意义务，首先要明确遗产管理人的地位。学理上，遗产管理人的地位主要有“代理权说”和“固有权说”的争议。“代理权说”认为被继承人死亡后，遗产转归继承人所有，所以遗产管理人应为继承人的代理人。“固有权说”认为遗产管理人依照法律规定行使职权，维护遗产价值、保护遗产权利人的合法利益，同时也保护遗产债权人的合法权益，具有独立的主体地位，既不是被继承人的代理人，也不是继承人的代理人。[①]我们认为，从遗产管理人的产生来看，遗产管理人可能为遗嘱执行人，可能为继承人推选出的人，也可能由继承人共同担任，还可能为被继承人生前住所地的民政部门或者村民委员会担任。在不同情形下，遗产管理人和继承人的关系是不同的。在遗嘱执行人担任遗产管理人的情形下，遗嘱执行人是由被继承人指定，与继承人之间无代理关系；在继承人共同担任遗产管理人的情形，遗产管理人就是继承人本人；在民政部门或者村民委员会担任遗产管理人的情形下，遗产管理人是法定产生，与继承人之间并无代理关系。只有在继承人推选产生遗产管理人的情形下，遗产管理人和继承人之间才可能存在委托代理关系。所以，从这个角度讲，“固有权说”更为合理。即遗产管理人具有独立的法律地位，应将其视为独立的法律主体，在我国法律中，类似于清算机构、破产管理人等主体。这样理解，有利于保证其不受继承人的影响，中立、公允地履行职责，协调各方利益冲突，减少矛盾纠纷。

二、遗产管理人承担民事责任的要件

遗产管理人违反法定职责，未尽到注意义务，造成继承人、受遗赠人、债权人损害的，应当承担民事责任。其民事责任的构成要件如下：

---

① 李子瑾、张志媛、任丁：《遗产管理人制度研究》，载《法制与社会》2013年第36期。

（一）遗产管理人违反法定职责，且造成了继承人、受遗赠人、债权人损害

比如（1）未尽到妥善保管义务，造成遗产毁损，遗产价值减少，对继承人、受遗赠人、债权人造成损害；（2）未尽到全面清理遗产且向继承人报告的义务，存在漏报、瞒报，致使遗产被个别继承人转移、处分，从而使得其他继承人、受遗赠人和债权人受到损害；（3）未按照遗产债务的法定清偿顺序进行清偿，或者在遗产不能满足全部债权的情况下，未按照债权比例进行清偿，致使债权人利益受到损害；（4）在遗产不足的情况下，对受遗赠人、遗嘱继承人和法定继承人未按法定顺序分配遗产，造成受遗赠人或部分继承人受到损害；（5）在清偿遗产债务时，没有为继承人中缺乏劳动能力又没有生活来源的继承人保留必要的遗产，致使这类继承人利益受损；（6）在遗产分割时未为胎儿保留继承份额，损害胎儿利益。应注意的是，上述几种情形仅为列举，不能包括所有情形，要根据遗产管理人的职责进行具体判断。

（二）遗产管理人对违反法定职责存在故意或者重大过失

这是遗产管理人承担民事责任的主观要件。依据本条规定，遗产管理人只有对未尽到法定职责存在故意或重大过失时才承担责任，仅为一般过失时不承担责任。故意，是指遗产管理人对未尽法定职责是故意为之，比如，不作为，不履行法定职责；再如，为了保护个别继承人或个别债权人利益，故意不清偿债务即分配遗产，或者不按照法定顺序清偿债务、分配遗产。重大过失，是指遗产管理人对未尽法定职责虽不是故意为之，但是存在重大的过错，比如，处理被继承人的债权债务，明知被继承人有债权，但是怠于提醒继承人提起诉讼，致使债权超过诉讼时效；再如，明知有受遗赠人存在，但是分配遗产时将之遗漏等。在实践中，认定重大过失，应和一般过失相区分，应结合具体案情进行判断。比如，遗产管理人清理遗产，假如存在遗漏，应看遗漏的遗产性质、遗漏的原因等，如果遗漏遗产是因为个别继承人故意隐匿、转移导致，其他继承人也不知道或者知道了没有告知遗

产管理人，遗产管理人已经尽到了和对待自己事务相当的注意义务的，不应认定为重大过失。

三、遗产管理人承担民事责任的形式

遗产管理人的民事责任，是指遗产管理人在履行自己法定职责的时候，因故意或者重大过失造成继承人、受遗赠人、债权人损害时，应承担的民法上的不利法律后果。通过对遗产管理人施加责任，可以促使遗产管理人认真履行职责，有利于保护继承人、债权人等遗产利害关系人的利益。遗产管理人承担的民事责任属于侵权责任，其承担责任的形式主要有以下几种：

第一，返还财产。如遗产管理人非法侵占遗产的，应承担此种民事责任。

第二，恢复原状。遗产管理人因自己的原因造成遗产毁损的，可以通过修理、重作、更换等方式弥补自己的过错，减少对继承人、受遗赠人和债权人等利害关系人的损害。比如遗产是房屋，因保管不善造成破损的，可通过修缮进行恢复。

第三，损害赔偿责任。这是遗产管理人的主要民事责任形式，是指遗产管理人因故意或者重大过失未尽法定职责，给继承人、受遗赠人或债权人造成损害的，应当进行损害赔偿，损害赔偿数额应大体相当于继承人、受遗赠人或债权人遭受的损害数额。当然，如果是共同侵权的，应由共同侵权人共同承担侵权责任，比如遗产管理人和部分继承人串通，隐匿、转移或变卖遗产，损害其他继承人利益的，受损害的继承人有权要求遗产管理人和部分继承人共同承担侵权责任。如果是遗产管理人和继承人串通，损害债权人利益的，债权人有权要求遗产管理人和继承人共同承担侵权责任。

【审判实践中应注意的问题】

一、继承人共同担任遗产管理人时，如何承担民事责任

依据《民法典》第1145条规定，继承开始后，没有遗嘱执行人，继承人也未推选遗产管理人的，由继承人共同担任遗产管理人。在继承人共同担任遗产管理人的情形下，其是具有双重身份的：继承人和遗产管理人。相应地，其享有双重权利，履行双重义务。比如，作为继承人，其有权知悉遗产的状况，有权在债务清偿完毕后分得遗产等，同时承担义务，如有义务以所得遗产实际价值为限清偿被继承人依法应当缴纳的税款和债务，知道被继承人死亡的继承人有义务及时通知其他继承人和遗嘱执行人等。作为遗产管理人，其有权根据本条规定履行清理遗产、采取必要措施防止遗产毁损、清理被继承人债权债务等法定职责，同时这些职责也是其义务。所以，在继承人同时也是遗产管理人的情形下，若其存在不当行为，损害受遗赠人、债权人或者部分继承人利益的，应当根据其具体行为，判断其是应作为继承人承担责任，还是作为遗产管理人承担责任。比如，继承人合谋隐匿、转移、变卖遗产，损害受遗赠人或债权人利益的，其行为既违反了继承人的义务，也违反了遗产管理人的义务，受遗赠人或债权人可选择适用请求权基础。

二、遗产管理人不作为时，利害关系人有权请求其履行职责

实践中，有这样一个案例：曹某生前曾向A借款20万元，曾出借10万元给B。曹某去世后，其子明确表示放弃继承，曹某无其他第一顺序继承人和第二顺序继承人。后曹某居住地的村委会负责接收曹某的厂房、设备等遗产并清偿了部分债务。A获悉曹某死亡后，向村委会申报了上述债权，并告知村委会有关曹某曾出借款项给B一事。事后，A未从村委会那里得到遗产清偿款，村委会也未向B主张此笔遗产债权，后A对B提起代位权诉讼，称村委会怠于清算，致使其对

曹某的债权存在难以实现的可能，要求代位曹某或村委会向B主张曹某的债权人民币10万元。法院经审理认为，曹某死亡后，其生前财产包括债权债务均应纳入遗产范围进行清算。曹某生前是否怠于向B行使债权及村委会接管曹某遗产后是否怠于清算，均不成立代位权，故驳回了A的诉讼请求。这个案例发生在《民法典》颁布之前，当时尚无遗产管理人制度。

如果适用本条规定，曹某的继承人放弃继承后，村委会作为遗产管理人，其职责包括处理曹某的债权债务。所以，如果其怠于向曹某的债务人B追偿，因此损害债权人A利益的，A或者曹某的其他债权人作为利害关系人有权提起诉讼，请求村委会履行遗产管理相应职责。如果村委会仍然怠于履行职责，因此给债权人造成损害的，应当承担损害赔偿等责任。

第一千一百四十九条　遗产管理人可以依照法律规定或者按照约定获得报酬。

【条文主旨】

本条是关于遗产管理人的报酬的规定。

【条文理解】

遗产管理是一项复杂的管理活动，特别是在遗产较多的情况下，遗产管理人往往需要付出较多的劳动和时间，而且遗产管理人负有法定职责，在因故意或者重大过失给继承人、受遗赠人、债权人造成损害时还要承担法定责任。因此，学理上一般认为，遗产管理人应当有权利获得与自己劳动相应的报酬，这在一定程度上能够激励其尽职管理，也有利于实现权利义务的统一。

在当事人对遗产管理人的报酬有约定的情形下，应当按照约定处理。在当事人没有约定时，遗产管理人能否获得报酬，各国规定不一致。比如法国、意大利规定原则上遗嘱执行人不能获得报酬，但有例外规定的除外。但对于遗嘱执行人外的遗产管理人，法国规定可以从遗产中获得管理报酬。德国、日本规定原则上遗嘱执行人可以获得适当报酬，但遗嘱人或遗嘱有例外规定的除外，遗嘱执行人外的遗嘱管理人可以从遗产中获得管理报酬。

借鉴上述各国的规定，本条规定遗产管理人可以获得报酬，获得的依据分为法律规定和约定两种。

在理解和适用本条规定时，应注意以下几点：

一、不同主体担任遗产管理人时的区分

根据《民法典》第1145条规定，遗产管理人的产生方式不一，可能由遗嘱执行人、继承人推选的人、继承人或者民政部门、村民委员会担任。在不同情形下，遗产管理人获得报酬的方式会存在区别。

（一）遗嘱执行人担任遗产管理人

遗嘱执行人，是指代被继承人执行遗嘱的人。所谓遗嘱的执行，是指被继承人死亡后，由特定的人按照被继承人在有效遗嘱中所表示的愿望而进行的必要行为。遗嘱执行的目的是实现被继承人的遗愿。在遗嘱中，有的事项于遗嘱生效后自然发生法律效力而无须执行，如对某一继承人的虐待行为表示宽恕、剥夺某一继承人继承遗产的权利等；而有些事项于遗嘱生效时必须通过执行行为来实现，比如遗产的分配、遗产债权的收取、遗产债务的清偿、遗赠的执行等。

关于遗嘱执行人的产生，《民法典》第1133条第1款规定："自然人可以依照本法规定立遗嘱处分个人财产，并可以指定遗嘱执行人。"即我国法律只确定了被继承人指定这一种产生的方式。由于遗嘱体现着被继承人处分自己财产的愿望，基于私法的"意思自治原则"，被继承人生前立有遗嘱并指定了遗嘱执行人的，应由遗嘱执行人担任遗产管理人，这有利于充分实现被继承人的遗愿。

遗嘱执行人担任遗产管理人的，能否要求报酬，主要看当事人对此事项是否有约定。一般而言，被继承人指定遗嘱执行人的，会给付报酬。比如在遗嘱中写明，或者另行签订协议约定。若被继承人在遗嘱中未写明给予报酬，也未另行签订协议的，遗嘱执行人可否请求报酬？学者们对此问题认识不一。梁慧星教授负责的中国民法典研究课题组起草的《中国民法典继承编条文建议草案》第60条规定："遗嘱人可以在遗嘱中对遗嘱执行人指定报酬。遗嘱人没有做出上述指定的，遗嘱执行人不得请求报酬。但继承人或者受遗赠人自愿支付报酬的除外。"杨立新教授在《在审判实践中怎样理解和掌握〈继承法〉的基本问题》一文中指出："遗嘱执行人为执行遗嘱所支付的必要费

用和应得报酬，有权请求继承人偿付，如果继承人拒不偿付，执行人有权变卖遗产，从中得到补偿。”本条对此没有明确规定，若以后出台的法律中对此有规定的，根据法律规定处理。

实践中，有的情形下，虽被继承人和遗嘱执行人没有约定，但是继承人和遗嘱执行人约定给付报酬的，效力能否认定？我们认为，只要不存在应认定无效的其他因素，该约定应为有效。如《最高人民法院关于向美琼、熊伟浩、熊萍与张凤霞、张旭、张林录、冯树义执行遗嘱代理合同纠纷一案的请示的复函》(〔2002〕民一他字第14号）中载明：“张凤霞作为熊毅武指定的遗嘱执行人，在遗嘱人没有明确其执行遗嘱所得报酬的情况下，与继承人熊伟浩、熊萍等人就执行遗嘱相关的事项签订协议，并按照该协议的约定收取遗嘱执行费，不属于《中华人民共和国律师法》第三十四条禁止的律师在同一案件中为双方当事人代理的情况，该协议是否有效，应当依据《中华人民共和国合同法》的规定进行审查。只要协议的签订出于双方当事人的自愿，协议内容是双方当事人真实的意思表示，不违反法律和行政法规的禁止性规定，就应认定为有效。如果熊伟浩、熊萍等人以张凤霞乘人之危，使其在违背真实意思表示的情况下签订协议为由，请求人民法院撤销或者变更该协议，应有明确的诉讼请求并提供相应的证据，否则，人民法院不宜主动对该协议加以变更或者撤销。”

（二）继承人推选的人担任遗产管理人

依据《民法典》第1145条规定，没有遗嘱执行人的，继承人应当及时推选遗产管理人。继承人若为两人或者多人的，可以协商从继承人中推选出一名遗产管理人。如果推选不成，也可协商在继承人范围外共同选定一名遗产管理人。

对于被推选出的人选，其有权决定其是否接受选任。一旦接受，即成为遗产管理人，应依法履行职责。在这种情形下，遗产管理人和继承人之间实际上存在委托代理关系，故其进行遗产管理是无偿还是有偿，要看其和继承人之间是否有协议约定。对报酬有约定的，遗产管理人有权请求继承人支付报酬。没有约定的，遗产管理人可否请求，本条对此没有明确规定，若以后出台的法律中对此有规定的，根据法律规定处理。

（三）继承人共同担任遗产管理人

依据《民法典》第1145条规定，继承人未推选遗产管理人的，由继承人共同担任遗产管理人。在继承人共同担任遗产管理人的情形下，遗产管理人管理的其实是自己的事务，管理产生的利益亦归于自己。我们认为，该情形下原则上不需要支付报酬。当然，如果以后出台的法律中对此另有规定的，依据法律规定。

（四）民政部门、村民委员会担任遗产管理人

根据《民法典》第1145条规定，没有继承人或者继承人均放弃继承的，由被继承人生前住所地的民政部门或者村民委员会担任遗产管理人。按照《民法典》第1160条规定，无人继承又无人受遗赠的遗产，归国家所有，用于公益事业；死者生前是集体所有制组织成员的，归所在集体所有制组织所有。所以实践中，在没有受遗赠人的情形下，民政部门、村民委员会其实是代国家或者集体所有制组织进行遗产管理，涉及国家利益和集体利益，民政部门、村民委员会进行遗产管理其实具有行使职权的性质，这种情形下，我们认为原则上不应当支付报酬。当然，如果以后出台的法律中对此另有规定的，依据法律规定。

二、注意区分报酬和管理费用

报酬是给予遗产管理人的酬劳，是遗产管理人所付出劳动的对价。而管理费用，是指遗产管理人为进行遗产管理支出的必要费用，一般包括以下三项：（1）保存遗产所必要的一切费用，如管理费用、做成遗产目录的费用、处理被继承人债权债务的诉讼费用、清偿费用；（2）遗产分割的费用；（3）遗嘱执行的费用，如遗嘱的提示、告知的费用。

根据本条规定，报酬是在法律有规定或者当事人有约定的情形下，遗产管理人有权请求支付。而管理费用，是为了遗产保存和管理

支出的必要费用，理应从遗产中支付。遗产不足以支付的，若遗产管理人是由继承人推选或者受遗赠人选择的，则管理费用应由继承人或受遗赠人承担。所以，无论当事人对报酬有无约定，对于管理费用，只要是必要费用，若遗产管理人预付的，有权请求返还；若不是预付的，有权请求支付。对此理解，可以参考《民法典》关于委托合同的约定。①

三、报酬支付的来源和顺序

遗产管理人的报酬应从哪里支付，本条没有规定。《民法典》第1159条规定“分割遗产，应当清偿被继承人依法应当缴纳的税款和债务；但是，应当为缺乏劳动能力又没有生活来源的继承人保留必要的遗产”，根据该条规定，在遗产分割前，首先应当为缺乏劳动能力又没有生活来源的继承人保留必要的遗产，其次应当清偿被继承人依法应当缴纳的税款和债务。但是遗产管理人的报酬能否纳入被继承人的债务？如果不能纳入，在清偿顺序上如何安排？

从域外立法例看，普遍认为遗产管理人的费用和报酬均应从遗产中支付。如《法国民法典》第812-2条、第813-9条、第1033-1条规定，遗产管理费用由遗产负担并有优先受偿权。在没有相反约定时，遗嘱执行人和身后遗产的委托管理人不取得报酬，法官在指定遗产委托管理人时，确定管理人的报酬。《德国民法典》第1978条、第1987条、第2221条规定，管理费用从遗产中支付，遗产管理人可以为其职务的执行而请求适当的报酬，遗嘱已经确定报酬的除外。《日本民法典》第918条、第1018条、第1021条规定，遗产管理费用从遗产中负担，家庭法院可以从死者的财产中付给遗产管理人相当的报酬，遗嘱已经确定报酬的除外。《意大利民法典》第511条、第711条、第712条规定，遗产管理产生的费用均由遗产承担，遗嘱执行人

---

① 《民法典》第928条规定，委托人向受托人按约支付报酬，同时在第921条规定“委托人应当预付处理委托事务的费用。受托人为处理委托事务垫付的必要费用，委托人应当偿还该费用并支付利息”。

之职是无偿的，但遗嘱可以为遗嘱执行人确定报酬，该项酬金由遗产承担。

我们认为，遗产管理费用是为了保全遗产而产生的成本费用，遗产管理人的报酬是为了管理遗产而产生的债务，其目的均在于保障遗产的安全和顺利分割，维护遗产继承人、债权人及其他利害关系人的利益。因此，应由遗产支付，而且应当置于最优先受偿的顺序。[①]遗产不足以支付报酬的，若遗产管理人和继承人、受遗赠人之间有约定的，遗产管理人可向继承人、受遗赠人请求支付。

【审判实践中应注意的问题】

遗产管理人未尽法定职责，应否返还已经收取的报酬问题。

在遗产管理人和继承人、受遗赠人协议约定收取报酬的情形下，如果遗产管理人未尽法定职责，给继承人、受遗赠人造成损害的，比如未尽到对遗产的全面清点、编册或妥善保管义务，致使遗产被转移或者毁损、减值，甚至灭失的，一方面，若遗产管理人存在故意或者重大过失的，继承人、受遗赠人有权依据《民法典》第1148条规定要求其承担损害赔偿责任；另一方面，遗产管理人未尽法定职责的行为是违反其和继承人、受遗赠人之间的协议约定的，依据《民法典》合同编有关违约责任的规定，继承人、受遗赠人有权向其拒绝支付报酬，已经支付的，有权要求返还。

---

① 可参考《企业破产法》中有关破产费用优先清偿的规定。

第一千一百五十条 继承开始后，知道被继承人死亡的继承人应当及时通知其他继承人和遗嘱执行人。继承人中无人知道被继承人死亡或者知道被继承人死亡而不能通知的，由被继承人生前所在单位或者住所地的居民委员会、村民委员会负责通知。

【条文主旨】

本条是关于继承开始后的通知的规定。本条保留了《继承法》第23条的规定，负有通知义务的主体应当及时履行通知义务，确保继承的正常进行。

【条文理解】

根据《民法典》第1121条规定，继承从被继承人死亡时开始。被继承人死亡，继承开始，被继承人身后遗留的除按法律规定或根据性质不得继承之外的个人合法财产，作为其遗产，应当按照法定继承或遗嘱、遗赠、遗赠扶养协议等确定的方式进行分割。

但是，遗产的分割必须至少明确两个问题，一是确定遗产的范围，二是确定继承人的范围。现实生活中，家庭的构成方式多样，除了最简单的互相均具有血缘关系的家庭之外，还存在许多因离婚、收养等原因导致的重组家庭或法律拟制家庭，养父母、继父母与养子女、继子女及非婚生子女之间的继承关系，相比一般家庭关系更加复杂。尤其在形成了父母子女关系但互相并不在一处居住或生活的情况下，被继承人死亡后，继承人如何得知其继承权利并依法行使，有赖法律规定给予充分保障。

一、继承开始应当及时通知继承人和遗嘱执行人

本条规定，继承开始后，知道被继承人死亡的继承人应当及时通知其他继承人和遗嘱执行人。即，法律规定必须通知的对象有两种，一是尚不知道被继承人死亡的继承人；二是被继承人在遗嘱中指定的遗嘱执行人。继承开始后，知道被继承人死亡的继承人或被继承人生前所在单位、居民委员会、村民委员会必须向该两类主体发出继承开始的通知，这是其根据本条规定所负的法定义务，应当主动履行。对于其他继承人或遗嘱执行人以外的主体，例如受遗赠人等，《民法典》并未明确规定必须向其履行通知继承开始的义务，通知义务主体可以通知，未通知的，亦不构成本条所规定的法定通知义务的违反。

法定继承中，继承开始后，继承人对其有权继承的遗产享有所有权的期待权利，特别是在存在多个继承人的情况下，根据我国民法理论，继承开始后，遗产分割前，各继承人对遗产是共同共有的关系。法定继承适用于被继承人未设立遗嘱确定其个人合法财产在继承人中的分配的情形，此时，遗产的分割应当按照《民法典》继承编第二章关于法定继承的处理规则进行。根据《民法典》第 1132 条规定，继承人应当协商处理继承问题，确定遗产分割的时间、办法和份额。也即，只有继承人共同就遗产的分割达成一致意见并完成相应的交付、登记等物权转移手续，遗产的继承才算真正完成，继承人才能获得其应得部分遗产的所有权。但是，在法定继承的这种操作过程中，可能会存在这样一个问题，如被继承人有多个法定继承人，被继承人死亡的事实可能无法被所有享有继承权的继承人及时得知，部分法定继承人并不知道继承已经开始，可能会造成由于缺乏继承人协商确定具体分割办法和份额，使遗产长时间处于由所有法定继承人共同共有的状态，导致所有继承人的该部分财产权利无法确定。在现代社会经济生活交流频繁快速的情况下，这种权利不确定状态很有可能造成经济流通环节的阻碍，给继承人以外的第三人的财产权利造成损害。

除此之外，《民法典》第 1124 条第 1 款规定，继承开始后，继

承人放弃继承的，应当在遗产处理前，以书面形式作出放弃继承的表示；没有表示的，视为接受继承。继承开始后，继承人是否接受或放弃继承，与遗产分割的实现方法、每个继承人最终获得遗产的多寡均存在不可分割的紧密联系。在有法定继承人放弃继承权利的情况下，如该继承人不能及时得到继承已经开始的通知，不能及时作出放弃继承的意思表示，即便其他继承人在为该继承人保留份额的基础上完成了遗产分割，也不可避免会导致其他继承人在该继承人原本继承范围内的财产权利不能及时实现，及遗产继承程序复杂化的结果。

在遗嘱继承的情况下，被继承人生前已经通过设立遗嘱的方式，指定了继承其遗产的继承人，对该继承人的通知，与法定继承的一般通知采用相同的标准，即知道被继承人死亡的继承人，应当向其他继承人履行通知义务。与法定继承不同的是，根据《民法典》第 1133 条第 1 款规定，自然人可以依照《民法典》规定立遗嘱处分个人财产，并可以指定遗嘱执行人。该条并未对遗嘱执行人规定特别的身份要求，遗嘱执行人既可能是继承人，也可能是继承人以外的其他人。同时，根据《民法典》第 1145 条规定，继承开始后，遗嘱执行人为遗产管理人，被继承人指定的遗嘱执行人还承担着在继承开始后对遗产进行管理的义务和责任。而《民法典》第 1147 条规定："遗产管理人应当履行下列职责：（一）清理遗产并制作遗产清单；（二）向继承人报告遗产情况；（三）采取必要措施防止遗产毁损、灭失；（四）处理被继承人的债权债务；（五）按照遗嘱或者依照法律规定分割遗产；（六）实施与管理遗产有关的其他必要行为。"由此可见，在遗嘱执行人系知道被继承人死亡的继承人以外的人的情况下，遗嘱执行人不能及时获知继承开始的消息，就无法及时履行其作为遗产管理人的职责，遗嘱执行人能否及时履行清理制作遗产清单、报告遗产情况、妥善保管遗产等义务，直接影响到继承人继承权利的最终实现。因此，本条规定被继承人死亡，继承开始的，知道被继承人死亡的继承人应当及时通知遗嘱执行人。

二、继承通知的义务主体

根据本条规定，继承开始后，负有通知其他继承人和遗嘱执行人的义务主体包括两类：（1）知道被继承人死亡的继承人；（2）被继承人生前所在单位或者住所地的居民委员会、村民委员会。

《民法典》第1127条规定："遗产按照下列顺序继承：（一）第一顺序：配偶、子女、父母；（二）第二顺序：兄弟姐妹、祖父母、外祖父母。"第1133条第1款和第2款规定："自然人可以依照本法规定立遗嘱处分个人财产，并可以指定遗嘱执行人。自然人可以立遗嘱将个人财产指定由法定继承人中的一人或者数人继承。"由该两条规定可见，无论是法定继承还是遗嘱继承，继承人与被继承人存在较亲密的人身关系，尤其是配偶、子女、父母等法定第一顺位继承人，与被继承人共同生活，或日常生活中对被继承人的起居照料较多的家庭成员，对被继承人的生存状态的了解比其他主体更全面、更直接、更及时。通常情况下，这部分继承人基于对被继承人身体状况的了解，可能在被继承人死亡前就对该事实的发生有一定的准备，当发生被继承人死亡的情况时，这些继承人不仅能够比较及时地获知，其作为被继承人和其他继承人的家庭成员的身份，使其与其他主体相比与其他继承人之间联系更加亲密，能够比较便利地与其他尚不得知被继承人死亡事实的继承人或遗嘱执行人取得联系。由知道被继承人死亡的继承人承担通知义务，相比由其他主体进行通知，一方面符合处理继承这类家庭事务的一般社会习惯，另一方面能够使其他继承人及时得知自己的权利并决定权利的行使与否，更有利于遗产得到及时妥善的管理。

此外，本条规定，在没有继承人知道被继承人死亡的事实，或者虽然有继承人知道但不能通知的情况下，可以由被继承人生前所在单位或住所地的村民委员会、居民委员会履行通知义务。现实生活中不乏无继承人知道被继承人死亡的情况存在，例如对于子女在外地工作，独自留守在家的"空巢老人"，其生存状况很可能不能为子女及时知晓。或者虽然有继承人知道，但该继承人由于本人无民事行为能力或限制民事行为能力而无法通知，或存在继承人患病、外出等原因导致无法通知其他继承人和遗嘱执行人的客观情况。此时，被继承人生前所在的单位基于其对被继承人情况的掌握、双方间管理与被管理的关系，可以履行通知义务。根据《村民委员会组织法》和《居民委员会组织法》的规定，村民委员会、居民委员会作为村民、居民自我管理、自我教育、自我服务的基层群众性自治组织，负有维护村民、居民合法权益的职责，能够基于对作为其辖区村民、居民的被继承人的基本情况的了解，较为便利地履行继承开始的通知义务。

需要注意的是，知道被继承人死亡的继承人此时负有通知的义务，而非通知的权利。该继承人不能选择是否通知，而是必须向其他继承人和遗嘱执行人履行通知的义务，保证享有继承权的权利人能够及时行使权利，一是使各继承人的权利得到公平的保护，二是提高继承的效率，防止遗产分割久拖不决。

三、不能通知及未完成通知义务的处理

对于确因客观原因导致知道被继承人死亡的继承人、被继承人生前所在单位或村民委员会、居民委员会均无法通知到所有继承人的情况，《继承法意见》第 44 条规定："人民法院在审理继承案件时，如果知道有继承人而无法通知的，分割遗产时，要保留其应继承的遗产，并确定该遗产的保管人或保管单位。"待能够与该继承人取得联系，通知其关于继承的事实时，该继承人得根据法律规定或遗嘱内容实现其继承权。继承人本人死亡的，根据《民法典》关于代位继承或转继承的规定处理。

通知义务人非因客观原因未履行通知义务，给他人造成损失的，应当承担相应的民事责任。

【审判实践中应注意的问题】

有观点认为，在遗产继承中，有些合法继承人是主动出现或明显的，有些则是隐性或不为人知的。只有通过公告的形式予以公开告知，才可能使更多的当事人及时出现，以利于继承关系在合法、合理的原则下予以确定，充分保护当事人的权益。[①]本条规定要求继承开始的通知应当及时，但未对何时开始通知以及完成通知的期限、通知的方式作出明确规定，人民法院在案件审理中，应当结合案件情况进行判断，继承的通知以一般社会认知判断达到合理、及时程度的，应当认为义务人已经适当履行了通知义务。通知既可以是书面形式，也可采取口头形式，对话、电话、短信、邮件、传真等方式均可作为通知的方式采用。

---

① 何剑:《设立遗产继承公告制度的必要性》，载《浙江省政法管理干部学院学报》2001年第6期。

第一千一百五十一条　存有遗产的人，应当妥善保管遗产，任何组织或者个人不得侵吞或者争抢。

【条文主旨】

本条是关于遗产应当妥善保管的规定。

【条文理解】

本条在《继承法》第24条规定基础上，增加了“任何组织”不得侵吞或者争抢遗产的规定。

一、存有遗产的人

本条规定的主体，是存有遗产的人，即被继承人死亡时实际控制遗产的人。例如，实际占有使用被继承人所有的珠宝，实际管理被继承人在异地的不动产的人，均属于存有遗产的人。

存有遗产的人与遗产管理人不完全等同。根据《民法典》第1145条和第1147条规定，遗产管理人是继承开始后，对被继承人的遗产承担管理职责的人，可能是被继承人指定的遗嘱执行人，也可能是继承人，还可能是被继承人生前住所地的民政部门或者村民委员会。存有遗产的人除了可能是遗嘱执行人、继承人之外，还可以是其他组织或个人。可以说，存有遗产的人可能是遗产管理人，也可能不是，二者是相互交叉的集合关系。

继承开始后，原为被继承人所有的财产均划归为遗产范畴，无论遗产的占有状态为何，均不影响其应当依法或按照遗嘱内容在继承人之间进行分割。在继承开始到遗产分割结束之间，通常存在一段时间，个别情况下还会经历很长一段时间。这个过程中，遗产是否能够得到妥善的保管，与继承人最终能够分得的遗产价值大小关系紧密。例如，作为遗产的房屋如果不能得到妥善保管而因自然或人为原因遭受破坏，其价值将大幅降低，被继承人的遗产价值也将受到极大影响。因此，从保护继承人的继承权的角度来说，存有遗产的人应当对遗产予以妥善保管，保护其价值不受损害。当然，对于被继承人遗留的股票、证券等遗产，因市场因素导致其贬值的，或者其他财产受到不可抗力、意外事件的影响导致贬值的，自然不能因此就认为存有遗产的人未尽到妥善保管义务。

二、未予妥善保管的法律后果

存有遗产的人应当妥善保管遗产，至于何为妥善保管，可以参考侵权法领域的善良管理人概念进行界定。善良管理人与罗马法上的“善良家父之注意”和德国法上的“交易上必要之注意”相当，是以交易上的一般观念，认为具有相当知识经验的人，对于一定时间的所有注意作为标准，客观地加以认定。[①] 存有遗产的人对遗产的保管，应当尽到善良管理人的注意义务，其在对保管遗产的过程中，至少应当以处理自己事务的同等注意程度进行管理，该种注意义务应当比普通人的注意更为严格。

存有遗产的人确未尽到妥善保管义务，导致遗产价值贬损的，应当承担相应的法律责任。《民法典》第1148条规定，遗产管理人应当依法履行职责，因故意或者重大过失造成继承人、受遗赠人、债权人损害的，应当承担民事责任。当遗产管理人作为存有遗产的人对遗产保管未能尽到善良管理人的注意义务，致使遗产价值因其故意或重大过失造成损失，其应当为此承担相应的民事责任。但此时责任的承担仅限遗产管理人对损失的发生存在故意或重大过失的情形，因一般过失导致损失的，不适用该条规定。

---

① 杨立新：《侵权法论》（第5版）（上），人民法院出版社2013年版，第561页。

本条规定，任何组织或者个人不得侵吞或者争抢遗产。侵吞，是指以秘密的、不易为他人所探知的手段将遗产据为己有，排除其他依法享有继承权的人对遗产主张权利。争抢，是指采取公开的方式争夺对遗产的所有权。侵吞、争抢遗产的行为，势必会影响正常继承程序的进行，侵害继承人的合法权利，任何组织，包括法人和非法人，以及任何个人，均没有权利在遗产分割前侵吞或争抢遗产。继承人为了多分得遗产等目的而故意侵吞、争抢遗产的，根据《继承法意见》第59条规定，人民法院可以酌情减少其应继承的遗产。

【审判实践中应注意的问题】

遗嘱保管人不得擅自分配遗产，应当按照遗嘱办理。例如以下案例：

一、基本案情

李老大与李老二是亲兄弟，与李老三是同父异母兄弟。2013年7月，李老汉立下遗嘱，遗产由三个儿子平均分配；同日，他又通过书面协议指定外甥周小弟担任遗嘱执行人，同时将50万元资金交由其托管，用于支出自己的生活费、医疗费及丧葬费，托管结束后的余额作为遗产，由三位继承人平均分配。两年后，李老汉病故。丧事料理结束完毕，在周小弟处尚余款项30万元。

之后，周小弟汇款5万元给李老二，用于给李老汉前妻买墓地；汇款6万元给李老三，用于今后为李老汉周年及三周年纪念事宜。至于剩余的19万元，周小弟在与李老二商量后，将其中的16万元分给了李老汉四个妹妹的家人，每户4万元，剩余3万元给了李老二。

案件审理过程中，对于周小弟汇给被告李老三的6万元，原告李老大、被告李老二均表示认可；但对于给李老汉前妻买墓地的5万元，被告李老三表示，其没有义务，对此不予认可。

二、法院裁判结果及理由

法院认为，遗产是公民死亡时遗留的个人合法财产。公民可以依照继承法的规定立遗嘱处分个人财产，并可以指定遗嘱执行人；公民可以立遗嘱将个人财产指定由法定继承人的一人或者数人继承。继承开始后有遗嘱的，按照遗嘱继承办理。存有遗产的人，应当妥善保管遗产，任何人不得侵吞或者争抢。

本案中，周小弟作为保管人，擅自处分李老汉遗产，既未提供相应证据证明系被继承人的意思表示，也没有征得全体遗嘱继承人的同意，应当在扣除支付李老三的6万元后，将剩余的李老汉遗产24万元，平均返还三位遗嘱继承人。

原告李老大对于为其母买墓地的5万元予以认可，故该款项应由原告与被告李老二两人平均分担。因此在其可继承的部分遗产中，应扣除被告李老二购买上述墓穴的一半款项2.5万元。[①]

---

① 杨晓军、艾家静:《遗嘱执行人擅自分配引兄弟阋墙——法院判决遗嘱执行人返还相应份额》，载《人民法院报》2018年10月11日，第3版。

第一千一百五十二条 继承开始后，继承人于遗产分割前死亡，并没有放弃继承的，该继承人应当继承的遗产转给其继承人，但是遗嘱另有安排的除外。

【条文主旨】

本条是关于转继承的规定。

【条文理解】

一、转继承的概念

转继承，是指继承人在继承开始后、遗产分割前死亡，其所应继承的遗产份额转由其继承人承受的法律制度。[①]故转继承又称二次继承或者再继承。在转继承法律关系中，死亡的继承人又称为被转继承人，实际接受遗产的死亡继承人的继承人称为转继承人。

域外立法中大都规定了转继承制度，如《法国民法典》第781条规定：如应继承遗产的人死亡，死前并未明示或默示放弃或接受遗产，该继承人的继承人得以前者的名义接受或放弃继承。《瑞士民法典》第542条第2项规定：继承人在继承开始时死亡的，其继承权由其继承人继承。虽然我国1985年《继承法》中对转继承问题未作出规定，但在1985年9月11日公布实施的《继承法意见》中对转继承作出了明确规定。该意见第52条规定："继承开始后，继承人没有表示放弃继承，并于遗产分割前死亡的，其继承遗产的权利转移给他的

① 房绍坤、范李瑛、张洪波编著：《婚姻家庭与继承法》(第4版)，中国人民大学出版社2000年版，第195页。

合法继承人。”本条规定吸收了《继承法意见》的该条规定，并根据遗嘱内容，对遗嘱有另外安排的情形排除在外。

二、转继承的性质

转继承实质上是先后发生的两个独立的继承关系，相对于代位继承而言，其属于本位继承。关于转继承的性质，即转继承的客体究竟是继承权还是遗产份额，存在两种不同的观点：一种观点认为，转继承只是继承遗产权利的转移，因而不应将被转继承人应继承的遗产份额视为其同配偶的共同财产；另一种观点认为，转继承只是将被转继承人应继承的遗产份额转由其继承人承受，即转继承所转移的不是继承权，而是遗产所有权。在没有特别约定的情况下，应将被转继承人应继承的遗产份额视为其同配偶的共同财产。转继承关系的客体是被转继承人个人应取得的遗产份额，即被转继承人的遗产，而非被转继承人应取得的全部遗产份额。

从我国《继承法意见》第 52 条表述的内容看，转移的是“继承遗产的权利”，而本条采纳了第二种观点，对上述内容进行了调整，转继承转移的是“继承人应当继承的遗产”。根据《民法典》第 230 条规定，因继承取得物权的，自继承开始时发生效力。根据《民法典》第 1121 条规定，继承从被继承人死亡时开始。即我国采取当然继承主义。被继承人死亡时，继承已经开始，只要继承人生前未放弃或者丧失继承权，被继承人生前所享有的财产的所有权即由继承人承受，被继承人的遗产即成为继承人的合法财产。虽然在遗产分割前，继承人死亡，尚未实际接收遗产，但其仍然属于遗产的共有人。根据《民法典》第 1062 条和第 1063 条的规定，夫妻在婚姻关系存续期间，除遗嘱或者赠与合同中确定只归一方的财产外，继承或者受赠的财产应为夫妻共同财产，归夫妻共同所有。如果不存在转继承的情形，继承人如有配偶存在，且无遗嘱确定遗产只归其中一方所有的情形下，其应继承的遗产属于夫妻双方共有。转继承的适用，不会对继承关系的结果发生影响。在转继承的情形下，继承人如有配偶存在，该继承人所继承的被继承人的遗产，自然应属于继承人与配偶的共同财产。综合上述分析，继承一开始，继承人即取得遗产的所有权，转继承只是对遗产份额的再继承，而非继承权利的转移。

三、转继承的条件

转继承须具备以下条件才能成立：（1）时间条件。继承人死于继承开始之后、遗产分割之前。在被继承人死亡之前死亡，或者在遗产分割之后死亡的，均不会发生转继承的问题。继承人在被继承人死亡之前死亡，则其无法成为被继承人的继承人；而在遗产分割之后死亡的，就表示继承人实际上已经参与了遗产分割，取得了其应当继承的财产份额，那么继承人死亡后发生的就是直接继承，同样不存在转继承。（2）主体条件。转继承关系中涉及被转继承人和转继承人。被转继承人必须存在合法有效的继承权。即其不存在《民法典》第1125条规定的丧失继承权的行为，且被继承人未以遗嘱的方式取消被转继承人继承权。如果被转继承人不存在合法有效的继承权，则表示其无权继承被继承人的遗产，那么自然也就不存在转继承。同样，转继承人应为被转继承人的合法继承人。（3）意思条件。继承人必须未放弃继承。《民法典》第1124条第1款规定："继承开始后，继承人放弃继承的，应当在遗产处理前，以书面形式作出放弃继承的表示；没有表示的，视为接受继承。"上述条文表明，继承人放弃遗产需要作出明确的意思表示，而接受遗产不需要明示，只要没有表示放弃就视为接受。当继承人未放弃继承，此时才有适用转继承的可能。

四、转继承与代位继承的区别

转继承是由继承人的继承人直接继受被继承人遗产的制度，与代位继承有相似之处，但二者实为完全不同的法律制度。《民法典》第1128条规定："被继承人的子女先于被继承人死亡的，由被继承人的子女的直系晚辈血亲代位继承。被继承人的兄弟姐妹先于被继承人死亡的，由被继承人的兄弟姐妹的子女代位继承。代位继承人一般只能继承被代位继承人有权继承的遗产份额。”依照这一规定，代位继承是指在法定继承中，被继承人的子女或兄弟姐妹先于被继承人死亡时，由被继承人的子女的晚辈直系血亲或兄弟姐妹的子女代替继承其应继份额的法律制度。又称为间接继承或承祖继承，属于法定继承中的一种特殊情形。其中，被继承人的子女或兄弟姐妹又称为被代位继承人，被继承人子女的晚辈直系血亲或兄弟姐妹的子女称为代位继承人。

转继承与代位继承二者的区别主要在以下几个方面：(1) 性质不同。转继承是一种连续发生的二次继承，具有连续继承的性质。虽然继承人于继承开始后、遗产分割前死亡，但转继承的后果相当于是继承人继承被继承人的遗产，再由继承人的继承人即转继承人直接取得继承人也就是被转继承人应继承的遗产。转继承人实际上享有的是分割遗产的权利，而不是对被继承人遗产的继承权。而代位继承与本位继承相对应，具有替补的性质。被代位继承人先于被继承人死亡，由代位继承人直接参加被继承人遗产的继承，并且是基于其代位继承权而取得被继承人遗产的权利。代位继承人继承的是被继承人的遗产而非被代位继承人的遗产。(2) 发生条件不同。转继承发生在继承开始之后、遗产分割前继承人死亡的情形；而代位继承则发生在继承人先于被继承人死亡的情形。(3) 主体不同。在转继承的情况下，被转继承人是被继承人的继承人，而转继承人并不仅仅局限于被转继承人的晚辈直系血亲，还包括被转继承人的其他法定继承人，如配偶、父母、兄弟姐妹、祖父母、外祖父母；而被代位继承人只能是被继承人的子女和兄弟姐妹，且代位继承人只能是被代位继承人的晚辈直系血亲。(4) 适用范围不同。转继承不仅适用于法定继承，也适用于遗嘱继承；而代位继承只适用于法定继承。不适用遗嘱继承的原因在于，在遗嘱生效前，遗嘱确定的被代位继承人已经死亡，尚未取得实际的遗产继承权，其晚辈直系血亲也就无法代其取得遗嘱中指定的财产。而转继承不同，继承人于继承开始后、遗产分割前死亡，无论是法定继承人还是遗嘱继承人都已实际上取得了遗产继承权。

五、转继承的适用范围

转继承不仅适用于法定继承，也适用于遗嘱继承的情形，遗嘱继承是按照被继承人生前所立的合法有效遗嘱继承遗产的继承方式。由于遗嘱继承是按照被继承人生前的意思发生的继承，遗嘱继承就有着优先于法定继承适用的效力。因此，本条规定了但书的内容，即遗嘱另有安排的除外。出于对被继承人意志的尊重，如果遗嘱中对继承人于继承开始后、遗产分割前死亡的情形，遗产由谁继承作出了安排，或者排除了由继承人的继承人即转继承人继承的情形，此时，应按照遗嘱内容确定财产的归属。

【审判实践中应注意的问题】

第一，审判实践中，要注意转继承转移的是被转继承人应继承的遗产份额，如被转继承人有配偶存在，且无另外特别约定的情形下，被转继承人继承的遗产应作为夫妻共同财产。此时，如没有特别约定，应根据《民法典》第1153条规定，将共同所有财产的一半分割给配偶所有，其余的作为被转继承人的遗产由转继承人继承。即转继承人继承的是被转继承人应取得的遗产，而非被转继承人继承的全部遗产。

第二，转继承可适用于法定继承和遗嘱继承的情形。如被继承人设立遗嘱将财产赠与法定继承人之外的人，而受遗赠人在知道受遗赠后60日内，作出接受遗赠的意思表示，但在遗产分割前死亡的，其接受遗赠的财产是否可以转移给其继承人？《继承法意见》第53条规定："继承开始后，受遗赠人表示接受遗赠，并于遗产分割前死亡的，其接受遗赠的权利转移给他的继承人。"而《民法典》对这种情形并未作出明确规定。审判实践中，如遇到这种情形，可参照本条规定处理。即受遗赠人在知道遗赠后60日内作出了接受遗赠的意思表示，但在遗产分割前死亡的，其受赠的财产作为其遗产由其继承人继承。

同样，如果遗赠人在遗嘱中对受遗赠人在继承开始后接受了遗赠，却在遗产分割前死亡的情形作出了安排的，则按照遗嘱确定遗赠财产的归属。当然，如果受遗赠人在知道受遗赠后 60 日内未作出接受遗赠的表示，则视为放弃受遗赠。如受遗赠人已放弃受遗赠，其在遗产分割前死亡，则不存在受遗赠的财产转移给其继承人的问题。

第一千一百五十三条 夫妻共同所有的财产，除有约定的外，遗产分割时，应当先将共同所有的财产的一半分出为配偶所有，其余的为被继承人的遗产。

遗产在家庭共有财产之中的，遗产分割时，应当先分出他人的财产。

【条文主旨】

本条是关于夫妻共有财产、家庭共有财产的分割的规定。

【条文理解】

一、遗产概述

《民法典》第1122条规定："遗产是自然人死亡时遗留的个人合法财产。依照法律规定或者根据其性质不得继承的遗产，不得继承。"根据上述规定，遗产具有时间上的特定性，即遗产只存在于继承开始后到遗产处理结束前这个特定的时间范围之内。遗产具有范围上的限定性，只能是自然人死亡时遗留的个人财产，如为自然人生前租赁、借用而于死亡时尚未返还的财产，不属于遗产。自然人占有的与他人共有的财产，他人共有的部分不属于遗产。自然人与他人共有财产的，如为按份共有，自然人死亡后，可以将其份额从共有财产中分出作为遗产；如为共同共有，则原则上按照等分的方法从共有财产中分出作为遗产。当然，遗产在性质上具有合法性，自然人死亡时遗留的财产可以作为遗产的，必须是依法可以由自然人享有的并且是自然人有合法取得根据的财产，自然人没有合法根据而取得的财产，不能作为遗产。上述分析可知，被继承人死亡后继承开始，首先要确定遗产的范围，将被继承人的遗产从夫妻共同财产和家庭共有财产中分割出来。

二、遗产与夫妻共有财产的分割

（一）夫妻法定财产制

我国夫妻法定财产制，采取婚后所得夫妻共同所有制，即夫妻关系存续期间所得的财产属于夫妻共同财产。《民法典》第1062条规定："夫妻在婚姻关系存续期间所得的下列财产，为夫妻的共同财产，归夫妻共同所有：（一）工资、奖金、劳务报酬；（二）生产、经营、投资的收益；（三）知识产权的收益；（四）继承或者受赠的财产，但是本法第一千零六十三条第三项规定的除外；（五）其他应当归共同所有的财产。夫妻对共同财产，有平等的处理权。"该条明确了夫妻共同所有财产的范围，并且赋予夫妻对于共同财产平等的处理权。夫妻对共同财产的权利和义务是平等的。夫妻对共同财产享有平等的所有权。夫妻共同财产的性质是共同共有。夫妻对全部共同财产，不分份额平等地享受权利和承担义务。在夫妻法定财产制的前提下，自然人死亡后，应首先将夫妻共同财产的一半分割出去归配偶所有，剩余的财产才能作为死者个人遗产进行分割。

法律对夫妻共同财产范围作出规定的同时，亦明确了夫妻一方的特有财产的范围。《民法典》第1063条规定："下列财产为夫妻一方的个人财产：（一）一方的婚前财产；（二）一方因受到人身损害获得的赔偿和补偿；（三）遗嘱或者赠与合同中确定只归一方的财产；（四）一方专用的生活用品；（五）其他应当归一方的财产。"该条规定明确了遗嘱或者赠与合同中确定只归一方的财产为夫妻一方的个人财产。继承分为法定继承和遗嘱继承两种方式。遗嘱继承是指按照遗嘱人生前所立的遗嘱来确定继承人及遗产处理的一种继承方式。在遗嘱继承中，遗产的继承人及其继承遗产的份额或数额都是由被继承人在遗嘱中明确指定的。遗嘱继承制度的设立，是充分尊重自然人意思自治的体现，可以充分保障自然人对其所享有的财产行使处分的权利，按照自己的意志处分遗产，自由选择遗产继承人。如果将婚姻关系存续期间，夫妻一方依遗嘱继承的方式继承所得的财产，作为夫妻共同财产，规定为夫妻双方共同所有，实质上是改变了遗嘱的内容，不仅违背遗嘱人的意志，而且限制了遗嘱人对其所有的财产享有的处分权。夫妻一方受赠所得的财产，包括受赠人接受他人赠与或接受他人遗赠所得的财产。赠与是一种合同，赠与合同是赠与人一方自愿将自己所有的财物无偿地给予受赠人所有，而受赠人也表示接受的协议。在赠与这一民事法律关系中，赠与人与受赠人都是确定而不可替代的。赠与人受自己主观意志的支配，决定将自己的财产赠与受赠人，而不赠与其他人，他人当然包括受赠人的配偶，是赠与人行使权利、对其所有财产自由处分的表现。如果将夫妻一方受赠所得的财产，作为夫妻共有的财产，实际上限制或否定了赠与人对自己所有财产的所有权，违背了赠与人的意志，且缺乏相应的依据。

（二）夫妻约定财产制

《民法典》第1065条规定："男女双方可以约定婚姻关系存续期间所得的财产以及婚前财产归各自所有、共同所有或者部分各自所有、部分共同所有。约定应当采用书面形式。没有约定或者约定不明确的，适用本法第一千零六十二条、第一千零六十三条的规定。夫妻对婚姻关系存续期间所得的财产以及婚前财产的约定，对双方具有法律约束力。夫妻对婚姻关系存续期间所得的财产约定归各自所有，夫或者妻一方对外所负的债务，相对人知道该约定的，以夫或者妻一方的个人财产清偿。"上述规定对夫妻约定财产制进行了规定，即法律允许夫妻用协议的方式，对夫妻在婚姻关系存续期间所得的财产所有权的归属、管理、使用、收益、处分及债务的清偿、婚姻解除时财产的清算等事项作出约定，排除法定夫妻共同财产制的适用。这种制度的设立，允许夫妻按照双方的意愿，约定处理双方的财产关系，体现了夫妻享有平等的财产权利，有利于减少家庭纠纷，保护当事人的合法权益。

（三）遗产与夫妻共同财产的分割

本条第1款规定："夫妻共同所有的财产，除有约定的外，遗产分割时，应当先将共同所有的财产的一半分出为配偶所有，其余的为被继承人的遗产。"根据该款规定，如果自然人在婚姻关系存续期间死亡，在确定遗产范围时，首先应将夫妻共同财产进行分割。如果生前夫妻双方对婚姻关系存续期间所得的财产的所有权归属等进行了书面约定，则自然人死亡后，应按照生前双方的约定，对夫妻共有财产进行分割，分割后的个人财产作为其遗产，由继承人继承。如果未采取书面约定的方式，或者约定不明的情形，则按照《民法典》第1062条、第1063条的规定确定夫妻共同财产的范围，再将属于夫妻共同财产的一半分出给配偶，剩余的财产作为被继承人的遗产由其继承人继承。

三、遗产与家庭共有财产的分割

在家庭成员中，除夫妻之外往往还存在子女、父母、祖父母和外祖父母以及兄弟姐妹等其他成员，不仅会形成夫妻共有财产，可能还会形成家庭共同财产。本条第2款即是对存在家庭共有财产情形的遗产分割的规定。

家庭共有财产是指家庭成员在家庭共同生活关系存续期间共同创造、共同所得的共有财产。一般具有以下特点：（1）家庭成员间的家庭共同生活关系存续期间形成的共有财产为家庭共有财产。如果家庭共同生活条件消灭，家庭共有财产也因此失去其存在的基础而随之消灭。（2）家庭共有财产只能产生于具有特殊的人身关系的当事人之间，即只有在具备某种特殊的身份关系的家庭成员间，才可能形成家庭共有财产的关系。（3）家庭共有财产的形成主要是家庭成员在共同生活期间的共同劳动收入，家庭成员交给家庭的财产、家庭成员受赠的财产，以及在此基础上购置和积累起来的财产等。（4）家庭共有财产是以维持家庭成员共同的生活或生产为目的的财产。如果某个家庭成员以其劳动收入购买个人需要的物品，则一般不视为家庭共有财产。（5）对于家庭共有财产，各家庭成员都享有平等的权利。除法律另有规定或家庭成员间另有约定的以外，家庭共有财产由家庭成员共享所有权，由家庭成员共同行使占有、使用、收益和处分的权能。对于家庭共有财产的使用、处分或分割应取得全体家庭成员的同意，任何家庭成员都不得随意处分。

如果自然人在家庭共同生活关系存续期间死亡，即遗产在家庭共有财产之中的，遗产分割时，应当把属于被继承人财产以外的其他家庭成员所有的财产剥离出来，余下的才属于遗产的范围，并按照《民法典》的规定进行分割。

【审判实践中应注意的问题】

第一，在将遗产从家庭共有财产中分割时，应根据财产所有权取得的法律事实的不同以及财产所有权人数量等因素的不同，严格地把家庭共同财产与家庭共同生活关系存续期间，家庭成员所取得的个人财产区别开来。在确定家庭共有财产时，应当注意不能将家庭成员的个人财产当作家庭共有财产。家庭成员的个人财产主要包括：（1）家庭成员没有投入家庭共同生活的财产；（2）约定家庭成员个人所有的财产；（3）基于家庭成员的赠与而获得的财产；（4）未成年子女于继承、受赠与、知识产权所获得的财产；等等。这些财产都属于个人财产，当所有人死亡时，可以作为遗产。

第二，财产共有关系，除夫妻共有财产、家庭共有财产之外，还存在其他形式的财产共有，如合伙共有财产等。当合伙人之一死亡时，应当将被继承人在合伙中的财产份额分出，列入其遗产范围。被继承人在合伙财产中的份额，应当按出资比例或者协议约定的比例确定。当然，如果继承人愿意加入合伙，并且其他合伙人亦同意继承人加入的，则不必对合伙财产进行分割，只需确定继承人作为新合伙人的合伙财产的份额即可。

第一千一百五十四条 有下列情形之一的，遗产中的有关部分按照法定继承办理：

（一）遗嘱继承人放弃继承或者受遗赠人放弃受遗赠；

（二）遗嘱继承人丧失继承权或者受遗赠人丧失受遗赠权；

（三）遗嘱继承人、受遗赠人先于遗嘱人死亡或者终止；

（四）遗嘱无效部分所涉及的遗产；

（五）遗嘱未处分的遗产。

【条文主旨】

本条是关于法定继承适用范围的规定。

【条文理解】

《民法典》第 1123 条规定："继承开始后，按照法定继承办理；有遗嘱的，按照遗嘱继承或者遗赠办理；有遗赠扶养协议的，按照协议办理。"据此可知，我国遗产继承的方式包括法定继承、遗嘱继承、遗赠、遗赠扶养协议。一般来讲，在上述几种方式中，遗赠扶养协议效力最高，其次是遗嘱继承和遗赠，法定继承效力最低。

遗赠扶养协议的效力最高，因为其本质上是一种双务有偿合同，在扶养人履行了扶养义务的条件下，作为受扶养人的被继承人负有在其死后将其遗产的全部或一部分交给扶养人的义务。只有在扶养人就遗产获得满足后，受遗赠人和继承人才能就遗产剩余的部分主张权利。遗赠和遗嘱继承的效力优于法定继承，这种规定贯彻了民法意思自治的原则，充分保护被继承人遗嘱自由和权利。法定继承是相对于遗嘱继承而言的，又称为非遗嘱继承或无遗嘱继承。法定继承作为被继承人意思的补充，是遗嘱继承的补充和限制。法定继承是指继承人范围、继承顺序、继承条件、继承份额、遗产分配原则及继承程序由法律直接规定的继承方式。法定继承具有如下特征：（1）法定继承是遗嘱继承的补充；（2）法定继承人是基于一定身份关系确定的；（3）法定继承人中有关继承人、继承顺序以及遗产分配原则的规定由法律直接规定，具有强制性。如被继承人生前与他人订有遗赠扶养协议，同时又立有遗嘱的，继承开始后，如果遗赠扶养协议与遗嘱没有抵触，遗产分别按协议和遗嘱处理；如有抵触，按遗赠扶养协议处理，与遗赠扶养协议抵触的遗嘱全部或部分无效。本条规定是对遗嘱继承涉及的特定遗产按照法定的继承办理的情况，即当在遗嘱继承过程中，出现本条规定的情形，遗嘱继承涉及的遗产不按照遗嘱继承而按法定继承办理。

根据本条规定，有下列法定情形之一的，遗嘱继承涉及的遗产中的有关部分按照法定继承办理：

一、遗嘱继承人放弃继承或者受遗赠人放弃受遗赠的情形

我国采取当然继承主义，被继承人死亡时，继承已经开始，只要继承人生前未放弃或者丧失继承权，被继承人生前所享有的财产的所有权即由继承人承受，被继承人的遗产即成为继承人的合法财产。继承权的放弃是指继承人放弃自己继承被继承人遗产权利的意思表示，是对其享有的继承权的一种处分。继承权的放弃仅需要一方当事人的意思表示就发生法律效力，所以属于单方民事法律行为。继承权放弃的方式，大体可分为明示和默示两种。除极少数国家继承权的放弃采默示方式外，世界绝大多数国家继承法都规定，继承权的放弃必须以明示的方式作出。

《民法典》第1124条规定："继承开始后，继承人放弃继承的，应当在遗产处理前，以书面形式作出放弃继承的表示；没有表示的，视为接受继承。受遗赠人应当在知道受遗赠后六十日内，作出接受或者放弃受遗赠的表示；到期没有表示的，视为放弃受遗赠。"这里包

括两种情形，一种情形是继承人放弃继承。如前所述，放弃继承是单方民事法律行为，其特点在于，依当事人即放弃继承的人的单方面意思表示而无须他人同意即可成立，同时这种单方法律行为一旦成立就发生本条规定的法律效果即发生继承权消灭的效果，放弃继承的人则依法不得对自己的行为进行变更或者撤销。《民法典》第 1124 条第 1 款对继承放弃的时间和方式作出了限定，放弃继承的时间应在继承开始后、遗产处理之前，如果遗产处理之后再作出放弃的意思表示，放弃的不是继承权，而是财产的所有权。放弃继承的方式必须以明示的方式以书面形式作出。《继承法意见》第 51 条规定："放弃继承的效力，追溯到继承开始的时间。"在遗嘱继承人放弃继承遗产的情形下，所涉及的遗产按照法定继承的有关规定办理，即不再按照遗嘱继承方式办理。

另一种情形是，受遗赠人放弃受遗赠涉及的遗产的处理。放弃受遗赠同样属于单方的民事法律行为，在放弃受遗赠涉及单方法律行为中，其特点同样是依当事人即放弃受遗赠的人的单方面意思表示而无须他人同意即可成立，同时这种单方法律行为一旦成立，受遗赠人即放弃了其受赠的财产，且依法不得对自己的行为进行变更或撤销。按照本条的规定，受遗赠人放弃受遗赠的情形下，其受赠的遗产按照法定继承的有关规定办理。与继承不同的是，受遗赠人接受或放弃遗赠的时间限定在其应当知道受遗赠后 60 日内；接受遗赠需采取明示的方式，即二者默示的效果是相反的，继承人没有明确表示放弃继承的，视为接受继承，而受遗赠人没有明确表示接受遗赠的，视为放弃受遗赠。

二、遗嘱继承人丧失继承权或者受遗赠人丧失受遗赠权的情形

继承权的丧失也称继承权的剥夺，是指依照法律规定，在发生法定事由时取消继承人继承被继承人遗产的资格。受遗赠人丧失受遗赠权适用丧失继承权的规定。《民法典》第 1125 条规定："继承人有下

列行为之一的，丧失继承权：(一)故意杀害被继承人；(二)为争夺遗产而杀害其他继承人；(三)遗弃被继承人，或者虐待被继承人情节严重；(四)伪造、篡改、隐匿或者销毁遗嘱，情节严重；(五)以欺诈、胁迫手段迫使或者妨碍被继承人设立、变更或者撤回遗嘱，情节严重。继承人有前款第三项至第五项行为，确有悔改表现，被继承人表示宽恕或者事后在遗嘱中将其列为继承人的，该继承人不丧失继承权。受遗赠人有本条第一款规定行为的，丧失受遗赠权。”根据上述规定，法律对丧失继承权、丧失受遗赠权的行为进行了明确的规定，遗嘱继承人出现《民法典》规定的丧失继承权的任何一个法定情形时，将丧失继承权，一旦丧失了继承权，遗嘱继承人就不能再按照遗嘱继承遗产。同样，受遗赠人如出现《民法典》规定的丧失受遗赠权的任一法定情形时，亦丧失受遗赠权，所涉遗产亦应根据《民法典》规定的法定继承的方式办理。

三、遗嘱继承人、受遗赠人先于遗嘱人死亡或者终止的情形

继承从被继承人死亡开始，只有在继承开始之时尚处于生存状态的自然人，才具有继承能力，才能成为继承人或受遗赠人。自然人也只有在继承开始时，仍处于生存状态才具有受遗赠的能力。遗嘱继承人、受遗赠人接受遗产是遗嘱产生的后果，遗嘱继承人、受遗赠人只有在遗嘱人死亡后才开始有享有继承遗产的权利。遗嘱继承人、受遗赠人先于遗嘱人死亡的情况下，接受遗嘱继承的财产的遗嘱继承人、受遗赠人已不存在，其已不具备继承或受遗赠的能力，即遗嘱人与遗嘱继承人或受遗赠人之间的法律关系已不存在，此时，遗嘱所涉的遗产应按照法定继承的方式来处理。根据《民法典》第1133条第3款的规定，受遗赠人可以是国家、集体或者法定继承人以外的组织、个人，那么，对于受遗赠人是国家、集体的情形，则需要接受遗赠的国家、集体仍处于存续状态，如在遗赠人死亡之前受遗赠的国家或集体已不存在或者已终止，同样不具备受遗赠的能力，此时，按照本条规定，所涉遗产亦按照法定继承办理。

需要特别强调的是，这种情况不同于法定继承，根据《民法典》第 1128 条的规定：“被继承人的子女先于被继承人死亡的，由被继承人的子女的直系晚辈血亲代位继承。被继承人的兄弟姐妹先于被继承人死亡的，由被继承人的兄弟姐妹的子女代位继承。代位继承人一般只能继承被代位继承人有权继承的遗产份额。”即法律规定，法定继承中，被继承人子女的直系晚辈血亲或兄弟姐妹的子女可以代位继承。而在遗嘱继承中，遗嘱继承人、受遗赠人的子女不存在代位继承的问题。遗嘱继承人、受遗赠人先于被继承人死亡的，则其因不具有继承能力或受遗赠能力，遗嘱中确定由其继承、受赠的财产部分应适用法定继承。

四、遗嘱无效部分所涉及的遗产

合法有效的遗嘱是适用遗嘱继承的前提。无效遗嘱属于根本没有发生法律效力的遗嘱，这种遗嘱自然不具备法律上的效力，遗嘱人与遗嘱继承人和受遗赠人之间不因无效的遗嘱而产生法律关系。《民法典》第 1143 条规定：“无民事行为能力人或者限制民事行为能力人所立的遗嘱无效。遗嘱必须表示遗嘱人的真实意思，受欺诈、胁迫所立的遗嘱无效。伪造的遗嘱无效。遗嘱被篡改的，篡改的内容无效。”《民法典》第 1138 条规定：“遗嘱人在危急情况下，可以立口头遗嘱。口头遗嘱应当有两个以上见证人在场见证。危急情况消除后，遗嘱人能够以书面或者录音录像形式立遗嘱的，所立的口头遗嘱无效。”即除《民法典》第 1143 条规定的遗嘱无效的情形外，遗嘱人处于危急情况之下立的口头遗嘱，在危急情况消除后，未以书面或者录音录像形式立遗嘱的，口头遗嘱无效。出现上述法律规定的遗嘱无效的情形时，遗嘱所涉的遗产，应按照法定继承办理。当然，遗嘱无效分为部分无效和全部无效。例如，被篡改的遗嘱，只有被篡改的内容无效。如果遗嘱全部无效，遗产所涉及的全部财产，均按照法定继承来办理。如果遗嘱部分无效，只有无效部分涉及的财产按照法定继承来办理。

五、遗嘱未处分的遗产

遗嘱未处分的遗产就是遗嘱中未涉及的遗产，包括两种情形：一种情形是，被继承人生前未立遗嘱，其全部遗产应适用法定继承；另一种情形是，遗嘱人以遗嘱方式处分了部分遗产，对于其未处分的遗产部分，遗嘱继承人没有权利继承，这部分遗产应按照法定继承的方式来处理。

【审判实践中应注意的问题】

这里需要注意的是，《民法典》第1125条关于丧失继承权、丧失受遗赠权的规定在《继承法》第7条的基础上修改而来，除在第1125条第3款明确了受遗赠人有该条第1款行为的，丧失受遗赠权之外，在第1款中增加了“以欺诈、胁迫手段迫使或者妨碍被继承人设立、变更或者撤回遗嘱，情节严重”的情形，并且对继承人有第1款第3项至第5项行为，但确有悔改表现并已获得被继承人宽恕或被继承人事后又将其列为继承人的情形，作出了不丧失继承权的规定。这一修改充分保证了被继承人对其遗产享有自由的处分权利，同时充分尊重被继承人的意思自治，如果继承人已取得被继承人的原谅，并愿意将其作为继承人，此时，继承人不丧失继承权。审判实践中，在判断继承人是否丧失继承权时，要对继承人是否获得被继承人宽恕进行研判，如果确实已丧失继承权的，则应该按照本条的规定，按照法定继承办理；如果继承人存在《民法典》第1125条第1款第3项至第5项的行为，但已取得了被继承人的原谅，则其并未丧失继承权，应按照遗嘱继承办理。

第一千一百五十五条 **遗产分割时，应当保留胎儿的继承份额。胎儿娩出时是死体的，保留的份额按照法定继承办理。**

【条文主旨】

本条是关于遗产分割应保留胎儿的继承份额的规定。

【条文理解】

在现代民法上，继承是指因自然人死亡而由与其具有一定亲属关系的生存之人概括继承其财产的法律制度。死亡的自然人称为被继承人，具有一定亲属关系的生存之人称为继承人。继承开始的原因只限于自然人死亡，包括自然死亡和宣告死亡。自然人之间非因死亡而发生的财产移转不属于继承的范畴。另外，继承只发生在自然人之间，而且发生于具有一定亲属关系的人之间。各国因风俗习惯不同，立法上关于继承人的范围也存在差异。但大都限于特定亲属关系人之间。不仅是法定继承，遗嘱继承亦是如此。继承是概括承继死亡人财产的法律制度。财产一词在民法上有多种含义：一种含义是指物；一种含义是指物和有价证券；一种含义是指财产权利和义务。作为遗产的财产，是就第三种含义而言的。即遗产包括被继承人死亡时遗留的全部财产权利和义务，具有概括性。概括性体现在将被继承人的财产视作一个整体，在被继承人死亡后，当然地由继承人承继，而非单一的权利或义务的承继。

我国继承法采取的是当然继承主义，继承开始后，不需要继承人主张，被继承人的遗产当然转移于继承人。但要求继承人必须是在继承开始时尚处于生存状态的人，在继承开始时，已经死亡的人或者尚未出生者，不能作为权利主体，不能承受财产权利，也就当然无继承资格。这在学理上被称为“同时存在原则”或者“继续存在原则”。我国对“胎儿”尚未从法律上予以定义，对“胎儿”的理解还存在不同认识。如医学上认为，人在孕育过程中可以分为几个阶段：一是受精卵；二是胚胎，此时尚未发育成“人形”；三是胎儿。有的法学研究者认为，法律保护的胎儿应该是指正在孕育中的“人”，保护的是从受孕那一刻起一直到脱离母体独立呼吸成为真正的民事主体，涵盖整个孕育阶段。[①] 由于胎儿尚未出生，按照前述“同时存在原则”或者“继续存在原则”，胎儿应无继承能力，其利益将得不到有效保护。从法律上对胎儿利益的保护作出规定，既是民法的重要内容，也是人道主义和人性伦理的要求。因此，许多国家的民法均赋予胎儿一定的继承能力。

关于胎儿的继承能力存在肯定说和否定说两种学说。肯定说认为，胎儿具有附解除条件的人格，于继承开始时视为已出生，具有继承能力；如出生时为死体的，其权利能力溯及地消灭，视为自始不存在。否定说认为，胎儿不具有继承能力，但法律采取一定措施保护胎儿出生后的合法权益，承认于继承开始时已存在且活着出生的胎儿具有继承能力。采肯定说的存在两种立法例：一种是一般保护主义，即只要胎儿出生时尚生存，就一般地而非针对个别事项赋予胎儿权利能力。《瑞士民法典》采用此种立法例。一种是个别保护主义，即胎儿原则上无权利能力，但就继承、损害赔偿、遗赠等重要法律关系，个别的视胎儿已出生，认可胎儿有权利能力。德国、法国、日本均采用此种立法例。

我国 1985 年《继承法》没有采用上述两种立法例，不承认胎儿的继承能力，这与我国民法上规定的自然人的民事权利能力始于出生的规定是一致的。但为保护胎儿的利益，《继承法》第 28 条规定：“遗产分割时，应当保留胎儿的继承份额。胎儿出生时是死体的，保

---

① 罗时贵、唐青林：《论民法对胎儿的保护》，载《南昌高专学报》2003 年第 1 期。

留的份额按照法定继承办理。”《继承法意见》第45条规定：“应当为胎儿保留的遗产份额没有保留的应从继承人所继承的遗产中扣回。”《继承法》认为胎儿拥有的是继承遗产的民事利益，在遗产分割时，要保留胎儿的继承份额。《民法典》改变了这种观点，《民法典》第16条规定：“涉及遗产继承、接受赠与等胎儿利益保护的，胎儿视为具有民事权利能力。但是，胎儿娩出时为死体的，其民事权利能力自始不存在。”由此可见，我国实际上采取了个别保护主义立法模式。即对于自然人而言，其权利能力仍然以“始于出生”为原则，但在涉及《民法典》第16条规定的特定事项时，胎儿视为具有民事权利能力。《民法典》对胎儿遗产继承权进行了修改，将胎儿拥有的继承利益改为了继承权，并将胎儿利益的保护范围扩大到接受赠与。即在涉及遗产继承、接受赠与等胎儿利益保护的，法律认可胎儿具有民事权利能力，自然就享有了继承权。被继承人死亡后继承开始，胎儿拥有继承权，可以成为遗产的继承人，可以拥有财产的所有权。胎儿继承的条件是出生时为活体，如胎儿娩出时是死体的，则不存在需要保护的对象，则其民事权利能力自始不存在。

关于胎儿权利能力的性质，亦存在两种学说：（1）法定停止条件说，该学说认为，胎儿权利能力取得有停止条件，即胎儿于孕育期间实际上并无权利能力，当胎儿出生时是活体时，再追溯至权利成立之时取得权利能力；（2）法定解除条件说，该说认为，胎儿的权利能力的取得有解除条件，即在孕育期间，胎儿也被视为具有权利能力，只是娩出后若为死体的，其取得的民事权利能力才溯及地取消。从《民法典》的规定看，更符合法定解除条件说，即涉及《民法典》规定的事项时，即使在孕育期间，胎儿也被视为具有民事权利能力，只有在娩出时为死体的，其已取得的民事权利能力才溯及地消灭，视为自始不存在。

本条规定是在《继承法》第28条的基础上修改而来，将“胎儿出生时”修改为“胎儿娩出时”，与《民法典》第16条的表述相一致，也更为精准规范。根据本条及《民法典》第16条的规定，遗产分割时，无论是法定继承还是遗嘱继承的情形，在分割遗产时，都应当为胎儿保留其应继承的份额。保留份额的继承分两种情况：一种情况是，胎儿娩出时是死体的，其已取得的民事权利能力溯及地消灭，视为自始不存在，为其保留的份额按照法定继承办理。即当胎儿娩出时是死体的时候，将保留的份额按照法定继承的法定规则进行分配。另一种情况是，胎儿出生时是活体的，就由其依法继承。如胎儿出生后死亡的，即胎儿娩出时是活体，之后死亡的，为胎儿保留的继承份额成为他的遗产，应由他的法定继承人依法定继承的方式继承。在此需要说明的是，如果胎儿是多胞胎的，则应按胎儿的数量保留继承份额。

【审判实践中应注意的问题】

审判实践中，涉及胎儿继承案件的诉讼主体的确定，胎儿因尚未出生，不可能保护自己的权利，必须由其法定代理人代为完成。在涉及胎儿继承的案件中，胎儿尚未出生的，宜以其法定代理人的名义进行起诉或者应诉。在胎儿出生后，出生后的婴儿可以以当事人的身份出现在诉讼中，其法定代理人可以婴儿的名义代理其起诉或者应诉。

第一千一百五十六条 遗产分割应当有利于生产和生活需要，不损害遗产的效用。

不宜分割的遗产，可以采取折价、适当补偿或者共有等方法处理。

【条文主旨】

本条是关于遗产分割的原则和方法的规定。

【条文理解】

本条第1款规定了遗产分割中的重要原则——物尽其用原则。本条第2款规定了不宜分割的遗产的处理办法。

遗产分割是各共同继承人按其应继份额进行分配，以消灭遗产的共同所有关系为目的的一种法律行为。遗产分割发生在多个继承人共同继承的场合，遗产分割的效果是各共同继承人的共同共有关系的消灭，遗产上的权利义务分别归属于各个继承人，各继承人之间的连带债务责任，也因遗产的分割而终止。

一、遗产分割的原则

遗产的分割应遵循以下原则：

（一）物尽其用原则

物尽其用原则，是指在遗产分割时，应当从有利于生产和生活的需要出发，注意充分发挥遗产的实际效用。遗嘱中可以确定遗产的分割方法。如果遗嘱已确定，则应按照确定的分割方法分割遗产。遗嘱中未确定遗产分割方法的，则应按物尽其用原则进行分割，即应当依照有利于生产和生活需要、不损害遗产的效用的原则进行。本条第1款规定："遗产分割应当有利于生产和生活需要，不损害遗产的效用。"这一规定表明，遗产分割的恰当与否，关系遗产效力的发挥，不仅涉及继承人的利益，对于社会生产和公共利益的维护同样具有一定意义。物尽其用是遗产分割必须遵循的原则。按照物尽其用原则分割遗产，有利于发挥遗产的实际效用，有利于满足继承人的生产和生活需要，从而促进整个社会财富的增加。

（二）平均份额的原则

《民法典》第1130条第1款规定："同一顺序继承人继承遗产的份额，一般应当均等。"采取平均份额原则，方法简便易行，比较公平合理，亦符合平等思想，可以在一定程度上减少纠纷。但是，平均份额原则的弊端在于，这种原则方法未考虑各共同继承人的具体情况，将平均份额当作唯一的分配遗产的原则，从而由形式上的平等导致实际上的不平等。因此，《民法典》第1130条第1款规定的是"同一顺位继承人继承遗产的份额，一般应当均等"。即《民法典》在采用此项原则时是有限制的，只是在各共同继承人条件大体相同的情况下才采取平均份额的分配办法。"一般应当均等"的原则，本身就意味着在特殊情况下的不均等。《民法典》第1130条第2款至第5款，罗列了可以不平均分割遗产的情形：一是对生活有特殊困难又缺乏劳动能力的继承人，分配遗产时，应当予以照顾；二是对被继承人尽了主要扶养义务或者与被继承人共同生活的继承人，分配遗产时，可以多分；三是有扶养能力和有扶养条件的继承人，不尽扶养义务的，分配遗产时，应当不分或者少分；四是继承人经协商同意的，也可以不均等。以上四种情形可以制约均等分割的条件，照顾生活有困难且缺乏劳动能力的继承人，实现利益平衡。分割遗产对尽了主要扶养义务的继承人予以倾斜，对有能力扶养被继承人却不尽义务的继承人少分或不分，体现了权利义务相一致的原则。

（三）照顾缺乏劳动能力又缺乏生活来源，生活有特殊困难的继承人的原则

《民法典》第 1130 条第 2 款规定：“对生活有特殊困难又缺乏劳动能力的继承人，分配遗产时，应当予以照顾。”生活有特殊困难的继承人，主要是指无生活来源的未成年人、老人、病残者。他们不仅没有生活来源，同时又缺乏劳动能力，导致生活困难，以至于难以维持基本的正常生活条件。对于这种继承人，在分割遗产时应当给予适当的照顾。但是，对于那些生活上虽有特殊困难，而这种困难不是由于缺乏劳动能力而又缺乏其他生活来源造成的，而是由于主观上好逸恶劳或者从事赌博、吸毒等违法活动造成的，则不得以其生活困难为由在分割遗产时获得照顾。

（四）权利义务相一致的原则

权利义务相一致的原则是我国宪法、民法的基本原则之一。权利义务相一致原则是贯穿《民法典》始终的基本内容。由此决定，在进行遗产分割时，必须考虑各共同继承人对被继承人生前所尽义务的多少。在其他条件大体相同的情况下，应按照继承人对被继承人所尽扶养义务的多少来进行分割。尽义务多的应当多分，尽义务少的应当少分。《民法典》第 1130 条第 3 款、第 4 款的规定即体现了这一原则。按照权利义务一致的原则进行遗产分配，从表面上看来，各继承人的份额有多有少，似乎是不公平的，然而，从权利义务一致的原则出发，尽义务多的多分，尽义务少的少分，有扶养能力和扶养条件而不尽扶养义务的应当不分，并照顾未成年人、缺乏劳动能力而又缺乏生活来源的继承人的利益，以避免加重社会负担，从实质上来讲，是较为公平的。

必须强调的是，对于什么是扶养义务应当作全面地理解，不能仅仅理解为经济上的支持、生活上的照料，还应当包括精神上、情感上的关心、安慰等。例如，有的继承人有扶养能力和扶养条件，本人也愿意多尽义务，但由于被继承人有较多的收入，生活优裕，身边有人照料，被继承人根本不需要继承人对他进行经济上的扶养和生活上的

照料。在这种情形下，不应以继承人不尽扶养义务为由而减少其应当继承的份额。如有的继承人生活条件一般，没有给予被继承人过多的经济上的支持，但经常陪伴在被继承人身边，对被继承人给予了精神上的照顾和抚慰，同样不能以其付出的金钱的多少而判断其是否尽到扶养义务。即判断继承人是否尽到扶养义务，应结合被继承人的需求来综合判断。

二、遗产分割的方法

遗产分割的方法是指继承人取得遗产应继份的具体方法。《民法典》第1132条规定："继承人应当本着互谅互让、和睦团结的精神，协商处理继承问题。遗产分割的时间、办法和份额，由继承人协商确定；协商不成的，可以由人民调解委员会调解或者向人民法院提起诉讼。"由此可知，关于遗产分割的方法，如果遗嘱中已经指定了分割方法，则应按遗嘱指定的方法分割遗产；遗嘱没有指定遗产分割方法的，由继承人具体协商遗产的分割方式；继承人协商不成的，可以通过调解确定遗产分割的方式；调解不成的，则通过诉讼程序，由人民法院确定遗产的分割方式。

本条第2款规定："不宜分割的遗产，可以采取折价、适当补偿或者共有等方法处理。"所谓"不宜分割的遗产"，是指如对遗产标的物本身进行实物分割，可能会改变其性质或损害其实际效用的遗产。"不宜分割的遗产"仅仅是"不宜"分割实物，而不是绝对不能分割。继承人一般都属于具有一定亲属关系的人，对于"不宜分割的遗产"，可以引导继承人本着互谅互让、和睦团结的精神，根据"有利于生产和生活需要，不损害遗产的效用"的原则，按照遗产标的物的种类、性能、经济作用以及继承人的需求、能力等，采取折价、适当补偿或共有等方法处理。根据这一规定，遗产分割的方式主要包括以下四种：

（一）实物分割

遗产分割在不违反前述分割原则的情况下，可以采取实物分割的方式。适用实物分割的遗产可以是可分物，也可以是不可分物。对可分物，可以作总体的实物分割。如对粮食，可划分出每个继承人应继承的数量；但对不可分物，则不能作总体的分割，只能作个体的实物分割。如对电视机、电冰箱、空调等以整体发挥功能效用的物，就不能将其划分出每个继承人应继承的数量，而只能将其作为一个整体进行分割，否则将导致物的破坏且不能继续发挥效用。对不可分物不能作实物分割的，应当采取折价补偿的办法即补偿分割。

（二）变价分割

如果遗产不宜进行实物分割，或者继承人都不愿取得该种遗产，则可以将遗产变卖，换取价金。然后，由继承人按照自己应继份额的比例，对变卖后的价金进行分割。使用变价分割的方式分割遗产，实际上是对遗产的处分。所以，遗产的变卖应当经过全体继承人的同意。

（三）补偿分割

对于不宜实物分割的遗产，如果继承人中有人愿意取得该遗产，则由该继承人取得遗产的所有权。然后，由取得遗产所有权的继承人按照其他继承人应继份额的比例，分别补偿给其他继承人相应的价金。应当指出的是，如果继承人中有多人愿意取得遗产的所有权，经协商无法达成协议，则应当根据继承人的实际需要和能力，从有利于发挥遗产效用的角度出发，确定由某个继承人取得。

（四）保留共有

遗产不宜进行实物分割，继承人又都愿意取得遗产的，或者继承人基于某种生产或生活需要，愿意继承保持遗产共有状态的，则可以采取遗产保留共有的分割方式，由继承人对遗产享有共有权，其共有份额按照应继份额的比例确定。但是，在共有分割之后，继承人之间就不再是原来的遗产共有关系，而变成了普通的财产按份共有关系。

三、遗产分割的效力

我国采取当然继承主义，在继承开始后，享有继承权的人即有权取得应由其继承的遗产份额。即遗产分割的效力及于继承开始之时。遗产分割时，各继承人按照其应继承的遗产份额取得遗产，不仅是包括分割时尚存在的遗产，而且包括继承开始时应当由继承人取得的遗产。遗产分割后，各继承人不仅可以取得尚存在的遗产，而且还有权请求侵害了其应得遗产份额的侵权人返还遗产，以实现继承人的合法利益。

【审判实践中应注意的问题】

审判实践中，对不宜分割的遗产，可以采取折价、适当补偿或者共有等方法处理，对折价的方法及补偿的金额等，应采取继承人协商的方式进行，如经协商达不成一致，则应当根据继承人的实际需要和利用遗产的能力，遵循物尽其用的原则，从更好地发挥遗产效用的角度出发，由人民调解委员会调解或人民法院诉讼确定由某个继承人取得。

第一千一百五十七条　夫妻一方死亡后另一方再婚的，有权处分所继承的财产，任何组织或者个人不得干涉。

【条文主旨】

本条是关于再婚时对所继承遗产的处分权的规定。

【条文理解】

根据《民法典》第1127条的规定，配偶、子女、父母是第一顺序继承人。夫妻一方死亡后，生存的另一方作为死者的配偶依法属于死者的第一顺序继承人，有权依照法律的直接规定或按照被继承人所立的合法有效遗嘱的指定取得应由其继承的遗产份额。在遗产分割完毕后，生存的配偶便享有了对所分得遗产的所有权，有权在法律允许的范围内占有、使用、收益和处分这部分财产。生存的配偶如果再婚，当然有权对其取得的遗产进行处分，既可以把该项财产带到再婚家庭中使用，也可赠送他人或作其他处理。其他任何单位和个人都不得干涉或妨害，否则，生存的配偶可请求人民法院强制排除侵权人的干涉或妨害，以保护生存配偶的合法权益。但是，长期以来，由于封建残余思想的影响，现实生活中干涉丧偶者特别是干涉丧偶妇女带产再婚的现象多有发生，侵害了生存配偶的财产权利和人身权利。为保护妇女合法的财产权益，遵循男女平等的原则，本条作出规定："夫妻一方死亡后另一方再婚的，有权处分所继承的财产，任何组织或者个人不得干涉。"此条规定保护了丧偶者尤其是丧偶妇女带产改嫁这一合法行为，具有非常现实的意义和非常强的针对性。

根据《民法典》第1041条规定，我国实行婚姻自由、一夫一妻、男女平等的婚姻制度。婚姻自由原则又称婚姻自主，是指婚姻当事人按照法律规定自主自愿地决定自己的婚姻问题，不受任何人的强制或干涉。婚姻自由包括结婚自由和离婚自由。男女平等是我国宪法确定的一项基本原则，是指妇女在政治、经济、文化、社会和家庭生活的各个方面，有同男子平等的权利和义务。《民法典》中对婚姻家庭关系的规范当然应贯彻宪法的这一原则。婚姻家庭关系中男女平等原则包括三个方面的内容：（1）男女双方在结婚、离婚问题上的权利义务是平等的；（2）夫妻双方在家庭中的地位是平等的；（3）其他男女家庭成员之间的权利和义务也是平等的。

本条中所称的“再婚”，是指夫妻一方死亡后，另一方再与他人结婚的行为。婚姻自由，既适用于未婚男女，也适用于已婚丧偶的男女。不仅包括丈夫死亡后，妻子与他人结婚，也包括妻子死亡后，丈夫与他人再结婚的情况。即此处所称的再婚应作宽泛的理解，任何人不得干涉包括不得干涉上述两种情况。本条规定沿用了《继承法》第30条的规定，主要是针对现实生活中，由于几千年来封建思想的影响没有完全肃清，在某些地区，特别是在农村，妇女的继承权得不到保障，丧偶妇女带产改嫁受到种种无理阻挠的情况。阻挠者认为，丧偶妇女如果继承了丈夫的遗产，就不能带产改嫁。若要改嫁便不能继承丈夫的遗产。这种行为和思想是非常错误的，是对妇女婚姻自由的粗暴干涉，也是对其享有的继承权和继承取得遗产的所有权的违法侵犯。丧偶妇女再婚是基于其享有的婚姻自由权，继承已故丈夫的遗产是基于其享有的继承权，而带产改嫁是其基于对遗产所享有的所有权，这三种权利都是丧偶妇女依法取得的，应受到法律的保护。随着社会经济的发展、文明的进步，农村丧偶妇女改嫁受阻的情形有所改善，但仍然存在。且这种“干涉”不仅针对农村妇女，还包括男方家庭影响力较大，或嫁入“豪门”以及选择做全职太太等情形。因此，该条内容仍然有保留的必要。当然，条文中的“另一方”，不仅指丧夫的妇女，也包括丧妻的男子。

本条规定任何组织或者个人不得干涉死者配偶再婚后处分所继承

的财产。此处“任何个人”的概念较为宽泛，不仅包括家庭关系中的人，也包括家庭关系以外的其他人。任何人不得干涉就是指不得损害夫妻一方死亡后再婚配偶依法所享有的对继承财产的处分权。如有干涉者，权利人可依本条规定，主张自己的权利，明确自己权利的来源，以达到维护自己合法权益之目的。当然，权利人也可以向人民法院提起民事诉讼，由人民法院依法保护自己的合法权益。

生存的配偶作为继承人，只要符合条件都可以继承相应财产，不以其将来是否改嫁或续弦为条件。此条所称的“有权处分所继承的财产”，是指有权处分依照《民法典》规定的通过任何继承方式所得到的财产。对此中涉及的财产也宜作宽泛的理解。同时还需要指出的是，夫妻一方死亡后另一方再婚的，不仅可以处分所继承的财产，还有权处分夫妻共同财产中属于自己的那一部分财产。如果再婚，并将未成年子女带走的，其作为未成年子女的监护人，有权将未成年人的财产一并带走。但是，如果没有将未成年子女带走，即放弃了对未成年子女的监护权，再婚一方则不能将未成年子女的财产一并带走，应留给未成年子女的其他监护人，用于抚养未成年子女。

生存的配偶可以在继承已故配偶的遗产后带产再婚。但是在现实生活中常常有这样的情况：夫妻一方去世后，并未立即开始继承分割遗产，生存的配偶同其他继承人继续共同生活，在再婚前，并没有取得已故配偶的遗产。那么，在生存的配偶再婚后，其对已故配偶的遗产仍然享有继承权。配偶按照法定继承或遗嘱继承享有继承人的地位，并不因配偶是否再婚而改变。生存的配偶再婚前有权继承，再婚后仍然有权继承。生存的配偶对已故配偶的遗产的继承，是基于与已故配偶生前存在婚姻关系，它不因生存的配偶是否再婚而发生变化，即只要生存的配偶与已故配偶生前保持夫妻关系，就有权以配偶的身份继承已故配偶的遗产。如果在已故配偶生前双方已离婚，则双方婚姻关系终止，生存的配偶则无权以配偶身份再继承已故配偶的遗产。这里，无论是丧失配偶的妻子还是丧失配偶的丈夫，均有权继承已故配偶的遗产，不因性别的差异而有所不同。当然，如果生存的配偶再婚后自愿放弃继承对已故配偶遗产的权利，那么法律也是允许的。但这属于在拥有对已故配偶遗产继承权的前提下对继承的放弃，与是否享有继承权是两个不同的概念。如丧偶的妇女在改嫁前就已经明确表示放弃继承权，那么其再婚后也即无权再要求继承已故前夫的遗产。

【审判实践中应注意的问题】

生存配偶再婚时有未成年子女的，应继续履行对未成年子女的抚养、教育的义务。因某种原因不能带未成年子女在再婚家庭中共同生活的，应妥善安排好未成年子女的生活和教育，并留下子女必要的生活费和教育费。另外，已故配偶在生前有尚未缴纳的税款或负有其他债务的，生存的配偶处分其所继承的遗产时，应在其继承遗产范围内清偿税款和债务，再进行其他处分。

这里需要强调的是，生存的配偶再婚后主张对已故丈夫的继承权，不应违反《民法典》对诉讼时效的规定。

第一千一百五十八条 自然人可以与继承人以外的组织或者个人签订遗赠扶养协议。按照协议，该组织或者个人承担该自然人生养死葬的义务，享有受遗赠的权利。

【条文主旨】

本条是关于遗赠扶养协议的规定。

【条文理解】

本条是在《继承法》第31条的基础上修改而来。相较于继承法的规定，本条规定将“公民”修改为“自然人”，表述更为规范，同时扩大了遗赠扶养人的范围。按照《继承法》第31条规定，遗赠扶养协议包括两种情形：一是自然人与自然人签订的遗赠扶养协议；二是自然人与集体所有制组织签订的遗赠扶养协议。本条规定的遗赠扶养人包括自然人继承人以外的组织和个人，以满足养老形式多样化需求。根据本条规定，遗赠扶养协议是指，遗赠人（亦称被扶养人）与扶养人订立的，以被扶养人的生养死葬及财产的遗赠为内容的协议。即由遗赠人立下遗嘱，将自己所有的合法财产指定在其死亡后转移给扶养人所有，而由扶养人承担遗赠人生养死葬义务的协议。

遗赠抚养协议作为自然人生前对其死亡后遗产的一种处置方式，是一种独具特色的遗产转移方式，是对我国民间长期存在的遗赠扶养协议实践经验的总结和肯定。遗赠扶养协议是在我国农村“五保”制度基础上形成和发展起来的。根据《农村五保供养工作条例》的相关规定，“五保”制度是指对老年、残疾或者未满16周岁的村民，无劳动能力、无生活来源又无法定赡养、抚养、扶养义务人，或者法定赡养、抚养、扶养义务人无赡养、抚养、扶养能力的，在吃、穿、住、医、葬方面给予生活照顾和物质帮助的制度。遗赠扶养协议性质上虽属于合同，但具有新型的社会保障制度之功能。本条规定以立法的形式确立遗赠扶养协议的法律地位，符合当前我国的实际情况，在现实生活中具有重要意义。一方面，遗赠扶养协议有利于减轻社会负担、弥补社会救济不足。随着改革开放的进一步深入，人民生活水平有了显著提高，但还是存在一些生活困难的鳏寡孤独者。受国家财力、人口数量及人口老龄化的影响，社会保障事业还不能完全满足社会需要，现阶段还难以对那些既缺乏劳动能力又无生活来源的鳏寡孤独者提供全面保障。在不发达的农村地区，老年人的赡养问题仍较为突出；在城市生活中，由于受独生子女政策的影响，很多家庭只有一个子女，一旦子女因意外死亡，家庭可能成为失独家庭，失独老人同样存在无人赡养的问题。遗赠扶养协议可以借助组织或个人的力量，帮助、扶养孤老病残解决生活困难，以减轻国家财政负担，填补传统的社会保障制度之不足。另一方面，遗赠扶养协议有利于更好地解决“五保户”的扶养问题。长期以来，农村的“五保户”由集体组织负责供养，但在“五保户”死亡后，对其遗产的处理往往发生一些纠纷，出现“五保户”的亲属与集体组织争夺遗产的现象。确认遗赠扶养协议，通过“五保户”与继承人以外的个人或组织签订遗赠扶养协议的形式，可以清楚地明确双方的权利义务，使扶养人能够更好地对“五保户”尽扶养义务，减少在“五保户”死亡后发生遗产继承纠纷。

遗赠扶养协议具有以下特点：（1）遗赠扶养协议是双方法律行为。遗赠扶养协议属于合同，与一般的合同不同的是，其带有遗赠的性质又不同于遗赠，扶养人取得遗产需以履行扶养义务为前提。遗赠扶养协议是一种双方法律行为，只有在遗赠人与扶养人意思表示一致时方可成立。而遗赠是单方法律行为，遗赠人设立遗嘱时，只要其作出处分自己死后财产的意思表示符合法律规定的形式和实质要件，该遗赠就发生法律效力，无须任何人的同意。即使受遗赠人拒绝接受遗赠，也并不影响该项遗赠的有效成立。（2）遗赠扶养协议是双务、有偿法律行为。遗赠扶养协议的双方当事人互享权利、互负义务。扶养人承担对遗赠人生养死葬的义务并享有接受遗赠财产的权利；被扶养人享有接受扶养的权利，同时负有将遗产遗赠给扶养人的义务。遗赠扶养协议的有偿性表现在扶养人接受遗赠财产，以对被扶养人进行扶养为代价。当然，这种有偿性并不需要扶养人付出的代价与取得的遗产在价值上相一致，只要是扶养人与遗赠人的真实意思表示即可。（3）遗赠扶养协议是诺成性法律行为。遗赠扶养协议虽为双务的法律行为，但双方履行义务的时间并不相同。自遗赠扶养协议订立之日起，被扶养人即可要求扶养人履行义务；而在被扶养人死亡之前，扶养人不得要求被扶养人履行转移其财产的义务。然而，双方履行义务时间上的不一致，并不影响遗赠扶养协议的性质。遗赠扶养协议自双方意思表示一致时即成立生效，其仍属于诺成性法律行为。

根据《民法典》第 1123 条规定，继承开始后，按照法定继承办理；有遗嘱的，按照遗嘱继承或者遗赠办理；有遗赠扶养协议的，按照协议办理。由此可见，在我国遗产继承的方式中，相较于其他遗产继承方式，遗赠扶养协议效力最高。遗赠扶养协议就其本质而言是一种有偿的双务合同，扶养人承担遗赠人生养死葬的义务并享有遗赠的权利，遗赠人享有被扶养权利的同时负有将遗产赠给扶养人的义务。而法定继承人和遗嘱继承人或者受遗赠人取得遗产是无偿的，所以在遗产分配上，遗赠扶养协议具有优先于法定继承和遗嘱继承的效力。

遗赠扶养协议对当事人的效力。遗赠扶养协议一经签订，双方应当遵守协议的各项约定。扶养人应当按照约定履行扶养义务，具体的扶养标准有约定的按协议约定确定，协议未约定的，应当不低于当地的最低生活水平。鉴于遗赠扶养协议的特殊性，扶养人的扶养义务应是继续性的，不得在被扶养人死亡前中断履行扶养义务。除扶养义务外，扶养人还应按照协议的约定完成被扶养人的丧葬事宜。根据《继承法意见》第 56 条的规定，扶养人不履行义务的，被扶养人有权解除协议，扶养人不再享有接受遗产的权利，其支付的供养费一般也不再补偿。扶养人履行遗赠扶养协议约定义务后，享有接受约定的遗赠财产的权利。被扶养人对协议中指明的财产，在其生前可以占有、使用，但不能处分，如买卖、交换、赠与等。根据前述《继承法意见》第56条的规定，如被扶养人无正当理由导致协议不能履行的，扶养人有权解除扶养协议，被扶养人应当偿还扶养人已经支付的供养费用。

遗赠扶养协议订立后，遗赠人与其子女，扶养人与其父母之间的权利义务关系并不因此而解除。父母与子女是最近的直系血亲，他们之间具有法定的权利义务关系，一般可以因一方死亡而自然消灭，或因收养关系的成立而解除。遗赠扶养协议并不发生收养关系的法律效力，扶养人虽与遗赠人订立遗赠扶养协议，但其对于自己未离世的父母，仍负有赡养的义务，享有互相继承遗产的权利。遗赠人如果尚有子女，虽然其子女可能不具备赡养的能力，但其子女对遗赠人的赡养义务不因遗赠扶养协议的签订而免除，同时，其子女对遗赠扶养协议中遗赠人指定财产以外的财产也仍享有继承权。

【审判实践中应注意的问题】

审判实践中，如扶养义务人虽然尽了生养死葬义务，但在履行协议的过程中实施了导致被扶养人死亡的行为时，应当参照继承权丧失的规定，剥夺其接受遗产的权利。另外，遗赠扶养协议在本质上属于财产性质的合同，而非身份合同。所以，在法律适用上，如《民法典》继承编中没有规定的，应当适用合同编的相关规定。

第一千一百五十九条 分割遗产，应当清偿被继承人依法应当缴纳的税款和债务；但是，应当为缺乏劳动能力又没有生活来源的继承人保留必要的遗产。

【条文主旨】

本条是关于继承遗产中债务清偿的原则的规定。

【条文理解】

遗产是被继承人财产权利和财产义务的统一体。根据权利义务相一致的原则，继承人接受继承，应当同时接受被继承人的财产权利和财产义务，不能仅继承财产权利，而不继承财产义务。这就是所谓的概括继承原则或总体继承原则。分割遗产时，清偿被继承人依法应当缴纳的税款和债务，实际上就是继承人履行财产义务的行为。

遗产债务可以分为广义和狭义两类，狭义的遗产债务是指被继承人生前个人依法应当缴纳的税款和完全用于个人生活及生产需要所欠下的债务；广义的遗产债务还包括继承开始后，因遗产的管理、分割以及执行遗嘱等所支出的费用，即继承费用。本条规定应指狭义上的遗产债务，即被继承人生前个人依法应当缴纳的税款和完全用于个人生活需要所欠下的债务。“完全用于被继承人个人需要”，是指与为满足家庭共同生活需要增加家庭共有财产、偿还家庭共有债务无关的，只是用来满足被继承人个人需要所负的债务。主要包括：（1）应缴纳的税款；（2）合同之债；（3）损害赔偿之债；（4）不当得利之债；（5）无因管理之债；（6）其他属于被继承人个人的债务。这里需要强调的是，遗产债务是被继承人生前所欠的债务，不应当包括继承人的债务。继承开始是区分被继承人债务和继承人债务的分界点，被继承人生前所欠债务为遗产债务，继承人继承的财产义务以所继承遗产为限。继承开始后所欠的殡葬被继承人的费用、与遗产有关的管理费用及继承费用不属于遗产债务，继承人的偿还义务亦不受继承遗产的限制。

在确定遗产债务时，应注意与其他债务的区分。首先，应将遗产债务与家庭共同债务进行区分。家庭共同债务是指家庭成员共同作为债务人所承担的债务。主要包括：（1）为家庭成员生活需要而承担的债务；（2）为增加家庭共有财产承担的债务；（3）夫妻共同债务等。家庭共同债务应当用家庭共有财产来偿还，而不能用被继承人的遗产来偿还。只有家庭共同债务中属于被继承人应当承担的部分，属于遗产债务范畴的，应用被继承人的遗产来清偿。其次，应将遗产债务与被继承人以个人名义所欠债务进行区分。被继承人以个人名义所欠债务包括被继承人为个人生活需要所欠的债务，但也包括被继承人以个人名义所欠的用于家庭共同生活的债务，为有劳动能力的继承人的生活需要或其他需要而欠下的债务，因继承人不尽扶养、抚养、赡养义务又迫于生活需要而以个人名义欠下的债务。这些以被继承人个人名义所欠债务不属于遗产债务。最后，应将遗产债务与继承费用进行区分。继承费用指继承开始后，因遗产的管理、分割以及执行遗嘱所支出的费用。遗产债务应指被继承人生前所负债务，而继承费用是被继承人死后因继承所产生的费用。继承费用的增加或者减少会造成遗产本身的增加或者减少，其实际属于遗产的一部分。遗产债务要在遗产实际价值减去继承费用后的价值范围内去清偿。即继承费用应从遗产中支付，但其不属于遗产债务的范围。

关于遗产债务清偿与分割遗产的顺序，存在两种不同的方式：（1）先清偿债务后分割遗产。这是一种总体清偿方式，即先从遗产中清算出遗产债务，从遗产中支出相当于遗产债务的财务交付给债权人，然后根据各继承人应继承的份额，分配剩余遗产。（2）先分割遗产后清偿债务。这是一种分别清偿方式，即先按照继承人应继承份额分割遗产，同时按照该份额分摊债务，然后由各继承人根据自己分摊的债务数额向债权人清偿。遗产债务清偿与分割遗产的顺序对只有一个继承人的情形，并无实质性影响，而对于多个继承人的情形，会对债权人的利益产生较大影响。本条规定没有对此作出明确规定，《民法典》第1161条对继承人清偿被继承人依法应缴纳税款和债务的限额进行了规定，由此可以看出，上述两种遗产债务清偿与分割遗产顺序的方式在实践中均可采用。

《民法典》第1130条第2款规定："对生活有特殊困难又缺乏劳动能力的继承人，分配遗产时，应当予以照顾。"《民法典》第1141条规定："遗嘱应当为缺乏劳动能力又没有生活来源的继承人保留必要的遗产份额。"即在法定继承的遗产分配中，应对生活有困难又缺乏劳动能力的继承人予以照顾；在遗嘱继承中，明确遗嘱应当保留缺乏劳动力能力又没有生活来源的继承人必要的遗产份额。上述规定均是贯彻养老育幼原则的具体体现。在清偿遗产债务时，也应当坚持这一原则。根据《继承法意见》第61条规定，继承人中缺乏劳动能力又没有生活来源的人，即使遗产不足清偿债务，也应为其保留适当的遗产，然后再按有关规定清偿债务。本条亦规定："分割遗产，应当清偿被继承人依法应当缴纳的税款和债务；但是，应当为缺乏劳动能力又没有生活来源的继承人保留必要的遗产。"因此，在清偿遗产债务时，即使遗产的实际价值不足以清偿债务，也应当为需要特殊照顾的缺乏劳动能力又没有生活来源的继承人保留适当的遗产，以满足其基本生活需要。

从本条规定的内容看，遗产债务清偿时，应给予特殊照顾的人应具备以下三个条件：（1）缺乏劳动能力；（2）没有生活来源；（3）继承人。所谓"缺乏劳动能力"，是指在被继承人死亡时，其继承人不具备或不完全具备劳动的能力。所谓"没有生活来源"，是指继承人不具有独立维持个人最低物质生活水平的经济条件。只有缺乏劳动能力又无生活来源这两个条件同时具备的继承人才享有在遗产不足以清偿债务时取得适当遗产的权利。同时，继承人是否缺乏劳动能力又无生活来源，应依被继承人死亡时该继承人的具体情况而定，如缺乏劳动能力又无生活来源的继承人在被继承人死亡时取得劳动能力或生活来源的，便不再需要特殊的照顾。需要强调的是，本条规定应当为继承人保留适当遗产，不包括继承人以外的依靠被继承人扶养的人或继承人以外对被继承人扶养较多的人。他们可以根据《民法典》第1131条的规定分得适当遗产，但如果遗产的实际价值已不足以清偿遗产债务时，不应为上述两种类型且缺乏劳动能力又无生活来源的人保留遗产。

【审判实践中应注意的问题】

审判实践中，在遗产不足以清偿债务时，对于缺乏劳动能力又没有生活来源的代位继承人，也应为其保留必要遗产。在代位继承的情况下，代位继承人实际上已取代了被代位继承人也就是继承人的继承地位，享有代位继承的权利。在这种情形下，如其既缺乏劳动能力又无生活来源，对其给予特殊照顾，符合我国养老育幼这一原则。

第一千一百六十条 无人继承又无人受遗赠的遗产，归国家所有，用于公益事业；死者生前是集体所有制组织成员的，归所在集体所有制组织所有。

【条文主旨】

本条是关于无人承受遗产的处理的规定。

【条文理解】

无人承受的遗产，是指继承开始后，没有继承人或受遗赠人承受的死者的财产。无人承受的遗产主要包括以下三种情形：一是没有法定继承人、遗嘱继承人或受遗赠人的遗产；二是虽有法定继承人、遗嘱继承人，但均放弃继承或丧失继承权的遗产；三是虽有受遗赠人但放弃接受遗赠或丧失受遗赠权的遗产。

各国继承立法均对无人承受遗产的处理作出了规定，大多都采用无人承受的遗产归国家所有的做法。但各国在国家取得遗产的地位上存在不同的认识，主要有以下两种观点：一种是继承权主义，认为国家是作为无人承受遗产的法定继承人而取得遗产；另一种是先占权主义，认为国家有优先取得无人承受遗产的权利。我国关于无人承受遗产的处理与其他国家的规定有所不同。从本条规定的内容看，我国是根据死者的身份来确定无人承受遗产的归属。如果死者生前是集体所有制组织成员的，包括城镇集体所有制单位的职工、农村集体所有制单位的职工、村民的，其无人承受的遗产归死者生前所在的集体所有制组织所有；其他身份的自然人死亡后，其无人承受的遗产归国家所有。

本条规定是在《继承法》第 32 条的基础上修改而来，与《继承法》第 32 条规定不同的是，本条规定明确了无人继承又无人受遗赠的遗产归国家所有后的用途，明确规定归国家所有的无人继承遗产应当用于公益事业。一般情况下，财产由财产所有权人占有、使用、收益、处分，但是，在特殊情况下，财产有可能与主体相脱离而成为无主财产。这种情形下，通过立法确定将无主财产归于国家或集体所有制组织，有助于对该财产的管理和保护，做到物尽其用，更好地发挥财产的效用；明确将归国家所有的无人承受的遗产用于公益事业，为困难的社会群体和个人提供帮助，为教育、科学、文化、卫生、体育事业，以及环境保护、社会公共设施建设等涉及公共利益的领域提供支持，有利于促进社会发展和进步，维护社会生产和生活的稳定。

《民法典》第 1145 条规定："继承开始后，遗嘱执行人为遗产管理人；没有遗嘱执行人的，继承人应当及时推选遗产管理人；继承人未推选的，由继承人共同担任遗产管理人；没有继承人或者继承人均放弃继承的，由被继承人生前住所地的民政部门或者村民委员会担任遗产管理人。"这是《民法典》为确保遗产得到妥善管理、顺利分割，更好地维护继承人、债权人利益，增加规定的遗产管理人制度，对遗产管理人的产生方式、职责和权利等内容进行了明确。根据上述规定，在继承开始后，如有无继承人、受遗赠人不明情形时，应当确定由死者生前住所地的民政部门或者村民委员会担任遗产管理人。遗产管理人应按照《民法典》第 1147 条的规定履行职责。在有无继承人、受遗赠人不明的情况下，应清理遗产并制作遗产清单，采取必要措施防止遗产毁损，处理被继承人的债权债务，实施与管理遗产有关的其他必要行为。

根据《民法典》第 1159 条关于"分割遗产，应当清偿被继承人依法应当缴纳的税款和债务"的规定，取得无人承受遗产的国家或集体所有制组织，也应当在取得遗产的实际价值范围内负责清偿死者生前所欠的债务。清偿债务后，国家或集体所有制组织才能取得剩余部分的遗产。

《民法典》第1131条规定："对继承人以外的依靠被继承人扶养的人，或者继承人以外的对被继承人扶养较多的人，可以分给适当的遗产。"该条是在《继承法》第14条基础上修改而来，根据《继承法意见》第57条规定："遗产因无人继承收归国家或集体组织所有时，按继承法第十四条规定可以分给遗产的人提出取得遗产的要求，人民法院应视情况适当分给遗产。"由此，无人继承又无人受遗赠的遗产在清偿税款和债务后，归属于国家或集体所有制组织以前，对继承人以外的依靠被继承人扶养的，或者继承人以外的对被继承人扶养较多的人，可以分配给他们适当的遗产。在清偿债务并分配给继承人以外的依靠被继承人扶养的人，或者分配给继承人以外的对被继承人扶养较多的人适当遗产后，剩余遗产收归国家或集体所有制组织所有。

【审判实践中应注意的问题】

审判实践中，应注意"五保户"遗产的处理。根据《农村五保供养工作条例》的相关规定，"五保"制度是指对老年、残疾或者未满16周岁的村民，无劳动能力、无生活来源又无法定赡养、抚养、扶养义务人，或者法定赡养、抚养、扶养义务人无赡养、抚养、扶养能力的，在吃、穿、住、医、葬方面给予生活照顾和物质帮助的制度。对于如何处理"五保户"的遗产，2006年的《农村五保供养工作条例》未作规定。根据《继承法意见》第55条的规定，如集体组织对"五保户"实行"五保"时，双方签订了遗赠扶养协议的，则按协议处理；如果属于未签订遗赠扶养协议情形的，死者有遗嘱继承人或法定继承人并要求继承的，按遗嘱继承或法定继承处理，但集体组织有权要求扣回"五保"费用。如果"五保户"的遗产无人继承又无人受赠，应当归死者生前所在的集体组织所有。

第一千一百六十一条 继承人以所得遗产实际价值为限清偿被继承人依法应当缴纳的税款和债务。超过遗产实际价值部分，继承人自愿偿还的不在此限。

继承人放弃继承的，对被继承人依法应当缴纳的税款和债务可以不负清偿责任。

【条文主旨】

本条是关于限定继承原则及其例外的规定。

【条文理解】

一、本条第1款是关于限定继承原则的规定

这一原则是民法上公平原则在继承法中的具体体现。所谓限定继承，是指继承人清偿被继承人的遗产债务只以遗产的实际价值为限，超过遗产实际价值的部分，继承人不负清偿责任。也就是说，继承人对被继承人的遗产债务承担的是以继承的遗产实际价值为限的有限清偿责任，而非无限清偿责任。依据该原则，继承人接受遗产后，对于被继承人生前依法应当缴纳的税款和个人所欠债务，仅在其接受的遗产的实际价值范围内，承担清偿义务。对于超出遗产实际价值的债务，可以不负清偿责任。当然，对于继承人自愿偿还超过所得遗产实际价值部分的被继承人生前应缴纳的税款和个人所负的债务的，属于继承人权利自治的范畴，法律对此并不进行干预。

关于遗产债务的清偿，在早期罗马法中，继承人继承死者的财产后，往往会将继承的财产与自己的财产混合，由此，罗马法起初实行

继承人的无限责任原则，即继承人继承的遗产不足以清偿所继承的债务时，该继承人仍应承担清偿责任，从自己的财产中予以补足，而并无推卸的理由。罗马法发展到优帝时期开始规定，继承人仅在所受利益范围内承担偿还被继承人债务的责任。这也是现代各国继承法上限定继承原则的历史渊源。限定继承原则为各国普遍所采纳的原因主要在于：一方面，被继承人和继承人之间虽具有一定的亲属关系，但二者仍然属于平等独立的主体，各自具有独立的民事行为能力和责任能力，理应以自己所有的财产为限承担责任；另一方面，根据权利义务相一致原则，继承人继承遗产，取得权利的同时必须承担一定的义务，即清偿被继承人所负债务。但这一义务又应以继承人所继承的遗产范围为限，超出继承遗产的范围由继承人清偿被继承人的债务，对继承人的要求过于苛刻。

从本条规定的内容看，我国采用限制继承原则，但是与其他国家的规定略有不同，我国采用的是无条件限制继承原则。理解这一原则，还需要明确以下内容：一是要明确区分继承开始前的债务与继承开始后所产生的债务。继承开始是区分被继承人债务和继承人债务的分界点，遗产债务是被继承人生前所欠的债务，不应当包括继承人的债务。继承人应负责偿还的债务和缴纳的税款只限于被继承人生前所欠债务和税款的范围，不包括被继承人死后继承人所欠的债务和应该缴纳的税款，且应以其继承的遗产为限。在继承开始以后，遗产分割完毕以前，与遗产有关的管理费用、继承费用不属于遗产债务。虽然继承开始后产生的债务是在继承人实际取得遗产以前发生，但是在被继承人死后、继承人已依当然继承主义取得遗产所有权后产生的，因此应当由继承人清偿，而不受其继承遗产的限制。二是明确区分继承开始时遗产的实际价值与分割遗产时遗产的实际价值。本条所规定的“遗产实际价值”，是指遗产在被继承人死亡时的实际价值，而非遗产分割时的实际价值。由于生活中往往存在被继承人死亡后很长一段时间不进行遗产分割的情形。例如，父母一方去世后，遗产未进行分割，而是在另一方去世后再一并进行分割。这时就可能存在继承人在遗产分割前已实际占有全部或部分遗产，并由于对遗产的使用而导致其价值的减少，即分割遗产时遗产的实际价值与继承开始时遗产的实际价值已发生变化。在这种情况下，在清偿债务时，继承人应承担的债务或债务份额仍应按继承开始时遗产的实际价值确定，并且该继承人不得以放弃继承为理由拒绝对债务的承担。即在继承人放弃继承时，如果遗产因在分割前已被该继承人实际占有并消耗掉部分价值而不足以清偿债务，则应由该继承人补偿其消耗的部分价值。

二、本条第 2 款是对限制继承原则例外的规定

继承人表示接受继承，是财产权利与财产义务的一并接受，不能仅继承财产权利，而不继承财产义务。接受继承的继承人既享有继承被继承人遗产的权利，同时应依法承担被继承人生前依法应缴纳税款和个人所负债务的清偿责任。这是概括继承原则的要求，也是权利义务相一致原则的体现。如果继承人放弃继承，放弃继承的继承人不应承担遗产债务，即不应承担被继承人生前依法应缴纳的税款和所负的个人债务。

【审判实践中应注意的问题】

本条规定将限制继承原则作为一般规定，但是对于特定遗产债务的清偿并未进行明确。根据一般的继承理论和审判实践，应当认为，死者生前为有劳动能力的继承人的需要所欠的债务和因继承人不尽扶养、抚养、赡养义务而使被继承人迫于生活需要欠下的债务，不以该继承人所继承的遗产的实际价值为限，该继承人应负无限的清偿责任，即应以自己固有的财产进行清偿。

继承人对这部分债务承担无限清偿责任的原因在于：遗产债务应从狭义上理解，指的是被继承人生前个人依法应当缴纳的税款和完全用于个人生活和生产需要所欠的债务。这里强调的是，除依法应缴纳的税款外，被继承人所负的债务应是完全用于个人生活和生产需要所

欠的债务。这就需要对遗产债务与被继承人以个人名义所欠债务，即被继承人个人债务进行区分。生活中，被继承人以个人名义所欠债务当然包括被继承人为个人生活需要所欠的债务，但也可能存在以被继承人个人名义为有劳动能力的继承人的生活需要或其他需要而欠下的债务和因继承人不尽扶养、抚养、赡养义务又迫于生活需要而以个人名义欠下的债务。严格来讲，这些以被继承人个人名义所欠债务不属于遗产债务，当然不受继承遗产实际价值所限。这些债务的产生不是基于被继承人的个人需要，而是由于有劳动能力的继承人的需要，或者由于继承人应尽义务而未尽义务而产生的债务。存在这两种情形的继承人自然应对这部分债务承担清偿责任。

第一千一百六十二条　执行遗赠不得妨碍清偿遗赠人依法应当缴纳的税款和债务。

【条文主旨】

本条是关于遗赠和债务清偿顺序的规定。

【条文理解】

《民法典》第1133条第3款规定："自然人可以立遗嘱将个人财产赠与国家、集体或者法定继承人以外的组织、个人。"由此可见，遗赠是指自然人以遗嘱的方式将其个人财产赠给国家、集体或者法定继承人以外的组织或者个人，而于其死后发生法律效力的一种单方民事行为。

遗赠具有以下特点：(1)遗赠是单方民事法律行为。遗赠是通过遗嘱的方式将个人财产赠给他人的行为，是单方法律行为，只要是遗赠人一方的意思表示就可以发生法律效力，无须任何人的同意。(2)遗赠是给予法定继承人以外的组织、个人遗产的法律行为。受遗赠的对象不限于自然人，还可以是国家、集体或其他组织。(3)遗赠是给予受遗赠人财产利益的行为。遗赠是单方法律行为，法律不允许遗赠人通过单方法律行为给受遗赠人带来不利益，因此遗赠必须是给予受遗赠人财产利益的行为。财产利益可以是权利的让与，可以是债务的免除，也可以是全部遗产权利和义务相抵后剩余的财产利益。(4)遗赠是遗赠人死亡后发生法律效力的民事法律行为。遗赠虽然是在遗嘱人生前作出的意思表示，但要到遗嘱人死亡后才会发生法律效力。遗赠人死亡前，因遗赠尚未发生法律效力，遗赠人可以随时依照法定程序和方式撤回自己的遗赠。（5）受遗赠权具有债权的效力。我国采取当然继承主义，继承开始后，遗产即发生转移，继承权的接受无须明示，继承人单纯的沉默就意味着接受继承。而根据《民法典》第1124条第2款规定，受遗赠人需作出明示接受遗赠的意思表示，否则视为放弃受遗赠。即继承开始后，受遗赠人作出意思表示之前，遗赠只具有债权效力，遗产未发生转移。

遗赠与遗嘱继承都是被继承人单方法律行为，其通过立遗嘱的形式，处分自己财产，但二者具有以下区别：（1）主体的范围不同。受遗赠人可以是法定继承人范围以外的任何人，除自然人外还包括国家、集体和其他组织；而遗嘱继承人只能是继承人范围以内的人，只限于自然人，但不受继承顺序的限制。（2）取得遗产的方式不同。被继承人死亡，继承开始，遗嘱继承人在被继承人死亡后对遗产即享有支配性的权利，其可以直接参与遗产的分配；受遗赠人在继承开始后，不能直接支配遗产，其享有请求遗嘱执行人或者继承人给付受赠遗产请求权性质的权利，一般不能直接参与遗产的分配。（3）接受遗产的意思表示方式不同。遗嘱继承人在继承开始后、遗产分割前，若未明示放弃继承的，视为接受继承；而受遗赠人在继承开始后的60日内，若未明示接受遗赠，则视为放弃受遗赠。即二者默示的法律后果是不同的，接受继承无须明示的意思表示，而接受遗赠必须通过明示的意思表示才能实现。

遗赠与赠与都是当事人一方将自己的财产无偿给予他人的行为，但二者有以下区别：（1）性质不同。遗赠为单方民事法律行为，遗嘱人立遗嘱不需取得受遗赠人的同意。如果继承开始后，受遗赠人放弃受遗赠，亦不影响遗嘱的法律效力。遗嘱中其他内容仍按照遗嘱执行，受遗赠人放弃的遗产，如遗赠人另有安排按照其安排处理，如未作其他安排，按法定继承办理。赠与是双方民事法律行为，需双方意思表示一致才能成立。（2）行为人的行为能力不同。无民事行为能力人或限制民事行为能力人所立的遗嘱无效，即遗赠人须是具备完全民事行为能力的自然人；而赠与行为不需要具备完全民事行为能力，限制民事行为能力人也可以进行与其年龄智力或精神健康状况相适应的赠与行为。（3）处分财产的范围不同。根据《民法典》第 1141 条规定："遗嘱应当为缺乏劳动能力又没有生活来源的继承人保留必要的遗产份额。"且本条规定，执行遗赠不得妨碍清偿遗赠人依法应缴的税款和债务。而赠与人赠与财产时没有上述限制，当然，如果赠与人处分自己的财产损害债权人的利益，债权人可根据法律的相关规定行使撤销权。（4）发生法律效力时间不同。遗赠是遗赠人生前所立，但须在遗嘱人死亡后才发生法律效力；而赠与在双方当事人意思表示达成一致时即发生法律效力。

遗赠是遗嘱人利用遗嘱的方式将其财产于其死后赠给国家、集体或者法定继承人以外的组织、个人的法律行为。遗赠是单方民事法律行为，遗赠的内容往往只包括财产利益，而不包括财产义务。基于遗赠的上述特点，如遗赠人有依法应缴纳的税款和债务，遗赠的财产应是全部遗产权利和义务相抵后剩余的财产利益。本条对遗赠与遗产债务清偿的顺序作出了规定，即"执行遗赠不得妨碍清偿遗赠人依法应当缴纳的税款和债务"。这一规定，可以防止遗赠人通过遗赠逃避其对债权人的债务，有效保护债权人的合法权益。按照上述规定，在遗赠和清偿债务的顺序上，清偿债务优先于执行遗赠。只有在清偿债务之后，还有剩余遗产时，遗赠才能得到执行。如果遗产已不足清偿债务，则遗赠就不能执行。

【审判实践中应注意的问题】

"执行遗赠不得妨碍清偿遗赠人依法应当缴纳的税款和债务"是一项强制性的规定，也是一项义务性的规定。任何单位均不得违反这一规定。法律作出这一规定的目的是确保遗赠人依法应当缴纳的税款和债务得以执行，以此确保国家利益和债权人的合法权益得以有效地实现。

第一千一百六十三条 既有法定继承又有遗嘱继承、遗赠的，由法定继承人清偿被继承人依法应当缴纳的税款和债务；超过法定继承遗产实际价值部分，由遗嘱继承人和受遗赠人按比例以所得遗产清偿。

【条文主旨】

本条是关于不同继承方式与遗产债务清偿顺序的规定。

【条文理解】

本条规定是既有法定继承又有遗嘱继承、遗赠的情形，清偿被继承人遗产债务顺序的规定。该规定是由《继承法意见》第 62 条的规定修改而来。

所谓法定继承，是指继承人范围、继承顺序、继承条件、继承份额、遗产分配原则及继承程序由法律直接规定的继承方式。其具有以下特点：（1）法定继承是相对于遗嘱继承而言的，又称为非遗嘱继承或无遗嘱继承。法定继承作为被继承人意思的补充，是遗嘱继承的补充和限制。（2）法定继承是基于一定身份关系确定的，继承人与被继承人之间具有一定亲属关系，即继承法确定法定继承的继承人范围、继承顺序、继承份额等，都是以一定的身份关系为基础的。（3）法定继承人中有关继承人范围、继承顺序以及遗产分配原则的规定均是由法律直接规定的，具有强制性。除死者生前可以通过遗嘱方式加以改变外，其他人都无权改变，继承人不能通过约定排除这些强制性规范的适用。

所谓遗嘱继承，又称意定继承，是指按照被继承人生前的意思所立的合法有效的遗嘱继承遗产的继承方式。遗嘱继承中，遗嘱继承人的范围、继承遗产的份额和方法等有关继承的事项均由被继承人指定，因而又称指定继承。遗嘱继承具有以下特点：（1）遗嘱继承须以被继承人所立遗嘱合法有效为前提；（2）遗嘱继承是按照被继承人的意思发生的继承；（3）遗嘱继承人的范围必须是法定继承范围内的人，但不受继承顺序的限制，所继承遗产的份额亦不受法定继承份额的约束。

遗赠，是指自然人以立遗嘱的方式将个人财产赠与国家、集体或者法定继承人以外的人。遗赠的特点如下：（1）遗赠是单方民事法律行为。遗赠是通过遗嘱的方式将个人财产赠给他人的行为，只要是遗赠人一方的意思表示就可以发生法律效力，无须任何人的同意。（2）遗赠是给予法定继承人以外的人遗产的法律行为。法定继承人以外的人不限于自然人，还可以是国家、集体或其他组织。（3）遗赠是给予法定继承人以外的人财产利益的行为。遗赠是单方法律行为，法律不允许遗赠人通过单方法律行为给受遗赠人带来不利益，因此遗赠必须是给予受遗赠人财产利益的行为。财产利益可以是权利的让与，可以是债务的免除，也可以是全部遗产权利和义务相抵后剩余的财产利益。（4）遗赠是遗赠人死亡后发生法律效力的民事法律行为。遗赠虽然是在遗嘱人生前作出的意思表示，但要到遗嘱人死亡后才会发生法律效力。

法定继承和遗嘱继承、遗赠的最主要的区别在于：二者继承的依据不同，法定继承是基于法律的规定，确定继承人、继承的份额、继承的顺序，是被继承人未立合法有效遗嘱时的遗嘱继承方式，是对遗嘱继承的补充和限制。而遗嘱继承包括遗赠，是根据被继承人生前所立遗嘱确定被继承人或受遗赠人的范围，所继承和受遗赠的份额也是根据被继承人的意思决定。遗嘱继承的继承人可以是法定继承人的一人或数人，但不受法律规定的继承顺序的限制。而受遗赠人可以是国家、集体或者法定继承人以外的个人。就法定继承、遗嘱继承和遗赠三种继承遗产的方式而言，遗赠和遗嘱继承的效力优于法定继承。意思自治原则是民法的基本原则之一，对个人意志的尊重亦是私法的重要基础。虽然从历史发展的角度看，法定继承的历史要远远早于遗嘱继承，但是，出于对被继承人意志的尊重，遗嘱继承有着优先法定继承适用的效力。

根据《民法典》第1159条和第1162条的规定，分割遗产，应当清偿被继承人依法应当缴纳的税款和债务；执行遗赠同样不得妨碍清偿遗赠人依法应当缴纳的税款和债务。本条是对既有法定继承又有遗嘱继承和遗赠的情形下，三种继承方式的继承人或受遗赠人清偿遗产债务顺序的规定。在遗产已被分割而尚未清偿遗产债务的情况下，如果在同一继承关系中既有法定继承又有遗嘱继承和遗赠的，从保护债权人利益的角度出发，同时考虑到各种继承方式的法律效力，清偿被继承人的债务应当遵循以下顺序：首先由法定继承人在其实际继承遗产价值的范围内清偿被继承人依法应当缴纳的税款和债务；如其继承的遗产实际价值不足以清偿被继承人的全部债务时，剩余的债务则由遗嘱继承人和受遗赠人按比例用所得遗产清偿被继承人的债务。法律之所以作出这样的安排，是基于“限定继承”原则的规定，该原则不仅适用于法定继承，同样适用于遗嘱继承的方式。在被继承人仅在遗嘱中指定遗嘱继承人取得其遗产中的财产权利，而对其财产义务的负担未作任何安排的情况下，为了保护债权人的合法权益，就必须由表示接受继承的遗嘱继承人承担清偿被继承人债务的责任。受遗赠人之所以也要在遗产分割后以其取得的遗产承担清偿被继承人债务的责任，这是由清偿被继承人债务优先于遗赠的法律原则决定的。同时，对于被继承人的债务，法律确定“先法定继承人，后遗嘱继承人和受遗赠人”的清偿责任顺序，体现了“遗嘱继承和遗赠优先于法定继承”的原则，法定继承人并非基于被继承人的意思取得遗产，而是由于其与被继承人存在一定的身份关系并基于法律的规定，而取得的遗产继承权，故其应首先承担清偿被继承人债务的责任。其后再由遗嘱继承人和受遗赠人按照比例承担相应的清偿责任。这一安排既贯彻了民法意思自治的原则，充分保护被继承人遗嘱自由和自由处分自己财产的权利，同时，亦是对遗嘱继承人和受遗赠人按照遗嘱取得遗产的权利的尊重和保护。

【审判实践中应注意的问题】

需要注意的是，涉及遗赠财产的交付问题时，如法定继承人继受的遗产的实际价值不足以清偿被继承人生前应缴纳的税款和债务，而要由遗嘱继承人和受遗赠人按比例以所得遗产清偿的情形下，在分割遗产时，应先清偿税款和债务，然后才能交付遗赠中涉及的财产，如果清偿后遗产无剩余的，遗赠也就不能执行。同时，如果法定继承人、遗嘱继承人、受遗赠人均自愿偿还超过其继承或受赠遗产实际价值范围部分的遗产债务的，法律亦不作特别干涉。

后 记

《民法典》由中华人民共和国第十三届全国人民代表大会第三次会议于2020年5月28日通过并公布，将于2021年1月1日起施行。《民法典》是新中国成立以来第一部以“法典”命名的法律，是新时代我国社会主义法治建设的重大成果，是我国法治建设发展道路上的重要里程碑。《民法典》在中国特色社会主义法律体系中具有重要地位，是一部固根本、稳预期、利长远的基础性法律，对推进全面依法治国、加快建设社会主义法治国家、加快建设社会主义市场经济、巩固社会主义基本经济制度，对坚持以人民为中心的发展思想、依法维护人民权益、推动我国人权事业发展，对推进国家治理体系和治理能力现代化，都具有重要意义。

2020年5月29日，习近平总书记在中央政治局就“切实实施民法典”举行第二十次集体学习并发表重要讲话。习近平总书记强调：“民法典实施水平和效果，是衡量各级党政机关履行为人民服务宗旨的重要尺度。”学习好、贯彻好、实施好《民法典》是人民法院的重要职责和光荣使命。要贯彻好、实施好《民法典》，必须深入领会《民法典》的立法精神，准确理解《民法典》的体系规范，正确适用《民法典》的条文规定。为此，最高人民法院专门下发通知号召和要求各级法院高度重视《民法典》的学习培训工作，切实将学习培训作为提升人民法院审判水平、提高人民法院审判队伍素质和能力的重要措施。目前，各级法院正在系统有序地开展《民法典》的学习培训工作，迅速掀起了学习《民法典》的热潮。为帮助各级法院工作人员准确理解和适用《民法典》相关规定，同时向社会公众宣传普及《民法典》司法适用知识，最高人民法院民法典贯彻实施工作领导小组组织力量编写了本套丛书。

本套丛书有以下特点：一是全覆盖。本套丛书紧密结合《民法典全》部1260个条文，对其立法背景、条文理解和具体适用进行详细阐述，既有域外立法比较，又有国内法律规范的系统梳理；既有法理分析，又有实务指导。二是实用性。本套丛书立足于对《民法典》条文的司法适用予以阐释，紧密结合既有司法经验，就有关司法解释与《民法典》条文的衔接适用作了阐释，提出指导意见，运用典型案例为准确适用相关条文提供参照。三是新颖性。本套丛书对《民法典》新增制度和重大修改内容予以重点解读，力求给审判实务提供指导参考。

编写本套丛书是最高人民法院贯彻落实习近平总书记重要讲话精神，积极宣传、推进、保障《民法典》实施，确保《民法典》得到全面有效执行的重要举措。本套丛书共六卷，每卷都由最高人民法院相关民事审判业务部门、综合审判业务部门牵头负责撰写、统稿，由有关大法官、庭室负责人审核定稿。参与本卷撰写的为以下同志（按姓氏笔画排序）：于蒙、王凡、王丹、王楠楠、王慧娴、方芳、代秋影、吴晓芳、张娜、张颖新、徐上、高榉。

在本套丛书出版之际，要特别感谢全国人大宪法和法律委员会、全国人大常委会法制工作委员会等部门长期以来对人民法院工作的大力指导和支持。感谢在最高人民法院《民法典》编纂研究调研过程中提供支持帮助的人大代表、政协委员、专家学者。感谢地方各级法院和广大法官的积极支持和参与。

最高人民法院民法典贯彻实施工作领导小组办公室

2020年7月15日